MENÉNDEZ PELAYO

ORÍGENES DE LA NOVELA

II

ESPASA-CALPE ARGENTINA, S.A.

Marcelino Menéndez Pelayo
OBRAS COMPLETAS

MENÉNDEZ PELAYO

ORÍGENES DE LA NOVELA

II

ESPASA-CALPE ARGENTINA, S.A.

Queda hecho el depósito dispuesto por la ley Nº 11.723

*Copyright by Cía. Editora Espasa-Calpe Argentina, S. A.
Buenos Aires, 1946*

*IMPRESO EN ARGENTINA
PRINTED IN ARGENTINE*

Acabado de imprimir el 30 de marzo de 1946

Gerónimo J. Pesce y Cía. — Pedro Goyena 1562/68. — Buenos Aires

ORÍGENES DE LA NOVELA

VII

Novela histórica: «Crónica del rey don Rodrigo», de Pedro del Corral. — Libros de caballería con fondo histórico. — Novela histórico-política: El «Marco Aurelio», de Fr. Antonio de Guevara. — Novela histórica de asunto morisco: «El Abencerraje», de Antonio de Villegas. — «Las Guerras Civiles de Granada», de Ginés Pérez de Hita. — Libros de Geografía fabulosa. — Viaje del Infante don Pedro.

La primitiva novela histórica española es una rama desgajada de las crónicas nacionales, e injerta en el tronco de la literatura caballeresca. Quien escudriñe sus orígenes no los encontrará anteriores a las *prosificaciones* que la *Crónica general* nos ofrece de las leyendas de Bernardo, de Fernán González y sus sucesores los Condes de Castilla, de los Infantes de Lara y del Cid, sin contar con la de Mainete, que es de asunto forastero. Pero todas estas narraciones, que primitivamente fueron cantadas y que conservan todavía rastros de versificación, pertenecen a la poesía épica en cuanto a su fondo y son una mera versión de ella. Su estudio debe reservarse, pues, para el tratado de los *cantares de gesta* en que se apoyaron, y de los *romances viejos* que de la prosa histórica, más que de los cantares mismos, nacieron. Esta materia, que en otro libro procuramos ilustrar, sale de los límites del tratado de la novela, la cual sólo empieza cuando un elemento puramente fabuloso y de invención personal se incorpora en la antigua tradición épico-histórica.

Tal género de transformación de la poesía heroica en prosa novelesca sólo se verificó en uno de nuestros ciclos épicos, el que nuestros mayores llamaban de *la pérdida de España*. Por los años de 1403,[1] «un liviano y presuncioso hombre llamado Pedro del »Corral hizo una que llamó *Crónica Sarracena,* que más propia-»mente se puede llamar trufa o mentira paladina». Son palabras de Fernán Pérez de Guzmán en el prólogo de sus *Generaciones y Semblanzas,* y es el único que nos revela el nombre del autor, no consignado en ninguno de los códices ni ediciones de su obra.[2] Es, en efecto, la llamada *Crónica del Rey Don Rodrigo con la des-*

---

[1] La fecha de la *Crónica* puede determinarse con exactitud cabal, puesto que el último de los reyes que menciona es Don Enrique III, que subió al trono en 1390 y murió en 1407; además, en la *Crónica* se habla, como de persona viva, del almirante don Diego Hurtado de Mendoza, que falleció en julio de 1404.

[2] Don Aureliano Fernández Guerra, que hizo un detallado estudio de la *Crónica de Don Rodrigo* en el precioso libro que lleva por título *Caída y ruina del imperio visigótico español* (Madrid, 1883), tuvo presentes tres antiguos manuscritos de El Escorial, que ofrecen grandes variantes respecto al impreso. Dos de ellos contienen sólo la *Parte segunda.* Otro, voluminosísimo, que abraza las dos partes, aunque no completa la segunda, lleva al fin de la primera una nota en que se especifica que J. de Hugo la acabó de trasladar a 17 de junio de 1485.

El de la Biblioteca Nacional (F. 89) lleva este epígrafe: «Este libro es »la ystoria del rrey don Rodrigo con la genealogía de los rreyes godos et de »su comienço, de dónde vinieron et assy mesmo desde el comienço de la »primera poblacion d'Espanna, segunt lo cuenta el arzobispo don Rodrigo »desde la edificación de la torre de Babilonia fasta dar en la Cronica del »rrey don Rodrigo. Et aqui se cuentan en el principio parte de los trabajos »de Ercoles et de como veno en Espanna.»

La edición que tengo y sigo es la de Sevilla, 1527. Anteriores a ésta hay las de 1511 y 1522, también sevillanas; y posteriores las de Valladolid, 1527; Toledo, 1549; Alcalá de Henares, 1587; Sevilla, del mismo año, y seguramente otras, porque fué uno de los libros más leídos de su género. No me detengo en esta bibliografía porque ya la incluyeron Gayangos y Salvá en la de los libros de caballerías.

En un tratado moral de autor anónimo, llamado *Confectio Catoniana* (manuscrito 9.208 de la Biblioteca Nacional), hermoso códice en vitela, de letra del siglo xv, dedicado al conde de Haro, don Pedro Fernández de

truycion de España, no un libro de historia verídica, sino un libro de caballerías, de especie nueva, y no de los menos agradables e ingeniosos, a la vez que la más antigua novela histórica de argumento nacional que posee nuestra literatura. Pedro del Corral, siguiendo la costumbre de los autores de libros de este jaez, atribuyó su relato a los fabulosos historiadores Eleastras, Alanzuri y Carestes, a quienes hace intervenir en la acción; pero ocultó su verdadera fuente, que era un libro realmente histórico, si bien muy corrompido e interpolado. La existencia de este original, que sigue hasta con servilismo, determina ya una profunda y radical diferencia entre la *Crónica de Don Rodrigo* y todos los demás libros de caballerías, que son parto caprichoso de la fantasía de sus autores, sin ningún respeto a la geografía ni a la historia.

Sabido es que de los tres puntos capitales que abarca la leyenda de Don Rodrigo, uno sólo, el de su penitencia, es seguramente de origen cristiano. Los otros dos (casa o cueva encantada de Toledo, amores de la Cava) pasaron de las crónicas árabes a las nuestras; lo cual no quiere decir que careciesen de todo fundamento histórico, pues aquí se trata sólo de la forma escrita o literaria, ni nos autoriza para negar o afirmar que semejantes tradiciones u otras análogas fuesen conocidas en los reinos de Asturias y León, aunque a la verdad ninguno de los cronicones de la Reconquista antes del siglo XII da indicio de ello.

En cambio, todas las crónicas árabes que en número bastante considerable han sido traducidas o extractadas hasta ahora, ya sean de origen oriental, ya español, lo mismo las que se escribían

---

Velasco, se lee este curiosísimo pasaje contra los libros de caballerías, y especialmente contra la *Crónica de Don Rodrigo,* cuya composición debía de ser muy reciente:

«*Quid igitur expedit illa ut ystoriabilia legere quae nedum non fuerint, »sed forsan nec esse potuerunt? Sicuti sunt Tristani ac Lanceloti, Amadisiive »ingentia volumina quae absque aliqua edificationis spe animos legentium »oblectant, illiusque torneamenti narratio quae apud Toletum Roderici Regis »temporibus factum fuisse deponitur quam audivi nudius tercius compositam »esse? Huiuscemodi enim scripturae, etsi nocivae nimium non sint, infructuo- »sae tamen et nullae utilitatis esse videntur.*»

La descripción del torneo de Toledo, a que aquí se alude, es uno de los episodios más largos de la *Crónica de Don Rodrigo.*

en el Cairo, en Damasco y en Persia que las que se recopilaban en Córdoba o en África, consignan con pormenores más o menos verosímiles, más o menos novelescos, las tradiciones relativas a la conquista de España, que ya en el siglo IX, época en que las recogieron el cordobés Aben-Habib y el egipcio Aben Abdelháquem, estaban mezcladas con elementos fantásticos y maravillosos, los cuales varían según el grado de credulidad de los distintos narradores, pero incluyendo siempre los dos temas capitales ya indicados: casa prodigiosa de Toledo y violación de la hija de Julián. Hasta en el *Ajbar Machmúa*, compilación anónima del signo XI, hecha con bastante crítica y muy limpia de circunstancias fabulosas, se admite la segunda de estas tradiciones, aunque no la primera.

No es el caso de analizar ni discutir estos textos, tarea que rápidamente intentamos en otra parte [1] y en que se han ocupado más de propósito y con más caudal de doctrina otros autores, desembrollando la oscura personalidad del llamado conde don Julián, y restituyéndole, al parecer, su verdadera patria y nombre. [2] Fábula o historia, la de la violencia hecha a su hija (o a su mujer, según otros textos) tiene en su apoyo la constante tradición de los árabes, y ninguna inverosimilitud encierra, aunque recuerde demasiado otros temas épicos y pueda estimarse como un lugar común del género. Pero si la historia se repite, no es maravilla que se repita la epopeya, que es su imagen idealizada.

Sólo muy tardíamente llegaron estas especies a noticia de los cronistas cristianos, y acaso por la tradición oral más que por los libros. El Albeldense y Alfonso III el Magno ni siquiera nombran a Julián, cuanto menos a su hija. El primero que los cita es el Monje de Silos, que escribía en tiempos de Alfonso VI y a quien

---

[1] *Tratado de los romances viejos* (tomo XI de la *Antología de Poetas Líricos Castellanos*, Madrid, 1890), pp. 133-175.

[2] Saavedra (don Eduardo), *Estudio sobre la invasión de los árabes en España...* (Madrid, 1892).

Menéndez Pidal (don J.), *Leyendas del último rey godo* (Estudio que comenzó a publicarse en la *Revista de Archivos, Bibliotecas y Museos* en diciembre de 1901.

Codera (don Francisco), *Estudios críticos de Historia Arabe Española*, Zaragoza, 1903 (págs. 45-96, «El llamado conde D. Julián»).

siguió literalmente don Lucas de Tuy. Pero la primera narración formal es la del Arzobispo de Toledo don Rodrigo Ximénez de Rada, que tuvo directo acceso a las fuentes arábigas y las siguió con una puntualidad que hoy es fácil comprobar. Su relato de la pérdida de España (lib. III *De Rebus Hispaniae,* cap. XVIII y ss.), que conviene bastante con el del *Ajbar Machmúa,* es el mismo que traducido al castellano pasó a la *Crónica General* en todas sus varias redacciones.

Un resumen tan sobrio y sucinto como el que en esta parte ofrecen el Toledano y la *General* no podía engendrar, y no engendró en efecto, ningún género de poesía. Pero ¿no habría en los siglos XII y XIII otra manifestación de esta leyenda que los concisos y severos epítomes de los analistas eclesiásticos y oficiales? ¿Fué posible que de ellos se pasase sin transición alguna a la monstruosa eflorescencia poética que logran los lances de amor y fortuna de don Rodrigo en la *Crónica* de Pedro del Corral y en los romances derivados de ella? En otra parte he expuesto las razones que tengo para admitir como muy verosímil, ya que no como enteramente probada, la existencia, no sólo de uno, sino de varios cantares de gesta concernientes a don Rodrigo, cuya antigüedad y carácter puede rastrearse por varios indicios. Uno de ellos, aunque acaso no el principal, es la aparición en el siglo XIII de un poema francés titulado *Anseis de Cartago,* que en su primera parte no es más que una versión de la historia de don Rodrigo y la Cava, pero con variantes muy sustanciales que no se hallan en los libros de historia, ni parecen tampoco invención del juglar francés, que seguramente recogió la leyenda en España, no sabemos si de la tradición oral o de la escrita.

Pero tiene mucha más importancia la llamada *Crónica del moro Razí,* ya como fuente de nueva materia que utilizaron la poesía y la novela, ya por contener acaso interpolaciones de origen épico. El llamado vulgarmente *moro Rasis* no es otro que Ahmed Ar-Rasi, que, si no es, ni con mucho, el más antiguo de los historiadores árabes españoles, como a veces se ha afirmado por confundirle con otros miembros de su familia, oriunda de Persia, fué, por lo menos, el historiador más noble del siglo X, denominado por los suyos el *Atariji*, lo cual dicen que vale tanto como el cronista por excelencia. Del texto original de su obra sólo se hallan referencias en otros historiadores más modernos, y la traducción castellana del siglo XIV, fundada en otra portuguesa hecha por el maestro Mahomad y el clérigo Gil Pérez, cuya autenticidad en todo lo sustancial ha sido puesta fuera de litigio por Gayangos [1] y Saavedra, no sólo ha llegado a nosotros en códices estragadísimos, después de pasar por dos intérpretes diversos, sino que es sospechosa de adulteración o intercalación en algunas partes secundarias. Pero esto mismo acrecienta su interés. No hay texto de la historiografía arábiga que tanto importe como éste para el estudio de la leyenda de don Rodrigo, ni que se enlace de un modo tan inmediato con las versiones castellanas, sobre todo, con la *Crónica* de Pedro del Corral, que no es más que una amplificación monstruosa y dilatadísima del libro de Rasis, el cual tampoco pecaba de conciso en la narración de los casos de don Rodrigo. Tan fabuloso pareció este cuento a algunos copistas de la *Crónica del moro Rasis*, que por mal entendido escrúpulo de conciencia histórica dejaron de transcribirle, resultando en los códices más célebres, como el de Santa Catalina de Toledo y el que perteneció a Ambrosio de Morales, una considerable laguna, precisamente en el sitio que debía contener la aventura de la hija de don Julián. El descubrimiento de esta preciosa narración no es el menor de los servicios que deben las letras españolas al señor don Ramón Menéndez Pidal, que la halló intercalada en uno de los códices de la *Segunda crónica general*, es decir, de la de 1344. [2]

No es posible apuntar aquí todos los pormenores de tan prolijo e interesante relato, pero importa saber que contiene ya todo lo que puede estimarse como tradicional en la *Crónica de Don Rodrigo*, limitándose con esto mucho la parte de invención hasta

---

[1] *Memoria sobre la autenticidad de la Crónica denominada del moro Rasis* (en el tomo VIII de *Memorias de la Real Academia de la Historia*, año 1850).

[2] *Catálogo de la Real Biblioteca. Manuscritos. Crónicas generales de España*, descritas por Ramón Menéndez Pidal, Madrid, 1898. Hállase impreso el texto de Rasis desde la página 26 a la 49.

ahora atribuída a Pedro del Corral, que en muchos trozos copia casi literalmente a su predecesor. No es, pues, Corral, sino Rasis, el primero que llamó *Casa de Hércules* a la de Toledo, y amplificó prolijamente el cuadro con una galana descripción del encantado palacio y de las maravillas que en él había puesto su fundador.[1] Rasis es también el primer cronista en quien se halla el nombre de la Cava, que probablemente no es más que la alteración de un nombre propio *(Alatsaba)* y no tiene el sentido de mala mujer o ramera que impropiamente se le ha dado por una supuesta etimología árabe.[2] Creemos que también Rasis o su traductor es

---

[1] «E él sin ninguna detenencia fue a las puertas de la casa e fizo las »quebrantar, mas esto fue por muy gran afan, e tantas eran las llaves e los »canados que era maravilla. E despues que fue abierto, entró el dentro... »e fallaron un palacio en quadra tanto de una parte como de la otra, tan »maravilloso que non ha ombre que lo pudiese dezir: que la una parte del »palacio era tan blanca como es hoy la nieve, que non puede mas ser; e la »otra parte del palacio era tan verde como es el limon o como de una cosa »que de su natura fuese muy verde; e de la otra parte era tan bermejo como »una sangre. E todo el palacio era tan claro como un cristal, nin viera en »el mundo cosa tan clara, e semejaba que en cada una de aquellas partes »del palacio non avia mas de sendas puertas, e de quantos entraron que lo »vieron non ovo ay atal que sopiese dezir que piedra con piedra hi avia »juntada, nin que lo podiese partir, e todos tovieron aquel palacio por el más »maravilloso que nunca vieron... E en el palacio non avia madero nin clavo »nenguno... e avia hi finestras por do entraba toda la lumbre, por do podian »veer quanto hy avia; e después cataron como el palacio era fecho, e tovieron »mientes, e nunca pudieron veer nin asmar sino lo mejor que vieron; estar »un esteo *(poste o pilar)* non muy grueso, e era todo rredondo e era tan alto »como un ombre; e avia hy en él una puerta muy sotilmente fecha e asaz »pequeña, e encima della letras gruesas que dezian en esta guisa: «quando »Ercoles fizo esta casa andava la era de Adam en quatro mill e seis años». »E despues que la puerta abrieron, fallaron dentro letras abiertas que dezian: »«esta casa es una de las maravillas de Ercoles». E despues que estas letras »leyeron, vieron en el esteo una casa fecha en que estaba un arca de plata, »e esta era muy bien fecha e labrada de oro e de plata e con piedras pre- »ciosas e tenia un canado de aljofar tan noble que maravilla es, e avia en »él letras griegas que dezian: «o rrey en tu tiempo esta arca fuere abierta, »non puede ser que no verá maravillas antes que muera». E ese Yercoles, »señor de Grecia, supo alguna cosa de lo que avia de venir.»

[1] Fué inventor de esta etimología el falsario Miguel de Luna, en la supuesta Crónica de Abentarique. «Esta dama Florinda, así llamada por

el primero que llamó *conde* a don Julián, cuya fisonomía histórica altera bastante, inventando quizá el vínculo de clientela o vasallaje feudal que le enlazaba con don Rodrigo, aunque no fuese súbdito suyo. [1]

A Rasis pertenecen también, aunque nada más que en germen, las escenas de la seducción de la Cava, que luego desarrolló novelescamente Pedro del Corral; el nombre de la confidenta Alquifa; el primitivo texto de la carta que la desflorada doncella escribió a su padre; [2] el viaje de éste a Toledo; los preparativos de su venganza y la intervención de su mujer en ella.

La parte historial de la conquista en Rasis era ya conocida desde antiguo aunque generalmente poco apreciada hasta que Saavedra mostró cuánto partido podía sacarse de ella para ilus-

---

»propio nombre, nombraron los árabes la Cava, es decir, la mala mujer.» Existe, en efecto, la palabra *cahba* en el sentido de manceba o prostituta, pero sólo cuadraría a la liviana heroína del *Anseis de Cartago*, de ningún modo a la desdichada hija de Julián, tal como aparece en las leyendas musulmanas.

[1] «Avia en Cepta un *conde* que era señor de los puertos de allen mar »e de aquen mar e avia nombre don Juliano, e avia una fija muy fermosa »e muy buena donzella e que avia muy gran sabor de ser muy buena muger; »e tanto que esto supo el rey Rrodrigo, mando dezir al conde don Juliano »que le mandase traer su fija a Toledo, quel non quería que la donzella de »que tanto bien dezian estuviese sino con su muger, e que de alli le daria »mejor casamiento que otro ombre en el mundo. E quando al conde le vino »este mandado fue muy ledo e pagado, e mandó luego llevar su fija a man- »dole dezir quél que le agradescia mucho quanto bien e cuanta merçed hazia »a él e a su hija.»

En boca del mismo D. Julián, enumerando sus servicios, se ponen estas palabras: «e mis amigos e mis parientes muchos que avia en España, dellos »por lo mio, e dellos por lo de mi mujer, que es pariente dellos».

Uno de sus consejeros y clientes le dice, para apartarle de sus proyectos de venganza: «*el rey Don Rodrigo es tu señor e as le hecho homenaje, como quier que dél no tengas tierra*».

[2] Esta carta comienza así:

«Al honrrado, sesudo e presciado e temido señor padre, conde don Julliano »e señor de Cebta, yo la Taba vuestra desonrrada fija, me enbio encomendar».

En esta carta está calcada la de Pedro del Corral, que luego fué parafraseada y amplificada de mil modos.

El detalle de haber comenzado a perder la Cava su hermosura inmediatamente después de la deshonra, es también común a los dos autores.

trar las postrimerías del reino visigótico. En la descripción de la batalla presenta nuevos pormenores, que luego se incorporaron en la tradición poética: una descripción muy larga y pomposa del carro de don Rodrigo,[1] las lamentaciones del rey derrotado[2] y ciertas dudas acerca de su paradero después del vencimiento.

«Et nunca tanto pudieron catar que catasen parte del rey don
»Rodrigo... e diz que fue señor despues de villas y castillos, et
»otros dicen que moriera en la mar, et otros dixeron que moriera
»fuyendo a las montañas y que lo comieron bestias fieras, y más
»desto no sabemos, et despues a cabo de gran tiempo fallaron una
»sepultura en Viseo en que están escritas letras que decian ansi:
»Aqui yace el rey D. Rodrigo rey de Godos, que se perdió en la
»batalla de Saguyue.»[3]

Esta noticia del hallazgo del sepulcro consta desde el siglo IX en el Cronicón de Alfonso el Magno, y no es verosímil que de allí

---

[1] «Et ¿que vos contaremos del Rey de cómo venia para la batalla, »y de las vestiduras que trahia, y que eran las noblezas que traia, y non creo »que ha home que las pudiese contar; ca él iba vestido de una arfolla que en »esse tiempo dezian purpura que entonces trayan los Reyes por costumbre, »et segun asinamiento de los que la vieron, que bien valia mil marcos de »oro, y las piedras y los adobos en esto non ha home que lo pudiese decir »qué tales eran, ca él venia en un carro de oro que tiraban dos mulas; éstas »eran las más fermosas y las mejores que nunca ome vio, et el carro era tan »noblemente fecho que non havia en él fuste ni fierro, mas non era otra cosa »si non oro y plata y piedras preciosas, et era tan sotilmente labrado que »maravilla era, y encima del carro habia un paño de oro tendido, y este »paño non ha home en el mundo que le pudiese poner precio, et dentro, »so este paño estaba una silla tan rica que nunca ome vio otra tal que la »semejase; et aquella silla era tan noble y tan alta que el menor home que »havia en la puerta la podia bien veer; et ¿que vos podia home dezir que »desde que Hispan, el primero poblador que vino a España, fasta en aquel »tiempo que el rey don Rodrigo vino a aquella batalla, nunca fallamos de »rey ninguno nin de otro home, que saliese tan bien guisado nin con tanta »gente como éste salio contra Tarife?»

[2] Estas lamentaciones, en Rasis, se ponen, no después de la catástrofe del lago de la Janda, sino después de la muerte de Don Sancho, sobrino del rey.

[3] Otros códices dicen de la Sigonera (Sangonera, en el Poema de Fernán González). Es la batalla que Saavedra llama de Segoyuela, cerca de Tamames, en tierra de Salamanca. Andando el tiempo esta batalla se confundió con la del río Barbate, erróneamente llamada de Guadalete.

la tomase Rasis. Tal especie debe ser añadida por los traductores cristianos, y sospecho que no fué ésta la principal ni la más grave de sus intercalaciones. Me rindo ante la opinión de los arabistas, que en otras partes geográficas e históricas de este libro han visto una fiel traducción de las obras perdidas del historiador Ahmed Ar-Razí. El estilo mismo parece que lo comprueba. La narración de la conquista, la historia del palacio encantado de Toledo, tienen un sello oriental innegable, aun en la sintaxis. Además, los nombres propios latinos y visigodos están transcritos del modo que de un árabe pudiera esperarse: Wamba se convierte en *Benete*, Ervigio en *Erant*, Egica en *Abarca*, Witiza en *Acosta*. El autor, según costumbre de los historiadores de su raza, gusta de apoyarse en testimonios tradicionales. «E dixo Brafomen, el »fijo de Mudir, que fue siempre en esta guerra»... y aun llega a invocar el dicho de un espía de don Julián: «E dixo Afia, el hijo »de Josefee, que andaba en la compaña del rey Rodrigo en talle »de cristiano»...

Pero hay una parte considerable del fragmento de Rasis en que no se encuentran tales referencias, en que los nombres están transcritos con entera fidelidad, y son de lo menos árabe que puede imaginarse: *D. Ximon, Ricoldo* o *Ricardo, Enrique*, y en que la sintaxis, a lo menos para nuestros oídos y corta pericia lingüística, nada tiene de semítico. Me refiero especialmente al consejo y deliberación que don Julián, después de su vuelta a África, celebra con sus parciales. Todo lo que el conde y su mujer y sus amigos dicen en este consejo tiene un sabor muy pronunciado de *cantar de gesta*, y aun me parece notar en algunos puntos rastros de versificación asonantada. Pero como tengo experiencia de cuán falibles son estas conjeturas, no doy a esta observación más valor del que pueda tener, fijándome sólo en la impresión general que deja este trozo. Compárese con todos los textos árabes que en tan gran número conocemos relativos a la conquista, y creo que se palpará la diferencia. Téngase en cuenta, por otra parte, que este episodio falta en la mayor parte de los manuscritos de Rasis, y faltaba de seguro en el códice que tuvo Pedro del Corral, pues de otro modo le hubiera reproducido como reprodujo todo lo demás. Aumenta las sospechas de interpolación el ver de cuán rara manera viene a cortar e interrumpir este episodio el cuento ya comenzado de la casa de Toledo. Esta falta de orden y preparación no debió de ocultársele al mismo compaginador del *Rasis,* puesto que candorosamente exclama al reanudar el roto hilo de su exposición: «E quantos hy avia todos eran maravillados qué le »podría acontecer al rrei don rrodrigo que ansi se le escaesció »el fecho de la casa que le dixeron los de Toledo.»

Hubo otras consejas relativas al postrero de los reyes godos que no constan en la *Crónica de Rasis.* Así el biógrafo de don Pedro Niño (Gutierre Díaz de Gámez), apoyándose en un *autor* innominado, que pudo muy bien ser un texto poético, cuenta que don Rodrigo halló dentro del arca famosa, no las consabidas figuras de alábares, sino tres redomas, y que en la una estaba una «cabeza »de un moro, y en la otra una culebra, y en la otra una langosta». También parece anterior a Pedro del Corral la hermosa leyenda del incendio del encantado palacio, puesto que la refirió casi simultáneamente con él el arcipreste Alfonso Martínez en su *Atalaya de Crónicas.* [1]

Todo lo demás que contiene el enorme libro de la *Crónica del rey don Rodrigo* es parto de la fantasía del autor, o más bien de su rica memoria, puesto que compaginó su novela con todos los lugares comunes del género caballeresco, llenándola de torneos, justas, desafíos y combates singulares, jardines suntuosos, pompas

---

[1] Véase qué valiente es la descripción en la *Crónica de Don Rodrigo:*
«Y desta guisa salieron fuera de la casa... et non eran bien acabadas de »cerrar (las puertas) quando vieron un aguila caer de suso del ayre que pa-»rescia que descendia del cielo, e traya un tizon de fuego ardiendo, e pusolo »de suso de la casa e comenzo de alear con las alas, y el tizon con el aire quel »aguila fazia con sus alas comenzo de arder, y la casa se encendio de tal ma-»nera como si fuera hecha de resina, asi vivas llamas y tan altas que esto »era gran maravilla, e tanto quemó que en toda ella no quedó señal de pie-»dra, y toda fue fecha cenizas. E a poca de hora llegaron unas avecillas »negras, e anduvieron por suso de la ceniza: e tantas eran que davan tan »grande viento de su vuelo, que se levantó toda la ceniza y esparziose por »España toda quanta el su señorio era, et muy muchas gentes sobre quien »cayó los tornava tales como si los untasen con sangre... y este fue el prime-»ro signo de la destruycion de España.»

y cabalgatas; convirtiendo a don Rodrigo en un paladín andante que ampara a la duquesa de Lorena (como en la crónica de Desclot lo hace el conde de Barcelona con la emperatriz de Alemania), Celebra Cortes en Toledo, se casa con Eliaca, hija del rey de África, y ve concurrida su Corte por los más bizarros aventureros de Inglaterra, Francia y Polonia.

Abundan en la novela los nombres menos visigodos que pueden imaginarse: Sacarus, Acrasus, Arditus, Arcanus, Tibres, Lembrot, Agresses, Beliarte, Lucena, Medea, Tarsides, Polus, Abistalus, tomados algunos de ellos de la *Crónica Troyana*, que fué evidente prototipo de este libro español en la parte novelesca. Las fábulas ya conocidas logran exuberante desarrollo bajo la pluma de Pedro del Corral, pero en realidad inventa muy poco. Hasta en el nombre de la mujer de don Julián coincide con el canciller Ayala,[1] coincidencia que en autores de tan diversos estudios y carácter como el severo analista de don Pedro y el liviano fabulador de la *Destruycion de España* sólo puede explicarse por la presencia de un texto común que desconocemos.

Lo que hizo Corral, que era hombre de ingenio y de cierta amenidad de estilo, fué aderezar el cuento de los amores de la Cava con todo género de atavíos novelescos: coloquios, razonamientos, mensajes, cartas y papeles, que fueron después brava mina para los autores de romances y aun para los historiadores graves. No es posible extractar tan larga narración, pero no queremos omitir la primera escena del enamoramiento:

«E un día el rey se fué a los palacios del mirador que avia fecho,
»e anduvo por la sala solo sobre las puertas e vio a la Cava, fija
»del conde don Julián, que estava en las puertas bailando con
»algunas doncellas; y ellas no sabían parte del rey ca bien se cui-
»davan que dormia, e como la Cava era la más fermosa doncella
»de su casa, e la más amorosa de todos sus fechos, y el rey le avia

---

[1] «A la qual dezian la Caba, e era fija del Conde e de su mujer doña
»Faldrina, que era hermana del Arzobispo don Opas *(Orpas* en Corral) e fija
»del rey Vitiza» *(Crónica del rey don Pedro,* año segundo, cap. XVIII). Sigo el texto de Llaguno.

»buena voluntad, ansi como la vió echó los ojos en ella, e como
»otras doncellas jugaban, alzó las faldas, pensando que no la
»veya ninguno... E como la puerta era muy guardosa e cerrada de
»grandes tapias, e alli do ellas andaban no las podian ver sino de
»la camara del rey, no se guardaban, mas facian lo que en placer
»les venia como si fuesen en sus cámaras. E crecio porfia entrellas
»desque una vez gran pieza ovieron jugado, de quien tenia más
»gentil cuerpo, e dieronse a desnudar e quedar en pellotes apre-
»tados que tenian de fina escarlata, e paresciansele los pechos y
»lo más de las tetillas, e como el rey la mirava, cada vegada le
»parescia mejor e decia que no habia en todo el mundo doncella
»ninguna ni dueña que ygualar se pudiese a la su fermosura ni su
»gracia; el enemigo no asperaba otra cosa sino esto, e vio que el
»rey era encendido en su amor; andábale todavía al oreja que una
»vegada cumpliese su voluntad con ella.»[1]

Viene a continuación una escena de galantería harto extraña, que pasó íntegra a los romances: «E asi como ovieron comido, el
»rey se levantó y assentose a una ventana. Y antes que se levanta-
»se de taula, comenzó a meter a la reyna e a las doncellas en jue-
»go. Y como las vio que jugaban, llamo a la Cava, e dixole *que
»sacase aradores de las sus manos*. E la Cava fué luego a la ventana
»do el rey estaba e hincó las rodillas en el suelo, y catavale las
»manos; y él como estaba ya enamorado y en ardor, como le
»fallaba las manos blandas y blancas, y tales que él nunca viera
»a mujer, encendiose cada hora más en su amor.»[2]

---

[1] Un pasaje de Ausias March, citado muy a cuento por don Manuel Milá, alude a esta escena de la *Crónica* y prueba su rápida difusión fuera de Castilla:

        Per lo garró—que lo rey veu de Cava
        Se mostra Amor—que tot quant voll acaba.

[2] Los autores de romances encontraron más pulcro y galante que fuese Don Rodrigo el que «sacase los aradores» a la Cava, y no al contrario:

        Ella incada de rodillas,—él la estaba enamorando:
        Sacándole está aradores—de su odorífera mano...
        ....
        Sacándole está aradores—en sus haldas reclinado...

La Cava no opone gran resistencia al rey; pero después de violada y escarnecida, se aflige y avergüenza mucho, y comienza a perder su hermosura, con gran pasmo de todos, especialmente de su doncella Alquifa, a quien finalmente confía su secreto y por consejo de la cual escribe a su padre. El conde jura vengarse y urde su traición de concepto con el obispo don Opas, hermano de su mujer doña Francina y señor de Consuegra. La parte que pudiéramos llamar histórica de la conquista prosigue bastante ceñida al moro Rasis, si bien con grandes amplificaciones. Lo más original que la *Crónica de don Rodrigo* contiene es todo lo que se refiere a la muerte del rey después de la batalla, de la cual sale «bien tinto de sangre y las armas todas abolladas de los grandes »golpes que había recebido»; sus lamentaciones confusas y pedantescas, que no tienen la vivacidad que luego cobraron en el romance; [1] su romántico encuentro con un ermitaño y la áspera penitencia que hizo de sus pecados, conforme a la regla que aquel santo varón le dejó escrita al morir tres días después de recibirle en su ermita, y cómo resistió a las repetidas tentaciones del diablo, que en varias figuras se le aparecía, tomando en una de estas apariciones el semblante de la Cava y en otra el del conde don Julián [2]

---

[1] Ayer era rey de España—hoy no lo soy de una villa,
Ayer villas y castillos,—hoy ninguno poseía,
Ayer tenía criados,—hoy ninguno me servía,
Hoy no tengo ni una almena—que pueda decir que es mía.

[2] Es el germen más remoto de la tradición que, pasando por el poema de Southey, llega hasta *El Puñal del Godo*. El falso conde don Julián saca su propia espada y se la entrega al Rey para que por su mano tome venganza de su traición. «E el falso conde, como llegó a él, fizo su reverencia, y »el Rey como lo vido fue muy espantado, ca lo conocio bien: empero estuvo »quedo. Y el falso conde se llegó a él: e provole de le besar la mano, y el »Rey no se la quiso dar, ni se levantó de su oratorio, y el falso conde, las »rodillas fincadas en el suelo ante el Rey, dixole: «Señor, como yo sea aquel »que te haya errado de aquella manera que hombre traydor a su señor erró... »e como nuestro Señor Dios es poderoso ovo piedad de la mi ánima e no »quiso que yo me perdiesse, ni que España fuesse destruyda: ni tú, Señor, »abaxado de la tu grand honra y estado ni del tu gran señorio que en Espa»ña tienes, hame mostrado por revelacion cómo estavas aqui en esta hermi-

rodeado de gran compañía de muertos en batalla (¿la *hueste* de las susperticiones asturianas?), y cómo finalmente rescata todas sus culpas con el horrible martirio de ser enterrado vivo en un lucillo o sepultura en compañía de una culebra de dos cabezas, que le va comiendo por el corazón e *por la natura*. Cuando al tercer día sucumbe, las campanas del lugar inmediato suenan por sí mismas anunciando la salvación de su alma.

»ta faziendo tan gran penitencia de tus pecados. Porque te digo que fagas »justicia de mí, e tomes de mí venganza a tu voluntad como de aquel que »te lo merece, ca yo te conozco que eres mi Señor.» E sacó entonces el »conde don Julian su espada e davala al Rey, e dixole: «Señor, toma esta »mi espada, e con tu mano misma faz de mí justicia, e toma de mí la tu ven- »ganza qual quisieres: ca yo la sufrire con mucha paciencia pues que te erré.» »Y el Rey fue muy turbado de la su vista, e assimismo de las sus palabras... »Y el falso conde don Julian le dixo: «Señor, ¿no tornas sobre la sancta fe »de Jesu Christo, que del todo se va a perder? levantate y defiendela: que »muy grand poder te traygo, y serviras a Dios e cobrarás la honra que »tenias perdida: levantate e anda acá, e da duelo de la mezquina de Espa- »ña que se va a perder, e adolecete de tantas gentes como perescen por »mengua de no tener señor que las defienda.» Y el conde don Julian le dezia »todas estas palabras por lo engañar; el diablo que avia tomado la su forma »era, que no el conde. Mas el Rey no se pudo detener que le non dixesse: »«Conde, id vos y defender la tierra con essa gente que tenedes, assi como »lo fuistes a perder por la vuestra tan grandissima traycion que a Dios »et a mí fezistes. E assi como traxistes los moros enemigos de Dios e de su »sancta fe, e los metistes por España, assi los lanzad fuera della y la defen- »ded; que yo no vos mataré ni vos ayudaré a ello, y dexadme a mí ca yo no »soy para el mundo; que aqui quiero facer penitencia de mis pecados: e no »me movades más con estas razones.» Y el falso del conde don Julian se »levantó y se fue a la gran compaña que avia traydo; e traxolos todos antel »Rey. Y el Rey como vido aquella gran compaña de cavalleros vido entrellos »algunos que él bien pensava que eran muertos en la batalla. E dixeronle »todos a muy altas vozes: «Señor, ¿a quien nos mandas que tomemos por »Rey nuestro señor e por señor que nos ampare y nos defienda, pues que »tú no quieres defender la tierra ni yrte con nosotros?... Cata, señor, que no »es servicio de Dios que dexes perecer tanta christiandad como de cada día »se pierde por tú estar aqui solo y apartado como estás»... Y el Rey cuando »oyo estas palabras, fue movido a piedad, e vinieronle las lagrimas a los »ojos, que las no podian tener: y estava de tal manera tornado, que el seso »se le avia fallecido, et callava, et non respondia cosa ninguna que le dixessen. »E todas estas compañas que lo veyan quexavanse muy mucho, e davan muy »grandes vozes, e facian muy grandes ruydos e clamores... Y el Rey en to- »do esto no fazia sino llorar, e nunca les fabló cosa ninguna.» (Cap. CCL de la segunda parte.)

Divídese la llamada *Crónica de D. Rodrigo* en dos partes: la primera consta de doscientos sesenta y dos capítulos; la segunda, de doscientos sesenta y seis; interminable difusión que es el mayor pecado del libro. En rigor, sólo la primera parte y los últimos capítulos de la segunda tienen relación con aquel monarca. El protagonista de la segunda es el infante don Pelayo. En esta *Crónica* es donde se encuentra por primera vez, y muy prolijamente narrada, la fabulosa historia de su infancia, los amores de su padre, el duque Favila, con la princesa doña Luz; el secreto nacimiento del futuro restaurador de España, expuesto a la corriente del Tajo, como nuevo Moisés, nuevo Rómulo o nuevo Amadís; el juicio de Dios, en que el encubierto esposo de doña Luz defiende su inocencia, y todo lo demás de esta sabrosa, aunque nada popular y nada original leyenda, a la cual dió nuevo realce en las postrimerías del siglo XVII la pintoresca pluma del Dr. Lozano, en su libro vulgarísimo de los *Reyes Nuevos de Toledo*, del cual tomaron este argumento, Zorrilla para la leyenda de *La Princesa doña Luz*, que es de las mejores suyas, y Hartzenbusch para aquella transformación castellana del asunto trágico de Mérope, que llamó *La Madre de Pelayo*, drama menos conocido y celebrado de lo que merece.

Tiene el libro de Pedro del Corral larga e ilustre descendecia en la historia literaria; pero no es menor la que obtuvo, sin merecerla, un retoño suyo, harto degenerado. De la primitiva *Crónica* proceden todos los romances calificados de viejos entre los de don Rodrigo; vejez muy relativa, puesto que ninguno de ellos parece anterior al siglo XVI. No puede llamarse vulgar el libro que inspiró algunos de estos bellos fragmentos. Todavía hoy el tema épico de la penitencia de don Rodrigo continúa vivo en la tradición popular, como lo prueban los romances que se han recogido en Asturias. Aquella *trufa* o *mentira paladina*, no sólo penetró en la imaginación del vulgo, sino que arrastró a egregios historiadores, en quienes pudo más el amor a lo maravilloso que la severidad crítica. El P. Mariana, que escribía la historia como artista y cuidaba más del gran estilo que de la puntualidad histórica, manifestó ciertas dudas sobre el palacio encantado de Toledo («algunos tienen todo esto por fábula, por invención, y patraña; nos ni la aprobamos por verdadera ni la desechamos como falsa»); pero no tuvo reparo en valerse, para su elegantísima narración de los amores de la Cava, del libro apócrifo de Pedro del Corral, dándonos, como él, aunque en locución muy diversa, el texto de la carta en que la triste heroína notició a su padre la deshonra.[1]

Pero antes de expirar la misma centuria décimasexta, la *Crónica de don Rodrigo*, que comenzaba a parecer arcaica en el lenguaje y participaba tanto del género ya desprestigiado de los libros de caballerías, fué indignamente suplantada por un inepto falsificador que trató de sustituir aquella leyenda con otra de más pretensiones históricas y más acomodada al gusto de la época. Esta nueva ficción tuvo un carácter de mala fe y de impudencia que no había tenido la primera. Un morisco de Granada, llamado Miguel de Luna, intérprete oficial de lengua arábiga (lo cual agrava su culpa, a la vez que da indicio de la postración en que habían caído los estudios orientales en España), hombre avezado a este género de fraudes, y de quien se sospecha por vehementes indicios que tuvo parte en la invención de los libros plúmbeos del Sacro Monte,[2] fingió haber descubierto en la biblioteca del

---

[1] No para aquí el epistolario de la Cava, que se convirtió en un tema retórico:

> Cartas escribe la Cava,
> La Cava las escribía

es principio de un romance antiguo. Miguel de Luna hilvanó otra carta; otra distinta de todas las anteriores trae Saavedra Fajardo en su *Corona Gótica*, y finalmente, hay una en verso del coronel don José Cadalso, en el estilo de la *Heroidas*, de Ovidio.

[2] Vid. Godoy Alcántara, *Historia Crítica de los falsos cronicones* (Madrid, 1867), pág. 97 y ss. El libro de Miguel de Luna está allí perfectamente caracterizado.

Los *Plomos de Granada*, escritos en lengua arábiga, son composiciones fantásticas análogas en gran manera a los libros apócrifos de los primeros siglos cristianos; pero forjados con un fin de proselitismo religioso, y no con miras literarias, salen fuera del cuadro que voy bosquejando y por otra parte nada podría añadir yo al admirable estudio que de ellos hizo el malogrado Godoy Alcántara en su obra citada.

Escorial una que llamó *Historia verdadera del rey D. Rodrigo y de la pérdida de España*... «compuesta por el sabio Alcayde Abul-»cacim Tarif Abentarique, natural de la ciudad de Almedina en »la Arabia Petrea»,[1] y publicó esta supuesta traducción, haciendo alarde de sacar al margen algunos vocablos arábigos para mayor testimonio de su fidelidad. Este libro, disparatado e insulso, que como novela está a cien leguas de la *Crónica Sarracina*, cuanto más de las deliciosas *Guerras de Granada*, que quizá el autor se propuso remedar, logró, sin embargo, una celebridad escandalosa, teniéndole muchos por verdadera historia y utilizándole otros como fuente poética. De Luna procede el nombre de *Florinda*, no oído hasta entonces en España, y nada gótico ni musulmán tampoco, sino aprendido en algún poema italiano. De Luna, la carta alegórica y poco limpia en que Florinda da a entender a su padre la desgracia que la había acontecido con el Rey; carta que versificó Lope de Vega en su comedia *El Ultimo Godo*, basada enteramente en este libro apócrifo. Luna estropea todas las invenciones de Pedro del Corral: convierte, por ejemplo, al ermitaño en un simple pastor o villano, cuyo encuentro con don Rodrigo conduce sólo a un cambio de trajes. En lo único que lleva ventaja poética a su modelo es en el género de muerte que da a la Cava: Pedro del Corral la hacía morir prosaicamente de la gangrena producida por una espina de pescado que se le clavó en la mano derecha, estando en Ceuta. Miguel de Luna, aprovechando cierta tradición malagueña, indicada ya por Ambrosio de Morales, hace que Florinda ponga fin a sus días arrojándose de una torre de aquella ciudad.

Ambas novelas, la de Corral y la de Luna, han servido de guía a insignes autores modernos. Walter Scott, para su poemita *The Vision of Don Roderik* (1811), consultó al supuesto Abentarique.

---

[1] *La verdadera hystoria del rey Don Rodrigo, en la qual se trata la causa principal de la pérdida de España y la conquista que della hizo Miramamolin Almanzor, Rey que fue del Africa y de las Arabias. Compuesta por el sabio Alcayde Albucacim Tarif Abentarique, de nacion arabe, y natural de la Arabia Petrea. Nuevamente traduzida de la lengua arabiga por Miguel de Luna,*

A éste también, y a Pedro del Corral, a quien equivocadamente llama Rasis, sigue Wáshington Irving en sus *Legends of the conquest of Spain* (1826); pero a todos superó Roberto Southey, autor de *Roderick, the last of the Goths*, poema en verso suelto y en veinticinco cantos, publicado en 1815. Era Southey persona doctísima en nuestra literatura e historia, como lo acreditan varias obras suyas, entre ellas sus *Cartas sobre España* (1797), sus refundiciones del *Amadís de Gaula* y del *Palmerín de Inglaterra*, su *Crónica del Cid* (1808) y su *Historia de la guerra de la Península* (1823). Se preparó, pues, concienzudamente para su tarea del modo que lo indican las notas de su poema, donde están apuntadas casi todas las fuentes, aun las menos vulgares, así históricas como fabulosas. Poseedor de una colección de libros españoles que debía de ser muy rica, a juzgar por las muestras, procuró aprovecharlos para dar color a su obra y llenarla de mil curiosidades históricas y geográficas. Pero el principal fundamento de su poema fué, sin duda, la *Crónica del Rey D. Dodrigo*, que mejoró y embelleció en gran manera con invenciones poéticas dignas de la mayor alabanza. En vez de la desatinada y grosera penitencia que Pedro del Corral y los romances atribuyen a don Rodrigo, el héroe de Southey, después de cerrar los ojos al monje Romano que le había acogido en su ermita, y vivir en soledad un año entero, macerando su cuerpo y purificando su espíritu, toma sobre sí la grande y desinteresada empresa de contribuir a la restauración de la monarquía visigótica en provecho ajeno; busca y encuentra en Pelayo al héroe providencial que había de dar cima a la empresa, hace a su lado prodigios de valor en la batalla de Covadonga y desaparece después del triunfo, reconociéndole tardíamente los cristianos por sus armas y caballo. En esta obra de cristiana y generosa poesía, la regeneración moral no alcanza solamente a don Rodrigo, sino al mismo conde don Julián y a su hija, que mueren en

---

vezino de Granada, e interprete del rey don Phelippe nuestro señor. Impresa por René Rabut: año de 1592. 4º.

Hay, por lo menos, nueve ediciones de este libro, que todavía es muy vulgar en España. Casi todos los catálogos de libros antiguos empiezan por él.

una iglesia de Cangas, perdonando a don Rodrigo y recibiendo su perdón.[1] El poema de Southey es seguramente el mejor de los que se han dedicado a este argumento de nuestra historia.[2]

El camino abierto de tan notable manera a los ingenios españoles por Pedro del Corral no tuvo por de pronto quien le siguiese. La *Crónica de D. Rodrigo* es la única novela histórica de la Península en el siglo XV. Hubo, no obstante, algunos libros de caballerías, traducidos del francés, donde predomina en gran manera el elemento histórico sobre el novelesco.[3] Tal sucede con la *Hystoria de la doncella de Francia y de sus grandes hechos: sacados de la chronica Real por un cavallero discreto embiado por embaxador de Castilla en Francia por los reyes Fernando e Isabel a quien la presente se dirige*,[4] que es una crónica anovelada de Juana de Arco; y tal con la *Crónica llamada el triunpho de los nueve preciados de la fama, en la qual se contienen las vidas de cada uno, y los excelentes hechos en armas y proezas que cada uno hizo en su vida grandes, con la vida del muy famoso cavallero Beltran de Guesclin, condestable que fue de Francia y duque de Molina;*

---

[1] *Roderich, the last of the goths.* By Robert Southey, Esq. Poet Laureate and Member of the Royal Spanish Academie... London, 1815, printed for Longman, Hurst, Rees, Orme and Brown, 1815, 2 vols.

[2] Nuestro Zorrilla concentró enérgicamente algunos de los mejores rasgos del poema de Southey en sus dos tan populares cuadros dramáticos *El puñal del Godo* y *La Calentura*.

[3] Al mismo género puede reducirse una obra muy rara, original y de asunto clásico: *La fundacion y destruycion de la cibdad de Monuedro antiguamente llamada Sagunto. Cō la vida y hystoria del fuerte cauallero Aníbal, emperador de Africa. Ay mas la fundacion de Roma y la fundacion de Cartago llamado Tunez, y la fundacion de la torre de Babilonia.* (Colofón): *Fue empremida la presente obra en la metropolitana Cibdad de Valēcia por Jorje Castilla ipressor de libros acabose a xiij Dias del mes de deziembre. Año de Mill y Quinientos y veinte años.*

Posee un ejemplar de este rarísimo libro mi amigo don José E. Serrano Morales, en su selecta biblioteca de Valencia.

[4] Tuvo, por lo menos, tres diciones: Sevilla, por Juan Cromberger, 1531; Burgos, por Felipe de Junta, 1557; Burgos, 1562, todas en 4º, y de letra de tortis. El difunto conde de Puymaigre escribió un artículo sobre las fuentes de esta *Crónica*, pero no puedo encontrarle en este momento, ni siquiera recordar el título de la revista o colección en que se publicó.

nuevamente trasladada de lenguaje francés en nuestro vulgar castellano, por el honorable varón Antonio Rodríguez Portugal, principal rey de armas del rey nuestro señor. El traductor, que era portugués, publicó su obra en Lisboa, 1530, siendo retocado el estilo en posteriores ediciones por el humanista maestro de Cervantes Juan López de Hoyos «ajustando, los vocablos de ella al uso presente y policia cortesana», porque tenía «la lengua barbárica y sin stylo y en algunas impropiedades muy licenciosa». Los nueve de la Fama son Josué, David, Judas Macabeo, Alejandro, Héctor, Julio César, el rey Artús, Carlo Magno y Codofredo de Bullón, a cuyas biografías se añade la de Duguesclin por complemento; extraño consorcio de historia sagrada y profana, mitología y caballería andantesca. Es traducción de una obra francesa anónima dedicada al rey Carlos VIII e impresa en 1487.[1]

Pocas, pero muy notables, manifestaciones tiene la novela histórica en el gran cuadro literario del siglo XVI. Apenas me atrevo a contar entre ellas el *Marco Aurelio,* de Fr. Antonio de Guevara, porque aun siendo fabulosa la mayor parte de su contenido, carece de verdadera acción novelesca. Predomina en este famoso libro la intención didáctica, y la forma no es narrativa, sino completamente oratoria, tanto en los razonamientos como en las cartas. En ser un doctrinal de príncipes con estilo retórico y ameno se parece a la *Cyropedia* de Xenofonte, que seguramente había leído Guevara en la traducción latina de Francisco Philelpho, impresa ya en 1474.[2]

---

[1] *Cy fine le liure intitulé le triumphe des neuf preux, ouquel sont contenus tous les fais et proesses quilz ont acheuez durant leurs vies, avec lystoire de bertran de guesclin. Et a esté imprimé en la ville dabbeuille par Pierre gerard, et finy le penultieme iour de may lan mil quatre cēs quatre vingt et sept* (Brunet).
Es libro raro y precioso, y no menos la primera edición castellana, impresa en Lisboa, *por German Gallarde, a costa de Luis Rodriguez, librero del rey... acabose a XXVj de junio del año de la saluacion de mil quinientos y treynta años.*
Fue reimpreso en Valencia, por Juan Navarro, 1552; en Alcalá de Henares, 1585 (corregido por el maestro López de Hoyos), y en Barcelona, por Pedro Malo, a costa de Ricardo Simón, 1586.

[2] La cita expresamente y con gran encarecimiento en el prólogo general del *Relox de Príncipes.*

Aunque la singular fisonomía de Xenofonte, a un tiempo filósofo socrático y jefe de bandas mercenarias, no se haya reproducido totalmente en ningún escritor de los que han florecido fuera de las extrañas condiciones históricas en que tal tipo fué posible, todavía es de los autores clásicos que parcialmente han influído más en la cultura de los pueblos modernos. A ello han contribuído la forma popular y accesible de sus obras, lo interesante, simpático y a veces familiar de sus asuntos, la candorosa nobleza de su estilo, aquella templada y suave armonía de cualidades que hacen de él uno de los dechados más perfectos de la urbanidad ática en su mejor tiempo, por lo mismo que en ciertas condiciones superiores, todavía más humanas que griegas, cede a Platón y a tantos otros. La mediana elevación de su pensamiento, el buen sentido constante, la honradez benévola pero no exenta de cálculo, unidas a cierto grado de elevación moral y de sinceridad religiosa, hacen sobremanera deleitables sus enseñanzas, vertidas en una forma que es un prodigio de naturalidad elegante y graciosa.

No tiene la *Cyropedia* la deliciosa sencillez de la *Anabasis* (dechado de narraciones militares), cuyo estilo fluye con la limpieza de un arroyo transparente. Es obra mucho más retórica, y pertenece a un género híbrido de historia y de novela. Los antiguos la consideraron siempre como historia ficticia,[1] y sólo en tiempos sin crítica se la pudo estimar como documento fehaciente. Entre las novelas, es la más antigua de las pedagógico-políticas, y aunque escrita por un ciudadano ateniense, rebosa de espíritu monárquico. Enfrente del ideal de perfecta república comunista soñado por Platón y de sus poéticos ensueños sobre las tierras atlánticas, el espíritu aristocrático de Xenofonte se complace en trazar el ideal del príncipe perfecto, mezclando reminiscencias de Persia y de Lacedemonia. Algunos admirables trozos, como la

---

[1] Cicerón lo dice expresamente: «*Cyrus ille a Xenophonte non ad historiae fidem scriptus, sed ad effigiem iusti imperii, cuius summa gravitas ab illo philosopho cum singulari comitate coniungitur (Epistolar. ad Quintum fratrem,* I, I, 8).

dulcísima historia de Abradato y Panthea, o el testamento de Cyro, apenas bastan para compensar la fatiga con que se leen los innumerables razonamientos e instrucciones políticas y morales que llenan lo restante del libro. Tal como es, en él comienza un género muy cultivado en las literaturas modernas, y cuyo más antiguo ejemplar pertenece a la nuestra del Renacimiento.

El *Libro llamado Relox de Príncipes,* más generalmente conocido por *Libro Aureo del emperador Marco Aurelio,* aunque no fué impreso con anuencia de su autor hasta 1529,[1] era muy conocido antes en copias manuscritas, y había tenido varias ediciones fraudulentas, siendo además usurpados por impudentes pla-

---

[1] *Libro llamado Relox de Principes en el qual va encorporado el muy famoso libro de Marco Aurelio: auctor del un libro y del otro que es el muy reverendo padre fray Antonio de Guevara predicador y cronista de su magestad: y agora nueuamente electo en obispo de Guadix: el auctor avisa al lector q̄ lea primero los plogos si quiere entender los libros. Cō preuilegio imperial p̄a los reynos de Castilla y otro p̄vilegio p̄a la corona de aragon.*

(Al fin): *Aqui se acaba el libro llamado relox de principes y marco aurelio: libro ciertamente muy prouechoso: y por muy alto estilo escripto: y que salva pace en la lengua castellana podemos con verdad dezir que es unico: bien paresce el auctor aver en él consumido mucho tiēpo pues nos le dio tan corregido: roguemos a dios todos por su vida: pues es de nuestra nacion española: para que siempre vaya adelante con su doctrina. Acabose en la muy noble villa de Valladollid: por maestre Nicolas tierri impsor de libros. A ocho dias de abril de mil y quinientos y veynte nueve años.*

Fól. gót. 6 hs. prels. sin foliar, 14 de prólogo, 309 de texto y una en blanco.

La edición de 1532, Barcelona, por Carlos Amorós, lleva añadidos «nueve cartas y siete capítulos, no de menor estilo y altas sentencias que todo lo en él contenido». Los capítulos añadidos (entre los cuales figuran las epístolas amatorias de Marco Aurelio) son los que van del 58 al 73 del libro III.

Es de presumir que contenga las mismas adiciones el *Libro Aureo de Marco Aurelio Emperador, eloquentissimo orador,* impreso en Venecia por Juan Bautista Pedrezano, en 1532 (según creemos, con asistencia del corrector Francisco Delicado), «por importunación de muy muchos señores a quien »la obra y estilo y lengua romāce castellana muy mucho aplaze: correcto »de las letras que trocadas estavan». A lo menos, en el frontis se dice que contiene «muchas cosas hasta aqui en ninguno otro impresas».

Son muy numerosas las ediciones posteriores a éstas, pero no tienen estimación bibliográfica.

giarios algunos de sus mejores fragmentos, de todo lo cual se queja amargamente en su prólogo el ingeniosísimo cronista y predicador de Carlos V, que era entonces obispo electo de Guadix y luego lo fué de Mondoñedo.[1] La aparición de este su primer libro fué uno de los grandes acontecimientos literarios de aquella corte y de aquel siglo, tanto en España como en toda Europa. Fué tan

---

[1] «Yo comence a entender en esta obra el año de *mil y quinientos y* »*diez y ocho,* y hasta el año de veynte y quatro ninguno alcanço en qué yo »estava ocupado: luego el siguiente año de *veynte y quatro,* como el libro »que tenia yo muy secreto estuviesse divulgado, estando su Magestad *(Car-* »*los V)* malo de la quartana, me le pidió para pasar tiempo y aliviar su »calentura. Yo serví a su Magestad estonces con Marco Aurelio: el qual »aun no le tenia acabado ni corregido, y supliquéle humildemente que no »pidia otra merced en pago de mi trabajo, sino que a ninguno diesse lugar »que en su real camara trasladasse el libro, porque en tanto que yo yva »adelante con la obra, y que no era mi fin de publicarla de la manera que »estonces estava, si otra cosa fuesse, su Magestad sería muy deservido y »yo perjudicado. Mis pecados que lo uvieron de hacer: el libro fue hurtado »y por manos de diversas personas traydo y trasladado, y como unos a otros »le hurtavan y por manos de pajes le escrevian, como cada dia crescian »en él más las faltas, y no avia más de un original por do corregirlas. Es »verdad que me trugeron algunos a corregir: que si supieran hablar, ellos »se quexasen más de los que los escrivieron, que no yo de los que le hurta- »ron. Añadiendo horror sobre herror, ya que yo andaba al cabo de mi obra »y queria publicarla, *remanesce Marco Aurelio impresso en Seuilla,* y en »este caso yo pongo por juezes a los lectores entre mí y los impresores, para »que vean si cabia en ley ni justicia un libro que estaba a la imperial majes- »tad dedicado, era el auctor niño, estava imperfecto, no venia corregido, »que osase ninguno imprimirlo ni publicarlo. No parando en esto el negocio »*imprimieronse otra vez en Portugal y luego en los reynos de Aragon, y si fue* »*viciosa la imprission primera no por cierto lo fueron menos la segunda y ter-* »*cera;* por manera que lo que se escrive para el bien comun de la republica, »cada uno lo quiere aplicar en provecho de su casa. Otra cosa acontesció »con Marco Aurelio, la qual he verguença de la dezir, pero más la habrán de »tener los que la osaron hazer, y es que algunos se hazian auctores de la »obra toda, otros en sus escripturas enxerian parte della como suya propria: »lo qual paresce *en un libro impresso do el auctor puso la plática del villano,* »*y en otro libro tambien impresso puso otro la habla que hizo Marco Aurelio* »*a Faustina, quando le pidio la llave.* Pues estos ladrones han venido a mi »noticia, bien pienso yo que se deve aver hurtado más hazienda en mi casa. »En esto veran que Marco Aurelio no estava corregido, pues agora se le »damos muy castigado. En esto veran que no estava acabado, pues agora »sale perfecto. En esto veran que le faltava mucho, pues agora le veran aña- »dido...» (Fol. XIIII de la edición de Valladolid.)

leído como el *Amadís de Gaula* y la *Celestina*, y es cuanto puede encarecerse. Se multiplicaron sus ediciones en latín, en italiano, en francés, en inglés, en alemán, en holandés, en danés, en húngaro, en casi todas las lenguas vulgares de Europa, y todavía en el siglo XVIII hubo quien le tradujese al armenio. Tuvo panegiristas excelsos y encarnizados detractores. Fué la biblia y el oráculo de los cortesanos, y el escándalo de los eruditos. Hoy yace en el olvido más profundo. En realidad, ni una cosa ni otra merecía. El *Marco Aurelio* no es la mejor obra de Guevara: vale mucho menos que sus epístolas tan graciosas y tan embusteras, según frase del Padre Isla; vale menos que sus tratados cortos de moral mundana, como el *Menosprecio de la corte* y el *Aviso de privados*. Pero Guevara es un escritor de primer orden, uno de los grandes prosistas anteriores a Cervantes, y no hay rasgo de su pluma que no merezca atención, cuanto más este libro que era el predilecto suyo, el que trabajó con más esmero y el que más ruido hizo entre sus contemporáneos.

¿Influyó algo en esto el que se le tuviese por historia verdadera del emperador Marco Aurelio y por epístolas auténticas de aquel emperador las que contiene? Creemos que no. La dicción era demasiado transparente para que nadie de mediano juicio cayese en engaño. Ya antes de imprimirse el *Relox de príncipes*, negaban muchos la autenticidad de tales cartas; y la parte del prefacio en que Guevara les contesta, alegando el testimonio del códice que le habían traído de Florencia, está escrita en tono de burlas, y sirve para confirmar lo mismo que niega: «Muchos se »espantan en oir dotrina de Marco Aurelio, diziendo que cómo ha »estado oculta hasta este tiempo, y que yo de mi cabeza la he in- »ventado... Los que dizen que yo solo compuse esta dotrina, por »cierto yo les agradezco lo que dizen, aunque no la intención con »que lo dizen, porque a ser verdad que tantas y tan graves senten- »cias haya yo puesto de mi cabeza, una famosa estatua me pu- »sieran los antiguos en Roma. Vemos en nuestros tiempos lo que »nunca vimos, oimos lo que nunca oimos, experimentamos un »nuevo mundo, y por otra parte maravillámonos que de nuevo se »halle ahora un libro.» Y como si no bastase el hallazgo del códice

Florentino, nos anuncia a continación otro no menos prodigioso que le habían enviado de Colonia: el de los diez libros *de Bello Cantábrico,* escritos nada menos que por el emperador Augusto; y añade con sorna: «Si por caso tomasse trabajo de traducir aquel »libro, como *son pocos los que le han visto,* también dirian dél lo »que dizen de Marco Aurelio.»

Todos los libros profanos de Fr. Antonio de Guevara, sin excepción alguna, están llenos de citas falsas, de autores imaginarios, de personajes fabulosos, de leyes apócrifas, de anécdotas de pura invención, y de embrollos cronológicos y geográficos que pasman y confunden. Aun la poca verdad que contienen, está entretejida de tal modo con la mentira, que cuesta trabajo discernirla. Tenía, sin duda, el ingeniosísimo fraile una vasta y confusa lectura de todos los autores latinos y de los griegos que hasta entonces se habían traducido, y todo ello lo baraja con las invenciones de su propia fantasía, que era tan viva, ardiente y amena. Lo que no sabe, lo inventa; lo que encuentra incompleto, lo suple, y es capaz de relatarnos las conversaciones de las tres famosas cortesanas griegas Lamia, Laida y Flora, como si las hubiese conocido.

Todo esto en un historiador formal sería intolerable, pero ¿por ventura lo era Fray Antonio de Guevara? No creemos que nadie le tuviese por tal, a pesar de su título de cronista del César. Él no se recataba de profesar el más absoluto pirronismo histórico, y cuando uno de los mejores humanistas de su tiempo, el Bachiller Pedro de Rhua, profesor de letras humanas en la ciudad de Soria, emprendió, quizá con más gravedad y magisterio de lo que el caso requería, pero con selecta erudición, con crítica acendrada y a veces con fina y penetrante ironía, poner de manifiesto algunos de los infinitos yerros y falsedades históricas que las obras de Guevara contienen, el buen Obispo le contestó con el mayor desenfado que no hacía hincapié en historias gentiles y profanas, salvo para tomar en ellas un rato de pasatiempo, y que fuera de las divinas letras no afirmaba ni negaba cosa alguna. La réplica del Bachiller Rhua es una elocuente y admirable lección de crítica histórica, pero Guevara no estaba en disposición de recibirla. Le faltaba el respeto a la santa verdad de las cosas pasadas y a los oráculos de la venerable antigüedad. Pero tampoco era un falsario de profesión como los Higueras y Lupianes del siglo XVII, sino un moralista agridulce que buscaba en la historia real o inventada adorno o pretexto para sus disertaciones, donde lo de menos era la erudición y lo principal la experiencia del mundo: un satírico, entre mordaz y benévolo, de las flaquezas cortesanas; y sobre todo un original artífice de estilo, creador de una forma brillante y lozana, culta y espléndida, cuyo agrado no podemos menos de sentir aun teniendo que declararla muchas veces viciosa y amanerada.

Claro es que la profesión religiosa y la dignidad episcopal del agudo autor montañés [1] no se compadecían muy bien con tan des-

---

[1] La patria de Guevara consta de una manera explícita en su *letra al abad de San Pedro de Cardeña*, que es la XXXIV de la primera serie de las *Epístolas familiares:* «Que *como naci en Asturias de Santillana* y no en el »potro de Cordoba, ninguna cosa pudiera enviarme a mí más acepta que »aquella carne salada» (alude a unas cecinas que le había regalado el abad).

Los que creen salir del paso con decir que ésta es una frase proverbial y metafórica, harían bien en presentar algún ejemplo de ella. Entretanto séanos permitido tomarla en su sentido recto, mucho más cuando, sin salir de la misma carta, la corroboran otras palabras del mismo Guevara, tan terminantes como éstas: «A los que *somos montañeses* no nos pueden negar »los castellanos que cuando España se perdió, no se hayan salvado en solas »las montañas todos los hombres buenos, y que después acá no hayan salido »de alli todos los nobles. Decia el buen Íñigo Lopez de Santillana que en »esta nuestra España, que era muy peregrino o muy nuevo el linaje que en »*la Montaña* no tenia solar conocido.» Y en la epístola XV de la segunda serie a don Alonso Espinel, corregidor de Oviedo: «Verdad es que los viejos de mi »tierra, *la Montaña*, más cuenta tienen con la taberna que no con la botica.»

Contra afirmaciones tan terminantes nada prueba el epitafio de Guevara donde se le llama *patria alavensis*, aunque se la suponga compuesto por él mismo. La voz *patria* admite varias acepciones, entre ellas la de origen. No hay duda que el linaje de Guevara procede de Álava, y en este sentido Fr. Antonio pudo llamarse *alavés*. Pero en el verbo *nacer* no cabe anfibología alguna. Nació, pues, Fr. Antonio de Guevara en la merindad de Asturias de Santillana, nombre que antiguamente se daba a la parte mayor de lo que hoy es provincia de Santander, denominada también *montañas de Burgos*, o simplemente *la Montaña*, como todavía la llaman, por antonomasia, castellanos y andaluces. En cuanto al lugar de su nacimiento, apenas puede dudarse que lo fué Treceño (en el actual ayuntamiento de Valdáliga), donde persevera la torre de los de su apellido y donde consta que pasó su infancia: «Acuerdome que siendo muy niño, *en Treceño*, lugar de nuestro »mayorazgo de Guevara, vi a D. Ladron, mi tio, y a D. Beltran, mi padre,

envuelta y extravagante manera de atropellar la certidumbre histórica, y sin duda por eso le censuraron con tanta acrimonia varones doctísimos como Antonio Agustín y Melchor Cano. Pedro Bayle, que en su famoso *Diccionario histórico* le dedica dos páginas llenas de vituperios, se arrebata hasta llamarle «envenenador público, y seductor que en el tribunal de la república de las letras merecería el castigo de los profanos y de los sacrílegos»; pero se me antoja que el maligno y eruditísimo crítico de Amsterdam no llegó a comprender, a pesar de toda su perspicacia, el verdadero carácter e intención de los escritos de Guevara, cuya seudohistoria es una broma literaria.

Del verdadero Marco Aurelio, del admirable filósofo estoico, cuyo examen de conciencia, el más sublime que pudo hacer un gentil, leemos con pasmo y reverencia en los *Soliloquios*, apenas hay rastro alguno en el libro de Guevara, en lo cual no se le puede culpar mucho, puesto que los doce libros εἰσ ἑαυτον no fueron impresos hasta 1559 ni en griego ni en latín, siendo su primer intérprete Guillermo Xylandro.[1] Tenía Guevara una muy vaga idea de que existían escritos de Marco Aurelio, y de aquí tomó pie para su invención: «Todo lo más que él escribió fue en Griego, y tam- »bien algunas cosas en Latin; saqué, pues, del Griego con favor de »mis amigos, de Latin en romance con mis sudores propios». Para la vida del Emperador se valió de Herodiano y de los escritores de la Historia Augusta, Lampridio y Julio Copitolino, a los cuales añadió muchas circunstancias de propia minerva, invocando para ello el testimonio de tres biógrafos imaginarios, Junio Rústico, Cina Catulo y Sexto Cheronense, de quienes dice: «Estos tres »fueron los que principalmente como testigos de vista escrivieron »todo lo más de su vida y doctrina».

»traer luto por vuestro padre.» (Letra al obispo de Zamora, don Alonso de Acuña.) Pudiéramos añadir otras pruebas genealógicas, pero serían superfluas después de lo dicho.

[1] *M. Antonini Imperatoris Romani, et Philosophi de se ipso seu vita sua Libri XII. Graecê et Latinê nunc primum editi, Gulielmo Xylandro Augustano interprete: qui etiam Annotationes adjecit... Tigvri apud Andream Gesnerum,* 1559.

En realidad, el *Marco Aurelio* y el *Relox de Príncipes* son dos libros distintos y que pudieron correr independientes. El primero está *incorporado* en el segundo, según frase de su mismo autor, pero se infiere de sus declaraciones que fué compuesto antes. El *Marco Aurelio*, único que se da como traducción, es libro de falsa historia; el *Relox de Príncipes* es obra didáctica y de plan mucho más vasto. «No fue mi principal intento de traduzir a Mar-
»co Aurelio, sino hacer un Relox de Principes, por el cual se guiasse
»todo el pueblo Christiano. Como la dotrina avia de ser para muchos,
»quiseme aprovechar de lo que escrivieron y dixeron muchos
»sabios, y desta manera procede la obra en que pongo uno o dos
»capítulos míos, y luego pongo alguna epistola de Marco Aurelio,
»o otra dotrina de algun antiguo... Este Relox de Principes se
»divide en tres libros. En el primero se trata que el Principe sea
»buen Christiano. En el segundo, cómo el Principe se ha de aver
»con su mujer y hijos. En el tercero cómo ha de gobernar su per-
»sona y republica.»

Expuesto ya, por boca del autor, el plan del libro, en cuya doctrina moral y política no nos detendremos, por ser materia ajena de este lugar, sólo nos cumple advertir que las supuestas cartas de Marco Aurelio son más bien largos discursos en forma epistolar, donde se desarrollan, con elocuencia a veces, otras con verbosidad empalagosa, todos los lugares comunes que vienen atestando desde tiempo inmemorial los libros destinados para la educación de los príncipes, sin que los príncipes aprendan gran cosa en ellos. Es el defecto del género, y no se libraron de él ni Xenofonte en su tiempo ni el autor del *Telémaco* en el suyo. Hay en Guevara elegantes amplificaciones sobre la paz y la guerra, sobre la fortuna y la gloria, sobre la ambición y la justicia; invectivas muy valientes contra la tiranía y todo género de iniquidades; sanos consejos pedagógicos; advertencias, máximas y documentos de buen gobierno, que no por ser vulgares, dejan de ser eternamente verdaderos, y que cobran nuevo realce por la alusión no muy velada a las cosas del momento. Hay trozos escritos con gran propiedad, nervio y eficacia, muestras de la más culta y más limada prosa del tiempo de Carlos V; por ejemplo, la invectiva contra la corrupción romana, que se lee en la carta de Marco Aurelio a su amigo Cornelio sobre los trabajos de la guerra y la vanidad del triunfo. Aunque el estilo de Fr. Antonio de Guevara sea por lo común más deleitoso que enérgico, y abuse en extremo de todos los artificios retóricos, que le enervan, recargan y debilitan, alguna vez se levanta con ímpetu desusado y descubre una genialidad oratoria poderosa, pero intemperante. Puede decirse que ninguna condición de buen escritor le faltó, salvo la moderación, el tino para saber escoger, el buen gusto para saber borrar. Es un autor terriblemente *tautológico*, y Cicerón mismo puede pasar por un portento de sobriedad a su lado. Anega las ideas en un mar de palabras, y siempre hay algo que se desearía cercenar, aun en sus mejores páginas. Pero ¡qué variedad de tonos y recursos de estilo, desde las cartas graves y doctrinales de los primeros libros, hasta aquel singular epistolario galante que puso por apéndice, en que nos da las cartas de Marco Aurelio a sus amigas y enamoradas de Roma! ¡Qué correspondencia para atribuída al cándido y ejemplar marido de Faustina! [1]

---

[1] En la epístola 60 de las familiares a D. Fadrique de Portugal, arzobispo de Zaragoza y virrey de Cataluña, se muestra pesaroso de haber *traducido* (como él dice) estas cartas que, por lo demás, aunque profanas, nada tienen de licenciosas. «Para deciros, señor, verdad, a mí me quedaron pocas »cartas de Marco Aurelio, digo de las que son morales y de buenas doctri- »nas; que de las otras que escribió siendo mozo a sus enamoradas, aun ten- »go razonable cantidad dellas, las cuales son más sabrosas para leer que no »provechosas para imitar. Muchas veces he sido importunado, rogado, per- »suadido y aun sobornado para que publicase estas cartas, y a ley de bueno »le juro que no ha faltado caballero que me daba una muy generosa mula »porque le diese una carta de alguna enamorada, diciendome que se la »habia pedido una dama y le iba la vida en complacerla. Mil veces me he »arrepentido de haber romanceado aquellas cartas de amores, sino que el »conde de Nasao, y el principe de Orange, y D. Pedro de Guevara mi primo, »me sacaron de seso y me hicieron hacer lo que yo no queria ni debia. Siendo »como yo era en sangre limpio, en profesion teologo, en hábito religioso y »en condicion cortesano, bien excusado fuera a mí tomar oficio de enamora- »do, es a saber, en pararme a escribir aquellas vanidades o aquellas livian- »dades; por lo cual, yo pecador, digo mi culpa, y mi gravisima culpa, pues »ofendia a mi gravedad y aun a mi honestidad. Muchos señores y aun seño- »ras se paran a lisongearme y alabarme del alto estilo en que traduje aquellas »cartas, y de las razones tan delicadas y enamoradas que puse en ellas; y

Incansable cultivador de la literatura apócrifa, va entretejiendo Guevara en los interminables capítulos del *Relox de Principes* otra porción de piezas tan legítimas como las de Marco Aurelio: un razonamiento que el filósofo Bruxilo (?) hizo sobre la idolatría, al tiempo de morir (tomado, nos dice con mucha seriedad, de «Pharamasco, lib. XX *De libertate Deorum*», autor nunca visto por nadie); sentenciosas cartas de Cornelia, la madre de los Gracos; supuestas leyes de los Perinenses, de los Rodios, de los Garamantas, y lo que es más grave, un concilio apócrifo de Hipona; cuanto la fantasía más novelera y desenfrenada puede zurcir y barajar. Pero si se examina despacio cada capítulo, se ve que no todo está inventado ni con mucho. La trágica historia de Camma y Sinoris, por ejemplo, está tomada de Plutarco *(de mulierum virtutibus)*, cuyos apotegmas y tratados morales parecen haber sido la principal fuente de la doctrina de Guevara. Para las anécdotas de los filósofos se valió de Diógenes Laercio, y quizá todavía más de la vieja compilación de Gualtero Burley, *De vita et moribus philosophorum*, traducida antiguamente al castellano con el título de *Crónica de las fazañas de los filósofos*. Conocía también las cartas apócrifas de Pitágoras, de Anacarsis, del tirano Falaris y otras tales, que pasaron por auténticas hasta los días de Ricardo Bentley, y realmente el libro de Guevara recuerda algo las biografías fabulosas que componían los sofistas griegos de la decadencia, por ejemplo, la que Filostrato hizo de Apolonio de Tiana.

El parentesco del *Marco Aurelio* con la *Cyropedia* está en la concepción general más que en los pormenores. No se percibe imitación directa fuera de los capítulos L a LVII del libro III,

---

»mejor salud les dé Dios, que yo tome dello gloria ni aun vanagloria; porque »asi me afrento cuando me hablan en aquella materia, como si me echasen »una pulla. Si por traducir yo aquellas cartas amatorias, y haber puesto en »ellas razones tan vivas y requebradas, algun enamorado o alguna enamorada »han pecado, *cogitatione, delectatione, consensu, visu verbo et opere,* otra »y otras mil veces pido a Dios perdon de lo en que le ofendi y del mal »ejemplo que de mí di.»

donde se contienen las pláticas que Marco Aurelio poco antes de morir hizo a su secretario Panucio y a su hijo Commodo, y los consejos que dió a este último para la gobernación de su reino. La obra de Guevara, como la de Xenofonte, vale principalmente por los episodios: allí el de Pantea y Abradato; aquí el famoso de *El villano del Danubio* (cap. III, IV, y X del libro III), que dió asunto a una comedia de nuestro antiguo teatro [1] y a una de las más bellas fábulas de Lafontaine. No hay razón alguna para negar a nuestro Fr. Antonio la total invención de este episodio, que Carlos Nodier, con alguna hipérbole, declara «perfectamente antiguo y del estilo más admirable.» [2] El estilo es el del obispo de Mondoñedo, con sus buenas cualidades y sus defectos, tan pomposo y exuberante como siempre, pero con mucho calor y valentía en algunos trozos, con cierta especie de elocuencia tribunicia, revolucionaria y tempestuosa. El discurso que se supone pronunciado por el rústico de Germania ante el Senado romano es una ardiente declamación contra la esclavitud y una reivindicación enérgica de los derechos naturales de la humanidad hollados por el despotismo de la conquista. El sentido político y social de este trozo prueba la franca libertad con que se escribía en tiempos de Carlos V. La indignación del autor contra la tiranía y los malos jueces parece sincera, a pesar del énfasis retórico y nada rústico con que el villano expresa sus audaces pensamientos.

Tiene el obispo Guevara dos estilos, ambos muy distantes de la elegancia ática y de la perfecta transparencia del estilo de Xenofonte. Uno, el que podemos llamar triunfal y de aparato, y es el que suele reservar para los discursos. Otro, es la prosa de las cartas (sin excluir algunas de las que atribuyó a Marco Aurelio) aguda y sabrosísima, pero cargada de picantes especias, de antíte-

---

[1] *El Villano del Danubio*, de don Juan de la Hoz y Mota. Pone en verso, abreviándole mucho, el discurso del rústico en el Senado.

[2] *Mélanges tirées d'une petite bibliothèque,* p. 162.

A. Chassang *(Histoire du roman dans l'antiquité grecque et latine,* p. 464) aventura la temeraria conjetura de que el *Marco Aurelio* de Guevara puede ser la última refundición de alguna novela filosófica de la antigüedad, en el género de la *Vida de Apolonio de Tyana.*

sis, paranomasias, retruécanos y palabras rimadas, que indican un gusto poco seguro y algo pueril, un clasicismo a medias.[1] Con todo eso, hay mucho que aprender en sus obras, si se leen con cautela y discernimiento, y el mismo Cervantes, que parece burlarse de él en el prólogo del *Quijote,* las tenía muy estudiadas y no se desdeñaba de imitarlas en sus disgresiones morales, como lo indica, entre otros ejemplos, el razonamiento sobre la Edad de Oro, que está enteramente en la manera retórica de fray Antonio, y recuerda otro análogo del libro I, capítulo XXXI, del *Marco Aurelio.* Curioso motivo de comparación con el *Emilio* de Rousseau ofrecen también los capítulos XVIII y XIX del libro II, «que las princesas y grandes señoras, pues Dios les dio hijos, no »deben desdeñarse criarlos a sus pechos». El mismo Rousseau, declamando sobre las excelencias de la vida salvaje y contra la desigualdad de las condiciones humanas, era una especie de *villano del Danubio* redivivo y acomodado al gusto del siglo XVIII.

Según el hijo de Casaubon afirmaba, ningún libro fuera de la Biblia tuvo en su tiempo tanta difusión como el *Marco Aurelio.*[2] El marqués de Pescara galardonó al autor con una pluma

---

[1] Extractos bien escogidos del *Relox de Príncipes* hay en el tomo II del *Teatro de la elocuencia castellana* de Capmany. También don Adolfo de Castro, en el tomo de *Filósofos* de la biblioteca de Rivadeneyra, donde no tenía para qué figurar Guevara, que es un moralista práctico sin filosofía de ningún genero, pone alguno de los mejores trozos del *Marco Aurelio,* entre ellos, la arenga del villano del Danubio y el largo razonamiento del emperador a su mujer Faustina, que le pedía la llave de su estudio.

[2] La bibliografía, aun incompleta, de sus traducciones ocuparía sin provecho largo espacio en estas páginas. Indicaremos sólo las principales y más antiguas en cada lengua:

—*Livre doré de Marc Aurele, empereur et eloquent orateur, traduict du vulgaire castillan en francoys par R. B.* (René Bertaut) *París, Galliot du Pre,* 1531.

—*L'orloge des princes...* París, 1540. (Es la traducción del señor de la Grise, pero revisada y completada por Antonio du Moulin, con presencia del original español.)

L'horloge des princes... traduit en partie de castillan en francois par feu Nicolas d'Herberay (sieur des Essars) et en partie reueu et corrigé nouvellement entre les precedentes editions. París, por Guillerme le Noir, 1555.

de oro. Ya sabemos que fué hurtado de la misma cámara del Emperador y corrió de mano en mano, con universal admiración, mucho antes de imprimirse. «En lo que decis de Marco Aurelio »(escribía el chistoso fraile al condestable don Iñigo de Velasco), »lo que pasa es que yo le traduje y le di al César, aun no acabado, »y al emperador le hurtó Laxao, y a Laxao la reina, y a la reina »Tumbas, y a Tumbas doña Aldonza, y a doña Aldonza vuestra »señoría, por manera que mis sudores pararon en vuestros hur- »tos» (Ep. 38). Las mismas burlas del truhán don Francesillo

---

La parte traducida por Herberay des Essarts es el libro primero; los otros dos están tomados de las traducciones anteriores.

Todas ellas se reimprimieron muchas veces, como puede verse en Brunet.

—*Vita di M. Aurelio Imperadore, con le alte et profonde sue sentenze, noteuoli documenti, ammirabili essempli, et lodebole norma di vivere. Novamente tradotta di Spagnuolo in lingua Toscana per Mambrino Roseo da Fabriano*, 1543.

—*Vita, gesti, costumi, discorsi, lettere di M. Aurelio Imperatore, sapientissimo Filosofo et Oratore eloquentissimo. Con la giunta di moltissime cose, che ne lo Spagnuolo non erano, e de le cose spagnuole, che mancavano in la tradottione italiana... In Vinegia, appresso Vicenzo Vaugris...* 1544. Firma la dedicatoria Fausto da Longiano.

Hasta veintidós ediciones más en italiano se citan en el *Lexicon Bibliographicum* de Hoffmann (t. I, pág. 193).

—*The Golden Boke of Marcus Aurelius Emperour and eloquent oratour.* (Al fin): *Thus endeth the volume of Marke Aurelie Emperour, otherwise called the golden boke, translated out of Frenche into Englishe by John Bourchier Knight lorde Barners, deputie generall of the kynges town of Caleis and marches of the same at the instaunt desire of his nenewe sir Francis Bryan knighte, ended at Caleis y tenth daie of Marche, in the yere of the reigne of our soueraygne lorde kyng Henry the VIII, the XXIIII.*

Fué reimpreso catorce veces por lo menos en el siglo XVI.

—Traducción alemana de Egidio Albertino, impresa en Munich, 1599 (Vid. Schneider, pp. 89 y ss.). Fué de las más tardías, pero alcanzó siete reimpresiones; la última en Francfort, 1661.

—Traducción holandesa, impresa en 1612 (Vid. Hoffmann).

—*Horologii Principum sive de vita M. Aur. Imperatoris libri 3, de lingua castellana in latinam linguam traducti operá et studio Joannis Wanckelii.* Torgae, 1606. Hay, por lo menos, otra edición.

—*Horologium principium ad normam vitae M. Aurelii Severi concinnatum per Johannem Wanckelium de lingua castellana in latinam linguam translatum* (Francfort, 1664).

—Traducción armenia por Kapriel Hamuzasbian. Venecia, 1738.

de Zúñiga, que llama a fray Antonio «predicador parlerista» y «gran decidor de todo lo que le parecía», «llamado por otro nombre Marco Aurelio», y le hace preguntar con sorna «si han de creer todo lo que yo digo», prueban lo asentado de su crédito entre los cortesanos, a la vez que el poco caso que se hacía de su veracidad histórica.

En Francia, donde el *Marco Aurelio* de la primitiva forma fué reimpreso el mismo año en que apareció en Valladolid el *Relox de Príncipes*,[1] no fué menos estrepitoso el éxito de Guevara, que tuvo, entre otros traductores, uno muy hábil en Herberay des Essarts, el mismo que trasladó al francés el *Amadís de Gaula* y otros libros de caballerías. Montaigne, que admiraba poco las *Epístolas doradas,* dice que el *Marco Aurelio* español era una de las lecturas favoritas de su padre *(Essais,* lib. II, cap. II). Brantôme, en las *Damas galantes,* repite los cuentos de Lamia y Flora, con gran indignación de Bayle, que escribe largas notas para refutar a Guevara y sus copistas, o más bien para despacharse a su gusto en materia tan de su agrado. En las *Historias prodigiosas* de Bouistan, Tesserant y Belleforest (1560), ocupa muchas páginas la historia del villano del Danubio, que antes de ser inmortalizada por Lafontaine ejercitó el ingenio de cuatro poetas distintos.[2] Todavía las cartas y los tratados del primer Balzac, que pasa por reformador de la prosa francesa en los primeros años del siglo XVII y por el primero que puso número en ella, me parecen

---

[1] *Libro Avreo de Marco Avrelio, emperador y elocuentissimo orador. Nueuamente impresso. En la triumphante ville de Paris, por Galleot de Prado, librero, MDXXIX.* Un ejemplar de esta rarísima edición, que a juzgar por su título y por su fecha debe de reproducir, no el texto del *Relox de Principes,* sino el primitivo de las ediciones fraudulentas de Sevilla, Portugal y Aragón a que alude Guevara en su prólogo, apareció en las ventas de Seillière y de Heredia (n. 356).

[2] Fueron, según Brunet, Pedro Sorel, Chartrain, Nicolás Clément y Gabriel Fourmenois.

Taine, en su ingeniosa tesis *La Fontaine et ses fables* (pp. 273-286), hace un detenido y brillante análisis de la fábula del villano del Danubio, que Lafontaine parece haber tomado de los *Paralelos históricos* de Cassandre, uno de los muchos compiladores que explotaron el libro de Guevara.

un producto de la escuela retórica de Guevara, salvo el mejor parecer de los críticos franceses.

Pero todavía fué más honda y persistente la influencia de nuestro autor en la literatura inglesa del tiempo de la reina Isabel, como recientes investigaciones han venido a demostrar. La imitación de las obras de Guevara, traducidas por cinco o seis intérpretes diferentes, fué uno de los principales factores que determinaron la aparición del nuevo estilo llamado *euphuismo*. El doctor Landmann sostuvo en un excelente trabajo sobre *Shakespeare y el euphuismo,* publicado por la Sociedad Shakesperiana en 1884, que todos los elementos del estilo de Lily (uso inmoderado y monstruoso de la antítesis, paralelismo entre los miembros de la frase, balanceo, rítmico del período y de la cláusula), proceden de Guevara, aunque algunos están modificados conforme al genio de las lenguas del Norte; Guevara por ejemplo, abusa de las palabras consonantes al fin de los períodos, y sus imitadores ingleses emplean con el mismo fin la aliteración. Añade Landmann que muchas de las ideas y aun largos pasajes de la célebre novela *Euphues, the anatomy of wit,* que dió nombre al género, están tomados de las obras del obispo de Mondoñedo, a quien también sigue Lily en el empleo de una historia antigua imaginaria.[1] «El *Marco Aurelio* sobre todo (dice J. Jusserand), traducido por Lord Berners en 1532 y por Sir Thomas North en 1537, gozó de extrema popularidad. Las disertaciones morales de que el libro estaba lleno encantaron a los espíritus serios; el lenguaje insólito del autor español encantó a los espíritus frívolos. Antes de Lily, ya varios autores ingleses habían imitado a Guevara; cuando Lily apareció, *embelleciendo* todavía más aquel estilo, el entusiasmo fué tan grande, que se olvidó el modelo extranjero, y aquel estilo exótico fué rebautizado en signo de adopción y de naturalización inglesa.»[2] Gran parte de las dos novelas

---

[1] *Shakespeare and Euphuism* (en las *Transactions of the New Shakespeare Society*, 1884). — *Der Euphuismus* (Giessen, 1881), y en su edición del *Euphues* (Heillbronn, 1887).

[2] *Le Roman au temps de Shakespeare* (París, 1887), págs. 45 y ss.

de Lily están compuestas de epístolas morales imitadas de las de Guevara.

A algunos críticos ha parecido demasiado radical la tesis del doctor Landmann. El joven erudito norteamericano Garrett Underhill, a quien debemos un libro muy interesante sobre la influencia española en la literatura inglesa del siglo XVI, se inclina a no admitir conexión directa entre Lily y Guevara, si bien reconoce semejanzas ocasionales entre el *Euphues* y el *Libro Aureo*, además de las que son debidas a la imitación que Lily hizo del estilo de Pettie, que era un guevarista. Los hubo muy anteriores a él, como Sir Thomas Elyot, embajador en la corte de Carlos V, autor de una *Image of gouernance compiled of the acts and sentences of the most noble emperour Alexander Seuerus* (año 1540), que es una imitación manifiesta del *Libro Aureo* y se finge como él traducida del griego. El crítico a quien nos referimos dedica un capítulo entero a lo que llama *el grupo de Guevara* en la corte de Enrique VIII.[1] Con este grupo comenzó el estudio de la literatura española en Inglaterra. Las obras del obispo de Mondoñedo fueron las primeras que se tradujeron e imitaron, sin que haya antes otra cosa que una adaptación de los cuatro primeros actos de la *Celestina*, atribuída a John Rastell. Al frente de los admiradores cortesanos de Guevara figuran el segundo Lord Berners (John Bourchier), a quien llaman algunos «padre putativo del eufuismo», que fué el primer traductor del *Marco Aurelio*, y su sobrino Sir Francis Bryan, que trasladó al inglés el *Menosprecio de la corte y alabanza de la aldea*. Uno y otro se valieron de las traducciones francesas, aunque Berners había estado de embajador en España. Las de Sir Thomas North *(Relox de Príncipes, Aviso de Privados)*, que pertenecen al tiempo de la reina María, y las de Eduardo Hellowes, que son del reinado de Isabel, están sacadas del original, a lo menos en parte. Es muy interesante saber que la influencia de Guevara empezó a declinar en los últimos años del siglo XVI, sucediendo a sus obras en la

---

[1] *Spanish Literature in the England of Tudors*, pp. 65-84, y por incidencia en otras partes.

estimación del público inglés las de Fr. Luis de Granada, que fué más leído y traducido que ningún otro autor español, salvo el nuestro. El triunfo de la espontánea y arrebatadora grandilocuencia del venerable dominico sobre el artificio del predicador cortesano, fué completo después de 1582, en que apareció la primera traducción de las *Meditaciones.* Pero Guevara se sobrevivió en sus imitadores, no sólo en Lily y en su precursor Pettie, sino en Jerónimo Painter, que insertó en su colección novelística, *Palace of pleasure,* cinco de las supuestas cartas de Plutarco y Trajano inventadas por nuestro obispo, y en los dos principales *eufuistas* Tomás Lodge y Roberto Greene. La sugestión ejercida por las obras y por el inmenso prestigio de Guevara, a quien Thomas North ponía por encima de todos los escritores modernos, opinión que fué la dominante en Inglaterra durante poco menos de una centuria, no debe tenerse por causa única de la aparición de esta escuela, pero se combinó con ciertas tendencias extravagantes del humanismo inglés, para favorecer el desarrollo del nuevo, estilo, cuya analogía de procedimientos con el del obispo de Mondoñedo es obvia.

Abundan en la literatura alemana las traduciones de Guevara por Egidio Albertino y otros intérpretes, siendo memorable también la espléndida edición latina del *Relox de Príncipes,* acrecentada con innumerables aforismos y notas que mandó hacer en 1611 el duque de Sajonia Federico Guillermo. Pero no sabemos que lograse allí tan notables imitadores, como los tuvieron Quevedo y Gracián en Moscherosch y otros satíricos y moralistas del siglo XVII. Durante aquella centuria fué declinando en toda Europa el astro de Marco Aurelio, hasta quedar definitivamente eclipsado cuando apareció otra invención pedagógico-política, en que las reminiscencias de la *Cyropedia* se combinaban con las de la *Odisea.* El filósofo emperador sucumbió a manos del joven Telémaco, pero después de haber tenido una dominación de las más dilatadas que recuerda la historia literaria, y que seguramente estaban lejos de adivinar el bachiller Rhua cuando descargaba sobre el obispo de Mondoñedo la formidable maza de su crítica y don Diego de Mendoza cuando escribía la chistosa carta de Marco Aurelio a Feliciano de Silva, burlándose del estilo de uno y otro y confundiéndolos con notoria injusticia.[1] Con lo cual se comprueba una vez más que nadie es profeta en su patria.

A muy diverso campo que el de la historia seudoclásica nos trasladan las preciosas narraciones de asunto granadino que en el siglo XVI nacieron al calor de los romances fronterizos, última y espléndida corona de nuestra musa popular, que en ellos se mostró a un tiempo espontánea y artística, enriquecida con los progresos de la poesía culta y libre de sus amaneramientos, clásica, en fin, si se la compara con la de los rudos e inexpertos cantores de otros tiempos. En estas bellas rapsodias épicas están inspiradas las dos casi únicas,[2] pero muy notables tentativas de novela morisca que debemos a nuestros ingenios del siglo XVI: la *Historia de Abindarráez y Jarifa* y las *Guerras civiles de Granada*, cuyos autores hicieron con la poesía narrativa más próxima a su tiempo una transformación análoga a la que había intentado Pedro del Corral respecto de la epopeya más antigua.

La anécdota del Abencerraje pasa generalmente por auténtica, y nada tiene de inverosímil ni de extraordinaria en sí misma, aunque el primer historiador propiamente tal que la menciona es Gonzalo Argote de Molina,[3] a quien su romántica fantasía hacía demasiado crédulo para todo género de leyendas caballerescas. De todos modos, el principal personaje, Rodrigo de Narváez, es enteramente histórico, y Hernando del Pulgar le dedica honrosa conmemoración en el título XVII de sus *Claros varones de Castilla:* «¿Quién fué visto ser más industrioso ni más acepto »en los actos de la guerra que Rodrigo de Narváez, caballero »fijodalgo, a quien por notables hazañas que contra los moros »hizo le fue cometida la cibdad de Antequera, en la guarda de la »qual, y en los vencimientos que hizo a los Moros, ganó tanta fama

---

[1] Vid *Sales Españolas*... recogidas por Don A. Paz y Melia, páginas 229 y siguientes.

[2] Digo casi *únicas,* porque la historia de *Osmín y Daraja,* que Mateo Alemán insertó como episodio en su *Guzmán de Alfarache,* pertenece al mismo género. Ya hablaremos de ella a su tiempo.

[3] En su *Nobleza de Andalucía*, 1588, fol. 296.

»y estimación de buen caballero, que ninguno en sus tiempos la »ovo mayor en aquellas fronteras?» Pero ni el cronista de la Reina Católica ni Ferrant Mexía, el autor del *Nobiliario Vero* (1492), que se gloriaba de contar entre sus parientes a Narváez, a quien llama «caballero de los bienaventurados que ovo en nuestros tiem- »pos, desde el Cid acá, batalloso e victorioso» (lib. II, cap. XV), se dan por enterados de su célebre acto de cortesía con el prisionero abencerraje. Es cierto que al fin de la *Historia de los Arabes* de don José Antonio Conde se estampa, con el título de *Anécdota curiosa*,[1] este mismo cuento, y aun se añade que «la generosidad del alcaide Narváez fue muy celebrada de los buenos caballeros »de Granada y *cantada en los versos de los ingenios de entonces*». Pero semejante noticia tiene trazas de ser una de las muchas invenciones y fábulas de que está plagado el libro de Conde, y por otra parte, basta leer su breve relato de la aventura para comprender que no está traducido de ningún texto arábigo, sino extractado de cualquiera de las novelas castellanas que voy a citar inmediatamente. Arrastrado quizá por la autoridad que en su tiempo se concedía a la obra de Conde, y más aún por el justo crédito del genealogista Argote, todavía don Miguel Lafuente Alcántara, en su elegante *Historia de Granada*,[2] dió cabida a la anécdota del moro. Y sin embargo, bien puede sospecharse que Argote no conocía la Historia de los amores de Abindarráez más que por el *Inventario* de Villegas, a quien cita, ni Conde más que por este mismo libro, o más probablemente por la *Diana*, de Montemayor.

Pasando, pues, del dominio de la historia al de la amena literatura, nos encontramos con dos narraciones novelescas, casi idénticas en lo sustancial, y que a primera vista pueden parecer copia la una de la otra. La más breve, la más sencilla, la que con toda justicia puede considerarse como un dechado de afectuosa natura-

---

[1] *Historia de la dominación de los árabes en España, sacada de varios manuscritos y memorias arábigas, por el doctor D. José Antonio Conde...* Tomo III (Madrid, 1821), pp. 262-265.

[2] Tomo II (edición de París, Baudry, 1852), pp. 42-45.

lidad, de delicadeza, de buen gusto, de nobles y tiernos afectos, en tal grado que apenas hay en nuestra lengua escritura corta de su género que la supere, es la que fué impresa por dos veces en la miscelánea de verso y prosa que, con el título de *Inventario*, publicó un tal Antonio de Villegas en Medina del Campo. La primera edición de este raro libro es de 1565, la segunda de 1577; pero consta en ambas que la licencia estaba concedida desde 1551, circunstancia muy digna de tenerse en cuenta por lo que diremos después. [1]

Algo amplificada esta historia, escrita con más retórica y afeada con unas sextinas de pésimo gusto, se encuentra inoportunamente intercalada en el libro IV de la *Diana* de Jorge de Montemayor; pero entiéndase bien: no en las primeras ediciones, sino en las posteriores al mes de febrero de 1561, en que Montemayor fué muerto violentamente en el Piamonte. El plagio o superchería se cometió poco después de su muerte por impresores codiciosos de engrosar el volumen del libro con éstas y otras impertinentes ediciones, que ya figuran en una edición del Valla-

---

[1] *Inventario de Antonio de Villegas, dirigido a la Magestad Real del Rey Don Phelippe nuestro Señor... En Medina del Campo, impresso por Francisco del Canto. Año de 1565. Con privilegio.* 4º.

—*Inventario de Antonio de Villegas... Va agora de nuevo añadido un breve retrato del Excelentissimo Duque de Alua... Impresso en Medina del Campo por Francisco del Canto, 1577. A costa de Hieronymo de Millis, mercader de libros.* 8º.

Amplios extractos de este libro, y entre ellos la novela del *Abencerraje*, reproducida con entera sujeción a la ortografía y puntuación del original, se hallan en el libro de don Cristóbal Pérez Pastor, *La Imprenta en Medina del Campo* (Madrid, 1895), pp. 199-218.

El mérito de haber renovado en nuestro siglo la memoria, ya casi perdida, de este sabroso cuento, corresponde al bibliófilo don Benito Maestre, que llegó a reunir una colección muy selecta y numerosa de antiguas novelas españolas, incorporada hoy a la Biblioteca Nacional. Maestre fué quien en 1845 hizo imprimir en uno de los periódicos ilustrados de entonces, *El Siglo Pintoresco* (tomo I, pp. 8-16), la historia de Jarifa y el Abencerraje, que todavía se popularizó más cuando fué incluída por Aribau en el tomo de *Novelistas anteriores a Cervantes*. Desde entonces se ha reimpreso varias veces, mereciendo especial recuerdo la linda reproducción fotolitográfica de la segunda edición de Medina, hecha por el difunto bibliófilo don José Sancho Rayón.

dolid, comenzada en el mismo año de 1561 y terminada en 7 de enero de 1562. De allí pasaron a todas las posteriores, que son innumerables.[1]

Basta comparar el texto malamente atribuído a Jorge de Montemayor con el de Villegas para ver que el primero está calcado de una manera servil sobre el segundo. Poco importa saber quién hizo tal operación, ni es grave dificultad que la *Diana* de Valladolid estuviese ya impresa en 1561 y el *Inventario* no lo fuese hasta 1565, pues sabemos que estaba aprobado desde 1551. El autor, por motivos que se ignoran, dejó pasar quince años sin hacer uso de la cédula regia, con lo cual vino a caducar ésta y tuvo que solicitar otra. Pudo llegar el manuscrito a manos de muchos, y pudo el impresor Francisco Fernández de Córdoba, o cualquier otro, copiar de él la historia del *Abencerraje* para embutirla en la *Diana*; pero si tal cosa sucedió, ¿no parece extraño que Antonio de Villegas, vecino de Medina del Campo, y que debía de estar muy enterado de lo que pasaba en la vecina Valladolid, no hubiese reivindicado de algún modo la paternidad de obra tan linda? El silencio que guarda es muy sospechoso, y unido a otros indicios que casi constituyen prueba plena, me obligan a afirmar que tampoco él es autor original del *Abencerraje*.

Ante todo, le creo incapaz de escribirle. Hay en el *Inventario* algunos versos cortos agradables, en la antigua manera de coplas castellanas; pero la prosa de una novelita pastoril que allí mismo se lee, con el título de *Ausencia y soledad de amor*, forma perfecto contraste, por lo alambicada, conceptuosa y declamatoria, con el terso y llano decir, con la sencillez casi sublime de la historia de los amores de Jarifa. Es humanamente imposible que el que escribió la primera pueda ser autor de la segunda. Villegas es tan plagiario como el refundidor de la versión impresa con la *Diana*.

Existe, en efecto, un rarísimo opúsculo gótico sin año ni lugar (probablemente Zaragoza), cuyo título dice así: *Parte de la Cronica del inclito infante D. Fernando que ganó a Antequera: en la*

---

[1] Téngase en cuenta lo que más adelante diremos sobre las primeras ediciones de la *Diana*.

qual trata cómo se casaron a hurto el Aberdarraxe (sic) *Abindarraez con la linda Xarifa, hija del Alcayde de Coin, y de la gentileza y liberalidad que con ellos usó el noble Caballero Rodrigo de Narbaez, Alcaide de Antequera y Alora, y ellos con él.* Es anónimo este librillo, y va encabezado con la siguiente dedicatoria:

Al muy noble y muy magnifico señor el Sr Hieronymo Ximenez Dembun, señor de Bárboles y Huytea, mi señor.

»Como yo sea tan aficionado servidor de vuestra merced, »muy noble y muy magnifico señor, como de quien tantas mer- »cedes tengo recebidas, y a quien tanto debo; deseando que se »ofresciese alguna cosa en que me pudiese emplear para demostrar »y dar señal desta mi aficion, *habiendo estos dias pasados llegado »a mis manos esta obra o parte de cronica que andaba oculta y esta- »ba inculta, por falta de escriptores,* procuré, con fin de dirigirla »a nuestra merced, lo menos mal que pude sacarla a luz, enmendan- »do algunos defectos della. *Porque en partes estaba confusa y no »se podia leer, y en otras estaba defectiva, y las oraciones cortadas, »y sin dar conclusión a lo que trataba,* de tal manera que aunque el »suceso era apacible y gracioso, *por algunas impertinencias que »tenia, la hacian aspera y desabrida.* Y hecha mi diligencia, como »supe, comuniquéla a algunos mis amigos, y pareciome que les »agradaba: y asi me aconsejaron y animaron a que la hiziese im- »primir, mayormente por ser obra acaescida en nuestra España...»

Esta crónica, aunque ha llegado a nosotros incompleta en el único ejemplar que de ella existe, o existía en tiempos de Gallardo, concuerda, según declaración del mismo erudito, con el texto de Antonio de Villegas, que no hizo más que retocar y modernizar algo el lenguaje. Y realmente, en las primeras líneas, que Gallardo transcribe como muestra, no se advierte ninguna variante de importancia.[1]

Consta, por tanto, que antes de 1551, en que Villegas tenía dispuesto para salir de molde su *Inventario,* corría por España

---

[1] Encontró Gallardo este desconocido opúsculo en la biblioteca de Medinaceli, encuadernado con una *Diana,* edición de Cuenca, por Juan de Canova, 1561. Nos hemos valido del extracto que formó aquel incomparable bibliógrafo, y que se conserva entre el grandísimo número de papeles

una novela del moro Abindarráez igual a la que él dió por suya, y que tampoco aquélla era original, sino refundición de un *pedazo de Crónica* que andaba *oculta, inculta y defectiva,* y que muy bien podía remontarse al siglo XV, aunque no la creemos anterior al tiempo de los Reyes Católicos, por el anacronismo de suponer a Rodrigo de Narváez alcaide de Álora, que no fué conquistada hasta la última guerra contra los moros granadinos.

Muy natural parece que la hazaña de Rodrigo de Narváez, antes de ser contada en prosa, diera tema a algunos romances fronterizos, y quizás pueda tenerse por rastro de ellos el cantarcillo no asonantado que Villegas pone en boca del moro antes de su encuentro con Narváez:

> Nascido en Granada,
> Criado en Cartama,
> Enamorado en Coín,
> Frontero de Alora.

Pero los romances que hoy tenemos sobre este argumento, todos, sin excepción, son artísticos, y han salido del *Inventario* o de la *Diana,* principalmente de esta última. Abre la marcha el librero valenciano Juan de Timoneda con el interminable y prosaico *Romance de la hermosa Jarifa,* inserto en su *Rosa de amores* (1573); siguióle, aunque con menos pedestre numen, el *escriptor* o escribiente de la Universidad de Alcalá de Henares Lucas Rodríguez, que en su *Romancero Historiado* (1579) tiene dos composiciones sobre el asunto: le trató luego con gran prolijidad Pedro de Padilla, versificando en cinco romances el texto atribuído a Montemayor, trabajo tan excusado como baladí (año 1583); Jerónimo de Covarrubias Herrera, vecino de Rioseco, se limitó a un sólo *romance de Rodrigo de Narváez,* que insertó en su novela pastoril *La Enamorada Elisea* (1594). Todo esto apenas

---

suyos recientemente descubiertos, y que, Dios mediante, se han de publicar como quinto tomo de su *Ensayo.*

Otro libro se cita con el título de *El moro Abindarráez y la bella Xarifa, novela.* Toledo, por Miguel Ferrer, 1562. 12º.

pertenece a la poesía; pero no sucede lo mismo con un romance anónimo, de poeta culto, que comienza así:

> Ya llegaba Abindarráez—a vista de la muralla...

y con otro que puso Lope de Vega en la *Dorotea:*

> Cautivo el Abindarráez—del alcaide de Antequera... [1]

Todas estas variaciones sobre un mismo tema poético prueban su inmensa popularidad, a la cual puso el sello Cervantes, haciendo recordar a D. Quijote, entre los desvaríos de su imaginación, después de la aventura de los mercaderes toledanos (Parte primera, cap. V), «las mismas palabras y razones que el cautivo »Abencerraje respondia a Rodrigo de Narváez, del mismo modo »que él habia leido la historia en la *Diana* de Jorge de Montema- »yor, donde se escribe». Después de tan alta cita, huelga cualquiera otra; pero no quiero omitir la indicación de un poema en octavas reales y en diez cantos, tan tosco e infeliz como raro, que compuso en nuestra lengua un soldado italiano, Francisco Balbi de Correggio (1593), con el título de *Historia de los amores del valeroso moro Abinde-Arraez y de la hermosa Xarifa.* [2]

Ninguna de estas versificaciones, ni siquiera la linda comedia de Lope de Vega, *El remedio en la desdicha,* [3] que por el mérito constante de su estilo, por la nobleza de los caracteres, por la sua-

---

[1] Los romances relativos a Abindarráez figuran en la colección de Durán con los números 1.089 a 1.094, pero hay que añadir los de Padilla, que sólo se encuentran en su *Romancero,* reimpreso por la *Sociedad de Bibliófilos españoles en* 1880 (pp. 220-241), el de Jerónimo de Covarrubias (fol. 245 de *La Enamorada Elisea)* y quizá algún otro que no recuerdo.

[2] *Historia de los amores del valeroso moro Abinde-Arraez y la hermosa Xarifa Abencerases. Y la batalla que hubo con la gente de Rodrigo de Narvaez a la sazon Alcayde de Antequera y de Alora, y con el mismo Rodrigo. Vueltos en verso por Francisco Balbi de Correggio... En Milan, por Pacífico Poncio,* 1593.

[3] Inserta en la parte XIII de su teatro (1620) y reimpresa en el tomo XI de las *Obras de Lope,* edición de la Academia Española, con un breve estudio de quien esto escribe.

vidad y gentileza en la expresión de afectos, por el interés de la fábula, y aun por cierta regularidad y buen gusto, tiene entre las comedias *de moros y cristianos* de nuestro antiguo repertorio indisputable primacía, puede disputar la palma a la afectuosa y sencilla narración del autor primitivo. El verdadero lenguaje del amor que, con tan inútil empeño las más de las veces, buscaron los autores de novelas sentimentales y pastoriles, extraviados por la retórica de Boccaccio y de Sannázaro, suena como deliciosa música en los coloquios de Jarifa y Abindarráez. ¡Y qué bizarro alarde y competencia de hidalguía y generosidad entre el moro y el cristiano! La historia de Abindarráez fué el tipo más puro, así como fué el primero, de la novela granadina, cuya descendencia llega hasta el *Ultimo Abencerraje,* de Chateaubriand. Con candoroso, pero no irracional entusiasmo, pudo escribir don Bartolomé Gallardo en su ejemplar del *Inventario,* al fin de las páginas que contienen el cuento de Jarifa: «Esto parece que está escrito con pluma del ala de algún ángel.»

Lo que había hecho en lindísima miniatura el autor, quien quiera que fuese, del *Abencerraje,* lo ejecutó en un cuadro mucho más vasto el murciano Ginés Pérez de Hita en su célebre libro de las *Guerras civiles de Granada,* cuya primera parte, que es la que aquí mayormente nos interesa, fué impresa en Zaragoza, en 1595, con el título de *Historia de los bandos de los Zegríes y Abencerrajes... agora nuevamente sacada de un libro arabigo, cuyo autor de vista fue un moro llamado Aben Mamin, natural de Granada.* La segunda parte, concerniente a la rebelión de los moriscos en tiempo de Felipe II, es historia anovelada, y en parte, memorias de las campañas de su autor; obra verídica en el fondo, como se reconoce por la comparación con las legítimas fuentes históricas, con Mármol y Mendoza. Pero la primera parte, única que hizo fortuna en el mundo (aunque la segunda, por méritos distintos, también lo mereciese), es obra de otro carácter: es una novela histórica, y seguramente la primera de su género que fué leída y admirada en toda Europa, abriendo a la imaginación un nuevo mundo de ficciones.

Nadie puede tomar por lo serio el cuento del original arábigo de su obra, que Ginés Pérez de Hita inventó [1] a estilo de lo que practicaban los autores de libros de caballerías; su misma novela indica que no estaba muy versado en la lengua ni en las costumbres de los mahometanos, puesto que acepta etimologías ridículas, comete estupendos anacronismos y llega a atribuir a sus héroes el culto de los ídolos («un Mahoma de oro») y a poner en su boca reminiscencias de la mitología clásica. Pero sería temerario dar todo el libro por una pura ficción. Otras muchas novelas se han engalanado con el calificativo de históricas sin merecerlo tanto como ésta. Histórico es el hecho de las discordias civiles que enflaquecieron el reino de Granada y allanaron el camino a la conquista cristiana. Histórica la existencia de la tribu de los Abencerrajes y el carácter privilegiado de esta milicia. Histórico, aunque no con las circunstancias que se supone, ni por orden del monarca a quien Hita le atribuye, el degüello de sus principales jefes. Aun el peligro en que se ve la Sultana parece nacido de alguna vaga reminiscencia de las rivalidades de harem entre las dos mujeres de Abul-Hassán (el Muley Hazén de nuestros cronistas): Zoraya (doña Isabel de Solís) y Aixa, la madre de Boabdil. La acusación de adulterio, la defensa de la Reina por cuatro caballeros cristianos, es claro que pertenece al fondo común de la poesía

---

[1] «Algunas cosas de aquestas no llegaron a noticia de Hernando del »Pulgar, coronista de los Católicos Reyes, y asi no las escribio, ni la batalla »que los cuatro caballeros cristianos hizieron por la reina, porque dello se »guardó el secreto... Nuestro moro coronista supo de la sultana debajo de »secreto todo lo que pasó. Visto por el coronista perdido el reino de Grana- »da, se fue a Africa y a Tremecen, llevando todos los papeles consigo; alli »murio y dexó hijos y un nieto suyo, no menos habil que él, llamado Argu- »tarfa, el cual recogió todos los papeles de su abuelo, y en ellos halló este »pequeño libro, que no estimó en poco, por tratar la materia de Granada, »y por grande amistad se lo presentó a un judio llamado Saba Santo, quien »le sacó en hebreo por su contento, y el original arabigo le presentó a D. Ro- »drigo Ponce de Leon, conde de Bailen. Y por saber lo que contenia y por ha- »berse hallado su abuelo y bisabuelo en dichas conquistas, le rogó al judio »que le tradujese al castellano, y despues el conde me hizo merced de dar- »melo.» (Cap. XVII.)

Cervantes parodió todo este cuento al referirnos el hallazgo de los cartapacios arábigos que compró en el Alcaná de Toledo, y que un morisco le tradujo por dos arrobas de pasas y dos hanegas de trigo.

caballeresca, y sin salir de nuestra casa, le encontramos en la defensa de la Emperatriz de Alemania por el conde de Barcelona Ramón Berenguer (véase la crónica de Desclot), en la de la Reina de Navarra por su entenado don Ramiro (véase la *Crónica general),* en la de la duquesa de Loreno por el rey Don Rodrigo, según se relata en la *Crónica* de Pedro del Corral. Pero aun siendo falso el hecho, y contradictorio con las costumbres musulmanas, todavía la circunstancia de intervenir don Alonso de Aguilar es como un rayo de luz que nos hace entrever la vaga memoria que a fines del siglo XVI se conservaba del reto que a aquel magnate cordobés, de triste y heroica memoria, dirigió su primo el Conde de Cabra, dándoles campo franco el rey de Granada Muley Hazén, según consta en documentos que son hoy del dominio de los eruditos. [1] Aun por lo que toca a los juegos de toros, cañas y sortijas, al empleo de blasones, divisas y motes, y al ambiente de galantería que en todo el libro se respira, y que parece extraño a las ideas y hábitos de los sarracenos, ha de tenerse en cuenta que el reino granadino, en sus postrimerías y aun mucho antes, estaba penetrado por la cultura castellana, puesto que ya en el siglo XIV podía decir Aben-Jaldún que «los moros andaluces se asemejaban a los gallegos (es decir, a los cristianos del Norte) en trajes y atavíos, usos y costumbres, llegando al extremo de poner imágenes y simulacros en el exterior de los muros, dentro de los edificios y en los aposentos más retirados». [2]

La elaboración de la *Historia de los Bandos* fácilmente se explica sin salir del libro mismo, ni conceder crédito alguno a la invención del original arábigo de Aben-Hamin, no menos fantástico que el de Cide Hamete Benengeli. [3] A cada momento cita e inter-

---

[1] *Relaciones de algunos sucesos de los últimos tiempos del reino de Granada, que publica la Sociedad de Bibliófilos Españoles.* Madrid, 1868, páginas 69-143.

[2] Prolegómenos de Aben-Jaldún, en el tomo XVI, pág. 267, de las *Notices et extraits des manuscrits de la Bibliothèque Imperiale de France.*

[3] El libro de Pérez de Hita fué leído entre los moriscos, y uno de ellos le tradujo al árabe o más bien le compendió en un manuscrito que Gayangos poseía, adquirido en Londres, en la venta de los libros de Conde. Este es el pretenso original de que algunos han hablado.

cala Ginés Pérez, en apoyo de su relación, romances fronterizos del siglo xv, históricos a veces y coetáneos de los mismos hechos que narran. Y con frecuencia también resume o amplifica en prosa el contenido de otros romances mucho más modernos y de diverso carácter: los llamados *moriscos*, que a fines del siglo xvi se componían en gran número; género convencional y artificioso, cuanto animado y brillante, que Pérez de Hita no inventó, pero a cuya popularidad contribuyó más que nadie con su libro. Con este material poético mezcló algo de lo que cuentan los historiadores castellanos, Pulgar y Garibay especialmente, que son casi los únicos a quienes menciona. Y sin duda se aprovecharía también del conocimiento geográfico que adquirió del país cuando anduvo por él como soldado contra los moriscos,[1] y quizá de

---

[1] Son muy escasos los datos que poseemos acerca de Ginés Pérez de Hita. Fueron recogidos, no con el mejor orden, por el difunto magistrado don Nicolás Acero y Abad, en su libro *Ginés Pérez de Hita, estudio biográfico y bibliográfico* (tomo I, único publicado). Madrid, imprenta de Hernández, 1889.

No es seguro que pertenezca a nuestro Hita la partida bautismal de un Ginés Pérez hallada por el señor Acero en la parroquia de San Miguel de la villa de Mula, pero todo induce a creer que nació en aquella villa, que tan expresivamente elogia en la segunda parte de las *Guerras Civiles* (cap. IV):

> Francisco de Melgarejo
> De Mula salió alistado,
> Fuerte villa del Marqués
> Y la mejor del reinado.

En la portada de sus libros se titula «vecino de la ciudad de Murcia», y de aquella capital le supone hijo el P. Morote, en su *Antigüedad y blasones de la ciudad de Lorca* (pp. 340 y 358). Según las noticias genealógicas sacadas por el señor Acero del Archivo municipal de Mula, la familia de los Hitas se encuentra sin interrupción en aquella villa y procede de uno de los primeros pobladores de ella.

Además de las *Guerras Civiles de Granada* se conocen dos obras de Ginés Pérez de Hita, compuestas, por desgracia, no en su apacible prosa, sino en pésimos metros. La una es cierto poema o más bien crónica rimada que en el año 1572 escribió en octavas reales y en diez y seis cantos con el título de *Libro de la población y hazañas de la muy noble y muy leal ciudad de Lorca*, y que, sin gran menoscabo de las letras patrias, ha permanecido inédita hasta nuestros días, estragándose más y más en las repetidas copias, des-

tradiciones orales, y por tanto algo confusas, que corrían en boca del vulgo, en los reinos de Granada y Murcia. A esta especie de tradición familiar puede reducirse el personaje de aquella Esperanza de Hita, que había sido esclava en Granada y cuyo testimonio invoca a veces nuestro apócrifo e ingenioso cronista, a menos que no sea pura invención suya para enaltecer su apellido. [1]

Compuesta de tan varios y aun heterogéneos elementos, la novela de Ginés Pérez no podía tener gran unidad de plan, y realmente hay en ella bastantes capítulos episódicos y desligados, que se refieren por lo común a lances, bizarrías y combates singulares de moros y cristianos en la vega de Granada. Son los principales héroes de estas aventuras el valiente Muza, el Maestre de Calatrava don Rodrigo Téllez Girón, Malique Alabez, don Manuel

---

pués de haber servido de fondo principal a la narración en prosa del P. Morote. Le ha publicado íntegro el señor Acero en su libro ya citado (pp. 341-368). La otra, que ya hemos tenido ocasión de mencionar, es una versión de la *Crónica Troyana* en verso suelto, con algunos trozos rimados. En la Biblioteca Nacional se conserva el manuscrito, al parecer autógrafo, rubricado en todas las planas para la impresión y encabezado así: *Los diez y siete libros de Daris del Belo troyano, agora nuevamente sacado de las antiguas y verdaderas ystorias, en verso, por guines perez de hita, vecino de la ciudad de Murcia.* Año 1596.

Había militado a las órdenes de don Luis Fajardo, marqués de Vélez, en la guerra contra los moriscos (1569-1571) y la relación de estas campañas forma el principal asunto de la segunda parte de las *Guerras Civiles de Granada*, donde quedan muchas pruebas de la nobleza de su corazón, de su humanidad con los vencidos y del horror y lástima que le causaban los desmanes de sus compañeros de armas. Al fin condena en términos expresos el destierro de los moriscos: «Finalmente, los moriscos fueron sacados de »sus tierras, y fuera mejor que no se les sacara por lo mucho que han perdi-»do dello su Majestad y todos sus reinos.» Se precia de haber salvado, en el horrible estrago que en el pueblo de Félix hizo *el endiablado* escuadrón de Lorca, a veinte mujeres y un niño de pecho (Parte II, cap. VIII).

[1] «Estas y otras lastimosas cosas decia la afligida Sultana con intento »de romper sus transparentes venas para desangrarse; y resuelta en darse »este género de muerte, llamó a Celima y *a una doncella cristiana llamada »Esperanza de Hita, que la servía, la cual era natural de la villa de Mula, y »llevandola su padre y cuatro hermanos a Lorca a desposarla, fueron saltea-»dos de moros de Tirieza y Xiquena, y defendiendose los cristianos mataron »más de diez y seis moros; y siendo mortalmente heridos los cristianos, ca-»yeron muertos los caballeros»* (Parte I, cap. XIV).

Ponce de León y el áspero y recio Albayaldos. El estrépito de los combates se interrumpe a cada momento con el de las fiestas. Pero la acción principal es, sin duda, la catástrofe de los abencerrajes, leyenda famosa, cuyos datos conviene aquilatar.

La voz *Abencerraje* es de indudable origen arábigo: *Aben-as-Serrach*, el hijo del Sillero.[1] Esta poderosa milicia, de procedencia africana, interviene a cada momento en la historia granadina del siglo xv, ya imponiéndose a los emires de Granada como una especie de guardia pretoriana, ya sosteniendo a diversos usurpadores y pretendientes del solio. Los reyes, a su vez, se vengaban y deshacían de ellos cuando podían. Los historiadores más próximos a la conquista y mejor enterados de lo que en Granada pasaba, atribuyen a Abul-Hasán, no uno, sino varios degüellos de abencerrajes y de otros caballeros principales, hasta un número muy superior al de treinta y seis que da Pérez de Hita, quien, por lo demás, yerra únicamente en atribuir la matanza a Boabdil y no a su padre. Hernando de Baeza, intérprete que fué del Rey Chico, narra el caso en estos términos:

«Estando, pues, este rrey (Abul-Hasán) metido en sus vicios, »visto el desconcierto de su persona, levantaronse ciertos caballe- »ros en el rreyno... y alzaron la obediencia del rrey, y hicieronle »cruda guerra: entre los cuales fueron ciertos que decian Aben- »cerrajes, que quiere decir los hijos del Sillero, los quales eran na- »turales de allende, y habian pasado en esta tierra con deseo de »morir peleando con los christianos. Y en verdad ellos eran los me- »jores caballeros de la gineta y de lanza que se cree que ovo jamas »en el rreyno de Granada: y aunque fueron casi los mayores del »Reyno, no por eso mudaron el apellido de sus padres, que eran »Silleros: porque entre los moros no suelen despreciarse los buenos »y nobles por venir de padres officiales. El rey, pues, siguio la »guerra contra ellos, y prendio y degollo muchos de los caballeros, »entre los quales degollo siete de los abencerrajes; y degollados, »los mando poner en el suelo, uno junto con otro, y mandó dar

---

[1] Eguilaz (don Leopoldo), *Glosario etimológico de las palabras españolas de origen oriental* (Granada, 1886), p. 10.

»lugar a que todos los que quisiesen los entrasen a ver. Con esto
»puso tanto espanto en la tierra, que los que quedaban de los
»Abencerrajes, muchos de ellos se pasaron en Castilla, y unos fue-
»ron a la casa del duque de Medina Sidonia, y otros a la casa de
»Aguilar, y ahi estuvieron haciendoles mucha honrra a ellos y a
»los suyos, hasta que el rrey chiquito, en cuyo tiempo se ganó
»Granada, rreynó en ella, que se volvieron a sus casas y hacien-
»das: los otros que quedaron en el Reyno, poco a poco los pren-
»dio el rrey, y dizen que de solo los abencerrajes degollo catorze,
»y de otros caballeros y hombres esforzados y nombrados por
»sus personas fueron, segun dizen, ciento veinte y ocho, entre los
»quales mató uno del Albaicin, hombre muy esforzado...»[1]

Pero no eran estas inauditas crueldades las primeras del emir Abul-Hasán. Otras había perpetrado antes, conforme refiere Hernando de Baeza: y por ellas se explica una creencia tradicional todavía en la Alhambra, y enlazada en la fantasía del pueblo con la matanza de los abencerrajes. Siendo todavía príncipe, prendió al rey Muley Zad, competidor de su padre, «y lo truxo al Alham-
»bra, y el padre le mandó degollar, y ahogar con una *tovaja* a dos
»hijos suyos de harto pequeña edad; y porque al tiempo que lo
»degollaron, *que fue en una sala que está a la mano derecha del*
»*quarto de los Leones, cayó un poco de sangre en una pila de pie-*
»*dra blanca, y estuvo alli mucho tiempo la señal de la sangre,*
»*hasta hoy los moros y los cristianos le dizen a aquella pila la*
»*pila en que degollaban a los reyes*».[2]

Ginés Pérez de Hita, aunque no habla de la mancha de sangre, dice que los treinta y seis abencerrajes fueron degollados *en la cuadra de los Leones, en una taza de alabastro muy grande* (Capítulo XIII). En esto pudo engañarle su fantasía, porque es difícil admitir que los abencerrajes penetrasen hasta el cuarto de los Leones, que pertenece a la parte más reservada del palacio árabe, es decir, al harem.[3]

---

[1] *Relaciones de los últimos tiempos del reino de Granada*, pág. 9.
[2] Página 5 de las *Relaciones*.
[3] Como tradiciones análogas a la del degüello de los Abencerrajes recuerda Schack *(Poesía y arte de los árabes en España*, traducción de don

En la novelita de *Abindarraez y Jarifa*, muy anterior a las *Guerras civiles de Granada* (pues aun la refundición de Antonio de Villegas estaba hecha en 1551), se cuenta la matanza de los abencerrajes de un modo bastante próximo a la historia, sin hacer intervenir al rey Boabdil ni mentar para nada los amores de la Sultana ni el patio de los Leones. Verdad es que, en cambio, se hace remontar el suceso a la época de Don Fernando el de Antequera. Pero ya en este relato se ve a los Abencerrajes presentados con la misma idealización caballeresca que en las novelas y en los romances posteriores.[1]

Falta averiguar cómo pudo mezclarse el nombre de una reina de Granada en tal asunto, ajeno al parecer a toda influencia femenina. Pero creo que todo se aclara con este pasaje del juicioso

---

Juan Valera, tomo II, 1868, pp. 236-238), la leyenda oriental del exterminio de la tribu de Temin por un rey de Persia, y la famosa *noche toledana* del tiempo de Alhakem II (siglo IX). Pudo haber imitación en los pormenores del relato, pero la leyenda granadina no es una mera trasplantación, puesto que tiene un fondo histórico.

[1] «Hubo en Granada un linaje de caballeros, que llamaban los Aben
»cerrajes, que eran la flor de todo aquel reino, porque en gentileza de sus
»personas, buena gracia, disposicion y gran esfuerzo hacían ventaja a todos
»los demas; eran muy estimados del rey y de todos los caballeros, y muy
»amados y quistos de la gente comun. En todas las escaramuzas que entra
»ban salian vencedores, y en todos los regocijos de caballeria se señalaban.
»Ellos inventaban las galas y los trajes, de manera que se podia bien decir
»que en ejercicio de paz y guerra eran ley de todo el reino. Dicese que nunca
»hubo Abencerraje escaso ni cobarde, ni de mala disposicion; no se tenia
»por Abencerraje el que no tenia dama, ni se tenia por dama la que no tenia
»Abencerraje por servidor. Quiso la fortuna, enemiga de su bien, que desta
»escelencia cayesen de la manera que oiras. El rey de Granada hizo a dos des
»tos caballeros, los que más valian, un notable e injusto agravio, movido de
»falsa información que contra ellos tuvo, y quisose decir, aunque yo no lo
»creo, que estos dos, y a su instancia otros diez, se conjuraron de matar al
»rey y dividir el reino entre sí, vengando su injuria. Esta conjuracion, siendo
»verdadera o falsa, fue descubierta, y por no escandalizar el rey al reino,
»que tanto los amaba, los hizo a todos en una noche degollar, porque dila
»tar la injusticia, no fuera poderoso de hacella. Ofrecieronse al rey grandes
»rescates por sus vidas, mas él aun escuchallo no quiso. Cuando la gente
»se vio sin esperanza de sus vidas, comenzó de nuevo a llorarlos: lloran
»banlos los padres que los engendraron y las madres que los parieron; llo
»rabanlos las damas a quien servian y los caballeros con quien se acompa

y fidedigno historiador granadino Luis del Mármol Carvajal,[1] que, aunque escribía a fines del siglo XVI, trabajaba con excelentes materiales: «Era Abil Hascén hombre viejo y enfermo, y tan »sujeto a los amores de una renegada que tenia por mujer, lla- »mada la Zoraya (no porque fuese éste su nombre propio, sino »por ser muy hermosa,[2] la comparaban a la estrella del alba, que »llamaron Zoraya), que por amor della habia repudiado a la »Ayxa, su mujer principal, que era su prima hermana, y con »grandisima crueldad *hecho degollar algunos de sus hijos sobre* »*una pila de alabastro que se ve hoy dia en los alcazares de la Al-* »*hambra en una sala del cuarto de los Leones,* y esto a fin de que »quedase el reino a los hijos de Zoraya. Mas la Ayxa, temiendo »que no le matase el hijo mayor, llamado Abi Abdilehi o Abi »Abdalá (que todo es uno) se lo habia quitado de delante, des- »colgandole secretamente de parte de noche por una ventana de »la torre de Comares con una soga hecha de los almaizares y to- »cas de sus mujeres; y *unos caballeros llamados los Abencerrajes* »habían llevadole a la ciudad de Guadix, queriendo favorecerle, »porque estaban mal con el Rey *a causa de haberles muerto cier-* »*tos hermanos y parientes, so color de que uno dellos habia ha-* »*bido una hermana suya doncella dentro de su palacio;* mas lo »cierto era que los queria mal porque eran de parte de la Ayxa, »y por esto se temía dellos. Estas cosas fueron causa de que toda »la gente principal del reino aborreciesen a Abil Hacén y contra »su voluntad trajeron a Guadix a Abi Abdilehi su hijo, y estan- »do un dia en los Alixares le metieron en la Alhambra y le sa- »ludaron por rey; y cuando el viejo vino del campo no le quisie- »ron acoger dentro, llamandole cruel, que habia muerto a sus hi- »jos y la nobleza de los caballeros de Granada.»

»ñaban, y toda la gente comun alzaba un tan grande y continuo alarido, »como si la ciudad se entrara de enemigos... Sus casas fueron derribadas, »sus heredades enajenadas y su nombre dado en el reino por traidor.»

[1] *Historia de la rebelion y castigo de los moriscos del reino de Granada* (Málaga, por Juan René, 1600), lib. I, cap. XII.

[2] En esto de la hermosura no parece que anduvo muy bien informado Mármol, porque Hernando de Baeza que la conoció, aunque ya vieja, dice que le pareció que «no habia sido mujer de buen gesto».

El testimonio de Mármol, que siempre merece consideración aun tratándose de cosas algo lejanas de su tiempo, aparece confirmado en lo sustancial por el del famoso compilador árabe Almacari [1] y por el de Hernando de Baeza, que habla largamente de la rivalidad entre las dos reinas, y como cliente que era de Boabdil, trata muy mal a la *Romía* (Zoraya), a la cual, por el contrario, tanto quiso idealizar Martínez de la Rosa en la erudita y soporífera novela que compuso con el título de *Doña Isabel de Solís* (1837-1846).

Lo que sólo aparece en Mármol, y casi seguramente procede de una tradición oral, verdadera o fabulosa, es la intervención de los abencerrajes en favor de la sultana Aixa, y el pretexto que se dió para su matanza, es decir, los amores de uno de ellos con una hermana del Rey. De aquí al cuento de Pérez de Hita no hay más que un paso; dos actos feroces de Abul-Hasán, confundidos en uno solo y transportados al reinado de su hijo: los abencerrajes, partidarios de una sultana perseguida; una aventura amorosa atribuída primero a la hermana de Abul-Hasán, después a su mujer y por último a su nuera. Ginés Pérez no pudo aprovechar el libro de Mármol, que no se imprimió hasta el año 1600, pero pudo oír contar cosas parecidas a algún morisco viejo, y sobre ellas levantó la máquina caballeresca de la acusación y del desafío, que pudo tomar de cualquiera parte, pero a la cual logró dar cierta apariencia histórica, mezclando nombres de los más famosos en Murcia y Andalucía, y especialmente los del mariscal don Diego de Córdoba y don Alonso de Aguilar, de quienes vagamente se recordaba que el Rey de Granada les había otorgado campo para algún desafío.

De este modo se explican para mí lisa y llanamente los orígenes de esta famosa narración. Otras muchas cosas de las *Guerras civiles de Granada* proceden de fuentes poéticas; ésta no. Entre los romances fronterizos, uno solo hay, el de «¡Ay de mi Alhama!» (de origen árabe, si hubiéramos de dar crédito a la declaración de

---

[1] *The history of the Mohammedan dynasties in Spain... by Ahmed ibn Mohamed Al-Makkari... translated by Pascual de Gayangos...* London, 1843; tomo II, pp. 370 y 371.

Pérez de Hita), que alude rápidamente a la muerte de los abencerrajes, sin especificar la causa:

> Mataste los Bencerrajes—que eran la flor de Granada.

Otros dos romances que trae el mismo Hita:

> En las torres del Alhambra—sonaba gran vocerío...
> Caballeros granadinos,—aunque moros hijosdalgo...

son composiciones modernas, y probablemente suyas, hechas para dar autoridad a su prosa.[1]

La mayor originalidad del libro de Pérez de Hita, consiste en ser una crónica novelesca de la conquista de Granada, tomándola, no desde el real de los cristianos, sino desde el campo musulmán y la ciudad cercada. La discordia interior está pintada con energía, y en el color local hay de todo: verdadero y falso. Los moros de Ginés Pérez de Hita, galantes, románticos y caballerescos, alanceadores de toros, jugadores de sortija, «blasonados de divisas como un libro de Saavedra»,[2] según la chistosa expresión del Conde de Circourt, son convencionales en gran parte y no dejan de prestarse a la parodia y a la caricatura con sus zambras y saraos, sus marlotas y alquiceles, que allá se van con los cándidos pellicos y zampoñas de los pastores de las églogas. Pero en la novedad de su primera aparición resultaban muy bizarros y galanes; respondían a una generosa idealización que el pueblo vencedor hacía de sus antiguos dominadores, precisamente cuando iban a desaparecer del suelo español las últimas reliquias de aquella raza. Moros más próximos a la verdad hubieran agradado menos, y el éxito coronó de tal modo el tipo creado por Ginés Pérez de Hita y por los autores de romances moriscos, que se impuso a la fantasía universal, y hoy mismo, a pesar de todos

---

[1] Siguiendo fielmente la prosa de Hita se compusieron luego dos romances vulgares de *La gran Sultana*, que todavía venden los ciegos (números 1.208 y 1.209 del *Romancero* de Durán).

[2] *Histoire des Mores Mudejares et des Morisques ou des Arabes d'Espagne sous la domination des chrétiens*, por M. le Comte Albert de Circourt. París, año 1846, t. III, p. 325.

los trabajos de los arabistas, es todavía el único que conocen y aceptan las gentes de mundo y de cultura media en España y en Europa. Esos moros son los del *Romancero General,* los de las comedias de Lope de Vega y sus discípulos, los de *la fiesta de toros de Moratín* el padre,[1] los de las novelas sentimentales de Mademoiselle de Scudéry *(Amahide)* y de Madame de Lafayette *(Zaïde),*[2] los del caballero Florián en su empalagoso y ridículo *Gonzalo de Córdoba,* los de Chateaubriand en el *Ultimo Abencerraje,*[3] los de Wáshington Irving en su crónica anovelada de la conquista de Granada,[4] los de Martínez de la Rosa en *Doña Isabel de Solís* y en *Moraima;*[5] son los moros de toda la literatura granadina anterior al poema de Zorrilla, donde la fantasía oriental toma otro rumbo, poco seguido después. Una obra como la de Hita, que con tal fuerza ha hablado a la imaginación de los hom-

---

[1] También el romance endecasílabo de su hijo don Leandro sobre *La toma de Granada,* presentado a un concurso de la Academia Española en 1779, debe toda su erudición morisca a las *Guerras Civiles,* que el clásico Inarco leía con fruición cuando niño. «Libro deliciosisimo para mí», dice en unos apuntes autobiográficos.

[2] Y de Mad. de Villedieu en sus *Aventures et galanteries grénadines, divisées en cinq parties* (Lyon, 1711), que es en parte traducción y en parte imitación del libro de Pérez de Hita. Otras varias novelas del género granadino, compuestas por autores más o menos conocidos de los siglos XVII y XVIII, pueden verse extractadas en la *Bibliothèque universelle des romans,* que es el panteón de toda la novelística olvidada.

[3] No cabe duda que manejó las *Guerras Civiles,* puesto que de ellas imitó con bastante gracia el romance de *Abenámar, Abenámar-moro de la morería.*

[4] *A Chronicle of the Conquest of Granada. From the ms. of Fray Antonio Agapida. By Washington Irving.* París, Didot, 1829, 2 vols. Irving remedó a Pérez de Hita hasta en atribuir su crónica a un historiador fabuloso, como lo es el llamado Fr. Antonio Agapida.

De Walter Scott se refiere que leyó en sus últimos años las *Guerras Civiles,* y que lamentaba no haberlas conocido antes para haber puesto en España la escena de alguna de sus novelas. El gran maestro de la novela histórica no podía menos de estimar a uno de sus predecesores más ilustres. Vid. Ferd. Denis, *Chroniques chevaleresques* (París, 1839), t. I, p. 323.

[5] En la advertencia que precede a *Moraima,* dice Martínez de la Rosa: «compuse esta tragedia seis años después de *La viuda de Padilla,* y como »menos mozo y más avisado, procuré escoger un argumento que ofreciese »menos inconvenientes y que se brindase de mejor grado a una compo-

bres por más de tres centurias y ha trazado tal surco en la literatura universal, por fuerza ha de tener condiciones de primer orden. La vitalidad épica, que en muchas partes conserva; la hábil e ingeniosa mezcla de la poesía y de la prosa, que en otras novelas es tan violenta y aquí parece naturalísima; el prestigio de los nombres y de los recuerdos tradicionales, vivos aún en el corazón de nuestro pueblo; la creación de caracteres, si no muy variados, interesantes siempre y simpáticos; la animación, viveza y gracia de las descripciones, aunque no libres de cierta monotonía, así en lo bélico como en lo galante; la hidalguía y nobleza de los afectos; el espíritu de tolerancia y humanidad con los enemigos; la discreta cortesía de los razonamientos; lo abundante y pintoresco del estilo, hacen de las *Guerras civiles de Granada* una de las lecturas más sabrosas que en nuestra literatura novelesca pueden encontrarse.

Pero sobre las excelencias de su dicción, más expresiva que correcta y limada (porque al fin Ginés Pérez no era un retórico, sino un pobre soldado de mucha fantasía y mucho sentido poético), conviene rectificar una creencia admitida muy de ligero y fundada en un error o más bien en una honesta superchería: «Una de las singularidades que más admiramos en Ginés Pérez »de Hita (dice Aribau y han repetido otros) es que si se toma »cualquier pasaje de su obra, nos parecerá escrito modernamente »por una diestra pluma, después que el lenguaje ha participado »del progreso de los conocimientos en materias ideológicas. Pare- »ce que adivinó el modo con que habían de hablar los españoles »más de dos siglos después que él: rara palabra de las que usa »se ha anticuado.»

»sición dramática. La casualidad también me favoreció en la elección; aca- »baba de caer en mis manos, no sé cómo, un libro muy vulgar en Espa- »ña, pero que yo no había leído hasta entonces, la *Historia de las Guerras* »*Civiles de Granada,* y bien fuera por lo extraño y curioso de la obra, bien »por el interés que debía excitar en mí, ausente a la sazón de mi patria »y con pocas esperanzas de volverla a ver, lo cierto es que la lectura de tal »libro me cautivó mucho, y que tuve por buena dicha poder sacar de él un »argumento, alusivo cabalmente a mi país natal y a propósito para presentarse »en el teatro.»

Hay una equivocación profunda en estas palabras del distinguido colector de los novelistas anteriores a Cervantes. Sin duda, por no haber manejado ninguna edición antigua de las *Guerras Civiles,* cayó Aribau cándidamente en el lazo tendido por la experta mano del que cuidó de la reimpresión hecha por Amarita en 1833, y fué según mis noticias don Serafín Estébanez Calderón. Es un texto el suyo completamente refundido y modernizado, sobre todo en la segunda parte, como ha advertido recientemente don Rufino J. Cuervo.[1] A esta versión así retocada, que es también la de la *Biblioteca de Autores Españoles,* le cuadran las palabras de Aribau; a la primitiva y auténtica no, porque Ginés Pérez peca muchas veces de desaliñado y su estilo no es ni más ni menos moderno que el de cualquier contemporáneo suyo. Escribe en la excelente lengua de su tiempo, sin género de adivinación alguna.

La segunda parte carece del interés novelesco de la primera, y sin duda por eso fué reimpresa muy pocas veces y llegó a ser libro rarísimo.[2] Las poéticas tradiciones de los últimos tiempos del reino de Granada tenían que interesar más que las atrocidades de una rebelión de salteadores, en que las represalias de los cristianos estuvieron a la altura de la ferocidad de los moriscos. Con ser tan grandes las cualidades de narrador en Ginés Pérez de Hita, tenía que perjudicarle la inferioridad de la materia. Además, los romances que esta segunda parte contiene, escritos casi todos por él mismo, son meras gacetas rimadas, que repiten sin ventaja alguna lo que está dicho mucho mejor en la prosa.[3]

---

[1] *Bulletin Hispanique,* enero a mayo de 1903.

[2] Fué también menos imitada que la primera; pero además del espléndido drama de *El Tuzaní* que inspiró a Calderón, todavía se encuentra su rastro en *Aben-Humeya,* excelente drama histórico de Martínez de la Rosa; en *La Alpujarra,* de Alarcón, y aun en *Los Monfíes de la Alpujarra,* tremebunda novela de don Manuel Fernández y González.

[3] Hay que exceptuar dos o tres únicamente: el que comienza:

> Las tremolantes banderas
> Del grande Fajardo parten
> Para las nevadas sierras
> Y van camino de Ohánez,
> ¡Ay de Ohánez!... (cap. X),

que tiene mucho ímpetu bélico y produce cierto efecto de tañido fúnebre

Aun en ésta abusa demasiado de las arengas militares, y no faltan imitaciones, traídas con poco tino, de los poemas épicos de Virgilio y Ercilla (el combate de Dares y Entelo, la prueba del

con la repetición de las palabras finales, y el de la toma de Galera (capítulo XXII), que no es de Pérez de Hita, sino de un amigo suyo, y conserva algunos felices rasgos del bellísimo romance popular de *El Conde Arnaldos*. Pero la joya poética de esta segunda parte, son las proféticas y sombrías endechas que canta una mora delante de Aben Humeya, «haciendo un sonido sordo y melancólico con un plato de estaño» y cayendo muerta al terminar su lúgubre canción:

La sangre vertida
De mi triste padre
Causó que mi madre
Perdiese la vida.
   Perdí mis hermanos
En batalla dura,
Porque la ventura
Fué de los cristianos.
   Sola quedé, sola,
En la tierra ajena;
¡Ved si con tal pena
Me lleva la ola!
   La ola del mal
Es la que me lleva
Y hace la prueba
De dolor mortal.
   Dejadme llorar
La gran desventura
Desta guerra dura
Que os dará pesar.
   De las blancas sierras
y ríos y fuentes,
No verán sus gentes
Bien de aquestas guerras;
   Menos en Granada
Se verá la zambra
En la ilustre Alhambra
Tanto deseada;
   Ni a los Alijares
Hechos a lo moro,
Ni a su río de oro,
Menos a Comares.
   Ni tú, don Fernando,
Verás tus banderas

Tremolar ligeras
Con glorioso bando;
   Antes destrozadas,
Presas y abatidas
Y muy doloridas,
Tus gentes llevadas
   A tierras ajenas;
Metidas en hierros
Por sus grandes yerros
Pasarán mil penas.
   No verán los hijos
Dónde están sus padres,
Y andarán las madres
Llenas de letijos,
   Con eternos llantos
Muy descarriados
En sierras, collados,
Hallarán quebranto.
   Y tú, don Fernando,
No verás los males
de los naturales
Que te están mirando;
   Porque tus amigos
Quiere el triste hado
Te habrán acabado
Siéndote enemigos.
   Otro rey habrá
También desdichado,
Que amenaza el hado
Como se sabrá.
   Y tú, Habaquí,
Por cierto concierto
También serás muerto
¡Mezquino de ti!

tronco); pero hay trozos bellísimos, como la patética historia del Tuzani de la Alpujarra, donde encontró Calderón el argumento de su drama *Amar después de la muerte*. Por lo ameno y florido, el primer libro de las *Guerras Civiles* se llevará siempre la palma, pero nada hay en él que iguale a la arrogante semblanza del hercúleo marqués de los Vélez, don Luis Fajardo, que se lee en el capítulo IV de la segunda parte. Bastaría esta página estupenda, que oscurece a las mejores de Guzmán y Pulgar, para poner a Ginés Pérez de Hita en primera línea entre los escritores españoles que han poseído en más alto grado el don de pintar con palabras a de dar vida perenne a las criaturas humanas cuyos hechos escriben.[1]

<blockquote>
El cristiano bando   Y yo estoy llorando
Viene poderoso;   Mi gran desventura,
Volverá glorioso   Y la sepultura
Despojos llevando;   Ya me está aguardando (Cap. XIV).
</blockquote>

[1] Sin proponernos apurar aquí la extensa bibliografía de la obra de Ginés Pérez, apuntaremos sólo las ediciones más notables:

Historia de los vandos de los Zegries y Abencerrages, Cavalleros moros de Granada, de las Civiles guerras que huuo en ella, y batallas particulares que huuo en la Vega entre Moros y Christianos, hasta que el Rey D. Fernando Quinto la gano. Agora nuevamente sacado de un libro Arauigo, cuyo autor de vista fue un Moro llamado Aben-Amin, natural de Granada. Tratando desde su fundación, Tradvzido en Castellano por Gines Peres de Hita, vezino de la ciudad de Murcia. En Çaragoça. Impreso en casa de Miguel Ximeno Sanchez. M.D.LXXXXV. A costa de Angelo Tabano. 8º. 8 hs. prel. y 307 de texto.

Esta rarísima edición se halla en la Biblioteca Nacional de París, y por ella publicó varios capítulos el señor Acero en su curioso centón sobre Pérez de Hita, ya mencionado. Hasta ahora no se conoce otra más antigua, y el editor Angelo Tavano dice rotundamente que era libro *nunca hasta ahora impresso*. Cítase vagamente una de Alcalá, 1588, pero Brunet duda de su existencia.

Esta primera parte fué reimpresa en Valencia, 1597; Alcalá de Henares, 1598; Lisboa, 1598; Alcalá, 1601; Lisboa, 1603; Barcelona, 1604; Alcalá, 1604; Valencia, 1604; Málaga, 1606; París, 1606 (con dedicatoria de un tal Fortan a la Marquesa de Vernoil; el mismo Fortan aclara al margen varias palabras para inteligencia de los franceses); Barcelona, 1610; Sevilla, 1613; Valencia, 1613; Lisboa, 1616; Barcelona, 1619; Alcalá, 1619; Cuenca, 1619; Sevilla, 1625; Madrid, 1631. Suprimo todas las ediciones posteriores a esta fecha. Hay, por lo menos, doce en todo lo restante del siglo

Una idealización algo semejante a la que Ginés Pérez de Hita hizo de la historia granadina, imponiéndosela al mundo entero, tenemos respecto de la primitiva historia del Perú en los *Comen-*

XVII, y aunque vulgares y de surtido, todas son raras, lo cual prueba el gran consumo que se hacía del libro como lectura popular. En el extranjero también servía para texto de lengua; la edición de Fortan fué reimpresa varias veces, una de ellas en 1660.

Seis ediciones por lo menos, de la primera parte suelta salieron en el siglo XVIII.

La segunda parte, como al fin de ella se declara, fué «sacada en limpio y acabada» por su autor «en 25 de noviembre de 1597», e impresa en Alcalá de Henares, por Juan Gracián, en 1604; pero de esta primera edición no se conserva (que yo sepa) ejemplar alguno, y su existencia consta sólo por los preliminares de las siguientes. Las dos más antiguas que se conocen son la de Barcelona, 1619, por Esteban Liberós, y la de Cuenca, 1619, por Domingo de la Iglesia, una y otra con este título: *Segunda parte de las guerras civiles de Granada y de los crueles bandos entre los convertidos moros y vecinos cristianos con el levantamiento de todo el reino y ultima rebelion sucedida en el año de mil quinientos sesenta y ocho. Y assimismo se pone su total ruina y destierro de los moros por toda Castilla; con el fin de las granadinas guerras por el rey nuestro señor don Felipe II de este nombre, por Gines Perez, vecino de la ciudad de Murcia, dirigida al Excmo. Sr. Duque del Infantado, Mayordomo mayor del Rey Nuestro Señor Don Felipe III deste nombre.*

Fué reimpresa en Barcelona, 1631; Madrid, 1696, por Juan García Infanzón, y tres veces más en el siglo XVIII, siendo la edición más conocida la que hizo en 1731 el famoso librero Padilla.

Las ediciones de ambas partes juntas, hechas, en Madrid, por don León Amarita; 1833; en París, por Baudry, 1847, y en el tomo III de Rivadeneyra, están adulteradas del modo que se indica en el texto. Creo que no lo estará todavía la de Gotha, por Steudel y Keil, 1805-1811, que ocupa los tres primeros tomos de la *Bibliotheca Española* de aquellos editores.

De la primera parte existen traducciones y arreglos en varios idiomas. En francés hay dos por lo menos: una de autor anónimo, con el título de *Histoire des guerres civiles de Grénade* (París, 1608), y otra de A. M. Sané, con el de *Histoire chevaleresque des Maures de Grénade* (1809). Esto sin contar con las imitaciones, de las cuales ya hemos mencionado algunas, y todavía pueden añadirse la *Histoire des guerres civiles de Grénade* de Mademoiselle de la Roche Guilhen (París, 1683), y la *Histoire de la conquête de Grénade*, de Mad. Gómez.

En lengua alemana fué traducida por Carlos Augusto Spalding *(Geschichte der Bürgerlichen Kriege in Granada,* Berlín, 1821. En inglés, por Tomás Rodd *(Las Guerras Civiles, and the history of the factions of the Zegries and Abencerrages, to the final conquest by Ferdinand and Isabella...* Londres, año 1801).

tarios Reales del Inca Garcilaso de la Vega,[1] obra que participa tanto del carácter de la novela como del de la historia, y que no sólo por lo pintoresco y raro de su contenido, sino por las singulares circunstancias de la persona de su autor, excitó en alto grado la curiosidad de sus contemporáneos y ha seguido embelesando a la posteridad. Garcilaso era el primer escritor americano de raza indígena que hacía su aparición en la literatura española. Nacido en el Cuzco en 1540, no era criollo, sino mestizo, hijo de un conquistador y de una india principal descendiente de Huayna Capac, y no estaba menos ufano de su ascendencia materna que de la paterna, gustando de anteponer el regio título de Inca a su muy castizo apellido.[2] Su educación había sido enteramente española y muy esmerada: desde los veinte años residió en la Península, pasando en Córdoba la mayor parte de su vida; pero por la ingenuidad del sentimiento y la extraordina-

---

[1] *Primera parte de los Comentarios reales que tratan del origen de los Incas, reyes que fueron del Perú; de su idolatría, leyes y gobierno en paz y en guerra, de sus vidas y conquistas, y de todo lo que fué aquel imperio y su República antes que los españoles pasaran a él. Escritos por el Inca Garcilaso de la Vega, natural del Cuzco...* Lisboa, Pedro Crasbeck, 1609. — Reimpreso en Madrid, 1723.

[2] «El hijo tercero de Alonso Hinestrosa de Vargas y de Dª Blanca de »Sotomayor fué Garcilaso de la Vega, mi señor y padre. El qual empleó »treynta años de su vida hasta que se le acabó en ayudar a conquistar y »poblar el Nuevo Mundo, principalmente los grandes reynos y provincias »del Peru, donde con la palabra y el exemplo enseñó y doctrinó a aquellos »gentiles nuestra santa Fee catholica, y aumentó y magnificó la corona de »España, tan larga, rica y poderosamente que por sólo aquel imperio que »entre otros posee, le teme hoy todo lo restante del mundo. Huvome en una »india llamada doña Isabel Chimpu Oello: son dos nombres, el cristiano y el »gentil, porque las indias e indios en comun, principalmente los de la sangre »real, han hecho costumbre de tomar por sobrenombre, después del bautis-»mo, el nombre propio o apelativo que antes de él tenían. Y estales muy »bien por la representacion y memoria de los nombres y sobrenombres rea-»les que en sus magestades antiguas solían tener. Doña Isabel Chimpu Oello »fué hija de Hualipa Tupac Inca, hijo legítimo de Inca Yupanqui y de la »Coya Mama Oello, su legitima muger, y hermano de Huayna Capac Inca, »ultimo rey que fue en aquel imperio llamado Peru.»

Así Garcilaso, en su *Genealogía de Garci Pérez de Vargas*, escrita en Granada a 5 de mayo de 1596 (apud Gayangos, notas a Ticknor, III, p. 555).

ria credulidad, conservaba mucho de indio. Algo tardíamente se manifestó su vocación literaria, acaso porque en su juventud gustaba más, como él dice, «de arcabuces y de criar y hacer caballos que de escribir libros»; pero sus dotes de excelente prosista campean ya en la valiente versión que en 1590 publicó de los célebres *Diálogos de Amor,* de León Hebreo, mejorando en gran manera la forma desaliñada del texto italiano, que es traducción, al parecer, de un original español perdido. Pero la celebridad de Garcilaso, como uno de los más amenos y floridos narradores que en nuestra lengua pueden encontrarse, se funda en sus obras historiales, que mejor calificadas estarían (sobre todo la segunda) de historias anoveladas, por la gran mezcla de ficción que contienen: «*La Florida del Inca o Historia del Adelantado Hernando de Soto*»; los «*Comentarios Reales que tratan del origen de los Incas, reyes que fueron del Perú; de su idolatría, leyes y gobierno en paz y en guerra, de sus vidas y conquistas y de todo lo que fue aquel Imperio y su República antes que los españoles pasaran a él*»; la «*Historia general del Perú, que trata el descubrimiento de él y cómo lo ganaron los españoles; las guerras civiles que hubo entre Pizarros y Almagros sobre la partija de la tierra; castigo y levantamiento de los tyranos, y otros sucesos particulares*».

La autoridad histórica del Inca Garcilaso ha decaído mucho entre los críticos modernos, y son muy pocos los americanistas que se atreven a hacer caudal de ella. Aun en las cosas de la conquista y de las guerras civiles es cronista poco abonado, porque salió muy joven de su tierra, y escribió, no a raíz de los sucesos, sino entrado ya el siglo XII, dejándose guiar de vagos recuerdos, de relaciones interesadas, de anécdotas soldadescas y de un desenfrenado amor a todo lo extraordinario y maravilloso. Pero donde suelta las riendas a su exuberante fantasía es en los *Comentarios Reales,* libro el más genuinamente americano que en tiempo alguno se ha escrito, y quizá el único en que verdaderamente ha quedado un reflejo del alma de las razas vencidas. Prescott ha dicho con razón que los escritos de Garcilaso son una emanación del espíritu indio: *an emanation from the indian mind.* Pero esto ha de entenderse con su cuenta y razón, o más bien ha de completarse advirtiendo que aunque la sangre de su madre, que era prima de Atahualpa, hirviese tan alborotadamente en sus venas, él al fin no era indio de raza pura, y era además neófito cristiano y hombre de cultura clásica, por lo cual las tradiciones indígenas y los cuentos de su madre tenían que experimentar una rara transformación al pasar por su mente semibárbara, semieducada. Así se formó en el espíritu de Garcilaso lo que pudiéramos llamar la novela peruana o la leyenda incásica, que ciertamente otros habían comenzado a inventar, pero que sólo de sus manos recibió forma definitiva, logrando engañar a la posteridad, por lo mismo que había empezado engañándose a sí mismo, poniendo en el libro toda su alma crédula y supersticiosa. Los *Comentarios Reales* no son texto histórico: son una novela tan utópica como las de Tomás Moro, como la *Ciudad del Sol* de Campanella, como la *Océana* de Harrington; pero no nacida de una abstracción filosófica, sino de tradiciones oscuras que indeleblemente se grabaron en una imaginación rica, pero siempre infantil. Allí germinó el sueño de un imperio patriarcal y regido con riendas de seda, de un siglo de oro gobernado por una especie de teocracia filosófica. Garcilaso hizo aceptar estos sueños por el mismo tono de candor con que los narraba, y la sinceridad, a lo menos relativa, con que los creía, y a él somos deudores de aquella ilusión filantrópica que en el siglo XVIII dictaba a Voltaire su *Alzira* y a Marmontel su fastidiosísima novela de *Los Incas*, y que en el canto triunfal de Olmedo en honra de Bolívar evocaba tan inoportunamente, en medio del campo de Junín, la sombra de Huayna Capac, para felicitar a los descendientes de los que ahorcaron a Atahualpa. Para lograr tan persistente efecto se necesita una fuerza de imaginación muy superior a la vulgar, y es cierto que el Inca Garcilaso la tenía tan poderosa cuanto deficiente era su sentido crítico. Como prosista es el mayor nombre de la literatura americana colonial; él y Alarcón, los dos verdaderos clásicos nuestros nacidos en América.

 Trabajo cuesta descender de la apacible lección de tales maestros de nuestra prosa narrativa como fueron Ginés Pérez de Hita y el Inca Garcilaso al torpe y grosero matorral de fábulas con que escritores sin ciencia ni conciencia, sin arte ni estilo, de los cuales ya hemos visto un *specimen* en Miguel de Luna, afearon los anales eclesiásticos y civiles de España abriendo tristísimo paréntesis entre la era clásica de los Zuritas y Morales y la era crítica de los Mondéjares y Antonios, que tantos monstruos tuvieron que exterminar en el campo de nuestra historia, dejando aun así reservado para el P. Flórez el laudo mayor y lo más arduo y peligroso de la empresa. La literatura seudohistórica del siglo XVII, que por otra parte ha tenido ya magistral y ameno cronista,[1] no nos incumbe en su mayor parte, tanto porque traspasa el límite cronológico que en este trabajo nos hemos impuesto, cuanto por la falta de imaginación y de sentido literario que sus autores mostraron, y aun por la lengua en que comúnmente escribían. Ni los plomos granadinos, ni los falsos cronicones de Dextro, Marco Máximo, Luitprando y Julián Pérez, abortos del cerebro delirante del P. Román de la Higuera; ni los de Hauberto Hispalense y Walabonso Merio, compilaciones todavía más degeneradas de Lupián Zapata; ni el cronicón gallego de don Servando, supuesto confesor de los reyes Don Rodrigo y Don Pelayo; ni otros escritos apócrifos menos divulgados, tienen nada que ver con la historia de la novela, aunque sea ficción casi todo lo que en ellos se contiene. Pero son ficciones descaradas e imprudentes, nacidas al calor de un falso celo religioso, de un extraviado sentimiento de patriotismo local, de una estúpida vanidad genealógica o de torpes móviles de lucro y codicia, no de un propósito de amenidad y recreación sin pecado, como el que había dado vida a las lozanísimas páginas del moro Aben Hamin, historiador no menos fidedigno que el propio Cide Hamete Benengeli. Estos inocentes juegos de la fantasía poética son cosa bien diversa de aquella aberración mental y moral que llenó de santos falsos o trasladados caprichosamente de Grecia y Asia los fastos de nuestras iglesias, corrompió nuestros episcopologios, profanó con insulsas fábulas

---

[1] Vid. *Historia crítica de los falsos cronicones,* por don José Godoy Alcántara, Madrid, 1868.

los libros de rezo y llevó su audacia hasta adulterar feamente antiguos códices e inscripciones venerables.

Pero existen otras ficciones, un poco más antiguas, en que es menor la dosis de malicia y mucho mayor la intervención del elemento novelesco. Dos obras hay, por lo menos, anteriores a la publicación de la primera parte del *Quijote,* que es imposible omitir en una historia de la novela, a pesar de las pretensiones históricas que afectan. Una de ellas es la *Centuria o Historia de los famosos hechos del Gran Conde de Barcelona Don Bernardo Barcino, y de Don Zinofre su hijo y otros caballeros de la Provincia de Cataluña* (Barcelona, 1600); obra disparatadísima del franciscano Fr. Esteban Barellas, el cual tuvo la avilantez de dedicarla como verdadera historia nada menos que a la Diputación General del Principado. En el prólogo invoca, según costumbre de todos los falsarios, el testimonio de un autor inédito, que aquí por caso singular es un judío: «Vino a mis manos, Illustrissimos señores, el año de mil y quinientos setenta y seys, harto estragado »y rompido, lo que trabajó el Rabino Capdevila, hijo de padres »nativos christianos naturales del lugar Duas ayguas, morador en »la villa de Momblanc. Prohijó al dicho Capdevila el Rabino Ru- »ben Hiscar, christiano falto de padres, y por la comun calamidad »mora, le llevó consigo en la retirada a los montes, como los de- »mas christianos, donde fue enseñado por el Hiscar en las letras »divinas y humanas. Assistió el Capdevila, a lo que se vee, en las »mayores jornadas, sin las que le vinieron a noticia, escriviendo »en varias letras y lenguas.» Refiere luego que en la Academia Complutense, o sea en la Universidad de Alcalá, donde acabó sus estudios, le había servido de intérprete para el Capdevila el Dr. Hernando Díaz, Catedrático de Lengua Hebrea y Profesor de Medicina. Preceden al libro unas tablas cronológicas en toda forma y varios apuntamientos de simulada erudición geográfica e histórica para deslumbrar a los incautos. [1]

---

[1] *Centvria o Historia de los famosos hechos del Gran Conde de Barcelona don Bernardo Barcino y de don Zinofre su hijo, y otros Caualleros de la Provincia de Cathaluña. Sacada a luz por el Reverendo Padre Fray Esteuan Barellas, predicador de la Ordē del Seraphico Padre san Francisco de la mis-*

El libro es tal que quizá no se encuentre otro más absurdo en toda la dilatada serie de los libros de caballerías, a cuyo género pertenece indisputablemente. No sin razón le comparó el Marqués de Mondéjar con *El Caballero del Febo* o con las obras de Feliciano de Silva. Si se exceptúan los nombres topográficos y los apellidos, derramados como a granel, todo es pura patraña en la *Centuria* de Barellas, comenzando por los dos imaginarios héroes don Barcino y don Zinofre. Ni siquiera acertó el mísero autor a incorporar en su obra los episodios y rasgos poéticos y tradicionales con que le brindaban las antiguas crónicas catalanas, y que aun no teniendo certidumbre histórica habían podido arraigar ya en la mente popular. Pero algo aprovechó de ellas, aunque con torpeza. En las *Historias y Conquistas* de Mosén Pere Tomich, crédulo compilador del siglo xv, encontró el germen de la fábula heroica de Otger Cathalon y los nueve Barones de la fama, supuestos héroes de la restauración pirenaica, y la historia no menos apócrifa del monasterio de Grassa, atribuída a Filomena, secretario de Carlomagno. Las juveniles aventuras de Vifredo el Velloso (a quien Barellas da el extravagante dictado de *D. Zinofre 2º Peloso o Astrodoro*), su estancia en la corte del Conde de Flandes y la venganza que tomó del usurpador Salomón, eran invenciones añejas, que ya en el siglo xiii fueron escritas en el *Gesta Comitum*, y a las cuales el Dr. Pujades había dado en su *Cronicón de Cataluña* más amplio desarrollo. Finalmente, la historia del dragón vencido por don Zinofre Barcino, que tanta parte ocupa en la *Centuria*, además de ser un lugar común del género caballeresco (la sierpe de Baldovín en la *Gran Conquista de Ultramar,* el endria-

---

ma Provincia. Dirigida al ilustre Senado de los Señores Diputados de Cathaluña... En Barcelona en casa de Sebastian de Cormellas. Año M.DC (1600). Fol.

Torres Amat, en sus *Memorias para un diccionario de escritores catalanes* (página 94), dice, pero no es muy verosímil, que la palabra catalana *barrellada,* en significación de fábulas o disparates, está tomada del apellido de este falso historiador Barellas. Esa voz debe ser mucho más antigua, y tiene etimología bien obvia. Ni Barellas (o Barrellas, como T. Amat escribe) fué nunca escritor de tal notoriedad que de su apellido pudieran formarse derivados.

go de *Amadís*), es tradición antiquísima localizada en varios puntos del Principado Catalán, y que ha dejado rastros en representaciones artísticas, en fiestas populares y en la leyenda muy interesante de la espada de Vilardell.[1]

Por desgracia es muy poco lo que hay de tradicional en el libro del P. Barellas, y aun esto se halla torpemente desfigurado y revuelto con mil invenciones ineptas; la reina Delphina y sus amazonas, la fuente del Salvaje, la pesadísima descripción del templo de Venus y de las artes mágicas que en él se practicaban; todo ello en un castellano poco menos que bárbaro, y con tal carencia de sentido poético e histórico, que apenas se hallará libro más fastidioso ni peor escrito en toda la enorme biblioteca caballeresca.

Así como los Condes soberanos de Barcelona tuvieron en Barellas indigno y fabuloso cronista, así le tuvo la antigua y nobilísima ciudad de Ávila en el P. Luis Ariz, de la Orden de San Benito, que en 1607 imprimió la que llamaba *Historia de sus Grandezas*,[2]

---

[1] Vid. Milá y Fontanals, *Obras completas*, tomo VI (Barcelona, 1895), páginas 84-86.

[2] *Historia de las Grandezas de la Ciudad de Auila. Por el Padre Fray Luis Ariz. Monge Benito, Dirigida a la Ciudad de Auila, y sus dos Quadrillas. En la Primera Parte trata quál de los quarenta y tres Hercules fue el mayor, y cómo siendo Rey de España tuvo amores con una Africana, en quien tuuo un hijo, que fundó a Avila. Tratase qué naciones la poseyeron, hasta que la conuirtio el glorioso san Segundo, compañero de seys obispos que embiaron san Pedro y san Pablo desde Roma, y adónde estan los seys. Prosigue el Autor los demas obispos que ha tenido Auila, y los cuerpos santos que tiene. y cómo fue hallado san Segundo, y su traslacion, con las funciones de sus Iglesias. Con priuilegio. En Alcala de Henares, Por Luys Martinez Grande. Año de 1607.* Además del frontis, tiene una portada grabada, que representa, a estilo de libros de caballerías, los principales episodios de la historia de Ávila.

Segunda Parte de las Grandezas de Auila. Prosigue el Autor las vezes que fue perdida y ganada, hasta el año 992. Su poblacion por el Conde don Ramon. Quiénes y de dónde fueron los pobladores. Qué calidades han de tener los cauralleros, y la estimacion de la honrra, y cómo pende dellos el bien de la Republica. Cómo fue defendido en Auila el Emperador don Alonso Ramon contra su Padrastro el Rey de Aragon. La respuesta que Auila le imbió, y cómo vino contra ella, y mató los infantes que le dieron en rehenes. Cómo fue nombrado Blasco Ximeno para reptarle, y la muerte aleuosa que le

obra monstruosa, que en sus dos primeras partes puede competir con el más estupendo de los libros de caballerías. Desde la portada ofrece poner en claro «qual de los quarenta y tres Hercules »fue el mayor, y como siendo Rey de España tuvo amores con una »Africana, en quien tuvo un hijo que fundó a Avila». No hay que decir que sale triunfante de su empeño, pero no por el trillado camino del Beroso y Anio Viterbiense, que siguen otros historiadores de pueblos, sino exhibiendo entera y verdadera una crónica novelesca de Ávila que alcanza desde los tiempos de Hércules hasta los del Emperador Alfonso VII, escrita en una *fabla* que quiere ser antigua. Este raro documento, que contiene pormenores interesantes y tradiciones que alguna vez parecen de origen épico, lleva por título *Leyenda de la muy noble, leal e antigua Ciudad de Avila, pendolada por Hernan de Illanes, fijo de Millan de Illanes, uno de los primeros pobladores de Avila, en la ultima recuperación por el señor Rey don Alfonso sexto, año 1073. La qual se sacó del original por mandado del Alcalde Fernan Blazquez, año 1315.* Pero como sin duda Hernán de Illanes pareció personaje demasiado oscuro para autorizar tal leyenda, dióse por primer autor de

dieron, y la sentencia sobre si pudo ser reptado el Rey. Cómo fueron los Adalides de Auila a defender a Toledo, en la muerte del Rey don Alonso 6º contra los Moros que hauian alçado por Rey a Iezmin, y Aya de Talauera, con quien auia de ser casada Aja Galiana, mujer de Naluillos Blazquez, Prima hermana de Santa Casilda y del infante Petran. Por cuya conuersion y Bautismo entró por Castilla el Infante contra el Rey don Fernando I. Y cómo el Infante fue Bautizado, por mano de la Reyna de los Angeles, y fue fundador del Real monasterio de nuestra Señora de Sopetran. Cómo Ximena Blazquez, Tia de Naluillos Blazquez, en ausencia de su marido el Alcayde, Hernan Lopez Trillo, y de los Adalides y gente de guerra de Auila, defendió la Ciudad con sus hijas y nueras, vistiendose de hombres, contra el poder del Rey Abdalla Alhaçen. Continuase la historia en el lenguaje Antiguo que la escriuio y conto el obispo don Pelayo de Obiedo, a los que yban a poblar a Auila, en Arebalo. El año mil y ochenta y siete.

Copio íntegras estas pesadísimas portadas, porque bastan para dar idea de la insensatez de la obra. Las partes tercera y cuarta son más propiamente históricas, y, como otros muchos libros de su clase, contienen noticias curiosas y útiles.

Las cuatro partes están reunidas en un volumen en folio, pero cada una de ellas tiene paginación diversa.

ella al obispo de Oviedo don Pelayo, a quien su bien ganada fama de escritor *fabuloso* e interpolador de antiguos cronicones hacía digno patrono de tal engendro, donde se contienen, por cierto, cosas muy posteriores al año 1153, en que aquel prelado pasó de esta vida. En su boca se pone la narración como dirigida en Arévalo a los primeros pobladores de Ávila el año 1087. No falta, por supuesto, la cita de un fantástico historiador griego en apoyo de los delirios sobre Hércules y la africana, y su hijo el barragán Alcideo, que *mamantó siete años,* y a quien se atribuye la fundación de las murallas de Ávila: «Todo lo que vos he fablado, mis »buenos amigos e parientes, del noble Hercules, pendola Nestori- »no Griego en su leyenda.» Este ridículo verbo *pendolar,* juntamente con el de *otear,* torcido de su verdadera significación, reaparece fastidiosamente en cada párrafo de esta rapsodia, probando los menguados recursos de su inventor y lo poco que se le alcanzaba de lenguaje antiguo. «Dice más el obispo de Oviedo, que es- »tando ellos en Arevalo con los pobladores que venian a Avila a su »segunda poblacion, e aviendo *oteado* bien esta leyenda de Nesto- »rino que la *pendola,* e es bien antigua, me dio codicia (aquí no se »sabe si habla el obispo o Hernán de Illanes) de *otear* si otro *pen-* »*dolador* oviese que lo tal *pendolase,* e fallé en la leyenda que *pen-* »*doló* Guido Turonense *de Urbibus,* ca este *pendoló* bien cien años »antes que yo Pelayo obispo de Oviedo naciese, e asi *pendoló...*»

Esto baste en cuanto al estilo de la leyenda atribuída a don Pelayo, que no puede ser más anacrónico y ridículo. Pero el contenido no es tan necio como el estilo ni con mucho. Un buen ingenio podría sacar partido de los informes materiales que esta ruda patraña ofrece, y que acaso tienen origen más noble y antiguo de lo que suponemos. Todo lo que se refiere a las hazañas de Ximén Blázquez, Sancho Zurraquines y demás pobladores de Avila; el fabuloso cerco puesto a la ciudad por don Alfonso el Batallador y el hecho bárbaro que se le atribuye de haber mandado freír en calderas a los avileses que tenía en rehenes; el reto de Blasco Ximeno al rey de Aragón, que recuerda el de don Diego Ordóñez a los zamoranos; la muerte alevosa dada al campeón del concejo; el arbitraje de Burdeos, que pone fin a la discordia entre castellanos y aragoneses; la defensa de Toledo por los adalides de Ávila contra el rey moro Jazimin; los amores de la infanta Aja Galiana con el gobernador de Ávila Nalvillos Blázquez; la animada descripción de los desposorios de Sancho de Estrada y Urraca Flores, conservan bastante carácter de poesía heroico-popular, y algunos de ellos parecen superiores a lo que podía dar de sí el pobre y malaventurado falsificador que redactó esta escritura en la forma en que hoy la leemos. Lo que parece increíble es que un libro semejante haya podido extraviar el juicio de historiadores serios, aunque algo crédulos, como Sandoval y Colmenares, repitiéndose hasta nuestros días el absurdo y calumnioso cuento de las *fervencias,* que todavía tuvo que impugnar en una larga memoria don Vicente de la Fuente. Y todavía causa mayor sorpresa que el erudito y severo autor de las memorias de los arquitectos españoles, don Eugenio Llaguno, diese entrada en el catálogo de nuestros primitivos artífices (si bien con algún recelo) a los fabulosos maestros Casandro Romano y Florín de Pituenga, cuya existencia no tiene más apoyo que el dicho de esta falsa crónica abulense. ¡Tal es la virtud prolífica y funesta que tienen el error y la mentira; por donde incurren en no leve responsabilidad los que a sabiendas, y aunque sólo fuere por alarde de ingenio, siembran tan pestífera cizaña en el campo de la historia! [1]

La de Ávila venía falsificándose desde muy antiguo. El P. Ariz no fué autor, sino editor, y a veces interpolador de la extraña y curiosa novela, escudada con el nombre del obispo don Pelayo. En sendos manuscritos de la Biblioteca Nacional y de la Academia de la Historia, que pertenecieron a cierto regidor de Ávila llamado don Luis Pacheco, se halla un texto de esta leyenda, más completo que el publicado por Ariz. Su encabezamiento es como sigue: «Aqui se face rrevelacion de la primera fundacion »de la ciudad de Avila e de los nobles varones que la vinieron »a poblar, e cómo vino a ella el santo ome Segundo.»

---

[1] Todavía el señor don Juan Martín Carramolino, en su *Historia de Avila* en tres volúmenes, impresa en 1873, prohija muchas de las fábulas del P. Ariz, por lo cual su obra ha de ser *caute legenda.*

No es posible todavía designar el autor material de esta falsa crónica (acaso el mismo regidor Pacheco, que vivía a mediados del siglo XVI), pero es cierto que está ligada con un grupo entero de invenciones abulenses, las cuales se remontan por lo menos al año 1517, en que «siendo Corregidor el noble caballero Bernal »de Mata, entre otras cosas buenas de hedifficios e noblecimiento »de dicha ciudad, assi en reparo de muros e puertas de ella como »en hacer plantar pinares e saucedas por las riberas de Adaja »e Grajal, e en otros hedifficios de puentes e passos, tuvo especial »cuidado de inquirir e buscar el fundamento de la dicha ciudad »de dónde avia avido origen e cómo se habian ganado las armas »reales que tienen, e sus privilegios, *sobre lo cual halló en un libro* »*antiguo que tenia Nuño Gonzalez del Aguila un cuaderno de es-* »*criptvras*». Este cuaderno, cuya narración alcanza hasta los tiempos del Alfonso el Sabio, se conserva también en las dos bibliotecas citadas, y por su estilo poca antigüedad revela, a pesar del afectado uso de ciertas palabras arcaicas. Puede ser contemporáneo del mismo corregidor Bernal de la Mata, que le hizo trasladar en pergamino y poner en el arca del Concejo. Pero no hay duda que su autor, quien quiera que fuese, tenía noticia de nuestros antiguos cantares de gesta, y no sería temeraria la sospecha de que pudo basar su ficción en alguno que se ha perdido. Un autor original del siglo XVI no se hubiera mostrado tan profundamente imbuído en la superstición de los agüeros, como lo muestra esta primera cláusula de la leyenda, que nos recuerda análogos pasajes del *Poema del Cid* y de la feroz historia de los Infantes de Lara: «Quando el conde don Remond, por mandado del Rey don »Alonso, que ganó a Toledo, que era su suegro, ovo de poblar »a Avila en la primera puebla vinieron gran compaña de bue- »nos omes de cinco villas e de Lara, e algunos de Coualeda e »de Lara venien delante e *ovieron sus aves* a eutrante de la vi- »lla, e *aquellos que solian catar de agueros* entendieron que »eran buenos para poblar alli e fueron poblar en la villa lo más »cerca del agua, e los de cinco villas en pos dellos *ovieron esas* »*aves mesmas,* e Muño Enavemudo que venia con ellos era »más *agorador* e dixo por los que primero llegaron que ouvie-

»*ron buenas aves,* mas que erraron en possar en lo baxo cabe el agua.»

No sabemos si valiéndose del manuscrito de Bernal de la Mata, pero coincidiendo en gran parte con sus noticias, escribió el famoso comunero Gonzalo de Ayora su *Epílogo de algunas cosas dignas de memoria pertenecientes a la ilustre e muy magnífica e muy leal ciudad de Avila,* obrilla casi inasequible en su primitiva edición de 1519.[1] Toda la historia fabulosa de Ávila estaba, por consiguiente, inventada y aun en parte divulgada antes del P. Ariz; pero él fué quien la dió los últimos toques, y la presentó con más aparato de erudición, confusa y amañada.[2]

Otras historias de reinos y ciudades pudiéramos citar en que entra por mucho el elemento novelesco, pero bastan los dos casos típicos de Barellas y Ariz para dar idea de esta derivación tardía de los libros caballerescos; de este género híbrido y contrahecho, que todavía a fines del siglo XVII cultivaba con ciertas dotes de imaginación y estilo el popularísimo Dr. Lozano en sus *Reyes Nuevos de Toledo* y otros libros análogos, tan menospreciados por los doctos como amados por el vulgo, y que tantos argumentos suministraron a Zorrilla y otros poetas románticos para sus mejores leyendas.

Verdaderas leyendas o novelas en verso se componían ya en el siglo XVI sobre episodios históricos nacionales, ora de tradición piadosa, como *El Monserrate* del capitán Virués, ora de antigüe-

---

[1] El ejemplar, acaso único, que del *Epílogo* se conoce perteneció en Londres al canónigo Riego, de cuyos herederos le adquirió don Pascual de Gayangos. El colofón dice así: «La presente obra fue impresa en Sala- »manca por el muy honrrado varon Lorenço de Lion de Dei, mercader e »impresor de libros. Acabose a veynte y dos dias del mes de abril, año de »mill e quinientos e dezinueve años, a pedimento de Juan Gallego, vecino »de Avila, para el señor Gonçalo de Ayora, capitan e coronista de sus Altezas...»

Hay una reimpresión de Madrid, 1851, con un breve prólogo de Gayangos.

[2] Sobre las sucesivas falsificaciones de la historia de Ávila discurrió don Vicente de la Fuente en su opúsculo *Las Hervencias de Avila* (1867), reimpreso en parte en el tomo I (pp. 236-279) de sus *Estudios críticos sobre la Historia y el Derecho de Aragón.*

dades romanas, como *El León de España* de Pedro de la Vecilla Castellanos. Pero la forma y entonación de estos poemas, escritos al modo clásico e italiano, nos retraen ahora de su estudio, que más bien pertenece al tratado de la poesía épica. Sólo una excepción hemos de hacer en favor de *Las Havidas* del poeta tudelano Jerónimo de Arbolanche o Arbolanches,[1] porque lo raro de su asunto, lo libre y holgado de su ejecución, la variedad de metros en que está escrito, la mezcla de elementos caballerescos y pastoriles que en él caprichosamente se combinan, han hecho que la mayor parte de los eruditos le clasifiquen entre las novelas más bien que entre los poemas con pretensión de heroicos. Es ciertamente un parto de la fantasía novelesca, a la vez que uno de los más curiosos ensayos que se han hecho para poetizar las oscuras tradiciones de la España prehistórica. El asunto está perfectamente elegido, porque es el único mito turdetano que se conserva íntegro en sus rasgos esenciales a través de la narración de Trogo Pompeyo abreviada por Justino (lib. XLIV, cap. IV) y nada impide suponer que pueda ser un vestigio de aquellas antiquísimas epopeyas de que nos habla Strabón. Es fábula muy conocida, porque la mayor parte de nuestros historiadores la reproducen; para traerla a la memoria basta copiar el *argumento* del libro de Arbolanches: «Gargoris, a quien por fallar el uso de las abejas »llamaron Melicola, tuvo un hijo llamado Abido, y hubolo, segun »algunos cuentan, en su misma hija, por lo cual el padre, deseoso »de que no se sintiese su pecado, echó el niño a las fieras para que »se lo comiesen. Como aquéllas no le hiciesen daño señalóle en el »brazo y echóle en la mar, imaginando que con el fin del niño »no quedaria memoria de su culpa; pero por permision divina,

---

[1] *Los nueve libros de las Hauidas de Hieronymo Arbolanche, Poeta Tudelano. Dirigidos a la Ilustre Señora Doña Adriana de Egues y de Biamonte. En Çaragoça, en casa de Iuan Millan. Vēdense en casa de Miguel de Suelues Infançon.* 8º.

Es libro de la mayor rareza, del cual sólo he manejado dos ejemplares.

Gayangos, en las notas al Ticknor castellano (III, 536-539), y Gallardo y Salvá, en sus respectivas bibliografías, presentan algunas muestras bien escogidas de la versificación de Arbolanche.

»segun Justino cuenta, le echaron las ondas vivo a las riberas.
»Finalmente, dando en manos de un pastor, fue tanta su pruden-
»cia, que, fuera de las ficciones que lleva la poesia, saliendo de
»pastor tuvo oficio en la casa real de su padre, donde por las seña-
»les del brazo fue de su madre conocido, y reinó despues de muer-
»to su padre, siendo el postrero rey antes de la venida de diver-
»sas naciones en España, y antes de la seca que cuentan los cro-
»nistas.»

De este Abidis, pues, rey del *Saltus Tartessiorum* y uno de los civilizadores de la Bética (puesto que, según Justino, dió leyes a su pueblo y enseñó a uncir los bueyes al arado y a lanzar al surco la semilla de trigo, con lo cual el pueblo de los Cynetas abandonó el agreste alimento que hasta entonces le había nutrido), emprendió Arbolanches contar las aventuras en un poema que dividió en nueve libros. Para dar a su narración cierto color de antigüedad majestuosa y venerable, tuvo el buen instinto de tomar por principal modelo la *Odisea*, que es sin duda el poema que mejor nos transporta a la vida familiar de las primeras edades humanas. Por desgracia no la leía en su original, sino en la versión del secretario Gonzalo Pérez, estimable para su tiempo por la fidelidad, pero muy tosca y desaliñada en la versificación, si bien su mismo desaliño tiene algunos dejos de rusticidad patriarcal que no desdicen del argumento del poema. Los versos sueltos en que Arbolanches compuso gran parte del suyo no valen más que los de Gonzalo Pérez; pero los versos cortos, que abundan mucho, especialmente en el episodio pastoril de los amores de Abidis (o Abido) con una zagala, son fáciles, melodiosos y de apacible sencillez, como puede juzgarse por esta *canción*:

Cantaban las aves
Con el buen pastor
Herido de amor.

  Si en la primavera
Canta el ruiseñor,
También el pastor
Que está en la ribera,

Con herida fiera,
Con grande dolor,
Herido de amor.

  Los peces gemidos
Dan allá en la hondura,
El viento murmura
En robres crecidos,

Los cuales movidos
Siguen al pastor
Herido de amor.
    Las claras corrientes,
    Montes y collados,
Praderas y prados,
Cristalinas fuentes,
Estaban pendientes
Oyendo al pastor
Herido de amor.

El tono satírico y desenfadado con que Jerónimo de Arbolanches pasa revista a la literatura de su tiempo y aun más antigua, en una epístola que dirige a don Melchor Enrico, su maestro en artes (compuesta, por cierto, en pésimas octavas reales), no debió de ganarle muchas simpatías entre la grey literaria; pero como en dicha epístola no está ni podía estar incluído Cervantes (las *Habidas* son de 1566 y la *Galatea* de 1585), no me explico la desusada indignación con que aquel grande ingenio, que tanto solía pecar por exceso de benevolencia en su crítica, habló del poeta navarro en su *Viaje del Parnaso* (cap. VII), en que son tan pocos los ingenios nominalmente reprobados:

En esto, del tamaño de un breviario
Volando un libro por el aire vino,
De prosa y verso que arrojó el contrario;
    De verso y prosa el puro desatino.
Nos dió a entender que de *Arbolanches* eran
Las *Abidas* pesadas de contino.

Ni *Las Avidas* tienen el tamaño de un breviario, pues son un librito en octavo de poco más de veinte pliegos, ni están escritos en verso y prosa, a no ser que Cervantes entendiera por prosa los versos sueltos de Arbolanches, que, en efecto, suelen confundirse con ella.

No sería difícil extender a Portugal esta ligera indagación sobre la novela histórica, pues aunque ninguna propiamente tal se escribiese allí durante el siglo XVI, la historia de aquel reino sufrió la misma transformación novelesca que la de los demás de la Península, bajo la pluma ya de interesados falsarios, ya de cándidos compiladores, cuyas invenciones van acumulándose desde el gran fabulador Fr. Bernardo de Brito hasta el enfático y pomposo Manuel de Faria y Sousa. De una sola de estas leyendas queremos hacernos cargo aquí, porque está fundada nada menos que en un antiguo cantar de gesta, del cual conocemos todavía una redacción prosaica.

De origen castellano parece, a pesar de los nombres geográficos de Aljubarrota y Alcobaza con que fué exornada, la *gesta del abad Juan de Montemayor,* que ya se cantaba antes de mediar el siglo XIV, según testimonio de Alfonso Giraldes en un fragmento de su poema sobre la batalla del Salado:

> Outros falan da gran rason
> De Bistoris gram sabedor,
> E do Abbade Don Joon
> Que venceo Rei Almançor... [1]

Ignoramos quién fuese el gran sabidor Bistoris, pero el cantar del abad Juan ha llegado a nosotros en dos distintas redacciones prosaicas, ambas de fines del siglo XV, independientes entre sí, aunque derivadas de un mismo texto poético, a través quizá de otra prosificación perdida. Una de estas refundiciones está en el *Compendio Historial* de Diego Rodríguez de Almela, inédito todavía, que su autor presentó a los Reyes Católicos en 1491. [2] La otra es un libro de cordel, que corría de molde desde 1506, que fué reimpreso en Valladolid en 1562 y que todavía se estampó en Córdoba en 1693. [3] Ambas versiones acaban de ser publicadas con

---

[1] Citado la primera vez por Fr. Antonio Brandão en su *Monarchia Lusitana*, 3ª parte, 1652, libro X, cap. XLV: «Hum romance tenho que trata da batalha do Salado, composto por Alfonso Giraldes, autor daquelle tempo, em o principio do qual, entre outras guerras antigas que se apontão, se faz menção desta que o Abbade João teve com os mouros e com seu capitão Almanzor», etc. (Jorge Cardoso, *Agiologio Lusitano*, 1652 tomo I, página 328).

[2] Poseo un manuscrito de este Compendio, en tres volúmenes, letra del siglo XVI. La leyenda del abad Juan se encuentra en el segundo, páginas 400-408. El señor Menéndez y Pidal cita, además de éste, tres manuscritos de la Biblioteca Nacional y uno de la Escurialense, advirtiendo que el P— de la Biblioteca Nacional, letra de la segunda mitad del siglo XV, corresponde a una primera redacción de Almela.

[3] Gayangos, en su *Catálogo de Libros de Caballerías*, cita un fragmento que poseía don Mariano Aguiló, con el siguiente encabezamiento: «Comiença el libro de Juan Abad, señor de Montemayor: en el qual se escrive todo l

todo rigor crítico por don Ramón Menéndez Pidal, e ilustradas con el admirable caudal de doctrina que él posee en estas materias.[1] A su libro nos remitimos para todo, limitándonos a dar breve idea de la leyenda y del enlace que con alguna otra tiene.

El abad Juan de Montemayor, gran hidalgo, señor de todos los abades que había en Portugal, recogió una noche de Navidad, a la puerta de la iglesia, a un niño expósito, nacido del incesto de dos hermanos. Le bautizó, llamándole D. García; le crió con mucho amor, y cuando llegó a edad adulta, le hizo armar caballero por el rey Don Ramiro de León, sobrino del abad, y le nombró capitán de toda su hueste. Pero como «toda criatura revierte a su natura», el D. García salió malo, ingrato y traidor, y concertó pasarse a los moros y venderse a su rey Almanzor. Así lo ejecutó en Córdoba, renegando públicamente de la fe cristiana, prometiendo hacer todo daño a los cristianos, y sometiéndose, además de la circuncisión, al extraño rito de beber de su propia sangre. Almanzor y el renegado, que tomó el nombre de D. Zulema, entraron con formidable ejército por tierras de cristianos,

---

que le acontecio con don Garcia su criado.» Estaba impreso al parecer en el primer tercio del siglo XVI.

—*Historia de el abbad dō Juan.* Al fin: «*Fue impresso el presente Libro en casa de Francisco Fernandez de Cordova, impresor. Año de mil y quinientos y sesenta y dos*». Es edición sin duda de Valladolid, donde Francisco Fernández de Córdoba tuvo famosa imprenta. El único ejemplar conocido de este cuaderno fué comunicado por su dueño, don Aníbal Fernández Thomas, a la señora doña Carolina Michaëlis de Vasconcellos, que hizo sacar copia de él para el señor Menéndez Pidal.

Cítase otra edición de Sevilla, 1584. Una de las últimas fué sin duda la que se describe en el *Ensayo* de Gallardo (núm. 807):

«*Comiença la historia del abad Juan, señor de Montemayor, compuesta por Juan de Flores.*» Colofón: «*Impresso en Cordoba en las callejas del alhondiga por Diego de Valverde y Leiva, Acisclo Cortés de Ribera, año 1693.*» (4º, sin foliar.)

El encabezamiento debe de estar tomado de alguna edición antigua. Juan de Flores es, como sabemos, autor o refundidor de varias novelas cortas publicadas a principios del siglo XVI (alguna acaso a fines del XV), tales como *Grisel y Mirabella, Grimalte y Gradissa*, etc.).

[1] *Gesellschaft für romanische Litteratur, Band 2. La leyenda del Abad D. Juan de Montemayor*, publicada por Ramón Menéndez Pidal. Dresden, 1893.

llegando hasta Santiago de Galicia, cuya iglesia profanó D. Zulema, quemando las reliquias. A la vuelta destruyeron a Coimbra y pusieron apretado cerco a Montemayor, que el abad defendió valerosamente por espacio de dos años y siete meses, rechazando con indignación las proposiciones de su criado, que le ofrecía, de parte de Almanzor, hacerle pontífice de todos los almuédanos y alfaquíes de su ley si consentía en renegar. En una de las salidas que hizo el valeroso abad llegó a arrojar su lanza dentro de la tienda del rey y a hincarla en el tablero de ajedrez sobre el cual jugaban Almanzor y D. Zulema. Crecían las angustias del sitio al acercarse la festividad del Bautista, y entonces el abad tomó una resolución bárbaramente heroica y desesperada. Reunió en la iglesia a todos los defensores del castillo, les cantó misa, les predicó fervorosamente, y terminó su plática con este fuerte consejo:

«Amigos, bien veis la lazeria y el mal y la cuita en que estamos... Por ende os digo que yo he pensado una cosa; como quier que será peligrosa de los cuerpos, será muy gran salvación de las animas, y será muy gran servicio de Dios nuestro señor, y acrecentamiento de nuestras honras. La qual es que matemos los hombres viejos y las mujeres y los niños, y todos aquellos que no fueren para pelear ni para hecho de armas, y después quememos todas las cosas del castillo y todo el oro y la plata y las alhajas que en él son, y despues que esto hubieremos hecho, todos salgamos a los moros nuestros enemigos, y matemonos con ellos. Y nuestro señor Dios avrá merced de nos; y estos nuestros parientes que ahora mataremos iran a tomar posada para sí y para nos al sancto paraiso; y assi no avremos cuita de lo que aqui quedare. Y esto es lo que yo pienso que será mejor que no que los moros lleven vuestras mugeres y vuestros hijos y vuestros parientes, para que les hagan tantas deshonrras y tantos males, quales nunca fueron hechos a hombres en este mundo que fuessen nascidos.» Y entonces todos ellos dixeron llorando de los ojos: «Señor abbad don Juan, pues vos sois placentero y quereis que assi sea, placenos de coraçon, y no saldremos de vuestro mandado.»

Y aquí el libro de cordel, cuyo relato es mucho más extenso

que el de Almela y parece seguir con más fidelidad la tradición poética, coloca una escena asombrosa que el cronista suprime, y que sólo cede en afectuosa ternura al hermosísimo romance del Conde Alarcos.

«Entonces el abbad don Juan mandó que, despues de missa dicha, que todos fuessen ayuntados en el corral grande, que era un lugar donde se ayuntaban a hazer su consejo... Y quando el abbad don Juan huvo dicho la missa, fuese para doña Urraca su hermana; y doña Urraca quando lo vio, levantose en pie, a él, y dixole: «Hermano y señor, bien seais venido y en buen dia vos vengais... que otro bien en el mundo no tengo sino a vos.» Y el abbad don Juan le dixo: «Señora hermana doña Urraca, plázeme de todo esto que me dezis; mas esto durará poco.» Y doña Urraca le dixo: «Señor hermano, ¿por qué?» Y el abbad don Juan le dixo: «Porque sabed que aveis de morir.» Y ella le dixo: «¿Por qué es, mi buen señor?» Y el abbad don Juan le dixo: «Porque todos havemos concertado oy en este dia que matemos los hombres viejos y las mugeres y los niños y todos los que no fueren para tomar armas.» Y ella dixo: «Señor hermano, ¿mis hijos moriran?» Y él dixo que sí, y mandóle que tomasse sus hijos y que se fuesse para el corral grande. Y entonces apartose el abbad don Juan de su hermana doña Urraca, mucho llorando de los sus ojos; mas sabed que no podia al hazer. Y doña Urraca sentose, dando tan grandes gritos y tan grandes voces que semejava que el cielo queria horadar; y hazia un duelo tan grande que era maravilla, ca no havia muger en todo el mundo que la oyesse que no la quebrasse el coraçon y no llorasse y tomasse gran cuita y gran pesar. Y entonces doña Urraca tomó cinco hijos que tenia, y pusolos en el corral, uno cerca de otro, y miravalos cómo eran niños y pequeños y hermosos y apuestos y sin entendimiento, y dezia que esperança tenia en Dios y en ellos que serian buenos cavalleros, porque eran hijos de un escudero muy honrado y de muy buena sangre, y de una muy noble dueña; y que esperava en Dios y en su hermano que tuviera mucha honra por ellos. Y abraçavalos mucho a menudo y miravalos y besavalos con gran pesar y amargura que tenia, y caiase en tierra amortecida; y quando acordava, dava tan grandes gritos que era muy grande maravilla, con el duelo que ella hazía. Y dixo: «Ahora vos haced de mí y dellos lo que quisieredes y tuvieredes por bien.» E quando esto oyó el abbad don Juan, hicharonsele los ojos de agua; y sabed que estuvo una gran pieza llorando de los sus ojos, hasta que a malavés la pudo hablar, diziendo; «Hermana señora doña Urraca, venid vos y vuestros hijos, y tomad la muerte por aquel que la tomó por los peccadores salvar.» E todos los hombres y mugeres que ai estaban, llorando de los sus ojos, havian muy gran duelo de doña Urraca y de sus hijos. Y entonces el abbad don Juan tomó la espada en la mano y fuesse para la hermana y para sus sobrinos; y dixo doña Urraca: «Ay señor hermano! Por Dios vos ruego que mateis a mí primero que no a mis hijos, porque yo no vea tan grande manzilla ni tan gran pesar, ni vea la muerte de mis hijos.» Y en esto tomó doña Urraca un velo y posóle ante los ojos, y hincó los inojos ante el abbad don Juan su hermano; y alçó el abbad don Juan la espada y cortóle la cabeça a doña Urraca su hermana; y tomó a sus sobrinos cinco y degollólos y echólos sobre la madre encima de los pechos. Y todos los hombres, cuando vieron que el abbad don Juan esto hazia a doña Urraca su hermana y a sus sobrinos, hizieron ellos todos assi a cada uno de sus parientes...

»Y despues que la mortandad fue hecha, como oydo aveis, el abbad don Juan y todos los otros hombres que fueron vivos dieron tan grandes gritos contra Dios y tan grandes voces llorando de los sus ojos y haciendo tan gran duelo en tal manera que no havia hombre en el mundo que lo viesse que no se le quebrantasse el coraçon de pesar... Y esto assi hecho, allegaron quanto aver fallaron en el castillo, assi de oro como de plata y dineros y ropas y alhajas, y pusieronlo todo en un lugar, y quemaronlo todo, que no quedó nada; y alli vierades arder tan buena ropa de seda y de otras muchas cosas, que no avia hombre en el mundo que no tomasse en ello pesar y muy gran dolor. Y luego el abbad don Juan fue al castillo, por ver si hallaria aí algunas cosas que quemassen, y no halló nada; y tornóse luego para el corral y dixoles: «Amigos, pues que aqui en el castillo no hay alguno de que nos dolamos; que los parientes que habiamos todos son muertos y son idos a la gloria del paraiso a tomar posadas para ellos y para nosotros y son martires en el cielo, ningun pensar tengamos assi mesmo del aver del castillo, porque cuando aquellos traidores acá entraren, no hallarán qué tomar ni llevar»... Y entonces dieronse paz los unos a los otros, y comulgaron y perdonaronse los unos a los otros, porque Dios perdonasse a ellos, y fueronse a armar los cavalleros muy bien; y cavalgaron todos en sus cavallos, y los otros armaronse lo mejor que pudieron y salieron todos a una puerta que dezian Puerta del Sol, y fueron a herir en los moros muy reciamente... Y alli vierades cómo herian muy de rezio y sin ninguna piedad, con golpes de espadas y a muy grandes lançadas y grandes porradas, y tan grande era la pelea y tan fuerte que no podia en el mundo mayor ser... Y el abbad don Juan era muy cavallero en armas y muy ardid y muy rezio en su coraçon que no parescia cuando entrava entre los moros sino como el lobo quando degüella las ovejas; y él y su gente hicieron tamaña mortandad en los moros, que no havia por do andar.»

Los infieles son completamente desbaratados; el abad don Juan corta la cabeza al traidor D. Zulema, y al volver al castillo encuentra resucitado a todos los muertos de la noche anterior.

¿Cómo llegó a localizarse en Portugal esta leyenda, diciendo ya Almela con evidente anacronismo, que el abad don Juan con el quinto del botín edificó la iglesia y monasterio de Alcobaza, donde acabó santamente sus días? Cualquiera persona versada en las tradiciones castellanas habrá reconocido desde luego la patente analogía entre la feroz hazaña que se atribuye al abad Juan y la del alcaide de Madrid Gracián Ramírez degollando a sus hijas, que fueron resucitadas por Nuestra Señora de Atocha. Otros paradigmas pueden buscarse más lejanos o menos completos pero éste conviene en todas las esenciales circunstancias. Otro caso de niños resucitados se encuentra en el antiguo poema francés de Amico y Amelio, de donde pasó al libro de caballerías de *Oliveros de Castilla y Artús de Algarve*. Hay además en la leyenda del abad Juan reminiscencias de algunos pasos de nuestros cantares de gesta (Mudarra y Zulema, encuentro del Cid con el rey

Búcar, remedado en el del abad Juan con el rey Almanzor, etc.); imitaciones de las fórmulas y frases hechas de la poesía épica y aun del *mester de clerecía* de Fernán González, y finalmente, muchos rastros de asonantes y aun algún verso entero de diez y seis sílabas. De todo esto infiere con recta crítica el señor Menéndez Pidal que el primitivo poema del abad Juan era un cantar de gesta, compuesto en el metro propio de la épica castellana, y que no hay motivo para suponerle de origen portugués, puesto que la acción se coloca en tiempo del rey Ramiro de León, mucho antes de la formación del Condado. La mención de Alcobaza, lejos de ser prueba de tal origen, es indicio de lo contrario, pues ningún portugués podía ignorar que Alfonso Henríquez, su primer rey, era el verdadero fundador de aquel famosísimo monasterio. Otros indicios que aquí sería prolijo exponer conducen al señor Menéndez Pidal a sospechar que el juglar que compuso la gesta era leonés, y probablemente del Vierzo, y tenía muy superficial conocimiento de Portugal, aunque localizase allí su historia por mero capricho poético, por deseo de novedad o por cualquier otro motivo imposible de averiguar ahora.

Pero si no nació en Portugal esta leyenda, fué pronto aclimatada por vía erudita y localizada en el pueblo de Montemayor *(Monte môr o velho)*. Su ilustre hijo, el autor de la primera *Diana*, recordaba a mediados del siglo XVI aquella tradición en términos que convienen con los del cuaderno impreso, salvo en haber añadido el nombre del rey Marsilio:

> Miraba a aquella cerca antigua y alta
> Que por tropheo quedó de las hazañas
> Del sancto abad don Juan, en quien se esmalta
> La honra, el lustre y prez de las Españas;
> Alli la fuerza de Hector no hizo falta,
> Pues destruyó su brazo las compañas
> Del sarracino Rey que le seguia,
> Y a su traidor sobrino don Garcia.
> Miraba aquel castillo inexpugnable,
> Por tantas partes siempre combatido,
> De aquel falso Marsilio y detestable,
> Y del traidor Zulema en él nascido...
>
> *(Historia de Alcida y Silvano.)*

A principios del siglo XVII el crédulo analista cisterciense Fr. Bernardo de Brito, primero en la Crónica de su Orden (parte 1ª, 1602) y luego en la *Monarchia Lusitana* (1609), no sólo incorporó esta leyenda como historia verdadera, sino que la exornó con nuevos y descabellados pormenores, que parecen tomados de una redacción distinta del libro de cordel, y con dos escrituras apócrifas, forjadas probablemente en el monasterio de Lorván. En una de ellas, el rey Ramiro I hace donación de la villa de Montemayor a Juan, supuesto abad de dicho monasterio, en 848. La otra es una carta del abad Juan, dando cuenta de su maravillosa victoria y del milagro que la siguió, y haciendo renuncia de la abadía en favor de Teodomiro, prior de Lorván. No faltaron en la familia benedictina otros historiadores que de buena fe copiasen estas patrañas, sin que se salven de tal nota el diligentísimo Fr. Prudencio de Sandoval ni el elegante Fr. Ángel Manrique. Y a la verdad que no tenían disculpa, pues apenas había comenzado Brito a divulgar estas fábulas, le había atajado los pasos muy discreta pero muy enérgicamente el grave y sesudo analista de la Orden de San Benito Fr. Antonio de Yepes (tomo I, 1609, fol. 99). «Acá en Castilla (dice Yepes) la historia del abad D. Juan está tan mal recebida, que se tiene por más fabulosa que la del conde Roldan y Paladines y por tan verdadera como la que escribió el arzobispo Turpin; pero tambien entiendo que, como de Roldan y de Bernardo del Carpio, cuyas hazañas fueron grandes, por haberlas querido engrandecer y dilatar, se han mezclado muchas burlas entre pocas verdades y han ahogado la historia de aquellos caballeros, de manera que ya se tiene por fabulosa; así tengo por cierto que hubo un abad de Lorvan muy valeroso y que sería santo, y algunas veces haria oficio de gran capitan contra los moros; pero están tan perdidas y estragadas estas verdades con patrañas e imaginaciones y sueños, que tengo por muy dificultosa esta empresa.»

Pero ni siquiera su ciega credulidad en los apócrifos de Lorván disculpa a Brito, que inventó por su parte la genealogía del abad Juan, haciéndole medio hermano del rey Bermudo el Diácomo, e hijo bastardo de Don Fruela, hermano de Alfonso el Católico.

Siguiendo en todo las pisadas de Brito repitieron el famoso cuento otros historiadores portugueses, aun de los más estimados, como Fr. Antonio Brandam; y por supuesto, el infatigable Manuel de Faria y Sousa no dejó de celebrar en su crespa y enmarañada prosa «aquella resolución dignamente portuguesa, en mitad del peligro de reputarse por bruta».

Triunfante de este modo la leyenda en la historiografía erudita, adquirió una especie de segunda vida en la popular. El libro castellano de cordel fué traducido y aderezado con retazos históricos de Brito por el capitán Antonio Correa de Fonseca y Andrada, que por los años de 1713 a 1715 compaginó una llamada *Historia Manlianense* (de Manliana, supuesto nombre antiguo de Montemayor, que dicen reedificada por el procónsul Manlio). Y no quedó la tradición en los libros, puesto que pasó al teatro popular, y todavía se celebra, o se celebraba hace pocos años, en Montemayor el 10 de agosto una fiesta o representación, hoy ya enteramente pantomímica, en que un ejército de moros embiste el castillo defendido por el abad Juan y sus compañeros.[1]

Antes de abandonar el campo de la novela histórica debemos hacer alguna mención de los libros de geografía fabulosa y viajes imaginarios, que en tantas formas conoció la antigüedad griega, y de los cuales es la *Historia Verdadera* de Luciano chistosa parodia. Este género renació en los dos últimos siglos de la Edad Media, no por imitación ni remedo de los Iámbulos y Antonios Diógenes, que yacían en el más completo olvido, sino por un movimiento de curiosidad científica mezclada de profunda credulidad, enteramente análogo al que había engendrado estas ficciones entre los antiguos. A medida que se ensanchaba el conocimiento del

---

[1] El pueblo de la Mancha llamado *La Torre de Juan Abad*, tan conocido por el señorío que en él tuvo Quevedo, ¿deberá su nombre a esta leyenda? Según las relaciones topográficas del tiempo de Felipe II, utilizadas por don Aureliano Fernández-Guerra *(Obras de Quevedo*, ed. Rivadeneyra, tomo II, pág. 657), todavía en el siglo XVI persistían allí «los vestigios de una torre con sus dos cavas y foso, cuyo fundador, dueño o alcaide, el buen *Johan Abbad*, defendiéndola contra muchedumbre de enemigos, hubo de dar nombre a la villa».

mundo, la imaginación, siempre insaciable en pueblos jóvenes y ávidos de lo maravilloso, completaba y refundía a su modo las nociones geográficas vagamente aprendidas, y poblaba de vestiglos y de monstruos las regiones nuevamente descubiertas. Las Cruzadas primero, y después los viajes de misioneros y mercaderes al centro del Asia, habían producido en la fantasía europea una fermentación grande y tumultuosa, que era como el preludio de la era de los descubrimientos. Los pueblos de nuestra Península, destinados por decreto providencial a encarnar en sí la mayor gloria de aquel momento sin par en la evolución histórica, no fueron los primeros en sentir la pasión de los viajes; y era natural que así sucediese, dada su posición en el extremo de Europa más remoto del continente asiático, y su doméstica y peculiar historia, que hasta cierto punto los aislaba de los intereses generales del Occidente cristiano; pero desde el siglo XIV, en que fué más íntimo su trato con Francia, Inglaterra e Italia, empezaron a prestar atento oído a las maravillosas relaciones de los reinos de Tartaria, del Cathay y de la corte del Preste Juan. Ya en el *Caballero Cifar,* que es novela de las más antiguas, se concede buen espacio a la cosmografía, y al siglo XIV pertenece también el notable manual que lleva por título *Libro del conocimiento de todos los reinos, tierras y señoríos que son por el mundo,* obra anónima de un franciscano español, interesante sobremanera en la parte africana.[1] A fines del mismo siglo, el Maestre de San Juan, Fernández de Heredia, incluía en una de sus grandes compilaciones históricas, redactadas en dialecto aragonés *(Flor de las historias de Oriente),* el *Libro de Marco Polo, ciudadano de Venecia,*[2] que en tiempo de los Reyes Católicos lograba nuevo intérprete en el arcediano Rodrigo Fernández de Santaella, principal

---

[1] Publicado e ilustrado por don Marcos Jiménez de la Espada (Madrid, año 1877).

[2] Esta versión ha sido modernamente impresa conforme a la copia que sacó el benemérito erudito H. Knust del Códice de la Biblioteca Nacional.

El Libro de Marco Polo. Aus dem Vermächtnis des Dr. Hermann Knust nach der Madrider Handschrift herausgegeben von Dr. Stuebe. Leipzig, 1902.

fundador del estudio universitario de Sevilla.[1] Inútil es encarecer la importancia de tal texto y la acción eficaz que su lectura ejerció en la mente de los grandes descubridores y navegantes de aquella edad heroica.

Con los viajes traducidos o compilados de fuente extranjera alternaban ya relaciones originales de no poco precio. España, que en el siglo XII había tenido un viajero de primer orden en la persona de Benjamín de Tudela, enriquecía su literatura del siglo XV con dos itinerarios admirables: la embajada de Ruy González de Clavijo en demanda del Gran Tamorlán, y las *Andanzas y viajes* del caballero andaluz Pero Tafur, brillante y pintoresco narrador de sus correrías por gran parte de Europa, Egipto y Siria.

A la sombra de los viajes verdaderos comenzaban a pulular los fabulosos, sin que el vulgo hiciera gran distinción entre unos y otros. Ninguno igualó en popularidad al del inglés Sir John de Mandeville, obra de fines del siglo XIV, de la cual se conocen tres textos, al parecer originales: uno en la propia lengua del autor, otro en francés y otro en latín, encaminados sin duda a diversas clases de lectores. La traducción castellana es algo tardía, pero en breve tiempo tuvo tres ediciones góticas,[2] exornadas con

---

[1] *Libro del famoso Marco Polo, Veneciano, de las cosas maravillosas que vido en las partes orientales; conviene saber en las Indias, Armenia, Arabia, Persia y Tartaria; e del poderío del Gran Can y otros Reyes. Con otro Tratado de Micer Pogio Florentino e trata de las mismas islas y tierras.* Logroño, por Miguel de Eguía, 1529.

Hay otra edición de Salamanca con el título de *Cosmografía introductoria en el libro de Marco Paulo Veneto, de las cosas maravillosas de las partes orientales y tratado de Micer Pogio, Florentino* (Sevilla, por Juan Varela, de Salamanca, 1518).

[2] Barcia, en sus adiciones a León Pinelo, cita dos ediciones de 1515 y 1540, entrambas de Valencia. Pero no he visto más que la de 1521, que es la misma que tuvo Salvá:

Libro d'las marauillas del mūdo y d'l viaje de la Tierra Sancta de jerl'm y de todas las prouincias y cibdades de las Indias y d' todos los ōbres mostruos q̄ ay por el mūdo Cō muchas otras admirables cosas.

Colofón... *Fue ympremida la presente obra en la metropolitana Ciudad de Ualencia. Por arte e yndustria de Jorge Costilla. Acabose en el Año de las discordias de Mil y Quinientos y XXj. A quinze de Julio.*

Fol. let. gótica a dos columnas.

muchos y estupendos grabados en madera, que reproducen al vivo las principales monstruosidades y patrañas del texto: unicornios y centauros, cinocéfalos, hombres con los dos sexos, otros con los ojos y la boca en el pecho o como dos astas en la cabeza, etc. En la portada campea en rojas letras el nombre de *Juan de Mandavila,* el cual dice de sí propio al fin de la obra: «Has de »saber que yo Johan de Mandevilla, caballero susodicho me parti »de mi tierra e passé la mar en el Año de la gracia y salud de la »natura humana de Mill y ccc y xxii Años, y despues acá he anda- »do muchos pasos e tierras y he estado en compañías buenas y »en muchos y diversos fechos bellos y en grandes empresas: agora »soy venido a reposar en edad de viejo antiguo, y acordandome »de las cosas passadas he escripto como mejor pude aquellas cosas »que vi y oi por las tierras donde anduve: tornado a mi tierra »en el año del nascimiento de Mill y CCC y LVI y quando yo parti »de mi tierra avia xxiiii.»

No es del caso, ni para ello tengo competencia, determinar lo que puede haber de fidedigno en los recuerdos de viajes que consignó Juan de Mandeville siendo *viejo antiguo.* Su descripción de Tierra Santa es detallada y merece crédito. Parece confirmado que estuvo algunos años al servicio del Soldán de Egipto, y que conocía bien la Siria y la Palestina. Pero de la autenticidad de sus peregrinaciones por la Armenia, el Turquestán, la Mongolia y la China septentrional puede dudarse sin grave cargo de conciencia, no sólo por las increíbles fábulas que refiere (puesto que no las hay menores en los viajeros de la Edad Media tenidos por más verídicos), sino por lo confuso del itinerario, por la escasez de circunstancias personales en la narración, por el calco evidente de otros viajes anteriores, especialmente del de Marco Polo, y por el aspecto de compilación que toda la obra tiene. En ella entran todas las fábulas transmitidas por los naturalistas de la antigüedad a los de la Edad Media, y entraron también cuentos orientales muy parecidos a los de *Las mil y una noches.* Parece haber conocido los *Viajes de Simbad el marino,* puesto que en uno y otro se hallan el pájaro Rock (que en Mandeville es un grifo), las montañas de piedra imán que atraen los navíos, los negros pigmeos, los gigantes antropófagos y la isla en que se enterraba a los maridos vivos con sus mujeres muertas. Y así como del rey de Ceylán cuenta Simbad que llevaba delante dos heraldos, uno que ensalzaba en altas voces su poderío y otro que le recordaba la inevitable necesidad de la muerte, así del Preste Juan refiere Mandeville que sus servidores conducían delante de él un vaso de plata lleno de piedras preciosas, como símbolo de su poder y de su riqueza, y un vaso de oro lleno de tierra, para recordarle que toda había de convertirse en polvo.[1] Es la última alegoría, aunque expresada con figuras distintas.

Hay en Mandeville bellísimas historias, como la del castillo del Halcón, guardado por una dama en las montañas de Armenia, o la de la hija de Hipócrates, convertida en dragón en la isla de Cos; leyenda que pasó, como sabemos, a nuestro *Tirante el Blanco*. La isla encantada de *La Tempestad* de Shakespeare, poblada de espíritus aéreos, henchida unas veces de mágica armonía y otras de espantables ruidos, se parece mucho a cierto valle descrito por Mandeville. Y sin paradoja ha podido sostenerse que todavía el autor de los *Viajes de Gulliver* y el de *Robinson Crusöe* son tributarios de este libro de viajes fantásticos, el más antiguo acaso de toda la literatura europea.

En España suscitó una imitación, que hasta nuestros días continúa siendo popular, y que se enlazó con el nombre de un personaje histórico del siglo xv, célebre por su noble vida y trágica muerte, el infante Don Pedro de Portugal, duque de Coimbra, regente del reino durante la menor edad de Alfonso V y víctima de los consejeros de su pupilo en la celada de Alfarrobeira. Don Pedro, digno hermano de Don Enrique el navegante, del tan preclaro moralista como desventurado monarca Don Duarte, de Don Fernando, el príncipe constante mártir en Tánger, dejó entre sus contemporáneos reputación de gran viajero, aunque sus viajes no fuesen, ni con mucho, los que la leyenda supone.

---

[1] Estas comparaciones fueron ya hechas por E. Montegut en un ameno e ingenioso estudio sobre el Viaje de Mandeville (Vid. *Heures de lecture d'un critique*, París, 1891), pp. 233-337.

Nunca fue, despues ni antes,
Quien viese los atavios
E secretos de Levante,
Sus montes, islas e rios,
Sus calores e sus frios
Como vos, señor Infante,

le decía Juan de Mena en unos versos a él dedicados.[1] Es cosa de todo punto averiguada que desde 1425 a 1428 visitó casi todas las cortes de Europa, pudiendo seguirse con documentos fehacientes sus pasos en Inglaterra, Francia, Flandes, Alemania, Hungría, Venecia, Roma, Aragón y Castilla, por donde hizo el viaje de vuelta; siendo en todas partes agasajado por príncipes y soberanos, asistiendo a torneos y paseos de armas, tomando parte en la guerra que el Emperador Segismundo hacía a los turcos y recibiendo valiosos presentes, entre los cuales no debió de ser el menos estimado por él, dadas sus aficiones geográficas, un ejemplar de Marco Polo y una colección de cartas geográficas con que le obsequió el Dux de Venecia. Este y no otro fué el curso de sus peregrinaciones, y no habla de otras quien debía de conocerlas mejor que nadie: su hijo el Condestable Don Pedro, tan semejante a él en desdichas y en méritos. Dice así en su *Tragedia de la Reina Doña Isabel*, al conmemorar los méritos del padre de ambos: «Aquel que pasando la grande Bretaña y las gálicas y germánicas »regiones a las de Ungria e de Bohemia e de Rosia pervino, guerrean»do contra los exerçitos del grand Turco por tiempos estovo; »e retornando por la maravillosa çibdad de Veneçia, venido a las »ytalicas o esperias provincias escodriñó e vido las insignes e mag»nificas cosas, e llegando a la cibdad de Querino tanyó las sacras

---

[1] En las *Settanta Novelle Porretane*, del boloñés Sabadino degli Arienti, se halla una que tiene por héroe a un «hijo del rey de Portugal», que seguramente es el infante D. Pedro por la alusión que se hace a sus viajes:

«*El filiol del Re di Portogallo fingendo andare per voto in Ierosolima ne va in Anglia; et mena via la figliola del Re sua amante: ambe doi in diuersi lochi rapiti sono in servitu posti: in la quale dimorati vn templo in Portogallo inopinataméte se trouano: done cō grāde festa et leticia se mariteno*»...

Fol. XIX de la edición de Venecia, 1510.

»reliquias, reportando honor e grandissima gloria de todos los »principes e reynos que vido.»

Pero tales andanzas, aunque para el siglo xv fuesen notables no podían satisfacer en el xvi a los que estaban familiarizados con las navegaciones y descubrimientos más portentosos. Así es que la tradición de los viajes del Infante fué ampliándose desmesuradamente, y no sólo se dijo de él que había visitado la Casa Santa de Jerusalén, lo cual acaso tuvo propósito de hacer, pero seguramente no hizo, sino que había estado en la corte del Gran Turco y del Soldán de Babilonia; especies que patrocinó, como patrocinaba todo género de patrañas, el docto y estrafalario Manuel de Faria y Sousa en su *Europa Portuguesa*: «Corrió todas »*las provincias del mundo que entonces eran descubiertas*, no tra- »tando con Circes, Polifemos y monstruos de bien soñadas fábulas, »mas con principes y Cortes y gentes de varias policias». [1]

La desaforada hipérbole de Faria y Sousa no era más que un eco de cierta ficción popular debida a un autor castellano seguramente anterior a la mitad del siglo xvi, que lleva por título *Libro del infante don Pedro de Portugal, el qual anduvo las cuatro partidas del mundo*, y se dice compuesto por «Gomes de Sant Esteban, »uno de los doze que anduvieron con el dicho infante a la vez», sin duda en remembranza de los doce apóstoles. Este tratadillo, cuya primera edición conocida es de Salamanca, 1547, fué reimpreso muchas veces, ya en tipo gótico, ya en letra redonda, y hoy mismo se reimprime y se vende por las esquinas, muy adulterado y modernizado en el estilo, como todos los libros de la llamada gráficamente *literatura de cordel*. En Portugal existe en la misma forma, pero es traducido del castellano, y no se cita edición anterior a 1644. [2]

El gran artista histórico que la península produjo en el si-

---

[1] *Europa Portuguesa*, 2ª edición, Lisboa, 1679, t. II, p. 325.

[2] La edición castellana de 1547 (Salamanca, por Juan de Junta, «a veinte e cinco dias de enero») existe en la Biblioteca Nacional de París. En la de Madrid, otra edición gótica, de Burgos, por Felipe de Junta, 1563, procedente de la librería de don Pascual Gayangos.

De las dos relaciones de cordel que actualmente se expenden en caste-

glo XIX, mi inolvidable amigo Oliveira Martins, en aquel libro el más excelente de los suyos, que tituló *Os filhos de D. João I,*[1] quiso dar cierto valor documental a esta relación de viajes, rechazando la parte, evidentemente fabulosa, que se refiere al Preste Juan, pero admitiendo la peregrinación a Tierra Santa y las jornadas del príncipe por Turquía, Egipto y Arabia. Mediante hábiles correcciones y supresiones, que dejan el texto como nuevo, y suponiendo interpolado todo lo que estorba, llegó a reconstruir un itinerario que fascina y deslumbra por la hábil agrupación de los datos y la brillantez de las descripciones. Pero toda esta fábrica, por primorosa que sea bajo el aspecto estético, no resiste al análisis. Es una restauración quimérica, sin más apoyo que el frágil y deleznable de un libro apócrifo, cuya insensatez es palpable, a menos que le supongamos monstruosamente corrompido en los nombres, en las distancias, en todo; y en este caso, ¿dónde encontrar el texto genuino que repare tales faltas?

Si el admirable narrador portugués extremó en este punto los derechos de la fantasía, hasta un punto incompatible con la severidad histórica, al alto y penetrante espíritu crítico de Carolina Michaëlis[2] estaba reservado poner las cosas en su punto y enterrar definitivamente la leyenda de los viajes orientales de Don Pedro, que es no sólo apócrifa, sino incompatible con la cronología de su vida y con las declaraciones de sus contemporáneos. El *auto* atribuído a Gómez de San Esteban es una novela geográfica del mismo género que *Simbad el marino*, y muy análoga al *Libro de las maravillas del mundo* de Juan de Mandeville, del cual en cierto modo puede estimarse como un epítome. Hasta la frase disparatada de las *cuatro partidas del mundo* (convertidas luego

---

llano y portugués, ha hecho una curiosa reproducción comparativa don Cesáreo Fernández Duro *(Viajes del Infante D. Pedro de Portugal en el siglo XV...* Madrid, 1903).

[1] Lisboa, Imprenta Nacional, 1891; págs. 83-135 y 369-378.
Siento no conocer el trabajo del señor Sousa Viterbo, *O infante D. Pedro o das sete partidas.* Lisboa, 1902.

[2] Véase el precioso estudio ya citado: *Una obra inedita do Condestavel D. Pedro de Portugal* (en el *Homenaje a Menéndez y Pelayo,* t. I, pp. 637-732).

en *siete*) se tomó de una de las ediciones del Mandeville castellano, en que también son *siete* las partidas, por grotesca confusión con las del Código de Alfonso el Sabio. Quien haya leído a Mandeville nada encontrará de original en nuestro libro de cordel, salvo ser mucho más confuso y disparatado el itinerario. El infante Don Pedro, recibida la bendición paterna, sale de su villa de Barcellos con doce compañeros y veinte mil doblas de oro; pasa por Valladolid, donde le obsequia Don Juan II con cien mil escudos y un intérprete llamado García Ramírez; se embarca en Venecia para la isla de Chipre; de Chipre salta a Damasco, *capital del Gran Turco;* visita las ruinas de Troya, y de allí se encamina a Grecia por un desierto asperísimo. Nada más fácil que pasar desde Grecia a Noruega, donde los días son de seis horas, peregrinación que realizan en ocho días Don Pedro y sus compañeros montados en dromedarios. Pero encuentran aquella tierra muy fría, y determinan ir a Babilonia (nombre que en la Edad Media se daba al Cairo) y hacer una visita de cortesía al hijo del Soldán de Egipto, anunciándole su propósito de visitar las tierras del Preste Juan. En el camino tropiezan con el país de los centauros, gente soez, indómita y sin religión. Continúan sus jornadas por la Arabia Feliz y Palestina; descríbese minuciosamente la Tierra Santa, repitiendo las mismas tradiciones que se hallan en Mandeville y en Bernardo de Breidembrach, deán de Maguncia, cuyo viaje corría traducido al castellano desde 1483. [1] En las sierras de Armenia alcanzan a distinguir, aunque de lejos, el arca de Noé,

---

[1] La versión del aragonés Martín Martínez de Ampiés fué bellamente estampada en Zaragoza por el alemán Paulo Hurus, en 1498, con muchas curiosas estampas en madera, que representan ya animales exóticos, ya trajes de diversas naciones peregrinas (griegos, *surianos* o sirios, abisinios, etc.) y muestras de los alfabetos árabe, caldeo, armenio, etc., todo lo cual acrecienta el valor bibliográfico de este rarísimo libro. El traductor pone de su cosecha al principio un breve *Tratado de Roma,* o sea compendiosa descripción e historia de esta ciudad, y suele añadir algunas notas muy curiosas, especialmente la que se refiere a los gitanos, que él llama *bohemianos* o *egipcianos.*

De los viajes españoles a Jerusalén del marqués de Tarifa y de Juan del Encina, es inútil decir nada, por ser tan conocidos.

que tenía los costados llenos de plantas marinas y de musgo. Finalmente, llegan al Cairo, y se encuentran con la agradable sorpresa de que el Soldán era medio paisano suyo, un renegado extremeño de Villanueva de la Serena, a quien habían cautivado en su infancia los moros granadinos. Disfrutan algún tiempo de su franca hospitalidad, y cargados de joyas y piedras preciosas continúan su caminata por regiones tan peregrinas, que ni aun los nombres es posible identificar muchas veces. En Nínive (la versión portuguesa dice en *Samasa,* y parece reminiscencia de Samarcanda) visitan la corte del gran Tamerlán, cuyo aparato y suntuosidad se relatan con rasgos que parecen tomados de Ruy González de Clavijo, aunque su viaje no estaba impreso todavía cuando salió a pública luz el librejo del infante Don Pedro. En las cercanías del Mar Muerto contemplan la estatua de sal de la mujer de Lot, que cuando crece la luna se hincha más de un palmo y se disminuye cuando mengua. Permanecen dos meses en el convento de franciscanos del monte Sinaí, donde veneran el cuerpo de santa Catalina y la fuente que Moisés hizo brotar de la piedra hiriéndola con su vara. En la Meca penetran por gracia especial en la Caaba, donde ven el zancarrón de Mahoma suspendido entre ocho imanes.

Aquí empieza la parte puramente fantástica del viaje, que está calcada, todavía más que lo restante, en la obra de Mandeville: los pigmeos, el reino de las Amazonas, los gigantes antropófagos, los idiotas con ladrido de perros, que se comen a sus padres cuando llegan a la vejez; los cíclopes o *gomeos* que viven en un valle hondísimo, de donde no saldrán hasta la venida del Antecristo; los centauros, diestros saeteros; otras gentes muy pacíficas que tienen el pie redondo y de él se valen para cultivar la tierra, los dragones de siete cabezas y otros varios monstruos espantables de generación humana o bestial. Muchos de ellos eran vasallos del Preste Juan, príncipe cristiano y piadoso, conforme al rito de Santo Tomás, apóstol de las Indias. Si el *libro* del *infante D. Pedro,* en vez de ser un miserable extracto de una compilación fabulosa de la Edad Media, hubiese sido una emanación genuina del alma peninsular del siglo XVI, ¡qué partido hubiera podido sacarse de este gran mito geográfico que inspiró tan prodigiosas aventuras, y del admirable y auténtico viaje de Alfonso de Paiva y Pero da Covilham en demanda de aquel príncipe fantástico, buscado en la India primero y en Etiopía después! Pero el ignorante falsario se limitó a repetir de mala manera lo que desde el siglo XIV estaba en la imaginación popular. Su viaje termina a las puertas del Paraíso Terrenal, pero incluye, a modo de apéndice, una carta del Preste Juan al rey de Castilla, Don Juan II, dándole razón de los ritos y ceremonias de su país y de la variedad de gentes que le pueblan.

La novela geográfica, que de tan pobre modo comenzaba con esta rapsodia callejera, tuvo en el siglo XVII cultivadores mucho más brillantes, entre los cuales merece preeminente lugar el *clérigo agradecido* Diego Ordóñez de Ceballos, cuyo *Viaje del Mundo* impreso en 1614, traspasa ya el límite cronológico de nuestra actual investigación.

VIII

Novela pastoril.—Sus orígenes.—Influencia de la «Arcadia» de Sannázaro. — Episodios bucólicos en las obras de Feliciano de Silva. — «Menina e Moça» de Bernardim Ribeiro. — «Diana» de Jorge de Montemayor.—Continuaciones de Alonso Pérez y Gil Polo.—«El Pastor de Fílida» de Luis Gálvez Montalvo.—Otras novelas pastoriles anteriores a la «Galatea».

Además de los libros de caballerías y los que pudiéramos llamar sentimentales tuvo el arte idealista en la literatura española del siglo XVI otra manifestación muy interesante, tanto por el número de libros a que dió origen como por el valor poético de algunos de ellos y por el aplauso y fama que alcanzaron en toda Europa. A la falsa idealización de la vida guerrera se contrapuso otra no menos falsa de la vida de los campos, y una y otra se repartieron los dominios de la imaginación, especialmente el de la novela, sin dejar por eso de hacer continuas incursiones en la poesía épica y en el teatro y de modificar profundamente las formas de la poesía lírica. El bucolismo de la novela no es un hecho aislado, sino una manifestación peculiar, y sin duda alguna la más completa, de un fenómeno literario general, que no se derivó de un capricho de la moda, sino de la intención artística y deliberada de reproducir un cierto tipo de belleza antigua vista y admirada en los poetas griegos y latinos. Ninguna razón histórica justificaba la aparición del género bucólico: era un puro *dilettantismo* estético, que no por serlo dejó de producir inmortales bellezas en Sannázaro, en Garcilaso, en Spenser, en el Tasso. Poco se adelanta con decir que es convencional el paisaje, que son falsos los afectos atribuídos a la gente rústica y falsa de todo punto la pintura de sus costumbres; que la extraña mezcla de mitología clásica y de supersticiones modernas produce un efecto híbrido y discordante. De todo se cuidaron estos poetas menos de la fidelidad de la representación. El pellico del pastor fué para ellos un disfraz, y lo que hay de vivo y eterno en estas obras del Renacimiento es la gentil adaptación de la forma antigua a un modo de sentir juvenil y sincero, a una pasión enteramente moderna, sean cuales fueren los velos arcaicos con que se disfraza. Agotadas ya hasta la monotonía las formas del lirismo petrarquista, hubo de encontrarse cierta agradable novedad en estos temas que, dentro de un cuadro más o menos dramático, y haciendo intervenir el mundo exterior, bajo sus más apacibles y risueños aspectos, en la obra del ingenio, abrían margen a discretas confidencias, que hubieran podido ser imprudentes en la forma directa; se prestaban a ser amenizados con brillantes descripciones, con novelescos episodios, con hábiles injertos de las mejores plantas de la antigüedad, y al mismo tiempo que reflejaban, candorosamente depurados, los afectos del poeta, satisfacían la perenne aspiración de la mente humana a un mundo de paz y de inocencia o le hacían pensar en las delicias de la Edad de Oro y de la florida juventud del mundo. La égloga y el idilio, el drama pastoril a la manera del *Aminta* y del *Pastor Fido,* la novela que tiene por teatro las selvas y bosques de Arcadia, pueden empalagar a nuestro gusto desdeñoso y ávido de realidad humana, aunque sea vulgar, pero es cierto que embelesaron a generaciones cultísimas, que sentían profundamente el arte, y envolvieron los espíritus en una atmósfera serena y luminosa, mientras el estrépito de las armas resonaba por todos los ámbitos de Europa. Los más grandes poetas, Shakespeare, Milton, Lope, Cervantes, pagaron tributo a la pastoral en una forma o en otra.

Un género tan refinado, tan culto, tan artificial, en ninguna parte ha podido ser contemporáneo de la infancia, de las sociedades. Cantos de boyeros, de labradores, de cazadores, de pescadores, deben de haber existido desde los tiempos más remotos; pero estas primitivas efusiones líricas nada tiene que ver con la contemplación retrospectiva y en gran parte quimérica que de la vida campestre y de las costumbres patriarcales gusta de hacer el hombre civilizado, cuando comienza a sentir el tedio de los goces y ventajas de la civilización. Por eso la poesía bucólica no aparece como un género distinto antes de la escuela docta y sabia de Alejandría, nacida a la sombra de un Museo y criada bajo la protección de los Tolomeos como exquisita planta de invernadero. Los elementos que esta poesía se asimiló, ya épicos, ya didácticos, ya líricos, ya dramáticos, se hallan esparcidos en toda la literatura griega anterior,[1] pero de un modo episódico, subordinados a una más amplia concepción, a un más sincero sentimiento poético, a una representación total de la vida humana majestuosamente idealizada, no reducida al estrecho marco de cuadritos de género y de paisaje, que rara vez pasan de la categoría de lindos para alcanzar a la de bellos. Todas las labores humanas, siendo primordial entre ellas la de la tierra, habían sido entalladas en el escudo de Aquiles y en el de Hércules. La acción de la *Odisea* se mueve en un ambiente rústico: labrador es el viejo Laertes y porquerizo el fiel Eumeo: no hay en toda la literatura idilio más delicioso que el episodio de la princesa Nausicaa. Las instrucciones agrícolas y meteorológicas de Hesiodo envuelven un sentimiento de la naturaleza mucho más familiar y profundo que los idilios de Teócrito. El drama satírico, del cual todavía tenemos una muestra en el *Cíclope* de Eurípides, era campesino y montaraz hasta por la índole de los personajes y del coro. La comedia aristofánica (en *La Paz*, por ejemplo), mezcla a veces con la sátira política la plácida descripción de la holgura y bienestar de los labriegos del Ática. Uno de los medios de que Eurípides se valió para remozar la tragedia decadente fué el empleo de personajes y escenas de la vida común y de la humanidad no heroica. Siguieron sus huellas

---

[1] De la poesía pastoril antes de los poetas bucólicos, trató Emilio Egger con su habitual elegancia y doctrina en una memoria leída en la Academia de Inscripciones y Bellas Letras en 1859. (*Mélanges de littérature ancienne*, p. 343.)

los poetas de la comedia nueva, que, a juzgar por los fragmentos que de ellos quedan, encontraron en la simplicidad maliciosa de los rústicos, en su frugalidad y economía, en el contraste entre la vida de la ciudad y la del campo, una mina de interesantes situaciones y de discretas sentencias. En Sicilia misma, patria de Teócrito, y sin remontarse al fabuloso Dafnis, a quien atribuían los antiguos la invención del canto partoril, halló aquel delicioso poeta muchos de los materiales de su obra en los poemas de Stesícoro, en las comedias de Epicarmo, en los *mimos* de Sofrón.

Pero la idea de convertir en tema principal lo que había sido hasta entonces accesorio, de hacer pequeños cuadros *(idilios)* de la vida rústica, de transformar el *bucoliasmo* o canto rudo de los boyeros en un poema artístico, fué invención original del poeta siracusano trasladado a Alejandría, de cuyo nombre son inseparables los de sus discípulos Mosco y Bión. El cuerpo de los idilios de estos tres autores (en el cual entran algunas composiciones de dudosa atribución, que pueden pertenecer a otros poetas) es todo lo que la literatura griega nos ofrece en materia de poesía bucólica, y no ha sido superado ni igualado siquiera en ninguna otra lengua. Teócrito conserva, aun en medio de lo artificial del género, un grado de ingenua sencillez que a ninguno de sus imitadores ha llegado; tiene más viva penetración de la naturaleza y altera menos la fisonomía de los que viven en contacto con ella. La atmósfera tibia y regalada de Sicilia; la perspectiva de su volcánico suelo, y del mar que la arrulla; el áureo beso que la luz imprime en los mármoles de sus templos; los recuerdos familiares del Etna sagrado, de la corriente del Anapo y de la fugitiva Aretusa; la tradición de amores, coloquios y desafíos pastoriles, que él recogió, viva aún, en el canto y música popular, comunican a sus idilios una fuerza poética a que no alcanza ninguna otra producción de este género. Quien no conozca el desarrollo anterior de la literatura griega, y no se fije mucho en el sabio y elegante artificio de la dicción, puede creer a veces que lee a un poeta primitivo, y lo es sin duda comparado con Virgilio, para no hablar de los modernos.

Hay en la colección de los bucólicos griegos muchas piezas

que no responden al concepto vulgar del género, tal como suele definirse en las poéticas, aunque estén conformes con la etimología de la voz *idilio,* que indica sólo un poema pequeño: fragmentos épicos, como el *Rapto de Hilas,* los *Dioscuros,* la *Infancia de Hércules,* la *Opulencia de Augias* (en Teócrito), *Megara* y aun el *Rapto de Europa* (en Mosco); composiciones puramente líricas, como *Las Gracias,* el *Elogio de Tolomeo,* el *Epitalamio de Helena,* el bellísimo envío de *La Rueca* (en Teócrito), el *Epitafio de Adonis,* de Bión, o el de Bión por Mosco; cuadros dramáticos, como *Las Siracusanas en la fiesta de Adonis;* una extraordinaria riqueza poética que representa a veces reliquias de géneros perdidos. Pero lo mismo para los antiguos que para los modernos, Teócrito es ante todo el inventor, el padre de todas las maneras de égloga, no solamente la de pastores de bueyes y cabras, sino la de segadores, la de pescadores, la de caminantes, la de semidioses rústicos y apenas emancipados de la naturaleza animal como el *Cíclope,* la de hechiceras de aldea como la trágica y apasionada *Pharmaceutria.* El poeta mismo interviene en este drama rural tan ingenioso y vario, y en «la reina de las églogas», en las *Thalysias,* es su propio viaje a la isla de Quíos el que relata, es su juventud la que recuerda, no en el modo alegórico y un tanto frío de Virgilio, sino con una vena de poesía familiar y graciosa que nos enternece y hace sonreír a un tiempo cuando nos relata el mito infantil del cabrero Comatas, encerrado en un cofre y mantenido por las abejas, mensajeras de las Musas, y nos arrebata con toda la pujanza de la inspiración naturalista en el cuadro de la entrada del otoño y de las fiestas de Ceres, pintado de tan cálida y opulenta manera.

Después de Teócrito, el idilio, que ya comienza a perder mucho de su carácter pastoril en sus discípulos Bión de Smirna y Mosco de Siracusa, penetra en la prosa por industria de los sofistas autores de narraciones amatorias. La pastoral de Longo, única que nos queda, es en gran parte un mosaico de frases de los bucólicos alejandrinos, y a la misma escuela pueden referirse las *Cartas de aldeanos y de pescadores* de Alcifrón y Eliano.

Discípulo e imitador declarado de Teócrito en la mayor parte de sus églogas fué Virgilio, que traduce libre y poéticamente muchos de sus versos, pero quedando siempre inferior cuando repite los mismos temas; compárese, por ejemplo, la égloga VIII con la *Pharmaceutria* o la égloga V con el idilio de la muerte de Dafnis. Hay poco de pastoril en las bucólicas de Virgilio: la I y la IX aluden a sucesos de su propia vida, a la pérdida y recuperación de su hacienda y a las guerras civiles; la IV, o sea el *genethliacon* del hijo de Polión, asciende a las más arduas cumbres de la poesía lírica, y ha sido estimada desde los primeros siglos cristianos como una especie de vaticinio; el canto de Sileno en la égloga VI es una mezcla de teogonía y de física epicúrea; en la égloga X, que canta los amores de Galo, domina un sentimiento tempestuoso y casi romántico. Todo lo demás es labor de imitación brillantísima, pero en la cual falta muchas veces la unidad orgánica y se conocen demasiado los retazos de la púrpura ajena. El Virgilio de las *Geórgicas* y de la *Eneida* es sin duda mayor poeta que Teócrito, pero en el *carmen bucolicum* todas las ventajas están de parte del autor griego, que en su línea es original y perfecto, no sólo en los detalles, como Virgilio, sino en el total de la composición, en la vida poética derramada sin esfuerzo por todas sus partes, en la visión directa y luminosa de la naturaleza, en el interés dramático y humano de sus personajes. El *molle atque facetum*, la blandura y la amenidad, el suave halago y la gracia melódica que Virgilio imprime en las sílabas de cada verso, el dulce y reposado sentimiento de que a veces están impregnadas sus palabras, son sin duda bellezas de alto precio y que se graban para siempre en la memoria de todos los que tuvieron la fortuna de habituar el oído a tan gratos sones desde la infancia; pero el canto de las musas sicilianas *(Sicelides Musae)* es mucho más juvenil, fresco y lozano, más rico de color y al mismo tiempo más puro de líneas. Virgilio tenía en tanto grado como cualquier otro potea de la antigüedad el sentimiento de la naturaleza y de la vida del campo, pero le tenía no al modo griego, sino al modo romano, de que las *Geórgicas* nos ofrecen el más cumplido dechado. No era el poeta de las muelles canciones pastoriles, sino de la ruda y áspera labor de los agricultores del antiguo Lacio.

La égloga virgiliana tuvo dos elegantes imitadores en época muy tardía y decadente, a fines del siglo III de nuestra Era. Estos bucólicos menores son el siciliano Tito Calpurnio y el cartaginés Nemesiano, poetas ingeniosos, aunque poco originales, pues cuando no calcan a Virgilio remedan a Teócrito. Merecen, sin embargo, ser leídos, no sólo por la florida amenidad de su estilo y por el buen gusto que conservan, ya muy raro en su tiempo, sino porque los imitaron en gran manera todos los bucólicos italianos y españoles del siglo XVI, comenzando por Sannázaro y acabando por Valbuena y Barahona de Soto, y porque todavía en el XIX lograron (más felices en esto que otros poetas mayores) un admirable traductor castellano en el docto humanista don Juan Gualberto González.

«Desde éstos hasta la edad de Petrarca y Boccaccio no hubo poetas bucólicos», dice Herrera en su comentario a Garcilaso.[1] No los hubo, en verdad, a la manera clásica, pero tuvo la Edad Media su riquísima poesía villanesca en las *pastorelas* y *vaqueras* de los trovadores provenzales y de sus imitadores del Norte de Francia, que dieron a estos cuadros un carácter más realista. Cuando este género penetró en España y se combinó con un fondo popular preexistente, produjo en la primitiva poesía galaicoportuguesa la riquísima eflorescencia de las *cantigas de amigo* y de *ledino*, que son la joya de los cancioneros medievales, la única parte de ellos que conserva vitalidad. A pesar de todos los esfuerzos que la erudición de nuestros vecinos franceses ha hecho para no ver en estas canciones más que una imitación de su propia lírica,[2] apenas puede dudarse de la existencia de una poesía gallega popular que sirvió de modelo a la artística y la prestó sus formas y sus temas, aunque una y otra cosa se modificasen mucho por el contacto con una poesía extranjera.[3] Hay una acento de esponta-

---

[1] Página 408.

[2] Véase especialmente el doctísimo libro de Alfredo Jeanroy, insigne profesor de la Universidad de Tolosa, *Les Origines de la Poésie Lyrique en France au Moyen Age*. París, 1904.

[3] Es el punto de vista de Federico Díez en su estudio *Ueber die erste portugiesische Kunst und Hoppoessie*, Berlín, 1863, p. 98.

neidad, que no engaña, en muchas de estas composiciones. El ideal que reflejan es el que corresponde a un pueblo de pequeños agricultores, dispersos en caseríos y que tienen por principal centro de reunión santuarios y romerías. El mismo Jeanroy confiesa que este motivo es ajeno a la poesía francesa.[1] Tema el más frecuente de tales composiciones, puestas, por lo común, en boca de mujeres, y trasunto, sin duda, más o menos acicalado, de las que realmente entonaban las *raparigas* del Miño al volver de la fuente, son las quejas de la niña a quien su madre veda el ir a la romería, donde la espera *seu amigo*. Otras veces la doncella enamorada se duele de ingratitud y olvido, y aun llega a manifestar candorosamente al mismo santo de la romería sus propósitos de venganza contra el desleal amador, o bien se enoja con el santo porque no la libra de su cuita a pesar de las candelas que había quemado en su altar. Hay ciertamente mucha distancia de arte entre estos rudos acentos y las quejas de Safo a Afrodita, o las imprecaciones de la *Pharmaceutria*, de Teócrito; pero el fondo humano de la pasión ardiente y devoradora es el mismo, y hasta las supersticiones se asemejan cuanto es posible dentro de un orden moral tan distinto.

Todo parece darnos la certidumbre de que nos hallamos en presencia de verdaderas *letras vulgares*, que los trovadores y los juglares explotaban como un fondo lírico anterior a todos ellos, acomodándolas a diversos sones.

Pero no fué sólo la Galicia rural la que dejó impresa su huella en este lirismo bucólico de nuevo cuño. Azotada de mares por Norte y Occidente, y predestinada a grandes empresas marítimas, la región galaicoportuguesa tuvo desde muy temprano lo que clásicamente llamaríamos sus églogas piscatorias, si la brava costa del Cantábrico o la más risueña y amigable del Atlántico recordase en algo la diáfana serenidad que envuelve a los barqueros sicilianos en los idilios de Teócrito y de Sannázaro. Son frecuentísimas en el *Cancionero vaticano*, hasta en las villanescas y en los versos de *ledino*, las alusiones a cosas de mar, y aun hay

---

[1] Página 335.

juglares, como Martín Codax y Juan Zorro, que parecen haberse dedicado particularmente a la composición de estas marinas y barcarolas. Por el contrario, en otras poesías, especialmente en las muy lindas de Pero Meogo, parece que resuenan los ecos de la trompa venatoria, y son frecuentes las alusiones a la caza de los ciervos.

Es fácil notar en el *Cancionero* pequeños ciclos o series enteras de composiciones, enlazadas entre sí por un mismo sentimiento poético, por un mismo género de imágenes y por la repetición de ciertas palabras predilectas. Así se agrupan los versos del mar de Vigo; los cantos de las diversas romerías de San Servando, San Mamés, San Eleuterio, Santa Cecilia de Soveral, San Clemente, San Salvador, formando cada una de estas series un poemita de amor con unidad interna, no sólo lírica, sino en cierto modo dramática. Así el último juglar antes citado, Pero Meogo, cierra con broche de oro en un diálogo, que llamaríamos *balada* en el sentido romántico y septentrional de la palabra, la historia, fragmentariamente contenida en ocho canciones anteriores, de la doncella que *rompió el brial en la fuente de los ciervos.*

Los mismos trovadores cortesanos, que tan insípidos y pueriles resultan en sus versos de imitación provenzal, parecen otros hombres en cuanto aplican sus labios a este raudal fresquísimo de la inspiración popular. Compárense, por ejemplo, las poesías que escribió el rey Don Diniz al modo trovadoresco con sus *cantigas de amigo* y sus cantares *guayados,* dichos así por contener el estribillo *¡ay o guay amor!* En las primeras no pasa de ser un versificador elegante y atildado; en las segundas, ninguno de los juglares de *atambor* más próximos al pueblo puede arrancarle la palma.

No sostendré que sea realmente indígena todo lo que con trazas de popular se nos presenta en los dos *Cancioneros* de Roma. Para mí no hay dudas que con elementos poéticomusicales de origen gallego se combinaron reminiscencias muy directas de ciertos géneros subalternos de la lírica provenzal, que, poco cultivados por los trovadores más antiguos, adquieren señalada importancia en los del último tiempo, y especialmente en el fecundísimo Giraldo Riquier, que visitó las Cortes de nuestra Península y dirigió a Alfonso el Sabio el célebre memorial o *requesta* sobre el oficio de juglar. Las *vaqueras* o pastorelas entran en la técnica portuguesa con el nombre de villanescas o villanas. No se trata aquí solamente (como en el caso de las *baladas* o canciones de danza) de la reptición de «un tipo tradicional que debió de ser »común a diversas poblaciones de lengua romana (provenzales, »franceses, italianos, etc.)», según la atinada observación de P. Meyer, sino de una imitación literaria y deliberada. En la serranilla artística y provenzalizada se nota un giro más abstracto impersonal y vago, menos intimidad lírica, menos hechizo de poesía y misterio y también menos soltura de versificación. Aun en las más graciosas, como lo son sin duda la del rey Don Diniz, es visible la imitación francesa o provenzal, con todos los lugares comunes de *papagayos, vergeles* y *entradas de primavera*.

Gracias al inapreciable tesoro de las canciones descubiertas en Roma, no hay que buscar en otra parte que en Galicia el origen inmediato y el tipo estrófico de las *cantigas de serrana* del Arcipreste de Hita, las cuales son originalísimas sin embargo, porque el Arcipreste más bien que imitar la poesía bucólica de los trovadores, lo que hace es parodiarla en sentido realista. Sus serranas son invariablemente interesadas y codiciosas, a veces feas como vestiglos, y con todo eso de una acometividad erótica digna de la serrana de la Vera que anda en los romances vulgares. Así era la serrana de Tablada, y no con más apacibles colores se nos presentan la *chata resia* del puerto de Lozoya, que lleva a cuestas al poeta como a *zurrón liviano*, la Gadea de Riofrío, la vaquera *lerda* de la venta de Cornejo. Hay, en medio de lo abultado de estas caricaturas, cierto sentido poético de la vida rústica sana y confortante: la impresión directa del frío y de la nieve en los altos de Somosierra y de Fuenfría; la *foguera de ensina*, donde se asa el gazapo de soto, y a cuyo suave calor va el Arcipreste *desatirisiendo* sus miembros.

En el siglo XV, el marqués de Santillana ennobleció este género con suave y aristocrática malicia, muy diversa de la brutal franqueza de su predecesor. Gracias a esta nota de blanda ironía, logró el marqués rejuvenecer un tema que había entrado en la categoría de los lugares comunes, el del encuentro del caballero y la pastora. Y obsérvese cómo, siendo el tema siempre el mismo, el marqués acierta a diversificarle en cada uno de estos cuadritos, gracias a la habilidad con que varía el paisaje y reúne aquellas circunstancias topográficas e indumentarias que dan color de realidad a lo que, sin duda, en la mayor parte de los casos es mera ficción poética. La gracia de la expresión, el pulcro y gentil donaire del estilo, prendas comunes a todas las composiciones cortas del de Santillana, llegan a la perfección en estas *serranillas,* de las cuales unas parece que exhalan el aroma de tomillo de los campos de la Alcarria, mientras otras, más agrestes y montaraces, orean nuestra frente con la brisa sutil del Moncayo o nos transportan a las tajadas hoces de Liébana. El paisaje no está descrito, pero está líricamente sentido, cosa más difícil y rara todavía. Ninguno, entre los poetas que cultivaron la serranilla en el siglo xv, ni el atildado Bocanegra, ni Carvajal, que transportó el género a Italia, pudieron aventajar al marqués de Santillana, y la mayor alabanza que de ellos puede hacerse es que alguna vez recuerdan, sin igualarle nunca, el tipo encantador de la *Vaquera de la Finojosa.*

Pero estaban reservados nuevos desarrollos a este género en la fecunda época literaria de los Reyes Católicos. Por obra de los padres de nuestro teatro Juan del Encina, Lucas Fernández, Gil Vicente y sus numerosos imitadores, las antiguas *villanescas* no sólo adquieren la forma definitiva del *villancico* artístico, sino que se transforman en poemita dramático, y son como la célula de donde sucesivamente se van desenvolviendo la *égloga* y el *auto.* Ya la profunda intuición de Federico Díez adivinó, sin más elementos apenas que las *canciones de amigo* del rey don Diniz, esta influencia tan honda del lirismo popular en Gil Vicente. Las canciones que en su teatro intercala, *arremedando as da serra,* son del mismo género y hasta del mismo tipo métrico que las del *Cancionero,* con idéntico paralelismo, con la misma distribución simétrica, con los mismos ritornelos.

Pero en estos ingenios se reconoce ya la influencia del Renacimiento y de los bucólicos clásicos. Antes de escribir sus propias *églogas,* nombre que por primera vez se oía entre nosotros, Juan del Encina, discípulo del grande humanista Antonio de Nebrija, había comenzado por traducir las de Virgilio, o más bien por adaptarlas libremente a nuestra lengua con brío y desenvoltura, haciendo hablar al vate mantuano en coplas de arte menor, y cambiando los argumentos de las églogas para aplicarlas a los sucesos históricos de su tiempo. El estudio que empleó en esta versión parafrástica debió de adiestrar al poeta salmantino en el arte del diálogo, que luego aplicó a sus propias *églogas* y *representaciones,* muchas de las cuales no tienen más acción dramática que las bucólicas antiguas. Leyendo a Juan del Encina no es aventurado decir que la égloga de Virgilio tuvo alguna influencia en los primeros vagidos del drama español cuando todavía estaba en mantillas. El mismo nombre de *égloga* le tomó de Virgilio, y algo más que el nombre, según creo: cierto concepto ideal y poético de la vida rústica, que en él se va desenvolviendo lentamente, no en contraposición, sino en combinación con el remedo, a veces tosco y zafio, de los hábitos y lenguaje de los villanos de su tiempo.

Ya antes de Juan del Encina, y antes que influyese en España la égloga clásica, los pastores, además del papel que desempeñaban en los autos de Navidad, habían servido para otros fines artísticos. Las famosas coplas de *Mingo Revulgo,* que son un diálogo sin acción, ofrecen ya el mismo tipo de lenguaje villanesco que predomina en el teatro de nuestro autor, con la diferencia de ser en Juan del Encina poéticamente desinteresada la imitación de los afectos y costumbres de los serranos, al paso que en *Mingo Revulgo* sirve de disfraz alegórico a una sátira política. Un artificio muy superior, si bien candoroso, mostró el padre de nuestro teatro, especialmente en las dos églogas que, por los nombres de sus interlocutores, pudiéramos llamar de *Mingo, Gil y Pascuala,* y que en realidad pueden considerarse como dos actos de un mismo pequeño drama. El contraste entre la vida cortesana y la campesina, con los efectos que causa el rápido tránsito de la una a la otra en personas criadas en uno u otro de estos medios, se halla representado en esta graciosa miniatura por el escudero a quien el amor de una zagala hace tornarse pastor y por dos pastores transformados súbitamente en palaciegos.

También Gil Vicente era humanista, pero son muy raras en él las imitaciones directas de los poetas clásicos. En la *Fragoa d'amor,* pieza alegórica representada en 1525, Venus aparece buscando a su hijo el Amor, y se queja de su pérdida en términos análogos a los del primer idilio de Mosco, atribuído por algunos a Teócrito. Pero ni a Teócrito, ni a Mosco, ni a ninguno de los maestros del culto idilio alejandrino o siciliano, ni a Virgilio su imitador, debe Gil Vicente su propio y encantador bucolismo, que ya apunta en alguno de sus cantos sagrados, y que luego más libremente se manifiesta en la *Tragicomedia pastoril da Serra da Estrella* (1527) y en los dos bellísimos *Triunfos del Invierno y del Verano.* Es evidente que también en esta parte tuvo por precursor a Juan del Encina, pero dejándole a tal distancia que apenas se advierte el remedo. La égloga en Juan del Encina es muy realista y algo prosaica: en Gil Vicente es lírica, es un impetuoso ditirambo, un himno a las fuerzas de la naturaleza prolífica y serena, eterna desposada que resurge al tibio aliento de cada primavera, vencedora de las brumas y de los hielos del invierno, y pone su tálamo nupcial en la Sierra de Cintra.

No se graduará de impertinente esta rápida excursión por los campos de la poesía lírica y dramática en demanda del castizo bucolismo peninsular, si se repara que no sólo persistió en todos aquellos ingenios castellanos y portugueses del siglo XVI que resistieron total o parcialmente a la influencia del Renacimiento italiano y fueron, por decirlo así, los últimos poetas de cancionero y no sólo entró con todos los demás elementos nacionales en el inmenso raudal del teatro, difundiendo su agreste hechizo y sus aromas de la serranía por muchas escenas villanescas de Lope y de Tirso, sino que nuestra novela pastoril, con ser género tan artificioso, debe a este primitivo fondo poético más de lo que comúnmente se cree. No es mera casualidad que los dos más antiguos cultivadores de este género en nuestra Península sean dos portugueses, el uno en su lengua nativa, el otro en la castellana, y que uno y otro fuesen notables artífices de versos de arte menor. Bernardim

Ribeiro nunca empleó otros, y Jorge de Montemayor se distingue en ellos mucho más que en los de la medida italiana.

Volviendo a anudar el hilo de la tradición clásica, que en rigor no se interrumpió nunca en Occidente, aunque fuese a veces de muy extraño modo interpretada, las églogas de Virgilio continuaban siendo leídas en las escuelas, pero se las miraba como composiciones alegóricas, llenas de sentidos profundos y misteriosos de moral y de teología, a los cuales la letra era implacablemente sacrificada. Y alegóricas fueron también las primeras imitaciones latinas que de estas églogas se hicieron. El mismo Dante, que, como admirablemente ha demostrado Comparetti,[1] es el primero de los modernos que tuvo un concepto lúcido del arte virgiliano, compuso dos églogas dedicadas a su maestro Giovanni del Virgilio, y si son las mismas que con su nombre tenemos ahora,[2] nada menos pastoril que ellas puede encontrarse. Las doce del Petrarca que llevan el título general de *Bucolicum Carmen*,[3] importantísimas para la historia de su vida y de las cosas de su tiempo, tampoco tienen de bucólico más que la corteza, la imitación externa de las formas de Virgilio. Bajo el disfraz pastoril, el poeta escribe amargas sátiras contra la corrupción de la curia pontificia de Aviñón; habla de la muerte del rey Roberto de Nápoles, de los proyectos revolucionarios de Rienzi, toma parte activa y militante en la política de su tiempo. La forma alegórica vela un contenido enteramente histórico, que el Petrarca no se atrevía a exponer en forma directa. Él mismo explicó en sus epístolas familiares algunas de estas alegorías, y de otras se hicieron cargo sus comentadores Benvenuto de Imola y Donati. Hay en estas églogas, como en todas las poesías latinas del Petrarca, trozos de indisputable belleza, y lo es sin duda el lamento sobre la tumba de Laura en la égloga undécima.

---

[1] En su obra *Virgilio nel Medio Evo* (Liorna, 1872), una de las más sabias y bellas que ha producido la erudición contemporánea.

[2] *Opere Minori di Dante Alighieri* (Florencia, ed. Barbèra, 1873), páginas 409-437.

[3] Francisci Petrarchae poemata minora (Milán, 1829-34), ed. Dom. Rosetti, tomo I.

Todavía más raras y menos leídas que el *Carmen Bucolicum* del Petrarca, son las diez y seis églogas latinas de Boccaccio,[1] todas alegóricas, excepto dos, pero muy inferiores en pureza de estilo y en valor poético a las de su maestro. Pero no por ellas, sino por sus obras en lengua vulgar, merece ser aclamado como renovador de este género en las literaturas modernas, y aquí como en todos los caminos de la novela, su influjo fué profundo y duradero.

Compuso Boccaccio dos novelas pastoriles, una en verso, el *Ninfale Fiesolano*, otra en prosa interpolada de versos, el *Ninfale d'Ameto* o *Comedia delle ninfe Fiorentine*.[2] Una y otra están enteramente penetradas por el espíritu de la antigüedad clásica, y abundan en imitaciones directas y deliberadas de los poetas y aun de los prosistas latinos, pero no recibieron en ningún grado la influencia de los bucólicos griegos, que Boccaccio no conocía ni hubiera podido leer en su lengua, puesto que el conocimiento que alcanzó del griego fué muy incompleto y tardío. Tampoco tuvo la menor noticia de las Pastorales de Longo, que ningún humanista leyó hasta muy entrado el siglo XVI, y cuya celebridad empieza en Italia con la traducción de Aníbal Caro, como en Francia con la de Amyot.[3]

---

[1] Sus églogas son rarísimas; sólo se hallan en las antiguas colecciones de poetas bucólicos, por ejemplo, en la Basilea, por Juan Oporino, 1546: «*Bucolicorum auctores XXXVIII, quotquot videlicet à Virgilii aetate ad nostra usque tempora, eo poematis genere usos sedulô inquirentes nancisci in praesentia licuit. Farrago quidem eglogarum CLVI, mirâ cum elegantiâ tum varietate referta nuncque primum in studiosorum juvenum gratiam atque usum collecta*» (p. 598 y ss.). En el *Giornale Storico della letteratura italiana*, t. VII, página 94 y ss., hay un notable estudio de B. Zumbini sobre las églogas de Boccaccio.

[2] El *Ninfale Fiesolano* debe leerse en la edición de F. Torraca *(Poematti mitologici dei secolo XIV, XV e XVI*, Liorna, 1888). Vid. el estudio de Zumbini, *Una storia d' amore e morte*, en la *Nuova Antologia* (marzo de 1884) El *Ameto* está en el tomo XV de las *Opere Volgari de Boccaccio*, publicadas por Moutier, Florencia, 1827. Hay también una edición popular del editor milanés Sonzogno *(Opere Minori*, 1879).

[3] La primera edición del texto griego es de Florencia, 1598. Hasta 1601 no se imprimió la paráfrasis latina de Lorenzo Gámbara. Las traducciones vulgares habían madrugado mucho más. La de Amyot es de 1559. Aníbal Caro había emprendido la suya en 1538, pero sabido es que no fué impresa hasta 1786, en bellísima edición *bodoniana*.

Aun en la literatura latina Boccaccio no conocía más poeta bucólico que Virgilio, puesto que Calpurnio y Nemesiano no estaban descubiertos aún. Pero no fué Virgilio el autor que principalmente imitó Boccaccio: ni a tal imitación le inclinaba la índole de su genio, nada casto ni severo ni recogido, sino pródigo, vicioso y exuberante, muy análogo, en suma, al de Ovidio, que fué sin duda su poeta predilecto, y a quien saqueó a manos llenas lo mismo en las *Metarmofoses* y en las *Heroidas* que en las obras amatorias. El idilio voluptuoso y novelesco de Boccaccio es profundamente ovidiano y no virgiliano: es lo más semejante a Ovidio que hay en toda la literatura moderna. Con esta influencia se combinaron otras, la de Claudiano y Séneca el Trágico, entre los poetas; la de Apuleyo entre los prosistas. Pero los dos poemas bucólicos de Boccaccio distan mucho de ser un centón como la *Arcadia* de Sannázaro. No conociendo, como no conocía, las novelas griegas, hay que tener por idea original suya la de aplicar la forma narrativa al idilio, y en este sentido no debe decirse que restauró, sino que volvió a inventar la novela pastoril, sin más guía que su poderoso instinto de narrador. La narración en verso o en prosa era la forma natural de su espíritu. En cuanto a la mezcla de prosa y verso, usada en el *Ameto,* y que luego fué ley nunca infringida del género, Boccaccio no hizo más que transportarla de otras obras de muy distinto carácter, ya latinas, ya vulgares, en que había sido empleada, tales como la *Consolación* de Boecio y la *Vita Nuova* y el *Convito* de Dante;[1] si bien en estas últimas la prosa es el comentario de las canciones y de los sonetos, al revés de lo que sucede en el *Ameto,* donde la prosa es lo principal y los tercetos son una especie de intermedio lírico.

El *Ninfale Fiesolano* pertenece a la juventud de su autor, aunque no se sabe con precisión la fecha. Es un poema en octava rima, forma predilecta de Boccaccio y de la cual se le considera como inventor, habiendo sido por lo menos el primero que la tras-

---

[1] También hay mezcla de prosa y verso en el poemita francés *(chante, fable)* de *Aucassin et Nicolette,* pero no parece probado que Boccaccio lo conociese.

plantó de la poesía popular a la erudita y la usó en composiciones extensas. El argumento es una sencilla fábula de amores y transformaciones al modo de las de Ovidio, y el poeta la enlaza con el origen de la ciudad de Fiesole, cerca de la cual corren dos arroyuelos llamados Africo y Mensola, que conservan los nombres de dos amantes infelices. Mensola era una ninfa de Diana, seducida por el joven pastor Africo, disfrazado de mujer por consejo de Venus, que se le apareció en sueños. Mensola, sorprendida por la diosa en el momento de dar a luz el fruto de sus amores, queda transformada en agua corriente, y lo mismo acontece a su amador cuando, desesperado por su tardanza en acudir al bosque donde la aguardaba, se da cruda muerte por sus propias manos. En el *Filocolo*, en la *Teseida*, en el *Filostrato*, en todos sus poemas, había puesto Boccaccio algún episodio idílico; pero en el *Ninfale Fiesolano* triunfa resueltamente la égloga pagana y naturalista. Es, en concepto de los críticos italianos, la obra maestra de su autor, considerado como poeta. En el *Ninfale* (dice Carducci), «el idilio de amor dictado por la naturaleza misma se entrelaza con la epopeya de los orígenes; la sensualidad en medio de los campos y de los torrentes es selvática como en *Dafnis y Cloe;* y la verdad de todos los días, una aventura casi vulgar, se levanta a la esfera poética en alas del canto de las ninfas mitológicas, sobre las cimas de Fiesole suavemente iluminadas por los esplendores de mayo y de la leyenda, en los floridos valles que han de servir luego de escena al Decamerón».[1] La forma métrica de este poemita sirvió luego de modelo para otras narraciones villanescas, tales como la *Nencia* y la *Ambra*, de Lorenzo el Magnífico.

El *Ameto* es composición muy diversa. Pertenece a la edad madura de su autor (1341 ó 1342).[2] No es frívola historia de amores, sino una alegoría que quiere ser moral y hasta teológica. Por otra parte, los elementos de la novela pastoril están mucho más desarrollados y las imitaciones clásicas más al descubierto. La impre-

---

[1] *Discorsi Letterarii e Storici di Giosuè Carducci* (Bolonia, 1889), página 275.

[2] Vid. Gaspary, *Storia della letteratura italiana,* traducida por Rossi (año 1891), tomo II, pág. 15 y ss.

sión que deja el libro es indecisa y contradictoria. Su asunto es nada menos que el conflicto entre la Venus terrestre y la Venus Urania, y la emancipación del alma que, rotos los lazos de la sensualidad, se va levantando mediante la ciencia y la virtud al conocimiento y amor de Dios. La iniciación sucesiva del rudo cazador Ameto en estos misterios del amor y la hermosura se cumple mediante el magisterio de siete ninfas que, sentadas en torno de una fuente, van relatando cada una su historia y cantando las alabanzas de la diosa a quien están particularmente consagradas. Ameto se va enamorando, una tras otra, de todas ellas, y recorriendo así la escala de las virtudes cardinales y teologales que en ellas están simbolizadas. El símbolo es a veces muy peregrino: Venus representa la caridad; Vesta, la esperanza; Cibeles, la fe. Cuando las ninfas han terminado sus historias y sus cánticos, aparece una columna de fuego sobrenatural, que deslumbra los ojos de Ameto, y oye una voz suavísima que dice:

> Io son luce del cielo unica e trina,
> Principio e fine di ciascuna cosa...

Era la aparición de la Venus celeste, cuyo cuerpo luminoso llega a percibir Ameto cuando, bañado y purificado por las ninfas, y libre ya de todo pensamiento mundano y de toda concupiscencia, discierne la verdad suprema, oculta bajo el velo sutil de tantas fábulas, y se siente y reconoce como transformado de animal bruto en hombre.

Visible es aquí la imitación del *Purgatorio* dantesco, y puede decirse que comienza desde que Ameto, perdido en la caza, oye sonar por primera vez el canto de Lia. El uso constante de los tercetos en la parte poética contribuye a que la semejanza sea mayor, pero la hay también en el pensamiento, y no puede dudarse que Boccaccio escribió con sinceridad su libro, y con sinceridad acaba sometiéndole al examen y corrección de la Santa Iglesia Romana, temeroso de haber incurrido en algún defecto de ignorancia. Pero aunque Boccaccio estuviese ya inclinado en aquella fecha a pensamientos más graves que los de su alegre juventud, todavía distaba mucho de haberse despojado completamente del hombre

viejo, y su conversión moral no se efectuó por entero hasta 1362.
El *Ameto* refleja un estado de ánimo vacilante y antinómico
consigo mismo. Los dogmas católicos de la Trinidad, de la Encarnación, de la Transustanciación, aparecen envueltos en un fárrago mitológico que los empaña y desnaturaliza. En el himno que
entona Lia en loor de la divina Cibeles se mezclan del modo más
abigarrado el paganismo y el cristianismo, formando una especie
de teología sincrética, que recuerda las especulaciones de los gnósticos alejandrinos. La elevación del pensamiento de la obra, que
sólo se manifiesta claramente en las últimas páginas, contrasta con el carácter lascivamente erótico de las narraciones, que
podrían figurar sin incongruencia entre las del *Decamerón,* a cuya
simétrica disposición, que también hallamos en las *cuestiones de
amor* del *Filocolo,* se asemeja, por otra parte, la traza y disposición
del *Ameto,* sin que falte, por supuesto, el obligado recuerdo de la
napolitana *Fiameta,* que refiere los fabulosos orígenes de su ciudad natal. Todavía disuenan más de la tendencia de la obra, y
hasta comprometen su sentido y eficacia, las siete descripciones
prolijas, voluptuosas, minuciosísimas, de la belleza corporal de
las ninfas. La fruición harto grosera con que estos retratos están
dibujados ni siquiera tiene disculpa en el ardor de los sentidos
puesto que en medio de todo son fríos, analíticos, uniformes,
hechos parte por parte y miembro por miembro. El *Ameto* está
escrito en una prosa más redundante y latinizada que ningún otro
libro de Boccaccio, pero hay en ella tanta lozanía y frondosidad,
era tan nueva aquella pompa y armonía en ninguna lengua vulgar,
que se comprende que aun dure el entusiasmo de los italianos por
tal estilo, aun reconociendo que tiene mucho de retórica viciosa y
que en los imitadores llegó a ser insoportable.

El *Ameto* influyó en los autores de novelas bucólicas, no por
la parte mística y alegórica, sino por la relativa novedad de mezclar los versos líricos y las narraciones en prosa. Influyó, también
por los episodios de carácter más pastoril, tales como el del pastor
Theogapen, que a ruego de las ninfas repite el canto interrumpido,
o la descripción de las fiestas de Venus, o la contienda entre los
pastores Achaten y Alceste, que al son de la zampoña del mismo

Theogapen disputan sobre su mayor o menor pericia en el arte de criar el ganado. Todos éstos, que fueron lugares comunes del género, se encuentran ya en el *Ameto*, y todos tenían precedentes en la poesía clásica.

Sabido es que ningún autor italiano, ni el mismo Dante, ni el mismo Petrarca, tuvo en España más lectores y admiradores que Boccaccio durante el siglo xv. La mayor parte de sus obras latinas y vulgares pasaron a la lengua castellana, y algunas también a la catalana. En ésta no conocemos traducción del *Ninfal de Ameto*, pero existió un códice castellano entre los restos de la librería del marqués de Santillana, y probablemente esta versión, que no llevaba nombre de traductor, fué hecha por su mandado.[1] El mismo marqués cita con encomio esta obra en su famoso *Prohemio* al condestable de Portugal, al enumerar los que después de Dante escribieron en *tercio rimo* elegantemente: «Johan Bo- »cacio el libro que *Ninfal* se intitula, aunque ayuntó a él prosas »de grand eloquencia, a la manera del *Boecio consolatorio*».

Más adelante, otros modelos italianos y latinos suplantaron a Boccaccio, pero todavía nuestros poetas del siglo xvi leían y estudiaban el *Ameto*. Herrera le cita en el comentario a Garcilaso y me parece evidente que se acordó de él en algún pasaje de su brillante y apasionada *Égloga venatoria*.[2]

Pero fuera de esta y otras excepciones, que pueden notarse en los escritos de varones doctos, y que habían abarcado en sus lecturas todo el círculo de la poesía anterior a su tiempo, bien

---

[1] Estaba todavía en la casa ducal de Osuna cuando Amador de los Ríos publicó en 1852 las *Obras del Marqués de Santillana* (vid. pág. 596, col. 2ª), pero desgraciadamente había desaparecido, con otros códices no menos preciosos, cuando el Estado adquirió aquella colección.

[2] «*Questa Ninfa segue le cacce, ed io il quale cresciuto nelle selve, sempre con l'arco e con le mie saette ho seguite le salvatiche fiere, nè alcuno fu, che meglio di me ne ferisse, a me niuna paura è d' aspettare con li aguti spiedi gli spumanti cinghiali, e i miei cani non dubitano assalire i fulvi leoni... Queste cose tutte a' suoi servigi disporrò ed oltre a ciò me medesimo. Io fortissimo le porterò per gli alti boschi l' arco, la faretra, e le reti, e di quelli scenderò sopra i miei omeri la molta preda posando... Io le mostrerò gli animali, ed insegnerole le loro caverne. Io le apparecchierò le frigide onde, presto a qua*

puede decirse que el *Ameto* fué muy olvidado, aun en la misma Italia, después de la ruidosa y triunfante aparición de la *Arcadia* del poeta y humanista napolitano Jacobo Sannázaro, tan insigne en la poesía latina como en la vulgar. Y este triunfo se debió, no a que la *Arcadia* tenga más condiciones de novela que los dos *ninfales* de Boccaccio, puesto que seguramente ofrece menos originalidad y viveza de imaginación que cualquiera de ellos, y es muy inferior en el arte narrativo, en el vigor del estilo y en el sentimiento enérgico y profundo de las bellezas naturales, sino porque satisfacía a maravilla las aficiones eruditas de su tiempo, ofreciendo en una especie de centón, formado, por otra parte, con gusto y elegancia, lo más selecto de los bucólicos griegos y latinos y de otros muchos escritores de ambas antigüedades, mezclándolo todo con alusiones a sucesos de la vida del poeta o de sus amigos,

---

lunque ora; e le ghirlande della fronzuta quercia ritenenti al bellissimo viso l'accesse luci di Febo, leverò dagli alti rami, porgendole ad essa...» (Boccaccio).

  O la ligera garza levantando
  Mire al alcón veloce y atrevido,
  O espere al jabalí cerdoso y fiero...
   Si contigo viviera, ninfa mía,
  En esta selva, tu sutil cabello
  Adornara de rosas, y cogiera
  Las frutas varias en el nuevo día,
  Las blancas plumas del gallardo cuello
  De la garza ofreciendo, y te trajera
  De la silvestre fiera
  Los despojos, contigo recostado;
  Y en la sombra cantando tu belleza,
  Y en la verde corteza
  De tu frondosa encina mi cuidado
  Extendiendo, conmigo lo leyeras,
  Y sobre mí las flores esparcieras...
   Iremos a la fuente, al dulce frío,
  Y en blando sueño puestos, al ruido,
  Del murmurio esparcido
  Del agua, tú en mis brazos, amor mío,
  Y yo en los tuyos blancos y hermosos,
  A los faunos haría invidiosos.

            (Herrera.)

los cuales intervenían en la fábula con disfraces que para los contemporáneos debían de ser muy transparentes, puesto que todavía lo son para nosotros. Así el pastor *Sincero* es el mismo Sannázaro, *Summontio* es Pedro de Summonte, segundo editor de la *Arcadia; Meliseo* es el admirable poeta latino Giovanni Pontano, gloria imperecedera de la escuela de Nápoles, y *Barcinio* es el poeta ítalocatalán Bernardo Gareth, poéticamente llamado *Chariteo,* del cual pienso discurrir largamente en otra ocasión.

Cuando Sannázaro compuso la *Arcadia,* cuya primera edición incompleta y mendosa, hecha sin noticia ni consentimiento de su autor, es de Venecia, 1502, y que de nuevo corregida y completa se publicó en Nápoles, en 1504, el círculo de la erudición de los humanistas era mucho más amplio que en tiempo del primer Renacimiento, al cual pertenece Boccaccio. El florentino Poggio había descubierto en Inglaterra las Bucólicas de Calpurnio, y ya antes eran conocidas las cuatro églogas de Nemesiano. Sannázaro las estudió con mucha atención en un precioso códice que adquirió en Francia. Podía además leer en su lengua original los idilios de Teócrito (con los cuales andaban entonces mezclados los de Bion y Mosco, sin distinción de autores), pues aunque no hubo edición completa de ellos hasta 1515, diez y ocho composiciones habían sido impresas ya en Milán en 1493, y treinta en Venecia, 1495, por Aldo Manucio. En cuanto a la antigüedad latina, es claro que no tenía secretos ya para la gentil escuela napolitana, que tanto floreció bajo el patronato de la casa aragonesa y de la cual fué grande ornamento Sannázaro.

La investigación de las fuentes de la *Arcadia* puede decirse que es materia completamente agotada. Ya los antiguos comentadores Porcachi, Sansovino, Massarengo,[1] notaron las más obvias, especialmente las de Virgilio, modelo predilecto del vate parteno-

---

[1] Estos comentarios están reunidos en la edición de los hermanos Volpi, que ha sido la mejor de la *Arcadia* hasta nuestros días, y todavía puede consultarse con utilidad.

Le Opere Volgari di M. Jacopo Sannazaro, cavaliere Napoletano; cioe l' Arcadia, alla sua vera lezione restituita, colle Annotazioni del Porcachi, del Sansovino e del Massarengo... In Padova, 1723, presso Giuseppe Comino.

peo, que quiso reposar tan cerca de la tumba del mantuano. Fácil era ver, por ejemplo, que la prosa IV de la *Arcadia* responde a la égloga III de Virgilio y al idilio I de Teócrito; que la égloga IX del poeta italiano está calcada en la III del latino; que la descripción de los juegos funerales de Ergasto en la prosa XII está traducida en parte del libro V de la *Eneida*. Pero los procedimientos de imitación en Sannázaro son mucho más complicados, y estaba reservado a una erudición más diligente y sutil ir enumerando una por una todas las piedrezuelas de más o menos valor que entraron en su mosaico, pulidas y combinadas con un artificio tan docto y reflexivo. Tarea es ésta que han desempeñado, como en competencia, dos eruditos italianos, Francisco Torraca y Miguel Scherillo, en libros publicados simultáneamente, y después de los cuales nada resta que decir sobre la *Arcadia*.[1] Sannázaro no era un imitador vulgar, ni mucho menos un plagiario, sino un hombre enamorado y penetrado de la belleza antigua, que recogió en su libro lo más selecto y exquisito de sus lecturas para recrearse de nuevo con su contemplación, y renovarla también en la mente de los eruditos y hacerla sentir por primera vez a los indoctos. Y esto lo hizo eligiendo, alterando, coordinando los pormenores, según cuadraba al intento y plan general de su libro, tomando de un autor el cuadro general de cada episodio y enriqueciéndole con los despojos de otros muchos, fundiendo y sobreponiendo dos o tres modelos, remontándose a veces en la cadena de la imitación desde el ejemplar latino al griego que le había servido de prototipo, y aprovechando frases y detalles del imitador y del imitado. Así, de Virgilio asciende no sólo a Teócrito, sino a Homero, y, por ejemplo, en la descripción ya citada de los juegos celebrados por Ergasto sobre la tumba de Massilia, no sólo explota la descripción virgiliana de los juegos funerales de Anquises, y la que hace Stacio de las exequias del niño Ofeltes, sino la que ha servido de

---

[1] *La Materia dell' Arcada del Sannazaro, studio di Francesco Torraca.* Città di Castello, 1888.

—*Arcadia di Jacobo Sannazaro secondo i manuscriti e le prime stampe,* con note ed introduzione di Michele Scherillo. Torino, ed. Loescher, 1888. Edición crítica digna del mayor elogio.

modelo a todas ellas, la descripción homérica de los funerales de Patroclo. En los trozos más virgilianos se encuentran mezcladas imitaciones de Ovidio, de Calpurnio, de Claudiano, y hasta de los prosistas didácticos como Plinio el Naturalista, de quien se deriva casi toda la erudición mágica y supersticiosa que poseía el viejo sacerdote a quien va a consultar Clonico en las prosas IX y X. De los poetas, el que más influyó en Sannázaro, fuera de los bucólicos, fué Ovidio, hasta en sus obras menos leídas, como los *Fastos*, en cuyo libro II encontró la descripción de las fiestas de Pales, diosa de los pastores, que transportó a la prosa III.

La influencia del *Ameto* en la Arcadia ha sido exagerada por algunos como Scherillo y muy reducida por otros como Torraca. Claro es que los dos libros pertenecen al mismo género, y que probablemente sin el primero no hubiera existido el segundo, puesto que Sannázaro carecía de imaginación novelesca y no le creemos capaz de crear un tipo nuevo. Tomó, pues, de Boccaccio la forma mixta de prosa y verso, y también fué influído por él en la parte métrica, pues aunque no todas las doce églogas de la *Arcadia* están compuestas en tercetos, como lo están todas las poesías intercaladas en el *Ameto,* es, sin embargo, la combinación que predomina o reina sola en la mayor parte de ellas. En tres de las églogas, por completo, y en otras con grande abundancia, los tercetos no son llanos, sino esdrújulos; género de rima que Sannázaro no inventó y que ya otros habían aplicado a la poesía pastoril, queriendo remedar acaso la cadencia de los dáctilos antiguos. Este género de terminaciones, que aun en italiano es desabrido y molesto, suele hacer en castellano tan extraño y a veces ridículo efecto, que muy cuerdamente se abstuvieron de seguir en esto a Sannázaro, como no fuese por excepción y en trozos muy breves, los innumerables poetas nuestros que le imitaron. Y aunque es cierto que se encuentran algunos ejemplos en Montemayor, en Gil Polo y en el inmenso Lope de Vega, era tan poco el caso que se hacía de tales versos, que pudo pasar por inventor de ellos el canónigo de Canarias Bartolomé Caírasco de Figueroa, por haberlos prodigado sistemáticamente, hasta la insensatez y el delirio, en el *Flo. Sanctorum* que escribió en verso con el título de *Templo Mili tante,* obra monstruosa, en que brillan de vez en cuando algunas ráfagas de ingenio poético, depravado por el mal gusto. Tampoco logró mucho éxito entre nosotros, aunque tuvo más imitadores (el primero de ellos nada menos que Garcilaso en una parte muy considerable de su égloga segunda), otro artificio métrico favorito de Sannázaro, el de colocar la rima en medio del endecasílabo (*rima percossa* en la *Poética* del Minturno), forma de origen provenzal, que el Petrarca había empleado incidentalmente en algunas de sus canciones.

Es, por consiguiente, la métrica de la *Arcadia* mucho más variada y rica que la del *Ameto,* pues además de todo lo que hemos referido contiene sextinas simples y dobles, canciones petrarquistas de estancias largas y composiciones *polimétricas,* escritas con toda la soltura de un versificador muy ejercitado. Pero todo este lujo de destreza técnica contrasta con la pobreza de la acción, si es que acción puede llamarse la de aquellas prosas ensartadas una tras otra sin ninguna razón interna y orgánica. En esta parte Montemayor y otros bucólicos nuestros valen más que él, dan más interés a sus relatos, son más novelistas. Boccaccio lo había sido también a su manera, pero Sannázaro, que procura imitarle en la riqueza de su dicción toscana y en el lujo de sus descripciones, y se inspira no sólo en el *Ameto,* sino en el *Filocolo,* en la *Fiameta,* en las églogas latinas y en todos sus libros, no acierta con lo más íntimo de su arte, no sabe dar interés dramático a sus ficciones, no tiene fantasía plástica ni conoce el arranque de la pasión amorosa. Es un mero artífice de estilo, mucho más paciente que inspirado. En todo su libro no ha inventado nada, ni siquiera el ingenioso medio de que se vale el pastor Charino para declararse a su zagala, haciéndole contemplar su propia imagen en las aguas de una fuente. Sus últimos comentadores prueban que este episodio, ciertamente ingenioso, aunque en demasía alabado,[1] además de las reminiscencias que conserva de la fábula ovidiana de Narciso,

---

[1] Especialmente por Vittorio Imbriani, que con sólo este episodio quería contrabalancear la dura sentencia de Manzoni sobre la *Arcadia:* «Pare impossibile che un uomo come il Sannazaro, dotto, pieno d'ingegno, abbia

es un tema de novelística popular que se encuentra lindamente desarrollado en el *Heptameron* de la reina de Navarra (novela XXIV), donde la declaración amorosa se hacen por medio de un espejo de acero que el enamorado llevaba sobre el pecho a guisa de coraza. Las prosas de Sannázaro son lánguidas e incoloras a pesar de la profusión de epítetos. Hasta el paisaje es artificial, y los mismos recuerdos de Nápoles, que debían de ser tan familiares al autor, están vistos a través de Boccaccio, que tanto amó y cantó en las riberas de Bayas y en los collados de Sorrento, y tanto se saturó y embriagó de su atmósfera voluptuosa.

Libro mediano si se quiere, pero afortunado por la oportunidad con que apareció en concordancia con el gusto reinante, la *Arcadia* fué la primera obra de prosador no toscano que alcanzase en toda Italia reputación clásica. Serafino Aquilano, Geleoto del Carretto y otros poetas imitaron sus églogas en la corte de Mantua; Baltasar Castiglione en la de Urbino. En Nápoles hubo verdadera escuela de poetas bucólicos, que se ejercitaron a porfía en el enfadoso terceto esdrújulo. Tansillo, Minturno, el mismo Torquato Tasso, son discípulos, aunque más independientes, de Sannázaro, para no hablar de los oscuros autores de la *Siracusa*, de la *Amatunta* y de la *Mergellina*, que prolongaron el género durante tres siglos. Pero en general, la bucólica italiana adoptó la forma dramática con preferencia a la narrativa, y dramáticas son sus dos obras maestras, el *Aminta* y el *Pastor Fido*.

La influencia de la *Arcadia* considerada como novela fué mayor en las literaturas extranjeras. Hasta el título de la obra, tomado de aquella montuosa región del Peloponeso, afamada entre los antiguos por la vida patriarcal de sus moradores y la pericia que se les atribuía en el canto pastoril, se convirtió en nombre de un género literario, y hubo otras *Arcadias* tan famosas, como la de Sir Felipe Sidney y la de Lope de Vega, sin contar con la *Fingida Arcadia* que dramatizó Tirso. Todas las novelas pastoriles escri-

---

potuto scrivere un libro come l' *Arcadia*, che si puó dire, è una sciocchería: non è nulla.»

V. Imbriani, *Una opinione del Manzoni memorata e contradetta* (Nápoles, 1878).

tas en Europa desde el Renacimiento de las letras hasta las postrimerías del bucolismo con Florián y Gessner, reproducen el tipo de la novela de Sannázaro, o más bien de las novelas españolas compuestas a su semejanza, y que en buena parte le modificaron, haciéndole más novelesco. Pero en todas estas novelas, cual más, cual menos, hay no sólo reminiscencias, sino imitaciones directas de la *Arcadia*, que a veces, como en *El Siglo de Oro* y en *La Constante Amarilis*, llegan hasta el plagio. Aun en la *Galatea*, que parece de las más originales, proceden de Sannázaro la primera canción de Elicio («Oh alma venturosa»), que es la de Ergasto sobre el sepulcro de Androgeo, y una parte del bello episodio de los funerales del pastor Meliso, con la descripción del valle de los cipreses.[1] Lo que Sannázaro había hecho con todos sus predecesores lo hicieron con él sus alumnos poéticos, saqueándole sin escrúpulo. El género era artificial de suyo, y vivía de estos *hurtos honestos*, no sólo disculpados, sino autorizados y recomendados en todas las Poéticas de aquel tiempo. «No se andaba entonces »(dice Rajna hablando nada menos que del Ariosto) en busca de »un mundo nuevo; el sumo grado de la belleza parecía alcanzado, »y no se creía que restase otra labor a los venideros que seguir lo »más de cerca que pudiesen los pasos de los antiguos, al modo que »Virgilio había imitado a Homero, y sin embargo era Virgilio.»[2]

En 1549 apareció en Toledo una traducción castellana de la *Arcadia* de Sannázaro, en prosa y verso, en la cual intervinieron tres personas que conocemos ya por haber tomado parte en la del *Filocolo* de Boccaccio: el canónigo Diego López de Toledo, el capitán Diego de Salazar y el racionero de la Catedral toledana Blas-

---

[1] Estas imitaciones han sido notadas por Miguel Scherillo en el prólogo de su edición de la *Arcadia* (págs. CCIII-CCLX), y por Fitz-Maurice Kelly en el interesante estudio que precede a la traducción inglesa de la *Galatea* hecha por H. Oelsner y A. B. Welford *(The complete works of Miguel de Cervantes Saavedra*, t. II, 1893, pp. XXIX y XXX).

Sobre otras imitaciones puede consultarse el estudio de F. Torraca, *Gl' imitatori di Jacopo Sannazaro, ricerche* (Roma, Loescher, 1882), pero en la parte española puede ampliarse mucho, como lo iremos haciendo en el curso de estas investigaciones.

[2] *Le fonti dell' Orlando furioso*, p. 529.

co de Garay, tan conocido por sus *Cartas en refranes,* persona distinta del célebre proyectista del mismo nombre a quien en algún tiempo se atribuyó la aplicación del vapor a la navegación. La *Arcadia* española está dedicada al arcediano de Sepúlveda Gonzalo Pérez, conocido traductor de la *Odisea* y padre del secretario Antonio. En la dedicatoria dice el editor Garay: «Esta palabra
»empeñé quando divulgué las treze questiones, que del Filoculo
»del famoso poeta y orador Iuan Bocacio trasladó elegantemente
»don Diego López de Ayala, canónigo y vicario de la Sancta Igle-
»sia de Toledo y obrero de ella. Tras la qual divulgación prometi
»dar luego esta obra, porque juntamente con aquélla la libré con
»inoportunos ruegos de la tiniebla o (por mejor decir) oluido en
»que su intérprete la avia puesto: sin pensamiento de hazer jamas
»lo que agora yo hago por él. Porque más la tenia para comunica-
»ción y passatiempo de amigos, que para soltarla por el incierto
»y desuariado juyzio del vulgo... La otra razón que a ello me mo-
»vió, que aunque no es la primera es la más principal, fué seruir
»a v. m. con cosa no agena de su delicado gusto. Para lo cual tuve
»de ésta algun concepto, assi por ser tal como todos saben que es,
»como por pensar que en la primera lengua en que se escriuio la
»tenía vuestra erudition y prudencia tan conocida y familiar, que
»si era menester, *de coro* (como dizen) *relatauades todos los más
»notables lugares y puntos de ella.* Y no sólo esto, mas vuestro sin-
»gular ingenio *contendía algunas vezes darnos en nuestra misma
»lengua castellana a gustar los propios versos en que primero fue
»compuesta;* por donde espero agora no seros desagradable mi pre-
»sente seruicio... El author que compuso el presente libro en su
»primer lenguaje que llaman Toscano... se llamaua Iacobo Sanna-
»zaro, cauallero Neapolitano, aunque de origen español,[1] tan

---

[1] De esta oriundez española se preciaba el mismo Sannázaro, acaso por lisonjear a la casa de Aragón, de la cual fué acérrimo partidario. En la primera edición de la *Arcadia* (1502) no la afirma resueltamente: «*Non so se da la estrema Hyspagnia, o vero (quel che più credo) se da la Cisalpina Gallia prende (lo avolo del mio padre) origine.»* Pero en la definitiva, de 1504 da por cierto el origen español, aunque más remoto: «*E lo avolo del mio*

»claro por sus letras, que a quererle yo agora de nueuo loar seria
»obscurecer sus alabanzas con las faltas de mi rudo ingenio. Por-
»que a lo que affirman los más sabios, o ygualó a Virgilio en el
»verso latino o se acercó tanto a él que a ninguno quiso dexar
»en medio. Y en el verso vulgar (siguiendo materia pastoril) vnos
»dizen que sobrepujó, otros que igualó al mejor de los poetas Tos-
»canos... El segundo que trasladó toda la prosa de la presente obra
»fue el ya nombrado don Diego Lopez de Ayala, de cuyo poder
»salió ella... que creo no va mal arreada assi de stilo y primor,
»como de propiedad de hablar, no sólo Castellana, mas Toledana
»y de cortés cauallero. Avnque algunos medio letradillos podrian
»achacar los muchos epithetos que lleva, diziendo ser agenos de
»buena prosa. No considerando que toda esta obra tiene nombre
»de poesia y fiction, donde aquéllos largamente se consienten;
»y que assi estauan en la primera lengua, en que no descuydada-
»mente la compuso su sabio author, de adonde él como fiel interpre-
»te la trasladó. El tercero fue Diego de Salzar, que antes era capi-
»tan, y al fin y vejez suya fue hermitaño, amigo mio tan intimo
»y familiar que vsaua llamarme su compañero. De lo cual yo hol-
»gaua no poco, como hombre que conocia (si algo puedo decir que
»conozco) el valor y quilates de su ingenio. Porque osaria afirmar
»lo que otras veces he dicho; en el verso castellano, asi de impro-
»uiso como de pensado, ser la Phenix de nuestra Hespaña, puesto
»que en prosa no fue de menospreciar, como nos muestran sus
»claras obras. Éste compuso toda la parte del verso que aqui va:
»harto más elegante en estilo, que atada a la letra del primer
»author. Lo qual no tengo por inconuiniente, pues es menos prin-
»cipal, apartarse de la letra, quando ni es hystoria ni scientia que
»comprehende alguna verdad, que impedir vna tal vena y furor
»poético...»

---

padre, dalla Cisalpina Gallia, benchè, se a' principii si riguarda, dalla estrema
Ispagnia predendo origine.»

Existe en Nápoles una noble familia del apellido Salazar, pero éstos
descienden del Regente Alfonso Salazar, que era cordobés y pasó a Nápoles con cargo de auditor de la provincia de Calabria en 1554. (Vid. I. Salazar,
Storia della famiglia Salazar, Bari, 1904; Extracto del Giornale Araldico.)

A pesar de los extravagantes encomios que hace del talento poético del capitán Salazar, confiesa Garay en una advertencia final que había retocado sus versos hasta dejarlos como nuevos, para que fuesen más fieles a la letra del original: «Ni tampoco »querria que pensassedes que por auentajarme al ingenio de mi »buen amigo Diego de Salazar lo he hecho. Porque antes en verdad »estimo y estimaré siempre en más (como es razon) su troba que »la mia, por ser facil, graciosa, elegante y muy sonorosa. Mas »como hay muchos tan curiosos que avn en las obras fingidas y »de pasatiempo quieren que sea fiel la traduccion... a esta causa, »casi forçado, me puse a traducir (como de nuevo) las más de las »presentes Eglogas, admitiendo y dexando en su primera forma »todo aquello que en alguna manera se podia entender en el sen- »tido del Toscano author; si quiera fuere copula entera o media, »o si quiera fuesse solamente un pie, si con los demas que yo aña- »dia se podia enxerir y juntar. Y avn (por hablar la verdad) »consintiendo a las vezes los forasteros vocablos y repetición de »unos mismos consonantes de que a menudo auia vsado el ya »nombrado amigo Diego de Salazar, más (a lo que creo) por escu- »sarse de fatiga como viejo que era a la sazon que por otra falta »que dél se pudiesse presumir en este caso.»

Los versos son todos de arte menor, excepto un breve trozo traducido en endecasílabos con la rima en medio. La mala elección del metro deslustra enteramente el carácter clásico de la poesía original, que apenas puede reconocerse en aquellas coplas triviales y pedestres. La prosa es algo mejor, pero de todos modos, esta versión no hubiera podido dar a los que ignorasen el toscano grande idea de esta otra, que para Blasco de Garay era «una nata» de toda la poesía.[1] Tuvo, sin embargo, dos reimpresiones, pero no debió de satisfacer a todos, puesto que volvieron a tra-

---

[1] *Arcadia de Jacobo Sannazaro, getil hombre Napolitano: traducida nueuamente en nuestra Castellana lengua Hespañola en prosa y metro como ella estaua en su primera lengua Toscana* (Colofón): *Fue impressa la presente obra en la imperial cibdad de Toledo en casa de Juan de Ayala. Acabose*

ducirla Juan Sedeño, vecino de Arévalo, que también puso en verso la *Celestina*, y el capitán Jerónimo de Urrea, ya mencionado más de una vez en estas páginas. Uno y otro se sometieron a la imitación de los metros del original, pero ni Sedeño ni Urrea eran hábiles versificadores en la manera toscana, y no perdió mucho nuestra literatura con que quedasen inéditos estos trabajos. [1]

Mucho antes que ninguno de ellos se emprendiese, poseía la lengua castellana lo más selecto de la *Arcadia* maravillosamente trasladado a las églogas de Garci Laso, y convertido en nueva materia poética por el estro juvenil del imitador, por la gracia y gentileza de su estilo, por aquel instinto de la perfección técnica, que rara vez le abandona, por aquel dulce y reposado sentimiento que le da una nota personal en medio de todas sus reminiscencias. Garci Laso, que hacía elegantísimos versos latinos, y que por ellos mereció alto elogio del Bembo, no necesitaba del intermedio de Sannázaro ni de nadie para apropiarse las bellezas de los bucólicos antiguos; pero es cierto que algunas veces, cediendo a la fascinación que todas las cosas de Italia ejercían sobre los españoles del Renacimiento, se valió de los centones ya hechos, y entretejió en sus poesías imágenes, conceptos y versos enteros de la *Arcadia* y aun versificó trozos no breves de su prosa. Todas estas

---

a veynte dias del mes de Otubre. Año de mil y quinientos y quarenta y siete. 4º, let. gót. sin foliatura.

—Toledo, por Juan de Ayala, 1549. Es reimpresión a plana y renglón de la anterior, y puede a primera vista confundirse con ella.

—Salamanca, por Simón de Portonariis, 1578, 8º.

[1] Ambas traducciones están descritas con los números 3.900 y 4.120 en el *Ensayo* de Gallardo. Son manuscritos originales uno y otro, y se conservan hoy en la Biblioteca Nacional. La *Arcadia* de Urrea va al fin de su poema *El Victorioso Carlos V*, rubricado en todas sus hojas para la impresión y precedido de una aprobación de don Alonso de Ercilla. El códice autógrafo de Juan Sedeño, procede de la Biblioteca de Böhl de Faber. Por una mala disposición tipográfica, que no remedié a tiempo, aparecen englobadas en el artículo de Sedeño las obras de este autor y la traducción de la *Jerusalem* del Tasso, publicada en 1587 por otro del mismo nombre y apellido.

Urrea había compuesto una novela pastoril original, con el título de *La famosa Épila*. La menciona el cronista Ustarroz, añadiendo que el manuscrito se conservaba en el palacio de Belveder. Hoy ignoramos el paradero de este libro, que Ustarroz califica de *inútil*, probablemente con razón.

imitaciones fueron lealmente notadas por sus antiguos comentadores españoles, y entre ellas sobresale el razonamiento de Albanio en la égloga II, cuyos tercetos van siguiendo paso a paso el *racconto* de Charino en la prosa VIII de la novela napolitana, si bien con alguna diferencia en el desenlace. Pero aun imitando o traduciendo tan de cerca, todavía el imitador, ya porque su alma tenía más jugo poético, ya por la ventaja que los buenos versos llevan a la prosa poética, artificial y contrahecha de suyo, vence en muchas partes a su modelo y reproduce más que él la blanda melancolía virgiliana. Si no lo supiéramos tan de positivo, apenas podríamos creer que hubiese habido intermedio entre estos divinos versos del Mantuano:

> Tristis at ille: tamen, cantabitis Arcades, inquit,
> Montibus haec vestris, soli cantare periti
> Arcades: mihi tum quum molliter ossa quiescant,
> Vestra meos olim si fistula dicat amores!

y estos otros que todavía repite el eco en las florestas de Aranjuez y entre los peñascos de Toledo:

> Vosotros los del Tajo en su ribera
> Cantaréis la mi muerte cada día.
> Este descanso llevaré aunque muera,
> Que cada día cantaréis mi muerte
> Vosotros los del Tajo en su ribera.

El ejemplo y la autoridad del mayor poeta entre los del grupo ítalohispano entronizó para más de una centuria esta casta de poema lírico dialogado con protagonistas campesinos o disfrazados de tales. Herrera, en su comentario, que puede considerarse como la mejor Poética del siglo XVI, da la teoría del género, siguiendo a Scalígero y otros tratadistas anteriores: «La materia »desta poesia es las cosas y obras de los pastores, mayormente sus »amores; pero simples i sin daño, no funestos con rabia de celos, »no manchados con adulterios: competencias de rivales, pero sin »muerte i sangre; los dones que dan a sus amadas tienen mas esti»macion por la voluntad que por el precio, porque envian manza»nas doradas o palomas cogidas del nido; las costumbres represen»tan el siglo dorado; la dicion es simple, elegante; los sentimientos

»afetuosos y suaves; las palabras saben al campo y a la rustique-
»za de l'aldea, pero no sin gracia, ni con profunda inorancia y
»vegez; porque se tiempla su rusticidad con la pureza de las voces
»propias al estilo... las comparaciones son traidas de lo cercano,
»que es de las cosas rústicas.» [1]

Muy rara vez cumplió el idilio clásico este programa, ni siquiera en Virgilio, cuanto menos en sus imitadores. Y aunque por nuestra parte le debamos singulares bellezas poéticas en las églogas de Sá de Miranda y Camoens, de Francisco de la Torre y Francisco de Figueroa, de Luis Barahona de Soto y el obispo Valbuena, para no citar otros varios, no puede menos de deplorarse aquella moda y convención literaria que por tanto tiempo encadenó a tan excelentes poetas al cultivo de un género artificial y amanerado, en que rara vez podían explayarse libremente la imaginación y el sentimiento.

La pastoral lírica por una parte, y por otra la égloga dramática de tono y sabor más indígena (hasta frisar a veces en grosero realismo), que tantos cultivadores tuvo desde Juan del Encina hasta Lope de Rueda, no podían menos de trascender al campo de la novela; pero al principio el bucolismo apareció episódicamente y con cierta timidez, sin constituir un género nuevo. Así le encontramos en las obras de Feliciano de Silva, a quien corresponde la dudosa gloria de haber introducido este nuevo elemento en el arte narrativo. Tanto en el *Amadís de Grecia*, que generalmente se le atribuye, como en las varias partes de *D. Florisel de Niquea*, encontramos a los pastores Darinel y Silvia con «aquellos admirables versos de sus bucólicas» que tanto dieron que reír a Cervantes. Aun en obra de tan distinto carácter y que parece la negación de todo idealismo, en la *Segunda Comedia de Celestina*, obra rufianesca, cuya primera edición es de 1534, [2] se halla intercalado de la manera más estrambótica el episodio del pastor

---

[1] *Obras de Garcilasso de la Vega, con anotaciones de Fernando de Herrera. En Sevilla, por Alonso de la Barrera. Año de 1580.* Página 407 (507 por error de foliatura).

[2] *Segunda Comedia de Celestina, por Feliciano de Silva* (tomo IX de la Colección de libros españoles raros y curiosos. Madrid, 1874), pp. 390-398.

Filínides y la pastora Acays (trigésima tercera *cena* o escena de la obra). En él aparecen ya todos los lugares comunes del género, como puede juzgarse por esta muestra: «Habés de saber, mi »señora, que andando yo con mi ganado al prado de las Fuentes »de los hoyos, que es una fresca pradera, ya que el sol quería po- »nerse teniendo el cielo todo lleno de manera de ovejas de gran »hermosura, gozando yo de lo ver junto con el son que la caida »de una hermosa fuente hacía sobre unas pizarras, mezclada la »melodía del son del agua, de los cantares de los grillos, que ya »barruntaban la noche con la caida del sol y frescura de cierto »aire que el olor de los poleos juntamente con él corría; estando, »pues, yo a tal tiempo labrando una cuchara con mi cañivete, »probando en el cabo della a contrahacer a la mi Acays de la suerte »que la tenía en la memoria, diciendo que quién la tuviera alli »para podelle decir toda mi grima y cordojos, héteosla aqui dónde »asoma para beber del agua de la fuente con un capillejo en su »cabéza, con mil crespinas, y dos zarcillos colgando de sus orejas »con dos gruesas cuentas de plata saliendo por somo sus cernejas »rubias como unas candelas, vestida una saya bermeja con su »cinta de tachones de plata, que no era sino gloria vella. Pues »a otear sus ojos monteros, tamaños como de una becerra, no eran »sino dos saetas con la gracia y fuerza con que ojeaba: por cierto »que el ganado desbobado por oteal1a, dejaba el pasto. Y asi »agostó con su hermosa vista la hermosura de los campos, como »los lirios y rosas agostan con hermosura las magarzas. Y junto »venía cantando, que mal año para cuantas calandrias ni ruiseño- »res hay en el mundo que asi retumbasen sus cantilenas, pues el »gritillo de la voz ni grillos ni chicharras que asi lo empinen. Y »como yo la oteé y con aquella boca, que no parescia sino que se »deshacia sal de la blancura de sus dientes, manando por la ber- »mejura de sus labios, y que me habló diziendo: ¿Qué haces ahí »Filínides?»

El elemento pastoril, que es grotesco por lo inoportuno en Feliciano de Silva, tiene por el contrario, hondo y poético sentido en un singular libro portugués, que debemos considerar más despacio.

El tránsito de la poesía cortesana del siglo XV a la ítaloclásica del siglo XVI, cuyo patriarca es en Portugal Sá de Miranda, como entre nosotros lo son Boscán y Garsi Laso, no fué violento ni se hizo en un día. Sirvieron de lazo entre ambas escuelas ciertos poetas inspirados y sentimentales, que conservando la *medida vieja*, es decir, la forma métrica del octosílabo peninsular, la adaptaron a un contenido diferente y mucho más poético que el de los versos de cancionero, creando una escuela bucólica, en que parece que retoñó la planta de la antigua pastoral gallega, no por imitación directa, según creemos (pues si la hubo fué más bien de las serranillas castellanas), sino por condiciones íntimas del genio nacional. Pero es cierto que tanto en Bernaldim Ribeiro, como en Cristóbal Falcão,[1] que son los dos representantes de este grupo, influyó el renacimiento de la égloga clásica, influyó la égloga dramática de Juan del Encina y Gil Vicente, e influyó grandemente la novela sentimental del siglo XV *(El Siervo libre de amor*, de Juan Rodríguez del Padrón; la *Cárcel de Amor*, de Diego de San Pedro); género influído a su vez, como ya demostramos, por los libros de caballerías que en toda la Península pululaban, y a cuya lección se entregaba con delicia la juventud cortesana. Bernaldim Ribeiro, que no era gran poeta, pero sí un alma muy poética, de sensibilidad casi femenina (sea cual fuere el valor de las leyendas, que hacen de él una especie de Macías portugués y que van cediendo una tras otras al disolvente de la crítica moderna), atinó con la forma que convenía a todas estas vagas aspiraciones de sus contemporáneos, y poetizando libremente los casos de su vida, con relativa sencillez de estilo (no libre, sin embargo, de tiquis miquis metafísicos), y con una ingenua melodía, desconocida hasta en-

---

[1] Sus obras fueron impresas con la novela de Bernaldim Ribeiro en Ferrara, 1554. La principal es una égloga de más de 900 versos, conocida con el nombre de *Trovas de Chrisfal*, en que el poeta cuenta sus amores con doña María Brandam. Teófilo Braga publicó una reimpresión de estos versos. *Obras de Christovan Falcão contendo a Ecloga de Crisfal, a Carta, Esparsas e Sextinas;* ed. crítica reproducida da edição de Colonia, de 1559. Porto, 1871.

Del *Chrisfal* existe en la Biblioteca Nacional de Lisboa una edición en pliego suelto gótico, que parece anterior a la de Ferrara.

tonces en la prosa, escribió, no el primer ensayo de novela pastoril, como generalmente se dice, sino una novela *sui géneris*, llena de subjetivismo romántico, en que el escenario es pastoril, aunque la mayor parte de las aventuras son caballerescas. De Sannázaro, a quien acaso no conoció, no presenta reminiscencia alguna. Procede con entera independencia de él y de los demás italianos, a cuya escuela no pertenece. El poeta napolitano imita, o, por mejor decir, traduce y calca a Virgilio, a Teócrito, a todos los bucólicos antiguos; Bernaldim Ribeiro, hijo de la Edad Media, y que en sus obras no revela erudición alguna, combina el ideal caballeresco con el pastoril, reviste uno y otro con las formas de la alegoría, y valiéndose, como el autor de la *Cuestión de Amor*, del sistema de los anagramas, expone bajo el disfraz de la fábula hechos realmente acontecidos, si bien sobre la identificación de cada personaje haya larga controversia entre los eruditos.

La verdadera biografía de este raro poeta está envuelta en nieblas, y casi todo lo que de él se ha escrito son fábulas sin fundamento alguno. Aun los datos que pasan por más verídicos hay que entresacarlos de sus églogas y ya se ve cuán arriesgado es el procedimiento de interpretar enigmas y alegorías.

Barbosa Machado, en su *Biblioteca Lusitana*, confundió al autor de las *Saudades* con otras dos personas del mismo nombre que vivieron muy posteriormente: un Bernardim Ribeiro Pacheco, Comendador de Villa Cova en la Orden de Cristo y Capitán mayor de las naos de la India en 1589, y otro Bernardim Ribeiro, que fué gobernador del castillo de San Jorge de Mina. Esta confusión fué deshecha por el ingenioso novelista Camilo Castello Branco, que era también un curioso indagador histórico.[1] Resulta de sus investigaciones genealógicas que el Bernaldim Ribeiro poeta, cuyo segundo apellido era probablemente Mascarenhas, fué un hidalgo principal de la villa de Torrao en el Alemtejo, y al parecer había pasado ya de esta vida en 1552.[2]

---

[1] *Noites de insomnio*, núm. 19, pp. 29-36.

[2] Son también personas distintas de nuestro poeta, aunque acaso no lo sean todas entre sí, un Bernaldim Ribeiro, que fué nombrado escribano de cámara de Don Juan III en 1524; otro que era escribano en Barcellos

Lo primero que se ignora de él, y sería dato capitalísimo para cualquiera interpretación histórica de su novela, es la fecha de su nacimiento. Camilo le puso por buenas conjeturas en 1500 ó 1501. Teófilo Braga, para sustentar una frágil hipótesis suya, que examinaremos después, le hace mucho más viejo, nacido en 1475. La autorizadísima opinión (no la hay mayor en estas materias) de doña Carolina Michaelis de Vasconcellos ha venido a confirmar la primera fecha, que se ajusta muy bien al texto de la égloga segunda, en que el poeta declara que tenía veintiún años cuando las grandes hambres de Alemtejo le obligaron a emigrar de su tierra y pasar el Tajo. El hambre a que se alude es, según doña Carolina, la de 1521 a 1522, puesto que de otras anteriores, como la de 1496, a que recurre Braga, no dicen los cronistas que ocasionase tal emigración de los alemtejanos a Lisboa.

Admitida esta cronología, que es la más plausible, hay que suponer que Bernaldim Ribeiro fué sobremanera precoz como poeta y como enamorado, pues ya en el *Cancionero* de García de Resende, publicado en 1516, hay versos suyos dirigidos a una doña María Coresma, que Braga pretende que sea la *Cruelsia de Menina e Moça*. ¿Tendremos aquí el caso de otro homónimo? Las doce composiciones, bien insignificantes por cierto, que Resende da con su nombre, y son las más de ellas *esparsas* y *villancetes,* no anuncian en nada la manera muy personal de nuestro poeta.

El único hilo conductor que tenemos en la biografía de Ribeiro, aparte de las oscuras confesiones de sus versos, son las obras del Dr. Francisco de Sá de Miranda, que no aparece con él en relaciones de discípulo a maestro, como sin fundamento se ha pretendido, sino de amigo y compañero, aunque siguiesen muy diverso rumbo poético. «Sá de Miranda (dice la señora Michaelis), a pesar de los

---

en 1586, y otro que aparece como procurador de número en Obidos y contador de un hospital en Caldas da Rainha por los años de 1594 (Vid. el prólogo del señor Pesanha a su edición de *Menina e Moça,* pp. CLXXIII y CLXXIV). Creo que en ninguna parte abundan los homónimos tanto como en Portugal. En cuanto al Bernardino de Ribera, maestro de capilla de Toledo, que T. Braga quiso identificar con el poeta, Barbieri demostró que era natural de Játiva.

»loores que concede a los «versos lastimeros», a la «vena blandísi-
»ma» de su amigo, nunca alude a él como antecesor suyo, antes
»le trata como a un camarada, colocándose en una posición ente-
»ramente diversa de aquella que toma respecto de Garci Laso,
»que fué su verdadero maestro.» [1]

Sá de Miranda había nacido en 1495; tenía probablemente más edad que Bernaldim Ribeiro, en cuya égloga segunda interviene con el imperfecto anagrama de *Franco de Sandovir:*

> Este era aquelle pastor
> A quem Celia muito amou,
> Nympha do maior primor
> Que em Mondego se banhou,
> E que cantava melhor.

Uno y otro poeta parecen haber concurrido juntos a los saraos de palacio; juntos hicieron versos en una celebrada belleza de la Corte del rey don Manuel, doña Leonor Mascarenhas, poetisa también, y que podía contestar en verso a sus servidores, comparada por Sá de Miranda nada menos que con Victoria Colonna. Todo induce a creer que uno y otro se hacían mutuas confidencias sobre sus amores y sus poesías y que mantuvieron siempre firme y leal amistad.

Concordando e interpretando sagazmente los varios textos de Sá de Miranda, relativos a nuestro poeta, especialmente en la égloga *Alejo,* infiere la doctísima escritora que Bernaldim Ribeiro, después de haber disfrutado de mucho favor en la Corte, cayó en desgracia por intrigas palaciegas, incurrió en el enojo de un gran señor, que parece haber sido don Antonio de Ataide, primer conde de Castanheira, omnipotente valido de don Juan III, y hubo de buscar asilo contra aquella tormenta o en la soledad del campo o fuera del reino (en Castilla o en Italia), arrastrando en

---

[1] *Poesías de Francisco de Sá de Miranda. Ediçāo feita sobre cinco manuscriptos ineditos e todas as ediçoes impressas. Acompanhada de un estudio sobre o poeta, variantes, notas, glossario e un retrato por Carolina Michaëlis de Vasconcellos. Halle, Max Niemeyer, 1885.* Vid. sobre B. Ribeiro, páginas 767-771.

Edición admirable, magistral, la mejor que tenemos hasta ahora de ningún lírico español del siglo XVI.

su desgracia a su género amigo, que tomó denodadamente su defensa y hubo de salir por ello de la Corte en 1532. Nada nos autoriza para afirmar ni para negar que fuese una aventura amorosa la causa del destierro de Bernaldim. Queda aquí un misterio hasta ahora no descifrado, y que acaso no lo será jamás.

Pero el libro de las *Saudades* está ahí, vago y melancólico, revelando en balbuciente lenguaje, en frases entrecortadas, los devaneos y tormentas de un alma que sólo parece haber nacido para el amor. El autor, como de intento, ha huído de toda indicación precisa sobre los personajes y el lugar de la escena. El relato está puesto en boca de dos mujeres, cuya historia anterior ignoramos de todo punto; pero que debía de ser muy amarga y dolorosa, a juzgar por los afectos que las embargan, única cosa que de ellas acertamos a percibir, puesto que se nos ocultan hasta sus nombres. Una nube de tristeza resignada envuelve toda la obra, y cuando aparecen en ella nuevas figuras humanas, pronto se hunden en la región de las sombras, dejándonos contemplar apenas sus pálidos rostros. Todos parecen víctimas de una fatalidad invencible que los arrastra en el torrente de la pasión, casi sin lucha. Una ternura muy poco viril, un sentimentalismo algo enfermizo, pero que llega a ser encantador por lo temprano y solitario de su aparición, un prerromanticismo patético y sincero dan extraño y penetrante encanto a esta narración, en medio de lo imperfecto del estilo, no educado todavía para estos análisis subjetivos, o quizá en virtud de esta imperfección misma, que hace resaltar lo candoroso de los esfuerzos que el autor hace para vencerla.

Las *Saudades* de Bernaldim Ribeiro, en todas las ediciones, excepto la primera y rarísima de Ferrara, 1554, y la moderna del señor Pesanha,[1] lleva una continuación que hoy la mayor parte de los críticos convienen en desechar como apócrifa, aunque a mi ver contiene algunos trozos auténticos. De todos modos, la obra personal y exquisita de Bernaldim Ribeiro son los treinta y un capítulos de la primera parte, de los cuales paso a dar rápida

---

[1] *Bernaldim Ribeiro, Menina e Moça... (Saudades). Ediçao dirigida e prefaciada por D. José Pesanha. Porto. E. Chardron, ed. 1891.*

cuenta, que procuraré amenizar con la inserción de algunos fragmentos, traduciéndolos los más literalmente que pueda, aunque de seguro perderán gran parte del hechizo que tienen en el habla ingenua y mimosa en que fueron escritos.

Para que todo sea raro en la fortuna de este libro, lo fué hasta el modo de su aparición póstuma, inesperada y como clandestina, en una ciudad de Italia de las que tenían menos relaciones con nuestra Península; y lo fué también el título con que salió a luz, tomado de las primeras palabras de la novela: «*Menina e moça*, me levaram de casa de meu pay»; título que no debe de ser el que puso Ribeiro, pues no es la historia de la *Menina* la que se cuenta en el libro, sino que es ella la que cuenta historias ajenas. De todos modos, el título prevaleció, y lo merece, porque cuadra al carácter vago y enigmático de la novela. La Inquisición de Portugal la prohibió en 1581, acaso por las alusiones que en ella veían los contemporáneos, pues de otro modo no se comprende tal rigor, con una obra tan honesta e inocente. Cuando permitió que se reimprimiese en 1645, impuso un cambio de título, como si se tratase de un nuevo libro, sin duda para que no pareciese que procedía de ligero volviendo sobre su acuerdo. Pero el nuevo rótulo de *Saudades* no llegó a desterrar el de *Menina e Moça*..., que reapareció en la edición de 1785 y es hoy el único que se usa.

El capítulo primero es una especie de prefacio, en que la cuitada *Menina e moça*, que había buscado refugio para sus tristezas en un lugar solitario donde no veía «sino de un lado sierras que no »se mudan nunca y de otro aguas de la mar que nunca están que»das», comienza a escribir las cosas que vió y oyó, aunque declarando que las escribe para ella sola.

«Si en algún tiempo fuere hallado este librillo por personas »alegres, no lo lean, que por ventura, pareciéndoles que sus casos »serán mudables como los aquí contados, su placer les será menos »agradable; y esto donde yo estuviese, me dolería, porque asaz »bastaba nacer yo para mis aflicciones, y no para causar las de »otros. Los tristes lo podrán leer; pero hombres tristes no los hay »desde que en las mujeres hubo piedad. Mujeres, sí, porque siem»pre en los hombres hubo desamor. Mas para ellas no escribo yo,

»que pues su mal es tamaño que no se puede comparar con otro
»ninguno, sería en mí gran sinrazón querer que me leyeran para
»entristecerse más; antes las pido muy ahincadamente que huyan
»de este libro y de todas las cosas de tristeza; que aun así pocos
»serán los días que tengan alegres, pues así está ordenado por la
»desventura con que nacen.

»Para una sola persona podía este libro ser; pero de ésta nada
»volví a saber después que sus desdichas y las mías le llevaron
»para luengas tierras extrañas, donde yo bien sé que, vivo o muer-
»to, le posee la tierra sin placer ninguno. ¡Amigo mío verda-
»dero! ¿quién os llevó tan lejos de mí? Vos conmigo y yo con vos,
»solos, acostumbrábamos pasar nuestros enojos que entonces nos
»parecían tan grandes, y eran tan pequeños, comparados con los
»que vinieron después. A vos lo contaba yo todo. Cuando os
»fuisteis todo se convirtió en tristeza, y no parece sino que la tris-
»teza estaba anhelando para que os fueseis. Y porque todo más me
»afligiese, ni siquiera me dejaron en vuestra partida el consuelo
»de saber hacia qué parte de la tierra ibais, porque si lo supiera
»descansara mis ojos en levantar para allá la vista.

»Aun con vos usó vuestra desventura algún modo de piedad
»(de la que no acostumbra con ninguna persona) en alejaros de
»la vista de esta tierra, pues ya que no había remedio para que
»no sintierais tan grandes lástimas, a lo menos para no oírlas os
»le dió. ¡Cuitada de mí, que estoy hablando, y no veo que el viento
»lleva mis palabras, y que no me puede oír aquel a quien yo hablo!

»Bien sé que el escribir alguna cosa pide mucho reposo, y a mí
»me llevan de una parte a otra mis tristezas, y me es forzoso tomar
»las palabras que me dan, porque no estoy tan obligada a servir
»al ingenio como a mi dolor. De estas culpas se hallarán muchas
»en este librillo; culpas de mi mala ventura fueron todas. ¿Pero
»quién me manda mirar en culpas ni en disculpas? El libro ha de
»ser de quien va escrito en él. De las tristezas no se puede contar
»nada ordenadamente, porque desordenadamente acontecen ellas.
»Tampoco me importa que no las lea ninguno, porque yo escribo
»para uno solo o para ninguno, pues de él, como dije, nada sé
»mucho ha. Ojalá me sea en algún tiempo otorgado que esta

»pequeña prenda de mis largos suspiros vaya ante sus ojos.»

He transcrito casi íntegra esta sollozante elegía, donde las palabras parece que van empapadas en lágrimas, porque basta para dar idea del genio poético de Bernaldim Ribeiro, de su lírico y apasionado estilo y de la profunda emoción a que debe su gloria.

Después de este misterioso preludio comienza la narración de la doncella, trasladándonos a un paisaje idílico, pero de tono gris y velado por la misma melancolía *saudosa* que domina en toda la obra.

«Al despertarme uno de los días pasados vi cómo la mañana se alzaba hermosa y se extendía graciosamente por entre los valles, porque el sol, levantado hasta los pechos, venía tomando posesión de los oteros, como quien se quería enseñorear de la tierra. Las dulces aves, batiendo las alas, andaban buscándose unas a otras. Los pastores, tañendo sus flautas y rodeados de los rebaños, comenzaban a asomar por las cumbres. Para todos se mostraba alegre el día. Pero lo que hacía alegrar todas las cosas, a mí sola daba ocasión de estar triste, acordándome de algún tiempo que fué, y que ojalá nunca hubiese sido, y deseaba irme por lugares solitarios, donde me desahogase con suspirar.

»Y aun no era alto día cuando yo (parece que de propósito) determiné venir al pie de este monte que de arboledas grandes y verdes hierbas y deleitosas sombras está lleno, por donde corre todo el año un pequeño raudal de agua, cuyo ruido, en las noches calladas, hace en lo más alto de este monte un *soledoso* tono, que muchas veces me quita el sueño, y otras muchas voy a lavar en él mis lágrimas, y otras muchas, infinitas, las torno a beber...

»Llegando a la orilla del río, miré para dónde había mejores sombras. Y me parecieron mejores las que estaban a la otra parte del río... Y pasé allá, y fuí a sentarme bajo la espesa sombra de un verde fresno que un poco más abajo estaba. Algunas de las ramas extendía por encima del agua, que allí hacía algún tanto de corriente, e impedida con un peñasco que en medio de ella estaba, se partía por uno y otro lado murmurando. Yo, que llevaba puestos los ojos allí, comencé a pensar que también en las cosas que no tienen entendimiento había esto de hacerse enojo las unas a las otras...

»No había pasado mucho tiempo en esta meditación, cuando sobre un verde ramo que por cima del agua se extendía, vino a posarse un ruiseñor y comenzó a cantar tan dulcemente que del todo me llevó detrás de sí mi sentido de oír. Y él cada vez crecía más en sus quejas, y cuando parecía que cansado quería acabar, tornaba a comenzarlas como antes. ¡Triste del avecilla que mientras se estaba así quejando, no sé cómo se cayó muerta sobre aquella agua! Cayendo por entre las ramas, muchas hojas cayeron también sobre ella.

»Pareciome aquello señal de pesar y de caso desastrado. Llevaba el avecilla el agua en pos de sí, y las hojas detrás de ella, y quisiera yo ir a cogerla; pero por la corriente que allí hacía y por el matorral que se extendía de allí para abajo cerca del río, prestamente se alejó de mi vista. El corazón me dolió tanto de ver muerto tan de repente a quien poco antes vi estar cantando, que no pude contener las lágrimas...

»Y estando así mirando para donde corría el agua, sentí pasos en la arboleda. Pensando que fuese otra cosa, tuve miedo; pero mirando hacia allá vi que se acercaba una mujer, y poniendo en ella bien los ojos, vi que era de cuerpo alto, disposición buena, y el rostro de señora del tiempo antiguo. Vestida toda de negro, en su manso andar y en sus graves meneos de cuerpo y de rostro y en su mirar parecía dama digna de acatamiento. Venía sola, y al parecer tan pensativa, que no apartaba los ramos de sí sino cuando le impedían el camino o le herían el rostro. Y mientras se movía con vagarosos pasos, alentaba de vez en cuando con fatiga, como si fuese a rendir el alma.»

Quién fuese la incógnita dama no llega a averiguarse nunca, porque el poeta huye de precisar nada: sólo sabemos que lloraba a su hijo, pero no es su historia la que cuenta, sino otro desastre que aconteció en aquella ribera mucho tiempo atrás, y que ella, siendo *menina*, había oído referir a su padre «por historia». ¡Y de qué modo tan delicioso y tan romántico la anuncia!

«Cuando yo era de vuestra edad y estaba en casa de mi padre, en las largas veladas de las espaciosas noches de invierno, entre las otras mujeres de la casa, unas hilando y otras devanando, muchas veces, para engañar el trabajo, ordenábamos que alguna de nosotras contase historias que no dejasen parecer tan larga la hila; [1] y una mujer de casa ya vieja, que había visto mucho y oído muchas cosas, como más anciana, decía siempre que a ella pertenecía aquel oficio. Y entonces contaba historias de caballeros andantes; y verdaderamente, las empresas y grandes aventuras en que ella contaba que se ponían por las doncellas, me hacían a mí tener piedad de ellos... ¡Cuántas doncellas comió ya la tierra con la soledad que les dejaron caballeros que come otra tierra con otras soledades! [2] Llenos están los libros de historias de doncellas que quedaron llorando por caballeros que se iban; y se acordaban todavía de dar de espuelas a sus caballos, porque no eran tan desamorados como ellos. En este cuento no entran los dos amigos de quien es la historia que antes os prometí. En ellos pienso yo que se encerraba la fe que en todos los otros se perdió, y creo que por eso ordenaron otros hombres matarlos a traición, malamente, porque no se parecían a ellos. Pero si muy de sentir fué la suerte de los dos, mucho más lo fué la de las dos tristes doncellas, a quienes su desventura trajo a tanto infortunio, que no solamente convino a los dos amigos tomar la muerte por ellas, sino que convino a ellas tomarla por sí mismas. Los dos amigos, en lo que hicieron, cumplieron con ellas y consigo mismos y con aquello a que eran obligados por la orden de caballería que profesaban; ellas sólo cumplieron con ellos, lo cual yo creo que es de mayor estima y por tanto se debe tener más en cuenta.»

Aquí comienza la verdadera novela, que debía ser la *historia de los dos amigos*; pero en la parte auténtica de *Menina e Moça* sólo tenemos la de uno de ellos, *Narbindel,* que después se llamó *Bimnarder* (seudónimos uno y otro de Bernaldim). Esta historia

---

[1] *Hilas* continúan llamándose estas tertulias de aldea en la montaña de Santander, *filandones* en Asturias. Admirablemente las describe Pereda en su cuadro *Al amor de los tizones.*

[2] Restituyo a la palabra *soledad* un sentido que nunca debió perder, y que es tan nuestro como la *suadade* portuguesa.

nada tiene de bucólica: es sencillamente caballeresca, con muchos toques de novela sentimental en el género de *Arnalte y Lucenda* o de *Leriano y Laureola,* pero con un sentimiento muy hondo que los libros de Diego de San Pedro rara vez tienen, y que tampoco acertó a expresar Juan Rodríguez del Padrón en su prosa informe y enmarañada.

Pasa la acción de este cuento en un lugar probablemente imaginario, porque el autor quiso que todo quedase oscuro e indeterminado en su libro. Sólo nos habla de unos valles en otro tiempo muy poblados y ahora muy desiertos, donde floreció una ciudad ennoblecida de reales edificios, y donde todavía descubre el arado pedazos de armas y joyas de gran valía. Por estas señas han creído algunos que se trata de la clásica Évora, capital del Alemtejo, pero la vecindad de la mar a que varias veces se alude excluye tal interpretación, y sin duda por eso la leyenda literaria dió por teatro a las *Saudades* de Bernaldim la poética sierra de Cintra, a la cual por otra parte no cuadran las circunstancias arqueológicas antes indicadas, puestas acaso de intento para acrecentar el efecto melancólico del conjunto, como nueva paráfrasis del eterno y mal entendido *sunt lacrymae rerum.*

A este valle, pues, que tenemos por fantástico, vino en tiempos pasados un noble y famoso caballero llamado Lamentor, que había aportado allí cerca, en una nao grande cargada de muchas riquezas, y traía en su compañía a su esposa Belisa y a una hermana suya doncella, llamada Aonia. Caminaban las dos damas en unas ricas andas, porque la mayor venía muy adelantada en su embarazo. Al pasar por una puente, Lamentor tiene que sostener singular batalla con un caballero que defendía allí un paso honroso en obsequio y servicio de su cruel dama, la cual le había impuesto esta prueba o penitencia por tres años, antes de rendirle su voluntad. Rompen tres lanzas, y a la cuarta cae mortalmente herido el caballero de la puente. Descríbese el llanto de su hermana que inopinadamente llega al lugar del combate. La escena es patética, y de alguna curiosidad para la historia de las costumbres funerarias de la Península, tan enlazadas con el género popular de las endechas: «Y cuando vió a su hermano que yacía sobre unos paños ricos que Lamentor le mandara poner, apeóse muy apresuradamente y fué corriendo hacia él, y lanzando sus tocados en tierra, comenzó a mesarse cuelmente los cabellos que largos eran, exclamando: «para dolor grande no se hicieron leyes». Esto decía ella porque era costumbre muy guardada en aquella tierra, y estaba bajo grandes penas prohibido, que ninguna mujer se pusiese en cabellos sino por su marido».

Cuando se aleja la cuitada señora con el cadáver de su hermano llevado en las andas por su escudero, determina Lamentor plantar en aquel sitio su tienda aguardando el parto de su mujer, que aquella misma noche da a luz una niña e inmediatamente fallece. Mientras Aonia se lamentaba amargamente, acierta a llegar un caballero que venía de lejanas tierras a probar la aventura del puente, por mandado de una señora con quien tenía menos amor que deudas de agradecimiento. Al penetrar muy mesurada y humildemente en la tienda donde sonaban grandes llantos «vió a la señora Aonia, que en grande extremo era hermosa, sueltos sus largos cabellos, y parte de ellos mojados en lágrimas, que su rostro por algunas partes descubrían. Y fué luego traspasado de amor por ella, sin que hubiese de parte de su antigua afición defensa alguna, porque entrando el amor juntamente con la piedad, no sólo borró el pensamiento de la otra, sino que ya le pesaba del tiempo que había gastado en su servicio. Este fué uno de los dos amigos de quien trata nuestra historia».

Llamábase hasta entonces *Narbindel,* pero al abandonar el servicio de su antigua dama Cruelsia, «que le había obligado pero no enamorado», y consagrarse con alma y vida al de la señora Aonia, determinó trocar las letras de su nombre, llamándose de allí adelante *Bimnarder.* Es de seguro la persona que representa al poeta en su obra.

Tristes presagios acompañan el principio de estos amores. Una sombra se aparece a Bimnarder. Como esforzado que era, echa mano a la espada y cobra osadía para preguntarla quién es. «Detén el brazo, Bimnarder (le dice la sombra), puesto que acabas de ser vencido por el llanto de una doncella.» Una manada de lobos persiguen, hasta matarle, a su mejor caballo. Pero resuelto a no irse de aquella tierra y proseguir en su amoroso cuidado, se encamina a pie a una majada de pastores y entra a servir como vaquero a un mayoral de ganado. Acaso la fábula de Apolo guardando los rebaños de Admeto dió a Bernaldim Ribeiro la primera idea de este disfraz pastoril, aunque no se advierten en su libro, por caso rarísimo en su tiempo, reminiscencias clásicas ni mitológicas de ninguna especie.

Diestro en el tañer de la flauta y en el canto pastoril, Bimnarder rondaba por las cercanías del castillo que Lamentor había mandado labrar en aquel valle, y su voz y sus tonadas eran gratas a sus moradores, especialmente a la nodriza de Aonia. «Muchas canciones sabía mi padre (dice la narradora de esta historia) de las que el pastor solía cantar, y tenían cosas de alto ingenio, o más verdaderamente de alto dolor, puestas y sembradas tan dulcemente por otras palabras rústicas, que quien bien las reparase, ligeramente entendería su verdadero sentido».

Es evidente que aquí alude Bernaldim a sus propios versos, de los cuales pone una sola cantiga para muestra. Esta cantiga es la que llegó a oídos de Aonia gracias a su ama, que «era desde su mocedad muy sabida en libros de historias, y cuando vieja lo fué mucho más». Los versos son de cancionero, pero tienen un no sé qué de gracia afectuosa que en cualquier traducción se perdería:

> Fogem as vaccas pera a agoa,
> Quando a mosca as vai seguir;
> Eu só, triste em minha magoa,
> Nao tenho d' onde fugir...
> Emmentes a calma dura,
> Tem esta fatiga o gado,
> A manhã pasce em verdura,
> A tarde, em o sêcco prado.
> Dorme a noite sem cuidado:
> Cá tudo achou pera si.
> Descanço, eu só o perdí.
> A mim, nem quando o sol sai,
> Nem depois que se vai pôr,
> Nem quando a calma mór cai,
> Nao me deixa a minha dor.
> Dor, e outra cousa mór,
> Comvosco hoje amanhesci;
> Comvosco honte, anoutesci...

Esta cantiga oyó el ama, y pareciéndole bien, se la repitió a Aonia, que ya entendía la lengua de la tierra, ponderándole la gran tristeza del pastor y las lágrimas y suspiros con que había finalizado su canto. La señora Aonia, aunque no pasaba de trece o catorce años, y no sabía qué cosa era bien querer, se conmovió también con la canción y preguntó al ama por las señas del pastor. Naturalmente, el retrato de Bimnarder no está desfavorecido. «Es de buen cuerpo y de buena disposición: la barba, un poco espesa y un poco crecida que trae, parece que es la primera que le ha salido; los ojos blancos, de un blanco un poco nublado. En su presencia luego se columbra que alguna alta tristeza le subyuga el corazón.»

«Tornó Aonia a preguntar a su ama cuántas veces le había visto. Díjole que aquel pastor vagaba continuamente en derredor de aquellas casas, y a veces se ponía a hablar con los trabajadores, y otras andaba por la ribera de enfrente, pastoreando su ganado. Y éste era el pastor a quien todos llamaban *el de la flauta,* que bien conocido era de todos.

»No le conocía Aonia, porque rara vez salía de su palacio, pero entró luego en voluntad de conocerle y de buscar manera para ello. Tal pena le había dado el oír su canto, que engañada con aquella falsa sombra de piedad, no pudo dormir en toda la noche siguiente. No porque todavía se hubiese declarado consigo misma, ni porque debajo de aquel deseo determinase nada: pero ardía en vivas llamas dentro de sí.

»Y porque de todo punto se acabase esto de confirmar, aun no era bien entrada la mañana, cuando saliendo el ama a una baranda o terrado que sobre una parte de las casas se parecía, vió al pastor que estaba solo a orillas del río, apoyado en el fresno donde se puso la primera vez que salió de la tienda, allí donde vió la sombra como os dije y allí donde vino después a morir. Y así como le vió el ama, fué corriendo a decírselo a Aonia: tal prisa daba ya la fortuna al desastre, o era venida la hora que no se podía dilatar.»

Acude Aonia al terrado, y desde allí contempla despavorida la lucha de un toro del pastor con otro ajeno, a quien Bimnarder rinde y postra con increíble bizarría. Desfallece la delicada virgen ante tal espectáculo, y cuando vuelve en sí en brazos del ama, su primera pregunta es por el pastor. Acertó a hallarse presente una mujer de la casa, que también había presenciado la pelea de los toros, y había reconocido en el encubierto pastor al caballero que llegó a la tienda de Lamentor el día de la muerte de Belisa y salió de allí «con los ojos llenos de la señora Aonia y de agua».

«Aonia oyó toda esta plática, y aunque el ama la contradecía, ella la creyó. Y en pos de esta creencia vinieron todas las otras cosas que la creencia en estos casos suele traer en pos de sí; y luego tuvo deseos, cuidadosa de parecer bien, y ya no veía el día ni la hora en que pudiese certificar de su voluntad a Bimnarder para que no se apartase de allí por algún desastre, que ella comenzó a recelar, porque el verdadero bien querer no puede estar mucho tiempo sin recelos. Y desde que se determinó a amarle no podía descansar. Y como él tuviese por costumbre andar siempre en torno de aquellos palacios (que suntuosos se labraban a maravilla), Aonia se subía para mirarle por una ventana alta que en la cámara donde ella dormía estaba hecha sólo para recibir la luz.» Cuando por primera vez la contempla Bimnarder allí, queda como embobado y deja caer el cayado de las manos.

El autor describe con ingenuidad delicadísima el proceso de estos amores infantiles. ¡Qué suave melodía romántica la del cantar «a manera de *solao*, que era el que en las cosas tristes se acostumbraba en estas partes», con que el ama arrulla a la *menina*, y con vago terror alude a su desventura hereditaria y procura conjurar sus tristes hados! Cantar es éste de doble sentido, y que habla con Aonia más que con la inocente criatura:

    Pensando-vos estou, filha;
   Vossa mãe m' está lembrando;
   Enchen-se-me os olhos d' agoa,
   Nella vos estou lavando.
    Nascestes, filha, entre magua;
   Pera bem inda vos seja!
   Pois em vosso nascimento
   Fortuna vos houve inveja.

Morto era o contentamento,
Nenhuma alegria ouvistes:
Vossa mãe era finada,
Nós outros eramos tristes.
   Nada em dor, em dor creada,
Não sei onde isto ha de ir ter;
Vejo-vos, filha, fermosa,
Com olhos verdes crecer.
....
   Não ouvem fados razão,
Nem se consentem rogar;
De vosso pãe hei mór dó,
Que de si se ha de queixar.
   Eu vos ouvi a vós só,
Primeiro que outren ninguem;
Não foreis vós, se eu não fora;
Não sei se fiz mal, se bem.
   Mas não póde ser, senhora,
Pera mal nenhum nascerdes,
Com esse riso gracioso
Que tendes sob olhos verdes...

Ojos verdes tenía, pues, Aonia, y es la única seña que el poeta ha querido darnos de su misteriosa belleza.

Sospechosa, aunque no sabedora de sus amores, emprende el ama en un largo y prudente razonamiento prevenirla contra los peligros de la pasión; pero el amor triunfa de todo, y Aonia llega a entablar honesta plática con Bimnarder desde la alta ventana de su aposento. Una noche Bimnarder, embelesado con la conversación, resbala y cae en tierra, hiriéndose gravemente; peripecia que ya hemos visto en los amores de Tirante el Blanco y la princesa Carmesina, y que tiene en los de Calixto y Melibea tan trágicas consecuencias. Este accidente hace desbordarse la pasión de Aonia, que fingiendo ir en romería con su confidente Enis (Inés) va a visitar a su amador en la cabaña donde yacía magullado y doliente. Esta rápida entrevista fué el último consuelo que Bimnarder tuvo en esta vida. Lamentor se empeña en casar a su cuñada con el hijo de un caballero muy rico, vecino suyo; ella se resigna después de una resistencia harto breve, y Fileno, su marido, se la lleva a su casa, sin que el mísero Bimnarder supiera nada de esto hasta que vió pasar el cortejo de la boda. Desesperado huyó de aquella tierra, y no volvió a saberse de él.

Tal es la sencilla y lastimera historia que nos cuenta Bernaldim Ribeiro. *Menina e moça* no es más que un fragmento, y acaso su autor no quiso que fuese otra cosa. Una novela más larga en el mismo estilo quejumbroso hubiera resultado monótona. Pero no faltó quien la continuase, y en la edición de Évora de 1557, que sirvió de tipo a las posteriores, se añade una *Segunda parte d'esta historia das Saudades de Bernaldim Ribeiro: a qual e declaracão da primeira parte d'este livro*. Realmente no declara ni explica nada: es un libro de caballerías bastante embrollado, en que se observan algunas reminiscencias del *Tristán*. Los personajes que intervienen son nuevos en gran parte, y sus nombres parecen anagramas perfectos, por lo cual es de suponer que las aventuras tengan algún fondo histórico, cuya clave se ha perdido. Bimnarder y Aonia quedan muy en segundo término, y apenas se habla de ellos hasta la mitad de la obra, en que sucumben a menos del celoso marido Orphileno, herido también de muerte por Bimnarder. En los veinticuatro primeros capítulos el héroe es *Avalor* (Álvaro), enamorado de *Arima* (María), la hija de Lamentor. En los últimos es *Tasbian,* uno de *los dos amigos,* que en vez de tener el trágico destino que en la primera parte se anuncia, llega a contraer feliz matrimonio con Romabisa, hermana de Cruelsia. Otras aventuras son retrospectivas y se refieren a Lamentor y sus amores con Belisa, a quien libró del poder de Fabudarán: episodio servilmente imitado del *Amadís de Gaula*.[1]

---

[1] Para esta segunda parte, no incluída en la edición del señor Pesanha, me he valido de las dos siguientes, que son imperfectísimas:

—*Menina e Moça ou Saudades de Bernardim Ribeyro...* Lisboa, na off. de Domingos Gonsalves, 1785.

—*Obras de Bernardim Bibeiro.* Editor J. da Silva Mendes Leal Junior e F. I. Pinheiro. Lisboa, 1852.

Las primitivas ediciones de esta novela son de la más extraordinaria rareza. No sé que en la Península exista ejemplar alguno de la de Ferrara, que Brunet describe así:

—*Hystoria de Menina e Moça, por Bernaldim Ribeyro, agora de novo*

El editor de Évora no dice que esta segunda parte sea de Bernardim Ribeiro; antes bien insinúa lo contrario, llamando la atención sobre la *diferencia* entre ambas. Esta diferencia es palpable, no sólo por el género de los lances, no sólo por la rareza de que Bernardim relate la muerte de Bimnarder, esto es la suya propia, pues esto podría ser una ficción poética, sino por las contradicciones que la segunda narración envuelve respecto de la primera, por el cambio no justificado de algunos nombres, como el de *Fileno* en *Orfileno,* y sobre todo por la diferencia de carácter, imaginación y estilo entre ambos libros. El primero es una novela subjetiva, un análisis de pasión; el segundo, una novela enteramente externa y de aventuras, que no sale del tipo general de las de su clase, y parece fabricada no con sentimientos personales, sino con reminiscencias literarias. Pero no todo es indigno de Bernardim Ribeiro en esta segunda parte. Acaso el continuador aprovechó fragmentos suyos para los primeros capítulos, que son mucho mejores que los restantes. Algo suyo debe de haber en la histo-

---

estampada e con summa diligencia emendada, e assi algūas églogas suas... Ferrera, 1554.

La segunda existe en el Museo Británico de Londres:

—*Primeira e segūda parte do livro chamado as Saudades de Bernaldim Ribeiro, con todas suas obras. Trasladado do seu propio original nouamente impresso,* 1557. (Colofón): *Imprimose estas obras de Bernaldim Ribeiro, na muito e sempre leal cidade de Euora em casa de Andres de Burgos, cavaleyro impressor da casa do Cardeal iffante nosso senhor: aos treinta de Janeiro de M D.LVIII.* 8º gót.

—*Historia de Menina e Moca* (sic) *por Belnaldim Ribeyro, agora de nouo estampada. Vendese a presente obra em Lixboa, en casa de Francisco Grafeo, acabouse de imprimir a 20 de Março de 1559 annos.* Esta impresión fué hecha en Colonia por Arnoldo Byrckman. La parte segunda sólo llega hasta el capítulo XVII.

—Lisboa, 1616, por Pedro Craesbeck.

—Lisboa, 1645.

En la Biblioteca de nuestra Academia de la Historia se conserva un manuscrito de *Menina e Moça,* de letra del siglo xvi, con muchas y curiosas variantes, que ha utilizado en su edición el señor Pesanha. La segunda parte queda truncada en el capítulo XVII, lo mismo que en la edición de Colonia, de la cual, por otra parte, difiere mucho. Esta conformidad mueve a sospechar que los primeros capítulos son todavía de Bernaldim Ribeiro, o bien que los continuadores fueron dos.

ria de *Arima* y *Avalor*, que tiene toques muy delicados, y por mi parte me cuesta trabajo creer que no sea suyo el romance inserto en el capítulo XI. Sea de quien fuere, es delicioso. Nada hay en las cinco églogas de nuestro poeta, nada en la de *Crisfal* de Cristóbal Falcão, nada en la lírica portuguesa de entonces, que tenga el extraño hechizo, la misteriosa vaguedad de este romance de Avalor:

> Pela ribeira de um rio—que leva as agoas ao mar,
> Vai o triste de Avalor—não sabe se ha de tornar.
> As agoas levam seu ben,—ella leva o seu pezar;
> E só vai, sem companhia,—que os seus fôra elle leixar;
> Cá quem não leva descanço—descança em só caminhar.
> Descontra d' onde ia a barca,—se ia o sol a baixar;
> Indose abaixando o sol,—escurecia-se o ar;
> Tudo se fazia triste—quanto havia de ficar.
> Da barca levantam remos,—a ao som do remar
> Começaram os remeiros—do barco este cantar:
> —«Que frias eram as agoas!—quem as haverá de passar?»
> Dos outros barcos respondem: «quem as haverá de passar?»
> Frias são as agoas, frias,—ninguem n' as pode passar;
> Senão quem a vontade pôs—donde a não pode tirar.
> Tra' la barca lhe vão olhos—quanto o dia da logar:
> Não durou muito, que o bem— não pode muito durar.
> Vendo o sol posto contr' elle,—não teve mais que pensar;
> Soltou redeas ao cavallo—da beira do rio a andar.
> A noite era callada—pera mais o magoar,
> Que ao compasso dos remos—era o seu suspirar.
> Querer contar suas magoas—seria areias contar;
> Quanto mais se ia alongando,—se ia alongando o soar.
> Dos seus ouvidos aos olhos—a tristeza foi igualar;
> Assim como ia a cavallo—foi pela agoa dentro entrar.
> E dando um longo sospiro—ouvia longe fallar:
> Onde magoas levam alma,—vão tamben corpo levar.
> Mas indo assim por acêrto,—foi c'um barco n' agoa dar
> Que estava amarrado a terra,—e seu dono era a folgar.
> Saltou assim como ia, dentro—e foi a amarra cortar:
> A corrente e a maré—acertaramno a ajudar.
> Não sabem mais que foi d' elle,—nem novas se podem achar:
> Suspeitaram que foi morto,—mas não e pera afirmar:
> Que o embarcou ventura,—pera so isso guardar.
> Mas mais são as magoas do mar—do que se podem curar.

Para los contemporáneos no fué un misterio que *Menina e Moça* envolvía una historia real, a pesar de su vaguedad calculada y del triple velo en que la envolvió su autor. Lo indica ya la prohibición inquisitorial, y lo declara explícitamente un deudo del poeta, Manuel de Silva Mascarenhas, que hizo la edición de 1645. «El asunto del libro (dice) son amores de Palacio en aquella edad (la del rey don Manuel) e historias que verdaderamente acontecieron, disfrazadas de caballerías, que era lo que más en aquel tiempo se usaba escribir. Lo principal de la historia es sobre cosas suyas de cierto amor ausente, cuyas penas le acabaron la vida. Los nombres de los que hablan en este libro son las letras mudadas de las verdaderas con que se escriben, como Narbindel (Bernardim), Avalor (Alvaro), Aonia (Juana), y así los otros. Y como no lo compuso más que para sí, y fué parto de sus altivos y enamorados pensamientos, no se imprimió en vida suya: a su muerte se encontró entre sus papeles.»

Cuando Mascarenhas escribía esto debía de estar formada ya la más antigua y poética de las leyendas relativas a Bernardim Ribeiro, la que todavía es popular, la que inspiró un excelente drama al mejor de los poetas portugueses del siglo XIX. Fué el primero en vulgarizar esta leyenda Manuel de Faria y Sousa; pero no creo que él la inventase, pues aunque nimiamente crédulo, rara vez fué primer autor, sino más bien colector curioso y amplificador extravagante de las mil tradiciones y patrañas con que embrolló la historia civil y literaria de Portugal. Dice, pues, hablando de Bernardim Ribeiro, en cierto *discurso de los sonetos* publicado en su *Fuente de Aganipe y Rimas varias* (Madrid, 1646):

«Era natural de la villa del Torram, hidalgo de nascimiento y *jurista de profesión*.[1] Diosse tanto a las amorosas passiones, i tristezas, i soledades, que de noche se quedava algunas veces por los bosques, i a las margenes de los rios, gimiendo y llorando.

---

[1] Por los años de 1507 a 1511 ó 12 cursaba derecho en la Universidad de Lisboa un estudiante llamado Bernaldim Ribeiro, cuyo nombre aparece en los libros de matrículas (vid. las notas de la edición del señor Pesanha páginas 248 a 249). Pero no puede ser nuestro poeta, porque tendría entonces cinco o seis años, si se admite la fecha de su nacimiento generalmente aceptada. Por otra parte, nada en sus escritos revela los hábitos de la profesión jurídica, sino más bien los de la vida galante y cortesana.

Resultole esto de aver dado en el desatino de enamorarse profundamente de la Infanta Doña Beatriz, hija del rey don Manuel, y ella, con irle dando cuerda (burlas de Palacio), le acabó de rematar. Escribió sus eglogas y otros versos a estos amores: i sus prosas intituladas la *Menina i moza*, o *saudades* de Bernardim Ribeiro, después que perdió de vista a la Infanta, que fué quando la llevaron a su marido, el Duque de Saboya IX en el título i III en el nombre de Carlos. Sucedió esta ausencia el año 1521, y a ella escribio él una cancion que empieza así: *Desque o meu sol*».

En su *Europa portuguesa*, publicada en 1679,[1] vuelve Faria y Sousa a contar la leyenda de Bernardim, pero esta vez con muchos más pormenores románticos:

«Oygamos uno de los más raros exemples de amor en un pecho y de pena en un amante. Bernardim Ribeyro, hombre noble y de nobilissimo ingenio, amava cordial y puramente a esta Princesa (doña Beatriz), porque ella, como apreciadora de la Poesía benemerita, le honrava y favorecía con escuchar cuidadosamente sus versos, porque no eran ellos en lo afectuoso para oyrse con descuido. Viendo él agora que se le ausentava ella, corrió a ponerse en la más alta cumbre de la roca de Sintra, adonde con los ojos inmobles en el baxel que la llevaba (como el águila en el sol que la examina) estuvo elevado hasta que le perdió de vista. Pareciole que para quien avia perdido tal amparo se avia acabado el mundo; y olvidado de todo lo que no fuesse el dolor de aquella ausencia, se dio a la vida solitaria en aquel propio sitio. Alli compuso aquel libro tan estimado que intituló *Saudades*, ya por las que Beatriz le dexó a él de su estimación, ya por las que llevaba ella de su patria. Passó de hermitaño en esta sierra a peregrino en Italia. Vio toda sus grandezas, y teniendo por mayor que todas su pena, y el motivo della, volvió por Saboya. Sabiendo allí que Beatriz (no perdiendo la piedad de principes portugueses, aunque perdiese el vivir entre ellos) salia en horas señaladas a ponerse en una puerta para dar limosna a los pobres, introduxose entre

---

[1] *Europa Portuguesa. Segunda Edición. Tomo II. Lisboa, a costa d' Antonio Craesbeck de Mello. Año 1679.* Páginas 549-559.

ellos para verla; y ella, reconociendole, mandóle que no se detuviesse en la ciudad, porque ya eran pasados los dias de los entretenimientos antiguos de Palacio. Obedeciola en esto, mas no en acetar un socorro gruesso que le ofrecia para volverse, y vuelto a la patria, fue fin de la vida el de la peregrinación. Deviose un escrito tan afetuoso a tan elevado amor; un amor tan notable a tan virtuosa princesa; un vivir tristissimo a tanto sentimiento, y un morir de puro sentido a tanta pérdida.»

El mayor poeta del romanticismo portugués comprendió el partido que de esta tradición podía sacarse, y fundó en los honestos y desventurados amores de Bernardim y la Infanta el argumento de su drama *Un auto de Gil Vicente*, compuesto en 1838,[1] y que sería el mejor de los suyos si no existiese el incomparable *Fr. Luis de Sousa*. El mayor defecto del *Auto* es su título: Gil Vicente es una figura demasiado grande para ser tratada episódicamente como lo está en el drama de Garrett, donde la representación de su tragicomedia *Las Cortes de Júpiter* sólo sirve para que se desate impetuosa la pasión de Bernardim, que entra en el auto disfrazado de mora encantada para entregar el anillo mágico a la nueva duquesa de Saboya. Esta situación es de gran efecto teatral, y no lo pareció menos el final del tercer acto, que pasa a bordo del galeón *Sta. Catherina*. El poeta, a quien su insensata pasión ha arrastrado a embarcarse en aquella nao, se ve próximo a ser sorprendido por el rey don Manuel, y para salvar el honor de la que ama se arroja al mar entre las sombras de la noche, dejándonos el poeta en la incertidumbre de su destino. Hay algo de artificial y rebuscado en estas situaciones: la ingenuidad pintoresca de la primitiva leyenda satisface mucho más; la historia, como en casi todos los dramas de este género acontece, está respetada en lo accesorio y falseada en lo fundamental; los efectos que expresa Bernardim no son los del último heredero de los trovadores provenzales, los de un Macías rezagado, sino los de un poeta romántico que ha leído a Chateaubriand y a Lamartine.

---

[1] Hállase en el tomo tercero de la colección general de las obras de Almeida Garret y segundo de su *Teatro* (Lisboa, Imprenta Nacional, 1856).

Garret abusa de la nota sentimental y del aparato escénico, emplea la *saudade* como una receta infalible, pero todo se le perdona por su viva intuición poética (que sólo en *Fr. Luis de Sousa* llega a ser profunda y serena) y por el singular encanto de su estilo, que es una maravilla en el género dificilísimo de la prosa dramática.

Con ocasión del drama de Garret quiso Alejandro Herculano prestar el apoyo de su autoridad histórica a la leyenda de los amores de doña Beatriz, publicando cierta relación del viaje de la infanta a Saboya,[1] de la cual se infiere que fueron mal recibidos allí los portugueses de su séquito y aun se les obligó a salir del país. Pero esto pudo tener otras causas meramente políticas, sin recurrir a la sospecha de los supuestos amores, y es lo cierto que la princesa y su marido vivieron siempre en buena armonía y paz doméstica, a pesar del contraste entre los hábitos sencillos de la modesta corte piamontesa y los esplendores y magnificencias de la Lisboa del Renacimiento en que se había educado doña Beatriz.

Por lo demás, la leyenda de Faria y Sousa no envuelve ninguna imposibilidad cronológica. La Infanta tenía poco más o menos la edad de Bernardim Ribeiro, puesto que había nacido en 1504 y se casó en 1521, embarcándose para Italia el 9 de agosto. Pero si el poeta vino por primera vez a la corte en aquel mismo año, según de sus églogas se deduce, poquísimo espacio puede concederse para el desarrollo de su pasión.

De todos modos, esta tradición, además de ser antigua, no ha sido impugnada hasta ahora con argumentos tales que la convenzan de falsedad. Esta ventaja lleva a otras dos muy modernas, que han tenido escasos secuaces. Apenas puede hacerse mérito, por lo absurda y extravagante que es, de la que echó a volar el antiguo diplomático brasileño F. A. de Varnhagen, según el cual la *Aonia* de *Menina e Moça*, la amada de Bernardim Ribeiro, es nuestra reina doña Juana la Loca; su tío *Lamentor*, el rey don Manuel, y su marido *Fileno*, Felipe el Hermoso. Con decir que

---

[1] En el periódico *O Panorama* (Lisboa, 1839), pp. 276-278.

aquella pobre señora no puso nunca los pies en Portugal, y estaba ya casada en 1496, cuando probablemente Bernardim Ribeiro no había nacido, basta para que se juzgue el valor de esta hipótesis, ejemplo solemne de los desvaríos a que se presta la interpretación de los anagramas en obras antiguas cuya clave no poseemos. [1]

De muy distinto género es la hipótesis que con grande agudeza de ingenio y mucha doctrina ha desarrollado Teófilo Braga en su libro *Bernardim Ribeiro e os Bucolistas,* tan interesante como todos los suyos. [2] Sostiene el erudito historiador de la literatura portuguesa que *Aonia* es doña Juana de Villena, prima del rey don Manuel, que fué casada con el conde de Vimioso don Francisco de Portugal. La dama del tiempo antiguo que cuenta la historia y deplora la pérdida de su hijo es doña Leonor, viuda de don Juan II; el *caballero de la puente* es el príncipe don Alfonso, que murió de una caída de caballo (lo cual no es lo mismo que morir en un desafío); *Belisa* es doña Isabel, primera mujer de don Manuel, y *Cruelsia*, probablemente, doña María Coresma, a quien Bernardim había querido antes de ir a la corte y conocer a doña Juana.

Todo ello está muy ingeniosamente combinado, no envuelve ninguna imposibilidad moral, puede parecer hasta verosímil; pero además de ser enteramente gratuito y trabajo de pura imaginación reconstructiva, sin apoyo sólido en ningún documento, tropieza con las fechas generalmente asignadas al nacimiento de Bernardim y a su ida a la corte. Doña Juana ya estaba casada en 1516, y parece haber sido una esposa ejemplar.

Si admitimos, como creyó don Agustín Durán, que el romance de *Don Bernaldino* inserto ya en el *Cancionero,* sin año, de Amberes, y repetido en el de 1550 y en la *Silva* de Zaragoza, se refiere al poeta portugués (como parece indicarlo, no sólo la comunidad del nombre, sino un verso que es casi traducción de las primeras

---

[1] Hállase desarrollada tan peregrina tesis en el opúsculo ya citado *Da litteratura dos Livros de Cavallerias.* Viena, 1872, pp. 118-126.

[2] *Historia da Poesia Portugueza (Eschola Hispano-Italica. Seculo XVI). Bernardim Ribeiro e os Bucolistas,* por *Theophilo Braga,* Porto, 1872.

líneas de *Menina e moça*), habrá que suponer que la leyenda amorosa de Bernardim Ribeiro había penetrado en Castilla durante su vida y años antes de que se imprimiese su novela. El romance es tan bello que no debemos omitirle aquí; pertenece al género de los artísticos popularizados que componían los últimos trovadores.

>   Ya piensa don Bernaldino—a su amiga visitar,
> Da voces a los sus pajes—de vestir le quieren dar,
> Dábanle calzas de grana,—borceguís de cordoban,
> Un jubon rico broslado,—que en la corte no hay su par,
> Dábanle una rica gorra,—que no se podría apreciar,
> Con una letra que dice: —«Mi gloria por bien amar».
> La riqueza de su manto—no vos la sabría contar;
> Sayo de oro de martillo—que nunca se vio su igual.
> Una blanca hacanea—mandó luego ataviar,
> Con quince mozos de espuelas—que le van acompañar.
> Ocho pajes van con él,—los otros mandó tornar;
> De morado y amarillo—es su vestir y calzar.
> Allegado han a las puertas—do su amiga solia estar;
> Fallan las puertas cerradas,—empiezan de preguntar:
> —¿Dónde está doña Leonor—la que aqui solia morar?
> Respondió un maldito viejo—que él luego mandó matar:
> —Su padre se la llevó—lejas tierras habitar.
> El rasga sus vestiduras—con enojo y gran pesar,
> Y volviose a los palacios—do solia reposar.
> Puso una espada a sus pechos—por sus dias acabar.
> Un su amigo que lo supo—veníalo a consolar,
> Y en entrando por la puerta—vídolo tendido estar.
> Empieza a dar tales voces—que al cielo quieren llegar,
> Vienen todos sus vasallos—procuran de lo enterrar
> En un rico monumento—todo hecho de cristal,
> En torno del cual se puso—un letrero singular:
> «Aqui está don Bernaldino—que murió por bien amar.»

(Núm. 149 de la *Primavera* de Wolf.)

Menina e Moça fué una aparición solitaria en la literatura portuguesa. Los ingenios de aquel reino que luego cultivaron con gran ahinco la novela pastoril, como Fernán Alvarez de Oriente en su *Lusitania Transformada* (1607), y Francisco Rodríguez Lobo en su *Primavera* y *Pastor Peregrino* (1608-1614), no imitaron a Ribeiro, sino a otro famoso conterráneo suyo, a quien se debe la primera novela pastoril escrita en castellano.

Jorge de Montemayor, como él se llamaba castellanizando hasta su apellido, era natural de *Montemôr o velho,* lugar situado a cuatro leguas de Coimbra, en las márgenes del Mondego.[1] De aquellos parajes se acuerda con amor en el libro VII de la *Diana,* recordando sus antigüedades y tradiciones.

«Y preguntándole Felismena qué ciudad era aquella que había dejado hacia la parte donde el rio, con sus cristalinas aguas, apresurando su camino con gran ímpetu venía, y que tambien deseaba saber qué castillo era aquel que sobre aquel monte mayor que todos estaba edificado, y otras cosas semejantes, la una de aquéllas (pastoras), que Duarda se llamaba, la respondió: que la ciudad se llamaba Coimbra, una de las más insignes y principales de aquel reino, y aun de toda España, asi por la antigüedad de nobleza de linajes que en ella habia, como por la tierra comarcana a ella, la cual aquel caudaloso rio, que Mondego tiene por nombre, con sus cristalinas aguas regaba; y que todos aquellos campos que con tan gran ímpetu iba discurriendo se llamaban el campo de Mondego y el castillo que delante los ojos tenian era la luz de nuestra España; y que este nombre le convenia más que el suyo propio, pues en medio de la infidelidad del Mahomético rey Marsilio, que tantos años le habia tenido cercado, se habia sustentado de manera que siempre habia salido vencedor, jamás vencido;[2] y que el nombre que tenía en lengua portuguesa era *Monte-môr o velho,* adonde la virtud, el ingenio, valor y esfuerzo quedaron

---

[1] Su apellido de familia se ignora. De unos versos satíricos de Juan de Alcalá, que citaré más adelante, se infiere que su padre era platero y que se le motejaba de judaizante:

> Y asi tu padre el platero
> Que como fue caballero
> Siguió su caballeria,
> Y no supo Teulogia,
> No dijo: saberla quiero.
> ....
> Yo no declaro la fe
> Si no lo que della sé,
>
> Que como viejo me atrevo;
> Pero tú como eres nuevo,
> Ni hablas ni sabes qué.
>   Mas sabes bien trabucar
> Lengua morisca en mosaica,
> Traducir e interpretar
> De nuestro comun hablar
> La cristiana en la hebraica...

[2] Alúdese aquí a la importante y antigua leyenda del abad Juan de Montemayor, de la cual hemos hablado al tratar de las novelas históricas.

por trofeos de las hazañas que los habitadores dél en aquel tiempo habian hecho; y que las damas que en él habia y los caballeros que lo habitaban florecian en todas las virtudes que imaginarse podian. Y asi le contó la pastora otras muchas cosas de la fertilidad de la tierra, de la antigüedad de los edificios y de las riquezas de los moradores, de la hermosura y discreción de las ninfas y pastoras que por la comarca del inexpugnable castillo habitaban; cosas que a Felismena pusieron en gran admiracion.»

Allí pasó su primera juventud, sin haber recibido verdadera educación clásica, entregado a la música, al amor y a la poesía. Él mismo lo declara en su epístola autobiográfica al Dr. Francisco Sá de Miranda:

> Riberas me crié del rio Mondego...
> De ciencia alli alcancé muy poca parte
> I por sola esta parte juzgo el todo
> De mi ciencia y estilo, ingenio y arte.
>   En musica gasté mi tiempo todo;
> Previno Dios en mí por esta via
> Para me sustentar por algun modo.
>   No se fió, señor, de la poesia
> Porque vio poca en mí, y aunque más viera,
> Vio ser pasado el tiempo en que valia.
>   El rio de Mondego i su ribera
> Con otros mis iguales paseava,
> Sujeto al crudo amor i su bandera.
>   Con ellos el cantar exercitava
> I bien sabe el amor que mi Marfida
> Ia entonces sin la ver me lastimava.
>   Aquella tierra fue de mí querida;
> Dejé la, aunque no quise, porque veia
> Llegado el tiempo ia de buscar vida.
>   Para la gran Hesperia fue la via
> A do me encaminara mi ventura
> Y a do senti que amor hiere y porfia. [1]

Jorge de Montemayor fué soldado en algún tiempo, pero creemos que no en esta época de su vida, puesto que nada dice de ello en su carta. Hay en su *Cancionero* dos sonetos que compuso «par-

---

[1] *Obras de Sá de Miranda*, ed. de Carolina Michaëlis, pp. 655-656.

tiéndose para la guerra» y «yéndose el autor a Flandes». [1] Del primero son estos versos:

> Ora por mí el Frances quede vencido,
> Y el nuestro gran Philipo sublimado...

Montemayor no pudo alcanzar más guerra de Felipe II con Francia que la de 1555 a 1559, memorable por el triunfo de San Quintín. Pero mucho tiempo antes de esa fecha encontramos noticias de él en Castilla. Opina su último y erudito biógrafo, el señor Sousa Viterbo,[2] que el poeta portugués vino a Castilla en la comitiva de la infanta doña María, hija de don Juan III, casada en 1543 con el príncipe don Felipe (luego Felipe II), y en efecto, en la dedicatoria de sus dos primeras obras se titula «Cantor en la capilla de su Alteza la muy alta y muy poderosa Señora la infanta doña María».[3]

La vida de esta princesa fué cortísima; poco más de dos años sobrevivió a su matrimonio, y no llegó a ceñir la corona de España. A su fallecimiento, en 12 de junio de 1545, compuso Jorge de Montemayor un soneto harto infeliz[4] y unas bellísimas coplas de pie quebrado, glosando algunas de las de Jorge Manrique.

Nueva protectora encontró en la infanta de Castilla doña Juana, consorte del príncipe portugués don Juan y madre del infortunado rey don Sebastián.[5] Ya en 14 de mayo de 1551 estaba al servicio de esta señora, puesto que don Juan III le hizo merced de la *escrevaninha* de uno de los dos navíos de la carrera de la

---

[1] Folios 88 y 89 del *Cancionero* de Montemayor, ed. de Salamanca, año 1579. Hay también una carta en tercetos de un tal Peña, «que enviaron a Montemayor en Flandes» con la respuesta de Montemayor en el mismo metro (fols. 229-235).

[2] En un artículo del *Archivo Histórico Portugués*, 1903.

[3] En varias nóminas de la capilla de la infanta doña María, vistas por el señor Sousa Viterbo, figura Jorge de *Montemor* con sueldo de 40.000 maravedís como cantor.

[4] Folio 148 de su *Cancionero*, ed. de Salamanca, 1579.

[5] Quizá a modo de memorial había escrito Montemayor unas coplas de pie quebrado «Al Serenissimo Principe de Portugal quando se embio a des»posar por poderes con la Serenissima Princesa Doña Juana Infanta de Cas»tilla» (Folios 64-66).

Mina, por un viaje, llamándole en el privilegio «criado da princeza muito amada e prezada mossa filha».[1] De esta infanta hay una carta a la reina doña Catalina, intercediendo a favor del padre de nuestro poeta (cuyo nombre no se expresa) para que se le dé el oficio que pide.[2]

Por la carta de Montemayor a Sá de Miranda, inferimos que para este tiempo habían comenzado ya sus amores con la que llama *Marfida*.

>   Alli me mostró Amor una figura;
> Con la flecha apuntando dijo: «aquella»,
> Y luego me tiró con flecha dura.
>   A mi Marfida vi más y más bella
> Que quantas nos mostró naturaleza,
> Pues todo lo de todas puso en ella...
>   Mas ya que el crudo amor me hubo herido,
> Le vi quedar tan preso en sus amores,
> Que io fui vencedor, siendo vencido.
>   Alli senti de amor tales dolores
> Que hasta los de aora no creia
> Que los pudiera dar amor maiores...
>   *En este medio tiempo la estremada,*
> *De nuestra Lusitania gran princesa,*
> *En quien la fama siempre está ocupada,*
>   *Tuvo, señor, por bien de mi rudeza*
> *Servirse, un bajo ser alevantando*
> *Con su saber estraño i su grandeza.*
>   *En cuya casa estoi ora passando*
> *Con mi cansada musa...*

La dama designada en esta epístola y en muchas poesías líricas con el nombre de *Marfida* ¿es la misma pastora que en la novela se llama *Diana?* Me inclnino a creer que no, porque en la égloga

---

[1] Documento citado por el señor Sousa Viterbo con estas señas: «Archivo de la Torre do Tombo, Chancilleria de D. Juan III, donaciones, lib. LXII, fol. 167.»

[2] «Montemayor tiene ay a su padre y dessea que el Rey my señor le »haga merced de un oficio que pide: suplico a V. alteza sea servida de »aiudarle con su alteza para que le haga la merced que oviere lugar, que »para my será muy grande la que V. alteza le hiziere en ésta. Nuestro Señor »guarde a V. alt. como yo deseo. Besa las manos a V. alt. = la princesa.» Sobrescrito, «Reyna my señora».

Documento citado por el señor Sousa Viterbo.

tercera de las que contiene el *Cancionero* de Montemayor, figuran como personas diversas el pastor *lusitano* que servía a Marfida y Sireno el amador de Diana. Cabe, por tanto, la duda de si Montemayor poetizó en su novela amores propios o ajenos. A la *Diana* precede en todas las ediciones el siguiente argumento:

«En los campos de la principal y antigua ciudad de Leon, riberas del rio Ezla, hubo una pastora llamada Diana, cuya hermosura fue extremadisima sobre todas las de su tiempo. Esta quiso y fue querida en extremo de un pastor llamado Sireno, en cuyos amores hubo toda la limpieza y honestidad posible. Y en el mismo tiempo la quiso más que a sí otro pastor llamado Silvano, el cual fue de la pastora tan aborrecido, que no habia cosa en la vida a quien peor quisiese. Sucedió, pues, que como Sireno fuese forzadamente fuera del Reino a cosas que su partida no podía excusarse, y la pastora quedase muy triste por su ausencia, los tiempos y el corazón de Diana se mudaron, y ella se casó con otro pastor llamado Delio, poniendo en olvido al que tanto habia querido. El cual viniendo despues de un año de ausencia, con gran deseo de ver a su pastora, supo antes que llegase cómo era ya casada, y de aqui comienza el primer libro, y en los demas hallarán muy diversas historias de cosas que verdaderamente han sucedido, aunque van disfrazadas bajo el estilo pastoril.»

La tradición afirma desde antiguo que Diana es figura real y no imaginaria, y hasta de su pueblo natal nos informa. «¿Qué mayor riqueza para una mujer que verse eternizada? (dice Lope de Vega en el acto primero, escena segunda de la *Dorotea*). Porque la hermosura se acaba, y nadie que la mira sin ella cree que la tuvo; y los versos de su alabanza son eternos testigos que viven con su nombre. *La Diana de Montemayor fué una dama natural de Valencia de Don Juan, junto a Leon, y Ezla, su rio, y ella seran eternos por su pluma.*»

Es muy curiosa la anécdota que refieren, casi con los mismos términos, Manuel de Faria y Sousa en su comentario a los *Lusiadas*[1] y el P. Sepúlveda, monje jerónimo del Escorial, en una

---

[1] *Lusiadas de Lvis de Camōens, Principe de los Poetas de España... Comentadas por Manuel de Faria i Sousa... Año 1639. En Madrid, por*

historia manuscrita *de varios sucesos*. [1] Oigamos al comentador portugués:

«Viniendo de León, el año 1603, los santos reyes Felipe III y Margarita, y haciendo noche en la villa de Valderas (debe decir en Valencia de León, y así está en el P. Sepúlveda que es escritor coetáneo), les dijo el marqués de las Navas, su mayordomo, como por nueva alegre y no esperada, que le había cabido en suerte ser hospedado con Diana de Jorge de Montemayor. Y preguntando ellos de qué manera, dijo que en aquel lugar vivía la llamada Diana y que le habían aposentado en su casa. Gustaron los Reyes de la nueva, por lo mucho que se habían celebrado los escritos de aquel nombre; y haciendo traer a palacio a aquella decantada belleza, cuyo nombre propio era Ana, siendo ya entonces, al parecer, de algunos sesenta años, en que todavía se miraban rastros de lo que había sido, la estuvieron inquiriendo de la causa de aquellos amores; y después de ella haber satisfecho a todo con buena gracia y términos políticos, la envió la Reina cargada de dádivas reales. Por ventura si el ingenio de Montemayor no hubiera celebrado aquella Ana con el nombre de Diana y aquellos amorosos pensamientos, ¿hiciera el marqués de las Navas caso de haber ido a parar a su casa para decirlo a los reyes ni ellos della para oirla y honrarla? Claro está que no. Veis ahí la perpetuidad, la fama y la gloria que pueden dar tales autores como aquéllos y como éste con sus escritos.»

El P. Sepúlveda afirma que Diana era mujer bien entendida, bien hablada, muy cortesana, y la *más hacendada y rica de su pueblo*. Y como Valencia de Don Juan nunca ha tenido numeroso vecindario, y deben de ser conocidos sus linajes antiguos, no será difícil a cualquier erudito leonés dar con el apellido de la heroína de Montemayor.

La más antigua obra que tenemos de éste es su *Exposición*

Juan Sanchez, Impresor, t. II, canto IV, columna 434, nota sobre la octava 102.

[1] Tomo II, cap. XII. Citado por don Eustaquio Fernández de Navarrete, en su *Bosquejo histórico sobre la novela española*.

sobre el Salmo ochenta y seis, impresa en Alcalá de Henares, 1548.[1] Parece que a esta época hemos de referir el principio de sus relaciones con varios poetas castellanos, mencionados en su *Cancionero.* Además de un Juan Vázquez de Ayora y un don Rodrigo Dávalos, cuyos versos glosa, figuran entre ellos Feliciano de Silva y Gutierre de Cetina. A la muerte del primero, acaecida no sabemos cuándo, pero probablemente no mucho después de la publicación de la cuarta parte de su *Don Florisel de Niquea* (1551), escribió el vate portugués una larga elegía en tercetos y un epitafio.[2] Una y otra composición respiran el más entusiasta afecto. En la primera evoca a la Poesía, y la hace exclamar:

>   ¡Oh cielos, tierra y mar! ¿no habéis sentido
>   Que muerte me tocó con cruda mano,
>   Pues mi mayor amigo es ya perdido?
>   Perdí mi bien, perdí mi Feliciano;
>   Muerta es la gracia, el sér, la sutileza,
>   La audacia, ingenio, estilo sobrehumano...
>   ¡Oh Feliciano, oh vena aguda y rica...
>   ....
>   Sabrás que allá en los coros soberanos
>   Está su ánima dota celebrada,
>   Ya fuera de juicios torpes, vanos.
>   Bien ves su senectud, que fué fundada
>   En juventud tan buena, que su vida
>   Poder tuvo de dalle muerte honrrada.
>   ....

---

[1] *Exposicion moral sobre el psalmo LXXXVI del real propheta David, dirigido a la muy alta y muy poderosa señora la infanta doña Maria, por George de monte mayor, cātor de la capilla de su alteza.*

(Colofón): *Esta presente obra fue vista y examinada por el muy reuerēdo y magnifico señor el vicario general en esta metropoli de Toledo y cō su licencia impressa en la uniuersidad de Alcala por Joan de Brocar: primero del mes de Março del año de M. D. XLVIII.* 4º gót. 10 hojas.

Es opúsculo rarísimo, del cual Salvá (vid. núm. 816 de su Catálogo) poseyó un ejemplar impreso en pergamino.

La traducción del salmo está en quintillas, con una exposición en prosa.

[2] Folios 122-125 del *Cancionero* de Montemayor.

Hubo otros versificadores que cantaron o graznaron con motivo de la muerte de Feliciano de Silva, lo cual prueba la gran popularidad del sujeto. En el folio 228 vuelto del *Cancionero* de Montemayor leemos: «embiaron al »Autor *diez sonetos* a la muerte de Feliciano de Silva, y él los boluio a embiar »poniendoles al cabo este soneto».

¿Sabes que fué su vida bien gastada?
Una comedia, adonde su decoro
Guardó el discreto autor sin faltar nada.
. . . .
En muerte, en vida, en todo tuvo extremos,
Y no viciosos, no, mas excelentes,
Do exemplo de virtud mostrar podemos.
. . . .
Yo con mi clara luz mirar no oso
Mirobriga la fuerte adonde via
El mi poeta insigne y más famoso.
. . . .
Conversación tan llana y tan discreta,
Años tan bien gastados no se han visto
. . . .
¿Quién las hazañas cuenta belicosas?
¿Quién los amores castos y aventuras?
¿Quién las batallas fieras y dudosas?

¿Quién puede ver sus metros y scripturas
Que no olvide presentes, y aun passados,
Pues de hallar ygual estan seguros?

Sus altos dichos, graves y acertados,
La authoridad de rostro, años y canas,
Dignos de ser por siempre celebrados...

El epitafio es la siguiente octava real, que no transcribimos por buena, sino por curiosa:

¿Quién yace aquí? Un docto caballero.
¿De qué linaje? Silva es su apellido.
¿Qué posseyó? Mas honrra que dinero.
¿Como murió? Assi como ha vivido.
¿Qué obras hizo? El vulgo es pregonero.
¿Murió muy viejo? Nunca moço ha sido;
Pero segun su ingenio sobrehumano,
Por tarde que muriesse fue temprano.

Son tan escasas las noticias biográficas que tenemos de Feliciano de Silva,[1] y es él personaje de tanta cuenta, a lo menos por

---

[1] Ya que ésta es la última vez que le menciono en este libro, no quiero omitir la increíble noticia que *de una extraña habilidad* suya nos refiere don Luis Zapata en su *Miscelánea* (p. 300).

«Yo vi en mi juventud agora cincuenta años [a], que por tan extraña

[a] Don Luis Zapata escribía entre los años 1582 y 1593.

su fecundidad, en la historia de la novela española, que no parecerá mal que exhumemos estos versos, tomados de un libro rarísimo.

Otro de los amigos literarios de Jorge de Montemayor fué Gutierre de Cetina, de quien tenemos un soneto «siendo enamorado en la corte, para donde Montemayor se partía», con la respuesta de Montemayor «siendo enamorado en Sevilla, donde Gutierre de Cetina se quedaba». El poeta sevillano usa en esta correspondencia el nombre de *Vandalio* y Montemayor el de *Lusitano*.[1]

Montemayor volvió a Portugal en 1552 acompañando a la princesa doña Juana, que iba a reunirse con su marido. Llevaba entonces nuestro poeta, no el oficio de músico de capilla, sino el cargo importante de aposentador de la Infanta, según resulta de un documento publicado por el genealogista Antonio Caetano de Sousa.[2] A este tiempo pertenece la epístola, que ya hemos citado, al gran dictador literario de entonces, al Dr. Sá de Miranda, que había cumplido en la lírica portuguesa la misma evolución ítalo-

---

»cosa se me acuerda, que Feliciano de Silva, un caballero de Ciudad Rodri-
»go, hacía esto. Decíanle: «fulano y fulano combatieron» (que entonces se
»usaban mucho los desafíos y campos), y echaba sus cuentas, y pensando
»un poco, decía: «venció fulano», y jamás en esto erraba. Y porque se pudie-
»ra pensar que diciéndole quién era sabía antes el caso, no le decían más
»de «Pedro y Juan combatieron», y asi siempre acertaba. Y assí mesmo en
»los pleitos y en la cátedra: Pedro y Juan pleitearon, ¿por quién se senten-
»ció? decía él: «por fulano». Opusiéronse dos, o tres, o más, a una cátedra;
»¿quién la llevó? «fulano». Extraña y nueva habilidad, y si como en lo pasa-
»do, se entendiera en lo porvenir, no hubiera cosa de mayor importancia
»para no pretender nadie con otro, sino lo que pudiera alcançar; mas esto
»de lo porvenir no es de nuestra harina, como lo avisa el Evangelio Santo,
»sino de Nuestro Señor, ante quien todo es presente, y tiene todas las cosas
»debajo de su potestad y en su mano.»

1 Folios 146 vto. y 174 del *Cancionero:*

Si como Lusitano vas, yo fuese...
Vandalio, si de estar muy descontento...

2 *Provas da Historia Genealogica da Casa Real Portugueza* (Lisboa, año 1744), III, p. 75. *Memoria das pessoas que vieram com a Princeza D. Joana.* «Jorge de Montemayor tem por meu apousentador outro tanto (es a saber »mil reis de ordenado) e maes lhe hao de dar dez mil reis para ajiuda de »custo por alvará meu aparte, que-dando-lhe satisfaçam d'elles os não aja »d'ahi em diante, e he todo o que ha de haver corenta mil reis.»

clásica que antes habían realizado en Castilla Boscán y Garci Laso. Montemayor confiesa humildemente la pobreza de sus estudios, y pide guía y consejo al sabio maestro, tan respetado por su carácter como por su talento:

>	Si con tu musa quieres acudir me,
>	Gran Francisco de Sá, darás me vida,
>	Que de la mia estoy para partir me.
>	De tu ciencia en el mundo florecida,
>	Me comunica el fruto deseado,
>	Y mi musa será favorecida.
>	Pues entre el Duero y Miño está encerrado
>	De Minerva el tesoro, ¿a quién iremos
>	Si no es a ti do está bien empleado?
>	En tus escritos dulces los estremos
>	De amor podemos ver mui claramente
>	Los que alcanzar lo cierto pretendemos.
>	Dejar deve el arroio el que la fuente
>	De agua limpia y pura ve manando,
>	Delgada, dulce, clara y excelente.
>	Mui confiado estoi, de ti esperando
>	Respondas a mi letra por honrar me,
>	Pues d'escreuir te io me estoi honrando.

A esta epístola respondió Sá de Miranda con otra, que en conjunto es inferior, versificada con harta dureza y escabrosidad como la mayor parte de sus endecasílabos castellanos muy semejantes a los de don Diego de Mendoza, hasta en la profusión de consonantes agudos, que Montemayor evitaba ya con el ejemplo de Garci Laso y el trato de los ingenios de la corte de Castilla, si es que su propio oído no le bastó para huir de ellos.[1]

Muerto el príncipe don Juan en 1554, Montemayor hizo segundo viaje a Castilla con la princesa.

La ausencia del suelo natal no parece haber sido muy dolorosa para nuestro poeta. Nunca olvidó las bellísimas riberas del Mondego, y en una epístola a su amigo don Jorge de Meneses, en

---

[1] Con otro poeta *quinhentista* de menos importancia, Pero de Andrade Caminha, tuvo relaciones literarias Jorge de Montemayor, que parece haber vivido con él en Lisboa. Hay una epístola de Caminha a Montemayor y dos juguetes de uno y otro con los mismos consonantes *(Poesías de Caminha,* publicadas por el Dr. Priebsch, Halle, 1898, p. 391).

que antepone la vida de la aldea a la cortesana, hay una sentida conmemoración de aquellos campos, hecha con un realismo y un sabor rústico que no se esperaría del autor de la *Diana*. [1] Pero es lo cierto que no volvió a pisarlos ni escribió en su lengua más que dos breves canciones y un cortísimo trozo de prosa en el libro sexto de su novela. El amor le arrastraba a Castilla, y la vida de palacio le atraía con invencible encanto a pesar de todas sus protestas.

---

[1]
  Al campo de Mondego nos salgamos.
Al pie del alto fresno, sobre el rio
Que los pastores tanto celebramos.
  Iamas te olvidaré, Mondego mio,
Ni aun olvidarte yo será en mi mano,
Si no fuere por muerte o desvario...
  Aquella alta arboleda, aquella vida
Que a su sombra el pastor cansado lleva,
Y el ave oye cantar de amor herida:
  Aquel ver madurar la fruta nueva,
Aquel ver cómo está granado el trigo,
Y el labrador que el lino a empozar lleva:
  Y ver a Gil hablar con Juan su amigo,
Debaxo de una haya en sus amores
Para que de sus males sea testigo:
  Y ver Iuana en la fuente coger flores,
Su soledad contando a Catalina
Y Catalina a ella sus amores:
  Y ver venir a Ambrosia su vezina
Cantando «por mi mal te vi, ribera»,
Deshojando una rosa o clavellina:
  Verla topar a Alonso, y como quiera
Adereçar la toca y componerse,
Como si sobre acuerdo lo hiziera,
  Y verla cómo muestra no dolerse
De su dolor, y el triste estar llorando
Y ella en secreto lloro deshazerse.
  Pues quién, señor, tal vida está trocando
Por revoltosa vida cortesana,
Que con un falso gusto va engañando?
  Pues qué si el pastor pasa la mañana
Tratando con las Musas sutilmente,
Y muestra alli su gracia soberana:
  Y con la fresca tarde a la corriente
El cuévano va a echar con gran cuidado

Pronto llegó al apogeo de su fama literaria. Aquel mismo año de 1554 aparecieron en Amberes sus *Obras* repartidas en dos libros, el primero de poesías profanas, el segundo de versos de devoción, figurando entre ellos tres *Autos que fueron representados al serenísimo príncipe de Castilla en los maitines de la noche de Navidad a cada nocturno un auto*. [1] En 1558 se hizo también nueva edición de estas poesías con título de *Segundo Cancionero*, dividiéndolas en dos volúmenes y añadiendo y quitando muchas cosas; pero el tomo de los versos devotos fué prohibido por la Inquisición en el índice de 1559, y no volvió a imprimirse. [2] En cambio, el *Can-*

> De yllo a levantar el dia siguiente,
> Y estando de la pesca ya enfadado,
> La cautelosa red arma al conejo
> Que en su cueva se está muy encerrado?
> No puede un hombre alli hazerse viejo,
> Ni hasta que lo sea morir puede,
> Pues para bien vivir tiene aparejo,
> Y aun para bien morir si alli succede.
>
> (Fols. 111 vt. y 112 del *Cancionero.*)

[1] *Las obras de George Montemayor, repartidas en dos libros y dirigidas a los muy altos y muy poderosos señores don Iuā y doña Iuana, Principes de Portugal. En Anvers. En casa de Iuan Stelsio. Año de* M.D.LIIII. (Al fin): *Fue impreso en Anvers, en casa de Iuan Lacio,* 1554. 12º.

Las *obras de amores* llegan hasta el folio 74, donde empiezan con nuevo frontis las de *devoción*.

Mr. Archer M. Huntington posee una edición de las *Obras de Amores de George de Montemayor*, sin lugar de impresión, pero del mismo año 1554. La describe minuciosamente, dando el título y primer verso de todas las composiciones, el señor Marqués de Jerez en el *Homenaje a Menéndez y Pelayo* (Madrid, 1899), tomo II, pp. 639-644.

[2] *Segundo Cancionero de George de Montemayor. Anvers, en casa de Iuan Lacio,* M.D.LVIII. 12º.

En el prólogo dice Montemayor: «Un libro mio se imprimió habrá algunos años con muchos yerros, asi de parte mia como de los impresores, »y porque la culpa toda se me ha atribuido a mí, a este segundo libro junté »las mejores cosas del primero, las enmendé, y lo mismo se haze con el se- »gundo de los de devocion que ahora se imprime.»

Del *Segundo Cancionero Spiritual* no creemos que hubiera más edición que la de Amberes, 1558, por Juan Lacio, que hace juego con el tomo de los versos profanos. Ya en el índice expurgatorio de don Fernando de Valdés, que es de 1559, aparecieron prohibidas las *Obras de Montemayor en lo que toca a devocion y cosas cristianas.* Hubieron de ser causa de esta prohi-

cionero de los versos profanos fué tan bien recibido, que tuvo hasta

bición las herejías que por ignorancia vertió su autor. En un tomo de papeles varios de la biblioteca de la Universidad de Leyde, cuya signatura me olvidé de apuntar cuando le vi en 1878, se encuentran unas *coplas de Jorge de Montemayor y Juan de Alcalá* con este encabezamiento:

«Jorje de Montemayor, criado de la princesa, hizo un cancionero en el »qual hizo la passion glosada, dirigida al Principe de Portugal, y en el »primer pie de copla dijo un descuido en el qual hizo a Christo Trinidat, »y viendo la dicha obra un Juan de Alcalá, calcetero, vezino de la ciudad de »Sevilla, muy gentil poeta, acotó aquel descuido, y envió una reprehension »al dicho Jorge de Montemayor, que dize ansi.»

La copla de Montemayor era ésta:

> Y estando alli el Uno y Trino
> Con su compaña Real,
> Luego en ese instante vino
> El cordero material
> Ante el Cordero Divino.

Las coplas de Montemayor y Alcalá están ya impresas en la *Miscelánea* de don Luis Zapata (tomo XI del *Memorial Histórico Español*, pp. 279-292). Zapata advierte que esta *graciosa emulación* se ha de oír «como de calumnia, »entre dos enemigos, holgando con lo que se dijeron bien y no creyendo lo »que uno a otro se motejaron».

El principal tema de los versos de Alcalá es motejar a Montemayor de cristiano nuevo y aun de judaizante:

> Pues monte el más singular
> Que ciñe nuestro horizonte,
> Vélate bien en trobar,
> Porque con su leña el monte
> Se suele a veces quemar...
> ....
> Metístete en el abismo
> Del bautizar y fue bien,
> Porque confiesas tu mismo
> Ser de Cristo mi bautismo
> Y el tuyo ser de Moisés.
> ....
> En tus coplas me mostraste
> Dos verdades muy de plano:
> Que del quemar te quemaste,
> Y que también te afrentaste
> Porque te llamé cristiano.
> El quemar fue mal hablado,
> Que en casa del ahorcado
> No se debe mentar soga;
> Si te llamara *Sinoga*
> No te hubieras afrentado.

siete ediciones en aquel siglo, a pesar de lo cual es hoy un libro de la más extraordinaria rareza.[1]

En otra parte hemos de hacer el estudio de Jorge de Montemayor como poeta lírico, y entonces será ocasión de apreciar todos los indicios que su *Cancionero* suministra sobre la vida y carácter de su autor. Aunque cultivó mucho el metro italiano y compuso cuatro larguísimas églogas imitando manifiestamente a Sannázaro y Garci Laso, la mejor parte de sus poesías pertenece a la escuela de Castillejo y Gregorio Silvestre; son coplas castellanas a estilo de los poetas del siglo XV, que parece haber tomado por modelos, especialmente a Jorge Manrique, cuya elegía glosó dos o tres veces.[2]

---

[1] Del *Cancionero del excellentissimo Poeta George de Montemayor de nuevo emendado y corregido* existen, por lo menos, la edición de Zaragoza por la viuda de Bartolomé de Nájera, 1562; Alcalá, 1563; Salamanca, por Domingo de Portonariis, 1571; Alcalá, por Juan Gracian, 1572; Coimbra, por Juan de Barrera, 1579; Salamanca, por Juan Perier, 1579; Madrid, viuda de Alonso Gómez, 1588.

[2] Hizo, por lo menos, dos glosas distintas: de carácter doctrinal, bastante árida y prosaica la una, que está en sus *Obras*, edición de Amberes, año 1554, y también en un pliego suelto de Valencia, 1576, por Juan Navarro. Ha sido reimpresa por el señor Marqués de Jerez de los Caballeros (Sevilla, imprenta de E. Rasco, 1883), imitando en la tipografía la forma que Gallardo llamaba *de los Astetes viejos*. Esta glosa es la que empieza:

> Despierte el alma que osa
> Estar contino durmiendo...

La otra glosa, bellísima por cierto, poética y sentida, es sólo de diez coplas (cada una de las cuales da al imitador materia para cuatro) y forma una nueva lamentación elegíaca sobre la muerte de la princesa de Portugal doña María, hija del rey Don Juan III. Es pieza de singular rareza, que no se halla, según creemos, en ninguna de las ediciones del *Cancionero* de su autor, y sí sólo en un rarísimo pliego suelto que existe en la Biblioteca Nacional de Lisboa, del cual la transcribe el erudito autor del *Catálogo razonado de los autores portugueses que escribieron en castellano* (Madrid, 1890), mi inolvidable amigo don Domingo García Peres (pp. 393-403).

No sé si será idéntica a la primera de estas glosas (a la segunda no podría ser) la que apareció hace pocos años en la venta de la librería Merello en Lisboa y que el señor Sousa Viterbo atribuye a Montemayor, aunque en la portada no se expresa:

Glosa sobre la obra que hizo Don George Manrique a la muerte del Maestro de Santiago Dom Rodrigo Manrique su Padre. Las quales se puedem apli-

Tradujo del catalán los *Cantos de Amor* de Ausías March con más gallardía poética que sujeción a la letra, a la verdad harto oscura en muchos pasajes. No sabemos a punto fijo cuándo hizo este trabajo, porque carece de fecha el único ejemplar que se conoce de la primera y rarísima edición hecha en Valencia, al parecer por Juan Mey,[1] pero es seguro que ya en 1555 conocía y admiraba las obras del Petrarca español, puesto que en los preliminares de la edición que en Valladolid se estampó aquel año las obras del poeta valenciano en su lengua original, acompañadas del vocabulario de Juan de Resa, campea este valiente soneto de Jorge de Montemayor:

---

car a estos tiempos presentes. Dirigida a la muy alta y muy esclarecida y Christianissima Princeza Doña Leonor Reyna de Francia. Con otro romance, y su glosa, quando el Emperador Carlo Quinto entró en Francia por la parte de Flandes con gran exercito. En el año de 1548. Con licencia. En Lisboa, por Antonio Alvarez, Año 1663. 4º 20 fols.

[1] *Primera parte de las obras del excellentissimo Poëta y Philosopho mossen Ausias March, Cauallero Valenciano, Traducidas de lengua Lemosina en Castellano por Iorge de Montemayor y dirigidas al muy magnifico Señor mossen Simon Ros.* 8º. Sin lugar ni año (núm. 771 del *Catálogo* de Salvá).

Tiene el siguiente prólogo del intérprete, suprimido en las ediciones posteriores.

« Al lector. La segunda parte deste libro dejé de traducir hasta ver cómo contenta la primera, en la cual también dejé algunas estanzas *porque el autor habló* en ellas con más libertad de lo que ahora se usa. Cinco originales he visto de este poeta y algunos difieren en la letra de ciertas estanzas, por donde la sentencia quedaba confusa en algo; yo me he llegado más al que hizo traslador *el señor don Luis Carroz, baile general desta ciudad*, porque según todos lo afirman él lo entendió mejor que ninguno de los de nuestros tiempos. Yo he hecho en la traducción todo cuanto a mi parescer puede sufrirse en traducción de un verso en otro; quien otra cosa le paresciere tome la pluma y calle la lengua, que ahi le queda en qué mostrar su ingenio.»

Fué reimpresa esta traducción en Zaragoza, 1562, por la viuda de Bartolomé de Nájera, y en Madrid, por Francisco Sánchez, 1579. La parte traducida por Montemayor llega sólo hasta el folio 133, en que hay nueva portada: «*Siguense tres canticas, es a saber Cantica Moral, Cantica de muerte y Cantica Spiritual. Compuestas por el excellentissimo Poeta Mossen Ausias March, Cauallero Valenciano. Traduzidas por don Baltasar de Romani.*»

Hay en la primera edición del *Ausias March* de Montemayor, tres composiciones de éste, no incluídas en su *Cancionero*: una *Epístola de Sireno a Rosenio*, otra de *Rosenio a Sireno* y unos versos *contra el tiempo*.

> Divino Ausias, que con alto vuelo
> Tus versos a las nubes levantaste,
> Y a tu Valencia tanto sublimaste,
> Que Esmirna y Mantua quedan por el suelo.
> Con alta erudición, divino zelo,
> En tal grado tu Musa aventajaste,
> Que claro acá en la tierra nos mostraste
> La parte que ternás alla en el cielo.
> No fue Minerva, no, la que ayudaba
> A levantar tu estilo sobrehumano:
> Ni hubiste menester al roxo Apollo.
> Spiritu divino te inspiraba,
> El qual asi movió tu pluma y mano,
> Que fuiste entre los hombres uno y solo.

Montemayor hubo de trabajar esta versión en Valencia, cotejando hasta cinco manuscritos de las obras de Ausías, prefiriendo el que había hecho copiar don Luis Carroz, *baile* general de aquella ciudad. Su trabajo no pasó de los *Cantos de Amor*; pero en la edición de Madrid, 1579, se añadieron las otras tres *cánticas*, «moral», *espiritual* y «*de la muerte*», tomándolas de la infeliz traducción de don Baltasar de Romaní, cuyas líneas no tienen de versos más que la apariencia.

De Valencia es también la primera edición conocida de la *Diana*, también sin fecha, pero no tan antigua como creyó Ticknor, engañado por una falsa nota de su ejemplar. El docto hispanista inglés James Fitz-Maurice Kelly ha probado, a mi ver de un modo convincente,[1] que las supuestas ediciones de 1530, 1542 y 1545 no existen ni han podido existir, y que el libro apareció, según toda probabilidad, entre 1558 y 1559. Efectivamente, en el *Canto de Orpheo*, se lee la siguiente octava, inserta ya en la edición que Ticknor supone de 1542:

> La otra junta a ella es doña Ioana,
> De Portugal princesa y de Castilla
> Infanta, a quien quitó fortuna insana
> El cetro, la corona y alta silla;

---

[1] *Revue Hispanique*, noviembre de 1895, pp. 304-311.

> Y a quien la muerte fue tan inhumana,
> Que aun ella a sí se espanta y maravilla
> De ver quán presto ensangrentó sus manos
> En quien fue espejo y luz de Lusitanos.

Claro es que aquí se alude a la viudez de la Princesa, y por consiguiente estos versos no han podido ser escritos antes de 1554. Por otra parte, el autor de la *Clara Diana*, Fr. Bartolomé Ponce, en el importante pasaje que recordaremos luego, habla de la *Diana* de Montemayor como libro de moda en 1559 y que él vió y leyó entonces por primera vez, entrando en deseo de conocer al autor. A estos argumentos añade el señor Fitz-Maurice Kelly otro muy ingenioso. Si la verdadera Diana de Valencia de Don Juan contaba en 1603 sesenta años, es claro que Montemayor no había podido amarla ni celebrarla en 1542, cuando ella tenía dos años, ni muchos menos en 1530, diez años antes de haber nacido. Por el contrario, la fecha de 1559 conviene perfectamente: entonces Diana tendría unos veinte años.

He omitido en este conato de biografía de Montemayor algunos hechos que a mi juicio se afirman sin suficiente prueba. Dícese que acompañó a Felipe II en su viaje a Inglaterra (1555), recorriendo luego los Países Bajos e Italia, pero en sus obras no se encuentra ninguna alusión a esto. Consta por tres diversos testimonios su trágica muerte en el Piamonte, en 1561. Diego Ramírez Pagán, poeta murciano, a quien Montemayor había dedicado una epístola, compuso dos sonetos bastante malos a la muerte de su amigo. El segundo termina con estos versos:

> ¿Quién tan presto le dio *tan cruda muerte?*
> *Invidia, y Marte, y Venus lo ha movido.*
> ¿Sus huessos dónde están? *En Piamonte.*
> ¿Por qué? Por no los dar a patria ingrata.
> ¿Qué le debe su patria? Inmortal nombre.
> ¿De qué? De larga vena, dulce y grata.
> ¿Y en pago qué le dan? Talar el monte.
> ¿Y habrá quien le cultive? No hay tal hombre.[1]

---

[1] *Floresta de varia poesia. Contiene esta Floresta, q̄ componia el doctor Diego Ramirez Pagan, muchas y diuersas obras, morales, spirituales y temporales.*
(Colofón): *Acabosse de imprimir la presente Floresta de varia poesia,*

En muchas ediciones de la *Diana* y del *Cancionero* de Montemayor se halla una larga elegía a su muerte, compuesta por Francisco Marcos Dorantes. En ella se alude, aunque muy embozadamente, al desastroso fin del poeta:

> Comienza, Musa mia, dolorosa,
> El funesto suceso y desventura,
> La muerte arrebatada y presurosa
> De nuestro Lusitano...
> Mi ronca voz resuene, y lleve el viento
> Mis concentos tambien enronquecidos,
> Bastantes a mover el firmamento.
> De en uno y otro vayan esparcidos,
> Dando indicio del *crudo y fiero asalto*
> De gente en gente a todos los nacidos.
> ....
> La inexorable Parca y rigurosa
> Cortó con gran desden su dulce hilo
> Con inmatura muerte y lastimosa...

Nada más se saca en sustancia de esta elegía, que es una imitación muy floja de la bellísima de Ovidio a la muerte de Tibulo. Pero quien aclara por completo el enigma es Fr. Bartolomé Ponce, en la carta dedicatoria que precede a su *Clara Diana a lo Divino:*

«El año mil quinientos cincuenta y nueve, estando yo en la
»corte del Rey don Fhelipe segundo deste nombre, señor nues-
»tro, por negocios desta mi casa y monesterio de Santa Fe, trac-
»tando entre cavalleros cortesanos, vi y lei la *Diana* de Jorje de
»Montemayor, la qual era tan acepta quanto yo jamas otro libro
»en Romance haya visto; entonces tuve entrañable deseo de co-
»nocer a su autor, lo cual se me complio tan a mi gusto, que

---

vista y examinada en la insigne ciudad de Valencia, en casa d'Joā Nauarro a XIX de Deziembre año 1562.

No tiene foliatura este rarísimo volumen. El soneto copiado está en la primera hoja del pliego. En la *t. VI, Carta de Monte Mayor a Ramirez.* En la *V*-II, *Respuesta de Ramirez a Jorje de Montemayor.*

La epístola de Montemayor, que es larga y notable, falta en su *Cancionero.*

Ramírez Pagán imitó el *Canto de Orfeo* de su amigo en un *Tropheo de Amor y de Damas,* poemita en octava rima, con que termina la *Floresta.* Las damas que enumera y celebra son valencianas todas.

»dentro de diez dias se ofrecio tener nos convidados a los dos un
»caballero muy illustre, aficionado en todo extremo al verso y
»poesia. Luego se començó a tratar sobre mesa del negocio. Y yo
»con alegre buen zelo, le comencé a decir quán desseada avia te-
»nido su vista y amistad, si quiera para con ella tomar brio de
»dezille quán mal gastaba su delicado entendimiento con las de-
»mas potencias del alma, ocupando el tiempo en meditar con-
»ceptos, medir rimas, fabricar historias y componer libros de amor
»mundano y estilo prophano. Con medida risa me respondio
»diciendo: Padre Ponce, hagan los frayles penitencia por todos,
»que los hijosdalgo armas y amores son su profession. Yo os pro-
»meto, señor Montemayor (dixe yo) de con mi rusticidad y gruessa
»vena componer otra *Diana*, la qual con toscos garrotazos corra
»tras la vuestra. Con esto y mucha risa se acabó el convite y nos
»despedimos; perdone Dios su alma, que nunca mas le vi, antes
»de alli a pocos meses me dixeron cómo *un muy amigo suyo le
»avia muerto por ciertos celos o amores:* justissimos juicios son de
»Dios, que aquello que mas tracta y ama qualquiera viviendo,
»por la mayor parte le castiga, muriendo siendo en ofensa de su
»criador; sino veldo, pues con amores vivió, | y aun con ellos se
»crió, | en amores se metió, | siempre en ellos contempló, | los
»amores ensalzó, | y de amores escribió, | y por amores murió.»[1]

Consta, pues, que Montemayor sucumbió a mano airada en
el Piamonte, no sabemos si herido alevosamente o en desafío.
Y sea o no exacta la fecha de 26 de febrero de 1561, consignada
en el prefacio de una edición de la *Diana* de 1622, no cabe duda
que había muerto antes de 1562, en que imprimió Ramírez Pagán
su *Floresta de varia poesía*.

El desastroso fin del poeta contribuyó a aumentar el interés
romántico que inspiraban sus versos y su prosa. La *Diana* fué
reimpresa hasta diez y siete veces durante el siglo XVI y ocho en

---

[1] *Primera parte de la Clara Diana a lo divino, repartida en siete libros...*
en Zaragoza, 1599. En la carta dedicatoria. Los versos con que termina el
trozo, y que no recuerdo de quién son, están escritos como prosa.

el siguiente,[1] continuaba tres veces en castellano, parodiada a lo divino, traducida en diversas lenguas, imitada más o menos por todos los autores de pastorales castellanas y portuguesas, y por

---

[1] *Los siete libros de la Diana de Jorje de Mōtemayor, dirigidos al muy Illustre señor don Joan Castella de Vilanoua, señor de las baronias de Bicorp y Quesa. Impresso en Valencia.* 4º 4 hs. prls. y 112 fols.

Salvá y Ticknor poseyeron esta rarísima edición; hay otro ejemplar en el Museo Británico.

Con esta edición compite en rareza otra, también sin fecha, que tengo entre mis libros, publicada en Italia por el mismo Montemayor:

Diana. Los siete libros de la Diana de Jorge de Montemayor. A la ylustre Señora Barbara Fiesca, Cauallera Vizconde. Con priuilegio que nadie lo puede vender ni imprimir en este estado de Milan sin licencia de su Autor. So la pena contenida en el original.

(Al fin): *In Milano per Andrea de Ferrari, nel corso di porta Tosa.*

8º 4 hs. prls. y 188 páginas dobles. Dedicatoria: «A la ylustre señora Barbara Fiesca, Cauallera Vizconde, Iorge de Monte mayor».

«Que sin el favor de V. S. no pueda Diana entrar en Italia, no ai porque espantarme, pues solo él basta para que (aunque sea como es pastora) pueda hablar en presencia de todos los principes della. Y si la del cielo toma el resplandor de Apolo para comunicalle al mundo, bien es que ésta lo tome de V. S. en quien le ai tan grande, que es fuera de toda humana consideracion. *Ella salio a luz en España (a ruego de algunas Damas y Caualleros, que yo deseaua conplazer)* debaxo de protecion agena, y ahora viene a esta prouincia felicisima debaxo del amparo de V. S., que no será menos honrra para el libro que gloria para mí, pues acerté a hazer tan buena elecion. Suplico a V. S. ponga los ojos (primero que en este pequeño servicio) en la voluntad y ánimo con que lo hago. Y pues a dado V. S. tanta onrra a la nacyon Española y tanta autoridad a su lengua vulgar, no se le niege *(sic)* a la hermosa Diana por auer sido pastora de tanto valor y hermosura que por sola ella merece su libro ser estimado y fauorecido de V. S. Vale».

Soneto de Luca Contile a Giorgio Montemaggiore. Sonetos castellanos de don Geronimo de Texada y Hieronimo Sampere. Sólo el último está en la edición de Valencia; los otros dos fueron escritos para esta edición. El de Texada dice así:

Si al celebrado Tajo ympetuoso,
Sireno, con tu musa enriqueciste,
Y tanto al claro Ezla engradeciste
Como el Toscano al Surga deleitoso;

No menos *al ynsubre llano umbroso*
(A cuyos campos por su bien veniste)
De nueva yerua y flores lo vestiste
Con onrra del Tesin y el Poo famoso.

algunos de los más ilustres extranjeros, tales como Sidney y d'Urfé. Fué el mayor éxito que se hubiese visto en libros de entretenimiento, después del *Amadís* y la *Celestina*. Hoy mismo sobrevive en algún modo a la ruina del género bucólico, y si no se la lee tanto como merece es a lo menos muy citada como obra representativa de un tipo de novela que encantó a Europa siglos enteros. Reimpresa va en esta colección, lo cual nos excusa de hacer aquí un detallado análisis de su argumento, que tampoco

> A do con dulce canto nos mostraste
> La hermosura y gracia sobre humana,
> D'aquella de que'l mundo dexas lleno;
>
> Y tanto a ti y a ella sublimaste
> Que no ay a quien mirar si no a Diana,
> No aun ay a quien oyr si no a Sireno.

En estas dos ediciones, únicas que conozco hechas en vida de Montemayor, no está la historia del Abencerraje, y el *Canto de Orpheo* tiene sólo cuarenta y siete octavas.

Hay otra edición de Zaragoza, por Pedro Bernuz, 1560, que no he visto, pero supongo que tendrá el mismo contenido que las primeras.

En 1561 se hicieron cuatro ediciones de la *Diana* (Barcelona, por Jayme Cortey; Cuenca, por Juan de Canova; Amberes, por Juan Steelsio; Valladolid, por Francisco Fernández de Córdoba, terminada en 7 de enero de 1562). Todas ellas tienen adiciones, pero no las mismas, siendo la más completa la de Valladolid, que desde la portada las anuncia así: «*Agora de nueuo añadido el Triunpho de Amor de Petrarca y la historia de Alcida y Siluano. Cō los amores de Abindarraz y otras cosas.*» El *triunfo del Amor* es traducción de Alvar Gómez de Ciudad Real. La *Historia de Alcida y Silvano* es un cuento en verso tomado del *Cancionero* de Montemayor.

Nuevas añadiduras aparecen en una edición de 1565, que debe de estar hecha en Colonia, por Arnoldo Byrcman, y que se vendía en Lisboa, en casa de Francisco Grapheo. Contiene la *historia de Píramo y Tisbe*, escrita por Montemayor en muy agradables quintillas, algunas canciones y villancetes del mismo autor y la elegía de Francisco Marcos Dorantes a su muerte.

Particular consideración merece la edición de Venecia, 1574, dirigida por Alfonso de Ulloa, porque el *Canto de Orpheo* está adicionado con sesenta y cinco octavas más, que seguramente no son de Montemayor, y que en la portada se anuncian así: «Van también las Damas de Aragon y Cata»lanas, y algunas Castellanas, que hasta aqui no hauian sido impresas.» Estas octavas, que probablemente habrían sido impresas antes en España, fueron omitidas en la mayor parte de las ediciones posteriores.

Sería inútil prolongar estos apuntes bibliográficos, puesto que en el *Catálogo* de Salvá y en otros manuales que todo erudito conoce están satis-

ofrecería novedad alguna, puesto que ya fué expuesto con exactitud por Dunlop en su *History of fiction*,[1] y lo ha sido más profunda y detenidamente en una excelente tesis alemana del doctor Schönherr, de Leipzig,[2] y en la monografía inglesa del Dr. Hugo A. Rennert, de la Universidad de Pensylvania, sobre la novela pastoril, trabajo de tanto mérito y conciencia como todos los de este consumado hispanista.[3] Mi propósito se reduce a caracterizar la obra en muy breves rasgos.

Que Montemayor conocía la obra de Bernaldim Ribeiro antes de emprender la suya, es cosa que para mí no admite duda. Pudo

---

factoriamente descritas las principales ediciones de la *Diana*, que ya en adelante difieren muy poco entre sí. Baste mencionar las fechas de algunas:
—Alcalá de Henares, por Pedro de Robles y Francisco Cormellas, 1564.
—Zaragoza, por la viuda de Bartolomé de Nájera, 1570.
—Anvers, por Pedro Bellero, 1575. Es copia de la de Valladolid, 1561.
—Pamplona, por Tomás Porralis, 1578. Es la única que contiene juntas las tres *Dianas* de Montemayor, Alonso Pérez y Gil Polo.
—Anvers, por Pedro Bellero, 1580.
—Venecia, 1585.
—Madrid, por Francisco Sánchez, 1586.
—Madrid, por Luis Sánchez, 1591 y 1595.
—Madrid, Imprenta Real, 1602.
—Valencia, por Pedro Patricio Mey, 1602.
—París, 1603, 1611 y 1612; texto a dos columnas, con la traducción francesa de Pavillon.
—Barcelona, por Sebastián Cormellas, 1614.
—Milán, por Juan Bautista Bidelo, 1616.
—Madrid, por la viuda de Alonso Martín, 1622.
—Lisboa, por Pedro Craesbeck, 1624.
Del siglo XVIII sólo hay una edición (Madrid, 1795, por Fermín Thadeo Villalpando) y otra del XIX (Barcelona, 1886, en la *Biblioteca Clásica Española*, de Daniel Cortezo; contiene juntas las Dianas de Montemayor y Gil Polo).

[1] Dunlop-Liebrecht, *Geschichte der Prosadichtungen*, pp. 352-358.

[2] *Jorje de Montemayor und sein Schäferroman die «Siete Libros de la Diana»*. *Inaugural-dissertation zur Erlangung der philosophischen Doctorwürde an der Universität Leipzig, eingereicht von Johann Georg Schönherr.* Halle, 1886.

[3] *The Spanish Pastoral Romances* by Hugo A. Rennert, Ph. D. (Freiburg i. B.), assistant professor of romance languages in the University of Pensylvania. Baltimore, published by the Modern. Lang. Association of America, 1892.

leerla impresa en la edición de Ferrara de 1554, anterior, según todo buen discurso, a la primera de la *Diana*. Pudo conocerla antes en las varias copias que de ella circulaban en Portugal. Pero seguramente se inspiró en el cantar del ama de Aonia para escribir el romance que puso en boca de Diana en el libro V, siendo muy significativo que sólo en esta ocasión emplease tal metro:

>   Cuando yo triste naci,
>   Luego naci desdichada,
>   Luego los hados mostraron
>   Mi suerte desventurada.
>   El sol escondio sus rayos,
>   La luna quedó eclipsada,
>   Murio mi madre en pariendo,
>   Moza hermosa y mal lograda.
>   El ama que me dio leche,
>   Jamas tuvo dicha en nada,
>   Ni menos la tuve yo
>   Soltera ni desposada.
>   Quise bien y fui querida,
>   Olvidé y fui olvidada;
>   Esto causó un casamiento
>   Que a mí me tiene cansada.
>   Casara yo con la tierra,
>   No me viera sepultada
>   Entre tanta desventura,
>   Que no puede ser contada.
>   Moza me casó mi padre:
>   De su obediencia forzada,
>   Puse a Sireno en olvido,
>   Que la fe me tenia dada...

Pero salvo esta imitación directa, y el rasgo común de ser entrambas heroínas, Diana y Aonia, casadas contra su voluntad y amadas por un pastor forastero, no hay otro punto de contacto entre ambas obras. Aun la semejanza en su argumento es más aparente que real, puesto que la acción de *Menina e Moça* se desenvuelve antes del casaminto y la de la *Diana* después. La *Diana* carece del poder afectivo que *Menina e Moça* tiene. El amor no pasa allí de un puro devaneo sin consistencia: Sireno y Silvano se curan pronto con el agua del olvido que les propina la sabia Felicia, y la pastora Diana, que apenas interviene en la fábula, aunque la da nombre, no es infeliz por los recuerdos de su pasión antigua, sino por los insufribles celos de su marido:

>   Celos me hacen la guerra
>   Sin ser en ellos culpada.
>   Con celos voy al ganado,
>   Con celos a la majada,
>   Y con celos me levanto
>   Contino a la madrugada.
>   Con celos como a su mesa,
>   Y en su cama estó acostada:
>   Si le pido de qué ha celos,
>   No sabe responder nada.
>   Jamás tiene el rostro alegre,
>   Siempre la cara inclinada.
>   Los ojos por los rincones,
>   La habla triste y turbada.
>   ¡Cómo vivirá la triste
>   Que se ve tan mal casada!

Las inefables bellezas de sentimiento que con candor primitivo e infantil brotaban de la pluma de Bernaldim Ribeiro, se buscarían inútilmente en la *Diana*. «No es este pastor sino muy discreto cortesano», pudiéramos decir remedando a Cervantes. *Menina e Moça* fué escrita con sangre del corazón de su autor, y todavía a través de los siglos nos conmueve con voces de pasión eterna. En la *Diana* hasta puede dudarse, y por nuestra parte dudamos, que sea el autor el protagonista o que fuesen cosa formal los amores que decanta. Todo es ingenioso, sutil, discreto en aquellas páginas, que ostentan a veces un artificio muy refinado, pero no hay sombra de melancolía ni asomo de ternura. Si Montemayor murió por amores, antes debió de arrastrarle a la muerte la vanidad o el punto de honra que el tirano Eros, más poderoso que la muerte.

En la falta de sentimiento Montemayor está a la altura de Sannázaro, aunque la disimula mejor con el arte de galantería en que era consumado maestro. Y esto explica en parte su éxito: reflejaba el mejor tono de la sociedad de su tiempo, era la novela elegante por excelencia, el manual de la conversación culta y atildada entre damas y galanes del fin del siglo XVI, que encontraban ya anticuados y brutales los libros de caballerías, y se perecían por la metafísica amorosa y por los ingeniosos conceptos de los petrarquistas. Montemayor los transportó de la poesía lírica a la novela, y realizó con arte y fortuna lo que prematuramente habían intentado los autores de narraciones sentimentales; es decir, la creación de un tipo de novela cuya única inspiración fuese el amor o lo que por tal se tenía entre los cortesanos. Como trasunto de estas ideas y costumbres, el libro tiene grande interés histórico: el disfraz pastoril, que es siempre muy ligero, desaparece alguna vez del todo, como en el episodio de don Félix y Felismena, que es la joya del libro. Aquel cuento de amores, italiano de origen, como veremos después, está españolizado con la mayor bizarría; son escenas de palacio las que se nos muestran, y Montemayor, contra su costumbre, insiste en el detalle pintoresco, describe hasta la indumentaria de sus personajes:

«Y estando imaginando la gran alegría que con su vista se

me aparejaba (dice Felismena), le vi venir muy acompañado de criados, todos muy ricamente vestidos con una librea de paño de color de cielo, y fajas de terciopelo amarillo, bordadas por encima de cordoncillo de plata, las plumas azules y blancas y amarillas. El mi don Felix traia calzas de terciopelo blanco recamadas, aforradas en tela de oro azul; el jubon era de raso blanco, recamado de oro de canutillo, y una cuera de terciopelo de las mismas colores y recamo; una ropilla suelta de terciopelo negro, bordada de oro y aforrada de raso azul raspado; espada, daga y talabarte de oro; una gorra muy bien aderezada de unas estrellas de oro, y en medio de cada una engastado un grano de aljofar grueso; las plumas eran azules, amarillas y blancas; en todo el vestido traia sembrados muchos botones de perlas. Venia en un hermoso caballo rucio rodado, con unas guarniciones azules y oro, y de mucho aljofar. Pues cuando yo asi le vi, quedé tan suspensa en velle, y tan fuera de mí con la súbita alegría, que no sé cómo lo sepa decir.»

No era menos pomposo el arreo con que la hermosa Felismena salió de la recámara de la sabia Felicia: «Vistieron (las ninfas) a Felismena una ropa y basquiña de fina grana, recamada de oro de cañutillo y aljofar, y una cuera de tela de plata aprensada. En la basquiña y ropa habia sembrados a trechos unos plumajes de oro, en las puntas de los cuales había muy gruesas perlas. Y tomándole los cabellos con una cinta encarnada, se los devolvieron a la cabeza, poniéndole un enofion de redecilla de oro muy sutil, y en cada lazo de la red, asentado con gran artificio, un finísimo rubi. En dos guedejas de cabellos que los lados de la cristalina frente adornaban, le fueron puestos dos joyeles, engastados ellos muy hermosas esmeraldas y zafiros de grandisimo precio, y de cada uno colgaban tres perlas orientales hechas a manera de bellotas. Las arracadas eran dos navecillas de esmeraldas con todas las jarcias de cristal. Al cuello le pusieron un collar de oro fino hecho a manera de culebra enroscada, que de la boca tenía colgada un aguila que entre las uñas tenía un rubi grande de infinito precio.»

Trajes y atavíos es lo único que describe Montemayor, o a l

sumo las extravagantes magnificencias del palacio de la hechicera Felicia, remedo de tantas otras casas encantadas del mismo género con que a cada paso nos brindan los libros de caballerías. Para la naturaleza no tiene ojos: su novela es mucho menos campestre que la de Sannázaro, que en medio de toda su retórica da a veces la impresión del paisaje napolitano. Las orillas del Ezla, en que pasa la acción de la *Diana*, pueden ser las de cualquier otro río: la *fuente de los alisos* se repite hasta la saciedad, y el cuadro de la vida pastoril se reduce a la mención continua del cayado, del zurrón, del rabel y de la zampoña, rústicos instrumentos que están en abierto contraste con los afectos, regalos y ternezas exquisitas de los interlocutores. Todas estas figuras se mueven no sólo en un paisaje ideal, sino en una época indecisa y fantástica; son a un tiempo cristianos e idólatras, frecuentan los templos de Diana y de Minerva, viven en intimidad con las ninfas, y las defienden de las persecuciones de lascivos sátiros y descomedidos salvajes, y al mismo tiempo hablan de la Universidad de Salamanca, de la corte de la princesa Augusta Cesarina (doña Juana), del linaje de los Cachopines de Laredo y de un convento de monjas donde era abadesa una tía de Felismena. En las octavas del *Canto de Orfeo* se celebra nominalmente a las más hermosas damas de aquel tiempo, así en la Corte como en Valencia. El mismo homenaje había tributado a las de Nápoles, a principios de aquel siglo, un poeta del *Cancionero General* llamado Vázquez, y probablemente de su *Dechado de Amor*, escrito a petición del Cardenal de Valencia don Luis de Borja,[1] tomó Montemayor la idea de este rasgo de galantería, que repitieron luego otros poetas, entre ellos don Carlos Boyl y Vices de Canesma, en la loa que precede a su comedia *El Marido Asegurado*.[2]

Esta mezcla de mitología y vida actual, de galantería palacie-

---

[1] Esta poesía se compuso probablemente en 1510. Véase mi *Antología de poetas líricos castellanos*, tomo VI, pp. CCCLXV a CCCLXIX.

[2] Es la primera de las contenidas en el *Norte de la Poesía Española, illustrado del Sol de doce Comedias (que forman Segunda parte), de laureados poetas Valencianos, y de doce escogidas Loas y otras Rimas a varios sugetos... Valencia*, 1616.

ga y falso bucolismo, es uno de los caracteres más salientes de la novela pastoril, y a la vez que pone de manifiesto su endeblez orgánica y el vicio radical de su construcción, nos hace entrever el mundo elegante del Renacimiento y nos transporta en imaginación a sus fiestas y saraos, a sus competencias de amor y celos. Estudiadas de este modo la *Diana* de Jorge de Montemayor y todas las obras que a su imagen y semejanza se compusieron, cobran inesperado interés y llega a hacerse no sólo tolerable, sino atractiva y curiosa su lectura.

La *Diana*, sin ser una novela de mucho artificio y complicación de lances, es más novela que la *Arcadia*. Y es también mucho más original, habiéndole servido en esto a Montemayor su propia ignorancia, la cual llegaba hasta el extremo de no saber latín, según indica su amigo y continuador el médico salmantino Alonso Pérez: «Que cierto si a su admirable juicio acompañaran letras latinas, para dellas y con ellas saber hurtar y mirar y guardar el decoro de las personas, lugar y estado, o a lo menos no se desdeñara de tratar con quien destas y de Poesia algún tanto alcançava, para en cosas *facilimas* ser corrigido, muy atras dél quedaran cuantos en nuestra vulgar lengua en prosa y verso ha compuesto.»[1]

Creo que Pérez exagera algo. La fábula de Píramo y Tisbe, que suele imprimirse al fin de la *Diana*, y la de Céfalo y Procris, intercalada en una de las églogas del *Cancionero*, parecen tomadas directamente de Ovidio. Pero pudo leerle en la traducción castellana de Jorge de Bustamante, impresa antes de 1550 o en alguna de las italianas. De todos modos fué poco versado en humanidades, y él mismo, en la carta a Sá de Miranda, reconoce la flaqueza de sus estudios. Falta, pues, en la *Diana* el perfume de antigüedad clásica que se desprende de la *Arcadia*, el talento de adaptación o aclimatación feliz, la docta y paciente industria que Sannázaro tuvo en tanto grado y que hace de su libro un compendio de la bucólica antigua. Bueno o malo, Montemayor lo debe casi

---

[1] En el prólogo de la *Segunda Parte de la Diana* (ed. de Venecia, 1585) página 4.

todo a su propio fondo, y aun de los italianos imita poco, sin excluir al mismo Sannázaro. Pudo éste darle la primera idea del género, la forma mixta de prosa y verso; algunos tipos métricos como los tercetos esdrújulos, que por fortuna emplea una vez sola; algunos nombres pastoriles, como el de Selvagio, acaso el germen de algún episodio. Hay cierta semejanza entre la situación de Sireno y los demás pastores que van a consultar a la sabia Felicia para curarse de sus males de amor y la de Clonico, que acude con el mismo propósito al sabio encantador Enareto. Pero el desarrollo de ambas consultas es enteramente diverso. A Sannázaro le sirve sólo para hacer alarde de todo lo que había leído de magia en los antiguos. En Montemayor, que estaba muy libre de tal ostentación erudita, conduce a la ingeniosa ficción del agua encantada, que trocaba los corazones, haciéndoles olvidar del amor antiguo mal correspondido y arder en nueva y feliz llama. En Montemayor predomina siempre la parte sentimental; en Sannázaro, la descriptiva.

No se libró Montemayor ni podía librarse de la imitación del Petrarca, ídolo de todos los poetas y versificadores del siglo XVI, desde los más altos hasta los más ínfimos. Pero le imitó menos servilmente que otros. Sirva de ejemplo alguna estrofa de la bella canción puesta en boca de Diana en el libro I, que repite el tema poético de la famosa que comienza *Chiare fresche e dolci acque*, combinado con reminiscencias de algunos sonetos:

>   Aquella es la ribera, este es el prado,
>   De alli parece el soto y valle umbroso
>   Que yo con mi ganado repastaba.
>   Veis el arroyo dulce y sonoroso,
>   Do pacía la siesta mi ganado,
>   Cuando mi dulce amigo aqui moraba;
>   Debajo aquella haya verde estaba,
>   Y veis alli el otero
>   A do le vi primero
>   Y a do me vio. Dichoso fue aquel dia,
>   Si la desdicha mia
>   Un tiempo tan dichoso no acabara.
>   ¡Oh, haya! ¡oh, fuente clara!
>   Todo está aqui, mas no por quien yo peno...
>   Ribera umbrosa, ¿qué es de mi Sireno?...

Lo más importante que Montemayor trasladó de Italia fué el argumento de la linda historia de don Félix y Felismena. Aquella dama que, disfrazada de hombre, sigue a su infiel amante, y le sirve de paje, y lleva sus mensajes de amor a otra dama, que se apasiona del falso mensajero, y viéndose desdeñada por él acaba por darse desesperada muerte, tiene su modelo en la novela 36 (parte 2ª) de las de Mateo Bandello : *Nicuola, innamorata di Lattanzio, va a servirlo vestita de paggio, e dopo molti casi seco si marita.* [1] Pero quien compare ambas fábulas reconocerá que Montemayor no aprovechó más que la idea fundamental del cuento italiano; le descargó de muchos incidentes, fundados en la semejanza de dos personas de distinto sexo; le adaptó con rara habilidad a las costumbres españolas; suprimió toda la parte escandalosa y lasciva que tanto afea las felices invenciones del ingenioso dominico lombardo; concentró el interés en la pasión mal correspondida de la heroína, y dió a todo el relato un tono de cortesía y gentileza que aseguró el éxito de este argumento en el teatro. Antes de Montemayor, Lope de Rueda había presentado en las tablas un asunto análogo, pero su comedia de *Los Engañados* no tiene por fuente inmediata la novela de Bandello, sino la comedia *Gli Ingannati,* representada en 1531 por los *Intronati* de Siena. Con Montemayor penetró en la novela española el recurso dramático de disfrazar a una mujer ofendida o celosa en hábito de varón; tema que repitió Cervantes en la historia de Dorotea y en *Las Dos Doncellas,* y que también entró, como entraron todas las invenciones dramáticas posibles, en el inmenso río del teatro de Lope de Vega y sus discípulos. Esta situación es frecuentísima, sobre todo en las obras de Tirso, y sugiere a su malicia más situaciones y efectos cómicos que a ningún otro poeta. Shakespeare empleó el mismo dato en dos comedias, una de las cuales, como pronto veremos, parece derivada de Montemayor y no de Bandello.

Las demás historias intercaladas en la *Diana* valen mucho

---

[1] *Il Secondo Volvme delle novelle del Bandello, novamente corretto e illvstrado dal Sig. Alfonso Vlloa*... *In Venetia, apresso Camilo Franceschini MDLXVI,* fols. 69 vto. a 80.

menos. Prescindimos, por supuesto, de la de Abindarraez y Jarifa, que no es de Montemayor, y sólo después de su muerte fué interpolada en la *Diana,* rompiendo la armonía del conjunto con una narración caballeresca. La de Arsenio y Arsileo está fundada en una competencia de amor entre padre e hijo, y en las malas artes del nigromántico Alfeo, que les da aparente muerte a los ojos de la pastora Belisa. La de Ismenia empieza con una extravagante y monstruosa escena de amor entre dos mujeres que velan juntas en el templo de Minerva, y aunque todo ello se resuelve en una mera burla, el efecto es desagradable y recuerda los peores extravíos del arte pagano y del moderno decadente. El nombre de Ismenia y alguna otra coincidencia, sin duda casual, han hecho creer a Dunlop y a otros que Montemayor conoció el libro de Eustacio o Eumato *Amores de Ismene e Ismenas.* Aunque esta novela había sido ya traducida al italiano por Lelio Carani en 1550,[1] no me parece probado que Montemayor la hubiese leído.

Cervantes, juez por lo común tan benévolo de la literatura de su tiempo, estuvo rígido en demasía, casi diríamos injusto, con la *Diana* de Montemayor: «Soy de parecer que no se queme (dice el cura), sino que se le quite todo aquello que trata de la sabia Felicia y de la agua encantada y casi todos los versos mayores, y quédesele enhorabuena la prosa y la honra de ser primero en semejantes libros.» Los encantamientos de la sabia Felicia y el agua maravillosa que infundiendo dulce sueño en los amantes trocaba sus respectivas inclinaciones son una máquina poética no más fantástica e inverosímil que la mayor parte de las aventuras de los primeros libros del *Persiles,* aunque el episodio de Montemayor no está escrito ciertamente con aquel estilo soberano que en la obra de la vejez de Cervantes hace tolerable hasta lo absurdo. También es excesiva la condenación en globo de todos los versos de arte mayor. Los endecasílabos de la *Diana* no valen menos que los de la *Galatea,* sobre todo si se tiene en cuenta el gran pro-

---

[1] *Gli amori d'Ismenio composti per Eustathio Philosopho, et di Greco tradotti per M. Lelio Carani... Stampati in Fiorenza appresso Lorenzo Torrentino... a di XX del mese de Settembre, MDL.*

greso que la técnica de la versificación tuvo en los cincuenta años últimos del siglo XVI, por obra principalmente de las escuelas andaluzas. Montemayor conserva rastros de la rudeza antigua, especialmente en la acentuación; pero las estancias de la canción de Diana son uno de los mejores trozos poéticos de la obra. [Cf, Ad. Vol. II.]

Con todo esto no puede negarse que Montemayor es mucho más feliz en los versos cortos. Los hay lindísimos en su *Cancionero* y todavía más en su novela. Parece que se le caían sin esfuerzo de la pluma, y que su talento musical le ayudaba para este género de composiciones ligeras y fugitivas, que probablemente asonaba él mismo. La canción de Sireno a los cabellos de Diana, el canto de la ninfa Dórida en el libro primero, recuerdan con ventaja las églogas portuguesas de Bernaldim Ribeiro y Cristóbal Falcam, con mayor gracia y pulidez en el ritmo y en la expresión. Las quintillas dobles corren en Montemayor como arroyo limpio y sonoro, que halaga los ojos y los oídos con su blando movimiento:

¿Por qué te vas, mi pastor?
¿Por qué me quieres dejar
Donde el tiempo y el lugar
Y el gozo de nuestro amor
No se me podrá olvidar?
¿Qué sentiré yo, cuitada,
Llegando a este valle ameno.
Cuando diga: ¡Ah, tiempo bueno!
Aquí estuve yo sentada
Hablando con mi Sireno?

¡Mira si será tristeza
No verte, y ver este prado
De árboles tan adornado,
Y mi nombre en su corteza
Por tus manos señalado!
¡O si habrá igual dolor
Que el lugar donde me viste,
Vello tan solo y tan triste,
Donde con tan gran temor
Tu pena me descubriste!
....

No te duelan mis enojos,
Vete, pastor, a embarcar,
Pasa de presto la mar,
Pues que por la de mis ojos
Tan presto puedes pasar.
Guárdete Dios de tormenta,
Sireno, mi dulce amigo,
Y tenga siempre contigo
La fortuna mejor cuenta
Que tú la tienes conmigo.

Muero en ver que se despiden
Mis ojos de su alegría,
Y es tan grande el agonía,
Que estas lágrimas me impiden
Decirte lo que querría.
Estos mis ojos, zagal,
Antes que cerrados sean,
Ruego yo a Dios que te vean;
Que aunque tú causas su mal,
Ellos no te lo desean.
....

Y contesta el pastor:

    Mas si acaso yo olvidare
Los ojos en que me vi,
Olvídese Dios de mí,
O si en cosa imaginare,
Mi señora, sino en ti.
    Y si ajena hermosura
Causare en mi movimiento,
Por un hora de contento
Me traya mi desventura
Cien mil años de tormento.
    Y si mudase mi fe
Por otro nuevo cuidado,
Caiga del mayor estado
Que la fortuna me dé
En el más desesperado...
. . . .
    Respondióle: Mi Sireno,
Si algún tiempo te olvidare,
Las yerbas que yo pisare
Por aqueste valle ameno
Se sequen cuando pasare.

    Y si el pensamiento mío
En otra parte pusiere,
Suplico a Dios, que si fuere
Con mis ovejas al río,
Se seque cuando me viere.
    Toma, pastor, un cordón
Que hice de mis cabellos,
Porque se te acuerde en vellos
Que tomaste posesión
De mi corazón y dellos.
    Y este anillo has de llevar,
Do están dos manos asidas,
Que aunque se acaben las vidas
No se pueden apartar
Dos almas que están unidas.
. . . .
    Ambos a dos se abrazaron,
Y ésta fué la vez primera,
Y pienso fue la postrera,
Porque los tiempos mudaron
El amor de otra manera...

A veces glosa antiguos cantares y villancicos, y su poesía parece entonces eco de la de Juan del Encina, con el mismo cándido y ameno discreteo, con el mismo ritmo ágil y gracioso:

    Pasados contentamientos,
¿Qué queréis?
Dejadme, no me canséis...
    Campo verde, valle umbroso,
donde algún tiempo gocé,
Ved lo que después pasé
Y dejadme en mi reposo.
Si estoy con razón medroso,
Ya lo veis,
Dejadme, no me canséis...
    Corderos y ovejas mías,
Pues algún tiempo lo fuisteis

Las horas ledas o tristes
Pasáronse con los días;
No hagáis las alegrías
Que soléis,
Que ya no me engañaréis.
    Si venís por me turbar
No hay pasión, ni habrá turbarme;
Si venís por consolarme
Ya no hay mal que consolar;
Si venís por me matar,
Bien podéis,
Matadme y acabaréis.

Esto fué Montemayor como lírico: heredero de Gil Vicente y de los bucólicos portugueses, por su origen; heredero de los salmantinos Juan del Encina y Cristóbal de Castillejo, por su larga residencia en el reino de León y en la corte de Castilla, donde todavía tenían muchos partidarios los versos de la manera vieja, las antiguas coplas. A ellas se inclinó decididamente Montemayor, aunque con menos exclusivismo que el donosísimo secretario del infante don Fernando; puesto que hizo muchas concesiones a la escuela italiana, y en esto se mostró poeta ecléctico como su paisano el organista de Granada Gregorio Silvestre, que tantos puntos de semejanza tiene con él como poeta y como músico. En uno y otro lo castizo vale más que lo importado.

Excelentes son en general los versos cortos de la *Diana*, pero su mayor mérito estriba en la prosa, que con mucha razón elogió Cervantes, el cual la tenía bien estudiada, como lo prueba el episodio de Dorotea, muy análogo al de Felismena. Hombre de poca doctrina, pero de cultura mundana, artista por temperamento, cortesano por educación y hábitos, escribe como quien profesa armas y amores, con cierto elegante desenfado, pero sin ningún género de negligencia. En el fondo es un artista reflexivo. Su *Diana* es la mejor escrita de todas las novelas pastoriles, sin exceptuar la de Gil Polo, cuyo decir sabroso y apacible compite con el de Montemayor, a quien imita, pero no puede decirse que le aventaje; la verdadera superioridad de Gil Polo está en los versos. La prosa de Montemayor es algo lenta, algo muelle, tiene más agrado que nervio, pero es tersa, suave, melódica, expresiva, más musical que pintoresca, sencilla y noble a un tiempo, culta sin afectación, no muy rica de matices y colores, pero libre de vanos oropeles, cortada con bastante habilidad para el diálogo; prosa mucho más novelesca que la prosa poética y archilatinizada de Sannázaro, y muy digna de haber sido empleada en materia menos insulsa que las cuitas de soñados pastores, que así podían ser de las riberas del Ezla como de los montes de la Luna. La dicción de Montemayor es purísima, sin rastros de provincialismo, sin que en parte alguna se trasluzca que el autor no hubiese tenido por lengua familiar la castellana desde la cuna. Y esta prosa no está crudamente forjada sobre un tipo latino o italiano, sino dictada con profundo sentimiento de la armonía peculiar de nuestra lengua. No es excesivamente periódica ni acentuadamente rítmica, pero se desenvuelve con dignidad y número. No es redundante y viciosa a fuerza de lozanía como la de *El Siglo de Oro,* ni atormentada por inversiones como la de la *Galatea,* ni pedantesca y amanerada como la de la *Arcadia* de Lope. La prosa de Montemayor es un tipo artificial sin duda, pero en que el artificio se disimula con bastante destreza y no sin mucho loor del que supo vencer las dificultades de un género tan falso.

Hay además en la *Diana* otros méritos que no son de estilo. Su psicología galante es elemental, pero ingeniosa. St. Marc Girardin, sutil analizador de las pasiones dramáticas, elogia mucho las escenas de despecho amoroso y fingida indiferencia entre Diana y Sireno, y dice que nuestro poeta se muestra en ellas hábil observador del corazón humano, y encuentra «de una belleza casi digna del idilio antiguo» el final del libro sexto, en que Diana se aleja tristemente, después de oír el canto *amebeo* de los pastores Sireno y Silvano:

> La siesta, mi Sireno, es ya pasada,
> Los pastores se van a su manada
> Y la cigarra calla de cansada;
> No tardará la noche, que escondida
> Está, mientras que Febo en nuestro cielo
> Su lumbre acá y allá trae esparcida...

«En cuanto los pastores esto cantaban, estaba la pastora Diana con el hermoso rostro sobre la mano, cuya delgada manga, cayéndose un poco, descubría la blancura de un brazo que a la de la nieve escurecía; tenía los ojos inclinados al suelo, derramando por ellos unas espaciosas lágrimas, las cuales daban a entender su pena más de lo que ella quisiera decir; y en acabando los pastores de cantar, con un suspiro, en compañía del cual parecía habérsele salido el alma, se levantó, y sin despedirse de ellos se fué por el valle abajo, trenzando sus dorados cabellos, cuyo tocado se le quedó preso de una rama, y si con la poca mancilla que Diana de los pastores había tenido, ellos no templaran la mucha que della tuvieron, no bastara el corazón de los dos a podella sufrir. Y ansi unos como otros se fueron a recoger sus ovejas, que desmandadas andaban saltando por el verde prado.»

El efecto de esta situación, que está preparada con arte consumado, se acrecienta por ser la última vez que Diana aparece en escena. Los pastores están ya curados por el agua de la sabia Felicia, pero todavía, a pesar de la magia, persisten en sus corazones vestigios de la llama antigua, trocada en más apacible afecto, y Diana al escucharlos siente indefinible melancolía, en que entran mezclados un vago amor y una vanidad ofendida. «Montemayor (dice el crítico francés antes citado) sobresale en estas pinturas del amor triste y despechado, sin que la tristeza caiga nunca en monotonía, sin que el despecho llegue nunca a la violencia». No diré yo otro tanto, porque, a mi juicio, el defecto capital de la *Diana* es el abuso del sentimentalismo y de las lágrimas, la falta de virilidad poética, el tono afeminado y enervante de la narración.

La *Diana* ha influído en la literatura moderna más que ninguna otra novela pastoril, más que la misma *Arcadia* de Sannázaro, más que *Dafnis y Cloe*, que no tuvo verdadero imitador hasta Bernardino de Saint Pierre. Esta influencia no se ejerció en Italia, donde triunfaba la pastoral dramática, representada por las bellas obras del Tasso y de Guarini,[1] pero fué muy grande en Francia y en Inglaterra. Ya en 1578 había sido traducida al francés la obra de Montemayor por Nicolás Collin; en 1587, Gabriel Chappuis tradujo las dos continuaciones de Alonso Pérez y Gil Polo.[2] Hubo otras tres versiones francesas: la de Pavillon, en 1603,

---

[1] No quiere esto decir que la *Diana* no fuese imitada y aun copiada por algunos novelistas italianos. Prueba de ello nos da Celio Malespini, traductor también del *Jardín de flores curiosas*, de Antonio de Torquemada. Tres de las más largas de sus *Ducento Novelle* (Venecia, 1609) están tomadas de Montemayor, como ya advirtió Dunlop. La 25 de la Primera Parte es la misma intrincada historia de los amores de Ismenia, Selvagio y Alanio; la 36 de la Segunda Parte es el cuento de Abindarráez y Xarifa, y la 94 la historia de la pastora Belisa.

[2] *Les sept livres de la Diane de George de Montemayor, esquelz par plusieurs plaisantes histoires... sont décrits les variables et estranges effts de l'honneste amour*, trad. de l'espagnol en françois par Nic. Collin. Rheims, Jean de Foignay, 1578. — Reims, 1579.

La Diana de George de Montemayor, trad. d'espagnol en françois. París,

acompañada del texto original,[1] revisada y corregida en 1611 por I. D. Bertranet; la de Antonio Vitray en 1623 ó 1631, también con las dos continuaciones, y todavía en 1733 se publicó otra anónima con el título de *Roman Espagnol*. Sus principales episodios fueron representados varias veces en el teatro del siglo XVII. En 1613 aparecieron simultáneamente la *Grande Pastorale*, de Chétien de Croix, y la *Felismena* de Alejandro Hardy, cuyo teatro, salvo la falta de genio, recuerda mucho los procedimientos de Lope de Vega y se inspira con frecuencia en modelos españoles.[2] Jacobo Pousset, señor de Montauban, hizo otro drama de *Los encantos de Felicia*, impreso en 1653.

Por el más ilustre discípulo de Montemayor tenemos a Honorato d'Urfé, personaje de mucha cuenta en la historia de la literatura y de la sociedad francesa, puesto que su novela *Astrea*, publicada en cinco partes desde 1610 a 1627, fué el prototipo nunca igualado de todas las novelas sentimentales del siglo XVII y el oráculo del gusto cortesano desde el tiempo de Enrique IV hasta el de Luis XIV. Esta obra, con ser de amores y no respirar más que el amor, conquistó el sufragio hasta de varones piadosos, como el obispo de Belley, Pedro Camus, que le tenía por «el más honesto y casto de los libros de entretenimiento» y embelesó a tan grave erudito como Huet, hasta el punto de no poder resistir a la tentación de releerla siempre que caía en sus manos. Fué leída con estimación y a veces con delicia, por Mme. de Sévigné, por La Fontaine, por Fénelon, por los escritores de gusto más

---

Nic. Bonfons, 1587. La obra de Montemayor está traducida por Collin, lo demás por Gabriel Chappuis.

[1] *Los siete libros de la Diana de George de Montemayor. Où sous le nom des Bergers et Bergeres sont compris les amours les plus signalez d'Espagne. Traduits d'Espagnol en François et conferez és deux langues. P. S. G. P.* (Por S. G. Pavillon). *Et de nouveau et corrigez par le Sievr I. D. Bertranet. Paris. Anthoine du Brueil, M.DC.XI.* ....

[2] En el argumento de la pieza confiesa Hardy lealmente su procedencia. «*Ce sujet, tiré de la Diane de Montemaior sur le Théâtre François, ne doit rien aux plus excellents.*»

Le Théâtre d'Alexandre Hardy (ed. de Stengel). Marburg, 1883, t. III, página 144.

clásico y severo. El mismo Boileau, que escribió a la manera de Luciano su diálogo satírico *Les Héros de Roman,* para burlarse de las ficciones de Gomberville, La Calprenède, Desmarets, Mlle. de Scudéry y otros imitadores de D'Urfé, hace muchos elogios de la *Astrea,* ponderando la narración viva y florida, lo ingenioso de los lances, los caracteres tan finamente imaginados como agradablemente variados y bien seguidos. «Bossuet (dice un autor moderno) tomó de la *Astrea* frases de su panegírico de San Bernardo, como Corneille había tomado versos del *Cid.*»[1] Los personajes de la novela de D'Urfé eran familiares a todo el mundo, y *Céladon,* uno de los principales, se convirtió en tipo del amor puro, desinteresado y constante. La *Astrea* era el breviario de los cortesanos y el arsenal de los poetas dramáticos. El pincel de Poussin idealizó los más bellos paisajes de las orillas del Lignon, donde pasa la escena. En Alemania, veintinueve príncipes y princesas, y otros caballeros y gentiles damas fundaron una *Academia de los verdaderos amantes,* para remedar todas las escenas del famoso libro, tomando cada uno de los socios el nombre de un personaje de la *Astrea* y reservado el de *Céladon* para el mismo D'Urfé, a quien dirigieron en 10 de marzo de 1624 una extraña carta desde «la encrucijada de Mercurio». Los bosques del Forez patria del autor y teatro de sus idilios, fueron un sitio de peregrinación sentimental, que todavía Juan Jacobo Rousseau pensó hacer, aunque desistió al saber que aquel país estaba lleno, no de cabañas pastoriles, sino de fraguas y herrerías, según cuenta en sus *confesiones* (Parte I, lib. IV).

Por mucho que contribuyese al primitivo éxito de la *Astrea* el ir en ella envueltos en cifra los amores del mismo D'Urfé con Diana de Chäteaumorand, y otras galanterías de la corte de Enrique IV, una celebridad tan persistente no puede menos de estar fundada en algún mérito positivo. Y en efecto, según Sainte-Beuve,[2] Honorato D'Urfé fué un innovador en el campo de la novela

---

[1] A. Le Breton, *Le Roman au dix-septième siècle* (París, Hachette, año 1890), p. 5.
[2] *Port-Royal,* t. II, p. 517.

y marca una época en el desarrollo de la prosa francesa. Según Saint-Marc Girardin, la literatura clásica francesa a ninguno de sus precursores debe tanto como a D'Urfé; ninguno la ayudó tanto como él a nacer y crecer, ya se considere el estilo de la *Astrea*, ya su manera de expresar el amor, ya, finalmente, los caracteres, las costumbres y el tono de sus personajes. Fué el primero que supo hablar una lengua noble y rica; muchas veces su estilo tiene una abundancia y una dulzura que hacen pensar en Fénelon. El *Hotel de Rambouillet*, que pasa por haber introducido en Francia el gusto y el tono de la buena sociedad, no hizo más que seguir las lecciones y los ejemplos de la *Astrea*.[1] Según Emilio Montégut, «la *Astrea* es un hermoso libro, un libro de mucha elevación, casi un gran libro».[2] Brunetière, forzando la nota de la alabanza, compara su influencia con la del *Quijote*, por el golpe mortal que dió a los libros de caballerías, y añade que D'Urfé es en la historia de la novela moderna «el primero que comprendió la importancia de las pasiones del amor, e hizo de ellas el alma de este género literario, o a lo menos una de las condiciones de su existencia. Sólo Racine, en el siglo XVI, supo pintar y representar los afectos amorosos como D'Urfé».[3]

He recordado rápidamente estos juicios y homenajes, porque recaen, a lo menos en parte, sobre Jorge de Montemayor, principal modelo de D'Urfé en la *Astrea*, y aun antes de la *Astrea*, como lo prueba su poema juvenil de *Sireno*, donde el argumento, y hasta el nombre del protagonista, están tomados de la pastoral española, salvo el haber cambiado las orillas del Ezla por las del Po o Eridano. En cuanto a su novela, el mismo Brunetière, tan docto en la literatura francesa del tiempo clásico y tan poco inclinado a disminuir su originalidad, declara paladinamente[4] que la Astrea de D'Urfé no es otra cosa que la Diana de Montemayor

---

[1] *Cours de littérature dramatique ou de l'usage des passions dans le drame* (París, Charpentier, t. III,) p. 101.

[2] En su libro *En Bourbonnais et en Forez*, citado por Brunetière.

[3] *Etudes critiques sur l'histoire de la littérature française*, 4º série, París, Hachette, 1891, pág. 35.

[4] En el mismo tomo IV de sus *Estudios Críticos*, p. 58.

adaptada al gusto francés, pero conservando el cuadro de la fábula, la inspiración general y los principales episodios; hasta la declaración del título de la obra está tomada del original español: «*oú par plusieurs plaisantes histoires déguiséés sous noms et style »de bergers et bergeres sont décrits les variables et étranges effets »de l'honnéte amour.*» Así D'Urfé, y Montemayor de este modo: «hallarán muy diversas historias de cosas que verdaderamente han sucedido, aunque van disfrazadas bajo el hábito pastoril».

Acaso la concesión del crítico francés es excesiva. Por mi parte confieso que no he tenido tiempo ni valor para leer la *Astrea*, cuyas proporciones son verdaderamente formidables. En materia de novelas pastoriles tiene uno suficiente ración con las de casa, que a lo menos poseen el mérito de la brevedad relativa. Los franceses, a pesar de la clásica sobriedad de que tanto se precian, han sido en la novela mucho más pródigos y despilfarrados que nosotros. Duplicaron la serie de los *Amadises* y escribieron interminables continuaciones del *Quijote*. La *Astrea* adolece también de este vicio de amplificación excesiva. Juntas las cinco partes (de las cuales la última no fué redactada por el mismo D'Urfé, sino por su secretario Baro), forman una masa de cinco mil y quinientas páginas; las historias intercaladas no son tres o cuatro como en Montemayor y Gil Polo, sino cerca de ochenta.

Pero juzgando por los análisis, a veces prolijos, que han hecho de la *Astrea* Saint Marc Girardin, Montégut, Körting,[1] Le Breton y otros, me parece que la parte personal de D'Urfé no es tan escasa en su obra. Por supuesto, no fué el primero que trajo a la novela moderna el interés exclusivo de la pasión amorosa, porque lo había hecho antes que ninguno el autor de la *Fiammeta*, y des-

---

[1] H. Körting, *Geschchte des französischem Romans im XVII. Jahrhundert*, Oppen, 1891. Es la obra capital sobre el asunto, muy superior al ligero ensayo de Le Breton. El tomo primero trata de la novela idealista, el tomo segundo de la realista. No conozco el libro de P. Morillot, *Le Roman en France depuis 1610 jusqu'à nos jours* (París, 1894), pero sí las páginas muy discretas que el mismo autor ha dedicado a la *Astrea* en la *Histoire de la Langue et de la littérature françaises*, publicada bajo la dirección de Petit de Julleville, tomo IV (1897), pp. 407-423.

pués de él Diego de San Pedro y otros españoles de los siglos XV y XVI, entre los cuales ocupa Jorge de Montemayor un puesto muy señalado, ya que no el preferente, que corresponde sin duda a Bernaldim Ribeiro, alma más poética y sincera que todos los autores de pastorales juntos.

Sin la *Diana* no existiría probablemente la *Astrea*, que dispensó a los franceses de una gran parte del trabajo de la invención; pero como D'Urfé vino después y dió mayores proporciones a su obra, su psicología erótica es más complicada y sobresale, según Montégut, en describir todas las variedades del amor: «sutil con Silvandro, notablemente platónico con Tirsis, tempestuoso y violento con Damón y Madonta, vehemente y enérgico con Criseida y Arimanto, brutalmente sexual con Valentiniano y Eudoxia, gracioso y cínico con los amores veleidosos e inconstantes de Hilas». No soy de los que dan grande importancia a esta psicología recreativa de las novelas, que suele ser una ingeniosa broma del crítico que las interpreta; pero valga lo que valiere, en ella parece que consiste el principal mérito de la *Astrea*. Las condiciones nativas del ingenio francés son muy adecuadas para esta fina y algo sofística labor de cortar un cabello en tres, y sin duda por ella es tan estimado D'Urfé, no obstante la pesadez de su obra y lo grotesco de su mascarada galoclásica, en que los obispos se convierten en *grandes druidas* y las monjas en vestales o *druidesas*. Montemayor es menos refinado, menos curtido en el análisis sentimental, menos escrutador de quintaesencias; sus pastores, aun siendo cortesanos disfrazados, conservan cierta sencillez en sus afectos; son menos pomposos y teatrales que los de D'Urfé, pero más poéticos. Las dos novelas se parecen en muchos detalles. El encuentro de Astrea con la falsa Alexis en el templo de la Buena Diosa recuerda el de Ismenia y Selvagia en el templo de Minerva, aunque el engaño no es el mismo.[1] La Fuente de la Verdad, si-

---

[1] Dunlop recuerda que hay disfraces análogos en el *Pastor Fido* y en el libro V del *Rinaldo* del Tasso. Uno y otro son posteriores a Montemayor; el *Rinaldo* es de 1562, la pastoral de Guarini de 1590. D'Urfé los conocía de seguro, pero parece haber imitado a Montemayor con preferencia.

tuada en el parque del palacio de Isaura, tiene virtudes mágicas muy análogas a las del agua encantada de la sabia Felicia, cuyo papel desempeña en la *Astrea* el gran druida Adamas o Adamanto, consultado por todos los pastores para el remedio de sus males. Seguramente encontrará muchas más imitaciones quien tenga valor para leer entera la obra francesa.

La influencia de Montemayor en la literatura francesa no terminó con las pastorales del siglo XVII. Este género sobrevivió a la parodia que hizo Carlos Sorel en *Le Berger Extravagant* (1639), una de tantas débiles imitaciones del *Quijote;* se prolongó en los idilios de Segrais, Mme. des Houlières y Fontenelle, y tuvo a fines del siglo XVIII un efímero renacimiento en la *Galatea* y la *Estela* del caballero Florián, novelas muy leídas y admiradas entonces en Francia y en la Suiza alemana, aunque no faltó quien se burlase ingeniosamente de ellas, echando de menos un lobo entre tantas ovejas y tantos corderos. La *Galatea* es un pobre compendio de la de Cervantes; la *Estela*, todavía más amanerada, está muy influída por la *Diana*, según el mismo Florián declara: «He meditado »mucho a Montemayor, y confieso con agradecimiento que *Estela* »le debe mucho. La *Diana* peca por la inverosimilitud de la fábu- »la y la complicación de los episodios; tiene además el defecto ca- »pital de comenzar por la infidelidad no motivada de la heroína, »y de emplear la magia para curar al héroe de su pasión. Pero el »encanto del estilo compensa todo esto. Cada detalle, cada trozo »de poesía tiene un carácter de terneza, de dulzura, de sensibili- »dad que atrae al lector y *le hace derramar lágrimas*, leyendo his- »torias mal concebidas, imposibles y que no están enlazadas con »el fondo de la novela. La *Diana* ofende muchas veces al buen »gusto, pero el corazón goza casi siempre con su lectura. Se la »debe leer, pero no traducir, porque la gracia no se traduce».[1] ¡Qué fáciles tenían las lágrimas los filántropos del siglo XVIII, aunque de las de Florián hay que desconfiar algo, puesto que sabemos por las memorias de su tiempo que se entretenía en dar de

---

[1] *Oeuvres de M. de Florian* (París, F. Dufart, 1805), t. I. *Essai sur la pastorale*, p. 139.

palos a sus queridas. El falso sentimentalismo oculta a veces mucha dureza y sequedad de corazón. Ambas pastorales de Florián fueron traducidas al castellano, gustaron bastante y tuvieron algunos imitadores de poco nombre, entre ellos don Cándido María Trigueros. Pero el tipo del *hombre sensible* era demasiado exótico para que aquí prevaleciese, y no creo que fuesen muchos los que acompañasen a Florián en el copioso llanto que le hacía derramar los infortunios de los pastores de égloga.

No es menos curiosa la acción de Montemayor sobre la literatura inglesa que sobre la francesa, con la circunstancia de haber sido más antigua. Con poca razón cuentan algunos entre las imitaciones de la *Diana* la *Arcadia* de Sir Felipe Sidney (1590), que por su título recuerda a Sannázaro y por su desarrollo es más bien un libro de caballerías que una verdadera pastoral. «Los héroes son todos príncipes o hijos de reyes (dice un crítico reciente), y aunque sus aventuras tengan por teatro la fabulosa Arcadia, los pastores no son más que figuras decorativas, que sirven sólo para divertir a los príncipes con sus canciones y sacarlos del agua cuando se ahogan.»[1] Pero aquel simpático y gallardísimo representante del Renacimiento inglés, aquel poeta caballero, cuya vida y muerte nos hacen recordar involutariamente a nuestro Garci Laso, leía con delicia la *Diana* de Montemayor y tradujo algunos de sus versos. Ya en 1563 habían aparecido entre las obras poéticas de Bernabé Googe dos églogas (la 5ª y la 7ª), que son adaptaciones en verso de dos largos trozos de la *Diana:* la historia de Felismena en el libro II y la escena entre los pastores Silvano, Sireno y Selvagia, en el primero.[2] Sidney, por su parte, vertió las octavas de Silvano y la canción de Diana, que están al principio de la obra de Montemayor.[3] Bartolomé Yong terminó en

---

[1] J. J. Jusserand, *Le Roman au temps de Shakespeare* (París, Delagrave, 1887), p. 91.

[2] *Eclogs epytaphes et sonnettes,* London, 1563.

[3] Véase la tesis ya citada de Garrett Underhill, *Spanish Literature in the England of the Tudors,* p. 267. «These songs are the only Spanish lyric poetry, except some lines of the sixth eclogue of Googe, which were translated into English, independently of any prose setting, before the accession of

1583 la traducción completa de las tres *Dianas* de Montemayor, Alonso Pérez y Gil Polo, pero no la publicó hasta el 1598.[1] El grande éxito que tuvo esta versión fidelísima hizo que se quedase inédita otra del teólogo de Oxford Tomás Wilcox, dedicada en aquel mismo año al conde de Southampton. Wilcox se había limitado a la *Diana primitiva*[2].

Pero el mayor triunfo de Montemayor en Inglaterra consiste en haber sugerido a Shakespeare el argumento de una de sus obras dramáticas.[3] Dos veces aparece en su teatro la historia de la dama que sirve a su amante disfrazada de paje. En la primera de estas comedias, la *Duodécima Noche (The Twelfth Night)*, Shakespeare sigue a Bandello en el cuento de Nicuola y Paulo. Pero en la segunda, *Los dos hidalgos de Verona*, no imita a Bandello, sino a Montemayor, en todo aquello en que se separa de Bandello. Los personajes pertenecen a la misma categoría social: Proteo es enviado por su padre a la corte, como don Félix, para adquirir conocimiento del mundo. Felismena y Julia se ven abandonadas de la misma suerte, y se disfrazan en análogas condiciones. Una y otra descubren a su infiel amante cuando estaba dando una serenata debajo de las ventanas de su nuevo amor; en uno y otro caso es un mesonero quien las hace reparar en la música. La coincidencia en tan pequeños detalles no puede ser fortuita, y por eso varios comentadores ingleses, tales como Mr. Lenox y el Doctor Farmer, opinan que la historia de Proteo y Julia está tomada de

---

»James I... Sidney' distinction is, therefore, almost unique. His translations »were printed at the end of the *Arcadia*, and the second song is also contained »in *England's Helicon*.»

[1] Vid. Garrett Underhill, pp. 285 - 290.

[2] Ib., p. 222.

Hubo otro traductor parcial de la *Diana*, Eduardo Pastor, de quien habla con elogio Bartolomé Yong en el prólogo de su versión.

[3] Opina Dunlop *(History of fiction*, p. 332) que «algunas de las más entretenidas escenas de la comedia de Shakespeare *Midsummer Night's Dream* parecen haber sido sugeridas por el cambio de amores ocasionados por el agua encantada de la sabia Felicia». Pero creo que, en este caso, la coincidencia es fortuita o derivada de un cuento más antiguo. Lo mismo puede decirse del canto 17 de *La Pucelle d'Orleans*, de Voltaire, donde hay un motivo análogo.

la de don Félix y Felismena.[1] No es argumento en contra el que Shakespeare no supiese castellano, ni el que su comedia sea anterior a la *Diana* de Bartolomé Yong, porque precisamente ese episodio había sido puesto en verso inglés muchos años antes por Googe, y había servido de argumento a una pieza dramática, hoy perdida, *History of Felix and Philomena,* que se representó en Greenwich en 3 de enero de 1585, y fué probablemente la que Shakespeare imitó o refundió.[2]

En Alemania no encontramos traducciones de la *Diana* hasta el siglo XVII: una por Hans Ludwig Kuffstein, impresa en Nuremberg en 1610; otra por Harsdörfer en 1646; en esta última se añade la continuación de Gil Polo. Una y otra fueron reimpresas varias veces;[3] pero no parece que suscitasen ningún imitador de cuenta, aunque el célebre poeta de Silesia Martín Opitz se inspiró alguna vez en los versos del Gil Polo. La pastoral no tiene importancia en la literatura alemana antes del suizo Gessner, que a fines del siglo XVIII renovó el género con cierta originalidad y más sentimiento de la naturaleza que sus predecesores.

Libro tan célebre entre los extraños como la *Diana* de Montemayor no podía menos de suscitar imitaciones entre los propios. Las tuvo, en efecto, y numerosas, empezando por las continuaciones que de la misma *Diana* hicieron con muy desigual fortuna tres diversos autores, sin contar con otro cuya obra se ha perdido ni con el fraile que la parodió a lo divino. En 1564 aparecieron simultáneamente, y como en competencia, la *Segunda Parte*

---

[1] La historia de don Félix y Felismena, tomada de la traducción de Yong, está reimpresa entre las fuentes de Shakespeare en la colección de Payne Collier:

Shakespeare Library: a collection of the Romances, Novels, Poems, and Histories, used by Shakespeare as the foundation of his dramas, now first collected; and accurately reprinted from the original editions... Vol. II. London, Thomas Road, s. a.

[2] Tal es la opinión de Gervinus en su memorable comentario:
Shakespeare Commentaries by Dr. G. G. Gervinus, professor at Heidelberg Translated... by F. E. Bunnett. Londres, 1883, p. 157.

[3] Vid. Schneider, *Spaniens Anteil an der Deutschen Litteratur,* páginas 233-244.

de la Diana de Alonso Pérez, médico salmantino, y la *Diana Enamorada*, de Gaspar Gil Polo.

Pocas palabras bastarán respecto de la primera. El médico Pérez había sido amigo de Montemayor, y aun recibido sus confidencias literarias, y por esto y por lo mucho que le admiraba se creía en mejor disposición que nadie para continuar sus obras: «Empero como tan célebre varón nos falte, pareciome que nin- »guno mejor que yo podría en sus obras succeder. Y esto no por »mi sufficiencia (vaya fuera toda arrogancia), mas por la mucha »afficcion que a su escriptura con justa causa siempre he tenido... »Desengañese quien pensare ygualarsele en facilidad de composi- »ción, dulçura en el verso y equivocación en los vocablos... Antes »que d'España se fuesse Montemayor, no se desdeñó comunicar »comigo el intento que para hazer segunda parte a su Diana tenia: »y entre otras cosas que me dixo fue que avia de casar a Sireno »con Diana enviudando de Delio. Como yo le dixesse que casan- »dola con Sireno con quien ella tanto deseava, si avia de guardar »su honestidad, como habia començado, era en algun modo cerrar »las puertas para no poder mas de ella escrevir, y que mi parecer »era que la hiziesse viuda y reqüestada de algunos pastores jun- »tamente con Sireno, le agradó y propuso hazerlo. De manera que »el conseio que a él di, he yo tomado para mi. Assi que a quien »esta leyere, no le deve pessar porque Diana enviude, y por agora »no se case, siendo de algunos beneméritos pastores en com- »petencia requerida, pues queda agradable materia levanta- »da para terzera parte que saldra presto a luz, si Dios fuere »servido.»

Dios no fué servido de que la tercera parte saliera a luz, y nada perdieron las letras castellanas con ello. Si Jorge de Montemayor era un ingenio ameno y delicado, aunque desprovisto de cultura clásica, única que entonces se estimaba, su continuador era un pedante que quiso verter en su novela toda la indigesta erudición que en sus lecturas había granjeado. De ello hace alarde en el prólogo: «De una cosa quiero que vayas advertido, que casi »en toda esta obra no hay narración ni platica, no sólo en verso, »mas aun en prosa, que a pedaços de la flor de Latinos y Italianos

»hurtado y imitado no sea, y pienso por ello no ser digno de re-
»prehensión, pues ellos lo mesmo de los Griegos hicieron.»

Basta, con efecto, la más somera inspección del libro, porque leerle entero es casi imposible, para ver que Sannázaro en la *Arcadia* y Ovidio en las *Metamorfoses* y aun en los *Fastos,* han sido los autores principalmente saqueados. Del segundo proceden la fábula en verso de Apolo y Dafne (libro segundo), las noticias sobre el culto de Pan y la figura del gigante Gorforostro, enamorado de Stela, que es un trasunto del cíclope Polifemo, enamorado de Galatea. Su canto en octavas reales (libro quinto), imitado de Ovidio y no de Teócrito, es lo más tolerable que se encuentra en la parte poética de esta segunda *Diana.* En toda ella se nota la misma intemperancia seudoerudita. La descripción del cayado del pastor Delicio es un curso entero de mitología. El interés de la fábula se pierde enteramente en estos ocho farraginosos libros, donde apenas intervienen Diana ni Sireno, ni la mayor parte de los personajes que hemos conocido en la primera parte y que han llegado a interesarnos con sus aventuras. Otros de ningún interés y de revesados nombres ocupan la escena con sus prolijas y disparatadas aventuras. Parisiles (que acaso sugirió a Cervantes el nombre de Persiles), Gorforostro, Sagastes y su hermana Dardanea, Martandro, Placindo, Disteo, descendiente del dios Eolo, Partenio y Delicio, que andan por el mundo buscando a sus padres, nos abruman con sus interminables narraciones, escritas en una prosa mazorral y pedestre, y con sus versos casi siempre duros, cuando no inarmónicos y bárbaros, tela vil en que están groseramente zurcidos los retazos de púrpura que el autor roba a sus modelos latinos e italianos. Por supuesto, no faltan los encantos de la sabia Felicia, mejorados en tercio y quinto; pero a pesar de ellos nada se desenlaza, casi todas las historias quedan interrumpidas y sueltos todos los cabos para la tercera parte. Razón de sobra tuvo el cura del *Quijote* cuando ordenó que la *Diana* del Salmantino fuese a acompañar y acrecentar el número de los libros condenados al corral. La novela de Alonso Pérez fué un caso de industria literaria, que prueba el prestigio de un título célebre. A la sombra de la *Diana* de Montemayor fué impresa una porción de veces, y traducida al francés, al inglés y al alemán: tal era el empeño con que entonces se recogían hasta las migajas de nuestra literatura.[1] [Cf. Ad. Vol. II]

Ya en su prólogo indicaba Alonso Pérez que había acelerado la terminación de su libro por temor de que saliera otra segunda parte primero que la suya. Esta segunda parte no era otra que la pura, la exquisita obra de arte que lleva el título de *Diana Enamorada* y cuyo autor fué el poeta valenciano Gaspar Gil Polo.

Muy escasas son las noticias que tenemos de este preclaro ingenio. Los primeros bibliógrafos valencianos Rodríguez y Ximeno, y aun el mismo Cerdá y Rico en el prólogo de su edición, aunque luego lo enmendó en un apéndice, le confundieron con un jurisconsulto del mismo nombre y apellido, autor de varios libros de su profesión, como los titulados *Schola iuris* (1592), *Recitationes Scholasticae, De Studio Iuris* (1610), *De origen et progressu Iuris Romani* (1615). Pero el erudito don Francisco Xavier Burrull,[2] y después de él Fuster,[3] probaron de un modo convincente que este Micer Gaspar Gil Polo, doctor en ambos derechos, sustituto de una cátedra de Leyes en la Universidad de Valencia, familiar del Santo Oficio de aquella ciudad en 4 de mayo de 1601, abogado del Brazo Real en las cortes de Monzón en 1626, era hijo del autor de la *Diana*, de quien sabemos que ejerció la profesión de notario desde 1571 a 1573, llegando más adelante a ocupar los importantes puestos de asesor de la Baylía General y lugarteniente del Maestre Racional de la ciudad de Valencia y su reino, en el cual le sucedió un hijo suyo llamado Julián.

Distinguidos ambos homónimos, padre e hijo, resta todavía por averiguar si el primero es el mismo Gil Polo que figura como

---

[1] La primera edición de la *Diana* de Alonso Pérez es de Valencia, año 1564. El mismo año fué reimpresa en Alcalá. No creo que volviera a imprimirse suelta, pero acompaña casi constantemente a todas las ediciones y traducciones antiguas de la obra de Montemayor, por lo cual excusamos repetir aquí su bibliografía.

[2] Vid. en la *Diana*, ed. de Sancha, 1778, la *adición primera al prólogo del editor* (pp. 447-454).

[3] *Biblioteca Valenciana*, t. II, pp. 150-155.

catedrático de Griego en la Universidad de Valencia desde 1566 hasta 28 de mayo de 1573. Muy verosímil parece a primera vista que lo fuese, porque las fechas coinciden, y el poeta era sin duda excelente humanista, pero la ausencia del primer nombre *Gaspar* hace algo incierta la conjetura, y por otra parte sabemos que precisamente en esos años estaba empleado en arduas tareas bien ajenas de la enseñanza, como que anduvo asistiendo a los comisarios de Felipe II en la visita general del reino. Tanta pericia y actividad mostró en este servicio, que el rey hizo muy honrosa conmemoración de sus méritos al conferirle, en 28 de agosto de 1572, el ya citado empleo de primer coadjutor del Maestre Racional o contador mayor de la Regia Curia.[1] En 11 de diciembre de 1579 le concedió la especial gracia de que pudiera renunciar dicho empleo en uno de sus hijos, con la condición de seguir desempeñándole mientras viviera. En 1580 le mandó pasar a Barcelona para el arreglo del Patrimonio Real, y en aquella ciudad le sorprendió la muerte en 1591.

En vida entregada a tan útiles pero prosaicas ocupaciones no hubieron de ser muchos los ocios literarios del poeta. Así es que, fuera de la *Diana*, fruto juvenil de su ingenio, no se citan de él más que dos sonetos en principios de libros: uno elogiando la *Carolea* de Jerónimo Sempere (1560); otro *La Pasión de Nuestro Señor Jesucristo*, trovada por don Alonso Girón de Rebolledo (1563), y una canción con glosa, que publica Fuster, tomada de un manuscrito de la Biblioteca Mayansiana.[2] Otros versos hay, latinos

---

[1] Son notables las palabras de la real cédula que copia Fuster: «Inter- »alios, qui nobis se obtulerunt, tu, dilecte noster Gaspar Egidius Polo, »Coadjutor dicti offici Magistri Rationalis unus fuisti; cui illud committe- »remus, tum propter fidem, sufficientiam, peritiam et legalitatem quas in te »sitas conspicimus, tum etiam propter servitia non vulgaria quae non sine »maximo labore tuo nobis praestitisti in Visitatione per Regios Comisarios »ultimo facta in prefato Regno Valentiae.»

[2] Los versos de la canción glosada parecen aludir al mismo Polo y a su libro:

No escondas tus ojos, Ana,
Porque pueden ellos solos
Alumbrar a entrambos *polos*
Y escurecer a *Diana*.

y castellanos, de un Gil Polo, en las *Fiestas de Valencia a la beatificación de San Luis Beltrán* (1608), *y en la canonización de San Raymundo de Peñafort* (1602), pero es claro que tales poesías de circunstancias y de certamen no pueden pertenecer a nuestro autor, que ya había muerto, y serán acaso del catedrático de Griego. Hasta son raras las alusiones a Gil Polo como poeta en las obras de sus contemporáneos. Timoneada es casi el único que le cita, sin ningún calificativo, en un romance del *Sarao de Amor* (año 1561), donde hace una especie de reseña de los poetas valencianos.

Cervantes, jugando con el apellido del autor, dijo que su *Diana* se guardase «como si fuera del mismo Apolo». La posteridad ha confirmado el fallo, y no sólo conserva la *Diana Enamorada* su prestigio tradicional, sino que es todavía una de las pocas novelas pastoriles que pueden leerse íntegras, no sólo sin fatiga, sino con verdadero deleite. No consiste su atractivo en los lances de la fábula: en este punto ni siquiera iguala a Montemayor, que no sólo tiene el mérito de inventor primero, sino el de haber conservado cierta unidad de acción en medio de los múltiples episodios, conduciéndolos a un común desenlace fácil e ingenioso. En Gil Polo se presentan muy desligados, y además son poco interesantes en sí mismos; ninguno de ellos vale lo que el de don Félix y Felixmena. El de Marcelio, Alcida y Clenarda, que es el más extenso, recuerda las historias de naufragios y piratas, separaciones y reconocimientos, tan gratas a los novelistas bizantinos. La astucia del falso piloto Bartofano para robar a la hermosa Clenarda es puntualmente la misma que la del corsario Cherea en *Leucipe y Clitofonte*[1]. En cuanto al embrollo trágico de Ismenia, Fileno, Montano y Felisarda, ya advirtió el traductor latino Gaspar Barth que estaba tomado de Heliodoro. Es, en efecto, un episodio del libro I de la *Historia Etiópica:* Cnemon, hijo de Aristipo, se ve expuesto a cometer un parricidio involuntario, a causa de

---

[1] Las escenas de la isla Formentera pueden haber sugerido a Vicente Espinel el incidente del cautiverio en la isla Cabrera *(descansos* séptimos y octavo de *El Escudero Marcos de Obregón),* imitado por Lesage en el *Gil Blas* (lib. V, cap. I).

haber sido engañado por las malas artes de su vengativa y perversa madrastra Demeneta, cuyo incestuoso amor había rechazado. En toda esta narración Gil Polo no ha hecho más que cambiar los nombres.

Aparte de estos nuevos episodios, Gil Polo continúa la materia novelesca de Montemayor, valiéndose de un artificio ingenioso, pero que altera la concepción primitiva y el carácter de la protagonista. Gil Polo nos pinta a Diana *enamorada* de Sireno, como ya lo indica el título de su obra, y para que tal pasión no parezca ilícita, queda a poco tiempo libre de la celosa tiranía y áspera condición de su marido Delio, que muere súbitamente persiguiendo a la pastora Alcida. El agua de la sabia Felicia completa el remedio, no sólo de Diana y Sireno, sino de todos los demás personajes de Montemayor y de los que nuevamente se introducen en la fábula. Aquella portentosa panacea trueca las voluntades, disipa los errores y sospechas, aclara el misterio de todas las aventuras, proporciona los más felices reconocimientos, y la novela termina con el regocijo de las bodas de Sireno y Delia, de Silvano y Selvagia, de Montano e Ismenia, de Arsileo y Belisa, si bien el autor promete todavía una tercera parte, donde, entre otras cosas, había de ponerse la historia de los portugueses Danteo y Duardo, «que aquí por algunos respetos no se escribe».

Tal es el pobrísimo cuadro novelesco de la *Diana* enamorada, que para Gil Polo no fué de seguro más que un pretexto que le permitió intercalar, entre elegantes y clásicas prosas, la colección de los versos líricos más selectos que hasta entonces hubiese compuesto. La excelencia de algunos de estos versos es tal, que han sobrevivido a la ruina completa del género bucólico; son páginas imperecederas en la historia de la lírica española, y no solamente los doctos, sino aun las personas de mediana cultura, los niños mismos, que sólo han manejado las colecciones de *Trozos escogidos*, saben de memoria aquella gentilísima *Canción de Nerea*, que es acaso la más linda de todas las églogas *piscatorias*[1] que se

---

[1] Bien sé que no lo es en rigor, porque no se trata en ella de las faenas de los pescadores; pero pasa cerca del mar, a él se hace continua referencia,

han compuesto en el mundo desde que Teócrito inventó el género. Era Gil Polo poeta de exquisita cultura clásica; su libro abunda en felices imitaciones de los poetas antiguos, especialmente de Virgilio; [1] aun en la misma *Canción de Nerea* parece que hay reminiscencias de la égloga IX:

«Huc ades, o Galatea; quis est nam ludus in undis?
Hic ver purpureum; varios hic flumina circum
Fundit humus flores...
Huc ades: insani feriant sine littora fluctus...»

Ninfa hermosa, no te vea
Jugar con el mar horrendo...
Huye del mar, Galatea,
Como estás de Licio huyendo.

Ven conmigo al bosque ameno
Y al apacible sombrío
De olorosas flores lleno,
Do en el día más sereno
No es enojoso el estío...

Huye los soberbios mares,
Ven, verás cómo cantamos
Tan deleitosos cantares,
Que los más duros pesares
Suspendemos y engañamos...

y no me parece impropio, por consiguiente, incluirla en este género, aun a riesgo de faltar al tecnicismo retórico.

[1] Además de la descripción de la tempestad en las prosas del libro primero, imitada del primero de la *Eneida*, son de origen virgiliano estos versos de la *Carta de Fileno a Ismenia* (lib. II):

Pues en cantar, no me espanto
De Amphion el escogido,
Pues mejores que él han sido
Confundidos con mi canto.

Aro muy grande comarca,
Y en montes propios y extraños
Pascen muy grandes rebaños
Almagrados de mi marca.

Mille meae Siculis errant in montibus agnae,
....
Canto, quae solitus, si quando armenta vocabat,
Amphion Dircaeus in Actaeo Aracyntho

(Egl. II)

Y, sin embargo, ésta no es poesía artificial ni de escuela. El sentimiento de la antigüedad la penetra hondamente, la diáfana serenidad del paisaje es clásica de todo punto, pero ese paisaje es el de la costa de Valencia, que el poeta comprende y siente con filial cariño; y el mar, la atmósfera, el suelo de aquella deleitosa ribera parece que le arrullan de consuno, dando a su estilo una transparencia dorada y luminosa, una gracia muelle y ondulante, un ritmo tan ágil y al mismo tiempo tan espontáneo y dulce, una tan suave visión de los aspectos más risueños de la naturaleza levantina, que verdaderamente se sumerge el ánimo en una especie de éxtasis al manso y regalado son de aquellas quintillas, entre las cuales algunas llegan a la perfección de lo sencillo:

> ¡Qué pasatiempo mayor
> Orilla el mar puede hallarse
> Que escuchar el ruiseñor,
> Coger la olorosa flor
> Y en pura fuente bañarse!

Una combinación métrica de las más nacionales, pero que por su misma facilidad y soltura se presta al desaliño y a la insulsa verbosidad, quedó ennoblecida en estas quintillas de Gil Polo, que trabajó aquella materia blanda y esponjosa como trabajaban el barro los maestros de la cerámica antigua.

Tanto por las cualidades nativas de su ingenio tan fácil, ameno y gracioso, como por el amor a la tierra natal. Gil Polo es uno de los poetas más valencianos que han existido. No se harta de encarecer «la fertilidad del abundoso suelo, la amenidad de la »siempre florida campaña, la belleza de los más encumbrados »montes, los sombríos de las verdes sylvas, la suavidad de las »claras fuentes, la melodía de las cantadoras aves, la frescura de »los suaves vientos, la riqueza de los provechosos ganados, la her- »mosura de los poblados lugares, la blandura de las amigables »gentes, la extrañeza de los sumptuosos templos y otras muchas »cosas con que es aquella tierra celebrada». En este amor regional, que es el alma escondida del libro de Gil Polo, está inspirado el siguiente soneto, menos conocido de lo que merece:

> Recoge a los que aflige el mar airado,
> ¡Oh, Valentino! ¡oh, venturoso suelo!
> Donde jamás se cuaja el duro hielo
> Ni da Febo el trabajo acostumbrado.
>   Dichoso el que seguro y sin recelo
> De ser en fieras ondas anegado,
> Goza de la belleza de tu prado
> Y del favor de tu benigno cielo.
>   Con más fatiga el mar surca la nave
> Que el labrador cansado tus barbechos.
> ¡Oh, tierra! antes que el mar se ensorberbezca,
>   Recoge a los perdidos y deshechos,
> Para que cuando en Turia yo me lave,
> Estas malditas aguas aborrezca.

En este carácter local, en este valencianismo de Gil Polo, encuentro la mayor originalidad de su obra, que tiene algo de poema panegírico en que van entalladas las glorias de la que él llama «la »más deleitosa tierra y la más abundante de todas maneras de »placer de cuantas el sol con sus rayos escalienta». El río mismo, personificado al modo mitológico, el viejo Turia, que celebró Claudiano en el epitalamio de Serena: («Floribus et roseis formosus Turia ripis»), toma parte en esta apoteosis, tan propia del gusto del Renacimiento: «No mucho después vimos al viejo Turia salir »de una profundísima cueva, en su mano una urna o vaso muy »grande y bien labrado, su cabeza coronada con hojas de roble y »de laurel, los brazos vellosos, la barba limosa y encanecida,[1] »y sentándose en el suelo, reclinado sobre la urna, y derramando »della abundancia de clarísimas aguas, levantando la ronca y »congojada voz, cantó desta manera:

---

[1] También en esta descripción del río parece que se acordó Gil Polo de otros versos de Claudiano, aquellos del poema *sobre el sexto consulado de Honorio*, v. 159 que tan espléndidamente imitó Hernando de Herrera en su *Canción a San Fernando:*

> ...ille caput placidis sublime fluentis
> Extulit, et totis lucem spargentia ripis
> Aurea roranti micuerunt cornua vultu.
> Non illi madidum vulgaris arundine crinem
> Velat honos, rami caput umbravere virentes
> Heliadum, totisque fluunt electra capillis.

Regad el venturoso y fértil suelo,
Corrientes aguas, puras y abundosas,
Dad a las hierbas y árboles consuelo
Y frescas sostened flores y rosas;
Y ansí, con el favor del alto cielo,
Tendré yo mis riberas tan hermosas,
Que grande envidia habrán de mi corona
El Pado, el Mincio, el Ródano y Garona...»

El *Canto de Turia* (no *del Turia*), compuesto en octavas reales, no todas buenas, es un vaticinio de «los varones célebres y extraños», que en tiempos venideros habían de ilustrar sus márgenes: pontífices como Calixto y Alejandro, hombres de guerra como los Borjas y Moncadas, filósofos y humanistas como Vives, Honorato Juan y Núñez; poetas en gran número, comenzando por Ausías March, el más grande de todos. Hasta 54 son, salvo error, los nombres que conmemora Gil Polo, ilustres algunos, oscurísimos otros, siendo para todos uniforme y monótona la alabanza, principal escollo de este género de catálogos rimados. Ya don Luis Zapata en su *Carlo Famoso* (canto XXXVIII) y Nicolás de Espinosa en su *Segunda Parte de Orlando* (canto XV) habían introducido los loores de algunos ingenios contemporáneos suyos, siguiendo en esto, como en lo demás, las huellas del Ariosto; pero pienso que la *Canción de Orfeo* de Montemayor fué la que verdaderamente sugirió a Gil Polo la idea del *Canto de Turia*, aunque el poeta portugués celebre a las damas y el valenciano a los escritores y poetas principalmente. Su poema sirvió desde luego de modelo al *Canto de Caliope* de Cervantes, que tanto admiraba a Gil Polo, y andando los tiempos tuvo la suerte de ser ilustrado con selecta y recóndita erudición por uno de los varones más doctos y beneméritos del siglo XVIII, don Francisco Cerdá y Rico, de quien son las notas insertas en la edición de Sancha de 1778, aunque a ellas contribuyeron en gran manera los hermanos Mayans, don Gregorio y don Juan Antonio, especialmente el segundo. Estas notas fueron un complemento utilísimo a las dos *Bibliotecas Valencianas* de Rodríguez y Ximeno, preparando el terreno para la de Fuster, y en un concepto todavía más general puede decirse que fueron el primer ensayo histórico sobre una parte de la poesía catalana, llamada entonces impropiamente lemosina. Todavía los catalanistas y valencianistas de nuestro tiempo han encontrado mucho que espigar en estas notas, y nunca se recurre a ellas sin provecho. Para la historia del humanismo español del siglo XVI encierran también curiosos documentos.

Pero no conviene dejar enterrada la *Diana* bajo el imponente aparato de su comentador, que casi triplicó su volumen. Por sí sola merece tener lectores, y los ha logrado siempre, no sólo en la tierra donde nació, sino entre todos los finos estimadores de la poesía castellana. Sólo en las pastorales de Lope de Vega y del obispo Valbuena se encontrarán versos que igualen o superen a los de la *Diana Enamorada*; pero el gusto de Gil Polo es más seguro, menos empañado por las sombras de la afectación o del desaliño. De todos nuestros poetas bucólicos es el más parecido a Garcilaso, en cuya lectura estaba tan empapado que le acontece copiar de él versos enteros, maquinalmente sin duda. La elegancia y cultura inafectada de Garcilaso, su delicadeza en la expresión de afectos, la limpieza y tersura de su dicción, la melodía pura y fácil de sus versos, han pasado felizmente al imitador, que a veces se confunde con él. Los ecos de la zampoña de Sireno y de Arsileo no sonarían mal mezclados con los de Salicio y Nemoroso, con los de Tirreno y Alcino. Véanse algunas muestras:

>   Las mansas ovejuelas van huyendo
>   Los carniceros lobos, que pretenden
>   Sus carnes engordar con pasto ajeno.
>   Las benignas palomas se defienden
>   Y se recogen todas en oyendo
>   El bravo son del espantoso trueno...
>   ....

>   ¿Viste jamás un rayo poderoso,
>   Cuyo furor el roble antiguo hiende?
>   Tan fuerte, tan terrible y riguroso
>   Es el ardor que l'alma triste enciende
>   ¿Viste el poder de un río poderoso
>   Que de un peñasco altísimo desciende?
>   Tan brava, tan soberbia y alterada
>   Dïana me parece estando airada.
>   ....

¿Viste la nieve en haldas de una sierra
Con los solares rayos derretida?
Ansi deshecha y puesta por la tierra
Al rayo de mi estrella está mi vida.
¿Viste en alguna fiera y cruda guerra
Algún simple pastor puesto en huída?
Con no menos temor vivo cuitado
De mis ovelas propias olvidado...
....

Tauriso

Junto a la clara fuente
Sentada con su esposo
La pérfida Dïana estaba un día,
Y yo a mi mal presente
Tras un jaral umbroso,
Muriendo de dolor de lo que vía.
Él nada le decía,
Mas con mano grosera
Trabó la delicada
A torno fabricada
Y estuvo un rato así que no debiera.
Y yo tal cosa viendo,
De ira mortal y fiera envidia ardiendo.

Berardo

Un día al campo vino,
Aserenando el cielo,
La luz de perfectísimas mujeres,
Las hebras de oro fino
Cubiertas con un velo,
Prendido de dorados alfileres
Mil juegos y placeres
Pasaba con su esposo,
Yo tras un mirto estaba,
Y vi que él alargaba
La mano al blanco velo, y el hermoso
Cabello quedó suelto,
Y yo de vello en triste miedo envuelto.

No se limitó Gil Polo a cultivar magistralmente casi todos los metros largos y cortos usados en su tiempo, casi todas las combinaciones sin excluir la *rima percossa*[1] y los tercetos esdrújulos acreditados por el ejemplo de Sannázaro,[2] sino que fué un verdadero innovador métrico, que continuando la obra de Boscán y Garcilaso, intentó añadir nuevas cuerdas a la lira castellana. Dos tipos de estrofas líricas introdujo en nuestro Parnaso, dignas entrambas de haberle sobrevivido, aunque apenas han tenido imitadores. Una y otra son curiosas además porque prueban trato íntimo con literaturas poco conocidas o ya olvidadas en España. A la una llamó rimas *provenzales*, a la otra *versos franceses*. Es de presumir que por poetas provenzales entendiese los catalanes del último tiempo, únicos que es verosímil que hubiese leído; no creo, sin embargo, que abunde en ellos el tipo estrófico usado por dos veces en la *Diana*. Yo sólo recuerdo uno, no igual en el número de los versos, sí análogo por la combinación de endecasílabos y pentasílabos, en unos versos del notario barcelonés Antonio de Vallmanya, que obtuvo la joya en un certamen de 1457.[3] Los de Gil Polo son encantadores, y parecen nacidos para puestos en música:

---

[1] Usada ocasionalmente en el primer libro (p. 56 de la ed. de Sancha):

> Berardo, el mal que siento es de tal *arte*
> Que en todo tiempo y *parte* me consume...
> Tauriso, el alto cielo hizo tan *bella*
> Esta Dïana *estrella*, que en la *tierra*
> Con luz clara *destierra* mis tinieblas...

[2] *Tercos esdruccioles* los llama Gil Polo, que los usa una vez sola, a principio de una égloga del tercer libro (p. 114):

> Tauriso, el fresco viento que alegrándonos
> Murmura entre los árboles altíssimos,
> La vista y los oídos deleitándonos...

Ha de advertirse respecto a los esdrújulos de Gil Polo, Montemayor y en general de todos nuestros poetas del siglo XVI, que hay muchos que no lo son conforme a nuestra prosodia. Para que resulten, hay que leer los versos a la italiana.

> Yo trist per so que amant vos he servida
> Ab form'e gest de ver enamorat
> E mes valer tostemps be favorida
> De les millors ab cor no veriat,
> E mostrant-vos amor sens fantesia
>   Vos dins un dia
>   No'b colpa mia

Cuando con mil colores devisado
Viene el verano en el ameno suelo,
El campo hermoso está, sereno el cielo,
Rico el pastor y próspero el ganado,
Filomena por árboles floridos
Da sus gemidos,
Hay fuentes bellas,
Y en torno dellas
Cantos suaves
De Ninfas y aves;
Mas si Elvinia de allí sus ojos parte,
Habrá continuo hibierno en toda parte.

Cuando el helado cierzo de hermosura
Despoja hierbas, árboles y flores,
El canto dejan ya los ruiseñores,
Y queda el yermo campo sin verdura,
Mil horas son más largas que los días
Las noches frías,
Espesa niebla
Con la tiniebla
Escura y triste
El aire viste;
Mas salga Elvinia al campo y por doquiera
Renovará la alegre primavera.

....

Si Delia en perseguir silvestres fieras,
Con muy castos cuidados ocupada
Va de su hermosa escuadra acompañada
Buscando sotos, campos y riberas;
Napeas y Hamadryadas hermosas,
Con frescas rosas
Le van delante
Está triunfante
Con lo que tiene;
Pero si viene
Al bosque donde caza Elvinia mía,
Parecerá mejor su lozanía.

Y cuando aquellos miembros delicados
Se lavan en la fuente esclarecida,
Si allí Cintia estuviera, de corrida

Ab gran desdeny m'agués tot avorrit
Com fals delits d'aquest mon l'espirit.

....

(*L'obra de desconoxensa ab la qual lo predit Vallmanya gonyá la joya.*)
Vid. *Obras de D. Manuel Milá y Fontanals,* t. III, p. 197.

Los ojos abajara avergonzados,
Porque en la agua de aquella trasparente
Y clara fuente
El mármol fino y peregrino
Con beldad rara
Se figurara,
Y al atrevido Acteón, si la viera,
No en ciervo, pero en mármol convirtiera! [1]

Los que Gil Polo llama *versos franceses* son, como puede suponerse, alejandrinos, quizá los únicos que en todo el siglo XVI se compusieron en España, pero no dispuestos en la horrible forma de pareados, ni en el tetrástrofo monorrimo que nuestros poetas de *clerecía* usaban en los siglos medios, sino combinados con su hemistiquio, formando una estrofa de mucha amplitud y pompa lírica, que parece forjada sobre el modelo de alguna de las de Ronsard. En este metro compuso Gil Polo el epitalamio de Diana y Sireno, uno de los mejores trozos que hay en la *Diana:*

De flores matizadas se vista el verde prado,
Retumbe el hueco bosque de voces deleitosas,
Olor tengan más fino las coloradas rosas.
Floridos ramos mueva el viento sosegado.
El río apresurado
Sus aguas acreciente,

---

[1] No recuerdo que ningún poeta del siglo XVI imitara esta mezcla de endecasílabos con quebrados de cinco, más que Ginés Pérez de Hita, que escribió en este metro las lamentaciones de la reina de Granada *(Guerras Civiles,* cap. XV):

¡Fortuna, que en lo excelso de tu rueda
Con ilustrada pompa me pusiste!
¿Por qué de tanta gloria me abatiste?
Estable te estuvieras, firme y queda,
Y no abatirme así tan al profundo,
Adonde fundo
Dos mil querellas
A las estrellas,
Porque en mi daño
Un mal tamaño
Con influencia ardiente promovieron
Y en penas muy extrañas me pusieron...

Y pues tan libre queda la fatigada gente
Del congojoso llanto,
Moved, hermosas Ninfas, regocijado canto...

....

Casados venturosos, el poderoso cielo
Derrame en vuestros campos influjo favorable,
Y con dobladas crías en número admirable
Vuestros ganados crezcan cubriendo el ancho suelo.
No os dañe el crudo hielo
Los tiernos chivaticos,
Y tal cantidad de oro os haga a entrambos ricos,
Que no sepáis el cuánto.
Moved, hermosas Ninfas, regocijado canto...

....

Remeden vuestras voces las aves amorosas,
Los ventecicos suaves os hagan dulce fiesta,
Alégrese con veros el campo y la floresta,
Y os vengan a las manos las flores olorosas:
Los lirios y las rosas,
Jazmín y flor de Gnido,
La madreselva hermosa y el arrayán florido,
Narciso y amaranto.
Moved, hermosas Ninfas, regocijado canto...

El primor y lindeza de la mayor parte de las poesías contenidas en la *Diana* de Gil Polo han hecho que queden algo en la sombra los indisputables méritos de su prosa, muy culta, amena y limada, si bien no dejan de notarse en ella, lo mismo que en los versos, algunos giros y frases propios de la nativa lengua del autor y tal cual italianismo, que desdicen de la pureza con que generalmente escribió el castellano. Tales son las voces *tempesta* por tempestad y *superbos* por soberbios, alguna rima falsa por efecto de pronunciación valenciana:

Medres y *crescas*
En yerbas frescas,

y el extraño modismo *tan mala vez* por *inmediatamente después* dos veces repetido; pequeños lunares que sólo por curiosidad advertimos.

A la circunstancia fortuita de haber salido a luz primero y de ir unida a la obra de Montemayor debió la detestable *Diana* del salmantino Pérez el honor inmerecido de tener en lo antiguo muchas más ediciones que la de Gil Polo. Llegan a nueve, sin embargo, las que de ésta registran los bibliógrafos, comenzando por la rarísima de Valencia, 1564.[1] Pero trocándose la fortuna en el siglo XVIII, la *Diana* del poeta valenciano fué mucho más leída, encomiada y reimpresa que la de Montemayor. Aun antes que Cerdá y Rico renovara espléndidamente en la memoria de los doctos el nombre de su conterráneo, corría en Inglaterra una elegante reimpresión de 1739, dedicada a una señora estudiosa de nuestra lengua.[2] Posteriormente el texto de Cerdá ha sido reimpreso cuatro veces por lo menos,[3] lo cual prueba la popularidad persistente del libro y el recreo que todavía proporciona su lectura. No como obra acéfala, sino formando cuerpo con las otras dos *Dianas,* fué traducida al francés por Gabriel Chappuis y Anto-

---

[1] No he visto esta primera edición, pero sí la siguiente:
Primera parte de Diana Enamorada. Cinco libros que prosiguen los siete de la Diana de Iorge Monte Mayor. Compuestos por Gaspar Gil Polo, dirigidos a la muy ilustre Señora Doña Hieronima de Castro y Bolea. En Anvers. En casa de la Biuda y herederos de Iuan Stelsio, 1567.—12º

—Anvers, Gil Stelsio, 1574.

—París. Roberto Esteban, 1574 (citada por Fuster).

—Zaragoza, Juan Millán, 1577 (acaso sea la misma que Cerdá cita como de Lérida).

—Pamplona, Tomás Porralis, 1578 (unida a las otras dos *Dianas* de Montemayor y Alonso Pérez).

—París, Roberto Esteban, 1611.

——Bruselas, Roger Velpio y Huberto Antonio, 1617.

[2] Cuidó de esta edición, impresa por Tomás Woodward y dedicada a doña Isabel Sutton, el judío español Pedro de Pineda, a quien luego citaremos como editor de Lofrasso.

[3] *La Diana Enamorada... Nueva impression con notas al canto de Turia* (Madrid, por don Antonio de Sancha, 1778). Con una lámina de Carnicer grabada por Fabregat.

—Madrid, Sancha, 1802, con las notas de Cerdá.

—Madrid, Repullés, 1802.

—París, Imp. de Gaultier - Laguionie, 1827, 16º Edición muy elegante costeada por don Joaquín Mª Ferrer.

—Valencia, J. Mª Ayoldi, 1862 (Es el tomo primero, y único publicado, del *Parnaso de ingenios valencianos; colección de las más célebres obras literarias de nuestros antiguos poetas).*

—Barcelona, Cortezo y Cª, 1886 (al fin de la *Diana* de Montemayor)

nio de Vitray, al inglés por Bartolomé Yong, al alemán por Kuffstein y Harsdöfer. Todas estas versiones quedan indicadas al hablar de Montemayor.

Pero hay una especial de la *Diana* de Gil Polo, que tanto por la lengua en que fué escrita como por su rareza y particulares circunstancias, reclama más individual mención. Me refiero a la latina que publicó en Hannover, 1625, el docto y extravagante humanista alemán Gaspar Barth, en quien algunos han creído sin fundamento ver el prototipo del Licenciado Vidriera. Era Barth sumamente versado en nuestra literatura y fino estimador de ella, como lo mostró traduciendo y comentando prolijamente la *Celestina* con el título de *Pornoboscodidascalus* (1624). A la traducción de la *Diana* de Gil Polo, puso el rótulo de *Erotodidascalus sive Nemoralium libri V*,[1] y en el prólogo hizo de ella el más caluroso elogio. «Es composición egregia (dice) y que si hubiese sido escrita en lengua latina o griega, hace muchos siglos, estaría hoy contada entre los poemas clásicos del amor. Hay en ella admirables sentencias, tomadas de la experiencia de la vida, y en esta parte juzgo que el autor arrebata la palma a todos los demás que han tratado de análoga materia. El argumento del libro nada tiene de torpe o deshonesto: achaque de que suelen adolecer no pocos monumentos de los antiguos escritores. Las historias están limpiamente narradas, sin obscenidad alguna, y entretejidas con mucha gracia artificiosa y suave. No hay que buscar aquí alusiones y dichos picantes, o más bien procaces y lascivos. Los versos parecen nacidos bajo el más favorable influjo de las Musas y de las Gracias, de tal modo que sin escrúpulo podemos oponer las invenciones de este autor a las de los más felices poetas».[2]

---

[1] *Gasp. Barthi Erotodidascalus, sive Nemoralium Libri V. Ad Hispanicvm Gasparis Gilli Poli. Cum figuris aeneis. Hanoviae, Typis Wechelianis, apud Danielem et Davidem Aubrios et Clementem Schleichium. Anno M.D.C. XXV.* 8º, 6 hs. prels. sin foliar y 315 pp. Con una lámina en cada uno de los libros.

[2] *Egregia vero compositio est, et quae si Graeco Latinove sermone ante aliquot haec secula concepta fuisset, dubio procul cum principibus scriptorum amabilium censeretur jam olim. Monita insunt insignia, et ex medio rerum usu petita, quae palmam merito omnibus aliis eripere censentur. Scopus*

El filósofo de Brandeburgo traduce con suma puntualidad el texto de Gil Polo, suprimiendo sólo el *Canto de Turia*, sobre el cual pone en castellano esta curiosa acotación: «El siguiente »canto para [por] ser hecho a las alabanças de Varones muy se-»ñalados del Reyno de Valencia, cuyos nombres y virtuosas atio-»nes no son conoscidas en otras tierras, no es traducido *para* [en] »Latin, como los otros hasta a esse, tratantes cosas de Amores »pastoriles y plazeres de Nymfas enamoradas, donde las ficiones »tocan a todos los hombres sujetos al poder del valeroso Cupido »y su madre la más renombrada Diosa de los Poetas.»

Todo lo demás está vertido a la letra, la prosa en prosa, los versos en verso, procurando remedar la variedad métrica del original. Para que se juzgue de tan singular ensayo copio en nota una parte de la *Canción de Nerea*, que, por ser tan conocido el texto español, se presta fácilmente al cotejo.[1]

---

ipse libelli minime turpis aut faeditatis consectator est; quo vitio non pauca etiam antiquorum, scriptorum monumenta vere prudentibus sordere debent Historiae obiter recensitae, nulla prorsus obscaenitate, multâ vero venere artificiose et suaviter, nejuncturam videas, intextae. Procul omnis sermonis et allusionum, quae vernilitas dicitur, reipsa autem lascivia est. Carmine faventibus adeo Musis et Gratiis nata, ut horum inventiones potissimun omnis memoriae artificibus, hoc quidem in genere, opponere velim.

Prometió también Gaspar Barth traducir la *Diana* de Montemayor, pero no hallo que cumpliese su promesa.

[1]
Per prata felix quae rigat virentia
  Guadalaviar, fluviûm parens,
Vectigal undarum inferens ponto suum,
  Terrasque ditans ubere,
Galatea, fastuosa quod mori suo
  Amore Lycium cerneret,
Ibat superba, littus ubi vicinia
  Eluitur allapsi maris.
Lectura, pictos nunc lapillorum globos,
  Conchasque arenarum e sinu:
Nunc voce cautes delicatâ personans,
  Vicario undarum sono:
Modo ingruentis agmen expectans aquae,
  Sedebat ad littus vagum.
Fluctu reverso praepete aufugiens gradu,
  Sed tacta saepe album pedem.

La moda de escribir continuaciones de la *Diana* no terminó con Alonso Pérez y Gil Polo. Hubo dos terceras *Dianas,* y una de ellas llegó a imprimirse. Fué su autor, o más bien compilador desvergonzado, un tal Jerónimo de Tejeda, intérprete de lengua

> Formosa nimpha, non ego te viderim
> Cum fluctibus colludere.
> Licet voluptas ista videatur tibi,
> Fuge pontum, io, pontum fuge,
> Galatea, Lycium ut efferâ fugis fugâ;
> Parce, ô puella, his lusibus.
> Nostri doloris hisce succrescit furor,
> Nolis malum addere hoc meis.
> Pelago propinquam te videns, Neptuno ego
> Invideo, ne te amaverit...
> ....
> Relinque siccum littus, algas horrido
> Infructuosas gramine.
> Cave, marina ne qua bellua, evolans,
> Foedo ore vulnus inferat.
> ....
> Exsultim adire littus adspicio? subit
> Europa memoriam mihi,
> Quam candidus bos insidentem per mare
> Avexit in moechi torum.
> Subit deinde Hyppolitus, ut fastu tumens
> Spretor novercae, perierit.
> Viso ille monstro, raptus in mille, aequoris
> Frustrà pudicus, fragmina est.
> ....
> Ades hanc amoenam mecum, iò, sub silvulam,
> Umbrosa in ista compita,
> Et prata florum mille odora generibus,
> Meridies ipsa hîc tepet!
> Si capit aquarum te fluor, videas ibi
> Fontem scatere limpidum.
> Is inter omnes primus, exspectat modô
> In eo lavere bella tu.
> In siccâ arenâ hac, vela non suffecerint,
> Nulla umbra faciem contegat,
> Quin sole aprico denigrere candidam,
> Sic forma perierit decens.
> Nullae Camoenae hic mulceant, sed turbidi
> Atrox tumultus marmoris.
> Ventorum inane per furentium tumor

castellana en París. No he visto la edición de 1587, citada por los traductores de Ticknor, pero sí otra de 1627, que existe en la Biblioteca Nacional entre los libros que fueron de Gayangos.[1] A otro ejemplar de la misma se refiere el Dr. Hugo Rennert en su precioso opúsculo sobre la novela pastoril, donde ha desmenuzado el libro de Tejeda, mostrando que es un puro plagio.[2] Todas las poesías están tomadas de Gil Polo, a excepción de dos o tres composiciones cortas. La prosa de los cuatro primeros libros tiene el mismo origen, con algunos cambios infelices y disparatados. En el quinto libro zurce Tejeda la historia de Amaranto y Dorotea, imitada de la *Diana* de Alonso Pérez. En el sexto, Parisiles, personaje de la misma *Diana*, refiere la historia del Cid. Completan esta fastidiosísima rapsodia otros episodios de la leyenda nacional, tales como la historia de los Abencerrajes y el tributo de las cien doncellas.

Auaeque fundo prorutae,
Inaudiuntur; visui nil gratius
Obfertur, ac fracto maris
Furore tandem, naufragas ponto procul
Tabulas videre vertire.
At, ô, sub istud mî comes veni nemus,
Natura quod comit bonis.
Meridianum blanda quo sidus movet,
Sole ardido friguscula.
Huc creba pastorum ingruunt collegia,
Veris potita gaudiis.
Fuge ô superbi vim maris; dulces veni
Audire voces Carminum.
Hîc, cura quicquid ardua ingerit, procul
Removemus, ac suspendimus...

Ni un rastro ni una línea de la inimitable gracia del original queda en esta reproducción pedantesca.

[1] *La Diana de Montemayor, Nuevamente compuesta por Hyeronymo de Texeda Castellano, interprete de lenguas, residente en la villa de Paris, do se da fin a las Historias de la Primera y Segunda Parte. Dirigida al Excellentissimo Señor Don Francisco de Guisa, Principe de Ionuille. Tercera Parte. A Paris, impressa a costa del Auctor M.DC.XXVII. Con Privilegio Real.*

Un tomo en 8º, que realmente comprende dos volúmenes, el primero de 346 pp. y el segundo de 394.

[2] *The Spanish Pastoral Romances*, pp. 39-42.

Tejeda manifiesta la ignorancia más supina hasta en el modo de copiar los versos ajenos. Era, sin duda, un aventurero famélico, que procuró remediar su laceria con el producto de esta piratería literaria.

Antes de él, un cierto Gabriel Hernández, vecino de Granada, había obtenido en 28 de enero de 1582 privilegio por diez años para imprimir *una tercera parte de la Diana,* fruto de su ingenio; pero tal impresión no llegó a verificarse, si bien consta que Hernández traspasó en quinientos reales su privilegio al librero Blas de Robles en 8 de agosto del mismo año. Debo esta noticia, hasta ahora enteramente desconocida, al docto investigador don Cristóbal Pérez Pastor, que con tan peregrinos datos a enriquecido nuestros anales literarios de los siglos XVI y XVII. [1]

Ya hemos tenido ocasión de mencionar el rarísimo libro de la *Clara Diana a lo divino,* publicado en 1582 por el cisterciense Fr. Bartolomé Ponce, a quien debemos la noticia más positiva de la muerte de Montemayor. Las *Dianas,* que a los lectores de hoy parecen tan insulsas y candorosas, no satisfacían ni mucho menos los escrúpulos de los moralistas del siglo XVI. Malón de Chaide, por ejemplo, las incluía en la misma condenación que a los libros de caballerías: «¿Qué ha de hacer la doncellica que apenas sabe »andar, y ya trae una *Diana* en la faldriquera? Si (como dijo el

---

[1] Poder de Gabriel Hernández, vecino de Granada, estante en Salamanca, autor de la tercera parte de Diana, y con priv. de impresion por 10 años (Cédula dada en Lisboa a 28 de enero de 1582), a Juan Arias de Mansilla, vecino de Granada, estante en Madrid, para traspasar el privilegio y concertar la impresión de dicho libro.

Salamanca, 4 agosto 1582.

(Ante Fr.co Ruano, escrib.º de Salamanca.)

Venta que Iuan Arias de Mansilla hace, en nombre de Gabriel Hernándes, del original de la *Tercera Parte de Diana,* más el privilegio por 10 años en favor de Blas de Robles, librero, y en precio de 500 reales, que le ha de pagar y además le ha de dar 12 pares de cuerpos del dicho libro ya impreso.

Madrid, 8 agosto 1582.

Obligación de Blas de Robles de pagar a Juan Arias de Mansilla 500 reales en dos plazos, fin de octubre y fin de diciembre de este año.

Madrid, 17 agosto 1582. (Prot.º de Juan García de Munilla, 1580 a 86, folios 193, 194 y 197.) [Cf. Ad. Vol. II.]

»otro poeta) el vaso nuevo se empapa y conserva mucho tiempo el
»sabor del primer licor que en él se echase, siendo un niño y una
»niña vasos nuevos, y echando en ellos vino venenoso, ¿no es cosa
»clara que guardarán aquel sabor largo tiempo? Y ¿cómo cabrán
»allí el vino del Espíritu Santo y el de las viñas de Sodoma (que
»dijo allá Moisés)? ¿Cómo dirá *Pater noster* en las *Horas* la que
»acaba de sepultar a Piramo y Tisbe en *Diana?* ¿Cómo se recogerá
»a pensar en Dios un rato la que ha gastado muchos en Garcila-
»so? ¿Cómo? Y ¿honesto se llama el libro que enseña a decir una
»razón y responder a otra, y a saber por qué término se han de
»tratar los amores? Allí se aprenden las desenvolturas y las sol-
»turas y las bachillerías, y náceles un deseo de ser servidas y re-
»cuestadas, como lo fueron aquellas que han leído en estos sus
»*Flos Sanctorum;* y de ahí vienen a ruines y torpes imaginaciones,
»y destas a los conciertos o desconciertos, con que se pierden a sí
»y afrentan las casas de sus padres y les dan desventurada vejez;
»y la merecen los malos padres y las infames madres que no supie-
»ron criar sus hijas, ni fueron para quemalles estos libros en las
»manos. Los *Cantares* que hizo Salomón más honestos son que sus
»*Dianas:* el Espíritu Santo los amparó; el más sabio de los hombres
»los escribió; entre esposo y esposa son las razones; todo lo que hay
»alli es casto, limpio, santo, divino y celestial y lleno de misterios;
»y con todo eso, no daban licencia los hebreos a los mozos para
»que los leyesen hasta que fuesen de más madura edad. Pues
»¿qué hicieran de los que son faltos de tantas circunstancias de
»abonos como tienen los *Cantares* en su favor? Esto es para des-
»engañar a los que se toman licencia de leer en tales libros con
»decir que son honestos. [1]

El P. Ponce, que sin duda pensaba lo mismo que el elocuente
y pintoresco autor de *La Conversión de la Magdalena,* pero al
propio tiempo admiraba sobremanera el talento poético de Jorge
de Montemayor, quiso buscar antídoto al veneno de la amorosa
pasión, valiéndose del medio de parodiar en sentido místico la
obra de su adversario y aplicar a los loores de la Santísima Virgen

---

[1] *Libro de la Conversión de la Magdalena.* Lisboa, 1601, folio 3.

los encarecimientos que hace aquél de la belleza profana. Siguió pues, el mismo rumbo que los autores de libros de *Caballería celestial*, el mismo que Sebastián de Córdoba en su *Boscán y Garcilaso a lo divino* (1575) o don Juan de Andosilla Larramendi en el extraño centón a que dió el título de *Cristo Nuestro Señor en la Cruz hallado en los versos de Garcilaso* (1628). Pero no empeñándose como éstos en la tarea absurda de seguir paso a paso y verso por verso la obra que parodiaba, hizo de la *Clara Diana* un libro no enteramente despreciable, a lo menos por la pureza y abundancia de su prosa. Los versos valen poco. [1]

De las novelas pastoriles posteriores a Montemayor y Gil Polo, la primera en orden cronológico es la del soldado sardo Antonio de Lofrasso, que lleva por título *Los diez libros de la fortuna de amor*, obra de las más raras y de las más absurdas de nuestra literatura que salió de las prensas de Barcelona en 1573. [2] Su principal celebridad la debe a estas palabras del cura en el donoso escrutinio de los libros de Don Quijote: «Por las órdenes que rece-

---

[1] *Primera parte de La Clara Diana, repartida en siete libros, compuestos por el muy reverendo Padre Fr. Bartolomé Ponce, monje del monesterio de Sancta Fe, del sacro orden del Cistel. Dirigida al sabio y prudente lector... Impreso en la villa de Epila por Tomás Porralis*, 1580. 8º (Núm. 3.500 de Gallardo).
—Zaragoza, 1582.
—Zaragoza, 1599, por Lorenzo de Robles.
Hay del mismo autor otro libro no menos raro, titulado *Puerta Real de la inexcusable muerte* (Salamanca, 1595, por J. y Andrés Renaut, a costa de Claudio Curlet, saboyano). Está dividido en siete diálogos, con algunos versos intercalados, y contiene la vida del obispo de Osma, don Pedro de Acosta.

[2] *Los diez libros de Fortuna d'Amor, compuestos por Antonio de lo Frasso, militar, sardo, de la ciudad de Lalguer, donde hallaran los honestos y apasibles amores del pastor Frexano y de la hermosa pastora Fortuna, cō mucha variedad de inuēciones poéticas historiadas. Y la sabrosa historia de don Floricio y de la pastora Argentina. Y una inuencion de justas reales y tres triumphos de damas, Dirigido al ill.ᵐᵒ S. don Luis Carroz y de Centellas, Conde de Quirra y Señor de las baronias de Centellas* (Escudo del Mecenas). *Impreso en Barcelona, en casa de Pedro Malo, impresor, con licencia de su Señoria Reuerendissima.*
El año consta en el colofón, que está al reverso del folio 344: «acabose »a primero de Março año del Señor 1573».

»bí... que desde que Apolo fué Apolo, y las Musas Musas, y los
»poetas poetas, tan gracioso ni tan disparatado libro como ese
»no se ha compuesto, y que por su camino es el mejor y el más
»único de cuantos deste género han salido a la luz del mundo, y el
»que no le ha leído puede hacer cuenta que no ha leído jamás
»cosa de gusto; dádmele acá, compadre, que precio más haberle
»hallado que si me diesen una sotana de raja de Florencia; púsole
»aparte con grandíssimo gusto». [1]

Buen chasco se llevaría el que fiándose de esta burlesca recomendación se enfrascase en la lectura del libro de Lofrasso, donde si bien aparece lo disparatado por cualquier parte que se le abra, es imposible tropezar con lo gracioso por ninguna. Se conoce que Cervantes, con el alma cándida y buena que suelen tener los hombres verdaderamente grandes, sentía cierto infantil regocijo con la lectura de disparates que a un lector vulgar hubieran infundido tedio. Porque Lofrasso merece con toda justicia los calificativos de «poeta inculto y memo» que le da Pellicer, no sólo por lo rudo de su invención y la rusticidad de sus versos, sino por infringir a cada momento en ellos las reglas más elementales de la prosodia, de tal modo que apenas hay ninguno que lo sea, o por sobra o por falta de sílabas, o por no tener la acentuación debida. [2]

---

[1] Cervantes debía de tener tan leído a Lofrasso, que de él tomó probablemente el nombre de Dulcinea. En el libro sexto figuran un pastor llamado *Dulcineo* y una pastora *Dulcina* (tomo II de la edición de Londres, páginas 48 y 49).

[2] Los versos cortos no suelen estar mal medidos como los de arte mayor, pero son tan insulsos como ellos. Júzguese por esta canción, que es de lo menos malo que he encontrado (tomo I de la edición de Londres, páginas 68 y 69):

¿A dónde vas, di, pastor,
Con tu ganado?
Voy al prado de amor
Por mi pecado.
   Dicen que es prado abundoso
De mil flores,
Apacible y *congojoso*
En olores (¡).
Pensaba estar sin amores
Descansado,

Y soy del arco de Venus
Condenado.
   Estando en mi cabaña
A placer,
Vi pasar zagala extraña
A mi ver.
Luego moviome un querer
Desatinado,
En el prado de amor,
Por mi pecado.

Además, el lenguaje está plagado de solecismos, que delatan el origen extranjero y la corta educación del autor. La prosa puede presentarse como un dechado de pesadez, siendo Lofrasso tan inhábil en la construcción de los períodos que más de una vez le acontece escribir de seguido cinco o seis páginas sin un solo punto final.[1] Del argumento de la obra no se hable, porque realmente no existe.

Increíble parece que obra tan necia e impertinente obtuviera en Inglaterra, a mediados del siglo XVIII, los honores de una edición ilustrada y lujosa.[2] Tuvo la extravagancia de hacerla un

   Dixo tenía entendidas   ¡Ay falsas de corazones
   Mis razones,   Y estado!
   Y que tenía por fingidas   ¿No veis mi mal en canciones
   Mis pasiones.   Publicado?

 No es menos ridículo este cartel contra el Amor, que se halla en el libro 6º, p. 14:

   Yo descontento pastor,   En demostrarse tirano,
   Que los contentos desvío,   Le desafío armado:
   Al gran contento de Amor,   ¡Ea presto!
   Enemigo mío mayor,   Que yo quiero ver su gesto,
   Dende ahora desafio   Pues jamás lo he conoscido,
   Mano a mano.   Ya que del amor honesto
    Pues se hace soberano   Me hallo en todo esto
   Del gobierno de mi prado,   Cruelmente ofendido,
   Ya que ha sido liviano   Noche y día...

 Pero basta de necedades, que no dejan de serlo por estar en un libro rarísimo.

---

[1] Tal acontece, por ejemplo, desde la página 237 hasta la 243 del libro 9º en el tomo II de la edición de Londres.

[2] *Los diez libros de Fortuna de Amor, divididos en dos tomos... Dirigidos a mi Señora Doña Emilia Mason, por el que a revisto, enmendado, puesto en buen orden y corregido a Don Quixote, impreso por J. Tonson, a la Diana enamorada de Gil Polo, pues es el mismo que publicó una Gramática por la Lengua Española, y un Diccinario* (sic) *por el mismo eféto... Impresso en Londres por Henrique Chopel, librero en dicha ciudad. Año 1740.*
Dos tomos en 4º con diez láminas, además de un supuesto retrato de Lofrasso, que debe ser el de algún caballero inglés del tiempo de Carlos II.
 El disparatado prólogo de Pineda está en el tomo II. En él se queja amargamente de «dos mequetrefes, el uno un fraile desfrailado y el otro »un inglés aljamiado», que procuraban quitarle la ganancia de sus libros.

judío de origen español, Pedro de Pineda, intérprete o maestro de lengua castellana, conocido por su diccionario inglés-español y por haber corregido con bastante esmero el texto de la famosa edición del *Quijote* hecha en Londres en 1738, bajo los auspicios de lord Carteret. Pineda, tomando al parecer por lo serio las palabras del cura, buscó afanoso el libro de Lofrasso, tan raro ya en aquella fecha, que compara su hallazgo con el de la piedra filosofal, y ora fuese por ignorancia y falta de gusto, ora por explotar la codicia bibliománica, no dudó en estamparle de nuevo, con láminas bastante bien grabadas, aunque de tan ridícula composición como el texto. A sus ojos no podía menos de ser producción muy apreciable por su «bondad, elegancia y agudeza», la que había encomiado el «águila de la lengua española Miguel de Cervantes». Sin duda no había tropezado nunca Pineda con el *Viaje del Parnaso*, en que Cervantes, tan indulgente de continuo, se encarniza más que con ningún otro poeta con el desventurado Lofrasso:

>   Miren si puede en la galera hallarse
> Algún poeta desdichado, acaso,
> Que a las fieras gargantas puede darse.
>   Buscáronle, y hallaron a Lofraso,
> Poeta militar, sardo, que estaba
> Desmayado a un rincón, marchito y laso.
>   Que a su diez libros, de Fortuna andaba
> Añadiendo otros diez, y el tiempo escoge
> Que más desocupado se mostraba.
>   Gritó la chusma toda: —«Al mar se arroje.
> Vaya Lofraso al mar sin resistencia.»
> —«Par Dios, dijo Mercurio, que me enoje.
>   »¿Cómo, y no será cargo de conciencia,
> Y grande, echar al mar tanta poesía,
> Puesto que aquí nos hunda su inclemencia?
>   »Viva Lofraso, en tanto que dé al día
> Apolo luz, y en tanto que los hombres
> Tengan discreta, alegre fantasía.
>   »Tócante a ti ¡oh, Lofraso! los renombres
> Y epítetos de agudo y de sincero,
> Y gusto que mi cómitre te nombres.»
>   Esto dijo Mercurio al caballero,
> El cual en la crujía en pie se puso,
> Con un rebenque despiadado y fiero.

> Creo que de sus versos le compuso,
> Y no sé cómo fué, que en un momento
> (O ya el cielo o Lofraso lo dispuso)
> Salimos del estrecho a salvamento,
> Sin arrojar al mar poeta alguno:
> Tanto del sardo fué el merecimiento.

Así en el capítulo III, y luego en el VII, vuelve a la carga contra Lofrasso, contándole en el número de los que desertaron de las banderas del divino Apolo para unirse al ejército enemigo

> Tú, sardo militar Lofraso, fuiste
> Uno de aquellos bárbaros corrientes
> Que del contrario el número creciste.

Pero como no hay libro tan malo que no contenga alguna cosa útil, hay en el de este bárbaro *grafómano* algunas curiosidades filológicas e históricas, que el erudito no debe desdeñar. Curiosa es la persona misma del autor, español a medias, nacido en una isla italiana, donde la soberanía de nuestra lengua, aun en el uso oficial, llegó a arraigarse de tal suerte, que sobrevivió a nuestra dominación política, y todavía se conservaba muy entrado el siglo XVIII. [1] Lofrasso escribió en castellano como otros muchos compatriotas suyos, por ejemplo, el poeta Litala y Castelví y el Marqués de San Felipe, historiador de la guerra de Sucesión. Pero su lengua nativa no era ésta, ni tampoco el dialecto de la isla, sino el catalán, que entonces como ahora se hablaba en la ciudad de Alguer, de donde era hijo. Su libro contiene dos poesías en dialecto sardo [2]

---

[1] Véase la *Bibliografía española de Cerdeña*, por don Eduardo Toda, obra premiada por la Biblioteca Nacional en el concurso de 1887 (Madrid, año 1890).

[2] Una de ellas es el siguiente soneto, que transcribo conforme a la edición de Londres (tomo I, pp. 284-285), enmendando algo la puntuación:

> Cando si det finire custu ardente
> Fogu qui su coro gia mat bruxádu?
> Cum sanima mesquina qui su fiádu,
> Mi mancat vistu, non poto niente.
> Chiaru Sole et Luna relugente
> Prite mis tenes tristu abandonadu,

y una sola en catalán;[1] pero en la misma lengua está también el acróstico que forman las iniciales de los cincuenta y seis tercetos del *Testamento de amor*, en esta forma: «*Antony de Lofraso sart de Lalguer me feyct estant en Barselona en lany myl y sincasents setanta y dos per dar fy al present libre de Fortuna de Amor compost per servycy del ylustre y my señor Conte de Quirra.*»

A semejanza de los demás autores de novelas pastorales, que gustaron de dejar en ellas algún recuerdo de su tierra natal o de las extrañas en que habían amado y cantado, Lofrasso encabeza su libro con una curiosa descripción de la isla de Cerdeña, extendiéndose en la ponderación de sus minas y de sus pesquerías de coral,[2] y dedica mucho más espacio a la relación de su viaje a Barcelona, a donde llegó como náufrago y donde vivió como poeta

> Prusti prode vivu atribuladu,
> Dami calqui remediu prestamente
> Tue sola mi podes remediare,
> Et dare mi sa vida in custa hora,
> Qui non moria privu de sa vitoria,
> In eternu ti depo abandonare,
> O belissima dea et senyora,
> Deme sa vida et morte pena et gloria.

La otra es una glosa en octavas reales (tomo II, pp. 141-144).

[1] *Janota Torrella que se habla* (sic) *en lengua catalana.*

> Que faré en tal estrem
> Que mon mal me desatina,
> Coneixent en mi que crém,
> Y may ningu m'encamina.
> De mi veig ningu no cura,
> Sens volerme remediar,
> Molt temps ha que mon mal dura,
> Que ya stich per afinar.
> Mirau de prest sens tardar,
> Dins mon cor l'anima fina,
> Coneixent en mi que crém,
> Y may ningu m'encamina.
> Mos estrems son de tal sort,
> Quem donen tan trista vida,
> En favor me veig la mort,
> La vida me te avorrida,
> Congoixosa y afleginda,
> M'anima del tot se fina,
> Coneixent en mi que crém,
> Y may ningu m'encamina.

(Tomo II, pág. 261.)

[2] «Por ser tan perfecta la virtud de la tierra, produce minas de todos »metales, oro, plata, cobre, estaño, hierro y plomo... Tambien todo el mar »que la cerca, por su naturaleza produce coral finissimo, del qual cada año »en los estios hay cuatro mil hombres de la tierra y forasteros, con más de »quinientos barcos, que con sus ingenios y redes sacan del mar gran canti- »dad de coral, de valor de más de cien mil ducados, por donde muchos se

mendicante, fatigando con dedicatorias a todos los magnates catalanes. Esta parte del libro vale la pena de leerse despacio, y es una fuente que me atrevo a indicar a los eruditos del principado. Allí encontrarán un catálogo encomiástico de cincuenta damas de Barcelona, con sus nombres y apellidos; descripciones minuciosas de la Aduana, de la Lonja y del palacio del comendador mayor de Castilla don Luis de Zúñiga y Requesens; interesantes noticias de su hija doña Mencía, y el proceso sumamente detallado de unas justas reales, en que tomaron parte cincuenta caballeros barceloneses, para no ser menos en número que las damas. El estilo de Lofrasso, que nunca es bueno, parece más tolerable en esta prosa de gaceta, y como no puede dudarse que todas estas páginas son historia pura, tienen un interés retrospectivo muy grande. Quien busque estos trozos hará bien en pasar de largo por «los honestos y apacibles amores del pastor Frexano y de la hermosa pastora Fortuna» y por «la sabrosa historia de don Floricio y de la pastora Argentina».

De muy diverso temple es la novela pastoril que siguió a ésta: *El pastor de Fílida* de Luis Gálvez de Montalvo (1582), una de las pastorales mejor escritas, aunque por ventura la menos bucólica de todas. «No es este pastor sino muy discreto cortesano; guárdese como joya preciosa.» En estas palabras de Cervantes va im-

---

»mantienen de la ganancia y exercicio de pescar dicho coral, sin otros que
»de la abundancia del mucho pescado viven... La segunda ciudad y llave
»del reino es la ciudad de Lalguer, puerto de mar donde yo nací, en la qual
»se pesca la mayor cantidad del coral, dozientas fragatas y dos mil hom-
»bres que entienden en ello. Tiene dentro la dicha ciudad quinientos moli-
»nos de sangre, que muelen grano, y quinientos hornos de particulares que
»cuecen pan... En general la gente de la dicha isla son muy fieles y cató-
»licos christianos, leales a su magestad, belicosos y de buenas condiciones,
»liberales y amigos de naciones estrañas, y más de la española... Hay hom-
»bres doctos y de subtil ingenio, y buen juicio, y las mugeres hermosas y
»honestas en el trato, con gentil aire y gracia. Usan assi los hombres como
»mugeres en los vestidos el trage y policia de España, las más dellas como
»las de Barcelona...»

No menos curioso es el resto de esta descripción de la isla, que puede leerse en el tomo I de la edición de Pineda, pp. 9 y ss. Y aun como estilo es de lo más tolerable que el libro de Lofrasso contiene.

plícita la principal censura, así como el mayor elogio del libro. El mismo Gálvez Montalvo se había adelantado a ella en uno de sus proemios: «Posible cosa será que mientras yo canto las amoro- »sas églogas que sobre las aguas del Tajo resonaron, algún curioso »me pregunte: Entre estos amores y desdenes, lágrimas y cancio- »nes, ¿cómo por montes y prados tan poco balan cabras, ladran »perros, aullan lobos? ¿Dónde pacen las ovejas? ¿A qué hora se »ordeñan? ¿Quién les mata la roña? ¿Cómo se regalan las paridas? »Y finalmente, todas las demás importancias del ganado. A eso »digo, que aunque todos se incluyen en el nombre pastoral, los »rabadanes tenían mayorales, los mayorales pastores y los pasto- »res zagales, que bastantemente los descuidaban». [1]

Nada menos pastoril, en efecto, que la vida y ejercicios del pastor de Fílida y de sus amigos, que son con ligero disfraz Gálvez Montalvo y los suyos. Nació este buen ingenio en la ciudad de Guadalajara, aunque su familia procedía de las riberas del Adaja, probablemente de la villa de Arévalo, donde es antiguo y noble su apellido, cuyas armas son puntualmente las mismas que él describe por boca del pastor Siralvo: «Tú sabes que yo no soy na- »tural desta ribera (la del Tajo). Mis bisabuelos en la de Adaxa »apacentaron, y allí hallaron y dejaron claras y antiquísimas in- »signias de su nombre, só las alas de una águila de plata, sobre »color de cielo, que es de inmemorial blasón suyo. Mis abuelos »y padres, trasladados al Henares, me criaron en su ribera». Acaso se refiere a él la partida bautismal de un Luis, hijo de Marcos de Montalvo y de su mujer Francisca, nacido en febrero de 1549, según consta en los libros parroquiales de Santa María de Guadalajara [2]. El padre de Siralvo, que en la novela está designado con el nombre de *Montano,* era «mayoral del generoso rabadán Coriano», es decir, administrador o cosa tal del Marqués de Coria. Su hi-

---

[1] Página 293 de la edición mayansiana.

[2] Da esta noticia don Juan Catalina García en su *Biblioteca de escritores de la provincia de Guadalajara,* premiada por la Biblioteca Nacional (Madrid, 1899), p. 144. También encontró las partidas de dos hijos de un licenciado Juan Gálvez de Montalvo, en 1618 y 1620, y conjetura que este licenciado pudo ser hijo o sobrino de nuestro poeta.

jo Luis, cuya educación debió de ser esmeradísima, a juzgar por la refinada cultura y cortesanía que sus escritos revelan, vivió también en la casa y servicio de un magnate alcarreño, don Enrique de Mendoza y Aragón, con título de su gentilhombre. Este es el *Mendino* de la novela, «quinto nieto del gran pastor de Santillana» (es decir, de don Iñigo López de Mendoza), como en ella misma se expresa, nieto del cuarto Duque del Infantado, llamado también don Iñigo, e hijo de don Diego Hurtado de Mendoza, Conde de Saldaña, casado con doña Isabel de Aragón, hija del Duque de Segorbe don Enrique, a quien llamaron el infante Fortuna. Era tradición no interrumpida en la casa de Mendoza honrar a las letras y a sus cultivadores, y acaso por méritos literarios logró Montalvo su puesto de honrosa domesticidad, que era bastante distinguido según las ideas de aquel tiempo, y además sumamente descansado, a lo que se infiere de su carta dedicatoria: «Entre »los venturosos que V. S. conocen y tratan, he sido yo uno, y »estimo que de los más, porque deseando servir a V. S. se cumplió »mi deseo, y así dejé mi casa y otras muy señaladas dó fui rogado »que viviese, y vine a ésta, donde holgaré de morir, y donde mi »mayor trabajo es estar ocioso, contento y honrado, como criado »de V. S. Y así, a ratos entretenido en mi antiguo ejercicio de la »divina alteza de la poesía, donde son tantos los llamados y tan »pocos los escogidos, he compuesto *El Pastor de Fílida,* libro hu- »milde y pequeño».[1]

---

[1] Es rarísima la primera edición de *El Pastor de Fílida,* hecha en Madrid, 1582. El ejemplar que se conserva en la biblioteca de la Academia Española, único según el parecer de don Cristóbal Pérez Pastor en su *Bibliografía Madrileña del siglo XVI,* está incompleto al principio y al fin, de modo que ni siquiera consta el nombre del impresor.

—*El Pastor de Philida. Compuesto por Luis Galvez de Montalvo. Gentilombre cortesano. Dirigido al muy ilustre señor don Henrique de Mendoça Aragon. Impresso en Lixboa por Belchior (sic) Rodrigues, con licencia de os senhores Inquisidores, año de 1589.*

—*En Madrid, por la viuda de Alonso Gomez, impressor del Rey nuestro Señor. Año de 1590. A costa de Francisco Enriquez, mercader de libros.*

—*Madrid, por Luys Sanchez. Año M. DC (1600). A costa de Juan Berilo, mercader de libros.*

Este libro contiene, a vueltas de otros muchos episodios, la historia anovelada de los amores del autor con la pastora Fílida y de los de su Mecenas con Elisa. El nombre pastoril adoptado por Luis Gálvez fué *Siralvo,* el cual habla de sí mismo con más satisfacción que modestia por boca de la pastora Finea: «Yo te diré »lo que hace Siralvo, forastero pastor que aquí habita. Yo compré »ovejas y cabras, conforme a mi poco caudal, y con pocos zagales »las apaciento. Siralvo, aunque pudo hacer otro tanto, gustó de »entrar a soldada con el rabadán Mendino, por poder mudar lugar, »cuando gusto o comodidad le viniese, sin tener cosa que se lo »estorbase. —¿Quién es ese Siralvo? dijo Alfeo.— Es un noble »pastor (dijo Finea) de tu misma edad, honesto y de llanísimo »trato; amado generalmente de los pastores y pastoras de más y »menos suerte, aunque hasta agora no se sabe de la suya más de »lo que muestran sus respetos, que son buenos, y sus ejercicios de »mucha virtud.— ¿Cómo vería yo a Siralvo? dijo Alfeo.— Bien »fácilmente, porque las cabañas de Mendino están muy cerca de »aquí, y Siralvo por maravilla sale dellas, y más agora que está »su rabadán ausente y él no podrá apartarse del ganado.»

La acción de la novela no pasa en las orillas del Henares sino en las del Tajo, y probablemente en la imperial ciudad de Toledo, donde fijó por algún tiempo su residencia don Enrique de Mendoza. Así lo dan a entender estas palabras de enfática y lujosa retórica, con que la primera parte comienza: «Cuando de más apues- »tos y lucidos pastores florecía el Tajo, morada antigua de las »sagradas Musas, vino a su celebrada ribera el caudaloso Mendi- »no, nieto del gran rabadán Mendiano, con cuya llegada el claro »río ensorberbeció sus corrientes; los altos montes de luz y gloria »se vistieron; el fértil campo renovó su casi perdida hermosura, »pues los pastores dél, incitados de aquella sobrenatural virtud, de

---

—*Barcelona, por Esteuan Liberos, en la calle de la Paja. Año 1613. A costa de Miguel Menescal, mercader de libros.*

—*En Valencia, en la oficina de Salvador Fauli. Año 1792.*

Con una extensa introducción del canónigo don Juan Antonio Mayans, llena de curiosas noticias literarias, pero algo confusa y desordenada. Es uno de los más antiguos ensayos sobre la novelística española.

»manera siguieron sus pisadas, que envidioso Ebro, confuso Tor-
»mes, Pisuerga y Guadalquivir admirados, inclinaron sus cabezas,
»y las hinchadas urnas manaron con un silencio admirable. Solo
»el felice Tajo resonaba, y lo mejor de su son era *Mendino*, cuya
»ausencia sitió de suerte Henares, su nativo río, que con sus ojos
»acrecentó tributo a las arenas de oro. Bien le fué menester al
»gallardo pastor, para no sentir la ausencia de su carísimo her-
»mano, hallar en esta ribera al gentil Castalio su primo, al cauda-
»loso Cardenio, al galán Coridón, con otros muchos valerosos pas-
»tores y rabadanes, deudos y amigos de los suyos, con quien pa-
»saba dulce y agradable vida Mendino, en quien todos hallaban
»tan cumplida satisfacción, que como olvidados de sus propias
»cabañas, sitios y albergues, los de Mendino estaban siempre
»acompañados de la mayor nobleza de la pastoría; de allí salían
»a los continuos juegos, y allí volvían por los debidos premios;
»allí se componían las perdidas amistades, y por allí pasaban los
»bienes y males de amor, cuales pesada, cuales ligeramente.»

Allí comenzaron los amores de Siralvo con la que llama Fílida. No era aquélla su primera pasión: ya en las riberas del Henares había puesto los ojos en una principal señora, a quien llama Albana, y que por ventura tendría algún parentesco con la casa de Alba: «Sólo esto me descontenta de *Siralvo* (dice la pastora), »ser tan demasiado altanero: en el Henares a Albana, en el Tajo »a Fílida; otra vez que se enamore será de Juno o Venus.—Amigo »es de mejorarse (dijo Dinarda), que aunque Albana no es de »menos suerte, y de más hacienda, Fílida es muy aventajada en »hermosura y discreción» (pág. 153).

Sería esta *Albana* por ventura la «hermosa y discreta *Alba-*»*nisa*, viuda del próspero Mendineo, hija del rabadán Coriano, »que en la ribera del Henares vivía, y allí, desde las antiguas ca-»bañas de su padre, apacentaba, en la fértil ribera, mil vacas, diez »mil ovejas criaderas y otras tantas cabras en el monte?» (pág. 24). Con esta señora vino a casar en segundas nupcias, si no interpreto mal el texto de *El Pastor,* un caballero toledano del apellido Padilla, «el sospechoso Padileo», competidor de Mendino en los amores de Elisa: y quizá fué ésta la ocasión de que Siralvo dirigiese a otra parte sus altivos pensamientos, que no eran de humilde pastor, sino de muy alentado caballero.

Era Fílida doncella de nobilísimo linaje, parienta de un gran señor andaluz *(el rabadán Vandalio)*, del cual y de sus pastores andaba recatándose Siralvo, sin duda porque se oponían a tan desiguales amores. No sabemos cuánto duró este honesto galanteo, o más bien pasión platónica, cuya pureza tanto se encarece en el libro: «¡Quién viera a Siralvo ardiendo en su castísimo amor, »donde jamás sintió brizna de humano deseo!» (pág. 228). Ni siquiera llegaba su presunción hasta el punto de creerse favorecido (pág. 136) : —«Y dime (dijo Alfeo), ¿estima tu voluntad? —No »soy (dijo Siralvo) tan desvanecido, que quiera tanto como eso; »basta que no se ofenda de que la ame, para morir contento por »su amor... Yo la amo sobre todas las riquezas que Dios ha cria»do, y ella sabe dónde llega mi amor, y no fuera Fílida quien es »si despreciara esta obra fabricada de su mismo poder... Digo »que no le pido a Fílida que me ame, pero que vivo contentísimo »con que no se disguste de mi amor.»

Era Fílida de tanta discreción como hermosura, y de mucha entereza y constancia en sus afectos; recibió con buen talante las poéticas ofrendas del humilde amador, y por no acceder a un matrimonio que los de su casa le proponían, acomodado a su condición, pero no a su gusto, «dejó los bienes, negó los deudos y »despreció la libertad; *consagróse a la casta Diana*, y llevóse tras »sí a los montes la riqueza y hermosura de los campos» (pág. 218) ; lo cual traducido del estilo bucólico al corriente, quiere decir, si no me engaño, que se encerró por más o menos tiempo en un monasterio. A esta voluntaria reclusión, que no creemos que llegase a ser profesión religiosa, aluden estos tercetos de una elegía de Montalvo (pág. 273) :

> Dejando aparte agora el ser nacida
> Sobre las ilustrísimas llamada
> Y entre las más honestas escogida,
>
>   Y con ser de fortuna acompañada,
> Porque Himeneo al gusto te ofendía,
> Quisiste ser a Delia dedicada...

Y, en efecto, en el libro o parte sexta del *Pastor* encontramos a Fílida en el templo de Diana, si bien el aparato mitológico impide hacerse cargo de la verdadera situación de la heroína, que allí aparece recibiendo visitas de los zagales, entre ellos el mismo Siralvo, y tañendo la lira y cantando coplas de su propia invención y raro ingenio. Todo esto indica que los obstáculos que se presentaban al amador no eran insuperables, y lo confirman estos versos de la ya citada elegía:

>   Mil continuos estorbos ya los veo,
> Y otros más de creer dificultosos,
> Por mi corta ventura más los creo:
>   Ojos abiertos, pechos enconosos,
> Tu gran beldad, mis ricas intenciones.
> Cercadas de legiones de envidiosos.
>   Bien imagino yo que si te pones
> A querer tropellar dificultades,
> Irás segura en carros de leones...
> ....
>   Y bien sé yo que en mi rudeza hallas
> Ingenio soberano para amarte,
> Y sabes que te escucho aun cuando callas...

Todo el libro de Montalvo está lleno de encarecimientos de las raras prendas de Fílida, y no sólo de su hermosura, sino de su carácter, que era al parecer resuelto y varonil. «Tiene una falta »(dijo Florela): que no es discreta, a lo menos como las otras »mujeres, porque su entendimiento es de varón muy maduro y »muy probado; aquella profundidad en las virtudes y en las artes; »aquella constancia de pecho a las dos caras de la fortuna... Áma- »la, Siralvo, y ámala el mundo, que no hay en él cosa tan puesta »en razón» (pág. 121).

El lusitano *Coelio* (que será sin duda Alonso Sánchez Coello, tenido aun en su tiempo por portugués, aunque lo era sólo de origen) había hecho el retrato de Fílida, que guardaba Siralvo en una *cajuela de marfil*. Para competir con él hizo otro en octavas reales, de elegante y gracioso amaneramiento, como puede juzgarse por estos rasgos, que sin duda rcordaba Cervantes cuando llamó a Montalvo «único pintor de un retrato»:

> Sale la esposa de Titón bordando
> De leche y sangre el ancho y limpio cielo,
> Van por monte y por sierra matizando
> Oro y aljófar, rosa y lirio el suelo,
> Vuestra labor, mejillas imitando,
> Que llenas de beldad y de consuelo,
> Dicen las Gracias puestas a la mira:
> «Dichosa el alma que por vos sospira.»
>
> ....
>
> Jardín nevado, cuyo tierno fruto
> Dos pomas son de plata no tocada,
> Do las almas golosas a pie enjuto
> Para nunca salir hallan entrada:
> Que el crudo Amor, como hortelano astuto,
> Allí se acoge y prende allí en celada...
>
> (Pág. 125.)

De estas y otras varias composiciones de Montalvo se infieren, como señas más personales de la dama, que tenía la cabellera negra y verdes los ojos:

> Ricas madejas de inmortal tesoro,
> Cadenas vivas, cuyos lazos bellos
> No se preciaron de imitar al oro,
> Porque apenas el oro es sombra dellos,
> Luz y alegría que en tinieblas lloro,
> *Ebano* fino, tales sois, cabellos...
> Las finas perlas, el coral ardiente,
> Con las dos celestiales *esmeraldas*...
>
> (Pág. 272).

> Ser *verde* el rayo de la lumbre vuestra...
>
> (Pág. 123.)

De estos ojos verdes [1] estaba locamente enamorado Siralvo. Los ha cantado en todos metros, de tal modo que bien se le puede

---

[1] Ojos *verdes* tenían también la heroína de *Menina e Moça* y la pastora Silveria del segundo libro de la *Galatea*. Sobre la especial afición de Cervantes a este color disertó ingeniosamente el doctor Thebussem (*España Moderna*, marzo de 1894). Pero puede decirse que es afición común a todos los novelistas bucólicos y a todos los poetas líricos de aquel tiempo. Góngora prodiga el epíteto de *verde* juntamente con el de *rojo* en muchos lugares de sus poesías.

llamar el poeta de los ojos. Lope de Vega, al elogiarle en el *Laurel de Apolo,* recuerda el principio de una de estas composiciones:

> Ojos a gloria de mis ojos hechos,
> Beldad inmensa en ojos abreviada...

(Pág. 99.)

Pero más que estas octavas crespas y conceptuosas, me agradan dos fáciles y lindas canciones en el metro favorito de Gálvez Montalvo, en las viejas redondillas castellanas, que manejaba con tanto primor como Castillejo o Gregorio Silvestre. Véase íntegra la primera, que es una graciosísima anacreóntica (pág. 285):

Filida, tus ojos bellos
El que se atreve a mirallos,
Muy más fácil que alaballos,
Le será morir por ellos.
Ante ellos calla el primor,
Ríndese la fortaleza,
Porque mata su belleza
Y ciega su resplandor.

Son ojos verdes rasgados,
En el revolver suaves,
Apacibles sobre graves,
Mañosos y descuidados.
Con ira o con mansedumbre,
De suerte alegran el suelo,
Que fijados en el cielo
No diera el sol tanta lumbre.

Amor que suele ocupar
Todo cuanto el mundo encierra,
Señoreando la tierra,
Tiranizando la mar,
Para llevar más despojos,
Sin tener contradicción,
Hizo su casa y prisión
En esos hermosos ojos.

Allí canta, y dice: «Yo
Ciego fui, que no lo niego,
Pero venturoso ciego
Que tales ojos halló;
Que aunque es vuestra la vitoria,
En dárosla fui tan diestro,
Que siendo cautivo vuestro,
Sois mis ojos y mi gloria.

El tiempo que me juzgaban
Por ciego, quíselo ser,
Porque no era razón ver,
Si estos ojos me faltaban.
Será ahora con hallaros
Esta ley establecida:
Que lo pague con la vida
Quien se atreviere a miraros.»

Y con esto, placentero,
Dice a su madre mil chistes:
«El arquillo que me distes,
Tomadle, que no le quiero,
Pues triunfo, siendo rendido,
De aquestas dos cejas bellas,
Haré yo dos arcos dellas,
Que al vuestro dejen corrido.

»Estas saetas que veis,
La de plomo y la dorada,
Como herencia renunciada,
Buscad a quien se las deis,
Porque yo de aquí adelante
Podré con estas pestañas
Atravesar las entrañas
A mil pechos de diamante.

»Hielo que deja temblando,
Fuego que la nieve enciende,
Gracia que cautiva y prende,
Ira que mata rabiando,
Con otros mil señoríos
Y poderes que alcanzáis,
Vosotros me los prestáis,
Dulcísimos ojos míos.»

Cuando de aquestos blasones
El niño Amor presumía,
Cielo y tierra parecía
Que aprobaban sus razones,
Y él, dos mil juegos haciendo,
Entre las luces serenas,
De su pecho a manos llenas,
Amores iba lloviendo.

Yo, que supe aventurarme
A vellos y a conocer
No todo su merecer,
Mas lo que basta a matarme,
Tengo por muy llano agora
Lo que en la tierra se suena,
Que no hay amor ni hay cadena,
Mas hay tus ojos, señora.

El *Pastor de Fílida*, como la mayor parte de las novelas de su género, quedó incompleta, defraudando nuestra curiosidad en cuanto al término de estos amores, si bien el canónigo Mayans, que con tan raras noticias y curiosa sagacidad ilustró esta pastoral, creyó encontrarle en una epístola que López Maldonado, cuyo *Cancionero* fué impreso en 1586, dirigió a su amigo Montalvo,[1] «con quien se quería casar una dama, a quien había servido muchos »años»:

Pastor dichoso, cuyo llanto tierno
Ha tanto que se vierte en dura tierra,
Sin medida, sin tasa y sin gobierno,

Pues ya en tranquila paz vuelta la guerra
Miras que te robó tantos despojos,
Y en verde llano la fragosa sierra;

Reduce los cansados tristes ojos
A mejor uso, pon silencio al llanto,
Pues que le ha puesto amor a tus enojos

Ya aquel divino rostro, donde tanto
Rigor hallaste, y el airado pecho
Que en el tuyo causó dolor y espanto,

Atienden, con clemencia, a tu provecho,
Ya gozarás la bella y blanca mano
En ñudo conyugal de amor estrecho...
....

Ya te dió del descanso alegre llave
Fílida, que entregada está y piadosa,
Que es cuanto bien Amor dar puede o sabe...
....

Y cantaré la gloria tan crecida
Con que Amor a sus gozos te levanta,
Por fe y por voluntad tan merecida...
....

---

[1] El encabezamiento de la epístola dice *a un amigo*, pero del contexto se saca que no era otro que el pastor de Fílida.

Goza, Pastor, el bien que te ha ofrecido
Aquella que tu mal ha restaurado,
Rico de amor y deleitoso nido...

Pero este matrimonio ¿llegó a efectuarse? El mismo López Maldonado tenía recelo de que su amigo no supiera aprovecharse de la ocasión feliz que con le brindaba la fortuna:

¡Oh mil y otras mil veces venturoso
Tú, que con esperanza alegre y cierta,
Verás en dulce puerto tu reposo!
....

Mas mira que si acaso te detienes,
Quizás a la inconstante y varia diosa
No la ternás propicia cual la tienes.[1]

Acaso el enigma que envuelve la historia del *Pastor de Fílida* quedará descifrado antes de mucho. Un eminente literato andaluz, en quien corren parejas la erudición, el sentimiento poético y la viva y despierta agudeza, cree con buenos fundamentos haber averiguado el nombre de la incógnita dama, y en un trabajo reciente nos adelanta la peregrina noticia de que por influjo de su deudo el rabadán Vandalio, que no es otro que el *Uranio* que sale a correr la sortija, vestida la piel entera de un oso (pág. 372), contrajo matrimonio en 1569 con aquel otro pastor *muy flaco*, que en la misma fiesta comparece «vestido de un largo sayo de »buriel, en un rocín que casi se le veían los huesos», y en su compañía se ausentó de España.[2] Aunque esta fecha resulta muy anterior a la impresión del *Pastor de Fílida,* en el libro mismo hay indicios de que estaba escrito mucho antes, como lo estaría tam-

---

[1] *Cancionero de Lopez Maldonado. Dirigido a la Illustrissima Señora Doña Tomasa de Borja y Enriquez, mi Señora... Impresso en Madrid, en casa de Guillermo Droy, impressor de libros. Acabose a cinco de Febrero. Año de 1586.* Fols. 128 y 134.

[2] *Luis Barahona de Soto, estudio biográfico, bibliográfico y crítico,* por D. Francisco Rodríguez Marín (Madrid, 1903), pág. 47. Ninguno de nuestros poetas del siglo XVI ha logrado hasta ahora una biografía comparable con este admirable trabajo, dignamente premiado por la Academia Española.

bién la epístola de López Maldonado, si tal interpretación se comprueba, como deseamos y esperamos.

Cinco ediciones tuvo en pocos años *El Pastor de Fílida*, rivalizando con el éxito de la *Galatea* de Cervantes. Para los contemporáneos tenía el interés de una novela de clave. Aunque hoy no podamos identificar a muchos de los disfrazados pastores, la forma misma de sus nombres indica que se trata de personas reales. Además de Mendino, Siralvo y Coelio, no hay duda en cuanto al «celebrado *Arciolo* (Don Alonso de Ercilla), que con tan heroica »vena canta del Arauco los famosos hechos y vitorias», ni parece que pueda haberla respecto del «culto *Tirsi*, que de *engaños y »desengaños de amor* va alumbrando nuestra nación española, »como singular maestro dellos». *Tirsi* es el nombre poético que en sus obras usó el complutense Francisco de Figueroa, y con el cual está claramente designado en la *Galatea*.[1] No puede ser de ningún modo el mismo Cervantes, como creyó el canónigo Mayans. Más feliz anduvo en otras conjeturas. El pastor *Campiano*, «doctísimo »maestro del ganado», que sobresalía también en «la divina alteza »de la poesía», puede muy bien ser el poeta y médico de Alcalá Dr. Campuzano, elogiado por Cervantes en el *Canto de Calíope* y por Lope de Vega en la *Dorotea*, citándole nada menos que en compañía del divino Herrera, y de otros dos ingenios tan celebrados entonces como Figueroa y Pedro de Padilla. Campiano escribió un soneto en alabanza del *Pastor de Fílida*; era también amigo de López Maldonado y otros poetas de este grupo. Los músicos *Sasio* y *Matunto* parecen estar designados con sus verdaderos apellidos en una elegía del mismo López Maldonado a doña Agustina de Torres:

---

[2] No cabe duda en esto, ni el mismo Cervantes quiso que la hubiera, puesto que en el libro 2º de la *Galatea* cita como de *Tirsi* los principios de tres composiciones que efectivamente están en las *Rimas* de Francisco de Figueroa, dos sonetos y una canción:

¡Ay de cuán ricas esperanzas vengo...
La amarillez y la flaqueza mía...
Sale la aurora, de su fértil manto...

> Pues los caros y amados compañeros,
> El gran *Matute*, el celebrado *Sasa*,
> Del dios de Delo justos herederos.

También Cervantes, en el libro cuarto de la *Galatea*, habla de «los dos *Matuntos*, padre e hijo, uno en la lira y otro en la poesía, »sobre todo extremo extremados». Silvano, el defensor de las antiguas coplas castellanas, no puede ser otro que Gregorio Silvestre. *Belisa*, cuya pericia en el canto y en la música se encarece tanto, era hija del *lusitano Coelio*; hemos de creer, por lo tanto, que se trata de doña Isabel Sánchez Coello, hija del pintor Alonso. No estoy tan seguro de que *Pradelio*, el mísero amador que desdeñado por Filena «dejó los campos del Tajo, con intención de pasar »a las islas de Occidente, donde tarde o nunca se pudiese saber de »sus sucesos», sea el conde de Prades, don Luis Ramón Folch de Cardona, como quiere Mayans, porque dudo que de tal magnate como el heredero de la casa de Cardona pudiera decirse que era «pastor de más bondad que hacienda», palabras que indican, a mi parecer, que se trata de más humilde sujeto. Haré mérito, finalmente, de la brillantísima y deslumbradora conjetura, expuesta hace poco por el señor Rodríguez Marín, el cual ve en el episodio del pastor *Livio* «cortesano mancebo de cabellos más »rubios que el fino ámbar», que persiguiendo a la ninfa *Arsia*, «con rabia y dolor se había despeñado», una alusión a la caída del príncipe don Carlos de Alcalá (el 19 de abril de 1562) corriendo tras de doña Mariana de Garcetas, a la cual alude aquel villancico que glosó Eugenio de Salazar:

> Bajóse el sacre real
> A la *garza*, por asilla,
> Y hirióse sin herilla.[1]

Otras muchas alusiones nos oculta el tiempo, otros nombres de grandes señores y de poetas deben de estar escondidos bajo el cándido pellico. Vivió Gálvez Montalvo en la mejor sociedad de su tiempo; fué lo que hoy llamaríamos un poeta de salón y entonces

---

[1] Vid. Rodríguez Marín en *Luis Barahona de Soto*, pp. 117 y 118.

hubiera podido llamarse de estrado o de sarao. El retrato suyo, que se halla en algunas ediciones del *Pastor de Fílida,* presenta un tipo muy aristocrático, algo parecido al de don Alonso de Ercilla. Aun en el aspecto de su persona debía de ser cortesano y gentilhombre. No lo era menos por las cualidades de su espíritu. Ajeno a toda contienda y rivalidad literaria, gozó de la estimación de los mejores poetas de su tiempo y gustó de honrarlos en verso y en prosa. Cuando Cervantes, que no era todavía el autor del *Quijote* ni el de la *Galatea* siquiera, volvió a entrar en su patria después del cautiverio, Gálvez Montalvo fué el primero en saludar su gloria con este hermoso soneto, que tiene algo de profecía:

> Mientras del yugo sarracino anduvo
> Tu cuello preso y tu cerviz domada,
> Y allí tu alma al de la Fe amarrada
> A más rigor mayor firmeza tuvo.
>
> Gozóse el cielo; mas la tierra estuvo
> Casi viuda sin ti, y desamparada
> De nuestras musas la real morada,
> Tristeza, llanto, soledad mantuvo.
>
> Pero después que diste al patrio suelo
> Tu alma sana y tu garganta suelta,
> De entre las fuerzas bárbaras confusas.
>
> Descubre claro tu valor el cielo,
> Gózase el mundo en tu felice vuelta
> Y cobra España las perdidas musas. [1]

Por dos pasajes de Lope de Vega, que siempre habló de Montalvo en términos del mayor encarecimiento, sabemos que este florido ingenio murió en Italia antes de 1599. En este año imprimió Lope su *Isidro,* con un prólogo en defensa del antiguo metro castellano, donde leemos estas palabras: «¿Qué cosa iguala a una »redondilla de Garci Sánchez o de Don Diego de Mendoza? Perdone »el divino Garcilasso, que tanta ocasión dió para que se lamentase »Castillejo, festivo e ingenioso poeta castellano, a quien pare- »cía mucho *Luis Gálvez Montalvo, con cuya muerte súbita se per- »dieron muchas floridas coplas de este género, particularmente la*

---

[1] Este soneto se publicó al frente de la primera edición de la *Galatea.*

»*traducción de la* Jerusalem *de Torcuato Tasso, que parece que se*
»*había ido a Italia a escribirlas para meterles las higas en los ojos*».[1]

Muchos años después, en *El Laurel de Apolo* (1630), hacía esta conmemoración de nuestro poeta:

>   Y que viva en el templo de la Fama,
>   Aunque muerto en la puente de Sicilia,
>   Aquel Pastor de Fílida famoso,
>   Galvez Montalvo, a quien la envidia aclama
>   Por uno de la délfica familia,
>   Dignísimo del árbol victorioso,
>   Mayormente cantando,
>   En lágrimas deshechos
>   «Ojos a gloria de mis ojos hechos.»

Clemencín conjetura muy plausiblemente [2] que la muerte *súbita* de Gálvez Montalvo en la puente de Sicilia acaeció en una catástrofe del año 1591, de que nos da razón Fray Diego de Haedo en la dedicatoria de su *Topografía de Argel:* «Era virrey de Sici-
»lia el señor don Diego Enríquez-de Guzman, conde de Alba de
»Liste, el cual, habiendo salido de Palermo a visitar aquel reino,
»a la vuelta, como venía en galeras, hizo la ciudad *un puente*

---

[1] En *La Viuda Valenciana*, del mismo Lope, comedia de fecha incierta, pero anterior seguramente a 1604, se halla el siguiente diálogo entre la heroína y un supuesto mercader de libros:

>   *Leonarda*
>   ¿Quién es éste?
>   *Otón*
>   Es *El Pastor*
>   *De Fílida.*
>   *Leonarda*
>   Ya lo sé.
>   *Otón*
>   Y Gálvez Montalvo fué
>   Con grave ingenio su autor.
>   *Con hábito de San Juan*
>   *Murio en la mar*...

Es la única noticia que tenemos de que Montalvo hubiese sido caballero de la Orden de San Juan. Acaso su viaje a Italia fué para servir en las galeras de Malta.

[2] Comentario al *Quijote,* tomo I, p. 147.

»*desde tierra* que se alargaba a la mar más de cien pies, para que
»allí abordase la popa de la galera donde venía el señor Virrey,
»y desembarcase; y como Palermo es la corte del Reino, acudió
»lo más granado a este recibimiento... y con la mucha gente que
»cargó, antes que abordase la galera dió el puente a la banda, de
»manera que cayeron en el mar más de quinientas personas...
»donde se anegaron más de treinta hombres.» Uno de ellos pudo
ser el poeta alcarreño.

De su ensayo de traducción de la *Jerusalem* del Tasso no queda
otra memoria. Desacertada era la elección del metro, y sólo hubiera conducido a una especie de parodia, como la que hizo luego
el Conde de la Roca en su *Fernando o Sevilla Restaurada*. El amor
a los octosílabos nacionales cegó en esta ocasión a Gálvez Montalvo, pero no creo que le sucediese lo mismo al transformar las conceptuosas estancias de las *lágrimas de San Pedro* del Tansillo
en quintillas dobles castellanas, dándoles una ingenuidad de sentimiento que en su original no tienen, como probará este ejemplo:

> Madres, que los muy queridos
> Hijos os vistes quitar,
> De vuestros pechos asidos.
> Como se suelen robar
> Los pájaros de los nidos,
> Y de la mano homicida
> Su pura sangre quedó
> Por los miembros esparcida,
> No lloréis su muerte, no,
> Dejadme llorar mi vida... [1]

Compuso también un *Libro de la Pasión*, del cual sólo tenemos
noticia por este soneto de López Maldonado, inserto en su *Cancionero* (pág. 188):

---

[1] Se publicó esta versión en la *Primera parte del Thesoro de Divina Poesia, donde se contienen varias obras de deuocion de diuersos autores, cuyos titulos se veran a la buelta de la hoja. Recopiladas por Esteuan de Villalobos. En Toledo, en casa de Iuan Rodriguez, impresor y mercader de libros. Año 1587.* Páginas 125 y siguientes. Este libro fué reimpreso en Madrid por Luis Sánchez, 1604. *El Llanto de San Pedro* se encuentra también en el *Romancero y Cancionero Sagrados*, de don Justo Sancha (biblioteca de Rivadeneyra), número 668.

Si como la largueza, sin medida,
Te ha bañado la lengua en fuego ardiente
Con su licor, para que tiernamente
Puedas cantar su muerte y nuestra vida,
Ansí tu alma, de su amor herida,
Sabe buscar la saludable fuente,
Que trayendo del cielo su corriente,
Vuelve al lugar de donde fué salida,
Y siguiendo tras ellas su camino
Que guía a las regiones soberanas,
Haces iguales una y otra suerte;
Ansí como tu cántico divino
No tiene que temer lenguas humanas,
Tampoco el alma temerá la muerte.

Estas obras piadosas debieron de ser trabajo de sus últimos años, y acaso saludable consuelo en los desengaños de la señora Fílida.

Por los trozos que van citados, habrá podido formarse idea de la culta y excelente prosa y de los fáciles y regalados versos de *El Pastor de Fílida*, libro muy bien escrito no sólo en el vulgar sentido de la abundancia y pureza de lengua, que conviene a todos los del siglo XVI, sino en el de cierta refinada cultura y propósito artístico, que ni entonces ni en tiempo alguno han sido patrimonio de todo el mundo. Como los demás autores de pastorales, Gálvez Montalvo aparece dominado por el prestigio de Sannázaro, a quien imita muy de cerca en los trozos descriptivos y de aparato, como la visita al mágico Erión, los juegos funerales en el aniversario de Elisa, las pinturas del templo de Pan y del templo de Diana, exornado el primero con la representación de los trabajos de Hércules y el segundo con la de las siete maravillas del mundo. Esta prosa es artificial, pero con artificio discreto, más sobria que la prosa de la *Galatea*, pero no menos compuesta y aliñada. El paisaje es convencional como en todos estos libros, y las riberas del Tajo pueden ser las de cualquier río, pero hay tal cual descripción que parece tomada del natural. Veamos una, que tiene la ventaja de presentar reunidos en pocas líneas los principales procedimientos del estilo de Montalvo, cuando quiere hacer más periódicas sus frases: «Yendo por el cerrado valle de los fresnos, hacia las fuentes

»del Obrego, como dos millas de allí, acabado el valle, entre dos
»antiguos allozares, mana una fuente abundantísima, y a poco
»trecho se deja bajar por la aspereza de unos riscos, de caída
»extraña, donde, por tortuosas sendas, fácilmente puede irse tras
»el agua, la cual en el camino va cogiendo otras cuarenta fuentes
»perenales, que juntas, con extraño ruido, van por entre aquellas
»peñas quebrantándose, y llegando a topar el otro risco soberbias
»le pretenden contrastar, mas viéndose detenidas, llenas de blanca
»espuma, tuercen por aquella hondura cavernosa, como a buscar
»el centro de la tierra. A pocos pasos, en lo más estrecho, está una
»puente natural, por donde las aguas pasando, casi corridas de
»verse así oprimir, hacen doblado estruendo, y al fin de la puente
»hay una angosta senda, que dando vuelta a la parte del risco,
»en aquella soledad, descubre al mediodía un verde pradecillo,
»de muchas fuentes, pero de pocas plantas, y entre ellas, de viva
»piedra cavada, está la cueva del mago Erión, albergue ancho y
»obrado con suma curiosidad» (pág. 296).

Gálvez Montalvo no abusa del estilo periódico, que a la larga hubiera sido intolerable. Le alterna con cláusulas de moderada extensión, tan limpia y gallardamente construídas como ésta: «Traía (el pastor Livio) un sayo de diferentes colores gironado, »mas todo era de pieles finísimas de bestias y reses, unas de menu-»da lana y otras de delicado pelo, por cuyas mangas abiertas y »golpeadas salían los brazos cubiertos de blanco cendal, con za-»rafuelles del mismo lienzo, que hasta la rodilla le llegaban, donde »se prendía la calza, de sutil estambre» (pág. 316). Y acierta a veces a cerrar sus frases de un modo feliz por lo inesperado. «Es An-»dria de clara generación y caudalosos pastores, de hermosura sin »igual, de habilidad rarísima, moza de diez y ocho años y *de más »ligero corazón que la hoja al viento*» (pág. 130).

Entre otras curiosidades de vario género contiene *El Pastor de Fílida* un *Canto de Erión* en octavas reales, donde están nominalmente celebradas todas las damas de la corte (comenzando por las princesas), a imitación de lo que había hecho Montemayor en el *Canto de Orfeo*; y una larga égloga representable, en cuyos primeros tercetos se describe la vida rústica con ciertos rasgos de poesía realista, bastante alejados de la manera cortesana que en el libro predomina. Pero generalmente en los versos endecasílabos Gálvez Montalvo es desigual, áspero a veces y premioso,[1] y no porque dejase de estar curtido en la técnica, puesto que ensayó todos los artificios rítmicos, sin olvidar por supuesto los consonantes interiores[2] y los esdrújulos,[3] que parecían ya cosa obligada en toda imitación de Sannázaro.

Su verdadera superioridad está en los versos cortos, en las redondillas y en las glosas, en que aventajó a Montemayor y rivalizó con Gregorio Silvestre. La *Canción de Nerea* no entra en cuenta, como cosa divina. Y hay que dejar también aparte las obras de Castillejo, el primero de los poetas de esta escuela, no sólo por el donaire y la lozanía, sino por el jugo clásico de sus versos. Nunca los hizo mejores Gálvez Montalvo que cuando siguió más de cerca las huellas de tal maestro, a quien *mucho se parecía,* en opinión de

---

[1] Hay frecuentes excepciones, sin embargo, y algunas hemos visto. No lo es menos la siguiente octava, tan galana que no parecería mal en la *Fábula del Genil,* de Pedro Espinosa:

>La tierna planta que de flores llena,
>El bravo viento coge sin abrigo,
>Bate sus ramas, y en su seno suena,
>Llévala, y torna, y vuélvela consigo;
>Siembra la flor, o al hielo la condena,
>Piérdese el fruto, triunfa el enemigo:
>Sin más reparo, y con mayor pujanza,
>Persigue mi deseo a mi esperanza.

[2] Los usa, por ejemplo, en la profecía de Sincero, compuesta en alabanza de su Mecenas (pág. 32):

>Crece, gentil Infante, Enrique *crece,*
>Que Fortuna te *ofrece* tanta *parte,*
>No que pueda *pagarte* con sus *dones,*
>Pero con *ocasiones* de tal *suerte,*
>Que el que quiera *ofenderte,* o lo *intentare,*
>Si a tu ojo *apuntare,* el suyo saque...

[3] Hay algún trozo breve en la égloga que contiene el altercado de Bato y Silvano (p. 302):

>Pastores, dos poetas celebérrimos,
>No han de tratarse así, que es caso ilícito
>Motejarse en lenguajes tan acérrimos...

Lope de Vega. Los cantares de Siralvo y Alfeo, al fin de la tercera parte del *Pastor de Fílida,* parecen y son un eco del canto ovidiano de Polifemo, traído a nuestra lengua con tan ameno raudal de locución pintoresca por Cristóbal de Castillejo: [1]

Siralvo

¡Oh! más hermosa a mis ojos
Que el florido mes de abril;
Más agradable y gentil
Que la rosa en los abrojos;
Más lozana
Que parra fértil temprana;
Más clara y resplandeciente
Que al parecer del Oriente
La mañana.

Alfeo

¡Oh más contraria a mi vida
Que el pedrisco a las espigas;
Más que las viejas ortigas
Intratable y desabrida;
Más pujante
Que herida penetrante;
Más soberbia que el pavón;
Más dura de corazón
Que el diamante.

---

[1] Esta imitación fué ya advertida por don Adolfo de Castro *(Poetas líricos de los siglos XVI y XVII,* tomo I, p. 122), y en efecto salta a la vista. El trozo de Castillejo comienza:

Hola, gentil Galatea,
Más alba, linda, aguileña,
Que la hoja del alheña,
Que como nieve blanquea;
Más florida
Que el prado, verde y crecida
Mucho más y bien dispuesta
Que el olmo de la floresta
De la más alta medida;
Más fulgente

Que el vidrio resplandeciente,
Más lozana que el cabrito
Delicado, tiernecito,
Retozador, diligente;
Más polida,
Lampiña, limpia, bruñida
Que conchas de la marina,
Fregadas de la contina
Marea, nunca rendida...

La contraposición viene después, pero aplicada también a Galatea:

Tú, la misma Galatea,
Más feroz que los novillos
No domados y bravillos,
Que nunca vieron aldea
Par a par;
Muy más dura de domar
Que la encina envejecida;
Más falaz y retorcida
Que las ondas de la mar...
Desmedida;

Más áspera y desabrida
Que los abrojos do quiera;
Más cruel que la muy fiera
Osa terrible parida;
Más callada
Y sorda siendo llamada,
Que este mar de soledad;
Muy más falta de piedad
Que la serpiente picada
De accidente...

Gálvez Montalvo desdobló el canto del cíclope, para repartirle entre los dos pastores de su égloga *amebea.*

Siralvo

Más dulce y apetitosa
Que la manzana primera;
Más graciosa y placentera
Que la fuente bulliciosa;
Más serena
Que la luna clara y llena;
Más blanca y más colorada
Que clavellina esmaltada
De azucena.

Alfeo

Más fugaz que la corriente
Entre la menuda hierba;
Y más veloz que la cierva
Que los cazadores siente;
Más helada
Que la nieve soterrada
En los senos de la tierra;
Más áspera que la sierra
No labrada.

Alfeo

Más fuerte que envejecida
Montaña al mar contrapuesta;
Más fiera que en la floresta
La brava osa herida;
Más exenta
Que fortuna; más violenta
Que rayo del cielo airado;
Más sorda que el mar turbado
Con tormenta.

Siralvo

Fílida, tu gran beldad,
Porque agraviada no quede,
Ser comparada no puede,
Sino sola a tu beldad;
Ser tan buena,
Por ley y razón se ordena,
Y en razón y ley no siento
Quien tenga merecimiento
De tu pena.

Siralvo

Más alegre sobre grave
Que sol tras la tempestad,
Y de mayor suavidad
Que el viento fresco y suave;
Más que goma,
Tierna y blanca, cuando asoma;
Más vigilante y artera
Que la grulla, y más sincera
Que paloma.

Alfeo

Andria, contra mí se esmalta
Cuanta virtud hay en ti,
Donde sólo para mí
Lo que sobra es lo que falta,
Y porfías:
Si te sigo, te desvías;
Persíguesme, si me guardo,
Y cuanto yo más me ardo,
Más te enfrías.

¡Lástima que esta dicción poética tan deliciosa y llana no sea la habitual en Montalvo! Casi todas sus coplas, excelentes por la factura, pecan más o menos de conceptismo. Su ingenio era *naturalmente conceptuoso,* si vale la expresión; es decir, refinado y sutil, galante y amanerado. La vida de palacio acabaría de desarrollar en él esta propensión, no contrariada por severos estudios clásicos, pues no parece haberlos tenido. A lo menos, son raras en él las imitaciones de los poetas antiguos, excepto algunas de

Virgilio, que he notado principalmente en la égloga de Silvano y Batto.[1] No quiso agradar a los doctos, sino a las damas, que no podían menos de mostrarse agradecidas a tan gentiles requiebros:

Vuestras mejillas sembradas
De las insignias del día,
Florestas son de alegría
De la eterna trasladadas,
Donde no por las heladas,
No por las muchas calores,
Faltan de contino flores
Divinamente mezcladas...
....

En mi pensamiento crecen
Mis esperanzas y viven,
En el alma se conciben
Y en ella misma fenecen...
En noble parte nacidas,
En noble parte criadas,
Nobles van, aunque perdidas,

Noblemente comenzadas
Y en nobleza concluídas;
Al pensamiento obedecen,
Y en su prisión resplandecen,
Y su natural guardaron,
Que en el alma comenzaron
Y en ella misma fenecen...
....

Sólo aquel proverbio quiero
Por consuelo en mi quebranto,
Pues en tan contino llanto
Le hallo tan verdadero:
Las abejuelas, de flor
Jamás tuvieron hartura,
Ni el ganado de verdura,
Ni de lágrimas amor...

No es Gálvez Montalvo poeta natural, sino candorosamente afectado, pero aun en la afectación misma conserva un buen gusto, o si se quiere un buen tono, digno de la grande época en que floreció, y que llegó a ser muy raro en los conceptistas del siglo XVII, a medida que la decadencia literaria avanzaba. Hay exceso de

---

[1]

Sentémonos ahora, en la verdura;
Cantad ahora, que se va colmando
De flor el prado, el soto de frescura.
Ahora están los árboles mostrando,
Como de nuevo, un año fertilísimo,
los ganados y gentes alegrando.
Ahora viene el ancho río purísimo,
No le turban las nieves, que el lozano
Salce se ve, en su seno profundísimo...

(Pág. 305.)

Dicite: quandoquidem in molli consedimus herba,
Et nunc omnis ager, nunc omnis parturit arbos,
Nunc frondent silvae, nunc formosissimus annus.
....

(Egl. III, v. 54-56.)

agudeza en los versos del *Pastor de Fílida*, pero gracias a ella se realza el argumento, tan insípido de suyo.

Por su primorosa habilidad en los versos de arte menor fué principalmente celebrado Gálvez Montalvo en su tiempo. Por ellos principalmente le alaba Lope de Vega en el *Laurel de Apolo:*

>   Las coplas castellanas...
>   Son de naturaeza tan süave,
>   Que exceden en dulzura al verso grave;
>   En quien, con descansado entendimiento,
>   Se goza el pensamiento,
>   Y llegan al oído
>   Juntos los consonantes y el sentido,
>   Haciendo en su elección claros efetos,
>   Sin que se dificulten los concetos:
>   Así Montemayor las escribía,
>   Así Galvez Montalvo dulcemente,
>   Así Liñán ....

No era Gálvez Montalvo exclusivo en sus preferencias como Castillejo. Promiscuaba como Gregorio Silvestre, y hemos visto que compuso muchos versos al modo italiano. Pero en la teoría era más resuelto que en la práctica, según parece por las digresiones críticas sembradas en el *Pastor de Fílida:* «¿qué poesía »o ficción puede llegar a una copla de la *Propaladia*, de *Alecio* »y *Fileno*, de las *Audiencias de Amor*, del brevecillo *Inventario*, »que todos son verdaderamente ingenios de mucha estima y los »demás, ni ellos se entienden ni quien se la da?» (p. 154).

Además de estos elogios a Torres Naharro, a Castillejo, a Silvestre y a Antonio de Villegas, seguidos de una honorífica alusión al cordobés Juan Rufo y al jurado de Toledo Juan de Quirós,[1] se introduce en el sexto libro o parte de la novela una discusión en verso y prosa entre dos poetas representantes de las dos es-

---

[1] «Y los dos de un nombre, el cordobés y el toledano». El canónigo Mayans acertó en cuanto a Juan de Quirós, autor de la comedia todavía inédita *La toledana discreta*, pero se equivocó en cuanto al cordobés, creyendo que era Juan de Mena. Todos los poetas citados por Gálvez Montalvo en este pasaje son del siglo XVI. A don Diego de Mendoza alude también sin nombrarle: «y el claro espejo de la poesía que cantó:

>   Tiempo turbado, y perdido...»

cuelas. Silvano, es decir, Gregorio Silvestre, el organista de Granada, «el que tuvo en Iliberia el imperio del apacible verso caste-»llano», como dice Luis Barahona de Soto, es el que hace la apología del metro popular, y nadie más abonado para tal defensa. Su antagonista es un pedante llamado Batto, que entre otros cargos, dice a Silvestre:

Y no hurtáis, Silvano, del Latino,
Del Griego, del Francés o del Romano.

No me atrevo a determinar quién sea este poeta italianizado: acaso Jerónimo de Lomas Cantoral, el que con más desdén habló de todos los versos que antes de él se habían compuesto en España, excepto los de Garcilaso.[1] La sentencia arbitral de Siralvo deja iguales a los dos contendientes, sin duda por cortesía; pero no era éste el final pensamiento del autor, puesto que la disputa prosigue, aunque menos encarnizada, «recitando versos propios »y agenos, Batto loando el italiano, Silvano el español, y cuando »Batto decía un soneto lleno de Musas, Silvano una glosa llena de »amores; y no quitándole su virtud el endecasílabo, todos allí se »inclinaron al castellano, porque puesto caso que la autoridad de »un soneto es grande y digna de toda estimación que le puede »dar el más apasionado, el artificio y gracia de una copla, hecha »de igual ingenio, los mismos toscanos la alaban sumamente, y »no se entienda que les falta gravedad a nuestras rimas, si la tiene »el que las hace, porque siempre, o por la mayor parte, las coplas »se parecen a su dueño. Y allí dijo Mendino algunas de su quinto

---

[1] «¿Quién hay en nuestros españoles que con verdadera imitación suya »haya seguido las pisadas de aquellos primeros y divinos poetas? Cierto »que si decimos verdad, pocos o ninguno. Dejo aparte al ilustre Garci Laso »de la Vega, que movido de los italianos y siguiendo su término con mejor »alabanza que otro alguno, en la parte que imita a los latinos, fué excelente »y divino. Y callo también los que esconden sus virtudes del vulgo profano »e ignorante... Quien lea los italianos, podrá admirarse desto que digo... »y quien leyere los franceses no los verá tan ajenos de las Musas como a los »españoles.»

(Las obras de Hierónimo de Lomas Cantoral, en tres libros divididas... En Madrid, en casa de Pierres Cosin. Año 1578.)

»abuelo, el gran pastor de Santillana, que pudieran frisar con las
»de Titiro y Sincero. ¿Y quién duda (dijo Siralvo) que lo uno o lo
»otro pueda ser malo o bueno? Yo sé decir que igualmente me tie-
»nen inclinado; pero conozco que a nuestra lengua le está mejor el
»propio, allende de que las leyes del ageno las veo muy mal guar-
»dadas; cuando suena el agudo, que atormenta como instrumento
»destemplado; cuando se reiteran los consonantes, que es como
»dar otavas en las músicas; la ortografía, el remate de las cancio-
»nes, pocos son los que lo guardan. ¿Pues un soneto, que entra en
»mil epítetos, y sale sin conceto ninguno; y tiénese por esencia que
»sea escuro, y toque fábula, y andarse ha un poeta desvanecido pa-
»ra hurtar un amanecimiento o traspuesta del sol del latino o del
»griego; que aunque el imitar es bueno, el hurtar nadie lo apruebe,
»qué en fin cuesta poco? ¿Pues qué, tras un vocablo exquisito o
»nuevo? Al gusto de decirle, le encajarán donde nunca venga, y de
»aquí viene que muchos buenos modos de decir, por tiempo se
»dejan de los discretos, estragados de los necios, hasta desterrallos,
»con enfado de su prolija repetición. Hora yo quiero deciros un
»soneto mio, a propósito de que he de seguir siempre la llaneza,
»que aunque alguna vez me salgo della, para cumplir con todos, no
»me descuido mucho fuera de mi estilo».

El soneto vale poco; sólo merecen citarse los tercetos:

   Si Domenga me miente o me desmiente,
   ¿Qué me harán los faunos y silvanos,
   O el curso del arroyo cristalino?

   Todos son nombres flacos y livianos;
   Que a juïcio de sabia y cuerda gente,
   Lo fino es «pan por pan, vino por vino».

«A todos agradó el soneto de Siralvo, pero Batto, que era de
»contraria opinión, dijo otros suyos, haciéndose en alguno *Roca
»contrapuesta al mar*, y en alguno *Nave combatida de sus bravas
»ondas*, y aun en alguno *vencedor de leones y pastor de innumera-
»bles ganados*. En estas impertinencias se pasó la mayor parte de la
»noche, y cayendo el sueño, Batto y Siralvo cortésmente se des-
»pidieron.»

Esta curiosa página de crítica literaria acrecienta el interés del *Pastor de Fílida,* en el cual me he detenido tanto porque creo que su mérito excede a la reputación que tiene. Un hombre de ingenio saca partido hasta del género más falso, y éste fué el caso de Gil Polo, de Gálvez Montalvo, de Bernardo de Balbuena, cuyos libros merecen vivir, no por ser de pastores, sino a pesar de serlo.

No fueron éstas todas las novelas bucólicas publicadas antes de la aparición del *Quijote,* pero sí todas las que precedieron a la *Galatea,* límite que debemos poner en el presente estudio, reservando para la continuación de él las que con estéril abundancia siguieron escribiéndose durante más de un tercio de siglo, no sin que tuvieran en tiempos muy posteriores alguna imitación rezagada. Tal persistencia en el cultivo de una forma novelística que es la insulsez misma no debe admirarnos, porque la mayor parte de esas llamadas novelas son realmente centones de versos líricos, buenos o malos, y bajo tal aspecto deben ser juzgadas. La fábula era lo de menos, tanto para el autor como para los lectores, a no ser que encerrasen alusiones contemporáneas o confesiones autobiográficas, caso también frecuente en esta clase de obras, que apenas podían tener otro interés, fuera de las galas del lenguaje.

Cervantes, que con la cándida modestia propia del genio siguió todos los rumbos de la literatura de su tiempo, antes y después de haber encontrado el suyo sin buscarle, cultivó la novela pastoril, como cultivó la novela sentimental, y la novela bizantina de peregrinaciones, naufragios y reconocimientos. Obras de buena fe todas, en que su ingénito realismo lucha con el prestigio de la tradición literaria, sin conseguir romper el círculo de hierro que le aprisiona. No sólo compuso la *Galatea* en sus años juveniles, sino que toda la vida estuvo prometiendo su continuación y todavía se acordaba de ella en su lecho de muerte. Aun en el mismo *Quijote* hay episodios enteramente bucólicos, como el de Marcela y Crisóstomo. No era todo tributo pagado al gusto reinante. La psicología del artista es muy compleja, y no hay fórmula que nos dé íntegro su secreto. Yo creo que algo faltaría en la apreciación de la obra de Cervantes si no reconociésemos que en su espíritu alentaba una aspiración romántica nunca satisfecha, que después de haberse derramado con heroico empuje por el campo de la acción, se convirtió en actividad estética, en energía creadora, y buscó en el mundo de los idilios y de los viajes fantásticos lo que no encontraba en la realidad, escudriñada por él con tan penetrantes ojos. Tal sentido tiene a mi ver el bucolismo suyo, como el de otros grandes ingenios del Renacimiento.

La posición de Cervantes respecto de la novela pastoril es punto por punto la misma en que aparece respecto de los libros de caballerías. En el fondo los ama, aunque le parezcan inferiores al ideal que los engendró, y por lo mismo tampoco le satisfacen las pastorales, comenzando por la de Montemayor y terminando por la suya. Si salva a Gil Polo y a Gálvez Montalvo es sin duda por méritos poéticos. Nadie ha visto con tan serena crítica como Cervantes los vicios radicales de estas églogas, nadie los satirizó con tan picante donaire. Juntos estaban los libros de caballerías y los pastoriles en la biblioteca de don Quijote, y cuando se inclina el cura a mayor indulgencia con ellos por ser «libros de entre»tenimiento sin perjuicio de tercero», replica agudamente la sobrina: «Ay, señor, bien los puede vuestra merced mandar quemar »como a los demás; porque no sería mucho que habiendo sanado »mi señor tío de la enfermedad caballeresca, leyendo éstos se le »antojase de hacerse pastor y andarse por bosques y prados can»tando y tañendo, y lo que sería peor, hacerse poeta, que según »dicen es enfermedad incurable y pegadiza.»

Esta profecía se cumple puntualmente en la segunda parte, y la evolución de la locura del héroe comienza a prepararse desde su encuentro con las hermosas doncellas y nobles mancebos que habían formado una nueva y contrahecha Arcadia vistiéndose de zagalas y pastores para representar una égloga de Garcilaso y otra de Camoens en su propia lengua portuguesa (cap. 58). Aquel germen, depositado en la mente del caballero y avivado por el recuerdo de sus lecturas antiguas, fructifica después de su vencimiento en la playa de Barcelona, y le inspira la resolución de hacerse pastor y seguir la vida del campo durante el año en que había prometido tener ociosas las armas. Las elegantísimas razones con que anuncia a Sancho su resolución son ya una donosa parodia del estilo cadencioso y redundante de estos libros. «Yo »compraré algunas ovejas, y todas las demás cosas que al pastoral »ejercicio son necesarias, y llamándome yo el pastor Quijotiz y »tú el pastor Pancino, nos andaremos por los montes, por las selvas »y por los prados, cantando aquí, endechando allí, bebiendo de »los líquidos cristales de las fuentes, o ya de los limpios arroyuelos »o de los caudalosos rios. Daránnos con abundantísima mano de »su dulcísimo fruto las encinas, asiento los troncos de los durísi- »mos alcornoques, sombra los sauces, olor las rosas, alfombras de »mil colores matizadas los extendidos prados, aliento el aire claro »y puro, luz la luna y las estrellas, a pesar de la escuridad de la »noche; Apolo versos, el amor conceptos, con que podremos hacer- »nos eternos y famosos, no sólo en los presentes sino en los veni- »deros siglos.»

Todo el mundo recuerda lo que de esta poética ocurrencia de don Quijote dijeron Sancho y el cura y Sansón Carrasco, última nota irónica que suena en el gran libro antes de la nota trágica y sublime de la muerte del héroe. Pero no puedo omitir, como obli- gado remate de este capítulo, la crítica mucho más punzante y despiadada que de aquel falso ideal poético hizo Cervantes por boca de Berganza, uno de los dos sabios canes del hospital de la Resurrección de Valladolid, el cual, conociendo por propia y dura experiencia la vida de perro de pastor, hallaba gran distancia de la realidad a la ficción: «Entre otras cosas, consideraba que no debía »de ser verdad lo que había oído contar de la vida de los pastores, »a lo menos de aquellos que la dama de mi amo leía en unos libros, »cuando yo iba a su casa, que todos trataban de pastores y pasto- »ras, diciendo que se les pasaba toda la vida cantando y tañendo »con gaitas, zampoñas, rabeles y chirumbelas y con otros instru- »mentos extraordinarios. Deteníame a oírla leer, y leía cómo el »pastor de Anfriso[1] cantaba extremada y divinamente, alabando »a la sin par Belisarda, sin haber en todos los montes de Arcadia »árbol en cuyo tronco no se hubiese sentado a cantar, desde que

---

[1] Héroe de la *Arcadia*, de Lope de Vega.

»salía el sol en los brazos del Aurora hasta que se ponía en los de
»Tetis, y aun después de haber tendido la negra noche por la faz
»de la tierra sus negras y escuras alas, él no cesaba de sus bien
»cantadas y mejor lloradas quejas. No se le quedaba entre renglo-
»nes el pastor Elicio, [1] más enamorado que atrevido, de quien decía
»que, sin atender a sus amores ni a su ganado, se entraba en los
»cuidados agenos. Decía también que el gran pastor de Fílida,
»único pintor de un retrato, [2] había sido más confiado que dicho-
»so. De los desmayos de Sireno y arrepentimientos de Diana decía
»que daba gracias a Dios y a la sabia Felicia, que con su agua en-
»cantada deshizo aquella máquina de enredos y aclaró aquel la-
»berinto de dificultades. [3] Acordábame de otros muchos libros
»que de este jaez le había oído leer, pero no eran dignos de traerlos
»a la memoria... Digo que todos los pensamientos que he dicho,
»y muchos más, me causaron ver los diferentes tratos y ejercicios
»que mis pastores y todos los demás de aquella marina tenían de
»aquellos que había oído leer que tenían los pastores de los libros,
»porque si los míos cantaban, no eran canciones acordadas y bien
»compuestas, sino un «Cata el lobo do va Juanica» y otras cosas
»semejantes, y esto no al son de chirumbelas, rabeles o gaitas,
»sino al que hacía el dar un cayado con otro, o al de algunas te-
»juelas puestas entre los dedos, y no con voces delicadas, sonoras
»y admirables, sino con voces roncas, que solas o juntas pare-
»cía, no que cantaban, sino que gritaban o gruñían. Lo más del
»día se les pasaba espulgándose o remendando sus abarcas, ni
»entre ellos se nombraban Amarilis, Fílidas, Galateas y Dianas,
»ni había Lisardos, Lauros, Jacintos ni Riselos; todos eran An-
»tones, Domingos, Pablos o Llorentes, por donde vine a entender
»lo que pienso que deben de creer todos, que todos aquellos libros
»son cosas soñadas y bien escritas, para entretenimiento de los
»ociosos, y no verdad alguna; que a serlo, entre mis pastores
»hubiera alguna reliquia de aquella felicísima vida, y de aquellos

---

[1] Héroe de la *Galatea,* de Cervantes.
[2] Gálvez Montalvo.
[3] Alusión a la *Diana* de Montemayor.

»amenos prados, espaciosas selvas, sagrados montes, hermosos
»jardines, arroyos claros y cristalinas fuentes; y de aquellos tan
»honestos cuanto bien declarados requiebros, y de aquel desma-
»yarse aquí el pastor, allí la pastora; acullá resonar la zampoña del
»uno, acá el caramillo del otro.»

ADICIONES Y RECTIFICACIONES

Habiendo durado la impresión de este tomo [1] cerca de tres años por causas que sería prolijo exponer, he ido dando casi involuntariamente mayores ensanches al plan primitivo, hasta el punto de resultar la introducción, no un mero prólogo, sino una historia bastante detallada de la novela española anterior a Cervantes. Ni aún ha sido posible incluirla toda en este volumen: restan todavía dos largos capítulos, el uno sobre la novela de costumbres y el otro sobre los cuentos y narraciones cortas, que irán al frente del tomo segundo, en que se incluyen además los textos anunciados en el preámbulo.

Al revisar hoy los pliegos impresos encuentro algunas cosas que añadir o rectificar, en vista de publicaciones recientes y de mis propias pesquisas bibliográficas. Me limitaré a lo más esencial, porque sería vano empeño querer agotar una materia tan vasta y compleja como ésta, la cual sólo puede llegar a la perfección con el esfuerzo sucesivo de muchos trabajadores. Los estudios de erudición caminan hoy tan de prisa, que temo que resulte demasiado anticuada la parte de literatura general y comparativa. He procurado que no suceda lo mismo con la parte española, que es lo principal de mi trabajo.

Página 48, Tomo I.

El señor don Adolfo Bonilla y San Martín acaba de publicar

---

[1] *N. del E.* — El tomo a que se refiere aquí D. Marcelino Menéndez Pelayo es el primero de la edición original, que comprendía los temas expuestos en el tomo primero y lo que va del segundo de la presente edición.

en la linda e interesante *Biblioteca Hispanica* que dirige el señor Foulché-Delbosc, el *Libro de los engaños et los asayamientos de las mujeres* (Barcelona, 1904), siguiendo fielmente el texto del único manuscrito conocido, que perteneció a la biblioteca de los Condes de Puñoenrostro y pertenece hoy a la Real Academia Española.

Página 101, Tomo I.

En la rica biblioteca del Duque de T'Serclaes Tilly (Sevilla), he examinado dos ediciones de *La Doncella Teodor,* no descritas hasta ahora, y una de ellas anterior a todas las que se citan:

La historia de la | doncella Theodor.

(Al fin) : *Impresso en Medina del campo en casa | de Pierres touans. Año de Mil. CCCCC. | treynta tres.*

—*La dozella teodor. | Rey. Mercader. Doncella* | (tres figuritas). *| Esta es la historia de la donze- | lla Theodor. | Año 1.5.4.5.*

Gótico 2 hs. sin foliar. Con grabados en madera.

(Al fin) : *Aqui se acaba la historia de la do- | zella theodor. Fue impresa en Seuilla por Estacio Carpintero. | Acabose. Año M.D.XLV.*

En la Biblioteca Nacional existe la de Zaragoza, 1540.

Página 139, Tomo I.

Se han completado ya los tomos de la *Bibloteca Catalana* del señor Aguiló que carecían de preliminares, uno de ellos el *Libre apellat Felix de les Maravelles del Mon.* Al fin del segundo tomo consta que este libro se empezó a imprimir en Palma de Mallorca por Pedro José Gelabert en 1873, y fué acabado en Barcelona por Fidel Giró en mayo de 1904.

La Real Academia de Buenas Letras de Barcelona ha publicado en 1901 una nueva y elegante edición del *Libro de la orden de caballería del Beato Raimundo Lulio,* en texto original y traducción castellana de un cisterciense mallorquín (acaso el P. Pascual) que le ilustró con curiosas notas. El manuscrito que ha servido para esta edición fué encontrado, entre otros papeles que habían pertenecido a Jove-Llanos, por nuestro inolvidable amigo y maestro don José Ramón de Luanco, catedrático que fué de Química en la Universidad de Barcelona y rector de aquella escuela.

Página 170, Tomo I.

El *Libro de los Gatos* es traducción de las *Narrationes*, del monje inglés Odo de Cheriton, muerto en 1247.

Vid. H. Knust, *Das Libro de los Gatos*, en el *Jahrbuch für romanische und englische Litteratur* (1865), t. VI, pp. 1-42 y 119-141.

Keidel (G. C.), *Notes on Aesopic literature in Spain and Portugal during the Middle Ages*, en el *Zeitschrif für romanische Philologie* (1901), t. XXV, pp. 720-730.

El *Speculum Laicorum* es también de origen inglés, y se atribuye a John Hoveden.

Página 193, Tomo I.

Las relaciones entre Boccaccio y el Arcipreste de Talavera han sido magistralmente estudiadas por Arturo Farinelli en su precioso opúsculo *Note sulla fortuna del «Corbaccio» nella Spagna Medievale* (Halle, 1905, para la Miscelánea Mussafia). Nota bastantes reminiscencias verbales y analogías de pensamiento, que prueban que el Arcipreste había leído mucho el *Corbacho* italiano y le tenía muy presente, pero nunca la imitación llega al plagio. Farinelli reconoce explícitamente la vigorosa originalidad del satírico toledano.

«Copiar servilmente no era oficio suyo. La naturaleza le había dotado de ingenio y agudeza propia. Había lanzado una mirada profunda y escrutadora en el torbellino y en las miserias de la vida. Por eso modifica y enriquece de originalísima manera la materia del *Corbacho*, renueva la sátira de costumbres con observaciones y pinturas originales y la infunde nueva vida. Todo lo expresa de un solo arranque, sin tanteos ni esfuerzos: las máximas morales, los dichos picantes, los ejemplos del desarreglado vivir y del loco amor se confunden, se entrelazan alternativamente y se precipitan como ondas de vivos torrentes que saltan y descienden sin pararse, recogiendo caudal de todas las aguas y arrantrándolo y revolviéndolo todo en sus impetuosos giros. La sátira de Boccaccio no es para él más que un estímulo. Queda mucho más que reprender y flagelar. Él pondrá su experiencia, sus conocimientos propios: «Pues no se maravillen si algo en pratica escrevi, pues »Juan Bocacio puro farto dello». «No se crea (añade en otra parte) que quien escribió este libro «te lo dice porque lo oyo solamente, salvo porque por pratica dello mucho vido, estudió e leyó». De los ventanales abiertos de par en par por el Arcipreste de Talavera sobre la vida real llueve nueva luz sobre la diatriba corbachesca. Aunque violenta y bastante cruda, la sátira del clérigo de Talavera no desciende a las torpezas que Boccaccio había recogido en su injurioso libelo. Ama lo grotesco, la caricatura; de una observación fugaz de Boccacio hace Alonso Martínez todo un cuadro de tintas oscuras. En su tratado, el Arcipreste hizo entrar toda la enciclopedia de su saber y de su experiencia» (páginas 17-22).

El único pasaje largo de Boccaccio que traduce el Arcipreste, declarándolo él mismo, no procede del *Corbaccio*, sino de la obra latina, tan famosa en la Edad Media, «*De casibus principum*». Es la disputa de la Fortuna y la Pobreza («*Paupertatis et fortunae certamen*», en el libro III, cap. II, *De casib.*). Pero, como advierte muy bien el señor Farinelli en otro estudio todavía inédito *(Note sulla fortuna del Boccaccio in Ispagna nell' Età Media)* el Arcipreste dilata y alarga este certamen con invenciones y razonamientos propios, añade nuevos dichos mordaces, nuevas sentencias y proverbios, alusiones picantes contra las mujeres y los clérigos. Un solo rasgo del original le basta para forjar escenas enteras con inagotable vena, sin que la locuacidad superabundante de las dos figuras alegóricas que se injurian y se maltratan en esta disputa llegue a cansarnos: tan vivaz, brioso y salado es el estilo del agudísimo autor.

No sólo la disputa de la Fortuna y la Pobreza, sino toda la doctrina moral del *De Casibus* se refleja a menudo en la obra del Arcipreste de Talavera, y debe contarse entre sus principales fuentes, sobre todo el capítulo *in mulieres* (Lib. I, cap. 18), que contiene invectivas todavía más punzantes que las del *Corbaccio*, y una pintura de los afeites femeniles bastante próxima a la del Arcipreste.

La *Cayda de Principes*, hoy tan olvidada, fué el primer tratado de Boccacio que se tradujo en España. La versión de los ocho primeros libros pertenece al canciller Pedro López de Ayala, o a lo menos fué hecha bajo sus auspicios. Quedó incompleta, sin duda por su muerte, y la terminó en 1422, a ruego de Juan Alfonso de Zamora, secretario del rey de Castilla, el entonces deán de Santiago y luego famoso obispo de Burgos don Alonso de Cartagena. Imprimióse en 1495 con este título:

Aqui comiença vn libro: que presento vn doctor | famoso de la cibdad de Florencia llamado Juan bocacio de cercaldo a vn cauallero | su amigo: que auia nombre Maginardo mariscal de la reyna de Sicilia: en el qual | se cuentan las caydas et los abaxamientos que ouieron de sus estados en este mundo | muchos nobles et grandes caualleros: por que los omes no se ensoberuezcan con los | abondamientos de la fortuna.

(Colofón): *Finido et acaba- | do fue el presente libro llamado Cayda de los | principes. Impresso en la muy noble et muy le- | al cibdad de Seuilla por Meynardo Ungut | Aleman: e Lançalao Polono compañeros a | XXIX. del mes de deziebre. Año del Señor de mill | e quatrocientos e nouenta y cinco años.*

De esta rarísima edición se conserva en la Biblioteca Colombina un ejemplar, adquirido por su ilustre fundador en Valladolid, a 1.º de diciembre de 1531, por 102 maravedises. La *Caída de Príncipes* alcanzó varias reimpresiones durante la primera mitad del siglo XVI.

El Arcipreste de Talavera pudo conocer esta versión, que ya existía en su tiempo, pero seguramente no se valió de ella, sino del original latino, y por cierto en mejor texto que el que manejó Ayala, a juzgar por las supresiones e interpolaciones que tiene su libro, a lo menos en el impreso.

Es muy verosímil que el Arcipreste conociese el *Decameron,* pero no tenemos certeza de ello, ni era menester que acudiese allí para encontrar a Peronella y a la mujer de Tofano, que tanto había viajado por Europa desde los tiempos de nuestro Pedro Alfonso. Aun el segundo de estos cuentos puede ser una interpolación (y a ello se inclina Farinelli), puesto que no está en el códice escurialense de la *Reprobación del Amor Mundano,* único que conocemos, sino sólo en los textos impresos.

El *Corbaccio* toscano fué traducido al catalán por Narcis Franch e impreso en Barcelona en 1498, y de este libro adquirió un ejemplar en Tarragona don Fernando Colón en agosto de 1505, por quince dineros, según consta en el núm. 3.961 de su *Registrum* (Gallardo, *Ensayo*, II, 541). Pero la traducción debe de ser más antigua, puesto que Gayangos declara en las notas a Ticknor (I, 537) haber visto un tomo manuscrito de letra de fines del siglo XIV, que lleva este título: «*Aquest libre se apella Corvatxo,* »*lo qual fonch fet he ordenat per Johan Vocaci soberan poeta* »*laureat de la ciutat de Florencia, en lengua thoscana e agues es* »*estat tornat per Narcis Franch, mercader e ciutada de Barcelo-* »*na e tracta dels molts maliciosos enganys que les dones molts* »*sovent fan als homens segons que en lo dit libre se conte*». Ni impreso ni manuscrito he llegado a ver nunca este *Corbacho* catalán.

La mayor prueba de la difusión de la sátira antifemenina de Boccaccio en la parte oriental de nuestra Península, nos la da un estupendo y curiosísimo plagio que nadie había notado antes que el señor Farinelli, con estar tan a la vista. Todo el razonamiento de Tiresias contra las mujeres, que llena casi por completo el libro tercero del *Somni* de Bernat Metge, está servilmente copiado del *Corbaccio*, como demuestra el crítico italiano publicando en dos columnas ambos textos. Después de tal confrontación se queda uno verdaderamente estupefacto al leer los desatinados elogios que de este trozo hizo con su habitual ligereza el difunto escritor balear don Juan Miguel Guardia, juzgándole digno nada menos que de Aristófanes, de Plauto o de Rabelais *(Le Songe de Bernat Metge, auteur catalan du XV siècle,* París, 1889).

En cuanto al *Spill* o *Libre de les dones* de Jaime Roig, nota el señor Farinelli algunos rasgos satíricos que concuerdan con otros de Boccaccio, pero encuentra mayores y más frecuentes analogías con el libro del Arcipreste de Talavera. (En este sentido debe modificarse lo que a este respecto he dejado dicho en el texto.

Esperamos que este doctísimo hispanista nos dará en breve plazo un estudio completo sobre la influencia de Boccaccio en España, tema del mayor interés y que hasta ahora no había sido tratado formalmente por nadie.

Página 223, Tomo I.
De la *Historia de la Reina Sevilla* he manejado la edición de 1532 en la Biblioteca Sevillana del Duque de T'Serclaes.
Hystoria de la | reyna Sevilla.
(Fin): *Fue empremido el presente libro de la reyna | Sebilla nueuamente corregido y emēdado en | la muy noble y muy leal ciudad de Seuilla por Juan Cromberger. A XXIX del mes de Enero. Año de mil y quinientos y treynta y dos.*

La de Burgos, por Juan de Junta, 1551, existe en nuestra Biblioteca Nacional.

Página 223, Tomo I.
Historia de | Enrriq̄ | hijo de doña Oliva Rey de | Hierusalem y emperador de Constantinopla.
(Al fin): *Imprimiose el presente tratado en la muy | noble y muy leal cibdad de Seuilla por | Juan Comberger* (sic) *a cinco dias del mes de junio. Año de mill e quinientos e treynta y tres años.*
(Biblioteca del Duque de T'Serclaes.)

Página 224, Tomo I.
El ejemplar de la *Hystoria del emperador Carlomagno y de los doce pares* citado en la nota respectiva pertenece hoy a la Biblioteca Nacional, que le adquirió con otros libros de caballerías en la venta del Barón Seillière, formada en gran parte con los restos de la riquísima colección de don José Salamanca.

Página 230, Tomo I.
Espejo de cauallerias en. el qual se veran los grandes | fechos: y espantosas auenturas que el conde don Roldan por amores de | Angelica la Bella hija del rey Galafron acabo: e las grandes e muy fermosas cauallerias que don Renaldos de montaluan: y la alta Marfisa: e los paladines ficieron: assi en batallas | campales como en cauallerosas empre- | sas que tomaron.

(Colofón): *Aqui se acaba el segundo libro de Espejo | de cauallería traducido y compuesto por Pero Lopez de Santa Ca- | talina. Es impreso en la muy noble ciudad de Seuilla por | Juan Cromberger. Año de Mill. D. xxxiij* (1533).
(Biblioteca Nacional.)

—Primera, segunda y tercera parte de Orlando Enamorado.

Espejo de caballerias, en el qual se tratan los hechos del conde don Roldan y del muy esforçado cauvallero don Reynaldos de Montaluan, y de otros muchos preciados caualleros por Pedro de Reynosa, toledano. Medina del Campo por Francisco del Canto, 1586.

(Biblioteca de la Universidad de Valencia.)

Página 230, Tomo I.

Por escritura otorgada en 31 de mayo de 1513. Jorge Costilla prometió a Lorenzo Ganoto, mercader, habitante en Valencia, imprimir para él 600 volúmenes de la obra titulada *La Trapesonda*, o sea el tercer libro del *Reynaldos de Montalban*, obligándose a entregarlos en todo el mes de setiembre siguiente.

Copia este contrato don José E. Serrano Morales en su precioso libro *La Imprenta en Valencia* (pág. 95). Esta edición, suponiendo que llegara a hacerse, sería anterior en diez años a la de Toledo, por Juan de Villaquirán, 1523, que se citaba como la más antigua del *Reinaldos*, y en trece a la de Salamanca, 1526, que pasaba por la primera de la *Trapesonda*.

En 11 de junio del mismo año 1513, el impresor Diego de Gumiel había contratado con Lorenzo Ganoto la impresión de 750 ejemplares de la *Trapesonda* (pág. 207 del libro del señor Serrano).

Es de suponer que una, por lo menos, de estas ediciones quedó en proyecto, y que por haberse rescindido el primitivo contrato entre Gumiel y Ganoto, volvió éste a tratar dos meses y medio después con Jorge Costilla.

La Biblioteca Universitaria de Valencia, donde existe una preciosa serie de libros de caballerías, procedente de la antigua librería de Don Giner Perellós, posee el *Libro primero* (y segundo) *del noble y esforçado cauallero don Reynaldos... impreso en Burgos, cabeça de Castilla, por Pedro de Santillana, a diez y siete días del mes de mayo año de M. D. LX. III años* (1563).

La Biblioteca Nacional sólo tiene el libro tercero, es decir, la *Trapesonda*, y en edición muy tardía, probablemente la última:

«*La Trapesonda que es ter- | cero libro de don Reynaldos, y trata como por sus cauallerías alcanço a ser emperador de Tra- | pe-*

sonda; y de la penitencia y fin de su vida... Impreso en Perpiñan en casa de Sanson Arbus. Año 1585.—*Vendense en casa de Arnaut Garrich, Mercader de libros.*

Página 241, Tomo I.

En la biblioteca del Duque de T'Serclaes he visto una edición gótica, sin lugar ni año, de *La historia de | los dos enamora- | dos Flores y blā | ca flor...* Las señas de este libro coinciden exactamente con las que Gayangos da del ejemplar que vió en poder de Mr. R. S. Turner, y que supone impreso hacia 1530. En el Museo Británico existe otra, también sin año ni lugar, pero distinta. Brunet describe la de Alcalá, 1512, por Arnao Guillén de Brocar.

Página 242, Tomo I.

La Biblioteca Nacional posee una edición gótica del *Clamades,* omitida en los dos catálogos de Gayangos.

La Hystoria del muy valiente | y esforçado cauallero Clamades hijo de Mar- | caditas rey de Castilla: y de la lin- | da Clarmonda hija del rey | de Toscana...

(Al fin): *Impreso con licencia en Burgos en casa de Phelippe de Junta. Año de | M. D. lxij* (1562).

Turner poseyó la rarísima de Burgos, por Alfonso de Melgar, año 1521.

No existe en la colección T'Serclaes, pero sí una rarísima de *Pierres y Magalona,* segunda de las hechas por Cromberger:

—*La historia de la linda magalo- | na hija del rey de Napoles e | del muy esforçado caballo pie- | res de prouença hijo del conde de prouença: y de las fortunas—y trabajos que passaron.*

(Al fin): *Fue impressa esta historia de la linda Magalona y del | noble y esforçado cauallero Pierres de prouēça en la muy noble e muy leal cibdad de Seuilla por Juan Crōberger. | Año del señor M. D. xxxiij* (1533). *En el mes de Junio.*

Gayangos, en su segundo catálogo, describe la de Toledo, 1526, que tuvo Mr. Turner.

Página 247, Tomo I.

La Biblioteca Nacional se ha enriquecido modernamente con dos ediciones del *Canamor,* no citadas por Gayangos.

La Hystoria del rey Canamor | y del infante Turian su hijo | y de las grandes auen- | turas que hu- | uieron...

(Al fin): *Impresso con licencia en Burgos en casa de felippe de Junta. Año de M. D. Lxij.*

—*Hystoria del rey Canamor... Impreso con licencia en Alcala de Henares | en casa de Sebastian Martinez que sea en | gloria Año de M. D. xxxvj.*

Del *Oliveros de Castilla y Artus de Algarbe* se conserva en la Biblioteca Nacional, además de la edición de Sevilla, 1510, por Jacobo Cromberger, ya descrita por Gayangos, la siguiente, que falta en su catálogo:

La Historia de los dos | nobles caualleros | Oliveros de casti- | lla y Artus de | Algarve. M. D. Liiij (1554).

(Al fin): *Fenesce la historia de los muy es- | forçados caualleros Oliveros de Castilla y Artus de Algarve. Impressa en Burgos en casa de Juan | de Junta...*

Página 250, Tomo I (nota última).

«*La espantosa y mara- | uillosa vida de Roberto el diablo assi | al principio llamado: hijo del duq̄ de | Normādia el qual despues por su san- | ta vida fue llamado hōbre de dios.*

(Al fin): *Esta presente historia de Roberto el diablo fue | impresa en la muy noble y mas leal ciudad de | Burgos en casa d' Juā de Jūta. Y acabose | a veynte y siete dias del mes d' Julio. Año | de nuestro Señor Jesu christo de | mil y quinientos y quarenta y siete | Años.*

(Biblioteca del Duque de T'Serclaes.)

No consta esta edición en el catálogo de Gayangos, que menciona otras rarísimas. La Biblioteca Nacional sólo posee una muy tardía y vulgar, de Barcelona, por Antonio La Caballería, 1683, en que el texto ya aparece modernizado, aunque menos que en los pliegos de cordel que hoy se expenden.

Como la mayor parte de los libros de su clase, la redacción en prosa francesa que sirvió de base a la castellana procede de un poema del siglo XII, que ha sido publicado por E. Löseth *(Robert le Diable, Roman d'aventures;* París, F. Didot, 1903. De la *Société des anciens textes français).*

Página 275, Tomo I.

Como testimonio de la divulgación del ciclo bretón en Cataluña puede citarse este pasaje de Fr. Antonio Canals en el bello prólogo que antecede a su traducción del *Modus bene vivendi,* que erróneamente se atribuía a San Bernardo: «Hom deu legir »libres aprovats, no pas libres vans, axi com les *faules de Lan-* »*çalot e de Tristany ni'l romans de la guineu, ni libres provocatives* »*a çobeiança axi com libres de amors, libres de art de amar, Ovidi de Vetula,* ni libres que son inutils, axi com libres de faules e rondales» *(Documentos inéditos del Archivo de la Corona de Aragón,* t. XIII, pág. 420*).*

De las palabras de Canals no se infiere, a mi juicio, que todas las obras que cita estuviesen traducidas al catalán en su tiempo; probablemente corrían unas en francés y otras en latín. Es singular, acaso única en textos españoles, la mención del poema del zorro («*romans de la guineu»).*

En cambio, no se puede conceder ningún valor histórico a las palabras de Bernat Metge, cuando dice que las mujeres gustan de «recordar moltes cançons e noves rimades, allegar, dits de »trobadors, e les epistoles de Ovidi; recitar les histories de Lança- »lo e del Rey Artus, de Tristany e de quants amorosos son estats »tro a lur temps». Aquí, como en toda la última parte del *Somni,* B. Metge, no hace más que traducir literalmente a Boccaccio, según ha demostrado Farinelli.

Pero no creo que sean mera reminiscencia del *Corbacho* italiano estos lindos versos de Jaime Roig (ed. Briz, pág. 36):

He maravelles
De *çent novelles,*
He facecies,
Philosophies
Del gran Plató,
Tuli, Cató,
Dant, pohesies,

He tragedies.
Tots altercaven,
He disputaven,
Qui menys sabia,
Mes hi mentia,
He tots parlaven,
Nos escoltaven.

Página 292, Tomo I.

En sus *Anales de la Literatura Española* (Madrid, 1904, pp. 25 y ss.) ha reproducido en facsímile el señor Bonilla el fragmento del

Tristán castellano correspondiente al capítulo que en el texto impreso se titula: «De cómo el cauallero anciano, por ruego de »una donzella fue en socorro de un su castillo que le tenía cercado »un conde y se lo fizo descercar». El fragmento se contiene en una hoja de papel cebtí, escrita a dos columnas, de letra del siglo XIV, sin género de duda. «En una de las páginas tiene dibujadas e iluminadas, en rojo, dorado y negro, tres figuras de regular tamaño, que representan un caballero armado, con la visera del casco levantada, y larga y puntiaguda barba, y dos damas montadas en sendos palafrenes.»

No son muchas las variantes que ofrece comparado con la edición sevillana de 1528, lo cual indica que este texto responde con bastante exactitud a la traducción primitiva.

En cuanto al original de ésta, opina el señor Bonilla que fué probablemente «algún libro francés en que las tradiciones principales de Eilhardo de Oberga y Godofredo de Strasburgo estaban ya combinadas. Pero el arreglador supo dar forma original a algunos importantes episodios, por ejemplo, el de la muerte de Tristán, causada por el propio rey Marko».

Página 294, Tomo I.

Hay que añadir al catálogo de Gayangos dos ediciones más del Tablante.

—*La cronica de | los nobles caua- | lleros Tablante | de ricamōte: e de | Jofre hijo de cō- | de Donason y de | las grādes auēturas y hechos | de armas q̄ uvo yendo a liber- | tar al conde don Milian: que estaua preso como en la cronica | siguiēte parecera la qval fue sa- | cada de las cronicas y grandes | hazañas de los caualleros de | la tabla reconda: | 1524.*

(Al fin): *Fenesce la coronica de los nobles | caualleros Tablante de ricamōte y de Jofre hijo | del conde Donason nueuamente impressa. Acabose. A veynte y seis dias del mes de Nouiembre. Año de nuestro Salua- | dor y Redemptor Jesu Christo de | Mill y quinientos y veynte | y quatro.*

(Biblioteca del Duque de T'Serclaes.)

—*...Fué impresa la presente cronica de | los nobles y esforça-*

Guevara (1641), encontramos la acepción de *soledad* en el sentido de *saudade:* «Don Cleofas... sintiendo la *soledad* del compañero» (página 40 de la edición Bonilla), es decir, encontrándose triste porque su compañero le había dejado solo.

Página 384, Tomo I.

Al elogio que aquí se cita del *Amadís* hecho por Torcuato Tasso debe añadirse el siguiente, todavía más explícito, y mucho más importante por la doctrina del amor que en él se desenvuelve y que el gran poeta italiano encuentra realizada por primera vez en nuestros libros de caballerías.

«Ma se l'amore è non solo una passione, e un movimento dell' apetito sensitivo, ma uno habito nobilissimo della volontá come volle san Tomaso, l'amore sará piú lodevole negli heroi; e per conseguente nel poema heroico: ma gli antichi o non conobbero questo amore, o non volsero descriverlo negli heroi: ma se non honorarono l'amore come virtú humana, l'adorarono quasi divina, però ni una altra dovevano stimar piú conveniente agli heroi. La onde attioni heroiche, ci potranno parer oltre l'altre quelle che son fatte per amore. Ma i poeti moderni se non vogliono descriver la divinitá dell'amore in quelli ch'spongono la vita per Christo, possono ancora nel formarvi un cavaliere, descriverci l'amore come un habito costante della volontà, e cosi hanno *formati oltre tutti gli altri quelli scrittori spagnuoli, i quali favoleggiarono nella loro lingua materna senza obligo alcuno di rime, e con poca ambitione, ch' a pena e passato alla posterità nostra il nome d'alcuno. Ma qualunque fosse colui che ci descrisse Amadigi amante d'Oriana, merita maggior lode, ch'alcuno de gli scrittori francesi,* e non traggo di questo numero Arnaldo Daniello, il quale scrisse di Lancilotto, qualunque dicesse Dante:

> Rime d' amore, e prose di romanzi
> Soverchiò tutti, e lascia dir gli stolti,
> Che quel di Lemosi credon qu' avanzi.

»Ma s'egli havesse letto *Amadigi di Gaula,* o quel *di Grecia,* »o *Primaleone, per aventura havrebbe* mutata opinione; perche *più »nobilmente, e con maggior costanza sono descritti gli amori da poeti*

»*spagnuoli, che da francesi,* se pur non merita d'esser tratto da
»questo numero *Girone il Cortese,* [1] il quale castiga cosi grandemen-
»te la sua amorosa incontinenza alla fontana; mas enza fallo è mag-
»giore lode havere in guisa disposto l'animo, ch'alcun affetto non
»posa prender l'arme contra la ragione»; *(Dircorsi del poema heroico,* página 62, en el tomo IV de la ed. de Florencia, 1724).

Página 393, Tomo I.

La traducción hebrea del *Amadís* citada por Wolfio debe de
ser la misma que según Graesse *(Tesoro de los libros raros.*—Suplemento, pág. 30) fué impresa en Constantinopla por Elieser ben
Gerson Soncini, sin indicación de año. El traductor fué Jacob
ben Mose Algabbai.

Página 416, Tomo I.

Tengo que rectificar lo que dije del *Amadis de Grecia,* fiándo-
me de un ejemplar incompleto. Esta obra es indisputablemente
de Feliciano de Silva, según lo comprueba la edición de Sevilla,
de 1549 (segunda de las existentes en la Biblioteca Nacional),
que describo a continuación por no estar incluída en el índice de
Gayangos.

—*El Noueno libro de | Amadis d'Gaula; que es la cronica d'l
muy va- | liente y esforzado principe y cauallero de la ardi- | ente
espada Amadis de Grecia: hijo de Lisuar- | te de Grecia; Empera-
dor de Constantinopla | y de Trapisonda, y Rey de Rodas; que
tracta | de los sus grandes hechos en armas: y de los sus altos y es-
traños amores.*

(Al fin): *A gloria e honrra de dios todopoderoso y | de su ben-
dita madre. Fenesce el noueno libro de Amadis de Gaula: que es la
coronica del muy valiente y esforçado principe e cauallero de la
ar- | diente espada Amadis de Grecia: hijo de Lisuarte de Grecia:
Emperador de Constantinopla e trapisonda: e rey de Ro- | das. Fue
impresso en la muy noble e muy leal ciudad | de Sevilla en las casas
de Jacome Cromberger. | Acabose a veynte y siete dias del Mes | de
Junio. Año del señor de mil e quinientos e cuarenta y nueve años.*

Folio. Gótico. 6 hs. de principios y 230 de texto.

---

[1] Poema de Luis Alamanni.

A la vuelta de la portada comienza el prólogo: «Noveno libro »de Amadis... nuevamente hallado y enmendado de algunos voca-»blos que por la antiguedad estauan corrompidos. *Por Feliciano »de Silua* corregidos. Dirigidos al ilustrissimo señor don Diego de »Mendoça, duque del infantazgo, conde del real, marques de San-»tillana, señor de las casas de la Vega». El segundo prólogo es del coronista y gran sabio Alquife.

Página 428, Tomo I.

Cuando escribí las páginas relativas al *Palmerín de Inglaterra* no había llegado a mis manos el precioso opúsculo de doña Carolina Michaëlis de Vasconcellos, *Versuch über den Ritterroman Palmeirin de Inglaterra* (Halle, 1883), ni se había publicado el minucioso y concienzudo libro de William Edward Purser, *Palmerin of England. Some remarks on his Romance and on the Controversy concerning its Autorship* (Dublin, 1904), que verdaderamente agota la cuestión y no deja la menor duda en cuanto al origen portugués del libro. Es una monografía modelo en su clase. En extremo me satisface encontrar confirmadas mis propias observaciones por las de las señora Michaelis y el señor Purser, que han tratado ex profeso esta materia. No permite la brevedad con que procedo extractar aquí tan excelentes trabajos, que deben leerse íntegros.

Página 436, Tomo I.

Para comodidad de los estudiosos, advertiré que en el *Catálogo de la exposición bibliográfica* celebrada con motivo del tercer centenario de la publicación del Quijote (1905), constan la mayor parte de los libros de caballerías que hoy posee la Biblioteca Nacional, entre ellos el *Claribalte,* el *Don Floriseo,* el *Don Clarián de Landanis,* el *Lidamán de Ganayl* y otros extraordinariamente raros. A nadie sorprenda que no estén utilizados todos en la presente obra, porque la he escrito fuera de Madrid, en temporadas de vacaciones, atenido a mis propios libros y apuntamientos. Lo que aquí se eche de menos se encontrará con creces en el trabajo que prepara el señor Bonilla.

Página 443, Tomo I.

Libro Primero del valeroso e in- | uencible Principe don Belianis

*de Grecia, hijo del Emperador don | Belanio de Grecia. En el qual
se cuentan las extrañas y peligrosas | auenturas que le subcedieron
con los amores que tuvo con la Prin- | cesa Florisbella hija del
Soldan de Babilonia, y como fue hallada la Prin- | cesa Policena
hija d'l Rey Priamo de Troya. Sacado de | la lengua griega: en la
qual la escriuio el sabio Friston. Dirigido al il- | lustre y muy Mag-
nifico y reuerendo Señor dō Pedro Xuarez de Fi- | gueroa y d'Ve-
lasco: Dean de Burgos y Abad de Hermedes y Arcediano de Val-
puesta: Señor de la villa de Cozcurrita. | 1547.*

(Al fin): *Fue acabada la presente obra en la muy noble y mas
leal | ciudad de Burgos Cabeza de Castilla Camara de sus Majes-
tades | en casa de Martin Muñoz impressor de Libros: a su costa y
del | virtuoso varon Toribio Fernandez vezino de la dicha ciu- | dad.
Siendo traduzida del griego por un hijo suyo. | Acabose a ocho dias
del mes de | Noviembre del año 1547.*

Fol. gót. 2 hs. sin numerar y 222 foliadas.

(Biblioteca Nacional.)

Esta peregrina edición es indisputablemente la primera del
Don Belianis. Gayangos sólo la cita con referencia a Clemencín,
que da muy pocas noticias de ella.

Página 480, Tomo I.

*Hystoria muy ver- | dadera de dos amantes Eurialo franco y Lu-
crecia se- | nesa que acaecio en la ciudad de Sena en al año de Mill
y CCCC xxxiiij años en presencia d'l Emperador | Fadri- | que.
Fecha por Eneas Silvio, que despues fue elegido pa- | pa llamado
Pio Segundo.*

(Al fin): *Fin del presente tractado de los dos Amantes | Eura-
lio franco y Lucrecia senesa. Fue im- | presso en la muy noble y
muy leal ciudad de Seuilla por Juan Crom- | berger. Año de Mill
y quinientos y treynta.*

(Biblioteca del Duque de T'Serclaes.)

Página 497, Tomo I.

El señor Farinelli opina, creo que con razón, que en ningún
autor castellano de la Edad Media se encuentran reminiscencias
de la *Vita Nuova* ni nada que indique su conocimiento. En cambio,

en la *tragedia* del condestable de Portugal hay bastantes imitaciones del libro *De casibus* de Boccaccio.

Página 514, Tomo I.

El señor Foulché-Delbosc acaba de hacer en su *Biblioteca Hispanica* una linda reimpresión de la *Cárcel de Amor*, ajustada a la primera de Sevilla, 1492.

Página 528, Tomo I.

La historia de Grisel y Mira- | bella con la disputa de Torre- | llas Braçaida. La qual cōpuso Juā de Flores a su amiga.

(Fin): *Acabosse el tratado cōpuesto por Juā de Flores donde | se contiene el triste fin de los amores de Grisel y Mirabella.*

Fue empremido en la muy noble y muy leal | cibdad de Seuilla: por Juā Cromberger. Año de mil y quinientos y treinta y tres.

Biblioteca del Duque de T'Serclaes

Página 535, Tomo I.

Gracias al Dr. Garnett y a otros eruditos ingleses sabemos ya a ciencia cierta de qué libro español tomó Shakespeare el argumento de *La Tempestad*.

Procede del cuarto capítulo de las *Noches de Invierno*, de Antonio de Eslava (Pamplona, 1609), «do se cuenta la soberbia del »rey Niciforo y incendio de sus naves, y la arte mágica del rey »Dardanio». El rey Dardanio de Bulgaria y su hija Serafina corresponden a Próspero y su hija Miranda. Supónese también que el título de *Noches de Invierno* sugirió a Shakespeare el de *Cuento de Invierno (Winter's Tale)*.

Página 193, Tomo II.

La idea del agua mágica de la sabia Felicia parece haber sido sugerida a Montemayor por estas palabras de la *Arcadia* de Sannázaro (*Prosa nona*, edición de Scherillo, pág. 171): «dicendo in »una terra di Grecia... *essere il fonte di Cupidine del quale chiun*»*que beve, depone subitamente ogni amore*».

Sannázaro había tomado esta especie de la *Historia Natural* de Plinio (lib. XXXI, cap. 16): «*Cyzici fons Cupidinis vocatur ex quo potantes amorem deponere Mucianus credit*».

Página 209, Tomo II.

A pesar del desprecio con que Cervantes habló de la *Diana* de Alonso Pérez, ha notado Rennert que la carta de Timbrio a Nísida, en el libro III de la *Galatea*, se parece mucho, en su principio, a la de Fausto a Cardenia en el libro II de la continuación del Salmantino:

Dice Cervantes:

> Salud te envía aquel que no la tiene,
> Nísida, ni la espera en tiempo alguno
> Si por tus manos mismas no le viene...

Y había escrito en prosa Alonso Pérez:

«Salud te envía el que para sí ni la tiene ni la quiere, si ya de tú sola no le viniese...»

Página 229, Tomo II.

Como curiosidad bibliográfica transcribo los tres documentos que me ha comunicado don Cristóbal Pérez Pastor, y que prueban la existencia de una tercera *Diana*, distinta de la de Texeda y no conocida hasta ahora.

«Sepan quantos esta carta de poder vieren, como yo, Grabiel Hernandez, vezino de la ciudad de Granada, estante al presente en esta ciudad de Salamanca, digo que por cuanto yo compuse un libro intitulado la tercera parte de Diana, e ympetré de su magestad licencia para la ymprimir y privilegio para ello por tiempo de diez años, con prohibición que nayde lo pueda ymprimir sino yo o quien mi poder vbiere, como consta por una su real cedula, firmada de su real nombre, hecha en Lisboa a veynte e ocho de Enero deste presente año de la fecha deste, refrendada de Antonio de Eraso, su secretario. Por tanto, otorgo por esta carta, que doy mi poder cumplido... a Juan Arias de Mansilla, vezino de la ciudad de Granada, estante al presente en la villa de Madrid... para que por mí y en mi nombre... pueda vender, ceder, renunciar y traspasar el dicho privilegio y concesión que de suso se hace mencion a qualquier persona de qualquier estado e condicion que sean, e dar poder e facultad para ymprimir el dicho libro por el tiempo y forma contenida en la dicha cedula de su magestad, y para ello pueda hazer y haga los pactos y conciertos que quisiere y bien visto le fuere y recibir el precio de maravedis e otras cosas que concertare... Fecha e otorgada en la ciudad de Salamanca a quatro dias del mes de Agosto de mil e quinientos y ochenta e dos años... En testimonio de verdad, Francisco Ruano.»

«Sepan quantos la presente carta de renunciacion y traspaso vieren, como yo, Juan Arias de Mansilla, residente en la corte de su magestad, vezino de la ciudad de Granada, y por virtud del poder que tengo de Grabiel Hernandez, vezino de la dicha ciudad, estante al presente en la ciudad de Salamanca... *(Aqui entra el poder.)*

Y dél usando, otorgo y conozco por esta presente carta que en el dicho nombre vendo, renuncio y traspaso a vos, Blas de Robles, librero, vezino desta villa, conviene a saber, un libro intitulado la tercera parte de Diana, compuesto por el dicho Grabiel Hernandez, con un privilegio de su magestad, ganado a pedimiento del susodicho, para lo poder imprimir y vender por tiempo de diez años, con prohibicion que ninguna persona lo pueda vender durante el dicho tiempo si no fuere el dicho Grabiel Hernandez o quien su derecho ubiere, el qual os vendo y traspaso con el mismo derecho que le pertenesce y pertenescer puede en cualquier manera por precio e contia de quinientos reales que por él me dais e pagais en el dicho nombre de que me otorgo por entregado a mi voluntad por quanto me los habeis de pagar al plazo y de la forma contenida en una obligacion que ante el presente escribano habeis de otorgar, con más doce cuerpos impresos de la dicha Diana, y en el dicho nombre confieso que los dichos quinientos reales y los dichos doze pares de cuerpos de la dicha Diana en su justo precio y valor, e que no vale más e si más vale os hago gracia e donacion pura, perfecta, acabada, irrevocable, que el derecho llama entre vivos por muchas onrras e buenas obras que de vos el dicho Grabiel Hernandez ha recibido y espera recibir, de cuya prueba os relievo... Fecha e otorgada en la villa de Madrid a ocho dias del mes de Agosto de mil y quinientos y ochenta e dos años.—Joan Arias de Mansilla.—Ante mi, Juan Garcia de Munilla.»

«Sepan quantos esta carta de obligacion vieren, como yo, Blas de Robles, librero residente en corte de Su Magestad, vezino desta villa, otorgo y conozco por esta carta que debo y me obligo de dar y pagar... al señor Juan Arias de Mansilla, vecino de la ciudad de Granada, residente en esta corte... quinientos reales de plata castellanos, los quales son por razon y de precio de un libro intitulado la tercera parte de Diana, que dél compré y recibí con un privilegio de su magestad para la ympresion della, de que me doy por entregado a mi voluntad, y en razon de la entrega dello, que de presente no paresce, renuncio las leyes del entregamiento, prueba y paga... y por esta razón me obligo de le dar y pagar los dichos quinientos reales, la mitad dellos para fin de Octubre primero que viene, y los docientos e cincuenta reales restantes para fin de Diciembre primero venidero de la fecha e año desta carta, y más doce cuerpos de libros de la dicha Diana luego que salga y se haga la primera impresion della.. Fecha e otorgada en la villa de Madrid a diez y siete dias del mes de Agosto de mil e quinientos y ochenta y dos años...—Blas de Robles.—Ante mi, Juan Garcia de Munilla.»

(Protocolo de Juan García de Munilla, 1580 a 86, folios 194 a 197.)

IX

Cuentos y novelas cortas.—Traducciones de Boccaccio, Bandello, Giraldi Cinthio, Straparola, Doni, Luis Guicciardini, Belleforest, etc.—«Silva de varia lección», de Pero Mexía, considerada bajo el aspecto novelístico. «Miscelánea», de Don Luis Zapata.—«Philosophia Vulgar», de Juan de Mal Lara: relaciones entre la paremiología y la novelística.—«Sobremesa y alivio de caminantes», de Juan de Timoneda.—«El Patrañuelo»: estudio de sus fuentes.—Otras colecciones de cuentos: Alonso de Villegas, Sebastián de Horozco, Luis de Pinedo, Garibay.—«Glosas del sermón de Aljubarrota», atribuídas a don Diego Hurtado de Mendoza.—«Floresta Española», de Melchor de Santa Cruz.—Libros de apotegmas: Juan Rufo.—El cuento español en Francia.—«Silva Curiosa», de Julián de Medrano.—«Clavellinas de recreación», de Ambrosio de Salazar.—«Rodomuntadas españolas».—Cuentos portugueses, de Gonzalo Fernández Trancoso.—El «Fabulario», de Sebastián Mey.—«Diálogos de apacible entretenimiento», de Gaspar Lucas Hidalgo.—«Noches de invierno», de Antonio de Eslava.

Los orígenes más remotos del cuento o novela corta en la literatura española hay que buscarlos en la *Disciplina Clericalis,* de Pedro Alfonso, y en los libros de apólogos y narraciones orientales traducidos e imitados en los siglos XIII y XIV. Más independiente el género, con grande y verdadera originalidad en el estilo y en la intención moral, se muestra en *El Conde Lucanor,* y episódicamente en algunos libros de Ramón Lull y en la *Disputa del asno,* de Fr. Anselmo de Turmeda. Pero cortada esta tradición después del Arcipreste de Talavera, la novelística oriental y la española rudimentaria que se había criado a sus pechos cede el puesto por más de una centuria a la italiana. Este período de reposo y nueva preparación es el que rompió triunfalmente Miguel de Cervantes en 1613 con la publicación de sus *Novelas Ejemplares,* que sirvieron de pauta a todas las innumerables que se escribieron en el siglo XVII. Entendida como debe entenderse, es de rigurosa exactitud esta afirmación del príncipe de nuestros ingenios: «Yo soy »el primero que he novelado en lengua castellana; que las muchas »novelas que en ella andan impresas todas son traducidas de len- »guas estrangeras, y estas son mias propias, no imitadas ni hurta- »das; mi ingenio las engendró y las parió mi pluma, y van cre- »ciendo en los brazos de la estampa.»

Estas lenguas extranjeras se reducen, puede decirse, al italiano. Pero no se crea que todos, ni siquiera la mayor parte de los *novellieri,* fuesen traducidos íntegros o en parte a nuestra lengua. Sólo alcanzaron esta honra Boccaccio, Bandello, Giraldi Cinthio, Straparola y algún otro de menos cuenta. Por el número de estas versiones, que además fueron poco reimpresas, no puede juzgarse del grado de la influencia italiana. Era tan familiar a los españoles, que la mayor parte de los aficionados a la lectura amena gozaba de estos libros en su lengua original, desdeñando con razón las traducciones, que solían ser tan incorrectas y adocenadas como las que ahora se hacen de novelas francesas. Pero al lado de estos intérpretes, que a veces ocultaban modestamente su nombre, había imitadores y refundidores, como los valencianos Timoneda y Mey y el portugués Trancoso, que, tomando por base las colecciones toscanas, manejaban más libremente los argumentos y aun solían interpolarlos con anécdotas españolas y rasgos de nuestro *folk-lore.* Abundan éstos, sobre todo, en las colecciones de cuentos brevísimos y de forma casi esquemática, tales como el *Sobremesa,* del mismo Timoneda; la *Floresta Española,* de Melchor de Santa Cruz, y los apotegmas y dichos agudos o chistosos que recopilaron Luis de Pinedo, don Juan de Arguijo y otros ingenios con quienes ya iremos trabando conocimiento. Son varias también las obras misceláneas que ofrecen ocasionalmente materiales para el estudio de este género embrionario, que por su enlace con la novelística popular despierta en gran manera la curiosidad de los doctos. Este aspecto muy interesante tenemos que relegarle a segundo término, porque no escribimos de la novela como *folkloristas*, sino como literatos, ni poseemos el caudal de erudición suficiente para comparar entre sí las narraciones orales de los diversos pueblos. Ateniéndonos, pues, a los textos escritos, daremos razón ante todo de las traducciones de novelas italianas hechas en España durante los siglos XV y XVI.

Ningunas más antiguas e interesantes que las de Boccaccio, aunque por ventura el *Decamerón* fué menos leído y citado que ninguna otra de sus obras latinas y vulgares; menos seguramente que la *Caída de Príncipes*, traducida en parte por el canciller Ayala antes de 1407 y completada en 1422 por don Alonso de Cartagena; menos que la *Fiammetta* y el *Corbaccio*, cuya profunda influencia en nuestra novela, ya sentimental, ya satírica, hemos procurado determinar en capítulos anteriores; menos que el libro *De claris mulieribus*, imitado por don Álvaro de Luna y por tantos otros; menos que sus repertorios de mitología y geografía antigua (*De Genealogiis Deorum, De montibus, silvis, lacubus, fluminibus, stagnis et paludibus et de nominibus maris*). De todas estas y otras obras de Boccaccio existen traducciones castellanas o catalanas en varios códices y ediciones, y su difusión está atestiguada además por el uso constante que de ellas hacen nuestros autores del siglo XV, citándolas con el mismo encarecimiento que las de los clásicos antiguos, o aprovechándolas muy gentilmente sin citarlas, como hizo Bernat Metge en su *Somni*.[1]

---

[1] Con erudición verdaderamente admirable, no sólo por lo extensa, sino por lo minuciosa y segura, y con agudeza y sagacidad crítica todavía más raras que su erudición, discurre sobre todos estos puntos Arturo Farinelli en su reciente opúsculo *Note sul Boccaccio in Ispagna nell' Età Media*, Braunschweig, 1906 (tirada aparte del *Archiv für das Studium der neueren Sprachen und Literaturen*, de L. Herrigs), al cual debe añadirse su estudio sobre el *Corbaccio* en la España medieval, publicado en la *Miscelánea Mussafia*. Creo que entre los hispanistas que hoy viven nadie ha avanzado tanto como Farinelli en el estudio comparativo de las letras españolas con las extranjeras, especialmente con la italiana y la alemana. Sus monografías son un tesoro, todavía no bastante preciado en España, y la rica materia que contienen hubiera bastado a un escritor menos docto y conciso para escribir voluminosos libros.

El *Decamerón*, libro reprobado por su propio autor [1] y que contiene tantas historias deshonestas, tuvo que ser leído más en secreto y alegado con menos frecuencia. No se encuentra imitación de ninguno de los cuentos hasta la mitad del siglo XVI, pero todos ellos habían sido trasladados al catalán y al castellano en la centuria anterior.

La primera novela de Boccaccio que penetró en España, pero no en su forma original, sino en la refundición latina que había hecho el Petrarca con el título *De obedientia ac fide uxoria*, [2] fué la última del *Decamerón*, es decir, la historia de la humilde y paciente Griselda, tan recomendable por su intención moral. Bernat Metge, secretario del rey don Martín de Aragón y uno de los más elegantes y pulidos prosistas catalanes, puso en lengua vulgar aquel sabroso aunque algo inverosímil cuento, para obsequiar

---

[1] Así resulta de su célebre carta a Mainardo Cavalcanti, mariscal del reino de Sicilia, descubierta en la biblioteca de Siena y publicada por Tiraboschi *(Storia della letteratura italiana*, t. V, pág. 844, ed. de Milán, 1823): «Sane quod inclitas mulieres tuas domesticas meas legere permiseris, non »laudo; quin imo quaeso per fidem tuam, ne feceris... Cave igitur iterum »meo monitu precibusque, ne feceris... Et si decori dominarum tuarum »parcere non vis, parce saltem honori meo, si adeo me diligis, ut lacrimas »in passionibus meis effundas. Existimabunt enim legentes me spurgidum, »lenonem, incestuosum senem, impurum hominem, turpiloquum, maledicum, »et aliorum scelerum avidum relatorem. Non enim ubique est qui in excu»sationem meam consurgens dicat: iuvenis scripsit, et maioris coactus im»perio.»

Hugo Fóscolo, en su precioso *Discorso sul testo del Decamerone (Prose Letterarie*, t. III, ed. de Florencia, 1850), supone con probabilidad que el mismo Boccaccio llegó a destruir el original autógrafo de su libro, lo cual explica la incorrección de las copias.

[2] Es cosa digna de repararse que el Petrarca, con ser tan amigo de Boccaccio, no recibió de su parte el *Decamerón* ni le vió más que por casualidad, ni elogió en él otra cosa que esta novela y la descripción de la peste: «Librum tuum, quem nostro materno eloquio, ut opinor, olim iuvenis edi»didisti, nescio quidem unde vel qualiter ad me delatum vidi.»

Sin duda por haberse omitido la epístola proemial en algunas copias fué tenida la Griselda entre muchos humanistas por composición original del Petrarca, pero no creo que incurriesen en tal error Bernat Metge, tan versado en las obras de Boccaccio, ni Chaucer, que la imita en uno de los *Canterbury Tales*. Pero la verdad es que procedieron como si ignoraran el verdadero autor de la fábula.

con él a Madona Isabel de Guimerá.[1] No se conoce exactamente la fecha de esta versión, que en uno de los dos manuscritos que la contienen lleva el título de *Historia de las bellas virtuts,* pero de seguro es anterior a 1403, en que el mismo autor compuso su célebre *Sueño,* donde atestigua la gran popularidad que la novela de la marquesa de Saluzzo había adquirido ya, hasta el punto de entretener las veladas del invierno, mientras hilaban las mujeres en torno del fuego.[2]

Un arreglo o traducción abreviada de la misma historia, tomada también del Petrarca, y no de Boccaccio, se encuentra en un libro castellano anónimo, *Castigos y dotrinas que un sabio dava a sus hijas.*[3] Es breve esta versión y tan apacible y graciosa de lengua, que me parece bien ponerla aquí, para amenizar la aridez de estos prolegómenos bibliográficos:

«Leese en un libro de las cosas viejas que en una parte de Italia en una tierra que se llama de los Salucios ovo un marqués sennor de aquella tierra, el qual era muy virtuoso y muy discreto,

---

[1] Hizo una elegantísima edición de este tratado don Mariano Aguiló en su *Bibliotheca d' obretes singulars del bon temps de nostra lengua materna estampades en letra lemosina* (Barcelona, librería de Verdaguer). La portada dice así:

Historia de Valter e de la pacient Griselda escrita en llatí por Francesch Petrarcha: e arromançada per Bernat Metge. Estampada en Barcelona per n' Evarist Villastres en l' any M.DCCC.Lxxxiij.

Dos códices tuvo presentes el señor Aguiló: uno de la Biblioteca Universitaria de Barcelona, y otro, al parecer más antiguo, que él poseía, comprado en Cádiz al bibliófilo don Joaquín Rubio. En este segundo códice, el título era *Istoria de Valter e de Griselda, composta por Bernat Metge, la qual racita Petrarcha poheta laureat en les obres del qual io he singular afeccio.*

Hay tres romances modernos escritos sobre el texto de la novela de Metge: *Historia de Griselda la qual lo marques Valter prengué per muller essent una humil pastoreta e isqué lo més singular exemple de la obediencia que tota dona casada deu tenir a son marit* (Barcelona, 1895). Lleva las iniciales A. B. T. (Antonio Bulbena y Tusell).

[2] «La pasciencia, fortitut e amor conjugal de Griselda, la istoria de la »qual fon per mi de lati en nostra lengua vulgar transportada, callare, car »tant es notoria que ya la reciten per enganar les nits en les vetles e com-»filem in ivern entorn del foch.»

[3] Manuscrito de la Biblioteca Escurialense (a-IV-5), dado a luz por Herman Knust en un tomo de la Sociedad de Bibliófilos Españoles, *Dos obras didácticas y dos leyendas...* Madrid, 1878. Vid. pp. 260-265.

pero no curava de se casar, y commo ya fuese en tal hedat que devia tomar muger, sus vasallos y cavalleros le suplicaron que se quisiese casar, porque dél quedase fruto que heredase aquella tierra. Y tanto gelo amonestaron que dixo que le plazía, pero que él quería escoger la muger que avia de tomar, y que ellos le prometiesen de ser contentos con ella, los quales dixeron que les plazía. Y dende a poco tiempo él tomó por su muger a una donzella hija de un vasallo suyo bien pobre, pero de buen gesto y onestas y virtuosas costumbres. Y al tiempo que la ovo de tomar él se fué a casa de su padre, al qual preguntó si le quería dar a su hija por muger. Y el cavallero pobre, commo se maravillase de aquello, le rrespondió: «Sennor eres de mí y de mi hija. Faz a tu voluntad.» Y luego el marqués preguntó a la donzella si queria ser su muger, la qual con grant vergüença le rrespondió: «Sennor, veo que soy »yndigna para me casar contigo, pero si la voluntat de Dios es »aquesta y mi ventura es tal, faz lo que te pluguiere, que yo con- »tenta soy de lo que mandares.» El marqués le dixo que, si con él avia de casar, que parase mientes que jamás avia de contradizir lo que él quisiese, ni mostrar pesar por cosa que a él pluguiese ni mandase, mas que de todo ello avia de ser plazentera, la qual le dixo que así lo faria. Y luego el marqués en presencia de todos los cavalleros y vasallos suyos dixo que él quería a aquella por muger, y que todos fuesen contentos con ella y la onrasen y sirviesen commo a su muger. Y ellos rrespondieron que les plazía. Y luego la mandó vestir y aderesçar commo a novia. Y en aquel dia hizo sus bodas y sus fiestas grandes. Y bivieron despues en uno muy alegremente. La qual sallió y se mostró tanto buena y discreta y de tanta virtud que todos se maravillavan. Y haziendo assy su vida el marqués y su muger, y teniendo una hija pequenna muy hermosa, el marqués quiso provar a su muger hasta do podria llegar su obediencia y bondat. Y dixo a su muger que sus vasallos estavan muy despagados dél, diziendo que en ninguna manera no quedarían por sus sennores fijos de muger de tan baxo linaje, que por esto le conplia que no toviese más aquella hija, porque sus vasallos no se le rrevelasen, y que gelo hazia saber porque a ella pluguiese dello; la qual le respondió que pues era su sennor, que hiziese a su voluntad. Y el marqués dende a poco enbió un escudero suyo a su muger a demandarle la hija, la qual, aunque pensó

que la avian de matar, pero por ser obediente no mostró tristeza
ninguna, y miróla un poco y santiguóla y besóla y dióla al mensajero del marqués, al qual rrogó que tal manera toviese commo no
la comiesen bestias fieras, salvo si el sennor otra cosa le mandase.
Y el marqués embió luego secretamente a su hija a Bolonna a una
su hermana que era casada con un conde dende, a la qual enbió
rogar que la criase y acostumbrase commo a su hija, sin que persona lo supiese que lo era. Y la hermana hízolo assi. Y la muger
commo quier que pensava que su hija era muerta, jamas le dió
a entender cosa ni le mostró su cara menos alegre que primero
por no enojar a su marido. Y despues parió un hijo muy hermoso.
Y a cabo de dos annos el marqués dixo a su muger lo que primero
por la hija, y en aquella misma manera lo enbió a su hermana que
lo criase. Ni nunca por esto esta noble muger mostró tristeza alguna ni de ál curava sino de plazer hazer a su marido. Y commo
quier que harto bastava esta espiriencia para provar el marqués
la bondat de su muger, pero a cabo de algunos annos, pensó de
la provar más y enbió por sus hijos. Y dió a entender a la muger
que él se queria casar con otra porque sus vasallos no querian que
heredasen sus hijos aquel sennorio, lo qual por cierto era por el
contrario, ántes eran muy contentos y alegres con su sennora, y
se maravillavan qué se avian hecho los hijos. Y el marqués dixo
a su muger que le era tratado casamiento con una hija de un conde, y que le era forçado de ser fazer, por ende que toviesse fuerte
coraçon para lo sofrir, y que se tornase a su casa con su dote, y
diese logar a la otra que venia cerca por el camino ya, a lo qual
ella rrespondió: «Mi sennor, yo siempre tove que entre tu grande-
»za y mi humildat no avia ninguna proporcion, ni jamás me sentí
»digna para tu servicio, y tú me feziste digna desta tu casa, aun-
»que a Dios hago testigo que en mi voluntad siempre quedé sierva.
»Y deste tiempo que en tanta honrra contigo estove sin mis me-
»rescimientos do gracias a Dios y a ti. El tiempo por venir apareja-
»da estoy con buena voluntad de pasar por lo que me viniese y tú
»mandares. Y tornarme he a la casa de mi padre a hazer mi vejez
»y muerte donde me crié y hize mi ninnez, pero siempre seré hon-
»rrada biuda, pues fuy muger de tal varon. A lo que dizes que
»lleve comigo mi dote, ya sabes, sennor, que no traxe ál sino la
»fe, y desnuda salli de casa de mi padre y vestida de tus pannos

»los quales me plaze desnudar ante ti; pero pídote por mercet
»siquiera, porque el vientre en que andovieron tus hijos no pares-
»ca desnudo al pueblo, la camisa sola me dexes llevar.» Y commo
quier que al marqués le vinieron las lágrimas a los ojos mirando
tanta bondat, pero bolvió la cara. Y yda su muger a casa de su
padre vistióse las rropas que avia dexado en su casa, las quales
el padre todavia guardó rrecelando lo mismo que veya. Las duennas todas de aquella cibdat de grant compasion acompannavanla
en su casa. Y commo y allegasen cerca de la cibdat los fijos del
marqués, embió por su muger y díxole: «Ya sabes commo viene
»esta doncella con quien tengo de casar, y viene con ella un su
»hermano donzel pequenno y asimismo el conde mi cunnado que
»los trae y otra mucha gente, y yo querria les fazer mucha onrra,
»y porque tú sabes de mis costumbres y de mi voluntad, querria
»que tú hizieses aparejar las cosas que son menester, y aunque no
»estés así bien vestida, las otras duennas estarán al rrecibimiento
»dellos y tú aderesçarás las cosas necessarias.» La qual le rrespondió: «Sennor, de buena voluntad y con grant desseo de te compla-
»zer faré lo que mandares.» Y luego puso en obra lo que era necesario. Y commo llegó el conde con el donzel y con la donzella, luego
la virtuosa duenna la saludó y dixo: «En ora buena venga mi sen-
»nora.» Y el marqués despues que vido a su muger andar tan solí-
cita y tan alegre en lo que avia mandado, le dixo ante todas: «Duen-
»na, ¿qué vos paresce de aquesta donzella?» Y ella rrespondió:
«Por cierto, sennor, yo creo que más hermosa que ésta no la podrías
»hallar, y si con ésta no te contentas, yo creo que jamás podrás
»ser contento con otra. Y espero en Dios que farás vida pacífica
»con ella, mas rruégote que no des a ésta las tentaciones que a la
»otra, ca segun su hedat pienso que no las podrá comportar.» Y
commo esto oyó el marqués, movido con grant piedad y considerando a la grande ofensa que avia hecho a su muger y commo ella
lo avia comportado dixo: «O muy noble muger, conocida es a mí
»tu fe y obediencia, y no creo que so el cielo ovo otra que tanta
»esperiencia de sí mostrase. Yo no tengo ni terné otra muger sino
»a ti, y aquesta que pensavas que era mi esposa, tu hija es, y lo
»que pensavas que avias perdido, juntamente lo has fallado.» Y
commo ella esto oyó con el grand gozo pareció sallir de seso y con
lágrimas de grant plazer fué abraçar a sus hijos. A la qual luego

fueron traydas sus rropas, y en grand plazer y alegría pasaron algunos dias. Y después siempre bivieron contentos y bienaventurados. Y la grant fama y obediencia desta sennora oy en dia tura en aquellas tierras.»

La indicación del «libro de las cosas viejas» nos hace pensar que el *Sabio* anónimo autor de los *Castigos* pudo valerse de alguna compilación en que el cuento de Griselda estaba extractado. Pero, como prueba con toda evidencia miss Bourland en su magistral monografía,[1] este texto, cualquiera que fuese, estaba tomado de la versión de Petrarca y no de la de Boccaccio, puesto que conviene con la primera en todos los puntos de detalle en que el imitador latino altera el original. Por su parte, el imitador castellano no hace más que suprimir los nombres de los personajes, omitir o abreviar considerablemente algunos razonamientos y convertir al padre de Griselda, que en el original es un pobre labrador, en un caballero pobre.

Es cosa digna de notarse que en las primitivas traducciones catalana y castellana del *Decamerón*, que citaremos inmediatamente, la *Griselda* de Boccacio está sustituída con la del Petrarca, que sin duda se estimaba más por estar en latín. Y del Petrarca proceden también por vía directa o indirecta la *Patraña* 2ª, de Timoneda; la *Comedia muy ejemplar de la Marquesa de Saluzia*, del representante Navarro,[2] que sigue al mismo Timoneda y al

---

[1] *Boccaccio and the Decameron in Castilian and Catalan literature. Thesis presented to the faculty of Bryn Mawr College for the degree of doctor of philosophy by Caroline Brown Bourland*, 1905 (Tirada aparte de la *Revue Hispanique*, t. XII).

Tesis semejantes a ésta convendría que apareciesen de vez en cuando en las Universidades españolas. La joven doctora norteamericana examina y describe con todo rigor bibliográfico los códices y ediciones españolas del *Decamerón* y busca luego el rastro de Boccaccio en nuestra novelística y dramaturgia de los siglos XV, XVI y XVII, analizando una por una, y en todos sus detalles, las imitaciones de cada cuento. Es un trabajo de investigación y de crítica digno de las mayores alabanzas. Para no repetir lo que allí está inmejorablemente dicho, abreviaré mucho la parte concerniente a Boccaccio en estas páginas.

[2] Ha sido reimpresa por miss Bourland en el tomo IX de la *Revue Hispanique*, conforme al único ejemplar conocido de 1603.

Suplemento de todas las crónicas del mundo,[1] y hasta los romances vulgares de *Griselda* y *Gualtero,* que andan en pliegos de cordel todavía.[2] Sólo puede dudarse en cuanto a la comedia de Lope de Vega, *El exemplo de casadas y prueba de la paciencia,* porque trató con mayor libertad este argumento, que según dice él mismo andaba figurado hasta en los naipes de Francia y Castilla. De este raro género de popularidad disfrutaron también otros cuentos de Boccaccio. Fernando de la Torre, poeta del siglo XV, dice en una cierta *invención,* suya *sobre el juego de los naipes:* «Ha de ser la »figura del cavallero la ystoria de Guysmonda, como le envia su »padre un gentil onbre en un cavallo e le trae el coraçon de su »enemigo Rriscardo (Guiscardo), el qual con ciertas yerbas toma »en una copa de oro e muere».[3]

Todas las novelas de Boccaccio (excepto la última, que fué sustituída con la *Historia de las bellas virtuts,* de Bernat Metge) fueron traducidas al catalán en 1429 por autor anónimo, que residía en San Cugat del Vallés, monje quizá de aquella célebre casa benedictina. El precioso y solitario códice que nos ha conservado esta obra perteneció a don Miguel Victoriano Amer y pertenece hoy a don Isidro Bonsoms y Sicart, que le guarda con tantas otras joyas literarias en su rica biblioteca de Barcelona.[4] Pronto

---

[1] También ha reimpreso *(ib.)* la señorita Bourland este texto, tomado de la *Suma de todas las crónicas del mundo* (Valencia, 1510) traducción hecha por Narcis Viñoles del *Suplementum Chronicorum,* de Foresti.

[2] Números 1.273, 1.274 y 1.275 del *Romancero* de Durán.

[3] Nota comunicada a miss Bourland por don Ramón Menéndez Pidal. La composición de Fernando de la Torre está en un códice de la Biblioteca de Palacio.

[4] Una detallada e interesante descripción de este códice puede verse en el estudio de miss Bourland. Para mi objeto basta con la siguiente nota que me comunicaron los señores Bonsoms y Massó y Torrents, antes que la erudita señora diese a luz su trabajo:

«Es un manuscrito en papel que conserva su encuadernación antigua, »con señales de los clavos y cierres; en un tejuelo de papel pegado se lee: »*Las Cien... manuscriptas catalan.* La medida general de la página es de »295 × 216 milímetros. La foliación, que va de I a CCCxxiij, empieza en la »1ª novela de la 1ª jornada, con las palabras *Convinent cosa es mols cares* »*dones.* Contiene entero el Decameron, que termina en el folio CCCxxxiij »de esta manera:

»*E vosaltres gracioses dones ab la sua gracia romaniu en pau recordant*

será del dominio público esta interesante versión, que está imprimiendo para la *Biblioteca Hispánica* el joven y docto catalanista don J. Massó y Torrents. A su generosidad literaria debo algunas páginas de esta obra, que es no sólo un monumento de lengua, sino una traducción verdaderamente literaria, cosa rarísima en la Edad Media, en que las versiones solían ser calcos groseros. Contiene no sólo las novelas, sino todas las introducciones a las *giornate* y a cada una de las novelas en particular, y todos los epílogos. Omite la *ballata* de la jornada décima, y en general todos los versos; pero en las *jornadas* primera, quinta, sexta y octava las sustituye con poesías catalanas originales, que no carecen de mérito. Muy linda es, por ejemplo, ésta, con que termina la jornada octava:

> Pues que vuyt jorns stich, Senyora,
> Que no us mir,
> Ara es hora que me'n tolga
> Lo desir.
> E quant eu pas per la posada
> Eu dich, Amor, qui us ha lunyada

»vos de mi si d'alguna cosa de aquestes que haureu legides per ventura vos
»ajudant.

»Fo acabada la present translacio dimarts que comptaven V dies del mes
»d'Abril en l'any de la fructificant Incarnacio del fill de deu M.CCCC.xxviiij,
»en la vila de Sant Cugat de Valles.

»Aci feneix la deena e derrera Jornada del libre appellat De (sic) Cameron nominat lo Princep Galeot, en altra manera Lo cento novella.

»Los folios preliminares contienen el proemio y la introducción, de mane-
»ra que está completa la obra de Boccaccio. De los folios preliminares, úti-
»les, aparecen recortados la mayor parte y alterado su orden 8 ff. blancos
»(el último de los cuales lleva alguna anotación ajena al texto) + 5 ff. de
»*Taula* a 2 columnas + 2 ff. de *intrudució* + 2 ff. blancos + 9 ff. de *proe-*
»*mi* y *intrudució*.

»Hay letra de dos manos distintas, como si los redactores se hubiesen
»partido el trabajo. La primera es más hermosa, aunque no cuidada. Escri-
»be a renglón seguido y caligrafía alguna inicial, alternando las tintas roja
»y azul: comprende la introducción, el proemio y el texto hasta el folio
»CLxxxii (novela 8ª de la 5ª jornada). La segunda mano escribe a dos
»columnas, y comprende todo el resto del manuscrito incluso la suscripción
»final; es más corrida y no tiene inicial ninguna. Todo el manucristo carece
»de epígrafes en tinta roja, habiéndose dejado en blanco el espacio corres-
»pondiente.»

Que no us mir?
Ara es hora que me'n tolga
Lo desir.

   Yo dich, Amor, qui us ha lunyada
Lo falç marit qui m' ha reptada
Que no us mir?
Ara es hora que me'n tolga
Lo decir.

   E quant eu pas la pertida
Eu dich, Amor, qui us ha trahida
Que no us mir?
Ara es hora que me'n tolga
Lo desir.

   Yo dich, Amor, qui us ha trahida
Lo falç gelos qui m' ha ferida
Que no us mir?
Ara es hora que me'n tolga
Lo desir.

Todavía es más primorosa, aunque algo liviana, la canción final de la jornada sexta:

No punch dormir soleta no,
¿Que m' fare lassa
Si no mi spassa?
Tant mi turmenta l' amor.
   Ay amich, mon dolç amich,
Somiat vos he esta nit,
¿Que m' fare lassa?
Somiat vos he esta nit
Que us tenia en mon lit,
¿Que m' fare lassa?
   Ay amat, mon dolç amat,
Anit vos he somiat
¿Que m' fare lassa?
Anit vos he somiat
Que us tenia en mon braç,
¿Que m' fare lassa?

Así, por coincidencia de sentimiento o de sensación, se repiten, a través de los siglos, las quejas de la enamorada Safo: «ἔγω δέ μόνα χαθεύδω»

Es verosímil que estas composiciones sean anteriores a la traducción, y de autor o autores diversos, porque una de ellas, la de la jornada primera, no es más que la primera estancia de una canción más provenzal que catalana, que Milá ha publicado como de la Reina de Mallorca Doña Constanza, hija de Alfonso IV de Aragón, casada en 1325.[1]

Todavía es más curiosa la sustitución de los títulos o primeras palabras de los cantos populares que cita el desvergonzadísimo Dioneo por otros catalanes, que a juzgar por tan pequeña muestra no debían de ser menos picantes ni deshonestos. Por lo demás, el anónimo intérprete no parece haber sentido escrúpulo alguno durante su tarea, y es muy raro el caso en que cambia o suprime algo, por ejemplo, las impías palabras con que termina el cuento de Masetto de Lamporechio (primero de la tercera jornada). Alguna vez intercala proverbios, entre ellos uno aragonés *(giorn. 7, nov. 2)* : «E per ço diu en Arago *sobre cuernos cinco soeldos*».

Contemporánea y quizá anterior a esta traducción catalana, aunque muy inferior a ella por todos respectos, fué la primitiva castellana, de la cual hoy sólo existe un códice fragmentario en la biblioteca del Escorial. Pero hay memoria de otros dos por lo menos. En el inventario de los libros de la Reina Católica, que estaban en el Alcázar de Segovia a cargo de Rodrigo de Tordesillas en 1503, figura con el número 150 «otro libro *en romance* de mano, »que son las novelas de Juan Bocacio, con unas tablas de papel »forradas en cuero colorado».[2] Y en el inventario, mucho más antiguo (1440), de la biblioteca del conde de Benavente don Rodrigo Alfonso Pimentel, publicado por Fr. Liciniano Sáez,[3] se mencionan «unos cuadernos de las cien novelas en papel cebtí menor». No se dice expresamente que estuviesen en castellano, pero la forma de cuadernos, que parecería impropia de un códice traído de Italia, y la calidad del papel, tan frecuente en España durante el siglo XIV y principios del XV, y enteramente desusado

---

[1] *Obras completas de D. Manual Milá y Fontanals*, t. III, p. 457.

[2] *Memorias de la Real Academia de la Historia*, t. VI, p. 460.

[3] *Demostracion histórica del verdadero valor de todas las monedas que corrían en Castilla durante el reynado del señor don Enrique III* (Madrid, año 1796, pp. 374-379).

[4] Cf. Miss Bourland: «If the manuscript of the library of Benavente »was in Spanish, the papel cebti menor on which it was written, would

después, hacen muy verosímil que las novelas estuviesen en castellano.[4] Quizá la circunstancia de andar en cuadernos sueltos fué causa de que se hiciesen copias parciales como la del Escorial, y que tanto en estas copias como en la edición completa del *Decamerón* castellano de 1496 y en todas las restantes se colocasen las novelas por un orden enteramente caprichoso, que nada tiene que ver con el texto italiano.

El manuscrito del Escorial, cuya letra es de mediados del siglo XV, tiene el siguiente encabezamiento:

«Este libro es de las ciento novelas que compuso Juan Boca»çio de Cercaldo, un grant poeta de Florencia, el qual libro, segun »en el prologo siguiente paresce, él fizo y enbió en especial a las »nobles dueñas de Florencia y en general a todas las señoras y »dueñas de cualquier nascion y Reyno que sea; pero en este presente libro non estan más de la cinquenta e nueve novelas.»

En realidad sólo contiene cincuenta, la mitad exacta; pero el prólogo general está partido en diez capítulos. Desaparece la división en jornadas y casi todo lo que no es puramente narrativo. No es fácil adivinar el criterio con que la selección fué hecha, pero seguramente no se detuvo el traductor por escrúpulos religiosos, puesto que incluye la novela de Ser Ciappelleto, la del judío Abraham, la de Frate Cipolla y otra tales, ni por razones de moralidad, puesto que admite la de Peronella, la de Tofano, la del ruiseñor y alguna otra que no es preciso mencionar más expresamente. Sólo el gusto personal del refundidor, o acaso la circunstancia de no disponer de un códice completo, sino de algunos *cuadernos* como los que tenía el conde de Benavente, pueden explicar esto, lo mismo que la rara disposición en que colocó las historias. La traducción es servilmente literal, y a veces confusa e ininteligible por torpeza del intérprete o por haberse valido de un códice incorrecto y estropeado. Miss Bourlad publicó la tabla de los capítulos, pero no sé que ninguna de las novelas se haya impreso todavía. Por mi parte, atendiendo a la antigüedad, no

---

»show that the *Decameron* was translated into spanish, at least in part, »during the fourteenth or at the very drawn of the fifteenth century.» (Página 24.)

al mérito de la versión, pongo en nota la 9ª de la quinta *giornata*, de donde tomó Lope de Vega el argumento de su comedia *El halcón de Federico*.[1]

---

[1] *Capítulo Xlv de como Fadrique ama e non es amado e en cortesia despendiendo se consume el qual non auiendo mas de un falcon a la dona suya lo dio.*

Devedes pues saber que Copo de Burgesi Dominique el qual fue en la nuestra çibdat, por ventura aun es, ombre de grand reverençia e abtoridad, e de los nuestros por costumbres e por virtud mucho mas que por nobleza de sangre caro e dino de eterna fama, e seyendo ya de años lleno espesas vegadas de las cosas pasadas con sus vezinos e con otros se deleytava de rrazonar, la qual cosa el con mejor e mas orden e con mayor memoria apostado de fablar que otro ombre sopo fazer. Era usado de dezir entre las otras sus bellas cosas que en Florençia fue ya un mançebo llamado Fadrique e fijo de Miçer Felipo Albergin en obra de armas e en cortesia preçiado sobre otro ombre donzel de Toscana e quel, asi como a los mas de los gentiles ombres contesçe, de una gentil dona llamada Madona Jovena se enamoró, en sus tiempos tenida de las más bellas donas e de las mas graçiosas que en Florençia fuesen e por quel amor della conquistar podiese justava e façia de armas e fazia fiestas e dava lo suyo syn algund detenimiento, mas ella, non menos onesta de bella, de aquestas cosas por ella fechas nin de aquel se curava que lo fazia. Despendiendo pues Fadrique allende de todo su poder mucho, en ninguna cosa conquietando, así como de ligero contesçe, las riquezas menguaron e el quedó pobre syn otra cosa serle quedado salvo un solo pequeño heredamiento de las rrentas del qual muy estrechamente bevia, e allende de aquesto un solo falcon de los mejores del mundo le avia quedado. Por que amando mas que nunca, no paresçiendole mas çibdadano ser como deseava, a los campos allá donde el su pobre heredamiento era se fue a estar e aqui quando podia caçando e syn alguna cosa rrequerir padesçientemente la pobreza comportava. Ora acaesçio que seyendo asi Fadrique e veniendo al estremo el marido de madona Jovena enfermó e veyendose a la muerte venir fizo testamento e seyendo muy rico en ella dexó su heredero a un su fijo ya grandezillo e despues de aquesto aviendo mucho amado a Madona Jovena a ella, sy contesçiese aquel fijo syn legitimo heredero muriese, su heredera sola estableçio, e muriese *(sic)*. Quedada pues biuda Madona Jovena, como usança es de las nuestras donas, el año adelante con aqueste su fijo se fue a un condado en una su posesion asaz vezina aquella de Fadrique, por lo qual contesçio que aqueste moçuelo a amistar con Fadrique e deleytarse con aves e con canes e aviendo muchas vegadas visto el falcon de Fadrique bolar, est(r)aña mente plaziendole, fuerte deseava de averlo, mas despues non osava demandarlo veyendo a el ser tanto caro, e asi estando la cosa contesçio quel mançebo enfermó, de que la dolorosa madre mucho temerosa como aquella que mas no tenia e lo amava quanto mas se podia fijo amar, (e) todo el dia estandole en derredor non quedava de conortarlo espesas vegadas e le preguntava si alguna cosa era la qual desease, rogandole mucho que gelo dixiese que por çierto

Sabido es que la imprenta madrugó mucho en Italia para difundir la peligrosa lectura del *Decamerón*. A una edición sin año, que se estima como la primera, sucedieron la de Venecia, 1471; la de Mantua, 1472, y luego otras trece por lo menos dentro

---

sy posible fuese trabajaria de averlo. El moçuelo oydas muchas vegadas aquestas profiertas dixo: madre mia, sy vos fazedes que yo aya el falcon de Fadrique, yo me creo prestamente guarir; la dona oyendo aquesto algund tanto estovo e començo a pensar aquello que fazer devia: ella savia que Fadrique luenga mente la avia amado e que jamas un solo mirar della non avia avido, porque dezia como enbiaré yo o yre a demandarle aqueste falcon que por lo que yo oygo es el mejor falcon que ombres viesen e allende desto le mantiene en el mundo? E como yre yo nin sere en desconortar un ombre gentil como este al qual ningund otro deleyte le es quedado e que aqueste le quiera tomar? E asi fecho pensamiento ocupada, aunque ella fuese çierta de averlo sy lo demandase, syn saber que avia de dezir non respondio al fijo, mas ultima mente tanto la vençio el amor del fijo que ella consigo dispuso de conçertarlo como quiera que acaesçiese de non enbiar, mas ir ella mesma por el e traerlo, e respondiole: fijo mio conortate e piensa de guaresçer a ver fuerça, que yo te prometo que la primera cosa que yo fare de mañana sera yr por el asy que te lo traere. El moçuelo de aquesto alegre el dia mesmo mostro alguna mejoria; la dona de mañana seguiente tomada una muger en conpañia por manera de deporte se fue a la pequeña casa de Fadrique e fizolo llamar, e el por non era tiempo non era ydo aquel dia a caçar e era en un su huerto e fazia sus çiertas lavores aparejar, el qual oyendo que Madona Jovena lo llamava a la puerta, maravillandose fuerte alegre corrio allá, la qual veyendolo venir, con una feminil plazenteria fuele delante aviendola ya Fadrique reverente mente saludado, dixo: bien este Fadrique *(faltan algunas palabras entre el fin de un folio y comienzo de otro)* e mas que non te fuere menester, e el satisfazimiento es tal que yo entiendo con esta mi conpañia en uno amigable mente contigo comer esta mañana. A la qual Fadrique omil mente respondio: señora, ningund don jamas me rrecuerdo aver resçibido de vos salvo tanto de bien que sy yo alguna cosa vali, por el vuestro amor e valor que valido vos he ha seydo e por çierto esta vuestra liberal venida me es mucho mas cara que non seria sy comienço fuese a mi dado a espender quanto en lo pasado he ya espendido, avnque a pobre huesped seades venida. E asi dicho alegre mente dentro en casa la rreççibio e en un su huerto la llevó, e alli, non aviendo quien le fazer tener conpañia, dixo: señora, pues que aqui non es otrie, aquesta mujer deste labrador vos terrna conpania en tanto que yo vaya a facer poner la mesa. E el aunque la su pobreza fuese estrema non se era tanto vista quanto neçesario le fazia, ca el avia fuera de orden despendido sus rriquezas, mas aquesta mañana fallando ningun cosa de que podiese a la dueña onrrar por amor de la qual el a infinitos ombres onrrados avia fecho fuera de razon, congoxos entre sy mesmo maldiziendo la fortuna, como ombre fuera de sy fuese agora acá agora allá corriendo, nin dineros

del siglo XV, rarísimas todas, no sólo a título de incunables, sino por haber ardido muchos ejemplares de ellas en la grande hoguera que el pueblo florentino, excitado por las predicaciones de Fr. Jerónimo Savonarola y de su compañero Fr. Domingo de Pescia,

---

nin prenda fallandose e seyendo la ora tarde e el deseo grande de mucho onrrar la gentil dona e non queriendo a otro mas al su labrador rrequerir, vido al su buen falcon en la su sala sobre el alcandara porque non aviendo otra cosa a que acorrerse tomolo e fallandolo grueso penso aquel ser digna vianda de tal dueña e por tanto syn mas pensar tirole la cabeça e a una su moça presta mente le fizo pelar e poner en un asador asaz diligente mente. E puesta la mesa con unos manteles muy blancos de los quales algunos avia, con alegre cara torrno a la dueña en su huerto e el comer que fazer se podia dexolo aparejado. Entando la dueña con su compañera levantandose fue a la mesa e syn saber que se comia en uno con Fadrique, el qual con muy grand fee la conbidara, comieron el buen falcon e levantados de la mesa ella algund tanto con plazibles rrazones con el estava e paresçiendole a la dueña tiempo de dezir aquello por que era alli venida, asy beninamente con Fadrique començo a fablar: Fadrique, recordandote tu de la preterita vida (e) de la mi onestidad la qual por ventura tu as rreputado a dureza e cruelldad yo non dubdo ninguna cosa que tu te devas maravillar de la mi presup(ri)çion sentiendo aquello por que principal mente aqui venida so; mas si fijos ovieses avido por los quales podieses conosçer de quanta fuerça sea el amor que a ellos se ha, paresçeme ser çierta que en parte me averias por escusada; mas como tu non los tengas, yo que uno he, non puedo por ende las leyes comunes de las madres fuyr, las quales fuerças seguir conveniendome, convieneme allende del plazo tuyo e allende de toda razon, quererte demandar un don el qual yo se que grave mente as caro e es razon ca ninguno otro deleyte nin ninguna consolaçion dexada ha a ti la tu estraña fortuna, e aqueste don es el falcon tuyo del qual el niño mio es tanto pagado que sy yo non gelo lievo temo que lo agravie tanto en la enfermedat que tiene que después le sigua cosa por la qual lo pierda. E por esto yo te rruego non por el amor que tu me as al qual tu de ninguna cosa eras tenido mas por la alta nobleza la cual en usar cortesya eres mayor que ninguno otro mostrando que te deva plazer de darmelo porque yo por este don pueda dezir de aver resçebido en vida mi fijo e por ende avertelo he siempre obligado. Fadrique oyendo aquello la dona le demandava e sentiendo que servir non le podia por que a comer gelo avia dado, començo en presençia a llorar ante que algunas palabras respondiese. La dueña veyendo el grand llanto quel fazia, penso que del dolor de ver de sy partirle el buen falcón veniese mas que de otras cosas quasy fue por dezir que non lo queria; mas despues del llanto rrespondiendo Fadrique dixo asy: señora, despues que a Dios plogo que en vos posiese mi amor en asaz me ha reputado la fortuna contraria e some della dolido, mas todas son seydas ligeras en respeto de aquello que ella me faze al presente por que con ella jamas paz aver non devo pensando que vos aqui a la mi pobre casa venida seades donde en tanto

encendió en la plaza el último día de Carnaval de 1497, arrojando a ella todo género de pinturas y libros deshonestos.

---

que rico fue venir desdeñastes, e de mi un pequeño don queredes e ella me aya asi fecho quedar que vos lo non puedo dar, e por que esto ser non puede vos dire breve mente: como yo oy vy que vuestra merced conmigo comer queria, aviendo rreguardado a vuestra exçelençia e a vuestro valor reputé digna e conuenible cosa que con mas cara vianda segund la mi posibilidad yo vos deviese onrrar que con aquello que general mente por las otras personas non se usa, por que rrecordandome del falcon que me demandades e de la su bondad, ser digno manjar, de vos lo reputé e desta manera a el asado avedes comido el qual yo por bien empleado rreputé, mas veyendo agora que en otra manera lo deseavades me es asy grande duelo pues servir non vos puedo que jamas paz non puedo dar. E esto dicho las plumas e los pies e el pico le fizo en testimonio lançar delante, la qual cosa veyendo la dona e oyendo primero lo retraxo por dar a comer a dona tan excelente falcon e despues la grande nobleza de su coraçon la qual la pobreza non avia podido nin podia contrastar (e) mucho entre sy mesma lo loo. Despues de quedada fuera de la esperança de aver el falcon por la salud del fijo (e) entrada en pensamiento e rregraçiando mucho a Fadrique el honor fecho e la su buena voluntad, toda malenconia en sy se partio e torrnó al fijo, el qual por la malenconia quel falcon aver non podia e por la enfermedad que mucho aquesto le deviese aver traydo non pasaron muchos dias que con grand dolor de la madre de aquesta vida pasó, la qual despues que llena de lagrimas e de amargura rrefrigerada algund tanto, e seyendo muy rica quedada e aun(a) moça, muchas vegada [s] fue de los hermanos costreñida a torrnar a casar. La qual aun que querido non lo oviese mas veyendose aquexada e rrecordandose del valor de Fadrique e de la su manifiçençia, última esto es de aver muerto un asi maravilloso falcon por onrrar a ella, dixo a los hermanos: pues que asy vos plaze que yo case aunque toda via de muy buena voluntad si vos ploguiese syn maridar me estaria, mas sy a vosotros mas plaze que yo marido tome por çierto yo jamas non tomaré ninguno sy non he a Fadrique de Harbegin. De lo qual los hermanos faziendo burla dixieron: hermana, qué es esto que tu dizes, como quieres tu aquel que non ha cosa del mundo? A los quales ella rrespondio: hermanos mios, yo se bien que asi es como vos otros dezides, mas yo quiero antes ombre que aya menester riquezas que rriquezas que ayan menester ombre. Los hermanos oyendo el coraçon e voluntad della e conosçiendo que Fadrique era ombre de mucho bien aunque pobre, asi como ella queria a el con todas sus rriquezas la dieron. El qual asy fecho la dona a quien tanto el amava por muger avida a allende de aquesto verse muy rico en alegria con ella mejor e mas sabio termino tovo e los años suyos acabó.

(Debo a mi querido amigo don Ramón Menéndez Pidal la copia de esta novela.)

Por extraño que parezca, ninguna de estas primitivas ediciones de las *Cien Novelas* sirvió de texto a la española, publicada en Sevilla en 1496 y reimpresa cuatro veces hasta mediar el siglo XVI (Toledo, 1524; Valladolid, 1539; Medina del Campo, 1543; Valladolid, 1550).[1] Miss Bourland prueba, mediante una escrupulosa

---

[1] *Las C no=velas de Juā Bocacio* (portada en grandes letras monacales).

(Al fin): *Aqui se acaban las Ciento novellas de Miçer juan bocacio, poeta eloquēte. Impressas en la muy noble y muy leal cibdad de Seuilla: por Meynardo ungut alemano y Stanislao polono cōpañeros. En el año de nro. señor Mill quatrociētos noventa y seys: a ocho dias del mes de noviembre.* (Nº 54 de la *Bibliografía ibérica del siglo XV,* de Haebler.)

2ª ed.
Las C novelas de micer Juan Vocacio Florentino poeta eloquente. En las quales se hallarā notables exemplos y muy elegante estilo. Agora nuevamente ympressas corregidas y emendadas de muchos vocablos y palabras viciosas.

(Al fin): *Aquí se acaban las cient novellas... Fueron impressas en la Imperial cibdad de Tolledo, por Juan de Villaquiran impresor de libros. A costa de Cosme damian. Acabose a viij del mes de Noviembre: Año del nascimiento de nuestro Salvador y Redemptor Jesu Christo de mill y quinientos y XX.iiij.*

3ª ed.
Las cient novellas...

(Colofón) ... *Fueron impressas en la muy noble y leal villa de valladolid. Acabose a veynte y quatro dias del mes de Março. Año de nuestro Salvador y redemptor Jesu Christo de Mill y Quinientos y treynta y nueve años.*

4ª ed.
Las cient novellas...

(Colofón) ... *Fueron impressas en la muy noble villa de Median (sic) del Campo: por Pedro de Castro impresor: a costa de Juā de espinosa mercader de libros. A onze dias del mes de agosto de M. y D. XL. iij años.*

Además de los ejemplares citados en el texto, existe uno en la Biblioteca Imperial de Viena.

5ª ed.
Las cient novellas...

(Colofón) ... *Aqui se acaban las cient nouellas de Micer Juan bocacio poeta eloquente. Fueron impressas en la muy noble villa de Valladolid: en casa de Juan de Villaquiran impresor de libros: a costa de Juan espinosa. Acabosse a quinze dias del mes de Deziembre. Año de mil y quinientos y cinquenta años.*

Como muestra del estilo de esta traducción puede verse la novela del *Fermoso escarnio de Tofano* (4ª de la jornada 7ª, numerada 72 por el traductor) que ha reimpreso el señor Farinelli *(Note* pp. 105-107) conforme al texto de la edición de Burgos. El códice escurialense termina precisamente con esta novela: «De como madona Guita, muger de Cofano, pensando »que oviese embriagado a su marido fue a casa de su amante e alla fasta

confrontación, que el texto de la edición sevillana está muy estrechamente emparentado en el del códice del Escorial para las cincuenta novelas que éste contiene. En muchos casos son literalmente idénticos; convienen en la sustitución de algunos nombres propios a otros del original italiano; tienen en algunos pasajes los mismos errores de traducción, los mismos cambios y adiciones. Coinciden también en dividir la introducción en capítulos, aunque no exactamente los mismos. Finalmente, se asemejan en la inaudita confusión y barullo en que presentan los cuentos, perdida del todo la división en jornadas, y en suprimir la mayor parte de los prólogos y epílogos que las separan, y por de contado todos los versos, a excepción de la *ballata* de la décima jornada, que está en el impreso, pero no en el manuscrito.[1]

Las otras cincuenta novelas están traducidas en el mismo estilo, no de fines, sino de principios del siglo XV, y casi de seguro por el mismo traductor. De todo esto se infiere con mucha verosimilitud que el *Decamerón* de Sevilla, cuyo texto es un poco menos incorrecto que el del manuscrito escurialense, ya porque el editor lo cotejase y enmendase con el italiano, lo cual no puedo creer, ya porque se valiese de un códice mejor, representa aquella vieja traducción *en cuadernos,* los cuales, trastrocados y revueltos de uno en otro poseedor o copista, llegaron a la extravagante mezcolanza actual, en que hasta los nombres de los narradores aparecen cambiados en muchos casos, y se altera el texto para justificar el nuevo enlace de las historias. Pero es imposible que la primitiva versión estuviese dispuesta así; lo que tenemos es un *rifacimento,* una corruptela, que tampoco puedo atribuir al editor de 1496, porque más fácil le hubiera sido restablecer el orden ita-

------

»la media noche estovo, e de como Cofano cerro la puerta por de dentro, »e como torno su muger que non la quiso abrir. Et de l' arte que ella fizo.»

[1] Ed. de Medina del Campo, fol. CLXXIV vuelto:

> Parte te, amor, y vete al mi señor
> Y cuenta le las penas que sostengo
> Y como por su causa a muerte vengo
> Callando mi querer por gran temor...

(Está en la Novela XCV «de como una donzella se enamoro en Palermo del rey don Pedro de Aragon, y como cayo en grande enfermedad por aquella causa y como despues el rey la galardono muy bien».)

liano de las historias que armar tan extraño embolismo. Se limitó, sin duda, a reproducir el manuscrito que tenía, y este manuscrito era un centón de algún lector antiguo que, perdido en el laberinto de sus cuadernos, los zurció y remendó como pudo, sin tener presente el original, que le hubiese salvado de tal extravío.

Dos cosas más hay que notar en esta versión, aparte de otras muchas de que da minuciosa cuenta miss Bourland. Contiene todas las novelas del *Decamerón,* incluso las más licenciosas; únicamente suprime, sin que pueda atinarse la causa, la novela 5ª de la jornada 9ª *(Calandrino),* y la sustituye con otra novela de origen desconocido, aunque probablemente italiano. La Griselda, como ya indicamos, no está traducida de Boccaccio, sino de la paráfrasis latina del Petrarca.

A pesar de sus cinco ediciones, el *Decamerón* castellano es uno de los libros más peregrinos de cualquier literatura. Nuestra Biblioteca Nacional no posee, y eso por reciente entrada de la librería de don Pascual Gayangos, más que la penúltima edición, la de Medina del Campo, y es también la única que se conserva en el Musco Británico. En París sólo tienen la última de 1550. Mucho más afortunada la Biblioteca Nacional de Bruselas, posee, no sólo el único ejemplar conocido de la edición incunable, sino también la primera de Valladolid. El precioso volumen de Toledo no existe más que en la Biblioteca Magliabecchiana de Florencia.

Vino a cortar el vuelo a estas ediciones la prohibición fulminada por el Concilio de Trento contra las *Cien Novelas,* consignada en el Indice de Paulo IV (enero de 1559), y trasladada por nuestro inquisidor general Valdés al suyo del mismo año. Más de cincuenta ediciones iban publicadas hasta entonces en Italia. Sabido es que la prohibición fué transitoria, puesto que San Pío V, a ruegos del Gran Duque Cosme de Médicis, permitió a los académicos florentinos (llamados después de la Crusca) que corrigiesen el *Decamerón* de modo que pudiese correr sin escándalo en manos de los amantes de la lengua toscana. Esta edición corregida no apareció hasta el año 1573, bajo el pontificado de Gregorio XIII; refundición bien extraña, por cierto, en que quedaron intactas novelas indecentísimas sólo con cambiar las abadesas y monjas en matronas y doncellas, los frailes en nigromantes y los clérigos en soldados. Respetamos los altos motivos que para ello hubo y nos hacemos cargo de la diferencia de los tiempos. Esta edición, llamada de los *Deputati,* fué considerada desde luego como texto de lengua, y a ella se ajustan todas las de aquel siglo y los dos siguientes, salvo alguna impresa en Holanda y las que con falso pie de imprenta se estamparon en varias ciudades de Italia en el siglo XVIII.

La Inquisición Española, por su parte, autorizó el uso de esta edición en el Índice de Quiroga (1583), donde sólo se prohiben las *Cien Novelas* siendo de las impresas antes del Concilio: «Boc->>cacii Decades sive Decameron aut novellae centum, nisi fuerint >>expurgatis et impressis ab anno 1572», fórmula que se repite en todos los índices posteriores.[1] A la traducción castellana, como completa que era, le alcanzaba de lleno la prohibición, y nadie pensó en expurgarla, ni hacía mucha falta, porque el *Decamerón* italiano corría con tal profusión[2] y era tan fácilmente entendido, que no se echaba muy de menos aquella vieja traslación tan ruda y destartalada.[3]

Precisamente la influencia de Boccacio como cuentista y como mina de asuntos dramáticos corresponde al siglo XVII más que al XVI. Antes de la mitad de esta centuria apenas se encuentra imitación formal de ninguna de las novelas. No es seguro que el cuento de la piedra en el pozo, tal como se lee en el *Corvacho* del Arcipreste de Talavera, proceda de la novela de Tofano (4ª de

---

[1] Vid. la colección de Reusch, *Die Indices Librorum Prohibitorum des sechszehnten Jahrhunderts* (tom. 176 de la Sociedad Literaria de Stuttgart), página 394. El *Decamerón* está puesto entre los libros latinos. Entre los que se prohiben en romance están las novelas de Juan Boccaccio (p. 437).

[2] En nuestras bibliotecas, aun en las menos conocidas, suelen encontrarse raros ejemplares del *Decamerón.* En la de las Escuelas Pías de San Fernando (Madrid) recuerdo haber visto, hace años, la auténtica de Florencia de 1527, que es una de las más apreciadas y de las que han alcanzado precios más exorbitantes en las ventas.

[3] El *Decamerón* fué mirado siempre con indulgencia aun por los varones más graves de nuestro siglo XVI. En un curioso dictamen que redactó como secretario del Santo Oficio sobre prohibición de libros, decía el gran historiador Jerónimo de Zurita: «En las novelas de Juan Bocatio hay algu->>nas muy deshonestas, y por esto será bien que se vede la traslacion dellas >>en romance sino fuese espurgándolas, *porque las más dellas son ingeniosissi->>mas y muy eloquentes». (Revista de Archivos, Bibliotecas y Museos,* 1903 tomo VII, pp. 220 y ss.)

la jornada VII); una y otra pueden tener por fuente común a Pedro Alfonso.[1] Todavía es más incierto, a pesar de la opinión de Landau,[2] que el romance del *Conde Dirlos,* que debe de ser de origen francés como todos los carolingios, tenga con la novela de Messer Torello *(giorn.* X, n. 9) más relación que el tema general de la vuelta del esposo, a quien se suponía perdido o muerto, y que llega a tiempo para impedir las segundas bodas de su mujer. El romance carece enteramente de la parte mágica que hay en la novela de Boccaccio y no hay nada que recuerde la intervención de Saladino. En una versión juglaresca y muy tardía del romance de *El Conde Claros* añadió el refundidor Antonio de Pansac una catástrofe trágica (el corazón del amante presentado en un plato) tomada, según creo, del *Decamerón,* ya en la novela de Ghismonda y Guiscardo *(giorn.* IV, 1), ya en la de *Guiglielmo Rossiglione* (Guillem de Cabestanh), que es la 9ª de la misma jornada.[3]

Escasas son también las reminiscencias en los libros de caballerías, salvo en *Tirant lo Blanch,* que tanto difiere de los demás, no sólo por la lengua, sino por el espíritu. Además de varias frases y sentencias literalmente traducidas, Martorell reproduce una novela entera *(giorn.* II, n. 4), la del mercader Landolfo Ruffolo, que después de haber perdido todos sus haberes en un naufragio, encuentra como tabla de salvamento una cajita llena de piedras preciosas. Hay otras evidentes imitaciones de pormenor, que recoge con admirable diligencia Arturo Farinelli, el primero que se ha fijado en ellas.[4] Otro libro de caballerías excepcional tam-

---

[1] Sobre las imitaciones que Boccaccio hizo de Pedro Alfonso debe consultarse un erudito y reciente trabajo de Letterio di Francia, *Alcune novelle del Decamerone illustrate nelle fonti.* (*Giornale Storico della letteratura italiana,* t. XLIV, p. 23 y ss.)

[2] *Die Quellen des Dekameron, von Dr. Marcus Landau* (2ª ed.); Stuttgart, año 1884, p. 203.

Cf. mi *Tratado de los romances viejos,* t. II, pp. 425-426.

[3] Vid. *Tratado de los romances viejos,* t. II, p. 404. Corríjase la errata *giornata terza* en vez de *quarta.*

[4] El mismo Farinelli (p. 99) ha sorprendido en la otra novela catalana del siglo xv, *Curial y Guelfa,* una cita muy detallada de la novela de Ghismonda y Guiscardo: «Recordats vos, senyora, de les paraules que dix Guis-

bién en algunas cosas, el *Palmerín de Inglaterra*, de Francisco Moraes, contiene una imitación de la novela de Ghismonda: «Tomó la copa en las manos, y diziendo al corazón de Artibel »palabras de mucho dolor, y diziendo muchas lástimas, la hinchió »de lágrimas». [1]

El ejemplo más singular de la influencia de Boccacio en España es la adaptación completa de una novela, localizándose en ciudad determinada, enlazándose con apellidos históricos, complicándose con el hallazgo de unos restos humanos e imponiéndose como creencia popular viva todavía en la mente de los españoles. Tal es el caso de la leyenda aragonesa de los Amantes de Teruel, cuya derivación de la novela de Girolamo y Salvestra *(giorn.* IV, 8) es incuestionable y está hoy plenamente demostrada, [2] sin que valga en contra la tradición local, de la que no se encuentra vestigio antes de la segunda mitad del siglo XVI, tradición que ya en 1619 impugnaba el cronista Blasco de Lanuza [3]

»munda de Tancredi a son pare sobre lo fet de Guiscart, e de la descripcio »de noblesa?...»

En la *Comedia de la Gloria de amor*, del comendador Rocaberti, en el *Inferno dos namorados*, del portugués Duarte de Brito, y en otras composiciones análogas, figuran Ghismonda y Guiscardo entre las parejas enamoradas de trágica nombradía.

A la celebridad de esta novela contribuyó mucho la traducción latina de Leonardo Bruni de Arezzo (Leonardo Aretino), cuyos escritos eran tan familiares a nuestros humanistas.

[1] Para esta imitacion vid. el libro de miss Bourland, pp. 95-97.

[2] Véase principalmente el artículo de don Emilio Cotarelo *Sobre el origen y desarrollo de la leyenda de los Amantes de Teruel (Revista de Archivos, Bibliotecas y Museos,* n. 5, mayo de 1903, pp. 343-377). Miss Bourland, cuya tesis se publicó en 1905, llega por su parte a las mismas conclusiones.

A la numerosa serie de obras poéticas relativas a la historia de *Los Amantes* debe añadirse, y es una de las más antiguas, la *Silva sexta* del poeta latino de Calatayud, Antonio Serón (nacido en 1512). Falta, en el tomo de sus versos que publicó don Ignacio de Asso en Amsterdam *(Antonii Seronis Bilbilitani Carmina,* 1781), pero está en otras muchas composiciones suyas inéditas en el mismo códice de la Biblioteca Nacional que sirvió a Asso para hacer su selección. Las noticias de la vida de Serón alcanzan hasta 1567.

[3] «No quiero tratar aquí de lo que se dice del suceso tan sonado y tan »contado de Marcilla y Segura, que aunque no lo tengo por impossible creo »certissimamente ser fabuloso, pues no hay escritor de autoridad y classico, »ni aquellos Anales tantas veces citados con ser particulares de las cosas de »Teruel, ni otro Auctor alguno que dello haga mención; si bien algunos Poe-

y que intentó reforzar con documentos apócrifos el escribano poeta Juan Yagüe de Salas. El «papel de letra muy antigua» que él certifica haber copiado y lleva por título *Historia de los amores de Diego Juan Martinez de Marcilla e Isabel de Segura, año 1217,* es ficción suya, poniendo en prosa, que ni siquiera tiene barniz de antigua excepto al principio, lo mismo que antes había contado en su fastidiosísimo poema publicado en 1616 [1]. No por eso negamos la existencia de las Amantes, ni siquiera es metafísicamente imposible que la realidad haya coincidido con la poesía, pero sería preciso algún fundamento más serio que los que Antillón deshizo con crítica inexorable, aun sin conocer la fuente literaria de la leyenda.

Antonio de Torquemada, en sus *Coloquios Satíricos* (1553), y Juan de Timoneda, en su *Patrañuelo* (1566), son los primeros cuentistas del siglo XVI que empiezan a explotar la mina de Boccaccio. Después de ellos, y sobre todo después del triunfo de Cervantes, que nunca imita a Boccaccio directamente, pero que recibió de él una influencia formal y estilística muy honda y fué apellidado por Tirso «el Boccaccio español», los imitadores son legión. El cuadro general de las novelas, tan apacible e ingenioso, y al mismo tiempo tan cómodo, se repite hasta la saciedad en *Los Cigarrales de Toledo,* del mismo Tirso; en el *Para todos,* de Montalbán; en la *Casa del placer honesto,* de Salas Barbadillo; en las *Tardes entretenidas, Jornadas alegres, Noches de placer, Huerta de Valencia, Alivios de Casandra* y *Quinta de Laura,* de Castillo Solórzano; en las *Novelas amorosas,* de doña María de Zayas; en las *Navidades de Madrid,* de doña Mariana de Carva-

---

»tas le han tomado por sujeto de sus versos, los quales creo que si hallaran »en Archivos alguna cosa desto o si en las ruynas de la parroquial de San »Pedro de Teruel (queriéndole reedificar) se huviera hallado sepultura de »marmol con inscripcion de estos Amantes, no lo callaran.»

(Historias eclesiásticas y seculares de Aragón... Tomo II. Zaragoza, 1619, libro III, cap. 14.)

[1] Vid. *Noticias históricas sobre los Amantes de Teruel por D. Isidoro de Antillón.* Madrid, imp. de Fuentenebro, 1806. Este folleto, tan convincente y bien razonado como todos los escritos históricos de su autor, nada perdió de su fuerza con el hallazgo de otra «escritura pública», fabricación del mismo Yagüe, que publicó en 1842 don Esteban Gabarda en su *Historia de los Amantes de Teruel.*

jal; en las *Navidades de Zaragoza,* de don Matías de Aguirre; en las *Auroras de Diana,* de don Pedro de Castro y Anaya; en las *Meriendas del ingenio,* de Andrés de Prado; en los *Gustos y disgustos del Lentiscar de Cartagena,* de Ginés Campillo, y en otras muchas colecciones de novelas, y hasta de graves disertaciones, como los *Días de jardín,* del Dr. Alonso Cano.

Hubo también, aunque en menor número de lo que pudiera creerse, imitaciones de novelas sueltas, escogiendo por de contado las más honestas y ejemplares. Matías de los Reyes, autor de pobre inventiva y buen estilo, llevó la imitación hasta el plagio en *El Curial del Parnaso* y en *El Menandro.* Alguna imitación ocasional se encuentra también en el *Teatro Popular,* de Lugo Dávila; en *El Pasajero,* de Cristóbal Suárez de Figueroa, y en *El Criticón,* de Gracián. Puntualizar todo esto y seguir el rastro de Boccaccio hasta en nuestros cuentistas más oscuros, es tarea ya brillantemente emprendida por miss Bourland y que procuraremos completar cuando tratemos de cada uno de los autores en la presente historia de la novela. Pero desde luego afirmaremos que las historias de Boccaccio, aisladamente consideradas, dieron mayor contingente al teatro que a la novela. De un pasaje de Ricardo del Turia se infiere que solían aprovecharse para loas.[1] Pero también servían para argumentos de comedias. Ocho, por lo menos, de Lope de Vega tienen este origen, entre ellas dos verdaderamente deliciosas: *El anzuelo de Fenisa* y *El ruiseñor de*

---

[1] Miss Bourland recuerda oportunamente este pasaje de Ricardo de Turia en la loa que precede a su comedia *La burladora burlada:*

> La diversidad de asuntos
> Que en las loas han tomado
> Para pediros silencio
> Nuestros Terencios y Plautos,
> Ya contando alguna hazaña
> De César o de Alejandro,
> Ya refiriendo novelas
> Del Ferrarés o el Bocaccio...

El *Ferrarés* debe de ser Giraldi Cinthio. Un precioso ejemplo de este género de *loas* tenemos en la que precede a *La Rueda de la Fortuna,* del doctor Mira de Amescua, donde está referido aquel mismo cuento de Bandello, que fué germen de la admirable comedia de Lope, *El villano en su rincón.*

Sevilla.[1] Pero en esta parte no puede decirse que su influencia fuese mayor que la de Bandello. De todos modos, lo que Boccaccio debía a España por medio de Pedro Alfonso, quedó ampliamente compensado con lo que le debieron nuestros mayores ingenios.

Hasta la mitad del siglo XVI no volvemos a encontrar traducciones de novelas italianas. Apenas me atrevo a incluir entre ellas *La Zuca del Doni en español*, publicada en Venecia, 1551, el mismo año y por el mismo impresor que el texto original.[2] Porque pro-

---

[1] Las restantes son: *El llegar en ocasión, La discreta enamorada, El servir con mala estrella, La boda entre dos maridos, El exemplo de casadas.*

[2] *La | Zucca | del | Doni | En Spañol.*
(Al fin): *In Venetia | Per Francesco | Marcolini | Il Mese d' Ottobre | MDLI.*
8º 166 pp. y 5 hs. sin foliar de índice. Con diez y seis grabados en madera.
(Dedicatoria): *La Zuca del Doni de lengua Thoscana en Castellano.*

«Al Illustre Señor Juan Bautista de Divicii, Abbad de Bibiena y de San Juan in Venere.

»Entre las virtudes (Illustre Señor) que a un hombre hazen perfeto y acabado, una y muy principal, es el agradecimiento; porque por él venimos a caber con todos, ganamos nuevas amistades, conservamos las viejas, y de los enemigos hazemos amigos. Tiene tanta fuerza esta virtud, que a los hombres cobardes haze muy osados en el dar, a los que reciven regocijados en el pagar y a los avaros liberales. Buena cosa es ser agradecido, y malísima ser ingrato...

»Siendo yo, pues, deudor por tantas partes a V. m. no he querido ser de los que pagan luego (o por mejor dezir), no he podido serlo, ni tan poco de los que tardan en pagar, por no ser tachado de hombre desconocido, ansi queriendo yo tener el medio, por no errar: sucedió que estando con el Doni (hombre como V. m. sabe, agudo) venimos a hablar de la Zucca, que él no ha muchos dias hizo estampar: roguele que me embiase una, porque no havia provado calabaças este año: él lo hizo como amigo, agradóme la materia o argumento del libro (que sin dubda para entretener una conversacion un rato, es de los buenos que he leido). Encarecisele tanto al Señor Conde Fortunato de Martinengo, que él como deseoso de saber nuestro lenguaje, allende de ser tan aficionado a la nacion española, me rogó con gran instancia le traduxese, poniendo me delante la utilidad y probecho que de alli redundaria a muchos que carescen de la lengua Italiana. Conoscida su voluntad (aunque querria mas escreuir de mio si supiese que traduzirlo de otros) le otorgué lo que me pidió; acordéme despues, que para hombre que podia poco, este era el tiempo, lugar y conyuntura donde podria mostrar la voluntad que tengo de servir a V. m. pagando en parte lo que en todo no puedo, y así determiné dedicarle este pequeño trabajo del traslado de

piamente la *Zucca* o calabaza no es una colección de novelas, sino de anécdotas, chistes, burlas, donaires y dichos agudos, repartidos en las varias secciones de *cicalamenti, baie, chiacchiere, foglie,*

---

la Zucca, dado que el original el Doni no le haya consagrado a ninguno. Porque de mas de mostrar que reconozco la deuda, la obra vaya más segura y amparada debaxo la sombra y favor de V. m. y asi le suplico la reciva en servicio: que yo soy cierto que le agradará, confiado de su ingenio y buen natural, y si no le contentare, será más por el nombre que por lo que la calabaça contiene. Está llena de muchas y provechosas sentencias, de muy buenos exemplos, de sabrosos donaires, de apacibles chistes, de ingeniosas agudezas, de gustosas boverias, de graciosos descuidos, de bien entendidos motes, de dichos y prestezas bien dignas de ser sabidas, de manera que por ella se puede decir: «so el sayal hay al». Lo que se ve paresce cosa de burla, y de lo que no se paresce todo o la maior parte es de veras. Es un repertorio de tiempos, una red varredera que todos los estados, oficios, edades recoge en sí. Finalmente es un Sileno de Alcibiades, a todos avisa, con todos habla, de suerte que asi grandes como pequeños, ricos y pobres, doctos y ignorantes, señores y los que no lo son, viejos y moços, y en conclusión desde el Papa hasta el que no tiene capa, sin sacar ninguno, pueden sacar desta Zuca tanto çumo que salgan llenos, y la calabaça no quede menguada. Una cosa quiero advertir a quien este librillo leerá, que la Zucca en el vulgar italiano tiene tanta fuerza, que a penas se puede traduzir en otra lengua con tanta. La razon es porque cada lengua tiene sus particulares maneras de hablar, de manera que lo que suena bien en una, volviendolo en otra, palabra por palabra, suena mal como paresce por muchos libros traduzidos en esta lengua de italiano, y en los que de latin y griego se traduzen en castellano; pero, como el romance nuestro sea tan conforme al Toscano, por ser tan allegado al latin, aunque en algo difieran, no en todo. No dexo de confesar que la lengua Toscana no sea muy abundante, rica y llena de probervios, chistes y otras sentenciosas invenciones de hablar: las quales en nuestro castellano ninguna fuerza tendrian. Como si dixesemos de uno que quieren ahorcar «han mandado los alcaldes que le lleven a Fuligno». Esta palabra tiene dos sentidos, o que le mandan yr a una ciudad, que se llama *Fuligno*, o que le mandan ahorcar *fune*, quiero dezir soga o cordel, *ligno*, leño o madero; quien quisiere darle esta fuerza en castellano, ternia bien que hazer; de manera que es menester que en algunas partes tomemos el sentido, y lo volvamos en otras palabras, y no queramos ir atados a la letra como los judios. Por lo qual han hecho muchos errores algunos interpretes. Es averiguado (como paresce) que ni ellos entendian los originales, ni sus traslados los que los leen, antes sé dezir que quedan embelesados, paresciendoles que leen cosas encantadas y sin pies ni cabeça, a cuya causa vienen a ser tenidos en poco los authores por aquellos que los leen mal traduzidos, en otra lengua peregrina, allende que confunden con palabras groseras el sentido que el author pretende y hazen una disonancia tan grande, que despertarian la risa al más grave y saturno, y sacarian de sus casillas al más sufrido que se hallase. Por éstos se podria dezir: Habló el Buey

fiori, frutti. [1] El anónimo traductor, que dedicó su versión al abad de Bibbiena y de San Juan in Venere en un ingenioso y bien parlado prólogo, que pongo íntegro por nota, era amigo del Doni y

---

y dixo mu. Quien quisiere experimentar lo dicho lea la traducion del Boccacio y del Plutarco, Quinto Curcio y otros muchos authores, de los quales por no ser prolixo no hago memoria. Algunas veces solia yo leer (estando en Hespaña) el Boccaccio, pero sin duda las más no acertava la entrada, y si acaso atinava, me perdia por el libro, sin saber salir, digo que en una hora dava veinte tropeçones, que bastavan confundir el ingenio de Platon. He usado (Illustre señor) destos preámbulos y corolarios para venir a este punto. Conviene a saber que mi intencion no ha sido en la traducion deste libro llegarme mucho a la letra, porque la letra mata, mas antes al spiritu, que da vida, sino es quando fuere menester. Desta manera, yo fiador, que la calabaça no salga vana, ni los que la gustaren vuelvan desagradados, ni mal contentos o confusos. Pero dirá alguno: «en fin es calabaça»; yo lo confieso, pero no por eso se ha de dexar de comer de ella, que ni ella comida hará mal estomago ni el nombre ha de poner miedo a ninguno. Escrito está que infinito es el número de las calabaças, y segun mi opinion no hay hombre que no lo sea, pero esta es la diferencia, que unos disimulan más que otros, y aun veemos muchas vezes que en la sobrehaz algunos parescen y son tenidos por calabaças y no lo son del todo, aunque (como he dicho) lo sean en algo. Todas las cosas perfectas no son estimadas por de fuera. Naturaleza es tan sabia y discreta que puso la virtud dellas debaxo de muchas llaves. Como paresce en los cielos y en la tierra: en la qual veemos que los arboles tienen su virtud ascondida, y asimesmo el oro, y los otros metales. ¿Qué diremos de las piedras preciosas, que se hazen en la mar? Pues lo mesmo podremos dezir que acaesce entre los hombres: que los más sabios tienen su prudencia más ascondida, aunque en lo exterior sean tenidos por livianos. A éstos soy cierto que no les dará hastío la corteza de la calabaça, antes se holgarán de tocarla, porque saben que leyendola gozarán de los secretos interiores que debaxo de la corteça, o por mexor dezir del nombre de calabaça están encerrados. Reciva pues V. m. este pequeño presente de la Zucca, o calabaça, que por haberla el Doni cortado fresca con el rocio de la mañana, temo que de mis manos no salga seca y sin çumo. Verdad es que he trabajado de conservarla en aquella frescura (ya que no he podido mejorarla) que el Doni la cortó de su propio jardin. Ella va a buena coyuntura: e que segun me paresce agora es tiempo de las calabaças en esta tierra, aunque en otras sea en Setiembre. Pienso que tomará V. m. tanto gusto que perdonará parte de la deuda en que estoy, y acceptará el presente en servicio... De Venecia a XXV de Setiembre MD.LI.»

[1] Gran parte de los chistes o *cicalamentos, baias y chacheras* del Doni (nombres que el traductor conserva) están fundados en proverbios o tienden a dar su explicación, por lo cual figura este libro en la erudita *Monografía sobre los refranes, adagios,* etc., del señor don José María Sbarbi (año 1891), donde pueden verse reproducidos algunos de estos cuenteci-

debía de tener algún parentesco de humor con él, porque le tradujo con verdadera gracia, sin ceñirse demasiado a la letra. Razón tenía para desatarse en su prólogo contra los malos traductores, haciendo especial mención del de Boccacio. Curiosísimo tipo literario era el Doni, escritor de los que hoy llamaríamos excéntricos o humoristas y que entonces se llamaban *heteróclitos* o extravagantes, lleno de raras fantasías, tan desordenado en sus escritos como en su vida, improvisador perpetuo, cuyas obras, como él mismo dice: «se leían antes de ser escritas y se estampaban antes de ser compuestas»; libelista cínico, digno rival del Aretino; desalmado sicofanta, capaz de delatar como reos de Estado a sus enemigos literarios; traficante perpetuo en dedicatorias; aventurero con vena de loco; mediano poeta cómico, cuentista agudo en el dialecto de Florencia y uno de los pocos que se salvaron de la afectada imitación de Boccaccio.[1] En medio de sus caprichos y bufonadas tiene rasgos de verdadero talento. Sus dos *Librerías* o catálogos de impresos y manuscritos con observaciones críticas se cuentan entre los más antiguos ensayos de bibliografía e historia

---

llos (pp. 292-393). Entre ellos está el siguiente, que a los bibliófilos nos puede servir de defensa cuando parece que nos detenemos en libros de poco momento.

«No me paresce cosa justa (me dixo el Bice) que en vuestra *Librería* hagais memoria de algunos authores de poca manera y poco credito; pero yo le dixe: las plantas parescen bien en un jardin, porque aunque ellas no valgan nada, a lo menos hazen sombra en el verano. Siempre debriamos discurrir por las cosas deste mundo, por que tales cuales son siempre aprovechan para algo, por lo qual suelen dezir las viejas: «No hay cosa mala que no aproveche para algo.»

[1] Con las novelas esparcidas en las varias obras del Doni (que además hizo una imitacion del *Calila y Dimna* intitulándola *Filosofia Morale* (Venecia, 1552), formó una pequeña colección el erudito Bartolomé Gamba, a quien tanto debe la bibliografía de la novelística italiana (Venecia, 1815). Otra edición algo más amplia de estas novelas selectas hizo en Luca, 1852, Salvador Bongi, reimpresa con otros opúsculos del Doni en la *Biblioteca Rara* de Daelli: *Le Novelle di Antonfrancesco Doni, già pubblicate da Salvatore Bongi, nuova edizione, diligentemente rivista e corretta. Con l' aggiunta della Mula e della Chiave, dicerie, e dello «Stufajolo», commedia, del medesimo Doni.* Milán, Daelli, 1863.

literaria. Y para los españoles, sus *Mundos celestes, terrestres e infernales*,[1] en que parodió la *Divina Comedia*, son curiosos, porque presentan alguna remota analogía con los *Sueños* inmortales de Quevedo, aunque no puede llevarse muy lejos la comparación.

Menos importancia literaria que la *Zuca* tienen las *Horas de recreación*, de Luis Guicciardini, sobrino del grande historiador Francisco. A Luis se le conoce y estima principalmente por su descripción de los Países Bajos, que tuvo por intérprete nada menos que a nuestro rey Felipe IV. A las *Horas de recreación*, que es una de tantas colecciones de anécdotas y facecias, cupo traductor más humilde, el impresor Vicente de Millis Godínez, que las publicó en Bilbao en 1580.[2]

---

[1] *Mondi celesti, terrestri, e infernali, de gli Accademici Pellegrini. Composti dal Doni; Mondo piccolo, grande, misto, risible, imaginato, de' Pazzi, e Massimo, Inferno de gli scolari, de malmaritati, delle puttane e ruffiani, soldati e capitani poltroni, Dottor* (sic) *cattivi, legisti, artisti, de gli usurai de' poeti e compositori ignoranti. In Venetia. Appresso Domenico Farri. MD.LXXV* (1575).

[2] *Horas de recreacion, recogidas por Ludovico Guicciardino, noble ciudadano de Florencia. Traducidas de lengua Toscana. En que se hallaran dichos, hechos y exemplos de personas señaladas, con aplicacion de diversas fabulas de que se puede sacar mucha doctrina.* (Escudo del impresor.) *Con Licencia y Privilegio Real. En Bilbao, por Mathias Mares, Impressor d' el señorío de Vizcaya. Año de 1586.* 8º, 208 pp.

Censura de Lucas Gracián Dantisco: «Por mandado de los señores d' el Real Consejo he visto este libro intitulado *Horas de Recreacion* de Ludovico Guicciardino, traduzidas de Italiano en Español, y le he conferido con su original impresso en Venecia, y hallo que no tiene cosa contra la fe, ni contra las buenas costumbres, ni deshonesta, antes para que vaya mas casta la lectura le he testado algunas cosas que van señaladas, y emendado otras, sin las quales lo demas puede passar, por ser lectura apacible, y al fin son todos apotegmas y dichos gustosos, y de buen exemplo para la vida humana, y puestas en un breve y compendioso tratado... (Madrid, 4 de Julio de 1584).

Licencia a *Juan de Millis Godinez impresor* (hijo de Vicente) para imprimir las *Horas de Recreacion, las quales el avia hecho traduzir.* (Madrid, 17 de julio de 1584).

Dedicatoria: «A la muy illustre señora dona Ginesa de Torrecilla, muger d' el muy Illustre señor Licenciado Duarte de Acuña, Corregidor d' el señorío de Vizcaya, Vicente de Millis Godinez, traductor de esta obra.»

No hay duda que esta edición es la primera, por lo que dice en la dedicatoria: «y apareciéndome que para sacarle *esta primera vez a luz en nuestra*

De todos los novelistas italianos Mateo Bandello fué el más leído y estimado por los españoles después de Boccaccio y el que mayor número de argumentos proporcionó a nuestros dramáticos. Lope de Vega hacía profesión de admirarle, y en el prólogo de su novela *Las fortunas de Diana* parece que quiere contraponerle maliciosamente a Cervantes: «También hay libros de novelas, »dellas traducidas de italianos y dellas propias, en que no faltó »gracia y estilo a Miguel Cervantes. Confieso que son libros de »grande entretenimiento, y que podrían ser ejemplares, *como al-* »*gunas de las historias trágicas del Bandelo*; pero habían de es- »cribirlos hombres científicos, o por lo menos grandes cortesanos, »gente que halla en los desengaños notables sentencias y afo- »rismos.» Aparte de estas palabras, cuya injusticia y mala fe es

---

lengua vulgar tenia necessidad assi él como yo de salir debaxo d' el amparo de quien las lenguas de los maldicientes estuviesen arrendadas, lo quise hazer assi, por lo cual le dedico y le ofrezco a V. m.».

Es libro raro, como todos los impresos en Bilbao en el siglo XVI.

Sobre la familia de los Millis, que tanta importancia tiene en nuestros anales tipográficos, ha recogido curiosas noticias don Cristóbal Pérez Pastor en su excelente monografía sobre *La Imprenta en Medina del Campo* (Madrid, 1895). Eran oriundos de Tridino, en Italia, y estuvieron dedicados al trato y comercio de libros en Lyón y Medina del Campo simultáneamente. Guillermo de Millis, el que podemos llamar patriarca de la dinastía española, empieza a figurar en Medina como editor en 1530, como editor en 1540 y como impresor en 1555. Hijo suyo fué Vicente de Millis, librero e impresor como su padre, aunque con imprenta pobre y decadente, que fué embargada por deudas en 1572. Tal contratiempo le obligó a trasladarse a Salamanca, donde trabajó en la imprenta de los hermanos Juntas, a quienes debió de seguir a Madrid en 1576. Allí parece que mejoró algo de fortuna, imprimiendo por cuenta propia algunos libros. Presumía de cierta literatura, puesto que además de las obras de Guicciardino y Bandello llevan su nombre *Los ocho libros de los inventores de las cosas*, de Polidoro Virgilio, pero lo que hizo fué apropiarse casi literalmente la traducción que Francisco Thamara había hecho del mismo tratado (Amberes, 1550) expurgándola algo. De la que tiene el nombre de Millis no he manejado edición anterior a la de Medina del Campo de 1599, pero de sus mismos preliminares resulta que estaba traducida desde 1584. El privilegio de esta obra, lo mismo que el de las *Horas de Recreación*, está dado a favor de *Juan Millis Godínez impressor*, que por lo visto disfrutaba de situación más bonancible que su padre. Aparece como impresor en Salamanca, en Valladolid y en Medina del Campo hasta 1614. A la misma familia perteneció el acaudalado librero de Medina, Jerónimo de Millis, editor del *Inventario* de Antonio de Villegas en 1577.

notoria, puesto que Cervantes, aunque no fuese *hombre científico ni gran cortesano,* está a cien codos sobre Bandello, y a muy razonable altura sobre todos los novelistas del mundo, el estudio de las historias trágicas y cómicas del ingenioso dominico lombardo, superior a todos sus coetáneos en la invención y en la variedad de situaciones, ya que no en el estilo, fué tan provechoso para Lope como lo era simultáneamente para Shakespeare. Uno y otro encontraron allí a Julieta y Romeo *(Castelvines y Monteses,* y Lope de Vega, además, el prodigioso *Castigo sin venganza,* sin contar otras obras maestras, como *El villano en su rincón, La viuda valenciana* y *Si no vieran las mujeres...* [1] Ya mucho antes de Lope el teatro español explotaba esta rica mina. *La Duquesa de la Rosa,* de Alonso de la Vega, basta para probarlo. [2]

Aunque la voluminosa colección del obispo de Agen, que comprende nada menos que doscientas catorce novelas, fuese continuamente manejada por nuestros dramaturgos y novelistas, sólo una pequeña parte de ella pasó a nuestra lengua, por diligencia del impresor Vicente de Millis Godínez, antes citado, que ni siquiera se valió del original italiano, sino de la paráfrasis francesa de Pedro Boaistuau (por sobrenombre Launay) y Francisco de Belleforest, que habían estropeado el texto con fastidiosas e impertinentes adiciones. De estas novelas escogió Millis catorce, las que le parecieron de mejor ejemplo, y con ellas formó un tomo, impreso en Salamanca en 1589. [3]

---

[1] Añádanse *La mayor victoria, El mayordomo de la Duquesa de Amalfi, Los bandos de Sena, La quinta de Florencia, El desdén vengado, El perseguido* y alguna otra.

[2] Una de las más apreciables ediciones de las novelas de Bandello fué hecha por un español italianizado, Alfonso de Ulloa, editor y traductor ambidextro. *Il primo volume del Bandello novamento corretto et illustrato dal Sig. Alfonso Ulloa. In Venetia, appresso Camillo Franceschini MDLVI,* 4º Del mismo año son los volúmenes segundo y tercero.

[3] *Historias tragicas exemplares sacadas de las obras del Bandello Verones. Nueuamente traduzidas de las que en lengua Francesa adornaron Pierres Boaystuau, y Francisco de Belleforet. Contienense en este libro catorze historias notables, repartidas por capitulos. Año 1589. Con Privilegio Real. En Salamāca, por Pedro Lasso, impressor. A costa de Iuan de Millis Godinez.* 8º, 10 hs. prls, sin foliar, y 373 pp.

Tasa Summa del Privilegio: «a Juan de Millis Godinez, vezino de Medina del Campo, para que por tiempo de diez años... él y no otra ninguna perso-

Los *Hecatommithi,* de Giraldi Cinthio, otra mina de asuntos trágicos en que Shakespeare descubrió su *Otelo* y Lope de Vega

»na pueda hazer imprimir la primera parte de las Historias Trágicas»... (18 de Setiembre de 1584). Aprobación de Juan de Olave: «no hallo en él cosa que »offenda a la religion catholica, ni mal sonante, antes muchos y muy buenos »exemplos y moralidad, fuera de algunas maneras de hablar algo desenvuel- »tas que en la lengua Francesa (donde está mas estendido) deven permitirse »y en la nuestra no suenan bien, y assi las he testado, y emendado otras».

A D. Martin Idiaquez, Secretario del Consejo de Estado del Rey nuestro señor (dedicatoria):

«Considerando pues el Bandello, natural de Verona ([a]), author grave, »el fruto, y riquezas que se pueden grangear de la historia... rocogio muchas »y muy notables, unas acontecidas en nuestra edad y otras poco antes, »queriendo en esto imitar a algunos que tuvieron por mejor escrevir lo »succedido en su tiempo, y debaxo de Principes que vieron, que volver »a referir los hechos antiguos. Lo qual haze con toda llaneza y fidelidad, »sin procurar afeytes ni colores rethoricos, que nos encubran la verdad de »los successos; y destas escogi catorce, que me parecieron a proposito para »industriar y disciplinar la juventud de nuestro tiempo en actos de virtud, »y apartar sus pensamientos de vicios y pecados, y parecio me traduzirlas »en la forma y estilo que estan en la lengua Francesa, porque en ella Pierres »Bovistau y Francisco de Belleforest las pusieron con más adorno, y en »estilo muy dulce y sabroso, añadiendo a cada una un sumario con que las »hazen más agradables y bien recibidas de todos»... (De Salamanca, en ocho de Julio 1589).

Al lector... «Me pareció no seria razon que la nuestra (lengua) careciesse »de cosa de que se le podia seguir tanto fruto, mayormente que no hay »ninguna vulgar en que no anden, y assi las recogi, añidiendo o quitando »cosas superfluas, y que en el Español no son tan honestas como devieran, »attento que la Francesa tiene algunas solturas que acá no suenan bien »Hallarse han mudadas sentencias por este respeto, y las historias puestas »en capítulos porque la letura larga no canse...»

Erratas.—Tabla de las Historias que se contienen en esta obra.

Historia primera. «De como Eduardo tercero Rey de Inglaterra se enamoró de la Condesa de Salberic, y como despues de averla seguido por muchas vias se vino a casar con ella.»

H. 2ª «De Mahometo Emperador Turco, tan enamorado de una griega, que se olvidaba de los negocios del imperio, tanto que se conjuraron sus vassallos para quitarle el estado. Y cómo advertido mandó juntar los Baxas y principales de su corte, y en su presencia él mismo le cortó la cabeça, por evitar la conjuración.»

H. 3ª «De dos enamorados, que el uno se mató con veneno y el otro

([a]) Es error: Bandello nació en Castelnuovo en el Piamonte, y por su educación fué lombardo.

El piadoso veneciano,[1] tenían para nuestra censura, más rígida que la de Italia, y aun para el gusto general de nuestra gente, la ventaja de no ser licenciosos, sino patéticos y dramáticos, con

murió de pesar de ver muerto al otro.» (Es la historia de Julieta y Romeo.)

H. 4ª «De una dama piamontesa, que aviendola tomado su marido en adulterio la castigó cruelmente.»

H. 5ª «De como un cavallero valenciano, enamorado de una donzella, hija de un official particular, como no pudiesse gozarla sino por via de matrimonio, se casó con ella, y después con otra su igual, de que indinada la primera se vengó cruelmente del dicho cavallero.»

H. 6ª «De como una Duquesa de Saboya fue accusada falsamente de adulterio por el Conde de Pancaller su vassallo. Y como siendo condenada a muerte fue librada por el combate de don Juan de Mendoça, caballero español. Y como despues de muchos successos se vinieron los dos a casar.»

H. 7ª «De Aleran de Saxonia y de Adelasia hija del Emperador Otton tercero. Su huyda a Italia, y como fueron conocidos y las casas que en Italia decienden dellos.»

H. 8ª «De una dama, la qual fue accusada de adulterio, y puesta y echada para pasto y manjar de los leones, y como fue librada, y su innocencia conocida, y el accusador llevó la pena que estava aparejada para ella.»

H. 9ª «De la crueldad de Pandora, dama milanesa, contra el propio fruto de su vientre, por verse desamparada de quien le avia engendrado.»

H. 10ª «En que se cuenta la barbara crueldad de un cavallero Albanes, que estando en lo último de su vida mató a su muger, temiendo que él muerto gozaria otro de su hermosura, que era estremada. Y como queriendo tener compañia a su muger, se mató en acabandola de matar a ella.»

H. 11ª «De un marques de Ferrara que sin respeto del amor paternal hizo degollar a su propio hijo, porque le halló en adulterio con su madrastra, a la qual hizo tambien cortar la cabeça en la carcel.» (Es el argumento de *Parisina* y el *El Castido sin venganza.)*

H. 12ª «En que se cuenta un hecho generoso y notable de Alexandro de Medicis, primero Duque de Florencia, contra un cavallero privado suyo que aviendo corrompido la hija de un pobre molinero, se la hizo tomar por esposa, y que la dotasse ricamente.»

H. 13ª «De Menguolo Lercaro genovés, el qual vengó justamente en el Emperador de Trapisonda el agravio que avia recebido en su corte. Y la modestia de que usó con el que le avia offendido, teniendole en su poder.»

H. 14ª «En que se cuenta como el señor de Virle, estuvo mudo tres años, por mandado de una dama a quien servia, y como al cabo se vengó de su termino.»

Las dedicatorias de cada una de las novelas, parte esencialísima de la obra de Bandello, que manifiestan el carácter histórico de la mayor parte de sus relatos, faltan en esta versión, como en la de Belleforest.

[1] De Giraldi procede también otra comedia de Lope, *Servir a señor discreto*.

un género de interés que compensaba en parte su inverosimilitud y falta de gracia en la narrativa. En 1590 imprimió en Toledo Juan Gaitán de Vozmediano la primera parte de las dos en que se dividen estas historias, y en el prólogo dijo: «Ya que hasta aho-»ra se ha usado poco en España este género de libros, por no ha-»ber comenzado a traducir los de Italia y Francia, no sólo habrá »de aquí adelante quien por su gusto los traduzca, pero será por »ventura parte el ver que se estima esto tanto en los estrangeros, »para que los naturales hagan lo que nunca han hecho, que es »componer novela. Lo cual entendido, harán mejor que todos »ellos, y más en tan venturosa edad cual la presente».[1] Palabras

---

[1] *Primera parte de las Cien Novelas de M. Ivan Baptista Giraldo Cinthio: donde se hallaran varios discursos de entretenimiento, doctrina moral y politica, y sentencias, y avisos notables. Traducidas de su lengua Toscana por Luys Gaytan de Vozmediano. Dirigidas a don Pedro Lasso de la Vega, señor de las villas de Cuerva y Batres y los Arcos.* (Escudo del Mecenas.) *Impresso en Toledo por Pedro Rodriguez. 1590. A costa de Iulian Martinez, mercader de libros.*

Las señas de la impresión se repiten al fin.

4º, 228 hs.

Privilegio al traductor, vecino de Toledo, por ocho años.—Dedicatoria.—Prólogo al lector.—Aprobación de Tomáz Gracián Dantisco.—Canción del Maestro Cristóbal de Toledo.—Estancias del Maestro Valdivielso.—Soneto del Licenciado Luis de la Cruz.—Texto.—Tabla sin foliar.—Nota final.

Esta traducción comprende sólo la introducción y las dos primeras décadas: en total treinta cuentos o *exemplos*, como el traductor los llama. No abarca, por consiguiente, toda la primera parte italiana, que llega hasta la quinta década inclusive. Algunos pasajes están expurgados y una de las novelas sustituída con otra de Sansovino. Los versos entretejidos en la prosa se traducen en verso.

Copiaré lo más sustancial del *prólogo al lector,* porque contiene varias especies útiles, y el libro es muy raro:

«Lo mesmo entiendo que debio de considerar Juan Baptista Giraldo Cinthio, quando quiso componer esta obra, el qual viendo que si escrevia historia sola como la que hizo de Ferrara, no grangearia sino las voluntades de aquellos pocos que le son afficionados, y si cosas de Poesia, como el Hercules en estancias, algunas tragedias, y muchos sonetos y canciones que compuso, no gustarian dello sino los que naturalmente se inclinan a leerlo, quiso escrevir estas cien Novelas, con que entendio agradar generalmente a todos. A los amigos de historia verdadera con la que pone esparcida por toda la obra, a los afficionados a Philosophia con el Dialogo de Amor que sirve de introducion en esta primera parte, y los tres dialogos de la vida civil que estan al principio de la segunda, a los que tratan de Poesia

que concuerdan admirablemente con las del prólogo de Cervantes y prueban cuánto tardaba en abrirse camino el nuevo género, tan asiduamente cultivado después.

Las *Piacevoli Notti*, de Juan Francisco de Caravaggio, conocido por Straparola, mucho más variadas, amenas y divertidas que los cien cuentos de Giraldi, aunque no siempre honestas ni siem-

con las canciones que dan fin a las Decadas, y a los que gustan de cuentos fabulosos con ciento y diez que cuentan las personas que para esto introduce, pues en todos ellos debe de haver muy pocos verdaderos, puesto que muy conformes a verdad y a razon, exemplares y honestos. Honestos digo, respecto de los que andan en su lengua, que para lo que en la nuestra se usa no lo son tanto que se permitieran imprimir sin hacer lo que se ha hecho, que fue quitarles lo que notablemente era lascivo y deshonesto. Para lo qual uvo necesidad de quitar clausulas enteras, y aun toda una novela, que es la segunda de la primera Decada, en cuyo lugar puse la del Maestro que enseña a amar, tomada de las ciento que recopiló el Sansovino. Esto y otras cosas semejantes hallará quitadas y mudadas el que confiriere la traduzion con el original, especialmente el Saco de Roma que se quitó por evitar algunos inconvenientes que pudieran seguirse de imprimirle. No quise poner en esta primera parte mas de veynte novelas, y la introducion con sus diez exemplos, viendo que hazen bastante volumen para un libro como este que por ser para todos ha de ser acomodado en el precio y en el tamaño. Moviome a sacarle a luz el ser de gusto y entretenimiento, y ver que no ay en nuestra lengua cosa deste subjeto que sea de importancia, pues son de harto poca los que llaman *entretenimientos de damas y galanes*, y pesavame que a falta de otros mejores los tomasse en las manos quien alcanço a ver las Novelas de Juan Bocacio que un tiempo anduvieron traduzidas, pues va de uno a otro lo que de oro terso y pulido a hierro tosco y mal labrado. Aora tambien han salido algunas de las historias trágicas traduzidas de frances, que son parte de las Novelas del Vandelo autor italiano, y no han parecido mal. A cuya causa entiendo que ya que hasta aora se ha usado poco en España este género de libros, por no aver començado a traduzir los de Italia y Francia, no solo avrá de aqui adelante quien por su gusto los traduzga, pero será por ventura parte el ver que se estima esto tanto en los estrangeros, para que los naturales hagan lo que nunca han hecho, que es componer Novelas. Lo qual entiendo harán mejor que todos ellos, y mas en tan venturosa edad qual la presente, en que como vemos tiene nuestra España, no un sabio solo como los Hebreos a Salomon, ni dos como los Romanos, conviene a saber Caton y Lelio, ni siente como los Griegos, cuyos nombres son tan notorios, sino millares dellos cada ciudad que la illustran y enriquezen. Entretanto yo que he dado principio a la traduzion de esta obra del Giraldo la yre prosiguiendo hasta el fin, si viere que se recibe con el gusto y aplauso que el ingenio de su auctor pide, y mi trabajo y voluntad merecen.»

pre originales (puesto que el autor saqueó a manos llenas a los novelistas anteriores, especialmente a Morlini), hablaban poderosamente a la imaginación de toda casta de lectores con el empleo continuo de lo sobrenatural y de los prestigios de la magia, asemejándose no poco a los cuentos orientales de encantamientos y metamorfosis. Francisco Truchado, vecino de Baeza, tradujo en buen estilo estas doce *Noches*, purgándolas de algunas de las muchas obscenidades que contienen, y esta traducción, impresa en Granada por René Rabut, 1583, fué repetida en Madrid, 1598, y en Madrid, 1612, prueba inequívoca de la aceptación que lograron estos cuentos. [1]

---

[1] *Primera y segunda parte del honesto y agradable entretenimiento de damas y galanes, compuesto por Ivan Francisco Corvacho, Cavallero Napolitano. Traduzido de lengua Toscana, en la nuestra vulgar, por Francisco Truchado, vezino de la ciudad de Baeça. Con Privilegio. En Madrid, por Luys Sanchez: Año M.D.XCVIII. A costa de Miguel Martinez mercader de libros.*

8º, 8 hs. prls. 287 pp.

Tassa.—Erratas.—Privilegio.—Dedicatoria.—Al discreto y prudente lector: «No os maravilleis, amigo Lector, si a caso huvieredes leydo otra vez en lengua toscana este agradable entretenimiento, y agora le hallasedes en algunas partes (no del sentido) diferente: lo que hize por la necessidad que en tales ocasiones deve usar, pues bien sabeis la diferencia que hay entre la libertad Italiana y la nuestra, lo qual entiendo será instrumento para que de mí se diga que por emendar faltas y defetos agenos saco en público los míos; por tanto (prudentissimo Lector) suplico os los corrijays, y amigablemente emendeys, porque mi voluntad y deseo fue de acertar con la verdadera sentencia, y ponerlo en estilo más puro y casto qu me fue possible, y que vos escardando estas peregrinas plantas, cogiessedes dellas sus morales y virtuosas flores, sin hazer caso de cosas que sólo sirven al gusto. Atrevime tambien a hermosear este honesto entretenimiento de damas y galanes, con estos ultimos y agenos versos de divino juycio compuestos. Y usar de diferente sentido, no menos gustoso y apacible que el suyo propio, porque assi convino, como en la segunda parte deste honesto entretenimiento vereys.»

(Estos versos, que por lo visto no pertenecen a Truchado, y son por cierto detestables, sirven para sustituir a los enigmas del original, que ofrecen casi siempre un sentido licencioso.)

Soneto de Juan Doncel.

No tengo ni he visto más que el primer tomo de esta edición.

—*Primera parte del honesto y agradable entretenimiento...* (ut supra). *Con licencia. En Pamplona, en casa de Nicolás de Assiayn, Impressor del Reyno de Navarra. Año 1612. A costa de Iuan de Bonilla, Mercader de libros.*

Juntamente con los libros italianos había penetrado alguno que otro francés, y ya hemos hecho memoria del *rifacimento* de las *Historias Trágicas,* de Bandello, por Boaistuau y Belleforest. No han de confundirse con ellas, a pesar de la semejanza del título, las *Historias prodigiosas y maravillosas de diversos sucesos acaecidos en el mundo* que compilaron los mismos Boaistuau y Belleforest y Claudio Tesserant, y puso en lengua castellana el célebre impresor de Sevilla Andrea Pescioni.[1] Obsérvese que casi siempre

---

8º, 203 pp.
Aprobación de Fr. Baltasar de Azevedo, de la Orden de San Agustín (4 de septiembre de 1612).—Erratas.—Licencia y Tassa.—*Al discreto y prudente lector* (prólogo).—Soneto de Gil de Cabrera.
—*Segunda parte...* Pamplona, Nicolás de Assiayn, 1612.

8º, 4 hs. prls., 203 foliadas y una en que se repiten las señas de la edición. Los preliminares son idénticos, salvo el soneto, que es aquí el de Juan Doncel y no el de Gil de Cabrera.

[1] Es muy verosímil que las *Historias prodigiosas* se imprimiesen por primera vez en Sevilla, donde tenía su establecimiento tipográfico Andrea Pescioni. Pero no encuentro noticia alguna de esta edición, y sólo he manejado las dos siguientes:

—*Historias prodigiosas y maravillosas de diversos sucessos acaescidos en el mundo. Escriptas en lengua Francesa, por Pedro Boaistuau, Claudio Tesserant, y Francisco Belleforest. Traducidos en romance Castellano, por Andrea Pescioni, vezino de Seuilla. Dirigidas al muy Illustre señor Licenciado Pero Diaz de Tudanca, del Consejo de su Magestad, y Alcalde en la su casa y Corte. Con Privilegio. En Medina del Campo. Por Francisco del Canto. A costa de Benito Boyer, mercader de libros. MD.LXXXVI.*

8º, 391 folios.
Aprobación de Tomás Gracián Dantisco (Madrid, 10 de noviembre de 1585).—Privilegio a Andrea Pescioni por seis años (Monzón, 29 de noviembre 1585).—Dedicatoria.—*Al cristiano lector* (prólogo).—Texto - Tabla de capítulos.—Tabla alfabética de todas las cosas más señaladas.—Catálogo de los autores citados.—Fe de erratas.

—*Historias prodigiosas... Con licencia. En Madrid, por Luis Sanchez. Año 1603. A costa de Bautista Lopez, mercader de libros.*

8º, 8 hs. prls., 402 pp. dobles y 5 hs. más sin foliar para la tabla
Tasa (Valladolid, 19 de julio 1613).
Aprobación de Gracián Dantisco.—Erratas.—Licencia (Valladolid, 15 de mayo de 1603).—Dedicatoria y prólogo, lo mismo que en la primera, de la cual ésta es copia exacta.
En el prólogo dice Pescioni:
«Algunos años ha que vi la primera parte de aquestas *Historias Prodigiosas,* que en lengua Francesa escrivio el docto y ilustre varon Pedro

eran tipógrafos o editores versados en el comercio de libros y en relaciones frecuentes con sus colegas (a las veces parientes) de Italia y Francia, los que introducían entre nosotros estas noveda-

Boaistuau, señor de Launai, y me parecio obra que merecia estar escrita en los coraçones de los fieles: porque con singular erudicion, y con vivos y maravillosos exemplos nos enseña y dotrina; y luego me dio voluntad de traduzirla y por entonces no pude poner en execucion mi deseo, porque hallé que aquel libro estava imperfeto y defetuoso de algunas hojas, de que avia tenido culpa la ignorancia de alguno, que por no aver conocido aquella joya se las avia quitado, para desflorarla de algunas pinturas y retratos que en el principio de cada capitulo tenia, que la curiosidad del autor avia fecho retratar, para con mayor facilidad representar a los ojos de los letores las Historias y casos que en ellas se contenian: de que recibi no pequeño desgusto, y procuré que de Francia me fuesse traydo otro de aquellos libros, y se pasaron muchos meses antes que huviesse podido conseguir mi intento; pero con la mucha diligencia y cuydado que en ello puse, le consegui, y aun aventajadamente, porque me fue traydo el original de que he sacado aquesta mi traducion, que no sólo lo fue de aquella obra que tanto avia deseado, mas aun tuvo añadidas otras tres partes que tratan del mismo sugeto, que han escrito dos eruditos varones, quales son Claudio Tesserant y Francisco Belleforest...

»En el traduzir no he guardado el rigor de la letra, porque como cada lengua tenga su frasis, no tiene el de la una buena consonancia en la otra; sólo he procurado no apartarme del sentido que tuvieron los que lo escrivieron, y aun en aquesto he excedido en algunos particulares casos, porque dizen algunas cosas que en aquesta lengua no fueran bien recebidas, y por la misma causa he cercenado algunas dellas. También he dilatado otras algunas, por hazerlas más inteligibles, que estavan cortas, porque el original las suple con los retratos de las figuras que en él estan debuxadas, y en esta traducion no se han podido estampar *por la carestia assi del artifice, como de la obra*. Assimismo he encubierto y dissimulado algunos *nombres de personas que en el discurso de aquesta obra se citan, por no ser catolicos*, que mi intento ha sido que no haya cosa con que las orejas de los pios puedan ser ofendidas; aunque bien se conoce que el mismo intento tuvieron los autores originarios de aquestas historias, *mas en su natural patria les es concedido más libertad, debaxo de ser catolicos...*»

Al fin añadió el traductor tres *historias* de su cosecha:

Cap. I: «De un monstruo que el año de mil y quinientos y cincuenta y cuatro nacio en la villa de Medina del Campo.»

Cap. II: «De un monstruo que el año 1563 nacio en Jaen.» (Esta historia, verdaderamente monstruosa, de un sacerdote sacrílego recuerda la manera de los cuentos anticlericales que Fr. Anselmo de Turmeda intercaló en su *Disputa del Asno.)*

Cap. III: «De un prodigio que el año 1579 se vio en Vizcaya, cerca de la villa de Bermeo.»

Además intercala en el texto alguno que otro párrafo suyo, por ejemplo

des de amena literatura, desempeñando a veces, y no mal, el papel
de intérpretes, aspecto muy curioso en la actividad intelectual

---

éste (fol. 54 de la edición de Madrid), al tratar de ciertos peces voladores:

«Uno de aquestos mismos pescados monstruosos, o particular especie
de voladores, he visto yo el traductor de aqueste libro en el museo de Gonçalo Argote de Molina, ilustre cavallero de aquesta ciudad de Sevilla y
veynteiquatro de ella, provincial de la Santa Hermandad de la provincia del
Andaluzia, que tiene de muchos libros raros y otras varias curiosidades;
el qual despues presentó a Mateo Vazquez de Leca, secretario de la Magestad del Catolico Rey don Felipe nuestro señor, único protector de los virtuosos.»

Ocasionalmente traduce algunos versos de Virgilio, Horacio y Lucano,
y también algunos de Ronsard (pp. 254, 255, 384, 395), de *Boyssiero* (p. 388)
y de otro poeta francés (en lengua latina) cuyo nombre no expresa (p. 292).
Estas versiones no son inelegantes, como puede juzgarse por estas dos cortísimas muestras del «famoso poeta Pedro Ronsardo, en algunos de sus gra-
»ves versos que escribió, abundosos de admirables sentencias»:

> El valeroso padre siempre engendra
> Al hijo imitador de su grandeza,
> Y assi por solo el nombre de la raza
> Es el joven caballo apetecido,
> Y el podenco sagaz sigue al venado
> Sólo imitando a sus progenitores,
> Que es cosa natural el heredarse
> De los padres los vicios y virtudes.

> Los malos acarrean en la tierra
> Pestes, hambres, trabajos y tormentos,
> Y causan en el aire mil rumores,
> Para con el estruendo amedrentarnos,
> Y vezes nos fingen a la vista
> Dos Soles, o la Luna escura y negra,
> Y hazen que las nubes lluevan sangre,
> Y que horrendos prodigios se nos muestren.

Andrea Pescioni, sin duda oriundo de Italia, empieza a figurar en Sevilla como editor por los años de 1572, dando trabajo a las prensas de Juan
Gutiérrez y Álvaro Escribano, que estamparon a su costa algunos libros,
entre ellos el Solino, *De las cosas maravillosas del mundo*, traducido por
Cristóbal de las Casas (1573). En 1581 tenía ya imprenta propia, de la cual
salieron una porción de libros que hoy son joyas bibliográficas, como el
Libro de la Montería de Alfonso XI y el *Viaje o Itinerario* de Ruy González
de Clavijo en su embajada al Gran Tamerlán, publicados uno y otro por

del siglo XVI. Andrea Pescioni, si es suya realmente la traducción que lleva su nombre, demostró en ella condiciones muy superiores a las de Vicente de Millis en lenguaje y estilo. Muy difícil será encontrar galicismos en la pura y tersa locución de las *Historias prodigiosas,* que salieron enteramente castellanizadas de manos del traductor, imprimiéndoles el sello de su nativa o adoptiva lengua, como cuadraba al señorío y pujanza de nuestro romance en aquella edad venturosa, hasta cuando le manejaban extranjeros de origen, que no hacían profesión de letras humanas como no fuese para traficar con ellas, y aplicaban su industria a libros forasteros, que tampoco por la dicción eran notables, ni se encaminaban al público más selecto. Libro de mera curiosidad y entretenimiento es el de las *Historias,* recopilación de casos prodigiosos y extraordinarios, de fenómenos insólitos de la naturaleza, de supersticiones, fábulas y patrañas, escoltadas siempre con algún testimonio clásico: «No escriviré caso fabuloso, ni historia que no »compruebe con el autoridad de algun escritor de crédito, ora »sea sacro o profano, griego o latino» (p. 90 vuelta). Con esta salvedad pasa todo, ya bajo el pabellón de Eliano, Julio Obsequente, Plinio y Solino, ya bajo la de médicos y naturalistas del siglo XVI, como Conrado Gesnero y Jerónimo Cardano, a quien con especial predilección se cita. Hasta la demonología neoplatónica de Miguel Psello, Porfirio, Iámblico y Proclo logra cabida en esta compilación, llena, por lo demás, de disertaciones ortodoxas. Hay capítulos especiales sobre los terremotos, diluvios y grandes avenidas; sobre los cometas y otros «prodigios y señales del cielo»; sobre las erupciones volcánicas; sobre las virtudes y propiedades de las piedras preciosas, de las plantas y de las aguas. Pero el fuerte de los tres autores son los monstruos: su libro, de más de ochocientas páginas, ofrece amplio material para la his-

---

Argote de Molina; la *Crónica del Gran Capitán,* los *Diálogos* de Bernardino de Escalante, varias colecciones poéticas de Juan de la Cueva, Joaquín Romero de Cepeda, Pedro de Padilla, y el rarísimo tomo que contiene *Algunas obras de Fernando de Herrera.* Desde 1585 Pescioni aparece en sociedad con Juan de León. Hasta 1587 se encuentra su nombre en portadas de libros.

(Vid. Escudero y Peroso, *Tipografía Hispalense* (Madrid, 1894), p. 33, y Hazañas y la Rua, *La Imprenta en Sevilla* (Sevilla, 1892), pp. 82-84.)

toria de las tradiciones teratológicas, desde las clásicas de Sirenas, Tritones, Nereidas, Faunos, Sátiros y Centauros, hasta los partos monstruosos, las criaturas dobles ligadas y conjuntas, los animales de figura humana, los hombres que llevan al descubierto las entrañas, los cinocéfalos, los hermafroditas, los terneros y lechones monstruosos y otra infinidad de seres anómalos, que Belleforest y sus colaboradores dan por existentes o nacidos en su tiempo, notando escrupulosamente la fecha y demás circunstancias.

Aparte de estas aberraciones, contiene el libro otras cosas de interés y de más apacible lectura: curiosas anécdotas, narradas con garbo y bizarría. Así, en el capítulo de los amores prodigiosos (XXII de la 1ª parte) ingiere, entre otras que llamaríamos novelas cortas, la de la cortesana Plangon de Mileto, tomada de Ateneo, historia de refinado y sentimental decadentismo, que presenta una rarísima competencia de generosidad amorosa entre dos meretrices. Así, al tratar de los convites monstruosos, añade Boaistuau a los referidos por los antiguos y a los que consigna Platina en su libro *De honesta voluptate,* uno de que él fué testigo en Aviñón cuando «oía allí leyes del eruditísimo y docto varon »Emilio Ferreto» (p. 96), página curiosa para la historia de la gastronomía en la época del Renacimiento. En el largo capítulo del entendimiento y fidelidad de los perros no olvida ni al de Montargis, cuya historia toma de Julio César Scaligero, ni al famoso *Becerril,* de que habla tanto Gonzalo Fernández de Oviedo en su *Historia de Indias.*

No sólo las rarezas naturales y los casos extraños de vicios y virtudes, sino lo sobrenatural propiamente dicho, abunda sobremanera en estas *Historias,* cuyo único fin es sorprender y pasmar la imaginación por todos los medios posibles. Ninguno tan eficaz como los cuentos de aparecidos, fantasmas, visiones nocturnas, sueños fatídicos, travesuras de malignos espíritus, duendes y trasgos; combates de huestes aéreas, procesiones de almas en pena. De todo esto hay gran profusión, tomada de las fuentes más diversas. A la antigüedad pertenecen muchas (los mancebos de Arcadia, en Valerio Máximo; la tragedia de Cleonice, en Pausanias; el fantasma que se apareció al filósofo Atenodoro, en Plinio el Joven). Otras son más modernas, entresacadas a veces de los *Días Geniales,* de Alexandro, como la visión de Cataldo, obispo de

Tarento, que anunció las desventuras de la casa aragonesa de Nápoles (p. 103), o de Jerónimo Cardano, como la historia de Margarita la milanesa y de su espíritu familiar (página 109). Pero nada hay tan singular en este género como un caso de telepatía que Belleforest relata, no por información ajena, sino por haberle acontecido a él mismo (p. 361), y que no será inútil conocer hoy que este género de creencias, supersticiones o lo que fueren vuelven a estar en boga y se presentan con vestidura científica:

«Algunos espíritus se han aparecido a hombres con quien en vida han tenido amistad, y esto a manera de despedirse dellos, quando de aqueste mundo partian. Y de aquesto yo doy fe que a mí mismo me ha acaecido, y no fue estando dormido ni soñoliento, mas tan despierto como lo estoy ahora que escrivo aquesto, y el caso que digo aver me acaecido, es que un dia de la Natividad de Nuestra Señora, que es a ocho de Setiembre, unos amigos mios e yo fuymos a holgarnos a un jardin, y siendo ya como las once de la noche, solo me llegué a un peral para coger unas peras, y vi que se me puso delante una figura blanca de un hombre, que excedia la comun proporcion, el qual en el aspecto me pareció que era mi padre, y se me llegó para abraçarme: de que yo me atemorizé, y di un grito, y a él acudieron aquellos mis amigos para ver lo que me avia sucedido, y aviendo me preguntado qué avia avido, les dixe lo que avia visto, aunque ya se avia desaparecido, y que sin duda era mi padre. Mi ayo me dixo que sin duda se devia aver muerto, y fue assi, que murió en aquella hora misma que se me representó, aunque estavamos lexos en harta distancia. Aquella fue una cosa que me haze creer que la oculta ligadura de amistad que hay en los coraçones de los que verdaderamente se aman puede ser causa de que se representen algunas especies, o semejanzas de aparecimientos; y aun tambien puede ser que sean las almas mismas de nuestros parientes o amigos, o sus Angeles custodes, que yo no me puedo persuadir que sean espíritus malignos.»

Son de origen español algunos de los materiales que entraron en esta enorme complicación francesa. A Fr. Antonio de Guevara siguen y traducen literalmente en la historia del león de Androcles (epístola XXIV de las *Familiares*); en la de Lamia, Laida y Flora, «tres enamoradas antiquísimas» (ep. LIX), y en el razonamiento celebérrimo del *Villano del Danubio,* esta vez sin indicar la fuente, que es el *Marco Aurelio.*

El obispo de Mondoñedo, con toda su retórica, no siempre de buena calidad, tenía excelentes condiciones de narrador y hubiera brillado en la novela corta, a juzgar por las anécdotas que suele intercalar en sus libros, y especialmente en las *Epístolas Familiares.* Recuérdese, por ejemplo, el precioso relato que pone en boca de un moro viejo de Granada, testigo de la llorosa partida de Boabdil y de las imprecaciones de su madre (ep. VI de la *Segunda Parte).*

Amplia materia suministró también a las *Historias prodigiosas* otro prosista español de la era de Carlos V, el *magnífico caballero* y cronista cesáreo Pero Mexía, compilador histórico y moralista ameno como Guevara, pero nada semejante a él en los procedimientos de su estilo (que es inafectado y aun desaliñado con cierto dejo de candidez sabrosa), ni menos en la puntualidad histórica, que nuestro Fr. Antonio afectaba despreciar, y que, por el contrario, respetó siempre aquel docto y diligente sevillano, digno de buena memoria entre los vulgarizadores del saber. Su *Silva de varia lección,* publicada en 1540 y de cuyo éxito asombroso, que se sostuvo hasta mediados del siglo xvii, dan testimonio tantas ediciones castellanas, tantas traducciones en todas las lenguas cultas de Europa, es una de aquellas obras de carácter enciclopédico, de que el Renacimiento gustaba tanto como la Edad Media, y que tenía precedentes clásicos tan famosos como las *Noches Áticas,* de Aulo Gelio; las *Saturnales,* de Macrobio; el *Banquete de los sofistas,* de Ateneo. Los humanistas de Italia habían comenzado a imitar este género de libros, aunque rara vez los componían en lengua vulgar. Pero Mexía, amantísimo de la suya nativa, que procuró engrandecer por todos caminos, siguió este nuevo y holgado sistema de componer con especies sueltas un libro útil y deleitable. Los capítulos se suceden en el más apacible desorden, única cosa en que el libro se asemeja a los *Ensayos* de Montaigne. Después de una disertación sobre la Biblia de los Setenta, viene un discurso sobre los instintos y propiedades maravillosas de las hormigas: «Hame parecido escribir este libro (dice Mexía) por »discursos y capítulos de diversos propósitos sin perserverar ni »guardar orden en ellos, y por esto le puse por nombre *Silva,* por-

»que en las silvas y bosques están las plantas y árboles sin orden
»ni regla. Y aunque esta manera de escrivir sea nueva en nuestra
»lengua Castellana, y creo que soy yo el primero que en ella haya
»tomado esta invención, en la Griega y Latina muy grandes auto-
»res escrivieron, assi como fueron Ateneo... Aulo Gelio, Macrobio,
»y aun en nuestros tiempos Petro Crinito, Ludovico Celio, Nicolao
»Leonico y otros algunos. Y pues la lengua castellana no tiene
»(si bien se considera) por qué reconozca ventaja a otra ninguna,
»no sé por qué no osaremos en ella tomar las invenciones que en
»las otras, y tratar materias grandes, como los italianos y otras
»naciones lo hazen en las suyas, pues no faltan en España agudos
»y altos ingenios. Por lo qual yo, preciándome tanto de la lengua
»que aprendi de mis padres como de la que me mostraron precep-
»tores, quise dar estas vigilias a los que no entienden los libros
»latinos, y ellos principalmente quiero que me agradezcan este
»trabajo: pues son los más y los que más necesidad y desseo suelen
»tener de saber estas cosas. Porque yo cierto he procurado hablar
»de materias que no fuessen muy comunes, ni anduviessen por el
»vulgo, que ellas de sí fuessen grandes y provechosas, a lo menos
»a mi juyzio.»

Para convencerse de lo mucho que Boaistuau, Tesserant y
Belleforest tomaron de la obra de Mexía, traducida ya al francés
en 1552, no hay más que cotejar los respectivos capítulos de las
Historias con lo que en la *Silva* se escribe «de los Tritones y Ne-
reydas», «de algunos hombres muy crueles», «de algunos exemplos
de casados que mucho y fielmente se amaron», «de los extraños
y admirables vicios del emperador Heliogábalo, y de sus excesos
y prodigalidades increíbles», «de las propiedades maravillosas y
singulares de algunos ríos, lagos y fuentes», «de algunas cosas
maravillosas que aparecieron en cielo y tierra» y otros puntos que
sería fácil señalar. Los testimonios alegados son los mismos, suele
serlo hasta el orden y las palabras con que se declaran y los argumentos que se traen para hacer creíbles tan desaforados portentos.

Pero la *Silva de varia lección* es obra de plan mucho más vasto y también más razonable que las *Historias prodigiosas*. No predomina aquí lo extraño, lo anormal, lo increíble, ni se rinde tanto
culto a la superstición, ya popular, ya científica. En relación con
su época, Pero Mexía parece un espíritu culto y avisado, que pro-

cura guardarse de la nimia credulidad y muestra hasta vislumbres de espíritu crítico.[1] Siempre que tiene que contar hechos muy extraordinarios se resguarda con la autoridad ajena, y aun así osa contradecir algunas cosas de las que escriben los antiguos. No quiere admitir, por ejemplo, aunque lo afirmen contestes nada menos que Plinio, Eliano, Plutarco, Apuleyo y San Isidoro, que la víbora muera en el momento en que da a luz sus viboreznos.[2] No parece muy persuadido de la existencia de hombres marinos y tiene por cuento de viejas la historia del pece Nicolao, mostrando en esto mejor crítica que el P. Feijóo, que todavía en el siglo XVIII admitía la fábula del hombre-pez de Liérganes.[3] Claro es que no se emancipa, ni mucho menos, de la mala física de su tiempo. Cree todavía en las propiedades ocultas y secretas de los cuerpos naturales y adolece, sobre todo, de la superstición astrológica, que le dió cierta extravagante fama entre sus conciudadanos, tan zumbones y despiertos de ingenio entonces como ahora. «El *astrífero* Mexía» le llama, pienso que en burlas, Juan de la Cueva. Y es sabida aquella anécdota que recogió Rodrigo Caro en sus *Claros varones en letras, naturales de Sevilla:* «Había adivi- »nado Pero Mexía, por la posición de los astros de su nacimiento, »que había de morir de un sereno, y andaba siempre abrigado con »uno o dos bonetes en la cabeza debajo de la gorra que entonces »se usaba, por lo cual le llamaban *Siete bonetes; sed non auguriis*

---

[1] Capítulos XXXIV de la primera parte de la *Silva,* XV, XXIX, XXXI y XXXIII de la *Silva.*

[2] «Cosa muy contraria a la comun orden de naturaleza, y por esto yo no la creo.» (Cap. XI de la tercera parte de la *Silva*)

[3] Cap. XXIII de la primera parte de la *Silva: Del admirable nadar de un hombre, de do parece que tuvo origen la fabula que el pueblo cuenta del pece Nicolao...*

«Desde que me sé acordar, siempre oí contar a viejas no sé qué cuentos y consejas de un pece Nicolao, que era hombre y andaba en la mar... Lo qual siempre lo juzgué por mentira y fabula como otras muchas que asi se cuentan... Y en el caso presente he creydo que esta fabula que dicen del pece Nicolao trae su origen, y se levantó de lo que escriven dos hombres de muchas doctrina y verdad: el uno es Joviano Pontano, varon dotissimo en letras de humanidad, y singular poeta y orador, segun sus libros lo testifican. Y el otro Alexandro de Alexandro, excelente jurisconsulto y muy docto también en humanas letras, el qual hizo un libro llamado *Dias geniales,* que contiene muy grandes autoridades...»

»*potuit depellere pestem;* porque estando una noche en su aposento, »sucedió a deshora un ruido grande en una casa vecina, y saliendo »sin prevención al sereno, se le ocasionó su muerte, siendo de no »muy madura edad.»

Tan revuelta andaba en el siglo XVI la ciencia positiva con la quimérica, la astrología judiciaria con la astronomía y las matemáticas, que no es de admirar que Mexía, como Agripa y Cardano y tantos insignes varones del Renacimiento, cayese en esta confusión deplorable, escribiendo algunos capítulos sobre la influencia de los siete planetas en las siete edades y partes de la vida del hombre, sobre los días aciagos y años climatéricos, sobre el punto y signo del Zodíaco en que estaban el sol y la luna cuando fueron creados [1] y otras vanidades semejantes. Mexía, que era cosmógrafo de profesión en un tiempo y en una ciudad en que no faltaban buenos cosmógrafos prácticos, trata con mucho más tino las cuestiones hidrográficas y meteorológicas, y en vez de aquellas ridículas historias de monstruos que ocupan la mitad del libro de Belleforest, aquí se leen disertaciones elementales, pero sensatas, sobre los vientos; sobre los artificios útiles para comparar la densidad de las aguas y discernir su pureza; sobre la redondez y ámbito de la tierra; sobre la medida de los grados terrestres y el modo de trazar la línea meridiana, y sobre la indispensable reforma del calendario, que tardó bastantes años en realizarse. [2] No era Mexía un sabio, no era un investigador original; pero tenía linda manera para exponer las curiosidades de historia científica; por ejemplo, el problema de la corona del rey Hierón y otros descubrimientos de Arquímedes, [3] y bastante libertad de

---

[1] Caps. XLIV y XLV de la primera parte de la *Silva* y XXVII de la tercera: «en el qual se trata y determina en qué parte y signo del Zodiaco se hallaba el Sol en el instante de su creación, y assi la Luna y otros planetas, y qué principio fue el del año y de los tiempos, y en qué parte de nuestro año de agora fue aquel començo.»

[2] Caps. XXII de la cuarta parte, XIX, XX y XXI de la tercera.

[3] Cap. XLIII de la segunda parte: «De una muy subtil manera que »tuvo Archimedes para ver cómo un platero avia mezclado plata en una »corona de oro, y quanta cantidad, sin deshazer la corona. Y otras algunas »cosas deste notable varon.»

La principal fuente de este capítulo es Vitruvio en el libro sexto de su *Tratado de arquitectura*.

espíritu para considerar como *juegos y pasatiempos de la naturaleza* los que otros estimaban misteriosas señales grabadas en las piedras. [1]

Pero lo que predomina en la *Silva de varia lección*, como podía esperarse de las aficiones y estudios de su autor, es la erudición histórica, que se manifiesta de muy varios modos, bien calculados para picar y entretener el apetito de quien lee: ya en monografías de famosas ciudades, como Roma, Constantinopla, Jerusalem; ya en sucintas historias de los godos, de los turcos, de los templarios, de los güelfos y gibelinos; ya en biografías de personajes sobresalientes en maldad o en heroísmo, pero que ofrecen siempre algo de pintoresco y original, como Timón el Misántropo, Diógenes el cínico, los siete Sabios de Grecia, Heráclito y Demócrito, el emperador Heliogábalo, el falso profeta Mahoma y el gran Tamorlán; [2] ya en anécdotas de toda procedencia, como la tragedia de Alboino y Rosimunda, que toma de Paulo Diácono, [3] y la absurda pero entonces muy creída fábula de la Papisa Juana, que procura corro-

---

[1] Cap. XII de la segunda parte: «Do se cuentan algunas cosas muy »extrañas, que se hallaron en montes y piedras, que parece aver quedado »desde el diluvio general, o a lo menos su causa es muy obscura y incognita.»

[2] Parte primera. Cap. XX: «De la extraña y fiera condicion de Timon »ateniense inimicissimo de todo el género humano, de su vida quál era, »y dónde y cómo se mandó enterrar.» Es muy verosímil que este capítulo, traducido al inglés en el *Palace of Pleasure* de Painter *(Of the strange and beastlie nature of Timon of Athens, ennemie to mankinde, with his deat, burial, and epitaphe),* sea la verdadera fuente del *Timón Atenas,* de Shakespeare, más bien que la *Vida de Marco Antonio* por Plutarco.

Cap. XXVII: «De la extraña condicion y vida de Diógenes Cinico philo-»sopho, y de muchas sentencias notables suyas, y dichos, y respuestas muy »agudas y graciosas.»

Cap. XXXIX: «De la estraña opinion y condicion de dos philosophos, »uno en llorar y otro en reyr, y por qué lo hazian, y otras cosas dellos.»

Parte segunda. Cap. XXVIII: «Del excelentissimo capitan y muy pode-»roso rey el gran Tamorlan, de los reynos y provincias que conquistó, de »su disciplina y arte militar.»

Cap. XXIX: «De los extraños y admirables vicios de Heliogabalo, Empe-»rador que fue de Roma, y de sus excesos y prodigalidades increybles.»

Primera parte. Cap. XIII: «De qué linaje y de qué tierra fue Mahoma, »y en qué tiempo començó su malvada seta, que por pecado de los hombres »tan extendida está por el mundo.»

Parte cuarta, Caps. X y XI: «Historia de los siete sabios de Grecia.»

[3] Parte tercera, Cap. XXIV: «En que se contiene la hystoria de una

borar muy cándidamente con el testimonio de Martín Polono, Sabellico, Platina y San Antonino de Florencia.[1]

El libro de Pero Mexía interesa a la novelística, no sólo por estas cortas narraciones, que son las más veces verdaderas leyendas, sino por ser un copioso repertorio de ejemplos de vicios y virtudes, que el autor compila a diestro y siniestro, de todos los autores clásicos, especialmente de Plutarco, Valerio Máximo y Aulo Gelio,[2] sin olvidar a Plinio, de quien entresaca las anécdotas de pintores.[3] Alguno que otro episodio de la historia patria refiere también, como la muerte súbita de los dos infantes don Pedro y don Juan en la entrada que hicieron por la vega de Granada, o el de Ruy Páez de Viezma y Payo Rodríguez de Avila en tiempo de Alfonso XI,[4] o las extrañas circunstancias que, según Muntaner, intervinieron en la concepción y nacimiento de don Jaime el Conquistador, asunto de una novela de Bandello y de una comedia de Lope de Vega.[5]

»gran crueldad que usó Alboyno Rey de los Longobardos con Rosimunda »su muger, y la extraña manera y maldad con que se vengó ella del mal »sucesso que ella y los que fueron con ella uvieron.»

[1] Parte primera. Cap. IX: «De una muger que andançó a ser sumo Pontifice y papa en Roma, y del fin que uvo, »y de otra muger que se hizo Emperador, y lo fue algun tiempo.» Esta patraña, que se encuentra en todas las ediciones de la *Silva* hasta la de Lyón, año 1556, que es la que manejo, desapareció en las del siglo XVII. Fué expurgada también en muchos ejemplares del *Libro de Juan Bocacio que tracta de las ilustres mujeres*, del cual existen, por lo menos, dos ediciones góticas en lengua castellana.

[2] Entre los cuentos tomados de las *Noches Aticas*, algunos, como el del león de Androcles, habían sido utilizados ya por Fr. Antonio de Guevara. De Aulo Gelio procede también la anécdota del litigio de Evathlo, tan popular en las antiguas escuelas de dialéctica y jurisprudencia. «De un »pleyto que huvo entre un discipulo y su maestro tan subtil y dudoso, que »los jueces no supieron determinarlo, y queda la determinacion al juycio »del discreto lector.» (Parte primera. Cap. XVIII.)

[3] Caps. XVII, XVIII y XIX de la parte segunda de la *Silva*.

[4] Parte segunda. Cap. XI: «De un notable trance y batalla que uvo »entre dos cavalleros castellanos, en el qual acaescio una cosa muy notable »pocas vezes vista.»

[5] Parte tercera. Cap. XXV: «De un muy hermoso engaño que una reyna »de Aragon hizo al Rey su marido, y como fue engendrado el Rey D. Jayme »de Aragon su hijo.»

En el cap. VIII, parte primera, «Sobre los inventores de la artillería»

Otros capítulos de la *Silva* tienen carácter de arqueología recreativa, a imitación de Polidoro Virgilio en su libro *De inventoribus rerum,* tan explotado por todos los compiladores del siglo XVI.[1] Pero aunque tomase mucho de Polidoro y de todos los que le precedieron en la tarea de escribir misceláneas, Mexía se remonta a las fuentes casi siempre y las indica con puntualidad en todos los puntos que he comprobado. La *Tabla* que pone al fin no es, como en tantos otros libros, una pedantesca añagaza. Había leído mucho y bien, y tiene el mérito de traducir en buen castellano todas las autoridades que alega. El círculo de sus lecturas se extendía desde el *Quadripartito,* de Tolomeo, y los cánones astronómicos de Aben Ragel, hasta las *Historias florentinas* y los tratados políticos de Maquiavelo, a quien cita y extracta en la vida de Castruccio Castracani [2] y a quien parece haber seguido también en el relato de la conjuración de los Pazzi. [3] Aunque el secretario

---

cita un libro probablemente apócrifo pero muy anterior, como se ve, a Fray Prudencio de Sandoval que con frecuencia le alega. «En la corónica del rey »don Alonso que ganó a Toledo escrive don Pedro Obispo de León, que en »una batalla de mar, que huvo entre la armada del rey de Tunez y la del »rey de Sevilla, moros, a quien favorecía el rey don Alonso, los navios del »rey de Tunez trayan ciertos tiros de hierro o lombardas con que tiravan »muchos truenos de fuego; lo qual si assi es, devia de ser artilleria, aunque »no en la perfeccion de agora, y ha esto mas de quatrocientos años.»

[1] *Los ocho libros de Polidoro Vergilio, civdadano de Urbino, de los inventores de las cosas. Nuevamente traducido por Vicente de Millis Godinez, de Latin en Romance, conforme al que Su Sanctidad mandó emendar, como por el Motu proprio que va al principio parece. Con privilegio real, en Medina del Campo, por Christoval Lasso Vaca. Año M.D.XXXXIX.* 4º

De la popularidad persistente de este que pudiéramos llamar manual del erudito a la violeta en el siglo XVI dan testimonio, en España. el ridículo poema de Juan de la Cueva, *De los inventores de las cosas,* en cuatro libros y en verso suelto; el *Suplemento a Virgilio Polidoro,* que tenía hecho aquel estudiante que acompañó a don Quijote a la cueva de Montesinos, declarando por muy gentil estilo cosas de gran sustancia, que el autor *De rerum inventoribus* se había dejado en el tintero, y la *República Literaria* de Saavedra Fajardo, en que Polidoro es uno de los guías del autor por las calles de aquella república, juntamente con Marco Terencio Varrón.

[2] Parte cuarta. Cap. XXI: «De quan excelente capitan fue Castrucho »Astracano, su estraño nacimiento y sus grandes hazañas, y como acabó.»

Al fin dice: «Leonardo de Arecio, y Blondo, y sant Antonino, y *Machabello* (a quien yo más he seguido) lo escriven, a ellos me remito.»

[3] Parte cuarta. Cap. XX: «En el qual se cuenta una conjuracion muy

de Florencia pasaba ya por autor de sospechosa doctrina y sus obras iban a ser muy pronto rigurosamente vedadas por el Concilio de Trento, se ve que Mexía las manejaba sin grande escrúpulo, lo cual no es indicio del ánimo apocado y supersticioso que le atribuyeron algunos luteranos españoles, enojados con él por haber sido uno de los primeros que descubrieron en Sevilla la herética pravedad envuelta en las dulces pláticas de los doctores Egidio y Constantino. [1]

Con todas sus faltas y sobras, la *Silva de varia lección*, que hoy nos parece tan llena de vulgaridades y errores científicos, [2] representaba de tal modo el nivel medio de la cultura de la época y ofrecía lectura tan sabrosa a toda casta de gentes, que apenas hubo libro más afortunado que él en sus días y hasta medio siglo después. Veintiséis ediciones castellanas (y acaso hubo más), estampadas, no sólo en la Península, sino en Venecia, Amberes y Lyon, apenas bastaron a satisfacer la demanda de este libro can-

---

»grande, y subito alboroto acaecido en la ciudad de Florencia, y las muer-»tes que en ella por él se siguieron.»

[1] *Petri Mexiae hominis philosophi nomen absque ullis bonis literis ridicule sibi arrogantis*, dice de él con su habitual pasión Reinaldo de Montes tratando de los enemigos del doctor Egidio *(Inquisitionis Hispanicae Artes*, Heidelberg, 1567, pág. 272 de la reimpresión de Usoz en el tomo XIII de los *Reformistas antiguos españoles).* Si este testimonio puede recusarse por parcial y sospechoso; parece, en cambio, algo exagerado el encomio de Juan de Mal-Lara, el cual dice que Mexia «meresce ganar eterna fama, y ser tenido por el primero que en Hespaña començo, a abrir las buenas letras» *(Philosophia Vulgar*, fol. 109), pues aun entendiéndose *abrir* en el sentido de vulgarizar no fué el primero ni con mucho.

[2] Y ya se lo parecería sin duda a los hombres que podemos considerar como excepcionales en su tiempo. Don Diego de Mendoza decía de ella entre burlas y veras, en la segunda carta de *El Bachiller de Arcadia,* poniendo la picante censura en boca del asendereado capitán Pedro de Salazar: «Yo veo que Pero Mexia agrada a todo el mundo con aquella su *Silva de varia leccion;* pues ¡Cuerpo ahora de San Julian! ¿por qué mi coronica no ha de agradar a todos muy mejor? Pues que aquella *Silva* no es otra cosa sino un paramento viejo de remiendos y una ensalada de diversas yerbas dulces y amargas, y en mi libro no se hallará una vejez ni una antigüedad, aunque el doctor Castillo le destilase por todas sus alquitaras. Y Pero Mexia no puso en toda su *Silva* de su cosecha un árbol siquiera...» (Respuesta del capitán Salazar al Bachiller de Arcadia.—*Sales españolas* de Paz y Melia, I, 88).

doroso y patriarcal, que fué adicionado desde 1555 con una quinta y sexta parte de autor anónimo.[1] No menos éxito tuvo la *Silva*

---

[1] *Libro llamado Silva d' varia leciō dirigido a la S. C. C. M. d' l Emperador y rey ñro. señor dō Carlos quinto deste nombre. Cōpuesto por un cavallero de Sevilla llamado Pero Mexia... con privilegio imperial.* M. DXL.

(Al fin): «Deo gratias. Fue imprimido el presente libro en la muy noble »y muy leal ciudad de Sevilla por Dominico de Robertis impressor, con »licencia y facultad de los muy reverēdos señores el señor licēciado del »Corro inquisidor apostolico y canonigo y el señor licēciado Fes-miño (sic) »provisor general y canonigo d'sta dicha ciudad, aviendo sido examinado »por su comission y mādado: por los muy reverendos padres Rector y cole- »giales del colegio de Sto. Thomas de la ordē de Santo Domingo de la dicha »ciudad. Acabosse en el mes d' Julio de mil y quinientos y q̄renta años.» Fol. let. gót. VIII hs. prls. y 136 foliadas.

El norteamericano Harrise es el único bibliógrafo que describe esta edición rarísima, en sus adiciones a la *Biblioteca Americana Vetustissima*, y Brunet copia la noticia en el *Suplemento*.

—*Silva de varia lecion cōpuesta por un cavallero de Sevilla llamado Pero Mexia segūda vez impressa y añadida por el mismo autor.* M.D.XL.

(Al fin): «Fue impresso el presente libro en la muy noble y muy leal »ciudad de Sevilla en las casas de Juan Crōberger, con licencia y facultad »de los muy reverēdos señores el licēciado del Corro inquisidor apostolico »y el señor licēciado Temiño, provisor general y canonigo desta dicha »ciudad, aviendo sido examinado por su comission y mandado. Año de mill »y quinientos y cuarenta. A XII dias de Diciēbre.»

Esta edición, aunque del mismo año que la primera, es enteramente distinta de ella, puesto que no sólo tiene corregidas las erratas, sino añadidos diez capítulos, según expresa el autor de la advertencia.

Lleva después del proemio una Tabla de los autores consultados, y un epigrama de Francisco Leandro, que no sabemos si estará en la primera.

—*Silva de varia lecion...*

(Al fin): «Sevilla, Juan Cromberger, 1542, a XXii dias del mes de Março.» En el encabezamiento del libro se dice que está «nuevamente agora corregido y emendado, y añadidos algunos capitulos por el mismo autor». La obra está dividida en tres partes, las dos primeras tienen el mismo número de capítulos que las ediciones posteriores; la tercera sólo 26, a las cuales se añadieron después 10. Acaso estén ya en las dos ediciones siguientes, que no conozco:

—Sevilla, 1543.

—Anvers, 1544.

—1547. La citan los traductores de Ticknor, sin especificar el lugar.

—*Silva de varia lection cōpuesta por el magnifico cavallero Pero Mexia nuevamēte agora en el año de mil y quinientos y cincuenta y uno. Añadida en ella la quarta parte por el mismo autor: en la qual se tractan muchas cosas y muy agradables y curiosas.* Valladolid, 1551, por Juan de Villaquirán.

en Francia, donde fué traducida por Claudio Gruget en 1552 y adicionada sucesivamente por Antonio Du Verdier y Luis Guyon, señor de la Nauche. Hasta diez y seis ediciones de *Les divers leçons de Messie* enumeran los bibliógrafos y en las más de ellas figuran también sus *Diálogos*.[1] Todavía en 1675 un médico llamado Girardet se apropió descaradamente el libro de Pero Mexía, sin citarle una sola vez ni tomarse más trabajo que cambiar las pala-

---

Dudo que ésta sea la primera edición en que apareció la cuarta parte, compuesta de 22 capítulos. Lo natural es que se imprimiese antes en Sevilla. El privilegio está dado a «D. Francisco Mexía, hijo de Pero Mexía, nuestro coronista defuncto».

Todas las ediciones hasta aquí citadas son en folio y en letra gótica.

Entre las posteriores, casi todas en octavo y de letra redonda, debe hacerse especial mención de la de Zaragoza, 1555; que contiene una quinta y sexta parte de autor anónimo, que al parecer tuvieron poco éxito, pues no se las encuentra en las demás ediciones del siglo xvi. Éstas son innumerables: Valencia, 1551; Venecia 1553, 1564, 1573; Anvers, 1555, 1564, 1593; Sevilla, 1563 y 1570; Lérida, 1572... Como la mayor parte de estas ediciones están hechas en país extranjero, conservan todavía el cuento de la Papisa Juana, que se mandó expurgar en España, y que no sé cómo habían dejado correr los inquisidores Corro y Temiño.

El curioso elogio de don Fernando Colón, que hay en el capítulo de las librerías (III de la tercera parte) y algún otro pasaje más o menos relacionado con las Indias, ha hecho subir el precio y estimación de las primeras ediciones de la *Silva*, buscadas con afán por los americanistas.

Entre las pocas ediciones del siglo xvii son curiosas las de Madrid, 1669 y 1673, por Mateo de Espinosa y Arteaga. Una y otra contienen la quinta y sexta parte de la edición de Zaragoza, que no creemos auténticas, aunque el encabezamiento de la quinta dice que hay en ella «muchas y agradables »cosas, que dexó escriptas el mesmo autor, aora nuevamente añadidas con »el mesmo lenguaje antiguo en que se hallaron». El estilo no parece de Pero Mexía, pero los materiales históricos y geográficos son del mismo género que los que él solía utilizar. Hay en estas adiciones una breve historia del Ducado de Milán, dividida en cuatro capítulos; biografías de Agesilao, Alejandro Magno, Homero, Nino y Semíramis; disertaciones sobre antigüedades romanas y griegas, sobre las artes mágicas, sobre los ritos funerales entre los indios de Nueva España; descripciones de la Scitia, de la Etiopía, de la isla de Ceylán y otros países remotos; algunos fragmentos de historia natural sobre los elefantes y dragones, y un tratado bastante extenso sobre los trabajos de Hércules. El caudal novelístico que puede entresacarse de todo este fárrago es muy escaso.

[1] Sobre estas ediciones consúltese el *Manual* de Brunet, sin olvidar el *Suplemento*.

bras anticuadas de la traducción de Gruget.[1] En Italia las cuatro partes de la *Silva* fueron traducidas en 1556 por Mambrino Roseo de Fabbriano y adicionadas después por Francisco Sansovino y Bartolomé Dionigi.

Por medio de las traducciones latinas y franceses empezaron a ser conocidos en Inglaterra los libros de Mexía antes de que penetrasen en su texto original, y algunos célebres compiladores de novelas empezaron a explotarlos. Fué uno de ellos William Painter, que en su *Palace of pleasure* (1566) intercaló el extraño cuento del viudo de veinte mujeres que casó con una viuda de veintidós maridos.[2] Pero es mucho más importante la *Forest or collection of historyes*, de Thomas Fortescue (1571), porque en esta versión inglesa de la *Silva*, tomada de la francesa de Gruget, encontró el terrible dramaturgo Cristóbal Marlowe, precursor de Shakespeare, los elementos históricos que le sirvieron para su primera tragedia *Tamburlaine*.[3] No fué ésta la única vez que el libro del cronista sevillano hizo brotar en grandes ingenios la chispa dramática. Lope de Vega le tenía muy estudiado, y de él procede (para no citar otros casos) toda la erudición clásica de que hace alarde en su comedia *Las mujeres sin hombres (Las Amazonas)*.[4]

---

[1] Encuentro esta noticia en la *Biographie Universelle* de Michaud, 1816, tomo XVII, pág. 452. La obra de Girardet se titula *Oeuvres diverses ou l'on remarque plusieurs traits des Histoires saintes, profanes et naturelles*, Lyon, 1675, 12º Descubrió el plagio el abate d' Artigny.

[2] Es el capítulo XXXVII de la primera parte de la *Silva*: «De una »muger que casó muchas veces y de otro hombre de la misma manera, que »casó con ella al cabo, y en qué pararon; cuenta se otro cuento de la incon->tinencia de otra muger.» Mexía, que siempre se apoya en alguna autoridad, trae aquí la de San Jerónimo en su carta a Geroncia, viuda. Hay una extraña novela anónima del siglo XVII: «Discursos de la viuda de veinticuatro maridos», cuyo título parece sugerido por este cuento de Pero Mexía.

[3] Vid. Garret Underhill, *Spanish literature in the England of the Tudors* (New-York, 1899), pp. 258-259. Parece que además de la *Silva* traducida por Fortescue, consultó Marlowe otra fuente, *Magni Tamerlanis vita*, de Pedro Perondino (Florencia, 1553).

[4] Las autoridades a que Lope se refiere en su dedicatoria son puntualmente las mismas en que van fundados los capítulos X y XI de la primera parte de la *Silva*: «quién fueron las bellicossisimas amazonas, y qué prin->cipio fué el suyo, y cómo conquistaron grandes provincias y ciudades, y »algunas cosas particulares y notables suyas».

En Inglaterra prestó también buenos subsidios a los novelistas. De una traducción italiana de la *Silva* está enteramente sacada la colección de once novelas de Lodge, publicada con este título: *The life and death of William Longbeard*.[1] No sólo los cuatro libros de Mexía, sino todo el enorme fárrago de las adiciones italianas de Sansovino y de las francesas de Du Verdier y Guyon, encontraron cachazudo intérprete en Thomas Milles, que las sacó a luz desde 1613 hasta 1619 *(The treasure of ancient and moderne times)*. La traducción alemana de Lucas Boleckhofer y Juan Andrés Math en la más moderna de todas (1668-1669) y procede del italiano.[2]

Con el éxito europeo del libro de Mexía contrasta la oscuridad en que ha yacido hasta tiempos muy modernos otra *Miscelánea* mucho más interesante para nosotros, por haber sido compilada con materiales enteramente españoles y anécdotas de la vida de su propio autor, que a cada momento entra en escena con un desenfado familiar y soldadesco que hace sobremanera interesante su persona.

El caballero extremeño don Luis Zapata, a quien me refiero, autor de un perverso poema o más bien crónica rimada del emperador Carlos V *(Carlo famoso)*, curiosa, sin embargo, e instructiva, por los pormenores anecdóticos que contiene y que ojalá estuviesen en prosa,[3] retrájose en su vejez, después de haber corrido mucho mundo, a su casa de Llerena, «la mejor casa de caballero »de toda España (al decir suyo), y aun mejor que las de muchos

---

[1] Vid. Farinelli (Arturo), *Sulle ricerche ispano-italiane di Benedetto Croce* (en la *Rassegna Bibliografica della Letteratura Italiana*), 1899, página 269.

No conozco el libro de E. Koeppel, *Studien zur geschichte der italienischen, Novelle in der englischen Literatur*, Strasburgo, 1892, que allí se cita, y que, al parecer, da más detalles sobre esta imitación.

[2] Vid. Adam Schneider, *Spaniens Anteil an der Deutschen Litteratur des 16 und 17 Jahrhunderte*, Strasburgo, 1898, pp. 149-152.

[3] Recuérdense, por ejemplo, el viaje aéreo del mágico Torralva (canto XXX y ss.), la contienda sobre las armas del marqués de Pescara entre Diego García de Paredes y el capitán Juan de Urbina (canto XXVII: germen de una comedia de Lope de Vega), la caballeresca aventura que atribuye a Garcilaso (canto XLI) y otros varios trozos del *Carlo Famoso* (Valencia, por Juan Mey, 1566).

»grandes», y entretuvo sus ocios poniendo por escrito, sin orden alguno, en prosa inculta y desaliñada, pero muy expresiva y sabrosa, por lo mismo que está limpia de todo amaneramiento retórico, cuanto había visto, oído o leído en su larga vida pasada en los campamentos y en las cortes, filosofando sobre todo ello con buena y limpia moral, como cuadraba a un caballero tan cuerdo y tan cristiano y tan versado en trances de honra, por lo cual era consultor y oráculo de valientes. Resultó de aquí uno de los libros más varios y entretenidos que darse pueden, repertorio inagotable de dichos y anécdotas de españoles famosos del siglo XVI, mina de curiosidades que la historia oficial no ha recogido, y que es tanto más apreciable cuanto que no tenemos sobre los dos grandes reinados de aquella centuria la copiosa fuente de *Relaciones y Avisos* que suplen el silencio o la escasez de crónicas para los tiempos de decadencia del poderío español y de la casa de Austria. Para todo género de estudios literarios y de costumbres; para la biografía de célebres ingenios, más conocidos en sus obras que en su vida íntima;[1] para empresas y hazañas de justadores, torneadores y alanceadores de toros; para estupendos casos de fuerza, destreza y maña; para alardes y bizarrías de altivez y fortaleza en prósperos y adversos casos, fieros encuentros de lanza, heroicos martirios militares, conflictos de honra y gloria mundana, bandos y desafíos, sutilezas corteses, donosas burlas, chistes, apodos, motes y gracejos, proezas de grandes soldados y atildamiento nimio de galanes palacianos; para todo lo que constituía la vida rica y expansiva de nuestra gente en los días del Emperador y de su hijo, sin excluir el sobrenatural cortejo de visiones, apariciones y milagros, alimento de la piedad sencilla, ni el légamo de supersticiones diversas, mal avenidas con el Cristianismo,[2] ofrece la *Miscelánea* de Zapata mies abundantísima y que todavía no ha sido enteramente recogida en las trojes, a pesar de la frecuencia con que la han citado los eruditos, desde que Pellicer comenzó a utilizarla en sus notas al *Quijote,* y sobre todo después que la

---

[1] *Miscelánea,* p. 57.
[2] Véanse, por ejemplo, las extrañas noticias del mágico Escoto, personaje distinto del Miguel Escoto tenido por nigromante en el siglo XIII (*Miscelánea,* 478-480), y el raro caso de espiritismo que da por sucedido en Llerena el año 1592 (pág. 99).

sacó íntegramente del olvido don Pascual Gayangos.[1] Detallar todo lo que en los apuntes de Zapata importa a la novelística, exigiría un volumen no menor que la misma *Miscelánea,* puesto que apenas hay capítulo que no contenga varias historietas, no inventadas a capricho, sino fundadas en hechos reales que el autor presenció o de que tuvo noticia por personas dignas de crédito; lo cual no quita que muchas veces sean inverosímiles y aun imposibles, pues no hay duda que el bueno de don Luis era nimiamente crédulo en sus referencias. Son, pues, verdaderos cuentos muchos de los casos maravillosos que narra, y su libro cae en esta parte bajo la jurisdicción de la novela elemental e inconsciente. No sucede otro tanto con sus relatos personales, escritos con tanta sinceridad y llaneza, y que sembrados de trecho en trecho en su libro, le dan aspecto y carácter de verdaderas *memorias,* a las cuales sólo falta el hilo cronológico, y por cuyas páginas atraviesan los más preclaros varones de su tiempo. Era Zapata lector apasionado de libros de caballerías[2] y algo se contagió su espíritu de tal lección, puesto que en todas las cosas tiende a la hipérbole; pero juntaba con esto un buen sentido muy castellano, que le hacía mirar con especial aborrecimiento los embelecos de la santidad fingida[3] y juzgar con raro tino algunos fenómenos sociales de su

---

[1] En el tomo XI del *Memorial Histórico Español* que publica la Real Academia de la Historia, Madrid, 1859. Es lástima que este tomo carezca de un índice razonado de materias y de personajes.

El códice de la Biblioteca Nacional que sirvió para la edición (único que se conoce) no sólo está falto de varias hojas, sino que debió de ser retocado o interpolado muchos años después de la muerte del autor, puesto que en la página 16 están citados libros de Fr. Prudencio de Sandoval y de don Alonso Núñez de Castro, los cuales de ninguna manera pudo conocer don Luis Zapata, que escribía antes de 1592.

[2] «Aunque los libros de caballerías mienten, pero los buenos autores vánse a la sombra de la verdad, aunque de la verdad a la sombra vaya mucho. Dicen que hendieron el yelmo, ya se ha visto. Y que cortaron las mallas de las lorigas; ya tambien en nuestros tiempos se ha visto... Una higa para todos los golpes que fingen de Amadís y los fieros hechos de los gigantes, si hubiese en España quien los de los españoles celebrasen» (pp. 20 y 21). «Del autor del famoso libro poético de *Amadís* no se sabe hasta hoy el nombre, honra de la nacion y lengua española, que en ninguna lengua hay tal poesía ni tan loable» (p. 340).

[3] De los *alumbrados* de Llerena; de las dos monjas milagreras de Cór-

tiempo. Dice, por ejemplo, hablando de la decadencia de la clase nobiliaria, a la cual pertenecía: «El crescimiento de los reyes ha »sido descrecimiento de los grandes, digo en poder soberbio y des- »ordenado, que cuanto a lo demás antes han crecido en rentas y »en estados, como pelándoles las alas a los gallos dicen que en- »gordan más, y así teniéndolos los reyes en suma tranquilidad »y paz, quitadas las alas de la soberbia, crecen en más renta y »tranquilidad... Pues demos gracias a Dios que en estos reinos na- »die puede hacer agravio ni demasía a nadie, y si la hiciese, en »manos está el cetro que hará a todos justicia igual».[1]

Era, como hoy diríamos, ardiente partidario de la ley del progreso, lo mismo que Cristóbal de Villalón, y de ningún modo quería admitir la superioridad de los antiguos sobre los modernos. Es curiosísimo sobre esto su capítulo *De invenciones nuevas:* «Cuán »enfadosa es la gala que tienen algunos de quejarse del tiempo y »decir que los hombres de agora no son tan inventivos ni tan se- »ñalados, y que cada hora en esto va empeorando. Yo quiero, »pues, volver por la honra de esta nuestra edad, y mostrar cuanto »en invenciones y sotilezas al mundo de agora somos en cargo... »En las ciencias y artes hace el tiempo de agora al antiguo grandí- »sima ventaja... Cuanto a la pintura, dejen los antiguos de bla- »sonar de sus milagros, que yo pienso que como cosas nuevas las »admiraron, y creo que aquellos tan celebrados Apeles y Protó- »genes y otros, a las estampas de agora de Miguel Ángel, de al- »berto Durero, de Rafael de Urbino y de otros famosos modernos »no pueden igualarse... Ni en la música se aventajaron los anti- »guos, que en ella en nuestra edad ha habido monstruos y mila- »gros, que si Anfion y Orfeo traían tras sí las fieras y árboles, há- »se de entender con esta alegoria que eran fieras y plantas los que »de la música de entonces, porque era cosa nueva, se espantaban »que agora de las maravillas de este arte, más consumada que »nunca, los hombres no se admiran ni espantan. Pues ¿cuándo »igualaron a las comedias y farsas de agora las frialdades de Te- »rencio y de Plauto?» Y aquí comienza un largo capítulo de in-

doba y Lisboa, Magdalena de la Cruz y Sor María de la Visitación, y de ciertos «falsos apóstoles» que se presentaron en las cercanías de Madrid, trata largamente en el capítulo «de invenciones engañosas» (pp. 69-76).

[1] *Miscelánea,* pp. 331-334.

venciones del Renacimiento, unas grandiosas y otras mínimas, entusiasmándose por igual con el descubrimiento de las Indias, con la circunnavegación del globo terráqueo, con la Imprenta y la Artillería, que con el aceite de Aparicio, el guayaco y la zarzaparrilla, las recetas para hacer tinta, el arte de hacer bailar los osos y el de criar gatos de Algalia. Termina este curiosísimo trozo con la enumeración de las obras públicas llevadas a cabo en tiempo de Felipe II, a quien da el dictado de «príncipe republicano», que tan extraño sonará en los oídos de muchos: «Los »príncipes piadosos y *republicanos* como el nuestro, avivan los »ingenios de los suyos, y les hacen hacer cosas admirables, y se »les debe la gloria como al capitán general de cuanto sus solda-»dos hacen, aderezan y liman». [1]

Alguna vez se contradice Zapata, como todos los escritores llamados *ensayistas* (y él lo era sin duda, aunque no fuese ningún Montaigne). No se compadece, por ejemplo, tanto entusiasmo por las novedades de su siglo, entre las cuales pone la introducción del verso toscano por Boscán y Garcilaso, con otro pasaje, curiosísimo también, en que, tratando de poesía y de poemas, dice sin ambages: «Los mejores de todos son los romances viejos; de no-»vedades Dios nos libre, y de leyes y sectas nuevas y de jueces »nuevos». [2] Como casi todos los españoles de su tiempo, vivía alta y gloriosamente satisfecho de la edad en que le había tocado nacer, y era acérrimo enemigo de las sectas nuevas, a lo menos en religión y en política. Ponderando el heroísmo de los *ligueros* en el sitio de París de 1590, que hizo levantar el príncipe de Parma, llega hasta la elocuencia. [3] Profesa abiertamente la doctrina del tiranicidio, y hace, como pudiera el fanático más feroz, la apología de Jacobo Clemente: «Salió un fraile dominico de París a matar »por el servicio de Dios al tirano favorecedor de herejes; y llegando »a hablarle, le dió tres puñaladas, de que murió el rey, no de la »guerra que suele matar a hierro, a fuego, violenta y furiosamente, »mas de la mansedumbre y santidad de un religioso de Dios y su

---

[1] PP. 350-360.
[2] P. 365.
[3] Página 209, «De fe, firmeza y constancia», y 224, «Del cerco de París».

»siervo, al cual bienaventurado ataron a las colas de cuatro caballos»[1]

Para conocer ideas, costumbres, sentimientos y preocupaciones de una época ya remota, y que, sin embargo, nos interesa más que otras muy cercanas, libros como el de Zapata, escritos sin plan ni método, como gárrula conversación de un viejo, son documentos inapreciables, mayormente en nuestra literatura, donde este género de misceláneas familiares son de hallazgo poco frecuente. La de Zapata ofrece materia de entretenimiento por donde quiera que se la abra y es recurso infalible para las horas de tedio, que no toleran otras lecturas más graves. De aquel abigarrado conjunto brota una visión histórica bastante clara de un período sorprendente. Baste lo dicho en recomendación de este libro, que merecía una nueva edición, convenientemente anotada, así en la parte histórica como en el material novelístico o novelable que contiene, y que generalmente no se encuentra en otras compilaciones, por haber quedado inédita la de Zapata.

Antes de llegar a las colecciones de cuentos propiamente dichas, todavía debemos consagrar un recuerdo a la *Philosophia vulgar* (1568), obra por tantos títulos memorable del humanista sevillano Juan de Mal Lara que, a imitación de los *Adagios* de Erasmo, en cuyas ideas críticas estaba imbuído, emprendió comentar con rica erudición, agudo ingenio y buen caudal de sabiduría práctica los refranes castellanos, llegando a glosar hasta mil en la primera parte, única publicada, de su vasta obra.[2] En

---

[1] Página 40.

[2] *La Philosophia Vulgar de Iioan Mal Lara, vezino de Sevilla. A la C. R. M. del Rey Don Philippe nuestro señor dirigida. Primera parte que contiene mil refranes glosados. En la calle de la Sierpe. En casa de Hernando Díaz. Año 1568.*

(Al fin): *Acabo se de imprimir esta primera parte de la Philosophia Vulgar, que contiene mil refranes de los que se usan en Hespaña. En casa de Hernādo Diaz, Impressor de libros. En la muy noble y muy leal ciudad de Sevilla, en la calle de la Sierpe. A veynte y cinco dias del mes de Abril 1568.* Fol. 30 hs. prls. y 294 folios.

Es la única edición en que el texto de Mal Lara está completo. Las de Madrid, por Juan de la Cuesta, 1618, y Lérida, por Luis Menescal, 1621, añaden los *Refranes* del Comendador Hernán Núñez, pero carecen de los importantísimos preámbulos del Mal Lara.

ella derramó los tesoros de su cultura grecolatina, trayendo a su propósito innumerables autoridades de poetas antiguos puestos por él en verso castellano, de filósofos, moralistas e historiadores; pero gustó más todavía de exornar la declaración de cada proverbio con apólogos, cuentecillos, facecias, dichos agudos y todo género de narraciones brevísimas, pero tan abundantes, que con entresacarlas del tomo en folio de la *Philosophia Vulgar* podría formarse una floresta que alternase con el *Sobremesa* y el *Portacuentos* de Timoneda. Algunas de estas consejas son fábulas esópicas; pero la mayor parte parecen tomadas de la tradición oral o inventadas adrede por el glosador para explicar el origen del refrán, poniéndole, digámoslo así, en acción. Tres cuentos, un poco más libres y también más extensos que los otros, están en verso y no carecen de intención y gracejo. No son de Mal Lara, sino de un amigo suyo, que no quiso revelar su nombre: acaso el licenciado Tamariz, de quien se conservan inéditos otros del mismo estilo y picante sabor.[1] Pero de los cuentos en verso prescindimos ahora, por no hacer interminable nuestra tarea, ya tan prolija de suyo.

Mal Lara había pasado su vida enseñando las letras clásicas. ¿Quién se atreverá a decir que le apartasen de la comprensión y estimación de la ciencia popular, en que tanto se adelantó a su tiempo? Al contrario, de los antiguos aprendió el valor moral e histórico de los proverbios o *paremias*. El mismo fenómeno observamos en otros grandes humanistas, en Erasmo ante todo, que abrió por primera vez esta riquísima vena y con ella renovó el estudio de la antigüedad; en el Comendador Hernán Núñez, infatigable colector de nuestros refranes, y en Rodrigo Caro, ilustrador de los juegos de los muchachos. Creía Mal Lara, y todo su inestimable libro se encamina a probarlo, que

No hay arte o ciencia en letras apartada,
Que el vulgo no la tenga decorada.

---

[1] Novelas «de la tinta», «de las flores», «del portazgo», «de los bandos», «del ahorcado», etc. Creo que también pertenece a Tamariz la «del *Corderito*» (el «enxemplo de Pitas Payas» que ya había contado el Arcipreste de Hita). Son varias las copias antiguas de estas *novelas* o *fábulas*, como también se intitulan.

No se ha escrito programa más elocuente de *folk-lore* que aquel *Preámbulo* de la *Philosophia Vulgar*, en que con tanta claridad se discierne el carácter espontáneo y precientífico del saber del vulgo, y se da por infalible su certeza, y se marcan las principales condiciones de esta primera y rápida intuición del espíritu humano.

«En los primeros hombres... (dice) al fresco se pintaban las »imágenes de aquella divina sabiduría heredada de aquel retrato »de Dios en el hombre, no sin gran merced dibuxado... Se puede »llamar esta sciencia, no libro esculpido, ni trasladado, sino natu- »ral y estampado en memorias y en ingenios humanos; y, segun »dize Aristóteles, parescen los Proverbios o Refranes ciertas reli- »quias de la antigua Philosophia, que se perdió por las diversas »suertes de los hombres, y quedaron aquellas como antiguallas... »No hay refrán que no sea verdadero, porque lo que dize todo el »pueblo no es de burla, como dize Hesiodo.» *Libro natural* llama en otra parte a los refranes, que él pretende emparentar nada menos que con la antigua sabiduría de los turdetanos. «Antes que hubie- »se filósofos en Grecia tenía España fundada la antigüedad de sus »refranes... ¿Qué más probable razon habrá que lo que todos dizen »y aprueban? ¿Qué más verisimil argumento que el que por tan »largos años han aprobado tantas naciones, tantos pueblos; tantas »ciudades y villas, y lo que todos en comun, hasta los que en los »campos apacientan ovejas, saben y dan por bueno?... Es grande »maravillas que se acaben los superbos edificios, las populosas »ciudades, las bárbaras Pyrámides, los más poderosos reynos, y »que la Philosophia Vulgar siempre tenga su reino dividido en »todas las provincias del mundo... En fin, el refrán corre por todo »el mundo de boca en boca, segun moneda que va de mano en »mano gran distancia de leguas, y de allá vuelve con la misma li- »gereza por la circunferencia del mundo, dejando impresa la señal »de su doctrina... Son como piedras preciosas salteadas por ropas »de gran precio, que arrebatan los ojos con sus lumbres.»

Coincidió con Mal Lara, no ciertamente en lo elevado de los propósitos, ni en lo gallardo del estilo, pero sí en el procedimiento de explicar frases y dichos proverbiales por anécdotas y chascarrillos *a posteriori*, el célebre librero de Valencia Juan de Timoneda, que en 1563, y quizá antes, había publicado el *Sobremesa* y *alivio de caminantes*,[1] colección minúscula, que, ampliada en unas ediciones y expurgada en otras, tiene en la más completa (Valencia, 1569) dos partes: la primera con noventa y tres cuentos,

---

[1] *El Sobremesa y alivio de caminantes de Joan Timoneda: en el qual se contienen affables y graciosos dichos, cuentos heroycos y de mucha sentencia y doctrina.*
(Al fin): Çaragoça, en casa de Miguel de Guesa, 1563, 8º, let. gót. Las dos partes del *Sobremesa* tienen respectivamente XXII y XXI hojas foliadas. En otras 21 hojas sin foliar, van, a modo de apéndice, dos tratadillos de noticias históricas: *Memoria hispana copilada por Joan Timoneda, en la qual se hallaran cosas memorables y dignas de saber y en que año acontecieron.—Memoria Valentina.*
Esta edición, descrita por Brunet, ha de ser, por lo menos, la segunda, reimpresa de una de Valencia, donde Timoneda publicaba todos sus libros.
—*Alivio de caminantes compuesto por Iuan de Timoneda. En esta última impression van quitadas muchas cosas superfluas, deshonestas y mal sonantes que en las otras impressiones estavan. Con licencia. En Medina del Campo impresso por Francisco del Canto. Año de 1563.*
12º En la hoja 3ª signat. 3 empiezan los cuentos de *Joan Aragones.* (Salvá).
—*El Sobremesa y alivio de caminantes de Ioan Timoneda... Agora de nuevo añadido por el mismo autor, assi en los cuentos como en las memorias de España y Valencia* (Retrato de Timoneda). *Impreso con licencia. Vendese en casa de Joan Timoneda.*
(Al fin): «Acabo se de imprimir este libro del *Sobremesa y Alivio de Caminantes* en casa de Joan Navarro, a 5 de Mayo. Año de 1569.»
8º let. gót. sign. *a, g,* todas de ocho hojas, menos la última, que tiene doce. (Salvá).
Además de las dos *Memorias Hispana y Valentina,* contiene este raro librito una *Memoria Poética: que es mui breve compendio de algunos de los más señalados Poetas que hasta hoy ha huvido* (sic). (Ejemplar que fué de Salvá y hoy pertenece a la Biblioteca Nacional.)
—Valencia, por Pedro de Huete, 1570 (Citada por Ximeno, *Escritores del reino de Valencia.)*
—*Alivio de Caminantes, compuesto por Juan Timoneda. En esta ultima impresion van quitadas muchas cosas superfluas, deshonestas y mal sonantes que en las otras estavan. Con licencia. Impreso en Alcalá de Henares por Sebastiā Martinez. Fuera de la puerta de los sanctos Martyres. M.D. LXXVI.*
12º, 72 pp. dobles.
Hasta setenta y cinco cuentos de los que hay en la edición de Valencia faltan en ésta.
«*Epístola al lector.* Curioso lector: Como oir, ver y leer sean tres causas »principales, ejercitándolas, por do el hombre viene a alcanzar toda sciencia, »esas mesmas han tenido fuerza para comigo en que me dispusiese a compo-

la segunda con setenta y dos, de los cuales cincuenta pertenecen al dominio de la *paremiología*. Tanto éstos como los demás están narrados con brevedad esquemática, sin duda para que «el discreto relatador» pudiese amplificarlos y exornarlos a su guisa. Pero esta misma concisión y simplicidad no carece de gracia. Véase algún ejemplo:

Cuento XL (2ª parte). «Por qué se dijo: *perdices me manda mi padre que coma*».

«Un padre envió su hijo a Salamanca a estudiar; mandóle que »comiese de las cosas más baratas. Y el mozo en llegando, preguntó »cuánto valía una vaca; dijéronse que diez ducados, y que una »perdíz valia un real. Dijo él entonces: según eso, perdices me »manda mi padre que coma.»

Cap. XLII. «Por qué se dijo: *no hará sino cenar y partirse*».

«Concertó con un pintor un gentil-hombre que le pintase en »un comedor la cena de Cristo, y por descuido que tuvo en la pin- »tura pintó trece apóstoles, y para disimular su yerro, añadió al »treceno insignias del correo. Pidiendo, pues, la paga de su tra- »bajo, y el señor rehusando de dársela por la falta que había hecho »en hacer trece apóstoles, respondió el pintor: no reciba pena vues- »tra merced, que ese que está como correo no hará sino cenar y »partirse.»

Cap. LXVIII. «Por qué se dijo: *sin esto no sabrás guisallas*».

»ner el libro presente, dicho *Alivio de Caminantes*, en el qual se contienen »diversos y graciosos cuentos, afables dichos y muy sentenciosos. Asi que »facilmente lo que yo en diversos años he oido, visto y leido, podras breve- »mente saber de coro, para decir algun cuento de los presentes. Pero lo que »más importa para ti y para mí, porque no nos tengan por friáticos, es que »estando en conversación, y quieras decir algun *contecillo*, lo digas al propó- »sito de lo que trataren; y si en algunos he encubierto los nombres a quien »acontescieron, ha sido por celo de honestidad y evitar contiendas. Por »tanto, ansi por el uno como por el otro, te pido perdon, el cual pienso no »se me podrá negar. Vale.» (Biblioteca Nacional.)

—Amberes, 1577. Sigue el texto de las expurgadas.
—Sevilla, en casa de Fernando de Lara, 1596. (Biblioteca Nacional, procedente de la de Gayangos. Pertenece al número de las expurgadas.)
—Pamplona, 1608 (Catálogo de Sora).

Aribau reimprimió el *Sobremesa*, pero no íntegro, en el tomo de *Novelistas anteriores a Cervantes* (3º de *Autores Españoles*). Sigo la numeración de los cuentos en esta edición, por ser la más corriente.

«Un caballero dió a un mozo suyo vizcaino unas turmas de
»carnero para que se las guisase; y a causa de ser muy ignorante,
»dióle un papel por escripto cómo las había de guisar. El vizcaino
»púsolas sobre un poyo, vino un gato y llevóse las turmas; al fin,
»no pudiendo habellas, teniendo el papel en las manos, dijo: ¡ah
»gato! poco te aprovecha llevallas, que sin esto no sabrás guisallas.»

Con ser tan microscópicos estos que Timoneda llama «apací-
»bles y graciosos cuentos, dichos muy facetos y exemplos acutí-
»simos para saberlos contar en esta buena vida», encontró manera
de resumir en algunos de ellos el argumento de novelas enteras
de otros autores. Tres del *Decamerone* (VI, 4; VII, 7; X, 1) han sido
reconocidas por miss Bourland en *El Sobremesa*.[1] Todas están
en esqueleto: la facecia del cocinero que pretendía que las grullas
no tienen más que una pata pierde su gracia y hasta su sentido en
Timoneda. Melchor de Santa Cruz, en su *Floresta Española*, conserva mejor los rasgos esenciales del cuento, aun abreviándole
mucho.[2] El de *cornudo y apaleado* es por todo extremo inferior
a una novela en redondillas que hay sobre el mismo asunto en el
Romancero General de 1600.[3] El que salió menos mal parado de

---

[1] *Boccaccio and the «Decameron» in castilian and catalan literature* páginas 129, 133, 145.

[2] «Juan de Ayala, señor de la villa de Cebolla, voló una grulla: su cocinero la guisó, y dió una pierna de ella a su mujer. Sirviéndosela a la mesa
dixo Juan de Ayala: «¿Y la otra pierna?» Respondió el cocinero: «No tení
más de una, porque todas las grullas no tienen sino una.» Otro dia, Juan d
Ayala mandó ir a caza al cocinero; y hallando una bandada de grullas qu
estaban todas en un pie, dixo el cocinero: «Vea v. md. si es verdad lo qu
dixe.» Juan de Ayala arremetió con su caballo, diciendo: «ox, ox». Las grulla
volaron y estendieron sus piernas, y dixo: «Bellaco, mira si tienen dos pier
nas o una.» Dixo el cocinero: «Cuerpo de Dios, señor, dixérades «ox, ox
a la que teníadas en el plato, y entonces ella extendiera la pierna que tení
encogida.» (*Floresta Española*, ed. de Madrid, 1790, p. 73.)

Casi en los mismos términos, pero sin atribuir la anécdota a person
determinada, se refiere en los *Cuentos de Garibay*, y de allí la tomó probabl
mente Santa Cruz. (*Sales Españolas*, de A. Paz Melia, tomo II, pág. 61.

[3] Es la que comienza:

> Huvo un cierto mercader
> Que en Valladolid vivia,
> El qual mercader tenia
> Una hermosa muger...

(*Romancero General*, Madrid, por Luis Sánchez, 1600, fol. 344-345.)

los tres cuentos decameronianos es el de la mala estrella del caballero Rugero; pero así y todo, es imposible acordarse de él después de la lindísima adaptación que hizo Antonio de Torquemada en sus *Coloquios Satíricos*.[1]

---

[1] «Quiero deziros en breves palabras una novela, que quando niño me acuerdo que me contaron. Un Rey que huvo en los tiempos antiguos, de cuyo nombre no tengo memoria, tuvo un criado que le sirvió muchos años con aquel cuidado y fidelidad que tenia obligacion, y viéndose ya en la vejez y que otros muchos que no avian servido tanto tiempo, ni tan bien como él, avian recevido grandes premios y mercedes por sus servicios, y que el solo nunca avia sido galardonado, ni el Rey le avia hecho merced ninguna, acordó de yrse a su tierra y passar la vida que le quedava en grangear un poco de hazienda que tenia. Para esto pidió licencia, y se partió, y el Rey le mandó dar una mula en que fuesse: y quedó considerando que nunca avia dado nada aquel criado suyo, y que teniendo razon de agraviarse, se yva sin averle dicho ninguna palabra. Y para experimentar más su paciencia invió otro criado suyo que haziendose encontradizo con él fuese en su compañia dos o tres jornadas y procurase de entender si se tenia por agraviado; el criado lo hizo assi y por mucho que hizo nunca pudo saber lo que sentia, mas de que passando por un arroyo la mula se paró a orinar en él, y dandole con las espuelas, dixo: «Harre allá mula de la condicion de su dueño, que da donde no ha de dar.» Y passado de la otra parte, aquel criado del Rey que le seguia sacó una cedula suya, por la qual le mandava que se bolviesse, y él lo hizo luego. Y puesto en la presencia del Rey (el qual estava ynformado de lo que avia dicho) le preguntó la causa que le avia movido decir aquello. El criado le respondió diciendo: «Yo, señor, os he servido mucho tiempo lo mejor y más lealmente que he podido, nunca me aveis hecho merced ninguna, y a otros que no os han servido les aveis hecho muchas y muy grandes mercedes, siendo más ricos y que tenian menos necessidad que yo. Y assi dixe que la mula era de vuestra condicion, que dava donde no avia de dar, pues dava agua al agua, que no la avia menester, y dexaba de darla donde avia necessidad della, que era la tierra.» El Rey le respondió: «¿Piensas que tengo yo toda la culpa? La mayor parte tiene tu ventura, no quiero dezir dicha o desdicha, porque de verdad estos son hombres vanos, mas digo ventura, tu negligencia y mal acertamiento fuera de sazon y oportunidad. Y porque lo creas quiero que hagas la esperiencia dello.» Y assi lo metió en una camara, y le mostró dos arcas yguales, ygualmente adereçadas, diziéndole: «La una está llena de moneda y joyas de oro y plata, y la otra de arena; escoge una dellas, que aquella llevarás.» El criado despues de averlas mirado muy bien, escogió la de la arena. Y entonces el Rey le dixo. «Bien as visto que la fortuna te haze el agravio tan bien como yo, pero yo quiero poder esta vez más que la fortuna», y assi le dió la otra arca rica con que fue bienaventurado.»

(*Los colloquios satíricos... hechos por Antonio de Torquemada...* 1553 Mondoñedo), fols. IV y V).

El mismo procedimiento aplica Timoneda a otros *novellieri* italianos, dejándolos materialmente en los huesos. Como en su tiempo no estaban impresas las novelas de Sacchetti, ni lo fueron hasta el siglo XVIII, es claro que no procede de la novela 67 de aquel célebre narrador florentino el gracioso dicho siguiente, que indudablemente está tomado de las *Facecias* de Poggio: [1]

«Fue convidado un nescio capitan, que venia de Italia, por un señor de Castilla a comer, y después de comido, alabóle el señor al capitan un pajecillo que traia, muy agudo y gran decidor de presto. Visto por el capitán, y maravillado de la agudeza del pajecillo, dijo: «¿Vé vuestra merced estos rapaces cuán agudos son »en la mocedad? Pues sepa que cuando grandes no hay mayores »asnos en el mundo.» Respondió el pajecillo al capitán: «Mas que »agudo debia de ser vuestra merced cuando mochacho.» [2]

---

[1] Fac. CCXI: «*Cujusdam pueri miranda responsio in Angelottum cardinalem.*»

Algunas otras *Facecias* del humanista florentino se encuentran también en el *Sobremesa*, por ejemplo la 60ª, que es el cuento primero en la colección de Timoneda: «*de eo qui uxorem in flumine peremptam quarebat*».

«Alter, uxorem quae in fluime perierat quarens, adversus aquam pro »ficiscebatur. Tum quidam admiratus, cum deorsum secundum aquae cur »sum illam quaeri admoneret: «Nequaquam hoc modo reperietur», in »quit. «Ita enim, dum vixit, difficilis ac morosa fuit, reliquorumque mori »bus contraria, ut nunquam nisi contrario et adverso flumine etiam post »mortem ambulasset.»

The Facetiae or jocose Tales of Poggio... Paris, Liseux, 1879, t. I, página 100).

Algunas de estas *Facecias* estaban traducidas desde el siglo XV en la colección del infante Don Enrique de Aragón. Aun en las últimas ediciones de las Fábulas de Esopo, v. g., en la de Segovia, 1813, se encuentra en la última sección («Fábulas Coletas») las siguientes *Facecias:*

X. «*De muliere quae virum defraudavit*».—Fábula XV. «De la mujer y del marido encerrado en el palomar.»

I. «*Fabula prima cujusdam Cajetani pauperis naucleri*».—Fábula XVI. «De la mujer que parió un hijo, siendo su marido ausente».

II. «*De medico qui dementes et insanos curabat*».—Fábula XIX. «Del loco y del cavallero y cazador».

XXXVI. «*De Sacerdote qui caniculum sepelivit*»,—Fábula XX. «Del Sacerdote y de su perro, y del Obispo».

En las ediciones antiguas hay más, entre ellas la indecentísima 43: «*De adolescentula quae virum de parvo Priapo accusavit*».

[2] «Messer Valore quasi tutto scornato, udendo le parole di questo fan

Tampoco se deriva de la novela 198 de Sacchetti, pero sí de la 43 de Girolamo Morlini «*De caeco qui amissos aureos suo astu recuperavit*», el cuento 59 de la segunda parte del *Alivio de Caminantes*:

«Escondió un ciego cierta cantidad de dineros al pie de un árbol en un campo, el cual era de un labrador riquísimo. Un dia yendo a visitallos, hallólos menos. Imaginando que el labrador los hubiese tomado, fuése a él mesmo, y díjole: «Señor, como me paresceis »hombre de bien querria que me diésedes un consejo, y es: que yo »tengo cierta cantidad de dinero escondida en un lugar bien segu- »ro; agora tengo otra tanta, no sé si la esconda donde tengo los »otros o en otra parte.» Respondió el labrador: «En verdad que »yo no mudaria lugar, si tan seguro es ese como vos decís.» «Así »lo pienso de hacer», dijo el ciego; y despedidos, el labrador tornó la cantidad que le habia tomado en el mesmo lugar, por coger los otros. Vueltos, el ciego cogió sus dineros que ya perdidos tenía, muy alegre: diciendo: «Nunca más perro al molino.» De aquesta manera quedó escarmentado.» [1]

En suma (y para no hacerme pesado en el examen de tan ligeras y fugaces producciones), el *Sobremesa y alivio de caminantes*, según uso inmemorial de los autores de florestas y misceláneas, está compilado de todas partes. En Bandello (parte 3ª, nov. 41) salteó el cuento del caballero de los muchos apellidos, que no encuentra posada libre para tanta gente: en las *Epístolas familiares*, de Fr. Antonio de Guevara, varios ejemplos de filósofos antiguos y las consabidas historietas de Lamia, Laida y Flora, que

---

»ciullo, dice verso la brigata: e' non fu mai nessun fanciullo savio da picco- »lino, che non fusse pazzo da' grande. Il fanciullo, udendo questo, disse: »in fe di Dio, gentiluomo, voi dovest' essere un savio fantolino.»
(*Delle Novelle di Franco Sachetti Cittadino Fiorentino. Parte Prima.* In Firenze, 1724, pp. 109-110. «Messer Valore de' Buondelmonti è conquiso »e rimaso scornato da una parola, che un fanciullo gli dice, essendo in Ro- »magna»).

[1] Novella C.XCVIII. «Un cieco da Urvieto con gli cocchi mentali, essen- »doli furato cento fiorini, fa tanto col suo senno, che chi gli ha tolti, gli »rimette donde gli ha levati.»
(*Delle Novelle di Franco Sacchetti... Parte Seconda*, pp. 142-147).
Cf. Hieronymi Morlini, *Parthenopei Novellae, fabulae, comoedia. Editio tertia emendata et aucta*. París, Jannet, 1855, p. 86.

eran la quintaesencia del gusto mundano para los lindos y galancetes de entonces.

Preceden a los cuentos de Timoneda [1] en las ediciones de Medina del Campo, 1563, y Alcalá, 1576, doce «de otro autor llamado

---

[1] Muy rápidamente he hablado de ellos. Su estudio más minucioso queda reservado para quien publique el *Fabulario* o *Novelero español*, empresa digna de tentar la ambición de cualquier aficionado lo mismo a los estudios populares que a los de tradición erudita. Apenas hay anécdota del *Sobremesa* que no pueda dar motivo a una curiosa nota. No quiero omitir que entre ellos figura (1ª parte, cuento 72) el apólogo clásico del poeta y el menestral, que le estropeaba sus versos, aplicado por don Juan Manuel, en el prólogo general de sus obras, a un trovador de Perpiñán, y por Sacchetti a Dante:

«Filogeno, famosísimo poeta, viendo que unos cantareros cantaban sus versos trastrocando y quebrando de ellos, con un báculo que llevaba dió en los jarros y quebrólos, diciendo: «Pues vosotros dañais mis obras, yo »también dañaré las vuestras.»

Todavía es más curioso el siguiente ejemplo, en que un cuentecillo de Timoneda viene a ilustrar un episodio de una comedia de Lope de Vega, cuyo argumento está tomado de la antigüedad romana.

En el tercer fascículo de la *Zeitschrift für romanische Philologie* (1905, tomo XXIX) se ha publicado una nota de Stiefel sobre las fuentes del Episodio de la Capa en el acto 2º de *El Honrado Hermano*.

Está en Timoneda, *Alivio de caminantes* (núm. 29, parte 1ª) y en el *Libro de chistes*, de Luis de Pinedo *(Sales Españolas*, de Paz y Melia, páginas 310 y 311).

Timoneda: «Venido un embajador de Venecia a la corte del gran turco, dándole audiencia a él, juntamente con otros muchos que habia en su corte, mandó el gran turco que no le diesen silla al embajador de Venecia, por cierto respeto. Entrados los embajadores, cada cual se sentó en su debido lugar. Viendo el veneciano que para él faltaba silla, quitóse una ropa de majestad que traia de brocado hasta el suelo, y asentóse encima della. Acabando todos de relatar sus embajadas, y hecho su debido acatamiento al gran turco, salióse el embajador veneciano, dejando su ropa en el suelo. A esto dijo el gran turco: «Mira, cristiano, que te dejas tu ropa.» Respondió: «Sepa su Majestad que los embajadores de Venecia acostumbran dejarse »las sillas en que se asientan.»

Pinedo: «Dicen que un Embajador de Venecia, en presencia de la Reina Doña Isabel, y visto que no le daban silla, se desnudó la ropa rozagante que llevaba, y la puso en el suelo doblada, y sentóse; y después que hubo negociado, se fué en cuerpo. La Reina envió un mozo de cámara que le diese la ropa. El Embajador respondió: «Ya la Señoría no necesita de aquel escabel.» Y no quiso tomar la ropa.»

Pined (p. 312): «D. Juan de Velasco, hijo del Condestable D. Bernar-

Juan Aragonés, que sancta gloria haya», persona de quien no tenemos más noticia. Es lástima que estos cuentecillos sean tan pocos, porque tienen carácter más nacional que los de Timoneda. Dos de ellos son dichos agudos del célebre poeta Garci Sánchez de Badajoz, natural de Écija; tres se refieren a cierto juglar o truhán del Rey Católico, llamado Velasquillo, digno predecesor de don Francesillo de Zúñiga. Pero otros están tomados del fondo común de la novelística, como el cuento del codicioso burlado, que tiene mucha analogía con la novela 195 de Sacchetti [1] con la fábula 3ª de la Séptima Noche de Straparola, con la balada

---

dino, entró a visitar al Duque de Alba y a otros grandes. No le dieron luego silla: dobló su capa, y sentóse en el suelo.»

Confieso que ambos textos se me pasaron por alto al escribir el prólogo de la comedia de *El Honrado Hermano* en la colección académica, aunque tanto el libro de Timoneda, como el de Pinedo, me fuesen familiares; el primero desde mi infancia y el segundo desde que el señor Paz y Melia le sacó del olvido. Pero también el señor Stiefel, que tan agriamente censura los descuidos ajenos, olvidó en el presente caso otro librejo todavía más vulgar en España, la *Floresta* de Melchor de Santa Cruz, en cuya séptima parte *(De dichos graciosos)* se lee el mismísimo cuento, siendo verosímil que de allí le tomase Lope, que cita más de una vez aquella colección popular de apotegmas y chascarrillos.

«Un escudero fué a negociar con el Duque de Alba, y como no le diesen silla, quitóse la capa, y asentóse en ella. El Duque le mandó dar silla. Dixo el Escudero: «V. Señoria perdone mi mala crianza, que como estoy acostumbrado en mi casa de asentarme, desvanecióseme la cabeza.» Como hubo negociado, salióse en cuerpo, sin cobijarse la capa. Trayéndose la un page, le dixo: «Servíos de ella, que a mí me ha servido de silla, y no quiero llevarla mas a cuestas.»

Los versos de Lope de Vega que corresponden a esto son los siguientes:

Curiacio 1º Vuelve, Horacio, fuerte.
Horacio.   ¿A qué?
Curiacio 1º Toma el manto.
Horacio.   ¿Para qué?
Curiacio 1º Pues ¿por qué le has de dejar?
Horacio.   No me acostumbro a llevar
               La silla en que me asenté.

---

[1] Novella CXCV. «Uno villano di Francia avendo preso uno sparviero »del Re Filippo di Valois, e uno maestro uscier del Re, volendo parte del »dono a lui fatto, ha venticinque battiture.» (Sachetti, *Novelle*, Parte 2ª, páginas 134-137).

inglesa *Sir Cleges* y otros textos que enumera el doctísimo Félix Liebrecht,[1] uno de los fundadores de la novelística comparada.

«Solía un villano muy gracioso llevar a un rey muchos presentes de poco valor, y el rey holgábase mucho, por cuanto le decía muchos donaires. Acaesció que una vez que el villano tomó unas truchas, y llevólas (como solía) a presentar al rey, el portero de la sala real, pensando que el rey haría mercedes al villano, por haber parte le dijo: «No te tengo de dejar entrar si no me das la mitad de lo »que el rey te mandare dar.» El villano le dijo que le placia de muy buena volutad, y así entró y presentó las truchas al rey. Holgóse con el presente, y más con las gracias que el villano le dijo; y muy contento, le dijo que le demandase mercedes. Entonces el villano dijo que no quería otras mercedes sino que su alteza le mandase dar cuatrocientos azotes. Espantado el rey de lo que le pedía, le dijo que cuál era la causa por que aquello le demandaba. Respondió el villano: «Señor, el portero de vuestra alteza »me ha demandado la mitad de las mercedes, y no hallo otra mejor »para que a él le quepan doscientos azotes». Cayóle tanto en gracia al rey que luego le hizo mercedes, y al portero mandó castigar.»[2]

Dos o tres de los cuentos del *Sobremesa* están en catalán, o si se quiere en dialecto vulgar de Valencia. Acaso hubiera algunos más en otra colección rarísima de Timoneda, *El Buen aviso y portacuentos* (1564), que Salvá poseyó,[3] pero de la cual no hemos

---

[1] *Geschichte der Prosadichtungen*, Berlin, 1851, p. 275.

[2] En el *Libro de los enxemplos* (n. 146 de la ed. de Gayangos) hay un apólogo que tiene el mismo sentido y que se halla también en el *Poema de Alexandre* (coplas 2.197 - 2.201).

«Es enxemplo de un rey que conocia dos omes, uno muy codicioso, otro »muy invidioso, e prometióles que les darie cualquier don que le demanda»sen, en tal manera que el postrimero hobiese el don doblado. E esperando »el uno al otro que demandase, el rey mandó al invidioso que demandase »primero, e demandó que le sacasen un ojo porque sacasen al otro amos los »suyos, e non quiso pedir cosa buena porque el su prójimo non la hobiese »doblada.»

[3] *El Buē aviso y portacuentos de Ioan Timoneda: en el qual se contienen innumerables y graciosos dichos, y apazibles acontecimientos para recreacion de la vida humana, dirigidos al sabio y discreto lector* (Retrato de Timoneda, el mismo que va en el *Sobremesa*). *Con priuilegio Real. Impresso en Valencia en casa de Ioā Mey. M.D.LXiiij* (1564). *Vendense en casa de Ioan Timoneda*. 8º, 56 folios.

logrado hasta ahora más noticias que las contenidas en el *catálogo* de su biblioteca: «El libro primero, intitulado *Buen Aviso*, contiene setenta y un cuentos del mismo género que los del *Sobremesa*, con la diferencia de que la sentencia o dicho agudo y gracioso, y a veces una especie de moraleja de la historieta, van puestas en cinco o seis versos. El libro segundo, o sea el *Portacuentos*, comprende ciento cuatro de éstos, de igual clase, pero no tienen nada metrificado.» Algunos han confundido esta colección con el *Sobremesa*, pero el mismo Timoneda las distinguió perfectamente en la *Epístola al benigno lector* que va al principio de la edición de 1564 de *El Buen Aviso*: «En dias pasados imprimí »primera y segunda parte del *Sobremesa y alivio de caminantes*, »y como este tratado haya sido muy acepto a muchos amigos »y señores mios, me convencieron que imprimiese el libro presen- »te llamado *Buen aviso y Portacuentos*, a donde van encerrados »y puestos extraños y muy facetos dichos.» Parece, sin embargo, que ambas colecciones fueron refundidas en una sola *(Recreación y pasatiempo de caminantes)*, de la cual tuvo el mismo Salvá un ejemplar sin principio ni fin, y por tanto sin señas de impresión. La segunda y tercera parte de este librillo comprendían las anécdotas del *Buen Aviso*, con numerosas variantes y muchas supresiones.[1]

Timoneda, cuyo nombre va unido a todos los géneros de nuestra literatura popular o popularizada, a los romances, al teatro sagrado y profano, a la poesía lírica en hojas volantes, no se contentó con ensayar el cuento en la forma infantil y ruda del *Sobremesa* y del *Buen Aviso*. A mayores alturas quiso elevarse en su famoso *Patrañuelo* (¿1566?), formando la primera colección espa-

---

La licencia del Santo Oficio es de 12 de septiembre de 1563.

En el fol. 29 comienza con nueva portada la «Segunda parte del Porta, »cventos de Ivan Timoneda, en el qual se contienen diversas sentencias, me- »morables dichos, y graciosos cuentos, agora nuevamente compuestos. »Año 1564.»

Ximeno cita una edición de Valencia, por Pedro de Huete, 1570, y Fuster otra de la misma ciudad, por Juan Navarro, a 5 de mayo de 1569.

[1] *Alivio de caminantes* (así en la parte superior de las páginas). La cuarta parte contiene «otros cuentos sacados de la *Floresta Española*, de »Melchor de Sta. Cruz» y la *Memoria Hispanea*.

ñola de novelas escritas a imitación de las de Italia, tomando de ellas el argumento y los principales pormenores, pero volviendo a contarlas en una prosa familiar, sencilla, animada y no desagradable. En lo que no hizo bien fué en darse por autor original de historias que ciertamente no había inventado, diciendo en la *Epístola al amantísimo lector:* «No te des a entender que lo que en »el presente libro se contiene sea todo verdad, que *lo más es fin-* »*gido y compuesto de nuestro poco saber y bajo entendimiento*; y »por más aviso, el nombre dél te manifiesta clara y distintamente »lo que puede ser; porque *Patrañuelo* se deriva de patraña, y pa- »traña no es otra cosa sino una fingida traza tan lindamente am- »plificada y compuesta que paresce que trae alguna apariencia de »verdad.»

Infiérese del mismo prólogo que todavía el nombre de *novelas* no había prevalecido en España, a pesar del ejemplo del traductor de Boccaccio y algún otro rasísimo: «Y así, semejantes marañas »las intitula mi lengua natural valenciana *Rondalles,* y la toscana »*Novelas,* que quiere decir: Tú, trabajador, pues *no velas,* yo te »desvelaré con algunos graciosos y *asesados* cuentos, con tal que »los sepas contar como aquí van relatados, para que no pierdan »aquel asiento y lustre y gracia con que fueron compuestos.» [1]

---

[1] Sólo el canónigo Mayans, en su prólogo de *El Pastor de Fílida,* cita un *Patrañuelo* de Valencia, 1566, pero la existencia de tan rara edición está indirectamente comprobada por la aprobación que se copia en las siguientes (Valencia, 22 de septiembre de 1566).

—*Primera parte de las Patranyas en las quales se tratan admirables cuentos, graciosas marañas y delicadas invenciones para saber las contar el discreto relator. Con licecia en Alcalá de Henares, en casa de Sebastian Martínez,* 1576. (Biblioteca Nacional.)

8º 127 fols.

Tasa.—Aprobación de Joaquín Molina.—Licencia del canónigo Tomás Dasi.—Privilegio.—Soneto «entre el auctor y su pluma».—Soneto de Amador de Loaysa, en loor de la obra.—Epístola al amantíssimo Lector.—Texto.—Tabla.—Una hoja sin foliar con dos quintillas tituladas «Disculpa de Joan »Timoneda a los pan y aguados de la prudencia colegiales del provechoso »Silencio.»

—Barcelona, Año 1578.

Al fin: «Fue impresso el presente *Patrañuelo* en la insigne ciudad de Barcelona en casa de Jayme Sendrat. Año 1578.» 8º, 103 folios. (Biblioteca Nacional, ejemplar de Salvá.)

—Bilbao, 1580. Por Matías Mares. (Biblioteca Nacional.)

—*El discreto tertuliante, primera parte de las Patrañas de Joan de Timo-*

No pasan de veintidós las *patrañas* de Timoneda, y a excepción de una sola, que puede ser original [1] y vale muy poco, todas tienen fuente conocida, que descubrió antes que nadie Liebrecht en sus adiciones a la traducion alemana de la *History of fiction* de Dunlop.[2] Estas fuentes son tan varias, que recorriendo una por una las *patrañas* puede hacerse en tan corto espacio un curso completo de novelística.

El padre de la historia entre los griegos, padre también de la narración novelesca en prosa, por tantas y tan encantadoras leyendas como recogió en sus libros, pudo suministrar a la *patraña diez y seis* el relato de la fabulosa infancia de Ciro *(Clio, 107-123)*. Pero es seguro que Timoneda no le tomó de Herodoto, sino de Justino, que trae la misma narración, aunque abreviada y con variantes, en el libro I de su epítome de Trogo Pompeyo, traducido al castellano en 1540 por Jorge de Bustamante. Algún detalle que no está en Herodoto y sí en aquel compendiador,[3] y la falta

---

neda, en las cuales se trata de admirables Cuentos graciosos, Novelas ejemplares, marañas y delicadas invenciones para saber contar el sabio y discreto relatador. Sacadas segunda vez a luz por José de Afranca y Mendoza. Con licencia en Madrid en la oficina de Manuel Martín. Se hallará en la librería de P. Tejero, calle de Atocha, junto a San Sebastián (1759).

La licencia se dió «con calidad de que no se imprima la patraña octava.» Es edición incorrecta, además de mutilada. El ridículo cambio del *Petrañuelo* en el *Discreto Tertuliante* no pasa de la portada: en lo alto de las páginas se da al libro su título verdadero.

En el ejemplar que tuvo Salvá un curioso moderno había anotado las fuentes de varias patrañas, pero no siempre son exactas sus indicaciones.

—El *Patrañuelo* está íntegramente reimpreso en la colección de Aribau *(Novelistas anteriores a Cervantes).*

[1] Me refiero a la patraña novena.

[2] *Geschichte der prosadichtungen...* pp. 500-501.

[3] «Indignado el rey de semejante traición, juntó muy gran hueste y vino sobre Ciro y Harpago, y llevándolos de vencida a los soldados que iban huyendo, salían las madres y sus mujeres al encuentro, que volviesen a la batalla. Y viendo que no querían, alzándose las madres sus faldas y mostrando sus vergüenzas, a voces altas decían: «¿Qué es esto? ¿Otra vez »queréis entrar en los vientres de vuestras madres?» Los soldados de vergüenza desto volvieron a la batalla con grande ánimo» (Timoneda).

«*Pulsa itaque quum Persarum acies paullatim cederet, matres et uxores eorum obviem occurrunt: orant in praelium revertantur. Cunctantibus, sublata veste, obscoena corporis ostendunt, rogantes «num in uteros matrum vel uxo-*

de muchos otros que se leen en el historiador griego, pero no en Justino, prueban con toda evidencia esta derivación. Por el comtrario, Lope de Vega, en su notable comedia *Contra valor no hay desdicha,* tomó la historia de Herodoto por base principal de su poema, sin excluir alguna circunstancia sacada de Justino. [1]

Del gran repertorio del siglo XIV, *Gesta Romanorum,* cuyo rastro se encuentra en todas las literaturas de Europa, proceden mediata o inmediatamente las patrañas 5ª y 11ª, que corresponden a los capítulos 81 y 153 del *Gesta.* Trátase en el primero cierta repugnante y fabulosa historia del nacimiento e infancia del Papa San Gregorio Magno,[2] a quien se suponía hijo incestuoso de dos hermanos, arrojado al mar, donde le encontró un pescador, y criado y adoctrinado por un abad. Esta bárbara leyenda, que, como otras muchas de su clase, tenía el sano propósito de mostrar patente la misericordia divina, aun con los más desaforados pecadores (puesto que Gregorio viene a ser providencial instrumento de la salvación de su madre), parece ser de origen alemán: a lo menos un poeta de aquella nación, *Hartmann von der Aue,* que vivía en el siglo XIII, fué el primero que la consignó por escrito en un poema de 3.752 versos, que sirvió de base a un libro de cordel muy difundido en los países teutónicos, *San Gregorio sobre la piedra.* Los antiguos poemas ingleses *Sir Degore* y *Sir Eglamour of Artois* tienen análogo argumento y en ellos fundó Horacio Walpole su tragedia *The mysterious mother.* En francés existe una antigua vida de San Gregorio en verso, publicada por Lazarche (Tours, 1857), que repite la misma fábula;[3] y no debía de ser ignorada en España, puesto que encontramos una reminiscencia de ella al principio de la leyenda del abad Juan de Montemayor,

---

»*rum velint refugere*». *Hac repressi castigatione, in proelium redeunt: et facta impressione, quos fugiebant, fugere compellunt*» (Just., *Hist.,* I, 6).

[1] Vid. mis observaciones preliminares sobre esta comedia en el tomo VI de la edición académica de Lope de Vega.

[2] *Gesta Romanorum,* ed. de Hermann Oesterley (Berlín, 1872), pp. 399-409 *(De mirabili divina dispensatione et ortu beati Gregorii Papae),* y las versiones que cita el mismo Oesterley, p. 725.

[3] *Le Violier des histoires romaines. Ancienne traduction françoise des «Gesta Romanorum» Nouvelle édition, revue et annotée par M. G. Brunet* (París, 1858), pp. 197-198.

que ha llegado hasta nuestros días en la forma de libro de cordel.[1] Para suavizar el cuento de San Gregorio, que ya comenzaba a ser intolerable en el siglo XVI, borró Timoneda en el protagonista la aureola de santidad y la dignidad de Papa, dejándole reducido a un Gregorio cualquiera.

La *Patraña oncena*, que es la más larga de todas y quizá la mejor escrita, contiene la novela de Apolonio de Tiro en redacción análoga a la del *Gesta*, pero acaso independiente de este libro.[2] Son tantos y tan varios los que contienen aquella famosa historia bizantina de aventuras y naufragios, cuyo original griego se ha perdido, pero del cual resta una traducción latina muy difundida en los tiempos medios, que no es fácil atinar con la fuente directa de Timoneda. La suponemos italiana, puesto que de Italia proceden casi todos sus cuentos. De fijo no tenía la menor noticia del *Libre d' Apollonio*, una de las más antiguas muestras de nuestra poesía narrativa en el género erudito del *mester de clerecía*. Las semejanzas que pueden encontrarse nacen de la comunidad del argumento, y no de la lectura del vetusto poema, que yacía tan olvidado como todos los de su clase en un solitario códice, no desenterrado hasta el siglo XIX.[3] No puede negarse que el primitivo y rudo poeta castellano entendió mejor que Timoneda el verdadero carácter de aquel libro de caballerías del mundo clásico decadente, en que no es el esfuerzo bélico, sino el ingenio, la

---

[1] «En tiempo deste dicho rey Don Ramiro hera abad de Montemayor un noble omne e grand fidalgo e de buena vida, que avia nombre don Johan. Yendo un dia a maitines la noche de Navidad, falló un niño que yacía a la puerta de la iglesia echado; este niño era fijo de dos hermanos, fecho en grand peccado. Como el abad lo vió, ovo dél grand piedad; tomólo en sus braços e metiólo en la iglesia e fízolo bautizar e púsole nombre Garçia. Criolo muy viçiosamente, atanto e más que si fuera su fijo.»

Así Diego Rodríguez de Almela, en su *Compendio Historial*, que es el primer texto que consigna esta novela.

Vid. *La leyenda del abad Don Juan de Montemayro*, publicada por R. Menéndez Pidal. Dresden, 1903 (t. II de la *Gesellschaft für romanische Literatur*), página 5.

[2] Cf. en el *Gesta Romanorum*, ed. de Oesterley, pp. 510-532, y la lista de paradigmas, p. 737. El *Apolonio* no formaba parte del primitivo texto del *Gesta*. Era una novela aislada: *De tribulatione temporali, quae in gaudium sempiternum postremo conmutabitur*.

[3] Por don Pedro José Pidal en la *Revista de Madrid*, 1844.

prudencia y la retórica, las cualidades que principalmente dominan en sus héroes, menos emprendedores y hazañosos que pacientes, discretos y sufridos. En la escena capital del reconocimiento de Apolonio y su hija llega a una poesía de sentimiento que no alcanza jamás el compilador del *Patrañuelo*; y el tipo de la hija de Apolonio, transformada en la juglaresa Tarsiana, tiene más vida y más colorido español que la Politania de Timoneda. Prescindiendo de esta comparación (que no toda resultaría en ventaja del poeta más antiguo), la novela del librero valenciano es muy agradable, con mejor plan y traza que las otras suyas, con un grado de elaboración artística superior. Para amenizarla intercala varias poesías, un soneto y una octava al modo italiano, una canción octosilábica y un romance, en que la *truhanilla*, para darse a conocer a su padre Apolonio, hace el resumen de su triste historia:

> En tierra fuí engendrada,—de dentro la mar nascida,
> Y en mi triste nacimiento—mi madre fué fallescida.
> Echáronla en la mar—en un ataud metida,
> Con ricas ropas, corona,—como reina esclarecida...

Versos que recuerdan otros de Jorge de Montemayor *(Diana, libro V)*, imitados a su vez de Bernaldim Ribeiro:

> Cuando yo triste nací,—luego nací desdichada,
> Luego los hados mostraron—mi suerte desventurada.
> El sol escondió sus rayos,—la luna quedó eclipsada,
> Murió mi madre en pariendo,—moza, hermosa y mal lograda...

Nada hay que añadir a lo que con minuciosa y sagaz crítica expone miss Bourland [1] sobre las tres patrañas imitadas de tres novelas de Boccaccio. En la historia de Griselda, que es la *patraña* 2ª, prefiere Timoneda, como casi todos los imitadores, la refundición latina del Petrarca, traduciéndola a veces a la letra, pero introduciendo algunas modificaciones para hacer menos brutal la conducta del protagonista. La patraña 15ª corresponde, aunque con variantes caprichosas, a la novela 9ª de la segunda jornada del *Decamerón*, célebre por haber servido de base al *Cymbelino* de Shakespeare. Timoneda dice al acabar su relato: «Deste cuento pasado hay hecha comedia, que se llama *Eufemia*.» Si se

---

[1] En su tesis tantas veces citada acerca de Boccaccio, pp. 84, 152, 163.

refiere a la comedia de Lope de Rueda (y no conocemos ninguna otra con el mismo título), la indicación no es enteramente exacta porque la comedia y la novela sólo tienen de común la estratagema usada por el calumniador para ganar la apuesta, fingiendo haber logrado los favores de la inocente mujer de su amigo.

Timoneda había recorrido en toda su extensión la varia y rica galería de los *novellieri* italianos, comenzando por los más antiguos. Ya dijimos que no conocía a Franco Sacchetti, pero puso a contribución a otro cuentista de la segunda mitad del siglo XIV, Ser Giovanni Fiorentino. Las dos últimas *patrañas* de la colección valenciana corresponden a la novela 2ª de la jornada 23 y a la 1ª de la jornada 10 del *Pecorone*.[1] Ni una ni otra eran tampoco originales del autor italiano, si es que existe verdadera originalidad en esta clase de libros. El primero de esos cuentos reproduce el antiquísimo tema *folklórico* de la madrastra que requiere de amores a su entenado y viendo rechazada su incestuosa pasión le calumnia y procura envenenarle.[2] La patraña 21 tiene por fuente remotísima la narración poética francesa *Florence de Rome*, que ya a fines del siglo XIV o principios del XV había recibido vestidura castellana en el *Cuento muy fermoso del emperador Ottas et de la infanta Florencia su hija et del buen caballero Esmere*.[3] Pero la fuente inmediata para Timoneda no fué otra que el *Pecorone*, alterando los nombres, según su costumbre.[4]

---

[1] Pudo manejarle en la edición de Milán, 1558. La de Venecia, 1565. es posterior al *Patrañuelo*.

[2] «Novella II. Una matrigna fa preparare da un suo schiavo il veleno »al figliastro perchè non vuol condescendere alle sue voglie. Per iscambio »lo beve un suo proprio figliuolo minore d' età. Il figliastro n' è accusato »e lo schiavo depone contro di esso. Un vecchio medico comparisce, e con- »fessa aver egli dato allo schiavo quel beveraggio, che e un sugo da far »dormire. Si corre allora alla sepoltura, ed il fanciullo è trovato vivo. Con- »denna dello schiavo, e della donna.»

Il Perecone di Ser Giovanni Fiorentino nel quale si contengono cinquanta novelle antiche belle d' invenzione e di stile. Milán, 1804 (De la colección de Clásicos Italianos), tomo II, pág. 138.

[3] Véase lo que de ella decimos en el tomo primero de los *Orígenes de la Novela*.

[4] «Novella I. Il Re d' Inghilterra sposa Dionigia figliuola d' un Re di »Francia, che trova in un convento dell' isola. Partorisce due maschi in »lontananza del marito, ed obbligata, per calunnie appostele dalla suocera,

Dos *novellieri* del siglo XV, ambos extraordinariamente licenciosos, Masuccio Salernitano y Sabadino degli Arienti, suministran a la compilación que vamos examinando dos anécdotas insignificantes, pero que a lo menos están limpias de aquel defecto.[1]

No puede decirse lo mismo de la *patraña* octava, que es el escandalosísimo episodio de Jocondo y el rey Astolfo (tan semejante al cuento proemial de *Las mil y una noches)* que Timoneda tomó del canto 28 del *Orlando Furioso,* sin mitigar en nada la crudeza con que lo había presentado el Ariosto.

Mateo Bandello, el mayor de los novelistas de la península itálica después de Boccaccio, no podía quedar olvidado en el ameno mosaico que iba labrando con piedrecillas italianas nuestro

»a partirsi, con essi va a Roma. In quale occasione riconobbero i due Re »con estrema gioja, l' uno la moglie e l'altro la sorella.»
Il Pecorone... Tom. I, p. 203.

[1] Compárese la *patraña* tercera de Timoneda con la novela primera de Masuccio, cuyo argumento dice así:

«Mastro Diego é portato morto da messer Roderico al suo convento. »Un altro fratre credendolo vivo gli dá con un sasso, e crede averlo morto. »Lui fuggesi con una cavalla, e per uno strano caso se incontra col morto »a cavalla in uno stallone, lo quale con la lanza alla resta, seguelo per tutta »la città. Lo vivo è preso, confessa lui essere stato l' omicida; volesi gius- »tiziare. Il cavaliere manifesta il vero, e al fratre è perdonata la non meritata morte.»

Il Novellino di Masuccio Salernitano restituito alla sua antica lezione da Luigi Settembrini, Napoli, 1874. Pág. 7.

En Masuccio la acción de la novela pasa en Salamanca, y el protagonista es un fraile, el Maestro Diego de Arévalo. Timoneda, que por otra parte abrevia mucho el cuento, le traslada a París y el héroe es «un quistor llamado Sbarroya».

La *patraña* 18 es la novela 20 de las *Porretane,* de Sabadino degli Arienti.

«Misser Lorenzo Spaza cavaliero Araldo se la fa convenire denanti al »pretore da uno notaro: il qual e dimostrato non esser in bono sentimento: »et Misser Lorenzo libero se parte lassando il notaro scernito et desperato.»

Fol. XVII de las *Settanta Novelle.*

(Al fin): *Qui finiscono le dolce et amorose Settanta nouelle del preclaro homo misser Iohanne Sabadino degli Arienti Bolognese. Intitulate a lo inuictissimo signore Hercule Estēse Duca de Ferrara. Nouamēte historiade e correcte per el doctissimo homo Sebastiano Manilio. Et con grande attentione in la inclyta Cita de Venetia stampate.* Nel M.CCCCCX (1510) *a di XVI de Marzo.*

ingenioso mercader de libros. Dos *patrañas* tienen su origen en la vasta colección del obispo de Agen. En la 19 encontramos una imitación libre y muy abreviada de la novella 22 de la Primera Parte [1] (Amores de Felicia, Lionata y Timbreo de Cardona), sugerida en parte por el episodio de Ariodante y Ginebra, en el canto V del *Orlando Furioso,* como éste lo fué por un episodio análogo del *Tirante el Blanco.* [2] A su vez, la novela de Bandello es fuente común de otra de Giraldi Cinthio, del cuento de Timoneda y de la comedia de Shakespeare *Much ado about nothing.* [3]

No tiene menos curiosidad para la historia de la poesía romántica la *Patraña sétima.* «De este cuento pasado hay hecha come- »dia, llamada de la Duquesa de la Rosa». Esta comedia existe y es la más notable de las tres que nos quedan del famoso representante Alonso de la Vega. Pero ni la novela está tomada de la comedia ni la comedia de la novela. Alonso de la Vega y Juan de Timoneda tuvieron un mismo modelo, que es la novela 44, parte 2ª de las de Bandello, titulada *Amore di Don Giovanni di Mendoza e della Duchessa si Savoja, con varii e mirabili accidenti che v'intervengono.* Bandello pone esta narración en boca de su amigo el noble milanés Filipo Baldo, que decía habérsela oído a un caballero español cuando anduvo por estos reinos, [4] y en efecto, tiene semejanza con otras leyendas caballerescas españolas de origen o aclimatadas muy de antiguo en nuestra literatura. [5] El relato

---

[1] «Novella XXII. Narra il sign. Scipione Attellano come il sig. Tim- »breo di Cardona, essendo col Re Piero d'Aragona in Messina, s' innamora »di Fenicia Lionata, e i varii e fortunevoli accidenti che avvennero prima che »per moglie la prendesse.»
Novelle di Matteo Bandello, Milano, Silvestri, 1813. T. II, pp. 99-156.

[2] Vid. *Orígenes de la novela.*

[3] Dunlop-Liebrecht, p. 288.

[4] «Vi narrerò una mirabile istoria che già da un cavaliere Spagnuolo, »essendo io altre volte in Spagna, mi fu narrata.»
Vid. *Novelle di Matteo Bandello... Volume sesto,* Milán, 1814, páginas 187-145.

[5] La más antigua e importante de estas leyendas es la de la libertad de la emperatriz de Alemania por el Conde de Barcelona, sobre la cual he escrito largamente en el tomo II de mi *Tratado de los romances viejos* (páginas 271-276). En la *Rosa Gentil* del mismo Timoneda (Nº 162 de la Primavera de Wolf), hay un largo y prosaico romance juglaresco sobre este tema.

de Bandello es muy largo y recargado de peripecias, las cuales en parte suprimen y en parte abrevian sus imitadores. Uno y otro cambian el nombre de Don Juan de Mendoza, acaso porque no les pareció conveniente hacer intervenir un apellido español de los más históricos en un asunto de pura invención. Timoneda le llamó el Conde de Astre y Alonso de la Vega el infante Dulcelirio de Castilla. Para borrar todas las huellas históricas, llamaron entrambos duquesa de la Rosa a la de Saboya. Uno y otro convienen en suponerla hija del rey de Dinamarca, y no hermana del rey de Inglaterra, como en Bandello. De los nombres de la novela de éste Timoneda conservó únicamente el de Apiano, y Alonso de la Vega ninguno.

Timoneda hizo un pobrísimo extracto de la rica novela de Bandello: omitiendo el viaje de la hermana de Don Juan de Mendoza a Italia, la fingida enfermedad de la duquesa y la intervención del médico, dejó casi sin explicación el viaje a Santiago; suprimió en el desenlace el reconocimiento por medio del anillo y en cuatro líneas secas despachó el incidente tan dramático de la confesión. En cambio, añade de su cosecha una impertinente carta de los embajadores de la duquesa de la Rosa al rey de Dinamarca.

Alonso de la Vega, que dió en esta obra pruebas de verdadero talento, dispuso la acción mucho mejor que Timoneda y que el mismo Bandello.[1] No cae en el absurdo, apenas tolerable en los cuentos orientales, de hacer que la duquesa se enamore locamente de un caballero a quien no había visto en la vida y sólo conocía por fama, y emprenda la más desatinada peregrinación para buscarle. Su pasión no es ni una insensata veleidad romántica, como en Timoneda, ni un brutal capricho fisiológico, como en Bandello, que la hace adúltera de intención, estropeando el tipo con su habitual cinismo. Es el casto recuerdo de un inocente amor

---

Es leyenda de origen provenzal, y debió de popularizarse muy pronto en Cataluña; pero antes que Desclot la consignase en su *Crónica*, existía ya una variante castellana (la falsa acusación de la Reina de Navarra defendida por su entenado don Ramiro), que recogieron el arzobispo don Rodrigo y la *Crónica general*.

[1] Vid. *Tres comedias de Alonso de la Vega*, con un prólogo de don Marcelino Menéndez y Pelayo. Dresden, 1905 (*Gesellschaft für romanische Literatur. Band. 6*).

juvenil que no empañó la intachable pureza de la esposa fiel a sus deberes. Si emprende el viaje a Santiago es para implorar del Apóstol la curación de sus dolencias. Su romería es un acto de piedad, el cumplimiento de un voto; no es una farsa torpe y liviana como en Bandello, preparada de concierto con el médico, valiéndose de sacrílegas supercherías. Cuando la heroína de Alonso de la Vega encuentra en Burgos al infante Dulcelirio, ni él ni ella se dan a conocer: sus almas se comunican en silencio cuando el infante deja caer en la copa que ofrece a la duquesa el anillo que había recibido de ella al despedirse de la corte de su padre en días ya lejanos. La nobleza, la elevación moral de esta escena, honra mucho a quien fué capaz de concebirla en la infancia del arte.

Como Timoneda y Alonso de la Vega, aunque con méritos desiguales, coinciden en varias alteraciones del relato de Bandello, hay lugar para la suposición, apuntada recientemente por don Ramón Menéndez Pidal, [1] de un texto intermelio entre Bandello y los dos autores españoles.

Otras dos patrañas, la 1ª y la 13ª, reproducen también argumentos de comedias, según expresa declaración del autor; pero estas comedias, una de las cuales existe todavía, eran seguramente de origen novelesco o italiano. De la *Feliciana* no queda más noticia que la que da Timoneda. La *Tolomea* es la primera de las tres que se conocen de Alonso de la Vega, y sin duda una de las farsas más groseras y desatinadas que en tiempo alguno se han visto sobre las tablas. Su autor se dió toda la maña posible para estropear un cuento que ya en su origen era vulgar y repugnante. No pudo sacarle del *Patrañuelo*, obra impresa después de su muerte y donde está citada su comedia, de la cual se toman literalmente varias frases. Hay que suponer, por tanto, un modelo italiano, que no ha sido descubierto hasta ahora. Los dos resortes principales de la comedia, el trueque de niños en la cuna y el incesto de hermanos (no lo eran realmente Argentina y Tolomeo pero por tales se tenían), pertenecen al fondo común de los cuentos populares. [2]

---

[1] *Cultura Española,* mayo de 1906, pág. 467.

[2] Vid. los paradigmas que apunta Oesterley en sus notas al *Gesta Romanorum,* p. 730.

La *patraña cuarta,* aunque de antiquísimo origen oriental, fué localizada en Roma por la fantasía de la Edad Media y forma parte de la arqueología fabulosa de aquella ciudad. «Para entendi-»miento de la presente patraña es de saber que hay en Roma »dentro de los muros della, al pie del monte Aventino, una piedra »a modo de molino grande que en medio della tiene una cara casi »la media de león y la media de hombre, con una boca abierta, »la cual hoy en dia se llama la piedra de la verdad... la cual tenía »tal propiedad, que los que iban a jurar para hacer alguna salva »o satisfacción de lo que les inculpaban, metian la mano en la »boca, y si no decian verdad de lo que les era interrogado, el ídolo »o piedra cerraba la boca y les apretaba la mano de tal manera, »que era imposible poderla sacar hasta que confesaban el delito »en que habian caido; y si no tenian culpa, ninguna fuerza les »hacía la piedra, y ansí eran salvos y sueltos del crimen que les »era impuesto, y con gran triunfo les volvían su fama y libertad.»

Esta piedra, que parece haber sido un mascarón de fuente, se ve todavía en el pórtico de la iglesia de *Santa María in Cosmedino* y conserva el nombre de *Bocca della Verità,* que se da también a la plaza contigua. Ya en los *Mirabilia urbis Romae,* primer texto que la menciona, está considerada como la boca de un oráculo. Pero la fantasía avanzó más, haciendo entrar esta antigualla en el ciclo de las leyendas virgilianas. El poeta Virgilio, tenido entonces por encantador y mago, había labrado aquella efigie con el principal objeto de probar la lealtad conyugal y apretar los dedos a las adúlteras que osasen prestar falso juramento. Una de ellas logró esquivar la prueba, haciendo que su oculto amante se fingiese loco y la abrazase en el camino, con lo cual pudo jurar sobre seguro que sólo su marido y aquel loco la habían tenido en los brazos; Virgilio, que lleno de malicia contra el sexo femenino había imaginado aquel artificio mágico para descubrir sus astucias, tuvo que confesar que las mujeres sabían más que él y podían dar lecciones a todos los nigromantes juntos.

Este cuento, como casi todos los que tratan de «engaños de mujeres», fué primitivamente indio; se encuentra en el *Çukasaptati* o libro del Papagayo y en una colección tibetana o mongólica citada por Benfey. El mundo clásico conoció también una anécdota muy semejante, pero sin intervención del elemento amoroso, que es común al relato oriental y a la leyenda virgiliana. Comparetti, que ilustra doctamente esta leyenda en su obra acerca de Virgilio en la Edad Media, cita a este propósito un texto de Macrobio *(Sat.* I, 6, 30). La atribución a Virgilio se encuentra por primera vez, según el mismo filólogo, en una poesía alemana anónima del siglo XIV; pero hay muchos textos posteriores, en que para nada suena el nombre del poeta latino.[1] Uno de ellos es el cuento de Timoneda, cuyo original verdadero no ha sido determinado hasta ahora, ya que no puede serlo ninguna de las dos novelas italianas que Liebrecht apuntó. La fábula 2ª de la cuarta *Noche* de Straparola [2] no pasa en Roma, sino en Atenas, y carece de todos los detalles arqueológicos relativos a la *Bocca della Verità,* los cuales Timoneda conservó escrupulosamente. Además, y esto prueba la independencia de las dos versiones, no hay en la de Straparola rastro de dos circunstancias capitales en la de Timoneda: la intervención del nigromante Paludio y la herida en un pie que finge la mujer adúltera para que venga su amante a sostenerla, no en traza y ademán de loco, sino en hábito de villano. De la novela 98 de Celio Malespini no hay que hacer cuenta, puesto que la primera edición que se cita de las *Ducento Novelle* de este autor es de 1609, y por tanto muy posterior al *Patrañuelo.* [3]

Tampoco creo que la *patraña* 17 venga en línea recta de la 68 de las *Cento Novelle Antiche,* porque esta novela es una de las diez y ocho que aparecieron por primera vez en la edición de 1572, dirigida por Vincenzio Borghini, [4] seis años después de haber sido aprobado para la impresión el librillo de Timoneda. Más verosímil

---

[1] *Virgilio nel Medio Evo* (Liorna, 1872), t. II, pp. 120-123.

[2] «Argumento. Glauco cavallero de Athenas recibio por adoptiva esposa »a Philenia Ceturiona, y por el grande celo que della tenia la acusó por »adultera ante el juez, y por intercession y astucia de Hipolito su amigo fué »libre, y Glauco su marido condenado a muerte.»
Parte primera del honesto y agradable entretenimiento de Damas y Galanes,... Pamplona, 1612, p. 146 vta. Es la traducción de Francisco Truchado.

[3] Vid. Gamba (Bartolommeo), *Delle Novelle italiane in prosa. Bibliografía.* Florencia, 1835. Páginas 132-133.

[4] Sobre las diferencias de estas primitivas ediciones, véase el precioso estudio de Alejandro de Ancona, *Dell Novellino e delle sue fonti (Studi di Critica e Storia Letteraria,* Bolonia, 1880), páginas 219-359.

es que éste la tomase del capítulo final (283) del *Gesta Romanorum*.[1] Pero son tan numerosos los libros profanos y devotos que contienen la ejemplar historia del calumniador que ardió en el horno encendido para el inocente, que es casi superflua esta averiguación, y todavía lo sería más insistir en una leyenda tan famosa y universalmente divulgada, que se remonta al *Somadeva* y a los cuentos de *Los Siete Visires* (sin contar otras versiones en árabe, en bengalí y en turco), que tiene en la Edad Media tantos paradigmas, desde el *fabliau* francés del rey que quiso hacer quemar al hijo de su senescal, hasta nuestra leyenda del paje de Santa Isabel de Portugal, cantada ya por Alfonso el Sabio,[2] y que, después de pasar por infinitas transformaciones, todavía prestó argumento a Schiller para su bella balada *Fridolin*, imitada de una novela de Restif de la Bretonne.

Lo que sí advertiremos es que el cuento de Timoneda, lo mismo que la versión catalana del siglo XV, servilmente traducida del *fabliau* francés,[3] pertenecen a la primitiva forma de la leyenda oriental, que es también la más grosera y menos poética, en que el acusado no lo es de adulterio, como en las posteriores, sino de haber dicho que el rey tenía lepra o mal aliento.[4]

La *patraña catorcena* es el cuento generalmente conocido en la literatura *folklórica* con el título de *El Rey Juan y el Abad de Cantorbery*. No creo, por la razón cronológica ya expuesta, que Timoneda le tomase de la novela 4ª de Sacchetti,[5] que es mucho más complicada por cierto, ni tampoco del canto 8º del *Orlan-*

---

[1] *Gesta Romanorum*, ed. Oesterley, p. 300, y una rica serie de referencias en la p. 749.

[2] Cantiga 78. Parece haber venido de Provenza. El conde de Tolosa es quien manda quemar a su privado.

[3] Publicada por Morel-Fatio en la *Romanía*, t. V, con una noticia muy interesante de Gastón París.

[4] Opina Gastón París que los cuentos occidentales de la primera serie (lepra, mal aliento) proceden de una de las dos versiones árabes, y los de la segunda serie (adulterio) de la otra, por intermedio de un texto bizantino.

[5] «Messer Bernabò signore di Melano comanda a uno Abate, che lo »chiarisca di quattro cosa impossibili, di che uno mugnajo, vestitosi de' »panni dello Abate, per lui le chiarisce in forma che rimane Abate, e l'Abate »rimane mugnajo.»
(*Novelle di Franco Sacchetti...* T. I, pp. 7-10.)

dino de Teófilo Folengo, donde hay un episodio semejante. Este cuento vive en la tradición oral, y de ella hubo de sacarle inmediatamente Timoneda, por lo cual tiene más gracia y frescura y al mismo tiempo más precisión esquemática que otros suyos, zurcidos laboriosamente con imitaciones literarias. Todos hemos oído este cuento en la infancia y en nuestros días le ha vuelto a escribir Trueba con el título de *La Gramática parda*.[1] En Cataluña la solución de las tres preguntas se atribuye al Rector de Vallfogona, que carga allí con la paternidad de todos los chistes, como Quevedo en Castilla. Quiero transcribir la versión de Timoneda, no sólo por ser la más antigua de las publicadas en España y quizá la más fiel al dato tradicional, sino para dar una muestra de su estilo como cuentista, más sabroso que limado.

«Queriendo cierto rey quitar el abadía a un muy honrado abad »y darla a otro por ciertos revolvedores, llamóle y díxole: «Reve-»rendo padre, porque soy informado que no sois tan docto cual »conviene y el estado vuestro requiere, por pacificacion de mi »reino y descargo de mi consciencia, os quiero preguntar tres pre-»guntas, las cuales, si por vos me son declaradas, hareis dos cosas: »la una que queden mentirosas las personas que tal os han levan-»tado; la otra que os confirmaré para toda vuestra vida el aba-»día, y si no, habreis de perdonar.» A lo cual respondió el abad: «Diga vuestra alteza, que yo haré toda mi posibilidad de habellas »de declarar.» «Pues sus, dijo el rey. La primera que quiero que »me declareis es que me digais yo cuánto valgo; y la segunda, »que adonde está el medio mundo, y la tercera, qué es lo que »yo pienso. Y porque no penseis que os quiero apremiar que me »las declareis de improviso, andad, que un mes os doy de tiempo »para pensar en ello.»

»Vuelto el abad a su monasterio, por más que miró sus libros »y diversos autores, por jamás halló para las tres preguntas res-»puesta ninguna que suficiente fuese. Con esta imaginación, como »fuese por el monasterio argumentando entre sí mismo muy ele-»vado, díjole un día su cocinero: «¿Qué es lo que tiene su pater-»nidad?» Celándoselo el abad, tornó a replicar el cocinero dicien-»do: «No dexe de decírmelo, señor, porque a veces debajo de ruin

---

[1] En sus *Cuentos Populares*.

»capa yace buen bebedor, y las piedras chicas suelen mover las
»grandes carretas.» Tanto se lo importunó, que se lo hubo de
»decir. Dicho, dixo el cocinero: «Vuestra paternidad haga una
»cosa, y es que me preste sus ropas, y raparéme esta barba, y
»como le parezco algun tanto y vaya de par de noche en la pre-
»sencia del rey, no se dará a cato del engaño; así que teniéndome
»por su paternidad, yo le prometo de sacarle deste trabajo, a fe
»de quien soy.»

»Concediéndoselo el abad, vistió el cocinero de sus ropas, y
»con su criado detrás, con toda aquella cerimonia que convenía,
»vino en presencia del rey. El rey, como le vido, hízole sentar
»cabe de sí diciendo: «Pues ¿qué hay de nuevo, abad?» Respondió
»el cocinero: «Vengo delante de vuestra alteza para satisfacer por
»mi honra.» «¿Así? dijo el rey: veamos qué respuesta traeis a mis
»tres preguntas.» Respondió el cocinero: «Primeramente a lo que
»me preguntó vuestra alteza que cuánto valía, digo que vale
»veinte y nueve dineros, porque Cristo valió treinta. Lo segundo,
»que donde está el medio mundo, es a do tiene su alteza los pies;
»la causa que como sea redondo como bola, adonde pusieren el
»pié es el medio dél; y esto no se me puede negar. Lo tercero que
»dice vuestra alteza, que diga qué es lo que piensa, es que cree
»hablar con el abad, y está hablando con su cocinero.» Admirado
»el rey desto, dixo: «Qué, ¿éso pasa en verdad?» Respondió: «Sí,
»señor, que soy su cocinero, que para semejantes preguntas era
»yo suficiente, y no mi señor el abad.» Viendo el rey la osadía y
»viveza del cocinero, no sólo le confirmó la abadía para todos los
»días de su vida, pero hízole infinitas mercedes al cocinero.»

Sobre el argumento de la *patraña* 12.ª versa una de las piezas
que Timoneda publicó en su rarísima *Turiana: Paso de dos ciegos
y un mozo muy gracioso para la noche de Navidad*.[1] Timoneda
fué editor de estas obras, pero no consta con certeza que todas
salieran de su pluma. De cualquier modo, el *Paso* estaba escrito
en 1563, antes que el cuentecillo de *El Patrañuelo*, al cual aventaja mucho en desenfado y chiste. Con ser tan breves el *paso* y la

---

[1] Saldrá reimpreso muy pronto por la Sociedad de Bibliófilos de Valencia con las demás piezas dramáticas de Timoneda.

patraña, todavía es verosímil que proceden de alguna floresta cómica anterior.[1]

Aunque Timoneda no sea precursor inmediato de Cervantes, puesto que entre el *Patrañuelo* y las *Novelas Ejemplares* se encuentran, por lo menos, cuatro colecciones de alguna importancia, todas, excepto la portuguesa de Trancoso, pertenecen a los primeros años del siglo XVII, por lo cual, antes de tratar de ellas, debo decir dos palabras de los libros de anécdotas y chistes, análogos al *Sobremesa*, que escasean menos, si bien no todos llegaron a imprimirse y algunos han perecido sin dejar rastro.

Tal acontece con dos *libros de cuentos varios* que don Tomás Tamayo de Vargas cita en su *Junta de libros la mayor que España ha visto en su lengua*, de donde pasó la noticia a Nicolás Antonio. Fueron sus autores dos clarísimos ingenios toledanos: Alonso de Villegas y Sebastián de Horozco, aventajado el primero en géneros tan distintos como la prosa picaresca de la *Comedia Selvagia* y la narración hagiográfica del *Flos Sanctorum*; poeta el segundo de festivo y picante humor en sus versos de burlas, incipiente dramaturgo en representaciones, entremeses y coloquios que tienen más de profano que de sagrado; narrador fácil y ameno de sucesos de su tiempo, colector incansable de memorias históricas y de proverbios; ingenioso moralista con puntas de satírico en sus

---

[1] La *patraña* sexta tiene seguramente origen italiano, como casi todas; pero no puede ser la novela cuarta de Sercambi de Luca, citado a este propósito por Liebrecht, porque los cuentos de este autor del siglo xv estuvieron inéditos hasta 1816, en que imprimió Gamba algunos de ellos. Más bien puede pensarse en la novela nona de la primera década de los *Hecatommithi* de Giraldi Chinthio: «Filargiro perde una borsa con molti scudi, »promette, per publico bando, a chi gliela dà buon guiderdone; poi che »l' ha ritrovata, cerca di non servar la promessa, et egli perde i ritrovati »denari in castigo della sua frode.»

(*Hecatommithi ovvero Novele di M. Giovanbattista Giraldi Cinthio nobile ferrarese... Di nuovo rivedute, corrette, et riformate in questa terza impressione In Vinegia, appresso Enea de Alaris 1574. PP. 84-85.*

Es curiosa esta patraña de Timoneda, porque de ella pudo tomar Cervantes el chiste del asno desrabado del aguador, para trasplantarle a *La ilustre fregona*, como ya indicó Gallardo (*Ensayo*, III, 738). Por cierto que de este asno no hay rastro en la novela de Giraldi, que sólo tiene una semejanza genérica con la de Timoneda, y tampoco me parece su fuente directa.

glosas. Las particulares condiciones de estos autores, dotados uno y otro de la facultad narrativa en grado no vulgar, hace muy sensible la pérdida de sus cuentos, irreparable quizá para Alonso de Villegas, que entregado a graves y religiosos pensamientos en su edad madura, probablemente haría desaparecer estos livianos ensayos de su mocedad, así como pretendió con ahinco, aunque sin fruto, destruir todos los ejemplares de su *Selvagia,* comedia del género de las Celestinas.[1] Pero no pueden presumirse tales escrúpulos en Sebastián de Horozco, que en su *Cancionero* tantas veces traspasa la raya del decoro, y que toda su vida cultivó asiduamente la literatura profana. Conservemos la esperanza de que algún día desentierre cualquier afortunado investigador su *Libro de Cuentos;* del modo que han ido apareciendo sus copiosas relaciones históricas, su *Recopilación de refranes y adagios comunes y vulgares de España,* que no en vano llamó «la mayor y más copiosa que hasta ahora se ha hecho», puesto que, aun incompleta como está, comprende más de ocho mil; y su *Teatro universal de proverbios,* glosados en verso, donde se encuentran incidentalmente algunos «cuentos graciosos y fabulas moralizadas», siguiendo el camino abierto por Juan de Mal Lara, pero con la novedad de la forma métrica.[2]

---

[1] «*Selvagia Comedia* ad Celestinae imitationem olim confecerat, quam »tamen supprimere maxime voluit curavitque iam maior annis, totusque stu- »dio pietatis deditus.» (Bibl. Hisp. Nov., I, p. 55.)

[2] Trata extensamente de ambas colecciones, inéditas aún, don Antonio Martín Gamero en las eruditas Cartas literarias que preceden al *Cancionero de Sebastián de Horozco,* publicado por la Sociedad de Bibliófilos Andaluces (Sevilla, 1874).

Compuso Horozco otros opúsculos de curiosidad y donaire, entre ellos unos coloquios (en prosa) de varios personajes con el Eco. Dos de los interlocutores son un fraile contento y una monja descontenta (Vid. apéndice al *Cancionero,* p. 263 y ss.)

Hijo de este ingenioso escritor y heredero suyo en la tendencia humorística y en la afición a los preverbios, fué el famoso lexicógrafo don Sebastián de Cobarrubias y Horozco, de cuyo *Tesoro de la lengua castellana* (Madrid, 1600), que para tantas cosas es brava mina, pueden extraerse picantes anécdotas y chistosos rasgos de costumbres.

También en el *Vocabulario de refranes,* del Maestro Gonzalo Correas, recientemente dado a luz por el P. Mir, se encuentran datos útiles para la novelística. Sirva de ejemplo el cuento siguiente, que corresponde al exem-

En su entretenido libro *Sales Españolas* ha recopilado el docto bibliotecario don Antonio Paz y Melia, a quien tantos obsequios del mismo género deben nuestras letras, varias pequeñas colecciones de cuentos, inéditas hasta el presente. Una de las más antiguas es la que lleva el título latino de *Liber facetiarum et similitudinum Ludovici di Pinedo et amicorum,* aunque esté en castellano todo el contexto.[1] Las *facecias* de Pinedo, como las de Poggio, parecen, en efecto, compuestas, no por una sola persona, sino por una tertulia o reunión de amigos de buen humor, comensales acaso de don Diego de Mendoza o formados en su escuela, según conjetura el editor, citando palabras textuales de una carta de aquel grande hombre, que han pasado a uno de los cuentos.[2] De todos modos, la colección debió de ser formada en los primeros años del reinado de Felipe II, pues no alude a ningún suceso posterior a aquella fecha. El recopilador era, al parecer, castellano viejo o había hecho, a lo menos, larga residencia en tierra de Campos, porque se muestra particularmente enterado de aquella comarca. El *Libro de chistes* es anterior sin disputa al *Sobremesa* de Timoneda y tiene la ventaja de no contener más que anécdotas españolas, salvo un pequeño apólogo de la Verdad y unos problemas de aritmética recreativa. Y estas anécdotas se refieren

---

plo 43 de *El Conde Lucanor* («del cuerdo y del loco»), pero que no está tomado de aquel libro, sino de la tradición vulgar:

«En Chinchilla, lugar cerca de Cuenca, había un loco que, persuadido de holgazanes, llevaba un palo debajo de la falda, y en viniendo algún forastero, se llegaba a él con disimulación, preguntándole de dónde era y a qué venía, le daba tres o cuatro palos, con lo que los otros se reían, y luego los apaciguaban con la excusa de ser loco. Llegó un manchego, y tuvo noticia en la posada de lo que hacía el loco, y prevínose de un palo, acomodado debajo de su capa, y fuese a la plaza a lo que había menester. Llegósele el loco, y adelantóse el manchego y dióle muy buenos palos, con que le hizo ir huyendo, dando voces y diciendo: ¡Gente, cuidado, que otro loco hay en Chinchilla!»

Otros cuentos están tomados de la *Floresta,* de Santa Cruz.

[1] *Sales españolas o agudezas del ingenio nacional recogidas por A. Paz y Melia.* Madrid, 1890. (En la *Colección de Escritores Castellanos,* páginas 253-317.)

[2] «En las Cortes de Toledo fuisteis de parecer que pechasen los hijodalgo; alli os acuchillasteis con un alguacil, y habeis casado vuestra hija con Sancho de Paz: no trateis de honra, que el rey tiene harta.» (Carta al Duque del Infantado.) (Cf. Pinedo, p. 272.)

casi siempre a los personajes más famosos del tiempo de los Reyes Católicos y del Emperador, lo cual da verdadero interés histórico a esta floresta. No creo que Melchor de Santa Cruz la aprovechase, porque tienen muy pocos cuentos comunes, y aun éstos referidos con muy diversas palabras. Pero los personajes de uno y otro cuentista suelen ser los mismos, sin duda porque dejaron en Castilla tradicional reputación de senteneiosos y agudos, de burlones o de extravagantes: el médico Villalobos, el duque de Nájera, el Almirante de Castilla, el poeta Garci Sánchez de Badajoz, que por una amorosa pasión adoleció del seso. Por ser breves, citaré, sin particular elección, algunos de estos cuentecillos, para dar idea de los restantes.

Sobre el saladísimo médico Villalobos hay varios, y en casi todos se alude a su condición de judío converso, que él mismo convertía en materia de chistes, como es de ver a cada momento en sus cartas a los más encopetados personajes, a quienes trataba con tan cruda familiaridad. Los dichos que se le atribuyen están conformes con el humor libre y desgarrado de sus escritos.

«El Dr. Villalobos tenía un acemilero mozo y vano, porque decía ser de la Montaña y hidalgo. El dicho Doctor, por probarle, le dijo un día: «Ven acá, hulano; yo te querría casar con una hija »mía, si tú lo tovieses por bien.» El acemilero respondió: «En »verdad, señor, que yo lo hiciese por hacéros placer; mas ¿con »qué cara tengo de volver a mi tierra sabiendo mis parientes que »soy casado con vuestra hija?» Villalobos le respondió: «Por »cierto tú haces bien, como hombre que tiene sangre en el ojo; »mas yo te certifico que no entiendo ésta tu honra, ni aun la mía.»

Dijo el Duque de Alba don Fadrique al doctor Villalobos: «Parésceme, señor doctor, que sois muy gran albeitar.» Respondió el doctor: «Tiene V. S.ª razon, pues curo a un tan gran asno.»

«El doctor Villalobos, estando la corte en Toledo, entró en una iglesia a oír misa y púsose a rezar en un altar de la Quinta Angustia, y a la sazón que él estaba rezando, pasó por junto a él una señora de Toledo que se llama Doña Ana de Castilla, y como le vió, comienza a decir: «Quitadme de cabo este judío, que mató a mi marido», porque le había curado en una enfermedad de la que murió. Un mozo llegóse al Doctor Villalobos muy de prisa, y díjole: «Señor, por amor de Dios, que vays que está mi padre

»muy malo, a verle». Respondió el doctor Villalobos: «Hermano,
»¿vos no veis aquella que va allí vituperándome y llamándome
»judío porque maté a su marido?» Y señalando al altar: «Y ésta
»que está aquí llorando y cabizbaja porque dice que le maté su
»hijo, ¿y queréis vos que vaya ahora a matar a vuestro padre?»

El Duque de Nájera, a quien se refiere la curiosa anécdota
que voy a transcribir, no es el primero y más famoso de su título,
don Pedro Manrique de Lara, a quien por excelencia llamaron
el Fuerte, sino un nieto suyo que heredó el ingenio más bien
que la fortaleza caballeresca de su terrible abuelo. La anécdota
es curiosa para la historia literaria, porque prueba el temor que
infundía en su tiempo la pluma maldiciente y venal de Pedro
Aretino.

«El Duque de Nájera y el Conde de Benavente tienen estrecha
amistad entre sí, y el Conde de Benavente, aunque no es hombre
sabio ni leído, ha dado, sólo por curiosidad, en hacer librería, y
no ha oído decir de libro nuevo cuando le merca y le pone en su
librería. El Duque de Nájera, por hacerle una burla, estando con
él en Benavente, acordó de hacerla desta manera: que hace una
carta fingida con una memoria de libros nunca oídos ni vistos ni
que se verán, los cuales enviaba Pedro Aretino, italiano residente
en Venecia, el cual, por ser tan mordaz y satírico, tiene salario
del Pontífice, Emperador, Rey de Francia y otros Príncipes y
grandes, y en llegando al tiempo de la paga, si no viene luego, hace
una sátira o comedia o otra obra que sepa a esto contra el tal.

»Esta carta y memoria de libros venía por mano de un mercader de Burgos, en la cual carta decía que en recompensa de tan
buena obra como a Su Señoría había hecho Pedro Aretino, que
sería bien enviarle algun presente, pues ya sabía quién era y cuán
maldiciente. La carta se dió al Conde y la memoria, y como la
leyese y no entendiese la facultad de los libros, ni aun el autor,
mostróla al Duque como a hombre más leído y visto, el cual comienza a ensalzar la excelencia de las obras, y que luego ponga
por obra de gratificar tan buen beneficio a Pedro Aretino, que es
muy justo. El Conde le preguntó que qué le parescia se le debia
enviar. El Duque respondió que cosa de camisas ricas, lençuelos,
toallas, guantes aderezados y cosas de conserva y otras cosas de
este jaez. En fin, el Duque señalaba lo que más a su propósito

hacía, como quien se había de aprovechar de ello más que **Pedro Aretino**. El Conde puso luego por la obra el hacer del presente, que tardaron más de un mes la Condesa y sus damas y monasterios y otras partes, y hecho todo, envíolo a hacer saber al **Duque**, y dase órden que se lleve a Burgos, para que desde allí se encamine a Barcelona y a Venecia, y trayan los libros de la memoria; la cual órden dió después mejor el Duque, que lo hizo encaminar a su casa y recámara. Y andando el tiempo, vínolo a saber el Conde, y estuvo el más congoxado y desabrido del mundo con la burla del Duque, esperando sazon para hacerle otra para satisfacción de la recibida.»

Aun en libros de tan frívola apariencia como éste pueden encontrarse a veces curiosidades históricas. Lo es, por ejemplo, el siguiente cuentecillo, que prueba la persistencia de los bandos de la Edad Media en las provincias septentrionales de España hasta bien entrado el siglo XVI.

«En un lugar de la Montaña que llaman Luena hay un clérigo que es cura del lugar, que llaman Andrés Diaz, el cual es Gil, y tiene tan gran enemistad con los Negretes como el diablo con la cruz... Estando un dia diciendo misa a unos novios que se velaban, de los principales, y como fuese domingo y se volviese a echar las fiestas, y viese entre los que habían venido a las bodas algunos Negretes, dijo: «Señores, yo querría echar las fiestas; mas »vi los diablos y hánseme olvidado». Y sin más, volvióse y acabó la misa; y al echar del agua bendita, no la quiso echar a los Negretes solos, diciendo en lugar de *aqua benedicta:* «Diablos fuera».

Con los nombres famosos de Suero de Quiñones y don Enrique de Villena y las tradiciones relativas a la magia de éste se enlaza la siguiente conseja:

«Contaba Velasco de Quiñones que Suero de Quiñones, el que guardó el paso de Orbigo por defender que él era el más esforzado, y Pedro de Quiñones y Diego, sus hermanos, sabio y gentil hombre, rogó a don Enrique de Villena le mostrase al demonio. Negábase el de Villena; pero al cabo, vencido por sus ruegos, invitó un día a comer a Suero, sirviéndoles de maestresala el demonio. Era tan gentil hombre, y tan bien tractado y puesto lo que traia, que Suero le envidiaba y decia a su hermano que era más gentil hombre que cuantos hasta allí viera. Acabada la comida, preguntó enojado a don Enrique quién era aquel maestresala. Don Enrique se reía. Entró el maestresala en la cámara donde se había retraído, y arrimóse a una pared con gran continencia, y preguntó otra vez quién era. Sonrióse don Enrique y dijo: «El demonio». Volvió Suero a mirarle, y como le vió, puestas las manos sobre los ojos, a grandes voces dijo: «¡Ay, Jesús, ay Jesús!» Y dió consigo en tierra por baxo de una mesa, de donde le levantaron acontecido. ¡Qué hiciera a verlo en su terrible y abominable figura!»

En un libro de pasatiempo y chistes no podía faltar alguno a costa de los portugueses. Hay varios en la floresta de Pinedo, entre los cuales elijo por menos insulso el siguiente:

«Hacían en un lugar la remembranza del prendimiento de Jesucristo, y como acaso fuesen por una calle y llevase la cruz a cuestas, y le fuesen dando de empujones y de palos y puñadas, pasaba un portugués a caballo, y como lo vió apeóse, y poniendo mano a la espada, comenzó a dar en los sayones de veras, los cuales, viendo la burla mala, huyeron todos. El portugués dijo: «¡Corpo de Deus con esta ruyn gente castellana!» Y vuelto al Cristo con enojo, le dijo: «E vos, home de bien, ¿por qué vos dejais cada año prender?»

Pero la obra maestra de este género de pullas, cultivado recíprocamente por castellanos y portugueses, y que ha contribuído más de lo que parece a fomentar la inquina y mala voluntad entre los pueblos peninsulares,[1] son las célebres *Glosas al Sermón de Aljubarrota,* atribuídas en manuscritos del siglo XVI a don Diego Hurtado de Mendoza, como otros varios papeles de donaire, algunos evidentemente apócrifos. No responderé yo tampoco de la atribución de estas *glosas,* puesto que en ellas mismas se dice que el autor era italiano,[2] si bien esto pudo ponerse para disimular,

---

[1] En el mismo tomo de las *Sales* (p. 331) puede verse una carta burlesca del portugués Thomé Ravelo a su mujer, fecha en el cerco de Badajoz de 1658, y una colección de epitafios y dichos portugueses (p. 391). En cambio, un códice del siglo XVII que poseo está lleno de epitafios y versos soeces contra los castellanos.

[2] «Seguiré como texto el proceso y propias palabras que el predicador llevó, y los puntos que encareció, y esto en lengua portuguesa; y en lo castellano entretejeré como glosa interlineal o comento la declaracion que me pareciere; aunque en estas lenguas temo cometer malos acentos, porque

siendo por otra parte tan castizo el picante y espeso sabor de este opúsculo. Además, el autor, quien quiera que fuese, supone haber oído el sermón en Lisboa el año de 1545 [1] y precisamente durante todo aquel año estuvo don Diego de embajador en el Concilio de Trento. Todas estas circunstancias hacen muy sospechosa la autenticidad de esta sátira, aunque no menoscaben su indisputable gracejo.

El tal sermón de circunstancias, lleno de hipérboles y fanfarronadas, en conmemoración del triunfo del Maestre de Avís contra don Juan I de Castilla, sirve de texto o de pretexto a una copiosa antología de chascarrillos, anécdotas, dicharachos extravagantes, apodos, motes y pesadas zumbas, no todas contra portugueses, aunque éstos lleven la peor parte. El principal objeto del autor es hacer reír, y ciertamente lo consigue, pero ni él ni sus lectores debían de ser muy escrupulosos en cuanto a las fuentes de la risa. Algún cuento hay en estas glosas, el del portugués Ruy de Melo, verbigracia, que por lo cínico y brutal estaría mejor entre las del *Cancionero de Burlas*; otros, sin llegar a tanto, son nauseabundos y mal olientes; pero hay algunos indisputablemente graciosos, sin mezcla de grosería; los hay hasta delicados, como el del huésped aragonés y el castellano, rivales en cortesía y gentileza; [2] y hay,

---

siendo italiano de nacion, mal podré guardar rigor de elocuencia ajena, dado que en lo castellano seré menos dificultoso, por ser gente muy tratada en Roma, que es nuestra comun patria, y en Lisboa no estuve año entero.»
Sales Españolas, I, p. 108.

[1] «Este es un sermón que un reverendo Padre, portugués de nacion, y profesion augustino, predicó en Lisboa en Nuestra Señora de Gracia, vigilia de su Assumpcion... y vuelto a mi posada, formé escrúpulo si dejaba de escribir lo que en el púlpito oí predicar... Viniéndome luego la vía de Castilla, posé en Évora, do a la sazon estaba el Rey en la posada y casa del embajador de Castilla, Lope Hurtado de Mendoza.» *(Sales Españolas,* I, 104 - 107.) De aquí vendría probablemente la confusión del *Lope* con *D. Diego.*

[2] «Lo cual bien experimentó un francés españolado viniendo a Portugal, y fué que partiendo de Narbona para Lisboa, le dijo un amigo suyo: Pues entrais en España, sed curioso en conocer las gentes della, porque en Aragon, por donde primero habeis de pasar, vereis que la gente es muy prima, y en Castilla nobles y bien criados»... (suprimo lo relativo a Portugal, que es de una grosería intolerable).

«Pues comenzando su camino, que venia de priesa, rogó a su huesped aragonés que le llamase cuando quisiese amanecer. El cual lo hizo así,

finalmente (y es lo que da más precio a este género de silvas y florestas), hechos y dichos curiosos de la tradición nacional. Baste citar el *ejemplo* siguiente, que tiene cierta fiereza épica:

«Sólo quiero decir aquí de un gallego que se decía Alvaro Gonzales de Ribadeneyra, que estando en la cama para morir, los hijos, con deseo de poner en cobro el alma de su padre, fueron a la cama, y preguntáronle si en las diferencias pasadas del Obispo de Lugo y las que tuvo con otros señores, si tenía algo malganado que lo declarase, que ellos lo restituirían; por tanto, que dijese el título que a la hacienda dejaba y tenía. Lo cual, como oyese el viejo, mandó ensillar un caballo, y levantóse como mejor pudo, y subióse en él, y tomando una lanza, puso las piernas al caballo y envistió a la pared y quebró la lanza en piezas, y volviendo a sus hijos, dijo: «El título con que os dejo ganada la hacienda y »honra ha sido éste; si lo supiéredes sustentar, para vosotros será el provecho, y si no, quedad para ruines.» Y volvióse a la cama, y murió.»

No nos detendremos en el cuaderno de los *Cuentos de Gari-*

---

poniendo al par de sí una caja con ciertas joyas de su mujer; y como estuviese el cielo escuro, dijo el francés: ¿En qué conoceis que quiere amanecer, señor huesped? Y él dixo: Presto será de día y véolo en el aljófar y perlas de mi mujer, que están frias con la frescura del alba. El frances confesó hasta allí no haber sabido aquel primor.

»Entrando en Castilla, y llegando a Toledo en casa de un ciudadano, que de su voluntad le llevó a su posada, rogóle tambien le despertase antes que amaneciese. Acostados, pues, el uno cerca del otro en una pieza grande, cuando queria amanecer, un papagayo que alli estaba hizo ruido con las alas. Y como el huesped toledano sintiese que el frances estaba despierto, dixo, casi hablando entre sí: Mucho ruido hace este papagayo. El frances, que lo oyó, preguntó qué hora era. El toledano respondió que presto amaneceria. Pues ¿por qué no me lo habeis dicho? dijo el frances. El castellano dixo: Pues me compeleis, yo os lo diré. Pareciome caso de menos valer, recibiendo yo en mi casa un huésped de mi voluntad, tal cual vuestra merced es, decirle se partiese della; y porque anoche me rogastes os despertase, sintiendo que estábades despierto, dijo que el papagayo hacia ruido para que si quisiésedes partiros entendiésedes que el pájaro se alteraba con la venida de la mañana, y si quisiésedes reposar, lo hiciésedes, viendo que no aceleraba yo vuestra partida. Dixo el frances entonces: Agora veo y conozco la buena cortesia y nobleza que de Castilla siempre me han dicho.» *(Sales,* I, 171 - 172.)

bay que posee la Academia de la Historia,[1] porque la mayor parte de estos cuentos pasaron casi literalmente a la *Floresta Española* de Melchor de Santa Cruz. Si el rceopilador de ellos fué, como creemos, el historiador guipuzcoano del mismo apellido, que pasó en Toledo la última parte de su vida, allí mismo pudo disfrutar Santa Cruz su pequeña colección manuscrita e incorporarla en la suya, más rica y metódica que ninguna de las precedentes y de las posteriores.

Poco sabemos de las circunstancias personales de este benemérito escritor, salvo que era natural de la villa de Dueñas en Castilla la Vieja y vecino de la ciudad de Toledo. Su condición debía de ser humilde y cortos sus estudios, puesto que dice en el prólogo de sus *Cien Tratados:* «Mi principal intento fué solamente »escribir para los que *no saben leer más de romance, como yo,* y no »para los doctos.» Y dedicando al Rey don Felipe el Prudente la segunda parte de dicha obra, da a entender otra vez que toda su lectura era de libros en lengua vulgar. «El sosiego tan grande y dichosa paz que en los bienaventurados tiempos de Vuestra Magestad hay, son causa que florezcan en ellos todas las buenas artes y honestos ejercicios; y que no solamente los hombres doctos, mas *los ignorantes como yo,* se ocupen en cosas ingeniosas y eruditas, cada uno conforme a su posibilidad. Yo, poderosísimo señor, he sido siempre aficionado a gastar el tiempo en leer buenos libros, *principal* los morales que en nuestra lengua yo he podido haber (que no han sido pocos), de donde he sacado estas sentencias.»

Todos sus trabajos pertenecen, en efecto, a la literatura vulgar y paremiológica. Los *Cien Tratados*[2] son una colección de máximas y sentencias morales en tercetos o ternarios de versos octosílabos, imitando hasta en el metro los *Trezientos Proverbios, Consejos y avisos muy provechosos para el discurso de nuestra humana*

---

[1] Publicado por el señor Paz y Melia en el tomo II de las *Sales Españolas* (pp. 35-69).

[2] *Libro primero de los cien tratados. Recopilado por Melchior de Sancta Cruz de Dueñas. De notables sentencias, assi morales como naturales, y singulares avisos para todos estados. En tercetos castellanos.—Libro segundo de los cien tratados,* etc. Ambas partes, impresas en Toledo, por Diego de Ayala, 1576, son de gran rareza.

vida, del abogado valenciano don Pedro Luis Sanz.[1] Del mismo modo, la *Floresta*, cuya primera edición es de 1574,[2] fué indudablemente sugerida por el *Sobremesa* de Timoneda. Pero el plan de Santa Cruz es más vasto y envuelve un conato de clasificación seguido con bastante regularidad, que hace fácil el manejo de su librillo.

Aunque Melchor de Santa Cruz da a entender que no sabía

---

[1] Opúsculo gótico, sin lugar ni año, dedicado al Duque de Calabria. Salvá, que poseía un ejemplar, le supone impreso en Valencia, hacia 1535. Los que Sanz y Santa Cruz llaman tercetos y mejor se dirían ternarios para distinguirlos de los tercetos endecasílabos, están dispuestos en esta forma, bastante frecuente en nuestra poesía *gnómica*:

> No hallo mejor alquimia,
> Más segura ni probada
> Que la lengua refrenada.

[2] *Floresta Española de apotegmas y sentencias, sabia y graciosamente dichas, de algunos españoles; colegidas por Melchior de Santa Cruz de Dueñas, vecino de la ciudad de Toledo. Dirigido al Excelentísimo Sr. D. Juan de Austria. Impreso con licencia de la C. R. M. en Toledo en Casa de Francisco de Guzmán*, 1574. 8º—272 pp.

El catálogo más copioso de ediciones de la *Floresta*, que es el formado por Schneider, registra las siguientes: Salamanca, 1576; Valencia, 1580; Salamanca, 1592; Toledo, 1596; Bruselas, 1596; y 1598; Lyón, 1600 (en castellano y francés); Valencia, 1603; Toledo, 1605; Bruselas, 1605; Barcelona, 1606 una de 1617, sin lugar de impresión; Bruselas, 1614 (bilingüe); Cuenca, 1617; Huesca, 1618; Barcelona, 1621; Bruselas, 1629; Zaragoza, 1646; Bruselas, 1655.

Con ser tantas las ediciones antiguas de la *Floresta*, rara vez se encuentran, sobre todo íntegras y en buen estado. Suplen su falta las tres de Madrid, 1730, 1771 y 1790, copiadas, al parecer, de la de Huesca, 1618, cuyos preliminares conservan. El editor Francisco Asensio añadió las partes segunda y tercera, y prometió una cuarta: todo con el título general de *Floresta Española y hermoso ramillete de agudezas, motes, sentencias, y graciosos dichos de la discreción cortesana*.

La traducción francesa de Pissevin apareció en Lyón, 1600, y fué reimpresa varias veces en Bruselas con el texto castellano: *La Floresta spagnola, ou le plaisant bocage, contenant plusieurs comptes, gosseries, brocards, cassades et graves sentences de personnes de tous estats*. (Bruxelles, Rutger Velpius et Hubert Anthoine, 1614.)

En una vasta colección alemana de apotegmas y dichos faceciosos, publicada en Tübingen, en 1630, tomada casi toda de fuentes italianas y españolas (entre ellas la *Silva* de Julián de Medrano, está incorporada la mayor parte de la *Floresta*. Vid. Adam Schneider *Spaniens Anteil an der deutschen Litteratur* (1898), pp. 133-139.

más lengua que la propia, no le creo enteramente forastero en la italiana, de tan fácil inteligencia para todo español, y me parece muy verosímil, aunque no he tenido ocasión de comprobarlo, que conociese y aprovechara las colecciones de *Fazecie, motti, buffonerie et burle* del Piovano Arlotto, del Gonella y del Barlacchia; las *Facezie et motti arguti di alcuni eccellentissimi ingegni* de Ludovico Domenichi (1547); las *Hore di recreazione* de Ludovico Guicciardini, no traducidas en aquella fecha al castellano, y algunas otras ligeras producciones de la misma índole que la *Floresta*. Y aun suponiendo que no las hubiese visto en su original, las conocía indirectamente a través de Timoneda, sin contar con los chistes que se hubiesen incorporado en la tradición oral. Pero estos cuentos son fáciles de distinguir del fondo indígena de la *Floresta*, cuyo verdadero carácter señala perfectamente el autor en su dedicatoria a don Juan de Austria.

«En tanta multitud de libros como cada día se imprimen y en tan diversas e ingeniosas invenciones, que con la fertilidad de los buenos ingenios de nuestra nación se inventan, me pareció se habían olvidado de una no menos agradable que importante para quien es curioso y aficionado a las cosas propias de la patria, y es la recopilación de sentencias y dichos notables de españoles. Los cuales, como no tengan menos agudeza, ni menos peso o gravedad que los que en libros antiguos están escriptos, antes en parte, como luego diré, creo que son mejores, estoy maravillado qué ha sido la causa que no haya habido quien en esto hasta ahora se haya ocupado. Yo, aunque *hombre de ningunas letras* y de poco ingenio, así por intercesión de algunos amigos, que conocieron que tenía inclinación a esto, como por la naturaleza, que de esta antigua y noble ciudad de Toledo tengo,[1] donde todo el primor y elegancia del buen decir florece, me he atrevido a tomar esta empresa. Y la dificultad que en escribir estos dichos hay es la que se tiene en hallar moneda de buen metal y subida de quilates. Porque así como aquella es más estimada que debaxo de menos

---

[1] Parece que en estas palabras se declara Melchor de Santa Cruz *natural* de Toledo, aunque en la portada de sus libros no se llama más que *vecino*, y Nicolás Antonio le da por patria la villa de Dueñas. De todos modos, si no era toledano de nacimiento, lo fué por adopción, que es una segunda naturaleza.

materia contiene más valor, así aquellos son más excelentes dichos los que en pocas palabras tienen encerradas muchas y notables sentencias. Porque unos han de ser graves y entendidos; otros agudos y maliciosos; otros agradables y apacibles; otros donosos para mover a risa; otros que lo tengan todo, y otros hay metaforizados, y que toda su gracia consiste en la semejanza de las cosas que se apropia, de las quales el que no tiene noticia le parece que es el dicho frio, y que no tiene donayre, siendo muy al contrario para el que entiende. Otros tienen su sal en las diversas significaciones de un mismo vocablo; y para esto es menester que así el que lo escribe, como el que lo lee, tenga ingenio para sentirlo y juicio para considerarlo...

»En lo que toca al estilo y propiedad con que se debe escribir, una cosa no me puede dejar de favorecer; y es el lugar donde lo escribo, cuya autoridad en las cosas que toca al comun hablar es tanta, que las leyes del Reino disponen que cuando en alguna parte se dudare de algun vocablo castellano, lo determine el hombre toledano que allí se hallare.[1] Lo cual por justas causas se mandó juntamente: la primera porque esta ciudad está en el centro de toda España, donde es necesario que, como en el corazon se producen más subtiles espíritus, por la sangre más delicada que allí se envía, así tambien en el pueblo que es el corazón de alguna region está la habla y la conversación más aprobada que en otra parte de aquel reino.

»La segunda, por estar lejos del mar, no hay ocasión, por causa del puerto, a que gentes extrangeras hayan de hacer mucha mo-

---

[1] Nada puede decirse a ciencia cierta sobre esta fantástica ley tan traída y llevada por nuestros antiguos escritores. Acaso nació de una errada interpretación de esta cláusula de San Fernando en el Fuero General de Toledo: »Todos sus juicios dellos sean juzgados segun el *Fuero Juzgo* ante diez de »sus mejores e mas nobles, e mas sabios dellos que sean siempre con el alcal- »de de la cibdad; *e que a todos anteanden en testimonianzas en todo su regno.*» *(Et ut precedant omnes in testimoniis in universo regno illius,* dice el original latino.) Claro es, que en este singularísimo privilegio concedido a los toledanos no se trata de disputas sobre vocablos, sino de testimonios jurídicos; pero lo uno pudo conducir a la invención de lo otro. Esta idea se me ocurrió leyendo el eruditísimo *Informe de la imperial ciudad de Toledo sobre pesos y medidas* (1758), redactado, como es notorio, por el P. Andrés Marcos Burriel. Vid. pág. 298.

rada en él; de donde se sigue corrupción de la lengua, y aun también de las costumbres.

»La tercera, por la habilidad y buen ingenio de los moradores que en ella hay; los cuales, o porque el aire con que respiran es delgado, o porque el clima y constelación les ayuda, o porque ha sido lugar donde los Reyes han residido, están tan despiertos para notar cualquiera impropiedad que se hable, que no es menester se descuide el que con ellos quisiere tratar desto...»

Es libro curiosísimo, en efecto, como texto de lengua; pero debe consultarse en las ediciones del siglo XVI, pues en las posteriores, especialmente en las dos del siglo XVIII, se modernizó algo el lenguaje, además de haberse suprimido o cercenado varios cuentos que parecieron libres o irreverentes, a pesar de la cuerda prevención que hacía el mismo Santa Cruz en estos versos:

> De aquesta Floresta, discreto lector,
> Donde hay tanta copia de rosas y flores,
> De mucha virtud, olor y colores,
> Escoja el que es sabio de aquí lo mejor.
> Las de linda vista y de buen sabor
> Sirvan de salsa a las virtuosas,
> Y no de manjar, si fueren viciosas,
> Pues para esto las sembró el autor.

Las partes de la *Floresta*, que fueron diez en la primera edición toledana y once en la de Alcalá, 1576, llegaron definitivamente a doce, distribuídas por el orden siguiente:

«Primera Parte: Capítulo I. de Sumos Pontífices.—Cap. II. De Cardinales.—Cap. III. De Arzobispos.—Cap. IV. De Obispos. Cap. V. De Clérigos.—Cap. VI. De Frayles.

»Segunda Parte: Capítulo I. De Reyes.—Cap. II. De Caballeros.—Cap. III. De capitanes y soldados.—Cap. IV. De aposentadores.—Cap. V. De truhanes.—Cap. VI. De pajes.

»Tercera Parte: Capítulo I. De responder con la misma palabra.—Cap. II. De responder con la copulativa antigua.—Cap. III. De gracia doblada.—Cap. IV. De dos significaciones.—Cap. V. De responder al nombre propio.—Cap. VI. De enmiendas y declaraciones de letras.

»Cuarta Parte: Capítulo I. De jueces.—Cap. II. De letrados.— Cap. III. De escribanos.—Cap. IV. De alguaciles.—Cap. V. De hurtos.—Cap. VI. De justiciados.—Cap. VII. De médicos y cirujanos.—Cap. VIII. De estudiantes.

»Quinta parte: Capítulo I. De vizcaynos.—Cap. II. De mercadores.—Cap. III. De oficiales.—Cap. IV. De labradores.—Cap. V. De pobres.—Cap. VI. De moros.

»Sexta parte: Capítulo I. De amores.—Cap. II. De músicos.—Cap. III. De locos.—Cap. IV. De casamientos.—Cap. V. De sobrescriptos.—Cap. VI. De cortesía.— Cap. VII. De juegos.—Cap. VIII. De mesa.

»Séptima parte: Capítulo I. De dichos graciosos.—Cap. II. De apodos.—Cap. III. De motejar de linaje.—Cap. IV. De motejar de loco.—Cap. V. De motejar de necio.—Cap. VI. De motejar de bestia.—Cap. VII. De motejar de escaso.—Cap. VIII. De motejar de narices.

»Octava parte: Capítulo I. De ciegos.—Cap. II. De chicos.—Cap. III. De largos.—Cap. IV. De gordos.—Cap. V. De flacos.—Cap. VI. De corcobados.—Cap. VII. De cojos.

»Nona parte: Capítulo I. De burlas y dislates.—Cap. II. De fieros.—Cap. III. De camino.—Cap. IV. De mar y agua.—Cap. V. De retos y desafíos.—Cap. VI. De apodos de algunos pueblos de España y de otras naciones.

»Décima parte: De dichos extravagantes.

»Undécima parte: Capítulo I. De dichos avisados de mujeres. —Cap. II. De dichos graciosos de mujeres.—Cap. III. De dichos a mujeres.—Cap. IV. De mujeres feas.—Cap. V. De viudas.

»Duodécima parte: Capítulo I. De niños.—Cap. II. De viejos. —Cap. III. De enfermos.»

En una colección tan vasta de apotegmas no puede menos de haber muchos enteramente insulsos, como aquel que tanto hacía reír a Lope de Vega: «Hallé una vez en un librito gracioso que llaman *Floresta Española* una sentencia que había dicho un cierto conde: «Que Vizcaya era pobre de pan y rica de manzanas», y tenía puesto a la margen algún hombre de buen gusto, cuyo había sido el libro: «Sí diría», que me pareció notable donayre.»[1] Pero no por eso ha de menospreciarse el trabajo del buen Santa Cruz;

---

[1] En su novela *El desdichado por la honra* (tomo VIII de la edición de Sancha, p. 93).

del cual pueden sacarse varios géneros de diversión y provecho. Sirve, no sólo para el estudio comparativo y genealógico de los cuentos populares, que allí están presentados con lapidaria concisión, sino para ver en juego, como en un libro de ejercicios gramaticales, muchas agudezas y primores de la lengua castellana en su mejor tiempo, registrados por un hombre no muy culto, pero limpio de toda influencia erudita, y que no a los doctos, sino al vulgo, encaminaba sus tareas. Además de este interés lingüístico y *folklórico,* que es sin duda el principal, tiene la *Floresta* el mérito de haber recogido una porción de dichos, más o menos auténticos, de españoles célebres, que nos dan a conocer muy al vivo su carácter, o por lo menos la idea que de ellos se formaban sus contemporáneos. Por donde quiera está sembrado el libro de curiosos rasgos de costumbres, tanto más dignos de atención cuanto que fueron recogidos sin ningún propósito grave, y no aderezados ni aliñados en forma novelística. Las anécdotas relativas al doctor Villalobos y al famoso truhán de Carlos V don Francesillo de Zúñiga, que tantas y tan sabrosas intimidades de la corte del Emperador consignó en su Crónica burlesca,[1] completan la impresión que aquel extraño documento deja. Del arzobispo don Alonso Carrillo, del canónigo de Toledo Diego López de Ayala, del cronista Hernando del Pulgar, y aun del Gran Capitán y de los cardenales Mendoza y Cisneros, hay en este librillo anécdotas interesantes. Aun para tiempos más antiguos puede ser útil consultar a veces la *Floresta.* Por no haberlo hecho los que hemos tratado de las leyendas relativas al rey don Pedro, hemos retrasado hasta el siglo XVII la primera noticia del caso del zapatero

---

[1] No es verosímil, ni aun creíble, que el autor de esta *Crónica* sea el mismo don Francesillo, «criado privado, bienquisto y predicador del emperador Carlos V». Pero fuese quien quiera el que tomó su nombre, aprovechando quizá sus apodos, comparaciones y extravagantes ocurrencias, era sin duda persona de agudo ingenio y muy conocedor de los hombres, aunque no todas las alusiones sean claras para nosotros por la distancia. Merecía un comentario histórico y una edición algo más esmerada que la que logró en el tomo de *Curiosidades Bibliográficas,* de la colección Rivadeneyra. Véase, entretanto, la memoria de Fernando Wolf, tan interesante como todas las suyas: *Ueber den Hofnarren Kaiser Carl's V, genannt El Conde don Francés de Zúñiga und seine Chronik* (1850 en los *Sitzungsberichte der philos. histor. Classe der kaiserl. Akademie der Wissenschaften).*

y el prebendado, que ya Melchor de Santa Cruz refirió en estos términos:

«Un arcediano de la Iglesia de Sevilla mató a un zapatero de la misma ciudad, y un hijo suyo fué a pedir justicia; y condenóle el juez de la Iglesia en que no dixese Misa un año. Dende a pocos días el Rey don Pedro vino a Sevilla, y el hijo del muerto se fué al Rey, y le dixo cómo el arcediano de Sevilla había muerto a su padre. El rey le preguntó si habia pedido justicia. El le contó el caso como pasaba. El Rey le dixo: «¿Serás tú hombre para matarle, pues no te hacen justicia?» Respondió: «Sí, señor». «Pues hazlo así», dixo el Rey. Esto era víspera de la fiesta del Corpus Christi. Y el dia siguiente, como el Arcediano iba en la procesión cerca del Rey, dióle dos puñaladas, y cayó muerto. Prendióle la justicia, y mandó el Rey que lo truxesen ante él. Y preguntóle, ¿por qué había muerto a aquel hombre? El mozo dixo: «Señor, porque mató a mi padre, y aunque pedí justicia, no me la hicieron.» El juez de la Iglesia, que cerca estaba, respondió por sí que se la había hecho, y muy cumplida. El Rey quiso saber la justicia que se le había hecho. El juez respondió que le había condenado que en un año no dixese Misa. El rey dixo a su alcalde: «Soltad este hombre, y yo le condeno que en un año no cosa zapatos.» [1]

Es también la *Floresta* el más antiguo libro impreso en que recuerdo haber leído la leyenda heroica de Pedro González de Mendoza, el que dicen que prestó su caballo a don Juan I para salvarse en la batalla de Aljubarrota. [2] Por cierto que las últimas palabras de este relato sencillo tienen más energía poética que el afectado y contrahecho romance de Hurtado de Velarde *Si el caballo vos han muerto*. «Le tomó en su caballo y le sacó de la batalla (dice Melchor de Santa Cruz); y de que le hubo puesto en salvo, queriendo volver, el Rey en ninguna manera lo consentía. Mas se volvió diciendo: «No quiera Dios que las mujeres de Gua- »dalaxara digan que saqué a sus maridos de sus casas vivos y los »dexo muertos y me vuelvo.»

Entre las muchas anécdotas relativas a Gonzalo Fernández de Córdoba es notable por su delicadeza moral la siguiente:

---

[1] Cf. mi *Tratado de los romances viejos*, tomo II, pág. 151 y ss.
[2] Vid. en el mismo *Tratado*, II, 165-166.

«El Gran Capitan pasaba muchas veces por la puerta de dos doncellas, hijas de un pobre escudero, de las quales mostraba estaba aficionado, porque en extremo eran hermosas. Entendiéndolo el padre de ellas, pareciéndole que sería buena ocasión para remediar su necesidad, fuése al Gran Capitán, y suplicó le proveyese de algún cargo fuera de la ciudad, en que se ocupase. Entendiendo el Gran Capitán que lo hacía por dexar la casa desocupada, para que si él quisiese pudiese entrar libremente, le preguntó: «¿Qué gente dexais en vuestra casa?» Respondió: «Señor, dos hi»jas doncellas». Díxole: «Esperad aquí, que os sacaré la provi»sión» y entró en una cámara, y sacó dos pañizuelos, y en cada uno de ellos mil ducados, y dióselos, diciendo: «Veis aqui la provi»sión, casad luego con esto que va ahi vuestras hijas; y en lo que »toca a vos, yo tendré cuidado de proveeros.»

La *Floresta* ha prestado abundante material a todo género de obras literarias. Sus chistes y cuentecillos pasaron al teatro y a la conversación, y hoy mismo se repiten muchos de ellos o se estampan en periódicos y almanaques, sin que nadie se cuide de su procedencia. Su brevedad sentenciosa contribuyó mucho a que se grabasen en la memoria, y grandes ingenios no los desdeñaron. Aquel sabido romance de Quevedo, que termina con los famosos versos:

> Arrojar la cara importa,
> Que el espejo no hay por qué,

tiene su origen en este chascarrillo de la *Floresta* (Parte 12.ª):

«Una vieja hallóse un espejo en un muladar, y como se miró en él y se vió tal, echando la culpa al espejo, le arrojó diciendo: «Y aun por ser tal, estás en tal parte.»

Y aquel picaño soneto, excelente en su línea, que algunos han atribuído sin fundamento a Góngora; y otros al licenciado Porras de la Cámara:

> Casó de un Arzobispo el despensero...

no es más que la traducción en forma métrica y lengua libre de este cuentecillo de burlas, que tal como está en la *Floresta* (Parte undécima, capítulo III), no puede escandalizar a nadie, aunque bien se trasluce la malicia:

«Un criado de un obispo había mucho tiempo que no había visto a su mujer, y dióle el obispo licencia que fuesse a su casa. El Maestresala, el Mayordomo y el Veedor, burlándose con él, que eran muy amigos, rogáronle que en su nombre diese a su mujer la primera noche que llegase un abrazo por cada uno. El se lo prometió, y como fué a su casa cumplió la palabra. Contándole el caso cómo lo había prometido, preguntó la mujer si tenía más criados el obispo; respondió el marido: Si, señora; mas los otros no me dieron encomiendas.»

Abundan en la *Floresta* los insulsos juegos de palabras, pero hay también cuentos de profunda intención satírica. Mucho antes que el licenciado Luque Fajardo, en su curiosísimo libro *Fiel desengaño contra la ociosidad y los juegos,* nos refiriese la ejemplar historia de los *Beatos de la Cabrilla,* [1] había contado otra enteramente análoga Melchor de Santa Cruz (cuarta parte, cap. V):

«Un capitan de una quadrilla de ladrones, que andaban a asaltear, disculpábase que no había guerra y no sabía otro oficio. Tenia costumbre que todo lo que robaba partia por medio con aquel a quien le tomaba. Robando a un pobre hombre, que no trahia más de siete reales, le dixo: «Hermano, de éstos me pertenecen a mí no más de tres y medio; llevaos vos los otros tres y medio. Mas ¿cómo haremos, que no hay medio real que os volver?» El pobre hombre, que no veia la hora de verse escapado de sus manos, dixo: «Señor, llevaos en buen hora los quatro, pues no hay

---

[1] «Los años passados salieron una suerte de salteadores, que con habito reformado despojavan toda quanta gente podian aver a las manos, en esta forma: que haziendo cuenta con la bolsa, tassadamente, les quitavan la mitad de la moneda, y los enviaban sin otro daño alguno. Aconteció en aquellos dias passar de camino un pobre labrador, y como no llevase mas de quinze reales, que eran expensas de su viaje: hecha la cuenta, cabian a siete y medio, no hallava a la sazon trueque de un real; y el buen labrador (que diera aquella cantidad, y otra de mas monto, por verse fuera de sus manos) rogavales encarecidamente tomassen ocho reales, porque él se contentava con siete. De ninguna manera (respondieron ellos), con lo que es nuestro nos haga Dios merced... Beatos llaman a estos salteadores por el trage y modo de robar. El nombre de Cabrilla tomáronle de la mesma sierra donde se recogian.»

(*Fiel desengaño contra la ociosidad y los juegos... Por el licenciado Francisco de Luque Faxardo, clérigo de Sevilla y beneficiado de Pilas. Año 1603. Madrid, en casa de Miguel Serrano de Vargas*).

trueque.» Respondió el capitan: «Hermano, con lo mio me haga Dios merced.»

Con detención hemos tratado de un libro tan vulgar y corriente como la *Floresta* no sólo por ser el más rico en contenido de los de su clase, sino también por el éxito persistente que obtuvo, del cual testifican veintidós ediciones por lo menos durante los siglos XVI y XVII. Todavía en el siglo XVIII la remozó, añadiéndola dos volúmenes, Francisco Asensio, uno de aquellos ingenios plebeyos y algo ramplones, pero castizos y simpáticos, que en la poesía festiva, en el entremés y en la farsa, en la pintura satírica de costumbres, conservaban, aunque muy degeneradas, las tradiciones de la centuria anterior, a despecho de la tiesa rigidez de los *reformadores del buen gusto*. En Francia, la *Floresta* fué traducida íntegramente por un Mr. de Pissevin en 1600; reimpresa varias veces en ediciones bilingües, desde 1614; abreviada y saqueada por Ambrosio de Salazar y otros maestros de lengua castellana. Hubo, finalmente, una traducción alemana, no completa, publicada en Tubinga en 1630.

Por más que Melchor de Santa Cruz fuese hombre del pueblo y extraño al cultivo de las humanidades, el título mismo de *apotegmas* que dió a las sentencias por él recogidas, prueba que le eran familiares los libros clásicos del mismo género que ya de tiempo atrás hablaban en lengua castellana, especialmente los *Apotegmas* de Plutarco, traducidos del griego en 1533 por el secretario Diego Gracián;[1] la *Vida y excelentes dichos de los más sabios*

---

[1] *Apothegmas del excellentissimo Philosopho y Orador Plutarcho Cheroneo Maestro del Emperador Trajano: q̄ son los dichos notables, biuos, y breues de los Emperadores, Reyes, Capitanes, Oradores, Legisladores, y Varones Illustres: assi Griegos, como Romanos, Persas y Lacedemonios: traduzidos de lēgua Griega en Castellana; dirigidos a la S. C. C. M. por Diego Gracian, secretario del muy Illustre y Reverendissimo Señor don Francisco de Mendoça Obispo de Çamora.*
Colofón: «Fué impressa la presente obra en la insigne universidad de Alcalá de Henares en Casa de Miguel de Eguia. Acabose a treinta de Junio de Mil y Quinientos y Treinta y tres Años.» 4º gót.
Reimpreso en los *Morales de Plutarco traduzidos de lengua Griega en Castellana* por el mismo Diego Gracián (Alcalá de Henares, por Juan de Brocar, 1548, folios II a XLIII).

philosophos que hubo en este mundo, de Hernando Díaz,[1] y la copiosa colección de *Apotegmas* de reyes, príncipes, capitanes, filósofos y oradores de la antigüedad que recogió Erasmo de Roterdam y pusieron en nuestro romance Juan de Jarava y el bachiller Francisco Thamara en 1549.[2]

Tampoco fué Melchor de Santa Cruz, a pesar de lo que insinúa en su prólogo, el primero que, a imitación de estas colecciones clásicas, recopilase sentencias y dichos de españoles ilustres. Ya en 1527 el bachiller Juan de Molina, que tanto hizo gemir las prensas de Valencia con traducciones de todo género de libros religiosos y profanos, había dado a luz el *Libro de los dichos y hechos del Rey Don Alonso,* quinto de este nombre en la casa de Aragón,

---

[1] El autor o más bien recopilador de este librejo, en que alternan las anécdotas y las sentencias, es el mismo que tradujo la novela sentimental de *Peregrino y Ginebra.* Hay, por lo menos, tres ediciones góticas de las *Vidas de los filósofos* (Sevilla, 1520; Toledo, 1527; Sevilla, 1541). Parece un extracto de la compilación mucho más vasta de Gualtero Burley *Liber de vita et moribus philosophorum poetarumque veterum,* traducida al castellano y tan leída en el siglo xv con el título de *La vida y las costumbres de los viejos filósofos* («Crónica de las fazañas de los filósofos» la llamó Amador de los Ríos). Hermann Knust publicó juntos el texto latino y la traducción castellana en el tomo CLXXVII de la *Bibliotek des litterarischen vereins* de Stuttgart (Tübingen, 1886).

[2] El traductor primitivo fué Thamara. No he visto la primera edición, de Sevilla, 1548; pero en la de Zaragoza, 1552, por Esteban de Nájera, se copian la aprobación de los Inquisidores, dada en el castillo de Triana «a 18 dias del mes de enero de 1548», y un *Proemio y carta nuncupatoria,* firmada por «el bachiller Francisco Thamara, catedrático de Cádiz, intérprete y copilador desta obra».

En un mismo año, 1549, aparecen en Amberes dos distintas ediciones de este libro de Erasmo en castellano. La que lleva el título de *Apothegmas que son dichos graciosos y notables de muchos reyes y principes illustres, y de algunos philosophos insignes y memorables, y de otros varones antiguos que bien hablaron para nuestra doctrina y exemplo; agora nuevamente traduzidos y recopilados en nuestra lengua castellana* (Envers, por Martín Nucio), reproduce el texto de Thamara y su *Carta nuncupatoria.* La otra, cuya portada dice: *Libro de vidas, y dichos graciosos, agudos y sentenciosos, de muchos notables varones Griegos y Romanos, ansí reyes y capitanes como philosophos, y oradores antiguos: en los quales se contienen graues sentencias e auisos no menos prouechosos que deleytables...* (Anvers, Juan Steelsio, 1549), parece nueva traducción, o por lo menos refundición de la anterior, hecha por Juan Jarava, que añadió al fin la *Tabla de Cebes.*

conquistador del reino de Nápoles y gran mecenas de los humanistas de la península itálica que le apellidaron el Magnánimo.[1] No fué ésta la única, aunque sí la más divulgada, versión de los cuatro libros de Antonio Panormita. *De Dictis et factis Alphonsi, regis Aragonum et Neapolis*,[2] que no es propiamente una historia de Alfonso V, sino una colección de anécdotas que pintan muy al vivo su carácter y su corte. Unido al *De dictis factisque* del Panormita va casi siempre el *Commentarius* de Eneas Silvio, obispo de Siena cuando le escribió y luego Papa con el nombre de Pío II.[3]

Un solo personaje español del tiempo de los Reyes Católicos logró honores semejantes, aunque otros los mereciesen más que él. Fué el primer duque de Nájera, don Pedro Manrique de Lara, tipo arrogante de gran señor, en su doble condición de bravo guerrero y de moralista sentencioso y algo excéntrico. Un anónimo recopiló sus hazañas valerosas y dichos discretos;[4] y apenas

---

[1] *Libro de los dichos y hechos del Rey don alonso: aora nueuamente traduzido.* 1527.
Al reverso de la portada principia una Epístola del bachiller Juan de Molina, «sobre el presente tratado, que de latin en lengua Española ha mudado».
Colofón: «Fue impreso en Valēcia. En casa de Juan Joffre ipressor. A XXI de Mayo de nuestra reparacion. M.D.XXVII.» 4º. gót.
Hay reimpresiones de Burgos, por Juan de Junta, 1530; Zaragoza, 1552, y alguna más.

[2] Abundan las ediciones de este curioso libro: la elzeviriana de 1646 lleva el título de *Speculum boni principis*. Fué traducido repetidas veces al catalán y al castellano, una de ellas por el jurisconsulto Fortún García de Ercilla, padre del poeta de la *Araucana*. Sobre el Panormita (célebre con infame celebridad por su *Hermaphroditus*), véase especialmente Ramorino, *Contributi alla storia biografica e critica di A. Beccadelli* (Palermo, año 1883).

[3] Puede verse también en la colección general de sus obras (Basilea, año 1571), en que hay muchas que el historiador de Alfonso V. debe tener presentes.

[4] *Hazañas valerosas y dichos discretos de D. Pedro Manrique de Lara, primer Duque de Nájera, Conde de Treviño, Señor de las villas y tierras de Amusco, Navarrete, Redecilla, San Pedro de Yanguas, Ocon, Villa de la Sierra, Senebrilla y Cabreros.* (Impreso conforme a una copia de la colección Salazar en el tomo VI, pp. 121-146 del *Memorial Histórico Español que publica la Real Academia de la Historia*, Madrid, 1853). Salazar, que ya transcribió alguna parte de las noticias de este cuaderno en las *Pruebas de su*

hubo floresta del siglo XVI en que no se consignase algún rasgo, ya de su mal humor, ya de su picante ingenio.

Al siglo XVII muy entrado pertenece el libro, en todos conceptos vulgarísimos, *Dichos y hechos del señor rey don Felipe segundo el prudente,* [1] que recopiló con mejor voluntad que discernimiento el cura de Sacedón Baltasar Porreño, autor también de otros *Dichos y hechos de Felipe III*, mucho menos conocidos porque sólo una vez y muy tardíamente, fueron impresos.

Son casi desconocidos en nuestra literatura aquellos libros comúnmente llamados *anas (Menagiana, Scaligerana, Bolaeana,* etc.), de que hubo plaga en Francia y Holanda durante el siglo XVII y que, a vueltas de muchas anécdotas apócrifas o caprichosamente atribuidas al personaje que da nombre al libro, suelen contener mil curiosos detalles de historia política y literaria. El carácter español se presta poco a este género de crónica menuda, pero no faltaron autores, y entre ellos alguno bien ilustre, que hiciesen colección de sus propios apotegmas. A este género puede reducirse *El Licenciado Vidriera* de Cervantes, [2] donde la sencillísima fábula novelesca sirve de pretexto para intercalar las sentencias de aquel cuerdo loco, así como Luciano había puesto las suyas en boca del cínico Demonacte.

De Cervantes al jurado cordobés Juan Rufo, infeliz cantor de don Juan de Austria, es grande la distancia a pesar de la simpática benevolencia con que el primero habló del segundo en el fa-

---

Historia Genealógica de la Casa de Lara, había encontrado el original en el archivo de los Condes de Frigiliana.

[1] No conozco la fecha de la primera edición, pero algunas de las posteriores conservan la aprobación de Gil González Dávila, de febrero de 1627. Fué reimpresa en Sevilla, 1639; Madrid, 1663, y otras varias veces, siempre con mal papel y tipos, exceptuando la elegante edición elzeviriana de Bruselas, por Francisco Foppens, 1666. Muchas de las anécdotas que recopila son pueriles y prueban en su autor poca sindéresis.

Los *Dichos y Hechos de Felipe III* están en las *Memorias para la historia* de aquel monarca, que recopiló don Juan Yáñez (Madrid, 1723), copiados de un manuscrito original que tenía todas las licencias para estamparse en 1628.

[2] Notó bien este carácter aforístico de *El Licenciado Vidriera*, el señor don Francisco A. de Icaza, en su elegante estudio sobre las *Novelas Ejemplares de Cervantes* (Madrid, 1901, pág. 151).

moso escrutinio de los libros del hidalgo manchego. Pero no le juzguemos por la *Austríada*, sino por *Las seyscientas apotegmas* que publicó en 1596 [1] y por los versos que las acompañan, entre los cuales están la interesante leyenda de *Los Comendadores*, el poemita humorístico de la *muerte del ratón*, la loa o *alabanza de la comedia*, precursora de las de Agustín de Rojas, y sobre todo la *Carta a su hijo*, que tiene pasajes bellísimos de ingenuidad y gracia sentenciosa. Juan Rufo, que tan desacordadamente se empeñó en embocar la trompa épica, era un ingenio fino y discreto, nacido para dar forma elegante y concisa a las máximas morales que le había sugerido la experiencia de la vida más bien que el trato de los libros. Sus *apotegmas* en prosa testifican esto mismo, y cuando se forme la colección, que todavía no existe, de nuestros moralistas prácticos y lacónicos, merecerán honroso lugar en ella. Sólo incidentalmente tocan a nuestro propósito, puesto que suelen ser breves anécdotas selladas con un dicho agudo. Entre los contemporáneos de Rufo tuvieron mucho aplauso, aun antes de ser impresos, y el agustino Fr. Basilio de León (sobrino de Fr. Luis y heredero de su doctrina) los recomendó en estos encarecidos términos: «Llegó a mis manos, antes que se imprimiesse, el libro de las Apotegmas del Iurado Iuan Rufo; con el qual verdaderamente me juzgué rico, pues lo que enriqueze al entendimiento, es del hombre riqueza verdadera. Y hay tanta, no sólo en todo el libro (que no es poco, segun salen muchos a luz, grandes en las hojas y en las cosas pequeños), sino lo que es más, en qualquiera parte dél, por pequeña que sea, que con razón puede juzgarse por muy grande, porque la pureza de las palabras, la elegancia dellas, junto con la armonía que hazen las unas con las otras, es de tanta estimación en mis ojos quanto deseada en los que escriven. Allegose a esto la agudeza de los dichos, el sentido y la gravedad que tienen, la philosophia y el particular discurso que descubren. De manera que al que dice bien y tan bien como el autor deste libro, se le puede dar justissimamente un nuevo y

---

[1] *Las Seyscientas Apotegmas de Iuan Rufo. Y otras obras en verso Dirigidas al Principe nuestro Senor. Con Privilegio. En Toledo por Pedro Rodriguez, impressor del Rey nuestro Señor.* 1596.

8º 9 hs. prls. y 270 folios, de los cuales 195 corresponden a los *Apotegmas*.

admirable nombre de maravillosa eloquencia: pues los que hablan mal son innumerables, y él se aventaja a muchos de los que bien se han esplicado. El aver enxerido en el donayre y dulzura de las palabras, lo que es amargo para las dañadas costumbres, nacio de particular juyzio y de prudencia. Como el otro que a una dama a quien, o por miedo, o por melindre, espantava el hierro del barbero, la sangró disfraçandole astutamente con la esponja. En fin, no entiendro que avrá ninguno de buen gusto que no le tenga, y muy grande, con este libro, y Córdova no menor gozo, viendo cifrado en su dueño todo lo que en sus claros hijos luze repartido.»

Hemos visto que el título de *Apotegmas* había sido introducido por los traductores de Plutarco y Erasmo. Creemos que Juan Rufo fué el primero que le aplicó a una colección original, dando la razón de ello: «El nombre de *Apotegmas* es griego, como lo son muchos vocablos recebidos ya en nuestra lengua; trúxole a ella, con la autoridad de grandes escritores, la necessidad que avia deste término, porque significa breve y aguda sentencia, dicho y respuesta; sentido que con menos palabras no se puede explicar.»

Para dar idea del carácter de este curioso librito, citaré sin particular elección unos cuantos apotegmas, procurando que no sean de los que ya copió Gallardo, aunque no siempre podrá evitarse la repetición, porque aquel incomparable bibliógrafo tenía particular talento para extraer la flor de cuanto libro viejo caía en sus manos.

«Oyendo cantar algunos romances de poetas enamorados, con relación especial de sus desseos y pensamientos, y aun de sus obras, dixo (Rufo): Locos están estos hombres, pues se confiesan a gritos.» (Fol. 4).

«Un año despues que estuvo oleado, le dixo un amigo, viéndole bueno: Harto mejor estays de lo que os vi aora un año. R. Mucha más salud tenía entonces, pues tenia más un año de vida.» (Fol. 6 vuelto).

«Mirando a una fea, martyr de enrubios, afeytes, mudas, y de vestirse y ataviarse costosamente, y con estraña curiosidad, dixo que las feas son como los hongos, que no se pueden comer si no en virtud de estar bien guisados, y con todo son ruyn vianda.» (Fol. 7).

«Preguntóle un viejo de sesenta años si se teñiria las canas, y R. No borreis en una hora lo que Dios ha escrito en sesenta años.» (Fol. 7 vuelto).

«El agua encañada, quanto mas baxa sube, y la palabra de Dios entra por los oydos, y penetra hasta el corazón, si sale dél.» (Folio 9).

«Contava un cavallero una merienda que ciertos frayles tuvieron en un jardin del susodicho; y que tras la abundancia de la vianda, y diferencias de vinos que huvo, fue notable el gusto y alegria de todos aquellos reverendos. Y dezia también que uno dellos (devoto y compuesto religioso) se puso de industria a pescar en un estanque, por escusar la behetria de los demas. Oydo lo qual, dixo: no se podra dezir por esse: no sabe lo que se pesca.» (Folio 13).

«El duque de Osuna, don Pedro Giron, tenia a la hora de su muerte junto a sí una gran fuente de plata, llena de nieve y engastados en ella algunos vasos de agua, y dixo el Condestable de Castilla, su yerno: Ningun consuelo hay para el Duque igual a tener aquella nieve cerca de sí. R. Quiere morir en Sierra Nevada, porque no le pregunten por don Alonso de Aguilar.»[1] (Fol. 15).

«Huvo disciplinas en Madrid por la falta de agua; y como era en el mes de Mayo y hazia calor, no salian hasta que anochezia. De manera que toda la tarde no cabian las calles por donde avian de pasar los disciplinantes, de damas y gente de a cavallo; y andavan los passeos tan en forma, como si algun grande regocijo fuera la causa de aquel concurso. Visto lo qual, al salir los penitentes, dixo que parecia entremes a lo divino en comedia deshonesta.» (Fol. 18).

« Tratándose del Cid, y de sus grandes proezas, dixo, que fue catredatico (sic) de valentia, pues enseñó a ser esforçado a Martin Pelaez.»[2] (Fol. 19).

---

[1] Alude, con discreta malicia, que no debió de sentar bien a los de la casa de Osuna, a aquel sabido cantarcillo:

Decit, buen conde de Ureña,
¿Don Alonso dónde queda?

[2] La frase *profesor de energía* que Sthendhal inventó (según creo) para aplicársela a Napoleón, y se ha repetido tanto después, recuerda bastante ésta de *catedrático de valentía*, que Juan Rufo dijo del Cid.

«El hombre que más largas narices tuvo en su tiempo, dezia otro amigo suyo, que venía de Burgos a Madrid seis dias avia, y que le esperava dentro de una hora. No puede ser, le respondió Iuan Rufo, pues no han llegado sus narices.» (Fol. 22).

«Estando un carpintero labrando, aunque toscamente, los palos para hazer una horca, y otro vezino suyo murmurando de la obra del artífice, los puso en paz diziendo, que los palos de la horca son puntales de la republica.»

«Sentia ásperamente un gentil hombre el hacerse viejo, y corriase de verse algo cano, como si fuera delito vergonçoso. Y como fuesse su amigo, y le viesse que en cierta conversación dava señales desto, le dixo para consuelo y reprehensión, los versos que se siguen:

> Si quando el seso florece
> Vemos que el hombre encanece:
> Las canas deven de ser
> Flores que brota el saber
> En quien no las aborrece.»
>
> (Fol. 24 vuelto.)

«Sin duda este tiempo florece de poetas que hacen romances, y músicos que les dan sonadas: lo uno y lo otro con notable gracia y aviso. Pues como es casi ordinario amoldar los músicos los tonos con la primera copla de cada romance, dixo a uno de los poetas que mejor los componen que escusase en el principio afecto ni estrañeza particular, si en todo el romance no pudiese continualla; porque de no hazello resulta que el primer cuarteto se lleva el mayorazgo de la propiedad de la sonada, y dexa pobres a todos los demás» (Fol. 26 vuelto).

«Considerados los desasosiegos, escándalos y peligros, gastos de hazienda y menoscabos de salud, que proceden de amorosos devaneos, dixo que los passatiempos del Amor son como el tesoro de los alquimistas, que costándoles mucho tiempo y trabajo, gastan el oro que tienen por el que despues no sacan.» (Fol. 67).

«Alabando algunos justissimamente la rara habilidad del doctor Salinas,[1] canónigo de Segovia, dixo que era Salinas de gracia y donaire, con ingenio de açucar.» (Fol 74).

---

[1] Alude al Dr. Juan de Salinas, festivo poeta sevillano, cuyas *Obras* han sido publicadas por la Sociedad de Bibliófilos Andaluces.

«El (autor) y un amigo suyo, que le solia reprehender porque no componia la segunda parte de la *Austriada*, passaron por donde estava un paxarillo destos que suben la comida y la bevida con el pico, entre otros que estavan enjaulados. Y como todos cantassen, y aquel no, dixo: Veys aqui un retrato del silencio de mi pluma, porque no soy paxaro enjaulado, sino aquel que está con la cadena al cuello. Preguntado por qué, dixo estos versos:

>   Para el hombre que no es rico
>   Cadena es el matrimonio,
>   Y tormento del demonio
>   Sustentarse por su pico.»
>   (Fol. 94.)

«De quinientos ducados que el Rey le hizo de merced por su libro de la Austriada fue gastando en el sustento de su casa hasta que no le quedaban sino cincuenta, los quales se puso a jugar.[1] Y preguntado por qué hazia aquel excesso, R. Para que las reliquias de mil soldados vençan, o mueran peleando, antes que el largo cerco los acabe de consumir.» (Fol. 99 vuelto).

«Como hay mujeres feas, que siendo ricas se dan a entender que a poder de atavios han de suplir con curiosidad los defectos de naturaleza: de la misma manera piensan algunos que por ser estudiosos y leydos, han de salir buenos poetas, siendo cosa, si no del todo agena de sus ingenios, a lo menos cuesta arriba y llena de aspereza. Y para más confirmación deste engaño, nunca les faltan aficionados que los desvanezcan. Pues como un hombre que era apassionadissimo de un poeta por accidente, defendiesse sus Mussas con dezir que era hombre que sabia, le dixo: No es todo uno ser maestro de capilla y tener buena voz.» (Fol. 135).

«Vivia en la corte un pintor [2] que ganava de comer largamente a hazer retratos, y era el mejor pic de altar para su ganancia una caxa que traya con quarenta o cincuenta retratos pequeños de las más hermosas señoras de Castilla, cuyos traslados le pagavan muy bien, unos por aficion y otros por sola curiosidad. Este

---

[1] Rufo debía de ser un jugador empedernido, y a esto aluden muchos pasajes de sus *Apotegmas*.

[2] ¿Sería Felipe de Liaño, cuya especialidad eran los retratos pequeños, especialmente de mujeres?

le mostró un dia todo aquel tabaque de rosas, y le confessó los muchos que le pedian copias dellas. R. Soys el rufian más famoso del mundo, pues ganays de comer con cincuenta mujeres.» (Folio número 136).

«Armándose en Flandes don Lope de Acuña, para un hecho de armas, algo de priessa, dixo a dos criados que le ayudavan a armar que le pussiessen mejor la celada: la cual como fuesse Borgoñona y al cerralla le huviessen cogido una oreja, le dava mucho fastidio. Los criados le respondieron una, y dos, y más vezes, que no yva sino muy en su lugar. Y como las ocasiones no lo davan para detenerse mucho, entró assi en la refriega, que fué sangrienta. Y desarmándose despues don Lope, como se le saliesse la una oreja assida a la celada, en vez de enojarse, dixo con mucha mansedumbre a los que le armaron: «No os dezia yo que yva mal puesta la celada?» (Fol. 148).

«Acabando de leer unos papeles suyos, le dixo uno de los oyentes: No sé por qué no os proveen en un corregimiento de los buenos de España; mas a fe que si en algo errárades, y yo fuera presidente, que os avia de *echar a galeras, pues no podiades hazello de ignorancia*. R. Rigurosissimo andays conmigo, pues antes que acepte el cargo me tomays la residencia.»[1] (Fol. 155).

«Desde que el señor don Iuan murio, que le hazia mucha merced, nunca tuvo sucesso que fuesse de hombre bien afortunado, y tanto que era ya como proverbio su mala dicha. Estando, pues, un dia con dolor en un pie, diziéndole su doctor que era gota, respondió:

Aunque pobre y en pelota,
Mal de ricos me importuna,
Porque al mar de mi fortuna
No le faltasse una gota.»

(Fol. 156.)

---

[1] Este apotegma tiene poco mérito, pero no he querido dejar de citarle, porque acaso nos pone en camino de interpretar uno de los más oscuros pasajes del *Quijote:* el relativo a *Tirante el Blanco*. Si suponemos que hay errata donde dice *industria*, y leemos *ignorancia*, como en el texto de Juan Rufo, queda claro el sentido. Sin duda Rufo y Cervantes usaron una misma frase hecha, y no es creíble que el segundo la alterase con menoscabo de la claridad.

«Tan facil y proprio dixo que seria a los prelados gastar todas sus rentas en hazer bien, como al sol el dar luz y calentar.» (Fol. 163)

«Siendo su hijo de once años, le sucedió una noche quedársele dormido en dos o tres sitios muy desacomodados; por lo qual dixo uno que lo avia notado: Este niño halla cama donde quiera, y deve de ser de bronce o trae lana en las costillas:

> Qué más bronce
> Que años once,
> Y qué más lana
> Que no pensar en mañana.»
> (Fol. 189 vuelto).[1]

Los apotegmas no son seiscientos, sino que llegan a setecientos, como expresa el mismo Rufo en una advertencia final. A ésta como a casi todas las colecciones de sentencias, aforismos y dichos agudos cuadra de lleno la sentencia de Marcial sobre sus propios epigramas *sunt bona, sunt quaedam mediocria, sunt mala plura*. Pero aunque muchos puedan desecharse por ser insulsos juegos de vocablos, queda en los restantes bastante materia curiosa, ya para ilustrar las costumbres de la época, ya para conocer el carácter de su autor, poeta repentista, decidor discreto y que, como todos los ingenios de su clase, tenía que brillar más en la conversación que en los escritos. El mismo lo reconoce ingenuamente: «Importunándole que repitiesse los dichos de que se acordasse, dixo que no se podía hazer sin perdersse por lo menos la hechura, como quien vende oro viejo: pues quando el oro del buen dicho se estuviesse entero, era la hechura la ocasión en que se dixo, el no esperarse entonces la admiración que causó. Y que en fin, fuera de su primer lugar eran piedras desengastadas, que luzen mucho menos. O como pelota de dos botes, que por bien que se toque no se ganan quinze.»

Tuvo Juan Rufo un imitador dentro de su propia casa en su hijo el pintor y poeta cordobés don Luis Rufo, cuyos *quinientos*

---

[1] Esta fácil y pronta respuesta se atribuye en Cataluña al Rector de Vallfogona, y dicen que ella bastó para que le reconociese Lope de Vega. El festivo poeta tortosino había nacido en 1582, e hizo un solo viaje a Madrid, en 1623. Los *Apotegmas* estaban impresos desde 1596, y no contienen más que dichos originales de Juan Rufo.

apotegmas (en rigor 455) ha exhumado en nuestros tiempos el erudito señor Sbarbi.[1] Pero la fecha de este libro, dedicado al Príncipe don Baltasar Carlos (n. 1629, m. 1646), le saca fuera de los límites cronológicos del presente estudio, donde por la misma razón tampoco pueden figurar los donosos *Cuentos que notó Don Juan de Arguijo*, entre los cuales se leen algunas agudezas del Maestro Farfán, agustiniano.[2]

Volviendo ahora la vista fuera de las fronteras patrias, debemos hacer mérito de algunas misceláneas de varia recreación impresas en Francia para uso de los estudiosos de la lengua castellana, cuando nadie, «ni varón ni mujer dejaba de aprenderla», según testifica Cervantes en el *Persiles* (Libro III, cap. XIII). Una porción de aventureros españoles, a veces notables escritores, como el autor de *La desordenada codicia de los bienes ajenos* y el segundo continuador del *Lazarillo de Tormes*, vivían de enseñarla o publicaban allí sus obras de imaginación. Otros, que no llegaban a tanto, se limitaban a los rudimentos de la disciplina gramatical, hacían pequeños vocabularios, manuales de conversación, centones y rapsodias, en que había muy poco de su cosecha. A este género pertenecen las obras de Julián de Medrano y de Ambrosio de Salazar.

Julián o Julio Iñiguez de Medrano, puesto que de ambos modos se titula en su libro, era un caballero navarro que, después de haber rodado por muchas tierras de España y de ambas Indias, aprendiendo, según dice, «los más raros y curiosos secretos de »natura», vivía «en la ermita del Bois de Vincennes», al servicio de la Reina Margarita de Valois. A estos viajes suyos aluden en términos muy pomposos los panegiristas que en varias lenguas celebraron su libro, comenzando por el poeta regio Juan Daurat o Dorat *(Ioannes Auratus):*

---

[1] *Las quinientas apotegmas de D. Luis Rufo, hijo de D. Juan Rufo, jurado de Córdoba, dirigidas al Principe Nuestro Señor* (Siglo xvii). *Ahora por primera vez publicadas.* Madrid, imprenta de Fuentenebro, 1382, 12º

[2] Algunos de estos *Cuentos,* cuyo borrador se conserva en la Biblioteca Nacional, fueron publicados por don Juan Eugenio Hartzenbusch, como apéndice a la primera edición de sus propios *Cuentos y fábulas* (Madrid, año 1861), y casi todos lo han sido por don Antonio Paz y Melia *(Sales del ingenio español,* 2ª, serie, 1902, pp. 91-211).

Julius ecce Medrana novus velut alter Ulysses,
A variis populis, a varioque mari,
Gemmarum omne genus, genus omne reportat et auri:
Thesaurus nunquam quantus Ulyssis erit.

La verdad es que de tales tesoros da muy pobre muestra su *Silva Curiosa,* cuya primera y rarísima edición es de 1587.[1] De los siete libros que la portada anuncia, sólo figura en el volumen el primero, que lleva el título de «dichos sentidos y motes breves de amor». Los otros seis hubieron de quedarse inéditos, o quizá en la mente de su autor, puesto que parecen meros títulos puestos para excitar la curiosidad. El segundo debía tratar de «las yerbas y sus más raras virtudes»; el tercero, de las piedras preciosas; el cuarto, de los animales; el quinto, de los peces; el sexto, de las «aves celestes y terrestres»; el séptimo «descubre los más ocultos secretos de las mujeres, y les ofrece las más delicadas recetas». Ni del tratado de los cosméticos, ni de la historia natural recreativa que aquí se prometen, ha quedado ningún rastro, pues aunque lleva el nombre de Julio Iñiguez de Medrano cierta rarísima *Historia del Can, del Caballo, Oso, Lobo, Ciervo y del Elefante,* que se dice impresa en París, en 1583, este libro no es más que un ejemplar, con los preliminares reimpresos, del libro *Del can y del caballo* que había publicado en Valladolid el protonotario Luis Pérez en 1568, sin que para nada se hable del oso ni de los demás animales citados en la portada.[2] La superchería que Medrano usó apropiándose este libro para obsequiar con él, no desinteresadamente sin duda, al Duque de Epernon, da la medida de su probidad literaria, que acaba de confirmarse con la lectura de la *Silva,* especie de cajón de sastre, con algunos retales buenos, salteados en ajenas vestiduras. No sería difícil perseguir el origen

---

[1] *La Silva Curiosa de Iulian de Medrano, cavallero navarro: en que se tratan diversas cosas sotilíssimas, y curiosas, mui conuenientes para Damas y Cavalleros, en toda conuersation virtuosa y honesta. Dirigida a la muy Alta y Serenissima Reyna de Nauarra su sennora. Va dividida esta Silva en siete libros diuersos, el sujetto de los quales veeras en la tabla siguiente. En Paris, Impresso en Casa de Nicolas Chezneav en la calle de Santiago, a la insignia de Chesne verd. M.D.LXXXIII. Con Privilegio del Rei.* 8º

[2] Vid. *La Caza, Estudios bibliográficos,* por don Francisco de Uhagón y don Enrique de Leguina (Madrid, 1888), pág. 39.

de las «letras y motes», de las preguntas, proverbios y sentencias morales; pero limitándonos a lo que salta a la vista en cuanto se recorren algunas páginas de la *Silva*, vemos que Medrano estampa su nombre al principio de un trozo conocidísimo de Cristóbal de Castillejo en su *Diálogo de las condiciones de las mujeres*, y da por suyo de igual modo aquel soneto burlesco atribuído a don Diego de Mendoza y que realmente es de Fray Melchor de la Serna:

> Dentro de un santo templo un hombre honrado...

Tales ejemplos hacen sospechar de la legítima paternidad de sus versos. Y lo mismo sucede con la prosa. Casi todos los «dichos sentidos, agudas respuestas, cuentos muy graciosos y recreativos, y epitafios curiosos» que recoge en la segunda parte de la *Silva* habían figurado antes en otras florestas, especialmente en el *Sobremesa* de Timoneda, del cual copia literalmente nada menos que cuarenta cuentos, con otros cinco de Juan Aragonés.[1]

Hay, sin embargo, en el libro dos narraciones tan mal forjadas y escritas, que sin gran escrúpulo pueden atribuirse al mismo Julián de Medrano. Una es cierta novela pastoril de *Coridón y Silvia*; y aun en ella intercaló versos ajenos, como la canción de Francisco de Figueroa:

> Sale la aurora, de un fértil manto
> Rosas suaves esparciendo y flores...

La otra, que tiene algún interés para la historia de las supersticiones populares, es un largo cuento de hechicerías y artes mágicas, que el autor supone haber presenciado yendo en romería a Santiago de Galicia.

---

[1] Cuentos 3º, 5º, 8º, 9º y 11º de Juan Aragonés; cuentos 24, 25, 26, 29, 30, 32, 33, 34, 39, 40, 42, 44, 46, 48, 49, 50, 51, 52, 54, 62, 63, 67, 68, 72 de la 2ª parte del *Sobremesa*; 31, 34, 39, 42, 47, 50, 52, 54, 60, 63, 67, 72, 73, 76 de la 1ª (ed. Rivadeneyra). Cf. pp. 144-166 de la *Silva* en la reimpresión de Sbarbi. Como se ve, Medrano no se tomó siquiera el trabajo de cambiar el orden de los cuentos, aunque puso los de la 1ª parte después de los de la 2ª Además, en la pág. 91 trae el cuento 53 de la 2ª parte («si los rocines mueren de amores.—¡triste de mí! ¿qué harán los hombres?»); pero debe de estar tomado de otra parte, porque en Timoneda es más breve y no dice que el caso sucediese en Tudela.

No es inverosímil que Lope de Vega, que lo leía todo y de todo sacaba provecho para su teatro, hubiese encontrado entre los ejemplos de la *Silva Curiosa* el argumento de su comedia *Lo que ha de ser*, aunque al fin de ella alega «las crónicas africanas». Dice así el cuentecillo de la *Silva*, que no tengo por original, aunque hasta ahora no puedo determinar su fuente:

«Un caballero de alta sangre, fué curioso de saber lo que las influencias o inclinaciones de los cuerpos celestiales prometian a un hijo suyo que él tenia caro como su propia vida, y así hizo sacar el juicio de la vida del mancebo (que era ya hombrecito) a un astrólogo el más famoso de aquella tierra; el cual halló por su sciencia que el mozo era amenazado y corría un grandísimo peligro, en el año siguiente, de recibir muerte por una fiera cruel, la cual él nombró y (pasando los límites de su arte) dijo sería un leon; y que el peligro era tan mortal, que si este caballero no defendia la caza a su hijo por todo aquel año, y no le ponia en algun castillo donde estuviese encerrado y muy bien guardado hasta que el año pasase, qué el tenia por cosa imposible que este mancebo escapase al peligro de muerte. El padre, deseando en todo y por todo seguir el consejo del astrólogo (en quien él creia como en un oráculo verísimo), privando a su hijo del ejercicio que él más amaba, que era la caza, lo encerró en una casa de placer que tenía en el campo, y dejándole muy buenas guardas, y otras personas que le diesen todo el pasatiempo posible, les defendió a todos, so pena de la vida que no dejasen salir a su hijo un solo paso fuera de la puerta del castillo. Pasando esta vida el pobre mancebo en aquella cárcel tristísima, viéndose privado de su libertad, dice la historia que un día, paseándose dentro de su cámara, la cual estaba ricamente adornada y guarnecida de tapicería muy hermosa, se puso a contemplar las diversas figuras de hombres y animales que en ella estaban, y viendo entre ellos un león figurado, principió a enojarse con él como si vivo estuviera, diciendo «¡Oh fiera cruel y maldita! Por ti me veo aqui privado de los más dulces »ejercicios de mi vida; por ti me han encerrado en esta prision »enojosa.» Y arremetiendo con cólera, contra esta figura, le dió con el puño cerrado un golpe con toda la fuerza de su brazo; y su desventura fué tal que detrás de la tapicería había un clavo que salia de un madero o tabla que allí estaba, con el cual dando el golpe se atravesó un dedo; y aunque el mal no parecía muy grave al principio, fué tal todavía, que por haber tocado a un nervio, en un extremo tan sensible como es el dedo, engendró al pobre mancebo un dolor tan grande, acompañado de una calentura continua, que le causó la muerte.» [1]

César Oudín, el mejor maestro de lengua castellana que tuvieron los franceses en todo el siglo XVII y el más antiguo de los traductores del *Quijote* en cualquier lengua, hizo en 1608 una reimpresión de la *Silva*, añadiendo al fin, sin nombre de autor, la novela de *El Curioso Impertinente*, que aquel mismo año publicaba en texto español y francés Nicolás Vaudouin. [2] Por cierto que esta segunda edición de la *Silva* dió pretexto a un erudito del siglo XVIII para acusar a Cervantes de haber plagiado ¡a Medrano! Habiendo caído en manos del escolapio don Pedro Estala un ejemplar de la *Silva* de 1608, donde está la novela, dedujo con imperdonable ligereza que también estaría en la de 1583, y echó a volar la especie de que Cervantes la había tomado de allí, «no creyendo haber in- »conveniente o persuadido a que no se le descubriría el hurto, si »así debe llamarse». A esta calumniosa necedad, divulgada en 1787, se opuso, con la lógica del buen sentido, don Tomás Antonio Sánchez, aun sin haber visto la primera edición de la *Silva*, de la cual

---

[1] Página 168 de la reproducción de Sbarbi.

[2] *La Silva Curiosa de Ivlian de Medrano, Cavallero Navarro: en que se tratan diuersas cosas sotilissimas y curiosas, muy conuenientes para Damas y Cavalleros, en toda conuersacion virtuosa y honesta. Corregida en esta nueua edicion y reduzida a mejor lectura por Cesar Ovdin. Vendese en Paris, en casa de Marc Orry, en la calle de Santiago, a la insignia del Lion Rampant. M.DCVIII.*

8º 8 hs. prles. y 328 pp. La novela de *El Curioso Impertinente* empieza en la página 274.

Algunas cosas más que la novela agregó César Oudin al texto primitivo de la *Silva*. En la página 271 de su edición pone esta advertencia: «Estos dos »epitafios siguientes fueron añadidos a esta segunda impresion por Cesar »Oudin, el cual los cobró de dos caballeros tedescos sus discípulos. El uno »es del Emperador Carlos V, y es hecho en latin; el otro es de la Verdad, »escrito en Español, el qual es también traducido en frances por el dicho »Cesar.»

El señor don José María Sbarbi ha reimpreso está edición (suprimiendo la novela de Cervantes) en el tomo X y último de su *Refranero General Español* (Madrid, imp. de A. Gómez Fuentenebro, 1778).

sólo tuvo conocimiento por un amigo suyo residente en París.[1]

Compilaciones del mismo género que la *Silva* son algunos de los numerosos libros que publicó en Francia Ambrosio de Salazar, aventurero murciano que después de haber militado en las guerras de la Liga, hallándose sin amparo ni fortuna, *despedazado y roto*, como él dice, se dedicó en Ruán a enseñar la lengua de Castilla, llegando a ser maestro e intérprete de Su Majestad Cristianísima. La vida y las obras de Salazar han sido perfectamente expuestas por A. Morel-Fatio en una monografía tan sólida como agradable, que agrupa en torno de aquel curioso personaje todas las noticias que pueden apetecerse sobre el estudio del español en Francia durante el reinado de Luis XIII y sobre las controversias entre los maestros de gramática indígenas y forasteros. Remitiendo a mis lectores a tan excelente trabajo,[2] hablaré sólo de aquellos opúsculos de Salazar que tienen algún derecho para figurar entre las colecciones de cuentos, aunque su fin inmediato fuese ofrecer textos de lengua familiar a los franceses.

Tenemos, en primer lugar, *Las Clavellinas de Recreacion, donde se contienen sentencias, avisos, exemplos y Historias muy agradables para todo genero de personas desseosas de leer cosas curiosas, en dos lenguas, Francesa y Castellana*; obrita impresa dos veces en Ruán, 1614 y 1622, y reimpresa en Bruselas, 1625.[3] Es un ramillete bastante pobre y sin ningún género de originalidad, utilizando las colecciones anteriores, especialmente la de Santa Cruz,

---

[1] *Carta publicada en «El Correo de Madrid» injuriosa a la buena memoria de Miguel de Cervantes. Reimprímese con notas apologéticas. En Madrid, por D. Antonio de Sancha. Año de M.DCCLXXXVIII.*

[2] *Ambrosio de Salazar et l'étude de l'espagnol en France sous Louis XIII*, por A. Morel-Fatio. París, 1901.

[3] *Las Clavellinas de Recreacion... Les Oeuillets de Recreation. Où sont contenüees sentences, advis, exemples, et Histoires tres agreables pour toutes sortes de personnes disereuses de lire choses curieuses, és deux langues Françoise et Espagnole. Dedié à Monsieur M. Gobelin, sieur de la Marche, Conseiller du Roy, et Controlleur general de ses finances en la generalité de Rouen. Por Ambrosio de Salazar. A Rouen, chez Adrian Morront, tenant sa boutique dans l' Estre nostre Dame. 1622. Avec Privilege du Roy.* 8º 6 hs. prls., 366 páginas y una hoja sin foliar.

Las Clavellinas de Recreacion. Por Ambrosio de Salazar... A Brvsselles, chez Iean Pepermans Libraire juré, et imprimeur de la Ville, demeurant derive (sic) *icelle Ville a a Bible d'Or. 1625. Avec Grace et Privilege.* 8º

con algunas anécdotas de origen italiano y otras tomadas de los autores clásicos, especialmente de Valerio Máximo. Las *Horas de Recreación* de Guicciardini, el *Galateo Español* de Lucas Gracián Dantisco (del cual hablaré más adelante), pueden contarse también entre las fuentes de este libro, poco estimable a pesar de su rareza.[1]

Más interés ofrece, y es sin duda el más útil de los libros de Salazar, a lo menos por los datos que consigna sobre la pronunciación de su tiempo y por las frases que recopila e interpreta, su *Espejo General de la Gramática en diálogos*, obra bilingüe publicada en Ruán en 1614 y de cuyo éxito testifican varias reimpresiones en aquella ciudad normanda y en París.[2] Este *Espejo*, que dió ocasión a una agria y curiosa polémica entre su autor y César Oudín, no es propiamente una gramática ni un vocabulario, aunque de ambas cosas participa, sino un método práctico y ameno para enseñar la lengua castellana en cortísimo tiempo, ya que no en *siete* lecciones, como pudiera inferirse de la portada. La forma del coloquio *escolar*, aplicado primeramente a las lenguas clásicas, y que no se desdeñaron de cultivar Erasmo y Luis Vives, degeneró en manos de los maestros de lenguas modernas, hasta convertirse en el pedestre *manual de conversación* de nuestros días. Y todavía en este género la degradación fué lenta: los *Diálogos familiares* que llevan el nombre de Juan de Luna, aunque no todos le pertenecen, tienen mucha gracia y picante sabor; son verdaderos diálogos de costumbres que pueden leerse por sí

---

[1] El autor mismo confiesa sin rebozo su falta de originalidad: «Amigo lector, quando leyeres este librillo, o parte dél, no digas mal de las historias, porque no soy yo el Auctor; solo he servido de intérprete en ellas: de manera que el mal que dijeres no me morderá...»

[2] *Espexo General de la Gramatica en Dialogos, para saber la natural y perfecta pronunciacion de la lengua Castellana. Seruira tambien de Vocabulario para aprenderla con mas facilidad, con algunas Historias graciosas y sentencias muy de notar. Todo repartido por los siete dias de la semana, donde en la séptima son contenidas las phrasis de la dicha lengua hasta agora no vistas. Dirigido a la Sacra y Real Magestad del Christianissimo Rey de Francia y de Nauarra. Por Ambrosio de Salazar... A Rouen, chez Adrien Morront, dans l' Estre nostre Dame, pres les Changes.* 1614. 8º

En la obra de Gallardo (n. 3.773 a 3.775) se describen otras tres ediciones, todas de Ruán (1615, 1622, 1627).

mismos, prescindiendo del fin pedagógico con que fueron trazados. Los de Salazar, escritor muy incorrecto en la lengua propia, y supongo que peor en la francesa, valen mucho menos por su estilo y tienen además la desventaja de mezclar la exposición gramatical directa, aunque en dosis homeopáticas, con el diálogo propiamente dicho. De éste pueden entresacarse (como previene el autor) algunas «historias graciosas y sentencias muy de notar»; por ejemplo, una biografía anecdótica del negro Juan Latino, que Morel-Fatio ha reproducido y comenta agradablemente en su estudio.[1]

No importa a nuestro propósito, aunque el título induciría a creerlo, el *Libro de flores diversas y curiosas en tres tratados* (París, 1619), en que lo único curioso son algunos modelos de estilo epistolar, sobre el cual poseemos otros formularios más antiguos, castizos e importantes, como el de Gaspar de Texeda. Salazar había pensado llenar con cuentos la tercera parte de su libro; pero viendo que ocupaban muchas hojas y que su librero no podía sufragar tanto gasto, guardó los cuentos para mejor ocasión y los reemplazó con un diálogo entre un caballero y una dama.[2]

Podemos suponer que estos cuentos serían los mismos que en número de ochenta y tres publicó en 1632, formando la segunda parte de sus *Secretos de la gramática española*, que ciertamente no aclaran ningún misterio filológico. La parte teórica es todavía más elemental que en el *Espejo*, y la parte práctica, los ejercicios de lectura como diríamos hoy, están sacados, casi en su totalidad, de la *Floresta Española* de Melchor de Santa Cruz, según honrada confesión del propio autor. «Lo que me ha movido a hacer imprimir estos quentos ha sido porque veya que un librito que andava por aqui no se podia hallar, aunque es verdad que primero vino de España. Despues se imprimio en Brucelas (sic) en las dos lenguas y aun creo que se ha impreso aqui en París, y he visto

---

[1] Página 73.
[2] *Libro de flores diversas y curiosas en tres Tratados... Dirigido al prudentissimo y generoso Señor de Hauquincourt: Mayordomo Mayor de la Christianissima Reyna de Francia. Por A. de Salazar, Secretario, interprete de su Magestad, en la lengua Española, cerca de su Real persona. En Paris. Se venden en casa de David Gil, delante el Cavallo de bronze y sobre el puente nuevo.* 1619.

que lo han siempre estimado del todo. Este librito se llama *Floresta española de apogstemas* (sic) *y dichos graciosos,* del qual y de algunos otros he sacado este tratadillo.»[1]

Salazar, que multiplicaba en apariencia más que en realidad las que apenas podemos llamar sus obras, con cuyo producto seguramente mezquino, iba sosteniendo su trabajada vejez, formó con estos mismos cuentos un *Libro Curioso, lleno de recreacion y contento,* que es uno de los tres *Tratados propios para los que dessean saber la lengua española* (París, 1643), donde también pueden leerse dos diálogos, no sé a punto fijo si suyos o ajenos, «entre dos comadres amigas familiares, la una se llama Margarita y la otra Luciana».

Mencionaremos, finalmente, el *Thesoro de diversa licion* (París, año 1636), cuyo título parece sugerido por la *Silva de varia leccion* de Pedro Mejía, que le proporcionó la mayor parte de sus materiales, puesto que no creo que Salazar acudiese personalmente a Eliano, Plinio, Dioscórides y otros antiguos a quien se remite.[2] El *Thesoro* viene a ser una enciclopedia microscópica de geografía e historia natural, pero lleva al fin una serie de *Historias verdaderas sucedidas por algunos animales,* que entran de lleno en la literatura novelística. Algunas son tan vulgares y sabidas como la del león de Androcles, pero hay también cuentos españoles que tienen interés *folklórico.* Todos deben de encontrarse en otros libros, pero hoy por hoy no puedo determinar cuáles. La historia del prodigioso perro que tenía un maestro de capilla de Palencia en tiempo de Carlos V, se lee en el *Libro del Can y del Caballo* del protonotario Luis Pérez,[3] pero con notables variantes. La

---

[1] *Secretos de la Gramatica Española, con vn Tratado de algunos Quentos honestos y graciosos. Obra tanto para el estudio como para echar de sí todo enojo y pesadumbre...* 1632. Sin lugar de impresión, probablemente París.

[2] *Thesoro de diversa licion, obra digna de ser vista, por su gran curiosidad; En el qual ay XXII Historias muy verdaderas, y otras cosas tocantes a la salud del Cuerpo humano, como se vera en la tabla siguiente. Con una forma de Gramatica muy prouechosa para los curiosos... A Paris, chez Louys Bovllanger, rüe Sainct Iacques, à l'Image S. Louys.* 1636.
8º 6 hs. prls. sin foliar, 270 pp. y 4 folios de tabla.

[3] *Del can, y del cavallo, y de sus cualidades: dos animales, de gran instincto y sentido, fidelissimos amigos de los hombres. Por el Protonotario Luys*

leyenda genealógica de los Porceles de Murcia, que sirvió a Lope de Vega para su comedia del mismo título,[1] se encuentra referida en Salazar a Barcelona, y acaso sea allí más antigua, puesto que en Provenza hallamos la misma leyenda aplicada a los *Pourcelet,* marqueses de Maiano (Maillane), poderosos señores en la villa de Arlés, cuyo apellido sonó mucho en las Cruzadas, en la guerra de los Albigenses, en las Vísperas Sicilianas y en otros muchos sucesos, y de la cual es verosímil que procediesen el Guarner Procel, el Porcelín Porcel y el Orrigo Porcel, que asistieron con don Jaime a la conquista de Murcia, y están inscritos en el libro de repartimiento de aquella ciudad, puesto que el blasón de ambos linajes ostenta nueve lechoncillos. [2]

Perez, Clerigo, vezino de Portillo. En Valladolid, impresso por Adrian Ghemart. 1568.

De este raro y curioso libro hizo una elegante reproducción en Sevilla (año 1888) don José María de Hoyos, tirando sólo cincuenta ejemplares.

Vid. p. 34, «De un Can que en Palencia uvo de estraño y marauilloso ʼinstincto, y cosa jamas oyda: de que al presente ay sin numero los tesʼtigos.»

[1] Véanse las advertencias preliminares que he puesto a esta comedia en el tomo XI de la edición académica de Lope de Vega.

[2] Como la versión de Ambrosio de Salazar no ha sido citada (que yo recuerde) en los que han escrito sobre leyendas de partos monstruosos (asunto de una reciente monografía del profesor danés Nyrop), y el *Thesoro* es bastante raro, me parece oportuno transcribirla.

Página 213, *Historia y cuento donoso sucedido en Barcelona:*

«En la ciudad de Barcelona ay cierto linaje de personas que se llaman los Porcels, que quiere dezir en la lengua castellana lechones, que tomaron el apellido y sobrenombre destos animales gruñidores por cierto caso que sucedio a dos casados en la dicha ciudad. Y el caso fue que cierta Señora de mediano estado, se avia persuadido una cosa harto fuera de razón, y es, que le avian dado a entender que la muger que paria mas que un hijo de una vez era señal de adultera, y que avia tenido ilicito ayuntamiento con mas de un varon; y viendose preñada y con muy grande barriga, temió de parir mas que un hijo, porque no la tuviessen por lo que ella indiscretamente avia pensado. Al fin llegado el parto de esta Señora, sucedio que pario nuebe hijos varones, pues no ay cosa imposible a la voluntad de Dios. Visto por la parida cosa tan estraña determinó persuadir a la partera que dissimulasse y no dixesse que avia parido mas que un solo hijo, pensando hazer perezer a los demas. Con esta mala voluntad, llamó a una criada y mandole que tomasse aquellos ochos niños y los lleuase al campo fuera de la Ciudad y los enterrasse assí vivos. La criada los puso en una espuerta, y se yba

Más curiosa todavía es otra leyenda catalana sobre la casa de Marcús, que Ambrosio de Salazar nos refiere en estos términos:

«En la decendencia de los Marcuses, linage principal de Cataluña, se lee una Historia de una Cabra y un cabrito, que aunque fué sueño tubo un estraño effecto, que un Hidalgo llamado Marcus, por desgracias y vandos de sus antecessores, vino a una grande pobreza y necesidad, tanto que lo hazia andar muy afligido y cuydadoso pensando cómo podria echar de sí tan pesada carga. Y con tales pensamientos sucedió, que durmiendo soñó un sueño que si dexava su tierra y se yva a Francia, en una Puente que está junto a la Ciudad de Narbona hallaría un gran Thesoro. El qual despertando estubo pensando si aquello era sueño o fantasía. Por entonces no quiso dar crédito al sueño, pero volviendo otras dos vezes al mesmo sueño determinó yr allá, y provar sueño y ventura. Estando pues en la dicha Puente un día entre otros muchos acaeció que otro hidalgo de aquella ciudad, por la mañana y a la tarde se salia por aquella Puente passeando; y como notasse y viesse cada día aquel Estrangero, y que por mucho que él madru-

---

con grande atrevimiento a cumplir el mandado de su ama, y Dios fue servido que encontró en el camino con su amo, y aviendo preguntadole dónde yva y qué llevaba en aquella espuerta, la criada respondio en su lengua Catalana diziendo: «Senior, porté uns porcells», de do tomaron el apellido y sobrenombre dels Porcels. El amo deseoso de verlos abatio la espuerta y halló los ocho niños aun bullendo y muy hermosos, aunque pequeñitos y desmedrados; y viendo la traycion y mal dessignio luego sospechó lo que podria ser, y preguntando a la criada si su ama avia parido, respondio que si, dandole larga cuenta de lo que passava, y la causa por que los llevaba a enterrar. Entonces el padre, como hombre discreto, los dio a criar, sin ser sabido de nadie más que de la criada, a quien mandó y amenazó que no descubriesse lo que avia passado, como de hecho lo cumplió. Al cabo de tres años, el dicho padre en cierto dia mandó aparejar un combite sin que la muger supiesse para quien se preparava. Ya que todo estava a punto, hizo venir los ocho hijos con sus amas, sin otros que para el proposito avia combidado. Sentados a la mesa, declaró el padre la causa del combite, y todo como lo avemos contado, de que no poca afrenta y espanto recibió la muger, aunque todo mezclado con un grandissimo contento, por ver y entender que aquellos eran sus hijos, a quien por su falsa imaginacion a penas fueron nacidos quando los tuvo condenados a muerte. El padre mandó que de ally adelante llamassen a aquellos niños los Porcels, y oy en dia se llaman assí los descendientes dellos, por lo que la criada dixo quando los llevaba a enterrar que llevaba porcells, que quiere dezir lechones.»

gase ya lo hallava ally, y por tarde que bolviesse también, determinó preguntarle la causa, como de hecho se lo preguntó, rogándoselo muy encarecidamente.

«El hidalgo catalan despues de bien importunado respondio diciendo: «Aveis de saber, señor, que un Sueño me ha traydo »aqui, y es éste: que si me venia a esta Puente avia de hallar en »ella un muy grande Thesoro, y esto lo soñé muchas vezes». El Francés burlándose del Cathalan y de su sueño respondió riendo: «Bueno estuviera yo que dexara mi patria y casa por un sueño »que soñé los días pasados, y era, que si me yva a la Ciudad de »Barcelona en casa de uno que se llama Marcus, hallaria debajo »una escalera un grandíssimo y famoso Thesoro»; el hidalgo catalan, que era el mesmo Marcus, como oyó el sueño del Francés y su reprehensión, se despidió dél sin dársele a conocer y se bolvió a su casa. Luego que llegó començó en secreto a cavar debajo su escalera considerando que podria aver algun mysterio en aquellos sueños, y a pocos dias ahondó cavando tanto que vino a descubrir un gran cofre de hierro enterrado ally, dentro del qual halló una Cabra muy grande y un cabrito de oro maciço, que se creyó que avian sido idolos del tiempo de los Gentiles. Con las quales dos pieças, aviendo pagado el quinto, salió de miseria, y fué rico toda su vida él y los suyos: y instituyó cinco capellanias con sus rentas, que estan aun oy dia en la ciudad de Barcelona». [1]

No todos los librillos bilingües de anécdotas y chistes publicados en Francia a fines del siglo XVI y principios del XVII, tenían el útil e inofensivo objeto de enseñar prácticamente la lengua. Había también verdaderas diatribas, libelos y caricaturas en que se desahogaba el odio engendrado por una guerra ya secular y por la preponderancia de nuestras armas. A este género pertenecen las colecciones de fanfarronadas y *fieros* en que alternan los dichos estupendos de soldados y rufianes. Escribían o compilaban estos libros algunos franceses medianamente conocedores de nuestra lengua, como Nicolás Baudoin, autor de las *Rodomuntadas castellanas, recopiladas de diversos autores y mayormente del capitán Escardón Bombardón,* que en sustancia son el mismo libro que las

---

[1] Páginas 195-199, con el título de «Historia verdadera de la cabra y cabron».

Rodomuntadas castellanas, recopiladas de los commentarios de los muy aspantosos (sic), *terribles e invincibles capitanes Metamoros* (sic), *Crocodillo y Rajabroqueles.* [1] Y en algunos casos también cultivaron este ramo de industria literaria españoles refugiados por causas políticas o religiosas, como el judío Francisco de Cáceres, autor de los *Nuevos fieros españoles.* [2]

En estos librejos pueden distinguirse dos elementos, el *rufianesco y el soldadesco*, ambos de auténtica aunque degenerada tradición literaria. Venía el primero de las *Celestinas*, comenzando por el *Centurio* y el *Traso* de la primera, siguiendo por el *Pandulfo* de la segunda, por el *Brumandilón* de la tercera, por el *Escalión* de la *Comedia Selvagia*, para no mencionar otras. En casi todas aparece el tipo del rufián cobarde y jactancioso, acrecentándose de una en otra los *fieros*, desgarros, juramentos, porvidas y blasfemias que salen de sus vinosas bocas. Algo mitigado o adecentado el tipo pasó a las tablas del teatro popular con Lope de Rueda, que sobresalía en representar esta figura cómica, la cual repite tres veces por lo menos en la parte que conocemos de su repertorio. El gusto del siglo XVII no la toleraba ya, y puede decirse que Lope de Vega la enterró definitivamente en *El Rufián Castrucho*.

No puede confundirse con el rufián, reñidor de fingidas pendencias y valiente de embeleco, el soldado fanfarrón, el *miles gloriosus*, cuya primera aparición en nuestra escena data de la *Comedia Soldadesca* de Torres Naharro. Este nuevo personaje, aunque tiene a veces puntas y collares rufianescos y pocos escrúpulos en lo que no toca a su oficio de las armas, suele ser un sol-

---

[1] París, Pierra Chevalier, 1607, 8º, 80 pp. (Núm. 2.144 de Salvá).
Brunet cita tres ediciones más:
Rodomontades espagnoles, recueillies de divers auteurs, et notamment du capitaine Bonbardon (por Jac. Gautier). Rouen, Caillové, 1612.
—Id. 1623.
—Id. 1637.
Algunos de estos libelos miso-hispanos tienen grabados en madera, como el titulado *Emblesmes sur les actions, perfections et moeurs du Segnor espagnol, traduit du castilien* (Middelburg, por Simon Molard, 1608. Rouen, año 1637). Esta sátira grosera y virulenta está en verso. Vid. Morel-Fatio, *Ambrosio de Salazar* (pp. 52-57).

[2] Sin lugar, 12º, 81 pp.

dado de verdad, curtido en campañas sangrientas, y que sólo resulta cómico por lo desgarrado y jactancioso de su lenguaje. Así le comprendió mejor que nadie Brantôme en el libro, mucho más admirativo que malicioso, de sus *Rodomontades Espaignolles,* donde bajo un título común se reúnen dichos de arrogancia heroica, con bravatas pomposas e hipérboles desaforadas. El libro de Brantôme más que satírico es festivo, y en lo que tiene de serio fué dictado por la más cordial simpatía y la admiración más sincera. El panegírico que hace del soldado español no ha sido superado nunca. Era un españolizante fervoroso; cada infante de nuestros tercios le parecía un príncipe, y a los ingenios de nuestra gente, cuando quieren darse a las letras y no a las armas, los encontraba «raros, excelentes, admirables, profundos y sutiles». Sus escritos están atestados de palabras castellanas, por lo general bien transcritas, y él mismo nos da testimonio de que la mayor parte de los franceses de su tiempo sabían hablar o por lo menos entendían nuestra lengua. No sólo le encantaba en los españoles la bravura, el garbo, la bizarría, sino esas mismas fierezas y baladronadas que recopila «belles paroles prefferées à l'improviste», que satisfacen su gusto gascón y no hacen más que acrecentar su entusiasmo por esta nación «brave bravasche et vallereuse, et fort prompte d'esprit». Síguese de aquí que aunque Brantôme fuese el inventor del género de las *Rodomontadas,* y el primero que las coleccionó en un libro que no puede llamarse bilingüe, puesto que las conserva en su lengua original sin traducción,[1] lo hizo sin la intención aviesa, siniestra y odiosa con que otros las extractaron y acrecentaron en tiempo de Luis XIII.

---

[1] Dice Brantôme en la dedicatoria a la Reina Doña Margarita:

«Je les ay toutes mises en leur langage, sans m'amuser à les traduire, »autant par le commandement que m'en fistes, que par ce que vous en parlez »et entendez la langue aussi bien que j'ai jamais veu la feue reyne d'Espaig- »ne vostre soeur (Doña Isabel de la Paz) : car vostre gentil esprit comprend »tout et n'ignore rien, comme despuis peu je l'ai encor mieux cogneu.»

(Oeuvres Complètes de Pierre de Bourdeille, abbé séculier de Brantôme... París, 1842. (Edición del *Panteón Literario.)* Tomo II. Las *Rodomontades Espaignolles,* con el aditamento de los *Sermens et Jurons Espaignols,* ocupan las 67 páginas primeras de este tomo.

Investigar las fuentes de las *Rodomontadas* de Brantôme es tarea que atañe a alguno de los doctos hispanistas con que hoy cuenta Francia.

Hora es de que tornemos los ojos a nuestra Península, y abandonando por el momento los libros de anécdotas y chistes, nos fijemos más particularmente en las colecciones de cuentos y narraciones breves que en escaso número aparecen después de Timoneda y antes de Cervantes. Una de estas colecciones está en lengua portuguesa, y si no es la primera de su género en toda España, como pensó Manuel de Faria,[1] es seguramente la primera en Portugal, tierra fertilísima en variantes de cuentos populares que la erudita diligencia de nuestros vecinos va recopilando,[2] y no enteramente desprovista de manifestaciones literarias de este género durante los tiempos medios, aunque ninguna de ellas alcance la importancia del *Calila y Sendebar* castellanos, de las obras de don Juan Manuel o de los libros catalanes de Ramón Lull y Turmeda.[3]

---

[1] «El primer libro de novelas en España fué el que llaman de Trancoso *(Europa Portuguesa,* 2ª ed., 1680, tomo III, pág. 372).

[2] No dudo que en las provincias de lengua castellana puedan recogerse tantas o más, pero hasta ahora los portugueses y también los catalanes han mostrado en esto más actividad y diligencia que nosotros. Sólo de Portugal recuerdo las siguientes colecciones, todas importantes:

Contos populares portugueses, «colligidos por F. A. Coelho» (Lisboa, 1879).

Portuguese Folk-Tales, «collected by Consiglieri Pedroso, and translated from original Ms. by Henriqueta Monteiro, with an introduction by W. R. S. Ralston» (Londres, 1882).

Contos tradicionaes do povo portuguez, «con uma Introducção e Notas comparativas, por Theophilo Braga» (Porto, 1883, 2 tomos).

Contos nacionaes para crianças, por F. A. Coelho (Porto, 1883).

Contos populares do Brazil, «colligidos pelo Dr. Sylvio Romero» (Lisboa, 1885).

Contos populares portuguezes, «recolhidos por Z. Consiglieri Pedroso» (tomo XIV de la *Revue Hispanique,* 1906).

[3] Ya en el primer tomo de estos *Orígenes de la novela* hemos hecho mérito de la traducción portuguesa del *Barlaam y Josafat,* conservada en un códice de Alcobaza, debiendo añadir aquí la noticia de su edición, que entonces no teníamos *(Texto critico da lenda dos santos Barlaão e Josefate,* por G. de Vasconcellos Abreu, Lisboa, 1898). Hubo también en Alcobaza y otros monasterios libros de ejemplos como el *Orto de Sposo,* del cisterciense Fr. Hermenegildo Tancos T. Braga, en su colección ya citada (II, 38-59) reproduce algunos de estos cuentos, entre los cuales sobresalen el ejemplo alegórico de la Redención (número 132), que parece inspirado por las leyendas del Santo Graal; y los temas históricos de la justicia de Tra-

El primer cuentista portugués con fin y propósito de tal es contemporáneo de Timoneda, pero publicó su colección después del *Patrañuelo*. Llamábase Gonzalo Fernandes Trancoso, era natural del pueblo de su nombre en la provincia de Beira, maestro de letras humanas en Lisboa, lo cual explica las tendencias retóricas de su estilo, y persona de condición bastante oscura, apenas mencionado por sus contemporáneos. Aparte de los cuentos, no se cita más trabajo suyo que un opúsculo de las «fiestas movibles» *(Festas mudaveis)*, dedicado en 1570 al Arzobispo de Lisboa.

A semejanza de Boccaccio, a quien la peste de Florencia dió ocasión y cuadro para enfilar las historias del *Decamerón*, Trancoso fué movido a buscar algún solaz en la composición de las suyas con el terrible motivo de la llamada *peste grande* de Lisboa

---

jano (n. 133) y de Rosimunda y Alboino (n. 149); algunas leyendas religiosas, que tienen sus paradigmas en las cantigas del Rey Sabio, como la del diablo escudero (n. 145) y la del caballero que dió su mujer al diablo (n. 144). Otros pertenecen al fondo común de la novelística, como el de la prueba de los amigos *(Disciplina Clericalis, Gesta Romanorum, Conde Lucanor...)* y alguno, como el «de la buena andanza de este mundo» (n. 139), subsiste todavía en la tradición popular. El texto de la Edad Media es muy curioso, porque viene a acrecentar el número de leyendas que se desenlazan por medio de convites fatídicos:

Un caballero, arrastrado por la insaciable codicia de la dama a quien servía, mata alevosamente a un mercader y le roba toda su hacienda. Emplazado por una voz sobrenatural para dentro de treinta años si no hace penitencia, edifica en un monte unas casas muy nobles y muy fuertes y busca en aquella soledad el olvido de su crimen. «Y estando él un dia en aquel lugar comiendo con su mujer y con sus hijos y con sus nietos en gran solaz con la buena andanza de este mundo, vino un juglar y el caballero le hizo sentar a comer. Y en tanto que él comia, los sirvientes destemplaron el instrumento del juglar y le untaron las cuerdas con grasa. Y acabado el yantar, tomó el juglar su instrumento para tañerle, y nunca le pudo templar. Y el caballero y los que con él estaban comenzaron a escarnecer del juglar, y lanzáronle fuera de los palacios con vergüenza. Y luego vino un viento grande como de tempestad y derribó las casas y al caballero con todos los que alli estaban. Y fue hecho un grande lago. Y paró mientes el juglar tras de sí, y vió en cima del lago andar nadando unos guantes y un sombrero, que se le quedaron en la casa del caballero, cuando le lanzaron de ella.»

Acrecientan el caudal de la primitiva novelística portuguesa las curiosísimas leyendas genealógicas consignadas en el Nobiliario del Infante D. Pedro, sobre el cual nos referimos a lo que largamente queda dicho en el primer tomo.

en 1569, a la cual hay varias referencias en su libro. En el cuento 9º de la 2ª parte, dice: «Assi a exemplo deste Marquez, *todos os que este anno de mil e quinhentos e sessenta e nove,* nesta peste »perdemos mulheres, filhos e fazenda, nos esforçaremos en não nos »entristeçamos tanto, que caiamos em caso de desesperação sem »comer e sem paciencia, dando occasião a nossa morte.» Trancoso hizo la descripción de esta peste, no en un proemio como el novelista florentino, sino en una Carta que dirigió a la Reina Doña Catalina, viuda de don Juan III y Regente del Reino. En esta carta, que sólo se halla en la primera y rarísima edición de los *Contos* de 1575 y fué omitida malamente en las posteriores, refiere Trancoso haber perdido en aquella calamidad a su mujer, a su hija, de veinticuatro años, y a dos hijos, uno estudiante y otro niño de coro. Agobiado por el peso de tantas desdichas, ni siquiera llegó a completar el número de cuentos que se había propuesto escribir. De ellos publicó dos partes, que en junto contienen veintiocho capítulos. Una tercera parte póstuma, dada a luz por su hijo Antonio Fernandes, añade otros diez.

Con el deseo de exagerar la antigüedad de los *Contos e historias de proveito e exemplo,* supone Teófilo Braga que Trancoso había comenzado a escribirlos en 1544.[1] Pero el texto que alega no confirma esta conjetura, puesto que en él habla Trancoso de dicho año como de tiempo pasado: «e elle levaba consigo duzentos e vinte reales de prata, *que era isto o anno de* 1544, *que havia quasi tudo reales».* Me parece evidente que Trancoso no se refiere aquí al año en que él escribía, sino al año en que pasa la acción de su novela. Tampoco hay el menor indicio de que la Primera Parte se imprimiese suelta antes de 1575, en que apareció juntamente con la Segunda, reimprimiéndose ambas en 1585 y 1589. La tercera es de 1596.[2] No cabe duda, pues, de la prioridad de

---

[1] *Contos tradicionaes do povo portuguez,* II, 19.

[2] Sobre la fe de Teófilo Braga cito la edición de 1575, que no he visto ni encuentro descrita en ninguna parte. Brunet dió por primera la de 1585 (Lisboa, por Marcos Borges, 1585, dos partes en un volumen en 4º, la primera de 2 + 50 pp. y la segunda de 2 + 52). Tampoco he visto ésta ni la de Lisboa, 1589 (por Juan Alvares), a la cual se agregó la tercera parte impresa en 1596 por Simón Lopes. Nuestra Biblioteca Nacional sólo posee cinco ediciones, todas del siglo XVII, y al parecer algo expurgadas.

—*Primeira, segunda e terceira parte dos contos e historias de proveito e*

Timoneda, cuyas *Patrañas* estaban impresas desde 1566, tres años antes de la peste de Lisboa. No creo, sin embargo, que Trancoso las utilizase mucho. Las grandes semejanzas que el libro valenciano y el portugués tienen en la narración de Griselda

---

exemplo. Dirigidos a Senhora Dona Ioana D'Alburquerque, molher que foy do Viso Rey da India, Ayres de Saldanha. E nesta impressão vão emendados. (A continuación estos versos):

«Diversas Historias, et contos preciosos,
Que Gonçalo Fernandez Trancoso ajuntou,
De cousas que ouvio, aprendeo, et notou,
Ditos et feytos, prudentes, graciosos:
Os quaes com exemplos bōs et virtuosos,
Ficão en partes muy bem esmaltados:
Prudente Lector, lidos, et notados,
Creo achareis que sam proveitosos.

Anno 1608. Com licença da Sancta Inquisiçam. Em Lisboa. Per Antonio Alvarez.

4º, 4 hs. prls. y 68 pp. dobles.

Aprobación de Fr. Manuel Coelho (9 de agosto de 1607).—Licencia de la Inquisición.—Escudo del Impresor.—Dedicatoria del mismo Antonio Álvarez a doña Juana de Alburquerque (29 de mayo de 1608).—Soneto de Luis Brochado, en alabanza del libro.

Tiene este volumen tres foliaturas, 52 pp. dobles para la 1ª parte, 58 para la 2ª, 68 para la 3ª. Al principio de la segunda hay estos versos:

Se a parte primeira, muy sabio Lector,
Vistes e lestes da obra presente,
Lede a segunda, que muy humildemente,
Aqui vos presenta agora o Auctor:
Pedevos muito, pois sois sabedor,
Mostreis, senhor, ser discreto, prudente,
Suprindo o que falta de ser eloquente,
Com vossa eloquencia, saber e primor.

Procede este raro ejemplar de la biblioteca de don Pascual de Gayangos.

—*Primeira, segunda e terceira Parte dos Contos e Historias de Proveito, e exemplo... Anno 1624. Com todas as licenças et aprouaçoes necessarias. Em Lisboa. Por Iorge Rodriguez. Taixado em papel em seis vintens.*

4º, 4 hs. prls. y 140 pp. dobles.

Aprobación de Fr. Antonio de Sequeyra (16 de marzo de 1620). De ella se infiere que además de las enmiendas que llevaba la edición anterior, se suprimió un pasaje en la Tercera Parte.—Licencias, Tasa, etc.—Soneto de Luis Brochado.—Tabla.

Procede de la biblioteca de don Agustín Durán.

quizá puedan explicarse por una lección italiana común, algo distinta de las de Boccaccio y Petrarca.

Trancoso adaptó al portugués varios cuentos italianos de Boccaccio, Bandello, Straparola y Giraldi Cinthio, pero lo que ca-

---

—*Anno 1633. Com todas as licenças e aprouaçoes necessarias. Em Lisboa. Por Iorge Rodriguez. Taixado na mesa do Paço a seis vintens em papel.*
Edición idéntica a la anterior.
—*Anno de 1646... Em Lisboa, por Antº Alvares, Impressor del Rey N. S.*
8º, 381 páginas de texto y tres de tabla. A la vuelta de la portada van las licencias y el soneto de Luis Brochado.
—*Historias proveitozas. Primeira, segunda e terceira parte. Que contem Contos de proveito et exemplo, para boa educaçam da vida humana. Compostos per Gonzalo Fernandez Trancoso. Leva no fin a Policia e Urbanidade Christiam. Em Lisboa, na officina de Domingos Carneiro, 1681.*
8º, 343 páginas.
La última obra que se cita en la portada tiene distinta paginación y frontis, que dice:
Policia e Urbanidade Christiam. Composta pelos PP. do Collegio Monipontano da Companhia de Jesu. e traduzida per Joam da Costa, Lisboa, 1681.
Tanto esta edición, como la anterior, llevan intercalado, entre la portada y el texto de los cuentos, un pequeño Catecismo, que atestigua la gran popularidad del libro de Trancoso, al cual acompañaba *(Breve Recopilaçam da Doctrina dos Misterios mais importantes de nossa Sancta Fe, a qual todo o Christão he obrigado saber e crer com Fe explicita, quer dizer conhecimento distincto de cada hum: recopilado pelo P. Antonio Rebello, irmão professo da 3ª Ordem de Nossa Senhora do Carmo).*
Además de estas ediciones existen, por lo menos, las siguientes, enumeradas por Inocencio da Silva, en su *Diccionario bibliographico portuguez* (III, 155-156; IX, 427).
—Coimbra, por Thomé Carvalho, 1600, 8º
—Lisboa, por Antonio Craesbeck de Mello, 1671.
—Por Felipe de Sousa Villela, 1710.
—*Historias proveitosas: Primeira, segunda e terceira parte; que contem contos de proveito e exemplo, para boa educação da vida humana. Leva no fim a Policia e urbanidade chistã. Lisboa, na off. de Filippe de Sousa Villela,* año 1722. 8º, XVI + 383 páginas.
—Por Manuel Fernandes da Costa, 1734, 8º
En su ya citada obra *Contos tradicionaes do povo portuguez* (II, pp. 63-128) ha reproducido Teófilo Braga diez y nueve cuentos de la colección de Trancoso, ilustrándolos con curiosas notas y paradigmas. En todos ellos, el erudito profesor suprime las moralidades y divagaciones retóricas de Trancoso y abrevia mucho el texto. Tanto de estos cuentos, como de los que omite, pondré el índice por el orden que tiene en las ediciones del siglo XVII, únicas que he podido manejar.

racteriza su colección y la da más valor folklórico que a la de Timoneda es el haber acudido con frecuencia a la fuente de la tradición oral. La intención didáctica y moralizadora predomina en estos cuentos, y algunos pueden calificarse de ejemplos piadosos, como el «del ermitaño y el salteador de camino», que inculca la

---

Parte 1ª

«Conto primeiro. Que diz que todos aquelles que rezão aos Sanctos que roguem por elles, tem necessidade de fazer de sua parte por conformarse com o que querem que os Sanctos lhe alcancem. Tratase hūa Historia de hum Ermitão, et hum Salteador de caminhos» (Está en Braga, n. 151).

Cont. II. «Que as filhas devem tomar o conselho da sua boa may, e fazer seus mandamentos. Trata de hūa que o não fez, e a morte desastrada que ouve» (Braga, n. 152).

Cont. III. «Que as donzellas, obedientes, devotas e virtuosas, que por guardar sua honra se aventurão a perigo da vida, chamando por Deos, elle les acode. Trata de hūa donzella tal que he digno de ser lido» (Braga, número 153).

Cont. IV. «Que diz que as zombarias são perjudiciaes, e que he bom não usar delles, concluesse autorizado con hum dito grave».

Es meramente un dicho sentencioso de un caballero de la Corte de D. Juan III: «Senhor, não zombo, porque a zombar tem resposta».

Cont. V. «Trata do que aconteceo en hūa barca zombando, e hūaresposta sotil».

Son zumbas y motejos entre un corcobado y un narigudo, que acabaron mal.

Cont. VI. «Que en toda parceria se deve tratar verdade, porque o engano ha se de descobrir, e deixa envergonhado seu mestre. Trata de dous rendeiros».

Historia insulsa que tiende a recomendar la buena fe en los contratos.

Cont. VII. «Que aos Principes convem olhar por seus vassalos, para lhe fazer merce. E os despachadores sempre devem folgar disso, e não impedir o bō despacho das partes. Trata hum dito gravissimo de hum Rey que Deos tem».

Un Rey justiciero da a un mancebo de Tras os Montes el cargo de contador del almojarifazgo que tenía su padre, y haciéndole alguna observación su veedor de Hacienda sobre la inutilidad del cargo, le replica: «Se nos não havemos mister o contador, o mancebo ha mister o officio».

Cont. VIII. «Que os Prelados socorram com suas esmolas a seus subditos, e os officiaes de sua casa lhe ajudem. Trata de hum Arcebispo e seu veador».

El Arzobispo de Toledo de quien se trata es don Alonso Carrillo, y el cuento procede de la *Floresta Española*, como decimos en el texto: «Vos »faço saber que estes que me servem de ficar em casa, porque eu os ey »mister, y estes que me não servem, tambem ficarão, porque elles me ham »mister a mi».

Cont. IX. «Que ha hum genero de odios tam endurecido que parece

necesidad del concurso de las buenas obras para la justificación, aunque sin el profundo sentido teológico que admiramos en la parábola dramática de *El Condenado por desconfiado,* ni la variedad y riqueza de su acción, cuyas raíces se esconden en antiquísimos temas populares. Otros enuncian sencillas lecciones de eco-

---

enxerido pello demonio. Trata de dous vezinhos envejosos hum do outro» (Braga, II, 154).

Cont. X. «Que nos mostra como os pobres com pouca se alegram. E he hum dito que disse hum homen pobre a seus filhos» (Braga, II).

Cont. XI. «Do que acontece a quem quebranta os mandamentos de seu pay, e o proveyto que vem de dar esmolla, e o dano que socede aos ingratos. Trata de hum velho e seu filho» (Braga, II, 157, con el título de *O segredo revelado).*

Cont. XII. «Que offerecendosemos gostos ou perda, o sentimiento ou nojo seja conforme a causa, concluindo con elle. Trata hum dito de hum Rey que mandou quebrar hūa baixella».

Cont. XIII. «Que os que buscam a Deus sempre o achão. Trata de hum hermitan, e hum pobre lavrador que quis antes un real bem ganhado que cento mal ganhados» (Braga, n. 156).

Cont. XIV. «Que todo tabellião e pessoa que da sua fe em juizo, debe atentar bem como a da. Trata hūa experiencia que fez hum senhor para hum officio de Tabellião» (Braga, n. 158).

Cont. XV. «Que os pobres não desesperem nas demandas que lhe armão tyrannos. Trata de dous irmãos que competían em demanda hum com outro, e outras perssoas» (Braga, 159).

Cont. XVI. «Que as molheres honradas e virtuosas devem ser calladas. Trata de hūa que fallou sem tempo e da resposta que lhe derão.

Anécdota insignificante, fundado en el dicho de una mujer de Llerena.

Cont. XVII. «Como castiga Deos accusadores, e liura os innocentes. Trata de hum Comendador que foy com falsidade accusado diante del Rey» (Braga, n. 160, con el título de *Don Simão).*

Cont. XVIII. «De quam bom he tomar conselho com sabedores e usar delle. Trata de hum mancebo que tomou *tres conselhos,* e o suceso» (Braga, número 161).

Cont. XIX. «Que he hūa carta do Autor a hūa senhora, com que acaba a primeira parte destas historias e contos de proveito e exemplo. E logo começa segunda, em que estão muitas historias notaveis, graciosas, e de muito gosto, como se vera nella».

Parte 2ª

Cont. I. «Que trata quanto val a boa sogra, e como por industria de hūa sogra esteve a nora bem casada com o filho que a aborrecia» (Braga, número 162).

Cont. II. «Que diz que honrar os Sanctos e suas Reliquias, e fazerlhe grandes festas he muito bem, e Deos e os Sanctos o pagão. Trata de hum

nomía doméstica y de buenas costumbres, recomendando con especial encarecimiento la honestidad y recato en las doncellas y la fidelidad conyugal, lo cual no deja de contrastar con la ligereza de los *novellieri* italianos, y aun de Timoneda, su imitador. El

---

filho de hum mercador, que con ajuda de Deos e dos Sanctos veo a ser Rey de Inglaterra».
 Cont. III. «Que diz nos conformemos com a vontade do Senhor. Trata de hum Medico que dizia: Tudo o que Deos fez he por melhor» (Braga, número 163).
 Cont. IV. «Que diz que ninguem arme laço que não caya nelle. Trata de hum que armou hūa trampa tomar a outro, e cahio elle mesmo nella».
 Cont. V. «Que diz que a boa mulher he joya que não te mpreço, e he melhor para o homen que toda la fazenda e saber do mundo como se prova claro ser assi no discorso do conto».
 Es un largo ejemplo moral.
 Cont. VI. «Que não confie ninguem em si que sera bom, porque ja o tem promettido: mas andemos sobre aviso fugindo das tentaçōes. Trata hum dito de hum arraez muito confiado».
 Cont. VII. «Que não desesperemos nos trabalhos, e confiemos em Deus que nos proverá, como fez a huma Rainha virtuosa con duas irmāas que o não erão, do que se trata no conto seguinte» (Braga, n. 164).
 Cont. VIII. «Que o poderoso não seja tyranno, porque querendo tudo, não alcança o honesto e perde o que tem. Como se ve em hūa sentença sotil em caso semelhante» (Braga, n. 165).
 Cont. IX. «Que diz que conformes com a vontade de Deos nosso Senhor lhe demos louvores e graças por tudo o que faz. Trata de hum dito do Marquez de Pliego, em tempo del Rey Don Fernando Quinto de Castella».
 Terceira parte.
 Cont. I. «Que todos sejamos sojeitos a razam, e por alteza de estado não ensoberbeçamos, nem por baixeza desesperamos. Trata de hū Principe, que por soberbo hum seu vassalo pos as māos nelle, e o sucesso do caso he notavel» (Braga, n. 166).
 Cont. II. «Que quem faz algum bem a outro, não deve lançar em rosto e que sempre se deve agradecer a quem nos da materia de bem obrar».
 Trátase de una carestía de Córdoba. Este cuento, o más bien dicho sentencioso y grave contra los que echan en cara los beneficios recibidos, parece de origen castellano.
 Cont. II. «Que diz quanto val o juizo de hum homen sabio, e como por hum Rey tomar con elle, o tirou de huma duvida en que estava com hum seu barbeiro» (Braga, n. 168).
 El Rey invita a su barbero a que le pida cualquier merced, prometiéndo concedérsela. El barbero le pide la mano de la princesa su hija. Sorprendido el rey de tal petición, consulta con un sabio, el cual le aconseja que

tono de la coleccioncita portuguesa es constantemente grave y decoroso, y aun en esto revela sus afinidades con la genuina poesía popular, que nunca es inmoral de caso pensado, aunque sea muchas veces libre y desnuda en la dicción.

El origen popular de algunos de estos relatos se comprueba también por los refranes y estribillos, que les sirven de motivo o conclusión, v. gr.: «A moça virtuosa—Deus a esposa» (cont. III); «minha mãe, calçotes» (cont. X), y otros dichos que son tradicionales todavía en Oporto y en la región del Miño.

Algunas de las anécdotas recogidas por Trancoso son meramente dichos agudos y sentenciosos que corrían de boca en boca, y no todos pueden ser calificados de portugueses. Así el conocido rasgo clásico de la vajilla mandada romper por Cotys, rey de Tra-

---

mande abrir la tierra en el sitio donde había estado el barbero, porque sin duda habría puesto los pies sobre un gran tesoro, que le daba humos para aspirar tan alto. El tesoro aparece en efecto, y el rey lo reparte entre el barbero y el letrado que dió tan buen consejo. Ignoro el origen de este absurdo cuento.

Cont. IV. «Trata como dous mancebos se quiseran em estremo grao, e como hum delles por guardar amizade se vio em grandes necessidades, e como foy guardado do outro amigo».

Cont. V. «Que inda que nos vejamos em grandes estados não nos ensoberbeçamos, antes tenhamos os olhos onde nacemos para merecer despois a vir a ser grandes senhores, como aconteceo a esta Marqueza de que he o conto seguinte» (Braga, n. 107, con el título de *Constancia de Griselia*).

Cont. VI. «Em que mostra de quanto preço he a virtude nas molheres, especialmente nas donzelas, e como hūa pobre lavradora por estimar sua honra em muyto, veo a ser grande senhora».

Cont. VII. «Neste conto atraz tratei hūa grandeza de animo que por comprir justiça usou Alexandro de Medices Duque de Florença com hūa pobre Donzela, e porque este he de outra nobeza usou que usou com hūa pobre'viuva, a qual he o seguinte» (Braga, n. 169, *O achado da bolsa*).

Cont. VIII. «Em que se conta que estando hūa Raynha muyto perseguida e sercada en sue Reyno, foy liurada por hum cavaleyro de quem ella era en estremo enemiga, e ao fim veio a casar com elle».

Conto IX. «Que mostra de quanta perfeiçao he o amor nōs bōs casados, e como hum homen nobre se pos em perigo da morte por conservar a hōra de sua molher, e por a liurar das miserias em que vivia, e como lhe pagou com o mesmo amor».

Cont. X. «Em o qual se trata de hum Portuguez chegar a cidade de Florença, e o que passou com o Duque senhor della, com hūa peça que lhe deu a fazer, o qual he exemplo muy importante para officiaes».

cia, que aquí se encuentra aplicado a un rey de España. La fuente remota pero indisputable de esta anécdota, que pasó a tantos centones, es Plutarco en sus *Apotegmas*, que andaban traducidos al castellano desde 1533. Es verosímil, además, que Trancoso manejase la *Floresta Española* de Melchor de Santa Cruz, impresa un año antes que los *Contos*, pues sólo así se explica la identidad casi literal de ambos textos en algunas anécdotas y dichos de personajes castellanos. Puede compararse, por ejemplo, el cuento 8º de la *Parte Primeira* del portugués con éste, que figura en el capítulo III de la colección del toledano:

«Un contador de este Arzobispo (don Alonso Carrillo) le dixo que era tan grande el gasto de su casa, que ningún término hallaba cómo se pudiese sustentar con la renta que tenía. Dixo el Arzobispo: «¿Pues qué medio te parece que se tenga?» Respondió el Contador: «Que despida Vuestra Señoria aquellos de quien no tiene necesidad.» Mandóle el Arzobispo que diese un memorial de los que le sobraban, y de los que se habian de quedar. El Contador puso primero aquellos que le parecian a él más necesarios y en otra memoria los que no eran menester. El Arzobispo tuvo manera como le diese el memorial delante de los más de sus criados, y leyéndole, dixo: «Estos queden, que yo los he menester; »esotros ellos me han menester a mí.»[1]

También pertenece a la historia castellana este dicho del Marqués de Priego, viendo asolada una de sus fortalezas por mandado del Rey Católico: «Bendito y alabado sea Dios que me dió paredes en que descargase la ira del Rey.» (Cont. IX, parte 1ª de Trancoso).

Llegando a los cuentos propiamente dichos, a las narraciones algo más extensas, que pueden calificarse de novelas cortas, es patente que el autor portugués las recibió casi siempre de la tradición oral, y no de los textos literarios. Por eso y por su relativa antigüedad merecen singular aprecio sus versiones, aun tratándose de temas muy conocidos, como el «del Rey Juan y el abad de Cantorbery» (que aquí es un comendador llamado *Don Simón*), o el de «la prueba de las naranjas», o el de «los tres consejos», parábola de indiscutible origen oriental, que difiere profundamente

---

[1] Página 11 de la edición de Francisco Asensio.

de todas las demás variantes conocidas y ofrece una peripecia análoga a la leyenda del paje de la Reina Santa Isabel.[1]

Todavía tienen más hondas raíces en el subsuelo misterioso de la tradición primitiva, común a los pueblos y razas más diversas, otros cuentos de Trancoso, por ejemplo, el de la reina virtuosa y la envidia de sus hermanas, que la acusan de parir diversos monstruos, con los cuales ellas suplantan las criaturas que la inocente heroína va dando a luz. Innumerables son los paradigmas de esta conseja en la literatura oral de todos los países, como puede verse en los eruditísimos trabajos de Reinhold Köhler y de Estanislao Prato,[2] que recopilan a este propósito cuentos italianos, franceses, alemanes, irlandeses, escandinavos, húngaros, eslavos, griegos modernos, en número enorme. Sin salir de nuestra Península, la encontramos en Andalucía, en Portugal, en Cataluña, y ni siquiera falta una versión vasca recogida por Webster.[3] La novelística literaria ofrece este tema con igual profusión en *Las mil y una noches,* en Straparola (n. 4, fáb. III); en la *Posilecheata* del obispo Pompeyo Sarnelli, publicada por Imbriani (cuento tercero); en Mad. D'Aulnoy, *La princesse Belle-Etoile et le prince Chévi.* Carlos Gozzi le transportó al teatro en su célebre *fiaba filosofica «L'Augellino belverde»,* y don Juan Valera le rejuveneció para el gusto español con la suave y cándida malicia de su deleitable prosa. Un nexo misterioso pero indudable, ya reconocido por Grimm, enlaza este cuento con el del caballero del Cisne y con las poéticas tradiciones relativas a Lohengrin. Tan extraordinaria y persistente difusión indica un simbolismo

---

[1] Vid. E. Cosquin, *La Légende du Page de Sainte Elisabeth de Portugal et le conte indien des «Bons Conseils»,* en la *Revue de Questions Historiques,* enero de 1903.

[2] A las comparaciones hechas por el primero en sus notas a los *Awarische Texte* de A. Schiefner (n. 12) hay que añadir la monografía del segundo sobre *Quatro novelline popolari livornesi* (Spoleto, 1880). Una nota de Teófilo Braga, que excuso repetir (II, 192-195), resume estas indagaciones. Pero para estudiarlas a fondo, habrá que recurrir siempre a los fundamentales trabajos de Köhler *(Kleinere Schriften zur Märchenforschung von Reinhold Köhler. Herausgegeben von Iohannes Bolte.* Weimar, 1898, pp. 118, 143, 565 y ss.).

[3] *Basque Legends: collected, chiefly in the Labourd, by Rev. Wentworth Webster...* Londres, 1879, pág. 176.

primitivo, no fácil de rastrear, sin embargo, aun por la comparación de las versiones más antiguas. La de Trancoso conserva cierta sencillez relativa, y no está muy alejada de las que Leite de Vasconcellos y Teófilo Braga han recogido de boca del pueblo portugués en nuestros días.

Persisten del mismo modo en la viva voz del vulgo el cuento del *real bien ganado* que conduce a un piadoso labriego al hallazgo de una piedra preciosa, y el de «quien todo lo quiere, todo lo pierde», fundado en una estratagema jurídica que altera el valor de las palabras. Y aunque todavía no se hayan registrado versiones populares de otras consejas, puede traslucirse el mismo origen en la de «la buena suegra», que tanto contrasta con el odioso papel que generalmente se atribuye a las suegras en cuentos y romances, y que en su desarrollo ofrece una situación análoga a la astucia empleada en la comedia de Shakespeare *All's well that ends well*, cuyo argumento está tomado, como se sabe, del cuento decameroniano de Giletta de Narbona (n. 9, giorn. III). Obsérvese que Trancoso conocía también a Boccaccio, pero en este caso no le imita, sino que coincide con él.

De *El Conde Lucanor* no creemos que tuviese conocimiento, puesto que la edición de Argote es del mismo año que la primera de los *Contos*; pero en ambas colecciones es casi idéntico el ejemplo moral que sirve para probar la piadosa máxima: «Bendito sea Dios, ca pues él lo fizo, esto es lo mejor»; salvo que en Trancoso queda reducido a la condición de médico el resignado protagonista de la pierna quebrada, que en la anécdota recogida por don Juan Manuel tiene un nombre ilustre: Don Rodrigo Meléndez de Valdés «caballero mucho honrado del reino de Leon». Los nombres y circunstancias históricas es lo primero que se borra en la tradición y en el canto popular.

El cuento «del hallazgo de la bolsa» se halla con circunstancias diversas en Sercambi, en Giraldi Cinthio y en Timoneda;[1] pero la versión de Trancoso parece independiente y popular, como lo es también el cuento de «los dos hermanos», que en alguna de sus peripecias (el pleito sobre la cola de la bestia, transportado por Timoneda a la *patraña* sexta y no olvidado por Cervantes en *La*

---

[1] Recuérdese lo que ya hemos dicho a este respecto.

Ilustre Fregona), pertenece al vastísimo ciclo de ficciones del «justo juez», que Benfey y Köhler han estudiado minuciosamente comparando versiones rusas, tibetanas, indias y germánicas.

La parte de invención personal en los cuentos de Trancoso debe de ser muy exigua, aun en los casos en que no puede señalarse derivación directa. Nadie le creerá capaz de haber inventado un cuento tan genuinamente popular como el «del falso príncipe y el verdadero», puesto que son *folklóricos* todos sus elementos: la fuerza de la sangre, que se revela por la valentía y arrojo en el verdadero príncipe, y por la cobardía en el falso e intruso, y el casamiento del héroe con una princesa, que permanece encantada durante cierto tiempo, en forma de vieja decrépita. Cuando Trancoso intenta novelar de propia minerva, lo cual raras veces le acontece, cae en lugares comunes y se arrastra lánguidamente. Tal le sucede en el cuento del hijo de un mercader, que en recompensa de su piedad llegó a ser rey de Inglaterra (cuento II de la 2.ª parte). Trancoso parece haberle compaginado con reminiscencias de libros caballerescos, especialmente del *Oliveros de Castilla.* Es una nueva versión del tema del muerto agradecido. Los agradecidos son aquí dos santos, cuyas reliquias había rescatado en Berbería el héroe de la novela, y que con cuerpos fantásticos le acompañan en su viaje y le hacen salir vencedor de las justas en que conquista la mano de la princesa de Inglaterra.

Los cuentos de Trancoso en que debe admitirse imitación literaria son los menos. De Boccaccio trasladó, no sólo la *Griselda,* sino también la historia de los fieles amigos Tito y Gisipo *(Decamerone,* giorn. X, n. 8), transportando la acción a Lisboa y Coimbra. De Bandello, la novela XV de la Parte 2.ª, en que se relata aquel acto de justicia del Duque Alejandro de Médicis, que sirve de argumento a la comedia de Lope de Vega *La Quinta de Florencia.*[1] De las *Noches* de Straparola tomó, recortándola mucho, la *primera* novela, que persuade la conveniencia de guardar se-

---

[1] Parte 1.ª, nov. XIV. «Alessandro duca di Firenze fa che Pietro sposa una mugnaja che aveva rapita, e le fa far molto ricca dote».

En el cuento siguiente de Trancoso (VII de la 3.ª Parte) hay alguna reminiscencia (pero sólo al principio) de la novela XV, parte 2.ª, de Bandello («Bell' atto di giustizia fatto da Alessandro Medici, duca di Firenze contra un suo favorito cortegiano»).

creto, especialmente con las mujeres, y de ser obediente a los consejos de los padres. El cuento está muy abreviado, pero no empeorado, por Trancoso, y el artificio de simular muerto un neblí o halcón predilecto del Marqués de Monferrato, para dar ocasión a que la mujer imprudente y ofendida delate a su marido y ponga en grave riesgo su vida, es nota característica de ambas versiones, y las separa de otras muchas,[1] comenzando por la del *Gesta Romanorum*.[2]

Giraldi Cinthio suministró a la colección portuguesa dos novelas, es a saber, la quinta de la primera década, en que el homicida, cuya cabeza ha sido pregonada, viene a ponerse en manos de la justicia para salvar de la miseria a su mujer e hijos con el precio ofrecido a quien le entregue muerto o vivo;[3] y la primera de la década segunda, cuyo argumento en Trancoso, que sólo ha cambiado los nombres, es el siguiente: Aurelia, princesa de Castilla, promete su mano al que le traiga la cabeza del que asesinó a su novio Pompeyo. El incógnito matador Felicio, que había cometido su crimen por amor a Aurelia, vuelve del destierro con nombre supuesto, y después de prestar a la Princesa grandes servicios en la guerra contra el Rey de Aragón su despechado pretendiente, pone su vida en manos de la dama, la cual, no sólo le perdona, sino que se casa con él cumpliendo lo prometido.[4] En

---

[1] En las notas de Valentín Schmidt a su traducción alemana de algunas novelas de Straparola, puede verse una indicación de ellas.

Märchen-Saal. Sammlung alter Märchen mit Anmerkungen; herausgegeben von Dr. Friedr. Wilh-Val. Schmidt. Erster Band. Die Märchen des Straparola, Berlín, 1817.

Pero es mucho más completo el trabajo de G. Rua, *Intorno alle «Piacevoli Notti» dello Straparola (Giornale Storico della letteratura italiana*, volumen XV y XVI, 1890).

[2] Capítulo 124. «Quod mulieribus non est credendum, neque archana committendum, quoniam tempore iracundiae celare non possunt.» Ed. Oesterley, p. 473. Trae copiosa lista de paradigmas en la página 732.

[3] «Pisti è dannato per micidiale, e gli è levato tutto l' hauere, e son promessi premii a chi l' uccide, o vivo il dà nelle mani della giustitia; Egli si fà offerire a' Signori, e libera la familia da disagio, e se da pericolo. (Novella 5, *prima deca* de *Gli Hecatommithi*.)

[4] «Caritea ama Pompeo, Diego innamorato della giouane, l' uccide; Ella promette di darsi per moglie a chi le da il capo di Diego. Le moue guerra il Re di Portogallo. Diego la difende, e fa prigione il Re, poscia si

la primera de estas leyendas fundó Lope de Vega su comedia *El Piadoso Veneciano*.

Si a esta media docena de novelas añadimos el conocido apólogo del codicioso y el envidioso, que puede leerse en muchos libros de ejemplos, pero que Trancoso, como maestro de latinidad que era, tomó probablemente de la fábula 22 de Aviano, que es el texto más antiguo en que se encuentra,[1] tendremos apurado casi todo lo que en su libro tiene visos de erudición y es fruto de sus lecturas, no muchas ni variadas, a juzgar por la muestra. Ni estas imitaciones ocasionales, ni el fárrago de moralidades impertinentes y frías que abruman los cuentos, bastan para borrar el sello hondamente popular de este libro, que no sólo por la calidad de sus materiales, sino por su estilo fácil, expresivo y gracioso, es singular en la literatura portuguesa del siglo XVI, donde aparece sin precedentes ni imitadores. Los eruditos pudieron desdeñarle; pero el pueblo siguió leyéndole con devoción hasta fines del siglo XVIII, en que todavía le cita un poeta tan culto y clásico como Filinto Elysio: «*os Contos de Trancoso, do tempo de nossos avoengos*». Filinto se complacía en recordarlos y no desdeñaba

---

pone in podestà della Donna, e ella lo pliglia per marito» *(Novella I, seconde decada).*

[1]   Jupiter ambiguas hominum praediscere mentes,
        Ad terras Phoebum misit ab arce poli.
    Tunc duo diversis poscebant numina votis;
        Mamque alter cupidus, invidus alter erat.
    His sese medium Titan; scrutatus utrumque,
        Obtulit, et precibus ut peteretur, ait:
    Praestabit facilis; nam quae speraverit unus,
        Protinus haec alter congeminata feret.
    Sed cui longa jecur nequeat satiare cupido,
        Distulit admotas in nova lucra preces:
    Spem sibi confidens alieno crescere voto,
        Seque ratus solum munera ferre duo.
    Ille ubi captantem socium sua praemia vidit,
        Supplicium proprii corporis optat ovans.
    Nam petit extincto ut lumine degeret uno,
        Alter ut, hoc duplicans, vivat utroque carens.
    Tunc sortem sapiens humanam risit Apollo,
        Invidiaeque malum rettulit inde Jovi.
    Quae dum proventis aliorum gaudet iniquis,
        Laetior infelix et sua damna cupit.

tampoco (caso raro en su tiempo) los de tradición oral, «contos que ouvi contar ha mais de setenta e dois annos», como las *Tres Cidras do Amor, João Ratão* y la *Princesa Doninha*. «Com o titulo da *Gata Borralheira*, contava minha mãe a historia de *Cendrillon*. E nunca minha mãe soube francez.»[1]

El cuento literario medró muy poco en Portugal después de Trancoso. Si alguno se halla es meramente a título de ejemplo moral en libros ascéticos o de materia predicable, como el *Baculo pastoral de Flores de Exemplos* de Francisco Saraiva de Sousa (1657), el *Estimulo pratico,* la *Nova floresta de varios Apophtegmas* y otras obras del P. Manuel Bernardes, o en ciertas misceláneas eruditas del siglo XVIII, como la *Academia Universal de varia erudicão* del P. Manuel Consciencia, y las *Horas de Recreio nas ferias de maiores estudos* del P. Juan Bautista de Castro (1770). Sólo los estudios *folklóricos* de nuestros días han hecho reverdecer esta frondosa rama de la tradición galaico-lusitana, cuya importancia, literaria por lo menos, ya sospechaba un preclaro ingenio de principios del siglo XVII, que intentó antes que otro alguno reducir a reglas y preceptos el arte infantil de los contadores, dándonos de paso una teoría del género y una indicación de sus principales temas. Me refiero al curioso libro de Francisco Rodríguez Lobo, *Corte na aldea e noites de inverno,* de que más detenidamente he de tratar en otra parte de los presentes estudios, puesto que por la fecha de su primera edición (1619) es ya posterior a las *Novelas* de Cervantes. Pero no quiero omitir aquí la mención de los dos curiosísimos diálogos décimo y undécimo, en que presenta dos tipos contrapuestos de narración, una al modo italiano *(Historia de los amores de Aleramo y Adelasia—Historia de los amores de Manfredo y Eurice),* otro al modo popular «con más bordones y muletas que tiene una casa de romería, sin que falten términos de viejas y remedios de los que usan los descuidados». Con este motivo establece una distinción Rodríguez Lobo entre los *cuentos* y las *historias* (sinónimo aquí de las *novelle* toscanas), donde puede campear mejor «la buena descripción de las personas, relación de los acontecimientos, razón de los tiempos y lugares, y una plática por parte de algunas de las figuras que mueva más a compasión

---

[1] Vid. T. Braga, II, 27.

y piedad, que esto hace doblar después la alegría del buen suceso»,
en suma todos los recursos patéticos y toda la elegancia retórica
de Boccaccio y sus discípulos. «Esta diferencia me parece que se
debe hacer de los cuentos y de las historias, que aquéllas piden
más palabras que éstos, y dan mayor lugar al ornato y concierto
de las razones, llevándolas de manera que vayan aficionando el
deseo de los oyentes, y los *cuentos* no quieren tanta retórica, porque
lo principal en que consisten está en la gracia del que habla
y en la que tiene de suyo la cosa que se cuenta.»

«Son estos cuentos de tres maneras: unos fundados en descuidos
y desatientos, otros en mera ignorancia, otros en engaño y
sutileza. Los primeros y segundos tienen más gracia y provocan
más a risa y constan de menos razones, porque solamente se cuenta
el caso, diciendo el cortesano con gracia propia los yerros ajenos.
Los terceros sufren más palabras, porque debe el que cuenta
referir cómo se hubo el discreto con otro que lo era menos o que
en la ocasión quedó más engañado...»

De todos ellos pone Rodríguez Lobo multiplicados ejemplos
y continúa enumerando otras variedades: «Demás destos tres órdenes
de cuentos de que tengo hablado hay otros muy graciosos
y galanos, que por ser de descuidos de personas en quien había
en todas las cosas de haber mayor cuidado, no son dignos de entrar
en regla ni de ser traídos por ejemplo. Lo general es que el desatiento
o la ignorancia, donde menos se espera, tiene mayor gracia.
Después de los cuentos graciosos se siguen otros de sutileza, como
son hurtos, engaños de guerra, otros de miedos, fantasmas, esfuerzo,
libertad, desprecio, largueza y otros semejantes, que obligan
más a espanto que a alegría, y puesto que se deben todos
contar con el mismo término y lenguaje, se deben en ellos usar
palabras más graves que risueñas.»

Trata finalmente de los dichos sentenciosos, agudos y picantes,
dando discretas reglas sobre la oportunidad y sazón en que
han de ser empleados: «Los cuentos y dichos galanes deben ser
en la conversación como los pasamanos y guarniciones en los vestidos,
que no parezca que cortaron la seda para ellos, sino que
cayeron bien, y salieron con el color de la seda o del paño sobre
los que los pusieron; porque hay algunos que quieren traer su
cuento a fuerza de remos, cuando no les dan viento los oyentes, y

aunque con otras cosas les corten el hilo, vuelven a la tela, y lo hacen comer recalentado, quitándole el gusto y gracia que pudiera tener si cayera a caso y a propósito, que es cuando se habla en la materia de que se trata o cuando se contó otro semejante. Y si conviene mucha advertencia y decoro para decirlos, otra mayor se requiere para oírlos, porque hay muchos tan presurosos del cuento o dicho que saben, que en oyéndolo comenzar a otro, se le adelantan o le van ayudando a versos como si fuera salmo; lo cual me parece notable yerro, porque puesto que le parezca a uno que contará aquello mismo que oye con más gracia y mejor término, no se ha de fiar de sí, ni sobre esa certeza querer mejorarse del que lo cuenta, antes oírle y festejarle con el mismo aplauso como si fuera la primera vez que lo oyese, porque muchas veces es prudencia fingir en algunas cosas ignorancia... Tampoco soy de opinión que si un hombre supiese muchos cuentos o dichos de la materia en que se habla, que los saque todos a plaza, como jugador que sacó la runfla de algún metal, sino que deje lugar a los demás, y no quiera ganar el de todos ni hacer la conversación consigo solo.» [1]

De estos «cuentos galantes, dichos graciosos y apodos risueños» proponía Rodríguez Lobo que se formase «un nuevo *Alivio de caminantes*, con mejor traza que el primero». Es la única colección que cita de las anteriores a su tiempo, aunque no debía de serle ignorada la *Floresta Española*, que es más copiosa y de «mejor traza». Aunque Rodríguez Lobo imita en cierto modo el plan de *El Cortesano* de Castiglione, donde también hay preceptos y modelos de cuentos y chistes, sus advertencias recaen, como se ve, sobre el cuento popular e indígena de su país, y prueban el mucho lugar que en nuestras costumbres peninsulares tenía este ingenioso deporte, aunque rara vez pasase a los libros.

Algunos seguían componiéndose, sin embargo, en lengua castellana.

---

[1] Sigo, con algún ligero cambio, la antigua traducción castellana de Juan Bautista de Morales, impresa por primera vez en 1622.
(*Corte en aldea y noches de invierno de Francisco Rodríguez Lobo*... En Valencia: en la oficina de Salvador Fauli, año 1793. Diálogo X. «De la materia de contar historias en conversación». Diálogo XI. «De los cuentos y dichos graciosos y agudos en la conversación». Páginas 276-355.)

El más curioso salió de las prensas de Valencia, lo mismo que el *Patrañuelo,* y su autor pertenecía a una familia de ilustres tipógrafos y editores, de origen flamenco, que constituyen al mismo tiempo una dinastía de humanistas.[1] Aunque Sebastián Mey no alcanzó tanta fama como otros de su sangre, especialmente su doctísimo padre Felipe Mey, poeta y traductor de Ovidio, filólogo y profesor de Griego en la Universidad de Valencia, y hombre, en fin, que mereció tener por mecenas al grande arzobispo de Tarragona Antonio Agustín, es indudable, por el único libro suyo que conocemos, que tenía condiciones de prosista muy superiores a las de Timoneda, y que nadie, entre los escasos cuentistas de aquella Edad, le supera en garbo y soltura narrativa. La extraordinaria rareza de su *Fabulario*,[2] del cual sólo conocemos

---

[1] Vid. Serrano y Morales, *La Imprenta en Valencia...,* páginas 285 - 327. En la página 323 de este precioso libro está publicado el testamento de Felipe Mey, que nombra entre sus hijos a Sebastián, con lo cual queda plenamente confirmado lo que sobre este punto conjeturó don Nicolás Antonio.

[2] *Fabulario en que se contienen fabulas y cuentos diferentes, algunos nueuos y parte sacados de otros autores; por Sebastian Mey. En Valencia. En la impression de Felipe Mey. A costa de Filipo Pincinali a la plaça de Vilarasa.*

8º, 4 hs. prls. y 184 pp.

Aprobación del Pavorde Rocafull, 20 de enero de 1613.—Escudo de Mey.—Prólogo.

«Harto trillado y notorio es, a lo menos a quien tiene mediana licion, lo que ordena Platon en su Republica, encargando que las madres y amas no cuenten a los niños patrañas ni cuentos que no sean honestos. Y de aqui es que no da lugar a toda manera de Poetas. Cierto con razón, porque no se habitue a vicios aquella tierna edad, en que facilmente, como en blanda cera, se imprime toda cosa en los animos, haviendo de costar despues tanto y aun muchas vezes no haviendo remedio de sacarlos del ruin camino, a seguir el cual nos inclina nuestra perversa naturaleza. A todas las personas de buen juicio, y que tienen zelo de bien comun, les quadra mucho esta dotrina de aquel Filosofo: como quepa en razon, que pues tanta cuenta se tiene en que se busque para sustento del cuerpo del niño la mejor leche, no se procure menos el pasto y mantenimiento que ha de ser de mayor provecho para sustentar el alma, que sin proporcion es de muy mayor perficion y quilate. Pero el punto es la execucion, y este es el fin de los que tanto se han desvelado en aquellas bienaventuradas republicas, que al dia de hoy se hallan solamente en los buenos libros. Por lo qual es muy acertada y santa cosa no consentir que lean los niños toda manera de libros, ni aprendan por ellos. Uno de los buenos para este efeto son la fabulas intro-

dos ejemplares, uno en la Biblioteca Nacional de Madrid y otro en la de París, ha podido hacer creer que era meramente un libro de fábulas esópicas. Es cierto que las contiene en bastante número, pero hay, entre los cincuenta y siete capítulos de que se compone, otros cuentos y anécdotas de procedencia muy diversa y algunos ensayos de novela corta a la manera italiana, por lo cual ofrece interés la indagación de sus fuentes, sobre las cuales acaba de publicar un interesante trabajo el joven erudito norteamericano Milton A. Buchanan, de las Universidades de Toronto y Chicago.[1]

Exacto es al pie de la letra lo que dice Sebastián Mey en el prólogo de su *Fabulario:* «Tiene muchas fábulas y cuentos nuevos que no están en los otros (libros), y los que hay viejos están aquí por diferente estilo.» Aun los mismos apólogos clásicos, que toma casi siempre de la antigua colección esópica,[2] están remozados

---

duzidas ya de tiempo muy antigo, y que siempre se han mantenido: porque a mas de entretenimiento tienen dotrina saludable. Y entre otros libros que hay desta materia, podra caber este: *pues tiene muchas fabulas y cuentos nuevos que no estan en los otros,* y los que hay viejos estan aqui por diferente estilo. Nuestro intento ha sido aprovechar con él a la republica. Dios favorezca nuestro deseo.»

Cada una de las fábulas lleva un grabadito en madera, pero algunos están repetidos.

[1] *Modern Language Notes,* Baltimore, junio y noviembre de 1906.

[2] Para que nada falte a la descripción de tan raro libro, pondremos los títulos de estas fábulas, con sus moralidades respectivas:

Fábula I. *El labrador indiscreto.* Es la fábula del molinero, su hijo y el asno, tomada probablemente de *El Conde Lucanor,* cap. 24 de la edición de Argote.

    Quien se sujeta a dichos de las gentes,
    Ha de caer en mil inconvenientes.

Fáb. II. *El gato y el gallo.* Hipócritas pretextos del gato para matar al gallo y comérselo.

    Con el ruin son por demás razones,
    Que al cabo prevalecen sus pasiones.

Es la fábula 4ª del «Isopo de la traslacion nueva de Remigio» en la colección del infante Don Enrique.

Fáb. III. *El viejo y la muerte.*

    Los hombres llaman a la muerte ausente,
    Mas no la quieren ver quando presente.

por él con estilo original y con la libertad propia de los verdaderos fabulistas. Hubiera podido escribir sus apólogos en verso, y no sin elegancia, como lo prueban los dísticos endecasílabos con que expresa la moralidad de la fábula, a ejemplo, sin duda, de don Juan Manuel, puesto que la compilación de *Exemplos* de Clemente

Fáb. IV. *La hormiga y la cigala.*
   Quando estés de tu edad en el verano,
   Trabaja, porque huelgues cuando anciano.

Fáb. VI. *El álamo y la caña.*
   Mas alcanza el humilde con paciencia,
   Que no el soberbio haziendo resistencia.

Fáb. VII. *La raposa y la rana.*
   De la voz entonada no te admires,
   Sin que primero de quien sale mires.

Fáb. IX. *La raposa y las uvas.*
   Quando algo no podemos alcançar,
   Cordura dizen que es dissimular.

Fáb. XI. *El leon, el asno y la raposa.*
   Quando vemos el daño del vecino,
   No escarmentar en él es desatino.

Fáb. XII. *La mujer y el lobo.*
   La muger es mudable como el viento:
   De sus palabras no hagas fundamento.

Fáb. XIV. *El gallo y el diamante.*
   No se precia una cosa, ni codicia,
   Si no es donde hay de su valor noticia.

Fáb. XV. *El cuervo y la raposa.*
   Cuando alguno te loa en tu presencia,
   Piensa que es todo engaño y apariencia.

Fáb. XVII. *El leon y el raton.*
   No quieras al menor menospreciar,
   Pues te podrá valer en su lugar.

Fáb. XIX. *La liebre y el galápago.*
   Hazienda y honra ganarás obrando,
   Y no con presunción emperezando.

Sánchez de Vercial debía de serle desconocida. Con buen acuerdo prefirió la prosa. Interrumpida como estaba después del Arcipreste de Hita la tradición de la fábula en verso, hubiera tenido que forjarse un molde nuevo de estilo y dicción, como felizmente lo intentó Bartolomé Leonardo de Argensola en las pocas fábulas

---

Fáb. XXI. *La rana y el buey.*

>Con los mayores no entres en debate,
>Que se paga muy caro tal dislate.

Fáb. XXII. *El asno y el lobo.*

>Entienda cada qual en su exercicio,
>Y no se meta en el ageno oficio.

Fáb. XXIV. *El consejo de los ratones.*

>Ten por consejo vano y de indiscreto,
>Aquel del qual no puede verse efeto.

Fáb. XXV. *El grillo y la abeja.*

>De su trabajo el hombre se alimente,
>Y a gente vagamunda no sustente.

Fáb. XXVII. *El lobo, la raposa y el asno.*

>Si fueres docto, y no seras discreto,
>Seran tus letras de muy poco efeto.

Fáb. XXIX. *Las liebres y las ranas.*

>Aunque tengas miseria muy notable,
>Siempre hallarás quien es más miserable.

Fáb. XXX. *El asno, el gallo y el leon.*

>Quien presume de sí demasiado,
>Del que desprecia viene a ser hollado.

Fáb. XXXI. *La raposa y el leon.*

>En aprender no tomes pesadumbre,
>Pues lo hace fácil todo la costumbre.

Fáb. XXXIII. *El asno, el cuervo y el lobo.*

>Para bien negociar, favor procura:
>Con él tu causa casi está segura.

Fáb. XXXIV. *El asno y el lobo.*

>Uno que haziendo os mal ha envejecido,
>Si hazeros bien ofrece, no es creido.

que a imitación de Horacio intercala en sus epístolas, como lo lograron, cultivando el género más de propósito, Samaniego e Iriarte en el siglo XVIII, y creemos que la pericia técnica de Sebastián Mey no alcanzaba a tanto. Pero en la sabrosísima prosa de su tiempo, y con puntas de intención satírica a veces, desarro-

Fáb. XXXV. *El raton de ciudad y el del campo.*
> Ten por mejor con quietud pobreza,
> Que no desasosiegos con riqueza.

Fáb. XXXVI. *La raposa y el vendimiador.*
> Si con las obras el traydor te vende,
> En vano con palabras te defiende.

Fáb. XXXVII. *La vieja, las moças y el gallo.*
> Huir de trabajar, es claro engaño,
> Y de poco venir a grande daño.

Fáb. XXXIX. *El asno y las ranas.*
> Quando un poco de mal te quita el tino,
> Mira el que tienen otros de contino.

Fáb. XL. *El pastor y el lobo.*
> Al que en mentir por su plazer se emplea,
> Quando dize verdad, no hay quien le crea.

Fáb. XLII. *El labrador y la encina.*
> Si favoreces al ruin, haz cuenta
> Que en pago has de tener dolor y afrenta.

Fáb. XLIII. *El leon enamorado.*
> Los casamientos hechos por amores
> Muchas vezes son causa de dolores.

Fáb. XLIV. *La raposa y el espino.*
> Acudir por socorro es grande engaño
> A quien vive de hazer a todos daño.

Fáb. XLVIII. *El Astrólogo.*
> ¿Qué certidumbre puede dar del cielo
> El que a sus pies aun ver no puede el suelo?

Fáb. L. *El leon enfermo, el lobo y la raposa.*
> Algunas vezes urde cosa el malo
> Que viene a ser de su castigo el palo.

lla, de un modo vivo y pintoresco, aun los temas más gastados. Sirva de ejemplo la fábula de *El lobo, la raposa y el asno:*

«Teniendo hambre la raposa y el lobo, se llegaron hazia los arrabales de una aldea, por ver si hallarian alguna cosa a mal recado, y toparon con un asno bien gordo y lucido, que estaba paciendo en un prado; pero temiendose que por estar tan cerca de poblado corrian peligro si alli esecutavan en él su designio, acordaron de ver si con buenas razones podrian apartarle de alli, por donde acercando a él la raposa, le habló de esta suerte: «Bo- »rriquillo, borriquillo, que norabuena esteys, y os haga buen pro- »vecho la yervecica; bien pensays vos que no os conozco, sabed »pues que no he tenido yo en esta vida mayor amiga que vuestra »madre, oh, qué honradaza era; no havia entre las dos pan partido. »Agora venimos de parte de un tio vuestro, que detras de aquel »monte tiene su morada, en unas praderias que no las hay en el »mundo tales: alli podreys dezir que hay buena yerba, que aqui »todo es miseria. El nos ha embiado para que os notifiquemos »cómo casa una hija, y quiere que os halleys vos en las bodas. »Por esta cuesta arriba podemos ir juntos; que yo sé un atajo »por donde acortaremos gran rato de camino». El asno, aunque tosco y boçal, era por estremo malicioso; y en viéndolos imaginó hazerles alguna burla; por esto no huyó, sino que se estuvo quedo y sosegado, sin mostrar tenerles miedo. Pero quando huvo oido a la raposa, aunque tuvo todo lo que dezia por mentira, mostró mucho contento, y començo a quexarse de su amo, diziendo cómo dias havia le huviera dexado, si no que le devia su soldada; y para no pagarle, de dia en dia le traia en palabras, y que finalmente solo havia podido alcançar dél que le hiziese una obligacion de pagarle dentro de cierto tiempo, que pues no podia por entonces cobrar, a lo menos queria informarse de un letrado, si era bastante aquella escritura, la qual tenia en la uña del pie, para tener

---

Fáb. LII. *La raposa y la gata.*
Un arte vale más aventajada
Que muchas si aprovechan poco o nada.

Fáb. LIV. *Los ratones y el cuervo.*
Algunos, por inútiles contiendas,
Pierden la posesion de sus haziendas.

segura su deuda. Bolviose la raposa entonces al lobo (que ya ella se temió de algun temporal) y la preguntó si sus letras podian suplir en semejante menester. Pero él no entendiéndola de grosero, muerto porque le tuviesen por letrado, respondió muy hinchado que havia estudiado Leyes en Salamanca, y rebuelto muchas vezes a Bartulo y Bartuloto y aun a Galeno, y se preciava de ser muy buen jurista y sofistico, y estava tan platico en los negocios, y tan al cabo de todo, que no daria ventaja en la plaça a otro ninguno que mejores sangrias hiziese; por el tanto amostrase la escritura, y se pusiese en sus manos, que le ofrecia ser su avogado para quando huviese de cobrar el dinero, y hazer que le pagasen tambien las costas, y que le empeñava sobre ello su palabra; que tuviese buena esperança. Levantó el asno entonces el pie, diziendole que leyese. Y quando el lobo estava mas divertido en buscar la escritura, le asentó con entrambos piés un par de coces en el caxco, que por poco le hiziera saltar los sesos. En fin, el golpe fue tal, que perdido del todo el sentido, cayó el triste lobo en el suelo como muerto. La raposa entonces dándose una palmada en la frente, dixo assi: «¡Oh! cómo es verdadero aquel refran »antiguo, que tan grandes asnos hay con letras como sin letras.» Y en diziendo esto, echó a huir cada qual por su cabo, ella para la montaña y el asno para el aldea.»

Compárese esta linda adaptación con el texto castellano del siglo XV, mandado traducir por el Infante de Aragón don Enrique (Fábula 1.ª entre las *extravagantes* del «*Isopo*»), y se comprenderá lo que habían adelantado la lengua y el arte de la narración durante un siglo. Con no menos originalidad de detalle, picante y donosa, están tratadas otras fábulas de la misma colección, donde ya estaban interpoladas, además de las esópicas, algunas de las que Mey sacó de Aviano, v. gr.: la *de fure et parvo*: «del mozo llorante y del ladrón». Un muchacho engaña a un ladrón, haciéndole creer que se le ha caído una jarra de plata en un pozo. El ladrón, vencido de la codicia, se arroja al pozo, despojándose antes de sus vestidos, que el muchacho le roba, dejándole burlado. En la colección de Mey tiene el número 5.º y esta morajela:

> Al que engañado a todo el mundo ofende,
> Quien menos piensa, alguna vez le vende.

De las fábulas de animales es fácil el tránsito a otros apólogos no menos sencillos, y por lo general de la misma procedencia clásica, en que intervienen, principal o exclusivamente, personajes racionales, por ejemplo: «La Enferma de los ojos y el Médico»,[1] «El avariento»,[2] «El padre y los hijos» todas ellas de origen esópico. Baste como muestra el último:

«Un labrador, estando ya para morir, hizo llamar delante sí a sus hijos; a los quales habló desta suerte: «Pues se sirve Dios »de que en esta dolencia tenga mi vida fin, quiero, hijos mios, »revelaros lo que hasta aora os he tenido encubierto, y es que »tengo enterrado en la viña un tesoro de grandissimo valor. Es »menester que pongays diligencia en cavarla, si quereys hallarle», y sin declararles más partió desta vida. Los hijos, despues de haver concluido con el entierro del padre fueron a la viña, y por espacio de muchos dias nunca entendieron sino en cavarla, quando en una, quando en otra parte, pero jamás hallaron lo que no havia en ella: bien es verdad que por haberla cavado tanto, dió sin comparación más fruto aquel año que solia dar antes en muchos. Viendo entonces el hermano mayor quánto se habian aprovechado, dixo a los otros: «Verdaderamente aora entiendo por »la esperiencia, hermanos, que el tesoro de la viña de nuestro »padre es nuestro trabajo.

> En esta vida la mejor herencia
> Es aplicar trabajo y diligencia».[3]

Las relaciones novelísticas de Sebastián Mey con las colecciones de la Edad Media no son tan fáciles de establecer como las que tiene con Esopo y Aviano. De don Juan Manuel no parece haber imitado más que un cuento, el del molinero, su hijo y el asno. Con *Calila y Dimma* tiene comunes dos: *El Amigo Desleal*,

---

[1] Es la fábula XLI de Mey y termina con estos versos:
    Harta ceguera tiene la cuytada
    Que tuvo hazienda y no ve suyo nada.

[2] Fábula XXIII:
    Si no he de aprovecharme del dinero,
    Una piedra enterrada tanto quiero.

[3] Fábula XXVI de Mey. Corresponde a la XVII del «Isopo de la traslacion nueva de Remigio», en la del infante Don Enrique.

que es el apólogo «de los mures que comieron fierro»,[1] y *El Mentiroso burlado;* pero ni uno ni otro proceden de la primitiva versión castellana derivada del árabe, ni del *Exemplario contra los engaños y peligros del mundo,* traducido del *Directorium vitae humanae* de Juan de Capua, sino de alguna de las imitaciones italianas, probablemente de la de Firenzuola: *Discorsi degli animali,* de quien toma literalmente alguna frase.[2] Por ser tan raro el texto de Mey le reproduzco aquí, para que se compare con el italiano, que puede consultarse fácilmente en ediciones modernas:

Fábula XXVIII. *El hombre verdadero y el mentiroso:*

«Ivan caminando dos compañeros, entrambos de una tierra y conocidos: el uno de ellos hombre amigo de verdad y sin doblez alguna, y el otro mentiroso y fingido. Acaeció, pues, que a un mismo tiempo viendo en el suelo un talegoncico, fueron entrambos a echarle mano, y hallaron que estava lleno de doblones y de reales de a ocho. Quando estuvieron cerca de la ciudad donde bivian, dixo el hombre de bien: «Partamos este dinero, para que »pueda cada uno hazer de su parte lo que le diere gusto». El otro, que era bellaco, le respondió: «Por ventura si nos viesen con tanto »dinero, seria dar alguna sospecha, y aun quiça nos porniamos en »peligro de que nos le robasen, porque no falta en la ciudad quien »tiene cuenta con las bolsas agenas. Pareceme que seria lo mejor »tomar alguna pequeña cuantia por agora, y enterrar lo demas en »lugar secreto, y quando se nos ofreciere despues haver menester »dineros, vernemos entramos juntos a sacarlos, y con esto nos »quitaremos por aora de inconvenientes.» El hombre bueno, o si se sufre llamarle bovo, pues no cayó en la malicia ni engaño del otro, pretendiendo que su intencion era buena, facilmente vino en ello, y tomando entonces alguna quantidad cada uno dellos, enterraron lo demas a la raiz de un arbol que alli juntico estava, habiendo tenido mucha cuenta con que ninguno los mirase; y muy contentos y alegres se bolvieron de alli a sus casas. Pero el

---

[1] *Calila e Dymna,* p. 33 en la edición de Gayangos *(Escritores en prosa anteriores al siglo XV).*

[2] Así en Firenzuola: «il buon uomo, o pur come dicemmo, lo sciocco». En Mey: «el hombre bueno, o si se sufre llamarle bovo».

También pudo consultar *La moral filosophia* del Doni (Venecia, 1552), que es una refundición del libro de Firenzuola.

engañoso compañero venido el siguiente dia, puso en ejecucion su pensamiento, y bolviendo secretamente al sobredicho lugar, sin que persona del mundo tuviese aliento dello, quando el otro estava más descuydado, se llevó el talegoncico con todo el dinero a su casa. Pocos dias después el buen hombre y simple con el vellaco y malicioso, le dixo: «Paréceme que ya será hora que sa- »quemos de alli y repartamos aquellos dineros, porque yo he com- »prado una viña, y tengo de pagarla, y tambien he de acudir a »otros menesteres que se me ofrecen.» El otro le respondió: «Yo »ando tambien en compra de una heredad, y havia salido con in- »tento de buscaros por esta ocasion.» «No ha sido poca ventura »toparnos (replicó el compañero), para poder luego ir juntos», como tenian concertado. «Que vamos en buen hora» (dixo el otro), y sin gastar más razones se pusieron en camino. Llegados al arbol donde le avian enterrado, por bien que cavaron alrededor, como no tuvo remedio de hallarle, no haviendo señal de dinero; el mal hombre que le havia robado, començo a hazer ademanes y gestos de loco, y grandes estremos y quexas diciendo: «No hay el dia de »hoy fe ni verdad en los hombres: el que pensays que os es mas »amigo, esse os venderá mejor. De quien podremos fiar hoy en el »mundo? ah traydor, vellaco, esto me teniades guardado? quién »ha podido robar este dinero sino tu? ninguno havia que supiese »dél». Aquel simplezillo que tenia más razon de poderse quexar y de dolerse, por verse despedido en un punto de toda su esperanza, por el contrario se vio necesitado a dar satisfacion y desculparse, y con grandes juramentos protestava que no sabia en el robo arte ni parte, aunque le aprovechaba poco, porque mostrandose más indignado el otro y dando mayores bozes dezia: «No pienses que »te saldras sin pagarlo: la justicia, la justicia lo ha de saber, y »darte el castigo que merece tu maldad.» Replicando el otro que estava inocente de semejante delito, se fueron gritando y riñendo delante el juez, el qual tras haver los dos altercados en su presencia grande rato, preguntó si estava presente alguno quando escondian el dinero? Aquel tacaño, mostrando más confiança que si fuera un santo, al momento respondio: «Señor, sí, un tes- »tigo havia que no sabe mentir, el qual es el mismo arbol entre »cuyas raizes el dinero estava enterrado. Este por voluntad de »Dios dirá toda la verdad como ha pasado, para que se vea la

»falsedad deste hombre, y sea la justicia ensalçada». El juez entonces (que quiera que lo moviese) ordenó de hallarse las partes en el dicho lugar el siguiente dia, para determinar alli la causa, y asi por un ministro les hizo mandato so graves penas, que huviesen de comparecer y presentarse, dando primero, como lo hicieron, buena seguridad. Pareciole muy a su proposito esta deliberacion del juez al malhechor, pretendiendo que cierto embuste que iva tramando, ternia por semejante via efeto. Por donde bolviendose a su casa, y llamando a su padre, le dixo assi: «Padre muy
»amado, un secreto quiero descubriros, que os he tenido hasta ago-
»ra encubierto, por parecerme que assi convenia hazerse... Haveys
»de saber que yo propio he robado el tesoro que demando a mi
»compañero por justicia, para poder sustentaros a vos y a mi fa-
»milia con más comodidad. Dense a Dios las gracias y a mi buena
»industria, que ya está el negocio en punto que solo con ayudar
»vos un poquito, será sin réplica ninguna nuestro.» Y contóles todo lo que havia passado, y lo que havia provehido el juez, a lo cual añadió: «Lo que al presente os ruego, es que vays esta noche
»a esconderos en el hueco de aquel arbol: porque facilmente po-
»dreys entrar por la parte de arriba, y estar dentro muy a placer,
»sin que puedan veros, porque el arbol es grueso y lo tengo yo
»muy bien notado. Y quando el juez interrogare, disimulando
»entonces vos la boz que parezca de algun espiritu, respondereys
»de la manera que conviene.» El mal viejo que havia criado a su hijo tal qual era él, se convencio de presto de sus razones, y sin temerse de peligro alguno, aquella noche se escondio dentro del árbol. Vino alli el juez el dia siguiente con los dos litigantes, y otros muchos que le acompañavan, y habiendo debatido buen rato sobre el negocio, al cabo preguntó en alta voz quién habia robado el tesoro. El ruin viejo, en tono extraordinario y con boz horrible, dixo que aquel buen hombre. Fue cosa esta que causó al juez y a los presentes increible admiracion, y estuvieron suspensos un rato sin hablar, al cabo del qual dixo el juez: «Bendito
»sea el Señor, que con milagro tan manifiesto ha querido mostrar
»quanta fuerça tiene la verdad. Para que desto quede perpetua
»memoria, como es razon, quiero de todo punto apurarlo. Porque
»me acuerdo que antiguamente havia Nimfas en los arboles, ver-
»dad sea que nunca yo habia dado credito a cosas semejantes,

»sino que lo tenia todo por patrañas y fabulas de poetas. Mas
»agora no sé qué dezirme, haviendo aqui en presencia de tantos
»testigos oido hablar a este arbol. En estremo me holgaria saber
»si es Nimfa o espiritu, y ver qué talle tiene, y si es de aquella her-
»mosura encarecida por los poetas. Pues caso que fuese una cosa
»destas, poco mal podriamos nosotros hacerle por ninguna via.»
Dicho esto mandó amontonar al pie del arbol leños secos que havia por alli hartos, y ponerles fuego. Quién podrá declarar quál se
paró el pobre viejo, quando començó el tronco a calentarse, y el
humo a ahogarle? Sólo sé dezir que se puso entonces con bozes muy
altas a gritar: «Misericordia, misericordia; que me abraso, que me
»ahogo, que me quemo.» Lo qual visto por el juez, y que no havia
sido el milagro por virtud Divina, ni por haber Nimfa en el arbol,
haziendole sacar de alli medio ahogado, y castigandole a él y a su
hijo, segun merecian, mandó que le truxessen alli todo el dinero,
y entregóselo al buen hombre, que tan injustamente havian ellos
infamado. Assi quedó premiada la verdad y la mentira castigada.

<blockquote>
La verdad finalmente prevalece,
Y la mentira con su autor perece».
</blockquote>

Aunque el cuento en *Calila y Dimna* [1] no sea tan seco y esque-

---

[1] *Del falso e del torpe.*
Dixo Calila: «Dos homes eran en una compaña, et el uno dellos era torpe, e el otro falso, e ficieron aparceria en una mercaderia; et yendo por un
camino fallaron una bolsa en que habia mil maravedis, e tomáronla, e ovieron por bien de se tornar a la cibdat. Et quando fueron cerca de la cibdat,
dixo el torpe al falso: «Toma la metad destos dineros, et tomaré yo la otra
metad.» Et dixo el falso, pensándose levar todos los maravedis: «Non faga-
»mos asi, que metiendo los amigos sus faziendas en manos de otro fazen
»mas durar el amor entre ellos; mas tome cada uno de nos pora gastar,
»e soterremos los otros que fincaren en algun logar apartado, et quando
»hobiéremos menester dellos, tomarlos hemos.» E acordóse el torpe en aquello, et soterraron los maravedis so un arbol muy grande, e fuéronse ende,
e despues tornó el falso por los maravedis, e levólos; e quando fue dias,
dixo el falso al torpe: «Vayamos por nuestros maravedis, que yo he menester
»que despienda.» E fuéronse para el logar que los posieron, e cavaron e non
fallaron cosa; e comenzóse a mesar el falso et a ferir en sus pechos, et comenzó a decir: «Non se fie home en ninguno desde aqui, nin se crea por él.»
E dixo al torpe: «Tú tornaste aqui et tomaste los maravedis.» Et comenzó
el torpe a jurar e confonderse que lo non feciera, e el falso diciendo: «Non

mático como otros muchos, lo es bastante para que no lamentemos el aliño con que Firenzuola y Mey remediaron su aridez, haciendo correr por él la savia de un fácil y gracioso diálogo. Y no me parece que la versión del segundo, aunque inspirada por la del primero, sea inferior a ella, a pesar de la amena y exquisita elegancia del monje de Vallumbrosa.

Sebastián Mey, aun en los raros casos en que traduce fielmente algún original conocido, procura darle color local, introduciendo nombres españoles de personas y lugares. Tal acontece en el cuento 53, «La Prueba de bien querer», que es una paráfrasis amplificada de la facecia 116 de Poggio «De viro quae suae uxori mortuum se ostendit.»[1] En el cuento latino la escena pasa en Mon-

»sopo ninguno de los maravedis salvo yo et tú, e tú los tomaste.» E sobre esto fuéronse pora la cibdat, e pora el alcall, e el falso querellóse al alcall cómo el torpe le habia tomado los maravedis, e dixo el alcall: «¿Tú has »testigos?» Dixo el torpe: «Sí, que fio por Dios que el arbol me será testigo, »e me afirmará en lo que yo digo.» E sobre esto mandó el alcall que se diesen fiadores, et díxoles: «Venid vos para mí e iremos al arbol que decides.» E fuese el falso a su padre et fízogelo saber e contóle toda su fazienda, et díxole: «Yo no dixe al alcall esto que te he contado, salvo por una cosa que pensé; »si tú acordares conmigo, habremos ganado el haber.» Dixo el padre: «¿Qué »es?» Dixo el falso: «Yo busqué el mas hueco arbol que pude fallar, e quiero »que te vayas esta noche allá e que te metas dentro aquel logar y donde »puedas caber, et cuando el alcall fuere ende, e preguntare quién tomó los »maravedis, responde tú dentro que el torpe los tomó...

»Et non quedó de le rogar que lo fiziese fasta que gelo otorgó. Et fuese a meter en el arbol, e otro dia de mañana llegó el alcall con ellos al arbol, e preguntóle por los maravedis, e respondió el padre del falso que estaba metido en el arbol, et dixo: «El torpe tomó los maravedis.» E maravillóse de aquello el alcall e cuantos ende estaban, e andudo alrededor del arbol, e non vio cosa en que dudase, e mandó meter y mucha leña e ponerla en derredor del arbol, e fizo poner fuego. E cuando llegó el fumo al viejo, e le dió la calor, escomenzó de dar muy grandes voces e demandar socorro; et entonces sacáronle de dentro del arbol medio muerto, e el alcall fizo su pesquisa e sopo toda la verdad, e mandó justiciar al padre e al fijo e tornar los maravedis al torpe; e asi el falso perdió todos los maravedis, e su padre fue justiciado por cabsa de la mala cobdicia que ovo et por la arteria que fizo.» *(Calila e Dimna,* ed. Gayangos, pp. 32 - 33.)

Cf. *Johannis de Capua Directorium vitae humanae...* ed. de Derenbourg, París, 1887, pp. 90 - 92.

Agnolo Firenzuola, *La prima veste de' discorsi degli animali,* ed. Camerini, pp. 241 - 242.

[1] *The Facetiae or jocose tales of Poggio...* París, 1879, I, 187.

tevarchio, y el protagonista es un cierto hortelano, «hortulanus quidam». Mey castellaniza la anécdota en estos graciosos términos:

«Anton Gonçalez Gallego era hombre que se bivia muy a plazer en la villa de Torrejon; tenia una mujeraça de mediano talle, y de una condicionaça muy buena, de manera que aunque él era un poquito reñidor, ella siempre le abonançava, porque no le entrava a ella el enojo de los dientes adentro; y assi eran presto apaziguados. Acaeció que bolviendo él un dia de labrar, halló que la mujer havia ido al rio a lavar los paños, por donde se recostó sobre un poyo, esperando a que viniese, y como ella tardase, començó a divertir en pensamientos, y entre otros le acudió en quanta paz bivia con su muger, y dezia en su imaginativa: «La causa está en »ella, y en el amor que me tiene, porque hartas ocasiones le doy »yo con mi reñir, pero quiéreme tanto que todo lo disimula con »muy gran cordura a trueco de tenerme contento. Pues si yo me »muriese, qué haria ella? Creo que se moriria de tristeza. ¡O quién »se hallase alli para ver los estremos que haria, y las palabras las- »timeras que echaria de aquella su boca, pues en verdad que lo »he de provar, y asegurarme dello por la vista.» Sintiendo en esto que la muger venia, se tendia en el suelo como un muerto. Ella entró, y mirandole de cerca, y provando a levantarle, como él no hazia movimiento, y le vio sin resuello, creyó verdaderamente que era muerto, pero venia con hambre y no sabia resolverse en si comeria primero o lloraria la muerte del marido. En fin, constreñida de la mucha gana que traia, determinó comer primero. Y poniendo sobre las brasas parte de un recuesto de tocino que tenia alli colgado, se lo comió en dos palabras sin bever por no se detener tanto. Despues tomó un jarro, y comenzó a baxar por la escalera, con intencion de ir a la bodega por vino; mas he aqui donde llega de improviso una vezina a buscar lumbre. Ella que la sintio, dexa de presto el jarro, y como que hubiese espirado entonces el marido, comiença a mover gran llanto y a lamentar su muerte. Todo el barrio acudió a los gritos, hombres y mugeres; y espantados de muerte tan repentina (porque estava él tendido con los ojos cerrados, y sin resollar de manera que parecía verdaderamente muerto) consolavanla lo mejor que podian. Finalmente quando a él le pareció que se havia ya satisfecho de lo que tanto deseava ver, y que huvo tomado un poco de gusto con aquel alboroto; quando más la muger lamentava diciendo: «Ay »marido mio de mi coraçon, desdichado ha sido el dia y la hora »en que pierdo yo todo mi bien, pero yo soy la desdichada, fal- »tandome quien solia ser mi amparo; ya no terné quien se duela »de mí, y me consuele en mis trabajos y fatigas; qué haré yo sin »vos agora, desventurada de mí?» El entonces, abriendo supitamente los ojos, respondió: «Ay muger mia de mis entrañas, qué »haveys de hazer? sino que pues haveys comido, baxeys a bever »a la bodega.» Entonces todos los que estavan presentes, trocando la tristeza en regocijo, dispararon en reir; y más despues quando el marido les contó el intento de la burla, y como le havia salido.

<blockquote>
Tal se penso de veras ser amado,
Y burlando quedó desengañado».
</blockquote>

En las *Facecias* de Poggio se halla también (con el número 60 «De eo qui uxorem in flumine peremptam quarebat») la sabida anécdota que Mey volvió a contar con el título de *La mujer ahogada y su marido* (fábula XVIII). Pero no es seguro que la tomase de allí, siendo tantos los libros que la contienen. Aun sin salir de nuestra literatura, podía encontrarla en el Arcipreste de Talavera, en el *Sobremesa* de Timoneda y en otros varios autores. Tanto la versión de Timoneda, como la de Poggio, son secas y esquemáticas; no así la de Mey, que amplificando galanamente, según su costumbre, traslada el cuento «a la orilla de Henares» y con cuatro rasgos de vida española saca de la abstracción del apólogo las figurillas vivas de Marina Gil, «lavandera de los estudiantes y muy habil en su oficio»; del buen Pero Alonso, su marido, y de su compadre Anton Royz.

El mismo procedimiento usa en otros cuentos, que parecerían indígenas, por el sabor del terruño que tienen, si no supiésemos que son adaptaciones de otros italianos. Así el de «El Dotor y el Capitan» (fáb. X), que según ha descubierto el señor Milton A. Buchanan, es la misma historia de «Il capitano Piero da Nepi» y «M. Paolo dell'Ottanaio», inserta en el *Diporto de' viandanti* de Cristoforo Zabata,[1] obrilla análoga, aun en el título, al *Alivio*

---

[1] *Diporto de' Viandanti, nel quale si leggono Facetie, Motti e Burle, raccolte da diversi e gravi autori*. Pavia, Bartoli, 1589, 8º

Ésta es la más antigua de las ediciones mencionadas por Gamba en su bibliografía novelística.

de Caminantes de Timoneda; pero que no le sirvió de modelo, sino al revés, puesto que es posterior en bastantes años. Es, en cambio, anterior a Mey, y no puede dudarse de la imitación, aunque muy disimulada.

«Llegaron juntos a comer a una venta el Dotor Calderon, famoso en Medicina, y el Capitan Olmedo. Tuvieron a la mesa perdizes, y comian en un plato. Pero el Capitan en columbrando las pechugas y los mejores bocados, torciendo a su proposito la platica, y tomando lo mejor, dezia: «Con este bocado me ahogue, señor Dotor, si no le digo verdad.» Disimuló el Dotor dos o tres vezes, pero a la quarta, pareciendole algo pesada la burla, al tiempo que alargava el Capitán la mano, diziendo «con este bocado me ahogue», sin dexarle acabar de dezir, cogió con la una mano el plato y con la otra el bocado a que tirava el Capitan, diziendole: «No jure, señor Capitan, no jure, que sin jurar le creo. Y si de aquí »adelante quisiere jurar, sea que le derribe el primer arcabuzazo »que los enemigos tiraren, porque es juramento más conveniente »a un capitan y soldado viejo como vuesa merced.» Desta manera le enseñó al Capitan a tener el término debido.

> Alguna vez suele quedar burlado
> El que con otros es desvergonzado».

Un ejemplo de adaptación italiana mucho más directa, en algunos puntos casi literal y donde no se cambian ni el lugar de la escena ni el nombre de los personajes, tenemos en la fábula LV *El médico y su mujer*, cuya fuente inmediata, descubierta igualmente por el señor Buchanan, es la *novela* 2ª de la cuarta *jornada* de Sansovino,[1] la cual a su vez procede de las *Cento novelle antiche* (núm. 46), y debe de ser de origen provenzal, puesto que parece encontrarse una alusión a ella en estos versos del trovador Pedro Cardenal:

> Tals cuja aver filh de s' esposa
> Que no i a re plus que cel de Tolosa.[2]

---

[1] *Cento Novelle de' più nobile scrittori della lingua volgare scelte da Francesco Sansovino... Venezia, appresso Francesco Sansovino,* 1561.
Hállase también en las ediciones de 1562, 1563, 1566, 1571, 1598, 1603 y 1610.

[2] Ancona, *Le fonti del Novellino,* p. 319.

El cuento es algo libre y de picante sabor, pero precisamente por ser el único en su género en el *Fabulario,* creo que no debo omitirle, persuadido de que el donaire con que está contado le hará pasar sin ceño de los eruditos, únicos para quienes se imprimen libros como éste.

«Huvo en Tolosa un médico de mucha fama llamado Antonio de Gervas, hombre rico y poderoso en aquellos tiempos. Este deseando mucho tener hijos, casó con una sobrina del Gobernador de aquella ciudad,[1] y celebradas las bodas con grande fiesta y aparato, segun convenia a personas de tanta honra, se llevó la novia a su casa con mucho regocijo, y no pasaron dos meses que la señora su muger parió una hija. Visto esto por el Medico, no hizo sentimiento, ni mostró darse por ello pena; antes viendo a la mujer afligida, la consolava, trabajando por persuadirle con muchos argumentos fundados en la ciencia de su arte, que aquella mochacha segun razon podia ser suya, y con amoroso semblante y buenas palabras hizo de manera que la muger se sosegó, honrrandola él mucho en todo el tiempo del parto y proveyendola en abundancia de todo quanto era necesario para su salud. Pero después que la mujer convaleció y se levantó de la cama le dixo el Medico un dia: «Señora, yo os he honrrado y servido desde que »estays conmigo quanto me ha sido posible. Por amor de mí os »suplico que os bolvays a casa de vuestro padre, y os esteys alli »de aqui adelante, que yo miraré por vuestra hija y la haré criar »con mucha honrra.» Oido esto por la muger, quedó como fuera de sí; pero tomando esfuerço, començó a dolerse de su desventura, y a dezir que no era honesto, ni parecia bien que la echase de aquella manera fuera de casa. Mas no queriendo el Medico, por bien que ella hizo y dixo, mudar de parecer, vinieron a terminos las cosas que huvo de mezclarse el Gobernador entendiendo que el Medico en todo caso queria divorcio con la sobrina, y assi enbió por él. Venido el Medico, y hecho el devido acatamiento, el governador (que era hombre de mucha autoridad) le habló largamente sobre el negocio diciendole que en los casos que tocan a la honrra, conviene mirar mucho a los inconvenientes que se pueden seguir, y es menester que se tenga mucha cuenta con que no tenga

---

[1] En Sansovino no es el Gobernador, sino el Arzobispo.

que dezir la gente, porque la honrra es cosa muy delicada y la mancha que cae una vez sobre ella por maravilla despues hay remedio de poder quitarla. Tentó juntamente de amedrentarle con algunas amenazas. Pero quando huvo hablado a su plazer, le respondió el Medico: «Señor, yo me casé con vuestra sobrina cre-
»yendo que mi hacienda bastaria para sustentar a mi familia, y
»mi *presupuesto* era que cada año havia de tener un hijo no más,
»pero haviendo parido mi muger a cabo de dos meses, no estoy yo
»tan abastado, si cada dos meses ha de tener el suyo, que pueda
»criarlos, ni darles de comer; y para vos no seria honrra ninguna
»que viniese a pobreza vuestro linage. Y assi os pido por merced,
»que la deys a hombre que sea más rico que yo, para que parien-
»do tan amenudo, pueda criar y dexar ricos todos sus hijos, y a vos
»no os venga desonrra por ellos». El Gobernador, que era discreto y sagaz, oyendo esto, quedó confuso, y replicóle que tenía razon en lo que dezia, y con esto le despidió.

<blockquote>
La hazienda que entre pocos es riqueza,
Repartida entre muchos es pobreza».
</blockquote>

No en todos los casos parece tan obvio el origen literario del cuento, por ser muy vulgar la anécdota y no presentar en el texto de Mey ningún rasgo que arguya parentesco directo con otras versiones. Tal sucede con la fábula LVI *El convidado acudido*, que figura, aunque con distintos accesorios, en el cuadernillo manuscrito de los *Cuentos de Garibay* y en la *Floresta Española*.[1] Cotejando la versión de Mey que pongo a continuación con

---

[1] «En un gran banquete, que hizo un señor a muchos caballeros, despues de haber servido muy diversos manjares, sacaron barbos enteros, y pusieron a un capitán de una Nao, que estaba al cabo de la mesa, un pez muy pequeño, y mientras que los otros comían de los grandes, tomó él el pececillo y púsole a la oreja. El señor que hacía el banquete, parose mientes, y preguntóle la causa. Respondió: «Señor, mi padre tenía el mismo »oficio que yo tengo, y por su desdicha y mía anegóse en el mar y no sabe-»mos adónde, y desde entonces a todos los peces que veo, pregunto si saben »de él. Díceme éste, que era chiquito, que no se acuerda.»

(*Floresta Española...* Sexta parte, Capítulo VIII, n. XII de «dichos de mesa», pág. 254 de la ed. de 1790.)

Pequeñas variantes tiene el cuento de Garibay:

«Sirvieron a la mesa del Señor unos peces pequeños y al Señor grandes.

la de Santa Cruz, que va por nota, se palpará la diferencia entre el estilo conciso y agudo del toledano y la manera más pintoresca, verbosa y festiva del impresor de Valencia.

«Francisco Quintañon vezino de Bilbao, combidó según acostumbrava cada año, el día del Santo de su nombre, en el qual havia nacido, a algunos amigos. Los quales truxeron al combite a Luis Loçano, estudiante, hombre gracioso, bien entrañado, y que si le llamavan a un combite, no dezia de no, y por caer aquel año en Viernes el combite, hubo de ser de pescado. A lo cual proveyó el Quintañon en abundancia y muy bueno. Sentados a la mesa, dieron a cada uno su porción de vesugos, congrios y otros pescados tales. Sólo a Loçano le dieron sardinas, y no sé qué pescadillos menudos, por ventura por no haver sido de los llamados, sino que le havian traido. Como él vio aquella menudencia en su plato, en lugar de comer como hazian los otros, tomava cada pescadillo, y llegavasele al oido, y bolviale despues al plato. Reparando en aquello los combidados, y preguntandole por qué hazia aquéllo? respondió: «Havrá seys años, que pasando un hermano mio a Flan- »des, y muriendo en el viaje, echaron su cuerpo en el mar, y nunca »he podido saber dónde vino a parar, y si tuvo su cuerpo sepul- »tura o no, y por eso se lo preguntava a estos pececillos, si por »dicha lo sabian. Todos me responden en conformidad que no »saben tal, porque en ese tiempo no havian ellos aun nacido; que »se lo pregunte a esos otros pescados mayores que hay en la mesa, »porque sin duda me daran relación.» Los convidados lo echaron en risa, entendiendo la causa porque lo dezia; y Quintañon, echando a los moços la culpa que lo havrian hecho por descuydo, mandó traerle un plato de lo mejor que havia.

<blockquote>
Si en un convite fueres encogido,
Serás tambien sin duda mal servido».
</blockquote>

Estaba a la mesa un fraile, y no hacía más que tomar de los peces chicos y ponellos al oído y echallos debajo de la mesa. El Señor miró en ello, y díjole: «Padre ¿huelen mal esos peces?» Respondió: «No, señor, sino que pasando »mi padre un río, se ahogó, y preguntábales si se habían hallado a la muer- »te de mi padre. Ellos me respondieron que eran pequeños, que no, que esos »de V. Sª que eran mayores, podría ser que se hubiesen hallado.» Entendido por el Señor, dióle de los peces grandes, diciéndole: «Tome, y pregúntesle »la muerte de su padre» (*Sales Españolas*, de Paz y Melia, II, p. 52).

Otra anécdota mucho más conocida que la anterior es la de *El truhan y el asno*. En el estudio del señor Buchanan pueden verse útiles indicaciones bibliográficas sobre las transmigraciones de esta *facecia*, que se repite en el Esopo de Waldis, en el libro alemán *Til Eulenspiegel*, en los Cuentos de Buenaventura Des Periers y en otras muchas partes. Entre nosotros anda en la tradición oral, pero no conozco texto literario anterior al de Mey, que es muy donoso por cierto.

«Delante del Duque de Bayona tomava el ayo un dia licion a los pages, entre los quales havia uno de tan duro ingenio, que no podian entrarle las letras en la cabeça. De lo qual se quexava el ayo, diziendo que havia seys meses que le enseñava y no sabia aun deletrear. Hallandose un truhan presente dixo: «Pues a un »asno enseñaré yo en seys meses a leer.» Oyendolo el Duque, le dixo: «Pues yo te apostaré que no lo enseñas ni en doze.» Porfiando él que sí, dixo el Duque: «Pues sabes cómo te va? que me »has de dar en un año un asno que sepa leer, so pena que si no lo »hazes, has de recebir quatrocientos açotes publicamente del »verdugo, y si lo hazes y ganas, te haya yo de dar quatro mil du- »cados; por eso mira en lo que te has puesto por parlar.» Pesole al truhan de haber hablado; pero en fin vista la deliberación del Duque, procuró despavilar el ingenio, y ver si tenia remedio de librarse del castigo. Mercó primeramente un asnillo pequeño muy luzio y bien tratado, y pusole delante un librazo; mas por bien que le bramava a las orejas A. b. c. no havia remedio más que si lo dixera a una piedra, por donde viendo que esto era por demas, imaginó de hazer otra cosa. Puesto sobre una mesa el dicho libro delante del asno, echavale unos cuantos granos de cevada sobre una de las hojas y otros tantos sobre la otra hoja siguiente, y sobre la tercera tambien. Despues de haverse comido el asno los granos de la hoja primera, tenia el truhan con la mano la hoja buen rato, y despues dexavale que con el hozico se bolviese; a la otra hoja hazia lo mismo. Poco a poco habituó el asno a que sin echarle cevada hiziese tambien aquello. Y quando le tuvo bien impuesto (que fue antes del año) avisó al Duque cómo ya su asno sabia leer: que le señalase día en que por sus ojos viese la prueba. Aunque lo tuvo el Duque por imposible, y que saldria con algun donayre, con todo eso le señaló dia, venido el qual, fue traido el asno a palacio, y en medio de una quadra muy entoldada, haviendo acudido muchisima gente, pusieron sobre una mesa un grandisimo libro: el qual començo el asno a cartear de la manera que havia acostumbrado, estando un rato de la una hoja a la otra mirando el libro. Y desta manera se entretuvo un grande rato. El Duque dixo entonces al truhan: «Cómo lee tu asno? tú has perdido». «Antes he ganado (respondio el truhan) porque todo el mundo vee »como lee. Y yo emprendí de enseñarle a leer solamente y no de »hablar. Yo he cumplido ya con mi obligación, y lo protesto assi, »requiriendo y llamando por testigos a todos los que estan pre- »sentes, para que me hagan fe de aquesto. Si hallare vuestra Ex- »celencia quien le enseñe a hablar, entonces podrá oirle claramente »leer, y si acaso huviere quien tal emprenda, seguramente puede »ofrecerle vuestra Excelencia doze mil ducados, porque si sale »con ello, los merecerá muy bien por su trabajo y habilidad.» A todos les pareció que dezia bien el truhan, y el mismo Duque teniendose por convencido mandó darle los quatro mil ducados que le havian ofrecido.

<blockquote>
Como tengas paciencia y perseveres,
Saldrás con cualquier cosa que emprendieres».
</blockquote>

Algunos cuentecillos de Mey, como otros de Timoneda, son explicación o comentario de algún dicho proverbial. Esta frase, por ejemplo, *Parece a lo del raton que no sabe sino un agujero*, se comprueba con los dos ejemplos del pintor de retablos que no sabía hacer más efigie que la de San Antonio, y con ella, o con dos del mismo Santo, pensaba satisfacer a quien le pedía la de San Cristóbal; y el del músico que no sabía cantar más letrilla que la de «La mañana de San Juan—al punto que alboreaba». [1]

El color local da frescura e interés a las más triviales anécdotas del *Fabulario*. Mey huye siempre de lo abstracto y de lo impersonal. Así, el pintor de retablos no es un pintor cualquiera, sino «Mase Rodrigo pintor que vivia en Toledo cabe la puerta de Visagra», y el cantor es «Juan Pie de Palo, privado de la vista cor-

---

[1] Fáb. XVI.
De ser cantor no tenga presuncion
El que no sabe más de una cancion.

poral». Una curiosa alusión al héroe del libro de Cervantes realza la fábula XX, cuadrito muy agradable, en que la vanidad del hidalgo y la torpeza de su criado producen el mismo efecto cómico que las astucias de Caleb, el viejo servidor del hidalgo arruinado, en la novela de Walter Scott *The Bride of Lammermoor.*

«Luis Campuzo, de tierra de la Mancha, *y pariente de D. Quijote, aunque blasonava de hidalgo de secutoria,* no acompañavan el poder y hazienda a la magnanima grandeça que en su coraçon reynava; mas si con las obras no podia, con las palabras procurava de abultar las cosas, de manera que fuesen al mundo manifiestas y tuviesen que hablar dél. Era amigo de comer de bueno, aunque no de combidar a nadie; y para que dello tambien se tuviesse noticia, hijos y mujer ayudavan a pregonarlo, diziendole quando estava en conversación con otros hidalgos que las gallinas o perdices estaban ya asadas, que entrase a cenar. Quando hijos y mujer se olvidavan, él tenia cuidado de preguntarlo en presencia de ellos a un criado; que como de ordinario los mudava, no podia tenerlos habituados a su condición y humor. Haviendo pues asentado Arguixo con él, segun acostumbrava con otros, le preguntó a vozes en presencia de sus amigos: «Qué tenemos para cenar, hermano Arguixo?» El otro sin malicia ninguna respondio: «Señor, una perdiz», y bolviendo el otro dia con semejante demanda, quando le dixo «Qué hay esta noche de cenar?» el otro respondio: «Señor, un palomino». Por donde haviendole reñido el amo y dado una manezica sobre que no se sabia honrar ni hazer tener, concluyó con enseñarle de qué manera havia de responderle de alli adelante, diziendole: «Mirad, quando de aqui adelante os interrogare yo »sobre el cenar, haveys de responder por el numero plural, aunque »no haya sino una cosa; como si hay una perdiz, direys: perdizes, »perdizes; si un pollo: pollos, pollos; si un palomino: palominos, »palominos, y assi de todo lo demás.» Ni al criado se le olvidó la lición, ni dexó él passar la ocasion de executarla, porque venida la tarde, antes que la junta de los hidalgos se deshiziese, queriendose honrrar como solia, en presencia dellos, a bozes preguntó: «Qué hay que cenar esta noche, Arguixo?» «Vacas, señor, vacas», respondió él: de que rieron los hidalgos; pero el amo indignado, bolviendose al moço, dixo «Este vellaco es tan grosero, que no »entiende aun que no hay regla sin excepción.» «¿Qué culpa tengo

»yo, replicó él, si vos no me enseñastes más Gramática?» Y haviendole despedido el amo sobre el caso, fue causa que se vino a divulgar el chiste de sus grandezas.

> Quien más se entera de lo que conviene,
> Sin pensarlo a quedar burlado viene».

Con la misma candorosa malicia están sazonados otros cuentos, en que ya no puedo detenerme, como el de *El mentiroso burlado*,[1] el de *Los labradores codiciosos*,[2] el de *El cura de Torrejon*[3] y sobre todo el de *La porfía de los recien casados*,[4] que con gusto reimprimiría a no habérseme adelantado Mr. Buchanan. Es el mejor *specimen* que puede darse del gracejo picaresco y de la viveza expresiva y familiar de su prosa, dotes que hubieran hecho de Mey un excelente novelista satírico de la escuela del autor de *El Lazarillo*, si no hubiese encerrado constantemente su actividad en un cauce tan estrecho como el de la fábula y el proverbio moral. Su intención pedagógica no podía ser más honrada y cristiana, y bien lo prueba el piadoso *ejemplo*[5] con que su libro termina; pero es lástima que no hubiese tenido más ambición en cuanto a la extensión y forma de sus narraciones y al desarrollo de la psicología de sus personajes.

---

[1] Fáb. XIII. Es cuento de mentiras de cazadores.
> No disimules con quien mucho miente,
> Porque delante de otros no te afrente.

[2] Fáb. XXXII.
> Hablale de ganancia al codicioso,
> Si estás de hazerle burla deseoso.

[3] Fáb. XLVI.
> Si hizieres al ingrato algun servicio,
> Publicará que le hazes maleficio.

[4] Fáb. LI.
> Harás que tu muger de ti se ria,
> Si la dexas salir con su porfia.

[5] Fáb. LVII. *El maestro de escuela.*
> Encomiendate a Christo y a Maria,
> A tu Angel y a tu Santo cada dia.

Dos veces ensayó, sin embargo, la novela italiana; pero en el género de amores y aventuras, que era el menos adecuado a las condiciones de su ingenio observador y festivo. La primera de estas dos narraciones relativamente largas, *El Emperador y su hijo*,[1] tiene alguna remota analogía con la anécdota clásica de Antíoco y Seleuco, y en ciertos detalles recuerda también la novela de Bandello que dió argumento para el asombroso drama de Lope *El castigo sin venganza,* pero va por distinto rumbo y es mucho más complicada. El anciano Emperador de Trapisonda concierta casarse con Florisena, hija del rey de Natolia, enamorado de su beldad por un retrato que había visto de ella. El rey de Natolia, a trueco de tener yerno tan poderoso, no repara en la desproporción de edad, puesto que él pasaba de los sesenta y ella no llegaba a los veinte. El Emperador envía a desposarse en nombre suyo y a traer la novia a su hijo Arminto, gentil mozo en la flor de su edad, del cual se enamora locamente la princesa, llegando a declararle su pasión por señas inequívocas y finalmente requiriéndole de amores. El, aunque prendado de su hermosura, rechaza con horror la idea de hacer tal ofensa a su padre, y huye desde entonces cuanto puede del trato y conversación con la princesa. Frenética ella escribe al Emperador, quejándose del desvío y rustiqueza de su hijo, y el Emperador le ordena ser obediente y respetuoso con su madrastra; pero los deseos de la mala mujer siguen estrellándose en la virtuosa resistencia del joven. Emprende finalmente su viaje a la corte, y en el camino la princesa logra, mediante una estratagema, atraer al joven una noche a su aposento, y rechazada otra vez por él, sale diciendo a voces que la había deshonrado. Conducidos a la presencia del Emperador, el príncipe nada quiere decir en defensa propia, y cuando estaba a punto de ser condenado a muerte, la Emperatriz reclama el privilegio de dar la sentencia, haciendo jurar solemnemente al Emperador que pasará por lo que ella ordene. «Felisena entonces dixo: «La verdad »es que mi padre no me dió deste casamiento más razon de que me »casava con el Emperador de Trapisonda, sin dezirme de qué edad

---

[1] Fáb. XXXIV.

No cases con mochacha si eres viejo;
Pesarte ha si no tomas mi consejo.

»era, ni otras circunstancias; y en viendo yo al Príncipe creí que él »era mi marido, y le cobré voluntad y amor de mujer y no de »madre: ni mi edad ni la suya lo requieren, y desde aquella hora »nunca he parado hasta que al cabo le forzé a cumplir mi volun- »tad de manera que yo le hice a él fuerça y no él a mí; yo me des- »posé con él, y siempre con intención de que era verdadero esposo »y no prestado. Siendo pues ya muger del hijo, no puedo en mane- »ra ninguna serlo del padre, pero quando no huviera nada desto, »supuesto que ha de ser el casamiento voluntario y libre, y no »forçoso, digo que a mi señor el Emperador le serviré yo de rodi- »llas como hija y nuera, pero no como muger. Si es otra su volun- »tad, yo me volveré a casa del Rey mi padre, y biuda esperaré »a lo que Dios querrá disponer de mí.» Los sabios del Consejo y todos los que estaban presentes interceden con el Emperador para que cumpla su juramento y renuncie a la mano de la princesa en favor de su hijo. Hay en este cuento, como queda dicho y de su simple exposición se infiere, algunos detalles comunes con el de Parisina, tal como le trataron Bandello y Lope; pero el desenlace no es trágico, sino alegre y placentero, aunque no lo fuese para el burlado Emperador de Trapisonda. Esto sin contar con la inocen- cia del príncipe y otros rasgos que hacen enteramente diversas ambas historias. También la de Mey es de corte italiano, aunque no puedo determinar ahora de cuál de los *novellieri* está tomada ni Mr. Buchanan lo ha averiguado tampoco.

En cambio, se debe a este erudito investigador el haber deter- minado con toda precisión la fuente de otra historia de Mey, *El caballero leal a su señor* (fáb. XLIX), que es un arreglo o adapta- ción de la quincuagésima y última de Masuccio Salernitano,[1] con ligeras variantes, entre ellas el nombre de Pero López de Ayala cambiado en Rodrigo y el de su hijo *Aries* o Arias en Fadrique. El cuento parece de origen español, como otros de Masuccio, el cual lo da por caso auténtico, aprendido de un noble ultramon- tano;[2] los afectos de honra y lealtad que en él dominan son idén-

---

[1] *Il Novellino di Masuccio Salernitano*, ed. de Settembrini, Nápoles, año 1874. Páginas 519 y ss.

[2] *Cercando ultimamente tra virtuosi gesti, de prossimo me è già stato da uno nobile oltramontano per autentico recontato, che è ben tempo passato che in Toleto città notevole de Castiglia fu un cavaliero d' antiqua e generosa*

ticos a los que campean en nuestras comedias heroicas, aunque fuera del título ninguna semejanza se encuentra entre la comedia de Lope *El Leal Criado* y este cuento de Mey, que pongo aquí por última muestra de su estilo en un género enteramente diverso de los anteriores:

«Muchos años ha que en la ciudad de Toledo huvo un cavallero llamado Rodrigo Lopez, tenido por hombre de mucha honrra y de buena hazienda. Tenía éste dos hijas, y un hijo sólo llamado Fadrique, moço virtuoso y muy gentil hombre; pero preciavase de valiente, y pegavasele de aqui algun resabio de altivez. Platicando éste y haziendo camarada con otros cavalleros de su edad, acaeció que una noche se halló en una quistion con otros a causa de uno de sus compañeros: en la qual como los contrarios fuesen mayor número, y esto fuese para él causa de indignación, y con ella le creciese el denuedo, tuvose de manera que mató a uno dellos. Y porque el muerto era de muy principal linage, temiendo de la justicia, determinó de ausentarse y buscar por el mundo su ventura. Lo cual comunicó con su padre, y le pidió licencia, y su bendición. El padre se la dio con lagrimas, y le aconsejó cómo se havia de regir, y juntamente le proveyó de dineros y de criados, y le dio dos cavallos. En aquel tiempo tenía el rey de Francia guerra contra Inglaterra, por lo cual determinado de servirle, fue al campo del Rey, y como su ventura quiso, asentó por hombre de armas con el Conde de Armiñac, que era general del exército y pariente del Rey. Viniendo despues las ocasiones, se començó a señalar, y a dar muestras de su valor, haziendo maravillosas proezas assi en las batallas de campaña como en las baterias de castillos y ciudades, de manera que assi entre los Franceses como entre los enemigos no se hablava sino de sus hazañas y valentia. Esto fué causa de ganarse la voluntad y gracia del General, y de que le hiziese grandisimos favores; y como siempre le alabava, y encarecia sus hechos en presencia del Rey, pagado el Rey de su valor le quiso para su servicio; y le hizo su Gentilhombre, y cavallero mejor del Campo, señalandole plaça de grandisima

---

famiglia chiamato misser Piero Lopes d' Aiala, il quale avendo un suo unico figliolo molto leggiadro e bello e di gran core, Aries nominato...

En el exordio dice también que su novela ha sido «*de virtuosi oltramontani gesti fabbricata*».

ventaja, y era el primero del Consejo de Guerra; y en fin hazia tanto caso dél, que le parecia que sin su Fadrique no se podia dar efeto a cosa de importancia. Pero venido el invierno retiró el Rey su Campo, y con la flor de sus cavalleros, llevando entre ellos a Fadrique, se bolvió a Paris. Llegando alli, por dar plazer al pueblo y por las vitorias alcançadas quiso hazer una fiesta: a la qual mandó que combidasen a los varones más señalados, y a las más principales damas del reyno. Entre las damas que acudieron a esta fiesta, que fueron en gran número, vino una hija del Conde de Armiñac, a maravilla hermosa. Dado pues principio a la fiesta con general contento de todos, y señalandose mucho en ella Fadrique en los torneos, y en los otros exercicios de Cavalleria, la hija del Conde puso los ojos en él, y por lo que habia oido de sus proezas, como por lo que con sus ojos vio, vino a quedar dél muy enamorada; y con mirarle muy a menudo, y con otros ademanes le manifestó su amor, de manera que Fadrique se dio acato dello; pero siendo de su inclinación virtuoso, y acordandose de los beneficios que havia recebido del Conde su padre, hizo como quien no lo entendia, y passavalo en disimulacion. Pero la donzella que le amava de coraçon, estava por esto medio desesperada, y hazia estremos de loca. Y con esta turbacion le pasó por el pensamiento escrivirle una carta; y poniendolo en efeto, le pintó en ella su aficion y pena con tanto encarecimiento y con tan lastimeras razones, que bastara a ablandar el coraçon de una fiera; y llamando un criado de quien fiava, y encargandole el secreto, le mandó que llevase a Fadrique aquella carta. El criado receloso de que no fuese alguna cosa que perjudicase a la honra della, y temiendo del daño que a él se le podia seguir, en lugar de llevar a Fadrique la carta, se la llevó al Conde su señor. El qual leida la carta y visto el intento de su hija, pensó de poder dar con la cabeça por las paredes; imaginava si la mataria, o si la cerraria en una prision para toda su vida; pero reportado un poco, hizo deliberacion de provar a Fadrique, y ver cómo lo tomava. Y con este presupuesto bolvió a cerrar la carta, y mandó al criado que muy cautelosamente se la diese a Fadrique de parte de su hija, y cobrase respuesta dél. El criado se la llevó, y Fadrique entendido cúya era, la recibió algo mustiamente; y su respuesta era en suma, que le suplicava se quitase aquella locura de la cabeça; que la desigualdad era entre los dos tanta, que no podian juntarse por via legitima, siendo él un pobre cavallero y ella hija de señor tan principal, y que a qualquier desgracia y trabajo, aunque fuese perder la vida, se sugetaria él primero que ni en obra ni en pensamiento imaginase de ofender al Conde su señor, de quien tantas mercedes havia recebido; que si no podia vencer del todo su deseo, le moderase a lo menos, y no diese de sí qué dezir; que la fortuna con el tiempo lo podia remediar, entibiandosele a ella o mudandosele como convenia la voluntad; o dandole a él tanta ventura, que por sus servicios haziendole nuevas mercedes el Rey le subiese a mayor grado: que entonces podria ser que viniese bien su padre, y en tal caso seria para él merced grandissima; pero que sin su consentimiento ni por el presente ni jamas tuviese esperança de lo que pretendia dél. Esto contenia su respuesta. Y despues de haver cerrado muy bien la carta, se la dió al criado para que la llevase a su señora. El se la llevó al Conde, como él propio se lo havia ordenado. El Conde la leyó; y fue parte aquella carta no solo para que se le mitigase el enojo contra la hija, pero para que con nueva deliberacion se fuese luego al Rey, y le contase todo quanto havia pasado, hasta mostrarle las cartas, y le manifestase lo que havia determinado de hazer. Oido el Rey todo esto, no se maravilló de la donzella, antes la desculpó, sabiendo quanta fuerça tiene naturaleza en semejantes casos: pero quedó atonito de la modestia y constancia del cavallero, y de aqui se le dobló la voluntad y aficion que le tenia. Y discurriendo con el Conde sobre la orden que se havia de tener, le mandó que pusiese por obra, y diese cumplimiento a lo que havia deliberado: que en lo que a su parte tocava, él le ofrecia de hazerlo como pertenecia a su Real persona, y assi lo cumplió. Con esto mandaron llamar a Fadrique, y el Conde muy alegre en presencia del Rey le dio a su hija por mujer. Y el dia siguiente haviendo el Rey llamado a su palacio a los Grandes que havia en Corte, los hizo desposar. Quién podria contar el contento que la dama recibió, viendo que le davan por marido aquel por quien havia estado tan apasionada, y sin esperança de alcançarle? Fadrique quedó tambien muy contento. Las fiestas que se hizieron a sus bodas fueron muy grandes, y ellos bivieron con mucha paz y quietud acompañados sus largos años.

Si a tu señor guardares lealtad,
Confía que ternás prosperidad».

La extraordinaria rareza del libro y la variedad e importancia de su contenido nos han hecho dilatar tanto en las noticias y extractos del *Fabulario,* del cual dió una idea harto inexacta Puibusque, uno de los pocos escritores que le mencionan; puesto que ni las fábulas están «literalmente traducidas de Fedro» (cuyos apólogos, no impresos hasta 1596 y de uso poco frecuente en las escuelas de España antes del siglo XVIII, no es seguro que Sebastián Mey conociese), sino que están libremente imitadas de Esopo y Aviano; ni mucho menos constan de «versos fáciles y puros», pues no hay más versos en toda la obra que los dísticos con que termina cada uno de los capítulos. De los cuentos, sí, juzgó rectamente Puibusque: «son ingeniosos y entretenidos (dice), exhalan un fuerte olor del terruño y no carecen de intención filosófica». [1]

Notable contraste ofrece con la tendencia moral y didáctica del *Fabulario* otro libro muy popular a principios del siglo XVII, y tejido de cuentos en su mayor parte. Su autor, Gaspar Lucas Hidalgo, vecino de la villa de Madrid, de quien no tenemos más noticia que su nombre, le tituló *Diálogos de apacible entretenimiento,* y no llevaba otro propósito que hacer una obra de puro pasatiempo, tan amena y regocijada y de tan descompuesta y franca alegría como un sarao de Carnestolendas, que por contraste picante colocó en la más grave y austera de las ciudades castellanas, en Burgos. Dos honrados matrimonios y un truhán de oficio llamado Castañeda son los únicos interlocutores de estos tres diálogos, que se desarrollan en las tres noches de Antruejo, y que serían sabrosísimos por la gracia y ligereza de su estilo si la sal fuese menos espesa y el chiste un poco más culto. Pero las opiniones sobre el decoro del lenguaje y la calidad de las sales cómicas cambian tanto según los tiempos, que el censor Tomás Gracián Dantisco, al aprobar este libro en 1603, no temió decir que «emendado como va el original, no tiene cosa que ofenda; antes por su buen estilo, curiosidades y donayres permitidos para pasatiempo y recreacion, se podrá dar al autor el privilegio

---

[1] *Le Comte Lucanor*... París, 1854; pág. 149.

y licencia que suplica». No sabemos lo que se enmendaría, pero en el texto impreso quedaron verdaderas enormidades, que indican la manga ancha del censor. No porque haya ningún cuento positivamente torpe y obsceno, como sucede a menudo en las colecciones italianas, sino por lo desvergonzadísimo de la expresión en muchos de ellos, y sobre todo por las inmundicias *escatológicas* en que el autor se complace con especial fruición. Su libro es de los más sucios y groseros que existen en castellano; pero lo es con gracia, con verdadera gracia, que recuerda el *Buscón,* de Quevedo, siquiera sea en los peores capítulos, más bien que la sistemática y desaliñada procacidad del *Quijote* de Avellaneda. A un paladar delicado no puede menos de repugnar semejante literatura, que en grandes ingenios, como el de nuestro don Francisco o el de Rabelais, sólo se tolera episódicamente, y al cual no dejó de pagar tributo Molière en sus farsas satíricas contra los médicos. Si por el tono de los coloquios de Gaspar Lucas Hidalgo hubiéramos de juzgar de lo que era la conversación de la clase media de su tiempo, a la cual pertenecen los personajes que pone en escena, formaríamos singular idea de la cultura de aquellas damas, calificadas de honestísimas, que en su casa autorizaban tales *saraos* y recitaban en ellos tales cuentos y chascarrillos. Y sin embargo, la conclusión sería precipitada, porque aquella sociedad de tan libres formas era en el fondo más morigerada que la nuestra, y reservando la gravedad para las cosas graves, no temía llegar hasta los últimos límites de la expansión en materia de burlas y donaires.

Por de pronto, los *Diálogos de apacible entretenimiento* no escandalizaron a nadie. Desde 1605 a 1618 se hicieron a lo menos ocho ediciones, [1] y si más tarde los llevó la Inquisición a su Índi-

---

[1] *Dialogos de apacible entretenimiento, que contiene vnas Carnestolendas de Castilla. Diuidido en las tres noches del Domingo, Lunes, y Martes de Antruexo. Compvesto por Gaspar Lucas Hidalgo. Procvra el avtor en este libro entretener al Letor con varias curiosidades de gusto, materia permitida para recrear penosos cuydados a todo genero de gentes.* Barcelona, en casa de Sebastián Cormellas. Año 1605.

8º, 3 hs. prls. y 108 folios.

Según el Catálogo de Salvá (n. 1.847), hay ejemplares del mismo año y del mismo impresor, con diverso número de hojas, pero con igual contenido. Una y otra deben de ser copias de una de Valladolid (¿1603?), según

ce, fué de seguro por la irreverencia, verdaderamente intolerable aun soponiéndola exenta de malicia, con que en ellos se trata de cosas y personas eclesiásticas, por los cuentos de predicadores, por la parodia del rezo de las viejas, por las aplicaciones bajas y profanas de algunos textos de la Sagrada Escritura, por las indecentes burlas del sacristán y el cura de Ribilla y otros pasajes análogos. Aunque Gaspar Lucas Hidalgo escribía en los primeros años del siglo XVII, se ve que su gusto se había formado con los escritores más libres y desenfadados del tiempo del Emperador, tales como el médico Villalobos y el humanista autor del «Crótalon».

En cambio, no creo que hubiese frecuentado mucho la lectura de las novelas italianas, como da a entender Ticknor. El cuadro de sus *Diálogos,* es decir, la reunión de algunas personas en día de fiesta para divertirse juntas y contar historias, es ciertamente italiano, pero las costumbres que describe son de todo punto castizas y el libro no contiene verdaderas novelas, sino cuentecillos muy breves, ocurrencias chistosas y varios papeles de donaire y curiosidad, intercalados más o menos oportunamente.

---

puede conjeturarse por la aprobación de Gracián Dantisco y el privilegio, que están fechados en aquella ciudad y en aquel año.

—*Diálogos... Con licencia.* En Logroño, en casa de Matías Mares, año de 1606.

8º, 3 hs. prls. y 108 folios. (Nº 2.520 de Gallardo.)

—Barcelona, 1606. Citada por Nicolás Antonio.

—Barcelona, en casa de Hieronimo Margarit, en la calle de Pedrixol, en frente Nuestra Señora del Pino. Año 1609.

8º, 5 hs. prls., 120 pp. dobles y una al fin, en que se repiten las señas de la impresión.

—Bruselas, por Roger Velpius, impressor jurado, año 1610.

8º, 2 hs. prls., 135 folios y una hoja más sin foliar.

—Año 1618. En Madrid, por la viuda de Alonsso Martin. A costa de Domingo Gonçalez, mercader de libros.

8º, 4 hs. prls. sin foliar y 112 pp. dobles.

—Con menos seguridad encuentro citadas las ediciones de Amberes, año 1616, y Bruselas, 1618, que nunca he visto.

Don Adolfo de Castro reimprimió estos *Diálogos* en el tomo de *Curiosidades Bibliográficas* de la Biblioteca de Rivadeneyra, y también se han reproducido (suprimiendo el capítulo de las bubas) en un tomo de la *Biblioteca Clásica Española* de la Casa Cortezo, Barcelona, 1884, que lleva el título de *Extravagantes. Opúsculos amenos y curiosos de ilustres autores.*

Son, pues, los *Diálogos de apacible entretenimiento* una especie de miscelánea o floresta cómica; pero como predominan extraordinariamente los cuentos, aquí y no en otra parte debe hacerse mención de ella. Escribiendo con el único fin de hacer reír, ni siquiera aspiró Gaspar Lucas Hidalgo al lauro de la originalidad. Algunos de los capítulos más extensos de su obrita estaban escritos ya, aunque no exactamente en la misma forma. «La invención y letras» con que los roperos de Salamanca recibieron a los Reyes don Felipe III y doña Margarita cuando visitaron aquella ciudad en junio de 1600 pertenece al género de las relaciones que solían imprimirse sueltas. El papel de los *gallos*, o sea vejamen universitario en el grado de un Padre Maestro Cornejo, de la Orden Carmelitana, celebrado en aquellas insignes escuelas con asistencia de dichos Reyes, es seguramente auténtico y puede darse como tipo de estos desenfados claustrales que solían ser pesadísimas bromas para el graduando, obligado a soportar a pie firme los vituperios y burlas de sus compañeros, como aguantaba el triunfador romano los cánticos insolentes de los soldados que rodeaban su carro.[1] De otro vejamen o *actus gallicus* que todavía se conserva[2] está arrancado este chistoso cuento (Diálogo 1º, cap. I): «Yo me acuerdo que estando en un grado de maestro en Teología de la Universidad de Salamanca, uno de aquellos maestros como es costumbre, iba galleando a cierto personaje, algo tosco

---

[1] Tiene este vejamen una curiosa alusión al Brocense: «el maestro Sánchez, el retórico, el griego, el hebreo, el músico, el médico y el filósofo, el jurista y el humanista tiene una cabeza, que en todas estas ciencias es como Ginebra, en la diversidad de profesiones». «Este maestro (añade, a modo de glosa, Gaspar Lucas Hidalgo), aunque sabía mucho, tenía peregrinas opiniones en todas estas facultades.»

La alusión a Ginebra no haría mucha gracia al Brocense, que ya en 1584 había tenido contestaciones con el Santo Oficio y que volvió a tenerlas en aquel mismo año de 1600, postrero de su vida.

[2] *Actus gallicus ad magistrum Franciscum, Sanctium,* «en el grado de Aguayo», *per fratrem Ildephonsum de Mendoza Augustinum.*

Está en el famoso códice AA-141-4 de la Biblioteca Colombina, que dió ocasión a don Aureliano Fernández Guerra para escribir tanto y tan ingeniosamente en el apéndice al primer tomo de la bibliografía de Gallardo.

El Maestro Francisco Sánchez, de quien se trata, es persona distinta del Brocense, que asistió a su grado juntamente con Fr. Luis de León y otros maestros famosos.

en su talle y aun en sus razones, y hablando con los circunstantes dijo desta suerte: «Sepan vuesas mercedes que el señor Fulano tenía, siendo mozo, una imagen de cuando Cristo entraba en Jerusalem sobre el jumento, y cada día, de rodillas delante desta imagen, decía esta oración:

> ¡Oh, asno que a Dios lleváis,
> Ojalá yo fuera vos!
> Suplícoos, Señor, me hagáis
> Como ese asno en que vais.
> Y dicen que le oyó Dios».

La «Historia fantástica» (Diálogo 3.º, cap. IV) es imitación de la *Carta del Monstruo Satírico*, publicada por Mussafia conforme a un manuscrito de la Biblioteca Imperial de Viena,[1] y se reduce a una insulsa combinación de palabras de doble sentido. El *monstruo* tenía alma de cántaro, cabeza de proceso, un ojo de puente y otro de aguja; la una mano de papel y la otra de almirez, etc. Este juguete de mal gusto tuvo varias imitaciones, entre ellas la novela de *El caballero invisible*, compuesta en equívocos burlescos, que suele andar con las cinco novelas de *las vocales* y es digna de alternar con ellas.

El capítulo tan libre como donoso que trata «de las excelencias de las bubas» (discurso 3.º), es en el fondo la misma cosa que cierta «Paradoja en loor de las bubas, y que es razón que todos las pro- »curen y estimen», escrita en 1569 por autor anónimo, que algunos creen ser Cristóbal Mosquera de Figueroa.[2] Es cierto que Gaspar Lucas Hidalgo la mejoró mucho, suprimiendo digresiones que sólo interesan a la historia de la medicina, y dando más viveza y animación al conjunto, pero el plan y los argumentos de ambas obrillas son casi los mismos.

A esta literatura *médico-humorística* y al gran maestro de ella, Francisco de Villalobos, debía de ser muy aficionado el maleante

---

[1] *Ueber eine spanische Handschrift der Wiener Hofbibliothek* (1867), página 89. Mussafia formó un pequeño glosario para inteligencia de esta composición.

También la reproduce el señor Paz y Melia en sus *Sales Españolas* (I, página 249): «Carta increpando de corto en lenguaje castellano, o la carta del monstruo satírico de la lengua española».

[2] Hállase en el códice antes citado de la Biblioteca Colombina.

autor de los *Diálogos de apacible entretenimiento,* puesto que le imita a menudo; y el cuento desvergonzadísimo de las ayudas administradas al comendador Rute, de Écija, por la dueña Benavides (Diálogo 2.º, cap. III), viene a ser una repetición, por todo extremo inferior, de la grotesca escena que pasó entre el doctor Villalobos y el Conde de Benavente, y que aquel físico entreverado de juglar perpetuó, para solaz del Duque de Alba, en el libro de sus *Problemas.* Aquel diálogo bufonesco, que puede considerarse como una especie de entremés o farsa, agradó tanto a los contemporáneos, a pesar de lo poco limpio del asunto, en que entonces se reparaba menos, que los varones más graves se hicieron lenguas en su alabanza. El arzobispo de Santiago, don Alonso de Fonseca, escribía al autor: «Pocos dias ha que el señor don Gomez me mos-»tró un diálogo vuestro, en que muy claramente vi que nuestra »lengua castellana excede a todas las otras en la gracia y dulzura »de la buena conversación de los hombres, porque en pocas pala-»bras comprehendistes tantas diferencias de donaires, tan sabrosos »motes, tantas delicias, tantas flores, tan agradables demandas y »respuestas, tan sabias locuras, tantas locas veras, que son para »dar alegría al más triste hombre del mundo». La popularidad del diálogo de Villalobos continuaba en el siglo XVII, y si hemos de creer lo que se dice en un antiguo inventario, el mismo Velázquez empleó sus pinceles en representar tan sucia historia.[1]

Entre los innumerables cuentecillos, no todos de ayudas y purgas afortunadamente, que Gaspar Lucas Hidalgo recogió en su librejo, hay algunos que se encuentran también en otros autores, como el que sirve de tema al conocido soneto:

Dentro de un santo templo un hombre honrado...

---

[1] El señor Paz y Melia *(Sales Españolas,* I, pág. VIII) cita un inventario manuscrito de los cuadros propios de don Luis Méndez de Haro y Guzmán que pasaron a la casa de Alba, en el cual se lee lo siguiente:

«Un cuadro de un Duque de Alba enfermo, echando mano a la espada, y un médico con la jeringa en la mano y en la otra el bonete encarnado de doctor. Es de mano de Diego Velázquez. De dos varas y cuarta de alto y vara y cuarta de ancho».

Todavía se menciona este cuadro en otro inventario de 1755, pero luego se pierde toda noticia de él.

que Sedano atribuyó a don Diego de Mendoza, y que en alguna copia antigua he visto a nombre de Fr. Melchor de la Serna, monje benedictino de San Vicente de Salamanca, autor de las obras de burlas más desvergonzadas que se conocen en nuestro Parnaso. Uno se encuentra también en *El Buscón,* de Quevedo (capítulo segundo), no impreso hasta 1626, pero que, a juzgar por sus alusiones, debía de estar escrito muchos años antes, en 1607 lo más tarde. No creo, sin embargo, que Hidalgo le tomase de Quevedo ni Quevedo de Hidalgo. El cuento de éste es como sigue: «Otro
»efeto de palabras mal entendidas me acuerdo que sucedió a unos
»muchachos de este barrio que dieron en perseguir a un hombre
»llamado Ponce Manrique, llamándole Poncio Pilato por las calles;
»el cual, como se fuera a quejar al maestro en cuya escuela andaban
»los muchachos, el maestro los azotó muy bien, mandándoles que
»no dijesen más desde ahí adelante Poncio Pilato, sino Ponce
»Manrique. A tiempo que ya los querían soltar de la escuela, co-
»menzaron a decir en voz alta la dotrina christiana, y cuando lle-
»gaban a decir: Y padeció so el poder de Poncio Pilato, dijeron:
«Y padeció so el poder de Ponce Manrique» (Diálogo 3º, cap. IV).

Fácil sería, si la materia lo mereciese, registrar las *florestas* españolas y las colecciones de *facecias* italianas, para investigar los paradigmas que seguramente tendrán algunos de los cuentecillos de Hidalgo. Pero me parece que casi todos proceden, no de los libros, sino de la tradición oral, recogida por él principalmente en Burgos, donde acaso habría nacido, y donde es verosímil que escribiese su libro, puesto que todas las alusiones son a la capital de Castilla la Vieja y ninguna a Madrid, de la cual se dice vecino. Suelen todos los autores de cuentos citar con especial predilección a un personaje real o ficticio, pero de seguro tradicional, a quien atribuyen los dichos más picantes y felices. El *famoso decidor* a quien continuamente alega Gaspar Lucas Hidalgo es «Colmenares, un tabernero muy rico que hubo en esta ciudad, de lindo humor y dichos agudos».

De una y otra cosa era rico el autor de los diálogos, y aun tenía ciertas puntas de poeta. El romance en que el truhán Castañeda describe la algazara y bullicio de las Carnestolendas recuerda aquella viveza como de azogue que tiene el *baile de la chacona* cantado por Cervantes en un romance análogo.

Los que con tanta ligereza suelen notar de pesados nuestros antiguos libros de entretenimiento, no pondrán semejante tacha a estos *Diálogos,* que si de algo pecan es de ligeros en demasía. El autor, creyendo sin duda que el frío de tres noches de febrero en Burgos no podía combatirse sino con estimulantes enérgicos, abusó del vino añejo de la taberna de Colmenares, y espolvoreó sus platos de Antruejo con acre mostaza. Pero el recio paladar de los lectores de entonces no hizo melindre alguno a tal banquete, y la idea del libro gustó tanto, que a imitación suya se escribieron otros con más decoro y mejor traza, pero con menos llaneza y con gracia más rebuscada, como *Tiempo de Regocijo y Carnestolendas de Madrid,* de don Alonso del Castillo Solórzano (1627); *Carnestolendas de Zaragoza en sus tres días,* por el Maestro Antolínez de Piedrabuena (1661); y *Carnestolendas de Cádiz,* por don Alonso Chirino Bermúdez (1639).

Así como en Gaspar Lucas Hidalgo comienza el género de los *Saraos de Carnestolendas,* así en el libro del navarro Antonio de Eslava, natural de Sangüesa, aparece por primera vez el cuadro novelesco de las *Noches de Invierno,* que iba a ser no menos abundante en la literatura del siglo XVII.[1] Por lo demás, a esto se redu-

---

[1] Parte primera del libro intitulado *Noches de Inuierno. Compuesto por Antonio de Eslaua, natural de la villa de Sangüessa. Dedicado a don Miguel de Nauarra y Mauleon, Marques de Cortes, y señor de Rada y Treybuenos. En Pamplona. Impresso: por Carlos de Labayen,* 1609.

8º, 12 hs. prls., 239 pp. dobles y una en blanco.

Aprobaciones de Fr. Gil Cordon y el Licdº. Juan de Mendi (Pamplona, 27 de noviembre de 1608 y 26 de junio de 1609).—Dedicatoria al Marqués de Cortes: ...«He procurado siempre de hablar con los muertos, leyendo diversos libros llenos de historias Antiguas, pues ellos son testigos de los tiempos, y imagenes de la vida; y de los mas dellos y de la oficina de mi corto entendimiento, he sacado con mi poco caudal, estos toscos y mal limados Dialogos: y viendo tambien quan estragado está el gusto de nuestra naturaleza, los he guisado con un saynete de deleytacion, para que despierte el apetito, con título de *Noches de Invierno:* llevando por blanco de aliviar la pesadumbre dellas; alagando los oydos al Lector, con algunas preguntas de la Philosophia natural y moral, insertas en apacibles historias.»

Prólogo al discreto lector: «Advierte... una cosa que estás obligado a disimular conmigo, mas que con ningun Autor, las faltas, los yerros, el poco ornato y retorica de estos mis Dialogos, atento que mi voluntad con el exercicio della, se ha opuesto a entretenerte y aliviarte de la gran pesadumbre de las noches del Invierno.»

ce la semejanza entre ambos autores, no menos lejanos entre sí por el estilo que por la materia de sus relatos. Hidalgo es un modelo en la narración festiva, aunque sea trivial, baladí y no pocas veces inmundo lo que cuenta. Eslava, cuyos argumentos suelen

---

Soneto del autor a su libro. Véanse los tercetos:

> Acogete a la casa del discreto,
> Del curioso, del sabio, del prudente
> Que tienen su morada en la alta cumbre.
> Que ellos te ternan con gran respeto,
> Vestiran tu pobreza ricamente,
> Y asiento te daran junto a la lumbre.

Soneto de don Francisco de Paz Balboa, en alabança del autor.—De un amigo al autor (redondillas).—Sonetos laudatorios del Licenciado Morel y Vidaurreta, relator del Consejo Real de Navarra; de Hernando Manojo; de Miguel de Hureta, criado del Condestable de Navarra y Duque de Alba; de Fr. Tomás de Ávila y Paz, de la Orden de Santo Domingo; de un fraile francisco (que pone el nombre de Eslava en todos los versos); de don Juan de Eslava, racionero de la catedral de Valladolid y hermano del autor (dos sonetos). — Texto. — Tabla de capítulos. — Tabla de cosas notables. — Nota final.

—*Parte primera del libro intitvlado Noches de Inuierno. Compuesto...* (ut supra). *Dirigido a don Ioan Iorge Fernandez de Heredia Condè de Fuentes, señor de la Casa y varonia de Mora, Comendador de Villafranca, Gouernador de la orden de Calatraua... Año 1609. En casa Hieronymo Margarit. A costa de Miguel Menescal, Mercader de Libros.*

8º, 236 pp. dobles.

Aprobación de Fr. Juan Vicente (Santa Catalina, 16 de setiembre de 1609). Licencia del Ordinario (18 de setiembre). Siguen los preliminares de la primera edición, aunque no completos.

—*Parte primera...* (ut supra). *Dedicado a D. Miguel de Nauarra y Mauleón, Marquez (sic) de Cortes... En Brvsellas. Por Roger Velpius y Huberto Antonio, Impressores de sus Altezas, à l'Aguila de oro, cerca de Palacio, 1610. Con licencia.*

12º, 258 hs. Reproduce todos los preliminares de la de Pamplona y añade un Privilegio por seis años a favor de Roger Velpius y Huberto Antonio (Bruselas, 7 de mayo de 1610).

Existe una traducción alemana de las *Noches de Invierno (Winternächte... Aus dem Spanischen in die Deutsche Sprache...)*, por Mateo Drummer (Viena, 1649; Nüremberg, 1666). Vid. Schneider, *Spaniens Anteil an der Deutschen Litteratur*, p. 256.

Tabla de los capítulos en el libro de Eslava:

«Capítulo Primero. Do se cuenta la perdida del Navio de Albanio.
»Cap. 2. Do se cuenta cómo fue descubierta la fuente del Desengaño.
»Cap. 3. Do se cuenta el incendio del Galeon de Pompeo Colona.

ser interesantes, es uno de los autores más toscos y desaliñados que pueden encontrarse en una época en que casi todo el mundo escribía bien, unos por estudio, otros por instinto. Tienen, sin embargo, las *Noches de invierno* gran curiosidad bibliográfica, ya por el remoto origen de algunas de sus fábulas, ya por la extraordinaria fortuna que alguna de ellas, original al parecer, ha tenido en el orbe literario, prestando elementos a una de las creaciones de Shakespeare.

Todo en el libro de Eslava anuncia su filiación italiana; nadie diría que fué compuesto en Navarra. La escena se abre en el muelle de Venecia: háblase ante todo de la pérdida de un navío procedente de la isla de Candía y del incendio de un galeón de Pompeyo Colonna en Messina. Los cuatro ancianos que entretienen las noches de invierno asando castañas, bebiendo vino de malvasía y contando aventuras portentosas, se llaman Silvio, Albanio, Torcato y Fabricio. Ninguna de las historias es de asunto español, y las dos que trae pertenecientes al ciclo carolingio tampoco están tomadas de textos franceses, sino de una compilación italiana bien conocida y popular, *I Reali di Francia*.

El capítulo X, «do se cuenta el nacimiento de Carlo Magno, Rey de Francia», es una curiosa versión del tema novelesco de *Berta de los grandes pies*, es decir, de la sustitución fraudulenta de una esposa a otra, cuento de *folklore* universal, puesto que se ha recogido una variante de él hasta entre los zulús del África Meridional.[1] Como todas las leyendas de su clase, ésta ha sido

---

»Cap. 4. Do se cuenta la sobervia del Rey Niciforo, y incendio de sus Naves, y la Arte Magica del Rey Dardano.
»Cap. 5. Do se cuenta la iusticia de Celin Sultan gran Turco, y la venganza de Zayda.
»Cap. 6. Do se cuenta quien fue el esclavo Bernart.
»Cap. 7. Do se cuenta los trabajos y cautiverio del Rey Clodomiro y la Pastoral de Arcadia.
»Cap. 8. Do se cuenta el nacimiento de Roldan y sus niñerias.
»Cap. 9. Do defiende Camila el genero Femenino.
»Cap. 10. Do se cuenta el nacimiento de Carlo Magno Rey de Francia.
»Cap. II. Do se cuenta el nacimiento de la Reyna Telus de Tartaria.»

[1] Fué publicada por el misionero inglés Henry Callaway, con otros cuentos de la misma procedencia, en la colonia de Natal, en 1868. Véase H. Husson, *La Chaîne traditionelle. Contes et légendes au point de vue mythique* (París, 1874), p. 115. Este libro, aunque excesivamente sistemático,

objeto de interpretaciones míticas. Gastón París quiere ver en ella un símbolo de la esposa del sol, cautiva o desconocida durante el invierno, pero que recobra sus derechos y majestad en la primavera.[1] Sea de esto lo que fuere, la Edad Media convirtió el mito en leyenda épica y le enlazó, aunque tardíamente, con el gran ciclo de Carlo Magno, suponiendo que Berta, madre del Emperador, suplantada durante cierto tiempo por una sierva que fué madre de dos bastardos, había sido reconocida al fin por su esposo Pipino, a consecuencia de un defecto de conformación que tenía en los dedos de los pies. Esta leyenda no tiene de histórico más que el nombre de la heroína, y sin recurrir al ya desacreditado mito solar, nos inclinamos a creer con León Gautier[2] que es una de las muchas variedades del tipo de la esposa inocente, calumniada y por fin rehabilitada, que tanto abunda en los cuentos populares, y al cual pertenecen las aventuras de la reina Sibila y de Santa Genoveva de Brabante.

En una memoria admirable, a pesar del tiempo que ha transcurrido desde 1833, estudió comparativamente Fernando Wolf[3] las leyendas relativas a la madre de Carlomagno, sin olvidar el texto de Eslava. Los eruditos posteriores han acrecentado el catálogo de las versiones, haciéndolas llegar al número de trece, pero sustancialmente no modifican las conclusiones de aquel excelente trabajo. No hay texto en prosa anterior al de la Crónica de Saintonge, que es de principios del siglo XIII. Los poemas más antiguos que la consignan son uno francoitálico de principios del mismo siglo *(Berta de li gran pié)*, que forma parte de una compilación manuscrita de la biblioteca de San Marcos de Venecia, adaptación o refundición de otro poema francés perdido, y el mucho más cé-

---

sobre todo, en la aplicación del mito solar, contiene, a diferencia de tantos otros, muchas ideas y noticias en pocas palabras. No es indiferente para el estudio de los romances castellanos, verbigracia: el de *Delgadina* (mito védico de Prajapati —leyenda hagiográfica de Santa Dina o Dympna, hija del rey de Irlanda—, novela de Doralice y Teobaldo, príncipe de Salerno, en Straparola), o el de *la Infantina*, emparentado con el cuento indio de Suria-Bai (pp. 57 y 111).

[1] *Histoire poétique de Charlemagne*, p. 432.
[2] *Les Epopées Françaises*, t. III, p. 11.
[3] *Ueber die altfranzösischen Heldengedichte aus dem Karolingischen Sagenkreise*, Viena, 1883.

lebre de Adenet li Roi, *Roman de Berte aus grans piés*, compuesto por los años de 1275 y que tuvo la suerte no muy merecida de ser la primera canción de gesta francesa que lograse los honores de la imprenta.[1]

Con este relato del trovero Adenet o Adenès se conforma en sustancia el de nuestra *Gran Conquista de Ultramar*, mandada traducir por don Sancho IV el Bravo sobre un texto francés que seguramente estaba en prosa, pero que reproducía el argumento de varios poemas y narraciones caballerescas de diversos ciclos. Las variantes de detalle indican que esta narración era distinta de la de Adenet, y acaso más antigua y distinta asimismo de la versión italiana. No es del caso transcribir tan prolija historia, pero conviene dar alguna idea para que se compare esta versión todavía tan poética con la infelicísima rapsodia de Eslava.

La leyenda de Berta, como todas las restantes, ha penetrado en la *Gran Conquista de Ultramar* por vía genealógica. En el capítulo XLIII del libro II se dice, hablando de uno de los cruzados: «Aquel hombre era muy hidalgo e venía del linaje de Mayugot, de París, el que asó el pavon con Carlos Maynete, e dio en el rostro a uno de sus hermanos de aquellos que eran hijos de la sierva que fuera hija del ama de Berta, que tomara por mujer Pipino, el rey de Francia.»

Suponen los textos franceses que los padres de Berta, Flores y Blancaflor, eran reyes de Hungría. La *Conquista de Ultramar* los trae a España y los hace reyes de Almería. La narración está muy abreviada en lo que toca al casamiento del rey Pipino y a las astucias de la sierva, que era hija del ama de Berta. «Por ende el ama, su madre, hizo prender a Berta en lugar de su hija, diciendo que quisiera matar a su señora, e hizola condenar a muerte; asi que el ama mesma la dio a dos escuderos que la fuesen

---

[1] *Li Romans de Berte aus grans piés, précedé d'une Dissertation sur les Romans des douze pairs*, par M. Paulin Paris, de la Bibliothèque du Roi. París, Techener, 1832.

Hay otra edición más correcta, publicada por Augusto Scheler, conforme al manuscrito de la Biblioteca del Arsenal de París: *Li Roumans de Berte aus grans piés*, par *Adènes le Roi* (Bruselas, 1874).

Mussafia publicó en la *Romania* (julio de 1874 y enero de 1875) el texto del poema franco-italiano, anterior quizá en ochenta años al de Adenet.

a matar a una floresta do el rey cazaba; e mandóles que trajiesen el corazon della; e ellos, con gran lástima que della hobieron, non la quisieron matar; mas atáronla a un arbol en camisa, e en cabello, e dejáronla estar asi, e sacaron el corazon a un can que traian e leváronlo al ama traidora en lugar de su fija; e desta manera creyo el ama que era muerta su señora, e que quedaba su hija por reina de la tierra.»

Después de este seco resumen, la narración se anima, y la influencia, aunque remota, del texto poético se siente al referir las aventuras de Berta en el bosque.

«Mas nuestro Señor Dios non quiso que tan gran traicion como esta fuese mucho adelante, e como son sus juicios fuertes e maravillosos de conoscer a los hombres, buscó manera extraña porque este mal se desficiese; e quiso así, que aquella noche mesma que los escuderos levaron a Berta al monte e la ataron al árbol, así como de suso vistes, que el montanero del rey Pepino, que guardaba aquel monte, posaba cerca de aquel lugar do la infanta Berta estaba atada, e cuando oyó las grandes voces que daba, como aquella que estaba en punto de muerte, que era en el mes de enero, e que no tenia otra cosa vestida sino la camisa, e sin esto, que estaba atada muy fuertemente al árbol, fué corriendo hacia aquella parte; e cuando la vió espantóse, creyendo que era fantasma o otra cosa mala, pero cuando la oyó nombrar a nuestro Señor e a Santa María, entendió que era mujer cuitada, e llegóse a ella e preguntóle qué cosa era o qué había. E ella repúsole que era mujer mezquina, e que estaba en aquel martirio por sus pecados; e él díxole que no la desataría fasta que le contase todo su fecho por que estaba así; e ella contógelo todo, e él entonce hobo muy gran piedad della, e desatóla luego, e levóla a aquellas casas del Rey en que él moraba, que eran en aquella montaña, e mandó a su mujer e a dos hijas muy hermosas, que eran de la edad della, que le hiciesen mucha honra e mucho placer, e mandóles que dixesen que era su hija, e vistióla como a ellas, e castigó a las mozas que nunca la llamasen sino hermana. E' aconteció así, que despues bien de tres años fué el rey Pepino a cazar aquella montaña. E' después que hobo corrido monte, fué a aquellas sus casas, e dióle aquel su hombre muy bien de comer de muchos manjares. E ante que quitasen los manteles, hizo a su mujer e aquellas tres doncellas, que él llamaba hijas, que le levasen fruta; e ellas supiéronlo hacer tan apuestamente, que el Rey fué muy contento. E paróles mientes, e viólas muy hermosas a todas tres, mas parescióle mejor Berta que las otras; ca en aquella sazon la más hermosa mujer era que hobiese en ninguna parte del mundo. E' cuando la hobo así parado mientes un gran rato, hizo llamar al montanero, e preguntóle si eran todas tres sus hijas, e él dixo que sí. E cuando fué la noche, él fué a dormir a vna cámara apartada de sus caballeros, e mandó a aquel montanero que le trajese aquella su hija, e él hízolo así. E Pepino hobóla esa noche e empreñóla de un hijo e aquel fué Carlos Maynete el Bueno. E el rey Pepino, cuando se hobo de ir, dióle de sus dones, e hizo mucha mesura a aquella dueña, que creía que era hija del montanero, e mandó a su padre que gela guardase muy bien, pero en manera que fuese muy secreto.»

Prosigue narrando la *Crónica de Ultramar* cómo Blancaflor, madre de la verdadera Berta, descubrió la superchería del ama y de su hija, sirviendo de último signo de reconocimiento el pequeño defecto de los pies, que en *La Gran Conquista* está más especificado que en el poema de Adenet. «E Berta no habia otra fealdad sino los dos dedos que había en los piés de medio, que eran cerrados.[1] E por ende, cuando Blancaflor trabó de ellos, vió ciertamente que no era aquella su hija, e con gran pesar que hobo, tornóse así como mujer fuera de seso, e tomóla por los cabellos, e sacóla de la cama afuera, e comenzóla de herir muy de recio a azotes e a puñadas, diciendo a grandes voces: «¡Ay, Flores, mi señor, qué buena hija habemos perdido, e qué gran traicion nos ha hecho el rey Pepino e la su corte, que teníamos por las más leales cosas del mundo; así que a la su verdad enviamos nuestra hija, e agora hánnosla muerta, e la sierva, hija de su ama, metieron en su lugar!»

Confesada por el ama la traición, y querellándose acerbamente Blancaflor de la muerte de su hija, el Rey hace buscar a los escu-

---

[1] Tanto en el poema de Adenès, como en el texto franco-itálico, lo que distingue a Berta es únicamente el tener los pies demasiado grandes. En los *Reali* el tener un pie más grande que otro: «Aveva nome Berta del gran »pié, perchè ella avea maggiore un poco un piè che l'altro, e quello era il »piè destro» (cap. I).

deros que habían sido encargados del crimen, y por ellos y por el *montanero* viene a descubrirse la verdad del caso y la existencia de la verdadera Berta, que de su ayuntamiento con el Rey tenía ya un hijo de seis años, el futuro Carlo Magno. En el poema de Adenès la aventura amorosa de Pipino es posterior al descubrimiento del fraude, y efecto de este mismo descubrimiento, siendo ésta la principal diferencia entre ambos textos. El traductor castellano sólo puso de su cosecha la donación que Blancaflor hizo a su nieto Carlos «del reino de Córdoba e de Almería e toda la »otra tierra que había nombre España». Pero esta donación no llegó a tener cumplimiento porque «luego hobo desacuerdo entre »los de la tierra, de manera que non la pudieron defender; e con »este desacuerdo que hobo entre ellos, ganáronla los reyes moros, »que eran del linaje de Abenhumaya.»[1]

La historia de Berta se presenta muy ampliada y enriquecida con accesorios novelescos en la gran compilación italiana *I Reali di Francia,* cuyo autor Andrea da Barberino, nacido en 1370, vivía aún en 1431.[2] El sexto libro de esta obra tan popular todavía en Italia como lo es entre nosotros la traducción del *Fierabrás* (vulgarmente llamada *Historia de Carlomagno),* trata en diez y siete capítulos de las aventuras de Berta y del nacimiento de Carlos. Pío Rajna supone que el autor conocía el poema de Adenet, pero las diferencias son de bastante bulto y Gastón París se inclinaba a negarlo. Los nombres no son ni los de Adenet ni los del compilador franco-itálico del manuscrito de Venecia. Los motivos de las aventuras son diferentes también, y algunos rasgos parecen de grande antigüedad, como el de la concepción de Carlos Magno en un carro, lo cual antes de él se había dicho de Carlos Martel *(Iste fuit in carro natus)* y es acaso expresión simbólica de un nacimiento ilegítimo.[3] En lo que convienen *I Reali* y el

---

[1] *La Gran Conquista de Ultramar,* ed. de Gayangos, pp. 175-178.

[2] Sobre las fuentes de este famoso libro, cuya primera edición se remonta a 1491, es magistral y definitivo el trabajo de Rajna, *Ricerche intorno ai Reali di Francia* (Bolonia, 1872, en la *Collezione di Opere inedite o rare dei primi tre secoli della lingua).*

En la misma colección puede leerse el texto publicado por un discípulo de Rajna: *I Reali di Francia, di Andrea da Barberino, testo critico per cura di Guiseppe Vandelli* (Bolonia, 1902).

[3] *Romania,* julio de 1873, p. 363.

manuscrito de Venecia es en la idea genealógica de emparentar a la pérfida sierva con los traidores de la casa de Maganza. Estas invenciones cíclicas sirvieron a los compiladores de decadencia para establecer cierto lazo ficticio entre sus interminables fábulas. La de Berta, en tiempo de Adenet, corría todavía aislada, pues no hay rastro en él de semejante parentesco.

La versión de *I Reali* fué la que adoptó, echándola a perder en su maldita prosa, Antonio de Eslava, e introduciendo en ella algunas variantes arbitrarias e infelices, que desfiguran y envilecen el carácter de la heroína, y complican inútilmente el relato de sus aventuras con circunstancias ociosas y ridículas. Pipino se casa en terceras nupcias con Berta, siendo ya muy viejo y «casi impotente para el acto de la generación».[1] Para buscar novia entre las doncellas de cualquier linaje o estado, abre en París una especie de certamen de hermosura, señalando a cada dama mil escudos de oro «para el excesivo gasto que hiciesen en venir a las fiestas y juntas reales» que con este motivo se celebran. «Allí tuviera »harto que hazer el juyzio de Paris si avia de juzgar quál era más »hermosa... Y entre éstas vino la hija del Conde de Melgaria, »llamada Verta, la del gran pie, hermana de Dudon, Rey de Aqui-»tania: llamávase assi, por respecto que tenía el un pie mayor que »el otro, en mucho estremo; mas dexada esta desproporción apar-»te, era la más hermosa y dispuesta criatura de todas las Damas.»

Eslava describe prolijamente su traje y atavío, cometiendo los más chistosos anacronismos e incongruencias. Baste decir que, entre otras cosas llevaba «por ayron y garzota un *cupidillo* mis-»turado de olorosas pastillas, de tal suerte que despedía de sí un »olor suavísimo». El viejo Emperador, como era natural, se enamora de ella en cuanto la ve, mas «ella estava algo picada de Dudon »de Lis, Almirante de Francia, mozo galan y dispuesto, que en »las fiestas se avia mostrado como valiente cavallero». Este mismo Dudon de Lis es el que va en nombre del Emperador a pedir la novia, a desposarse con ella por poderes y acompañarla a Francia. «En este camino se urdió y tramó una de las más fraudulentas »marañas que jamás habrán oydo, y fué que la nueva Emperatriz

---

[1] No viejo ni caduco, pero sí pequeño y deforme era ya Pipino en el poema franco-itálico: «Por que eo sui petit e desformé.» «Petit homo est, »mais grosso e quarré.»

»traya consigo una donzella secretaria suya, hija de la casa de »Maganza, la qual en la edad y en el talle y hermosura le parecía »tanto que los Cortesanos de su Corte se engañaran muchas veces, »si no fuera el desengaño la diferencia de los costosísimos vestidos »que llevaba la Emperatriz; y esta se llamaba Fiameta, y era tan »querida y amada de la hermosa Verta, que con ella y con otra no, »comunicava sus íntimos secretos.»

Y aquí comienza la más absurda perversión que Eslava hizo en la leyenda, pues es la misma Berta la que, enamorada de Dudon de Lis y poco satisfecha con «el decrépito viejo» que la espera, sugiere a su doncella la estrategema de que la suplante en el lecho nupcial, haciéndose ella pasar por secretaria, para poder de este modo casarse con el almirante.[1] Préstase a todo la falsa Fiameta (nombre de Boccaccio muy inoportunamente sustituído al de *Elisetta* que tiene en *I Reali* y *Aliste* en el poema de Adenès); pero temerosa de que el engaño llegue a descubrirse y ella deje de ser Emperatriz, se decide a trabajar por cuenta propia y a deshacerse de Berta, después de consumada la superchería. La orden de matarla, el abandono en el bosque, la acogida que encuentra en la cabaña del montero del rey, el descubrimiento de la falsa Berta por la madre de la verdadera, la cacería del Rey y su aventura amorosa, no difieren mucho de los datos de la leyenda antigua, pero están torpemente viciados con la grosera inverosimilitud de prestarse tan de buen grado la liviana Berta a los deseos de aquel mismo viejo decrépito que tanto la repugnaba antes.[2] El final de

---

[1] Aunque el desatino de hacer enamorada a Berta pertenece, con todas sus consecuencias, a Antonio de Eslava, debe advertirse que ya en el poema bilingüe de la Biblioteca Marciana, seguido en esta parte por el compilador de *I Reali*, era Berta la que proponía la sustitución y por un motivo verdaderamente absurdo. Llegando a París fatigada del viaje, ruega a la hija del conde de Maganza Belencer que la reemplace en el lecho de Pipino durante la primera noche de bodas, pero fingiéndose enferma para que el rey no llegue a tocarla. Con fingirlo ella misma se hubiera ahorrado el engaño de la falsa amiga. En la Crónica rimada de Felipe Mouskes, que escribía hacia 1243, la reina alega un motivo obsceno para hacerse sustituir por su sierva Alista. En el poema de Adenès, Berta consiente en la superchería, porque su sierva Margista (el *ama* de la Crónica General) la ha hecho creer que el Rey quiera matarla en la primera noche de bodas.

[2] ¡Cuán lejano está esto de la delicadeza y elevación moral del texto de Adenès! en que Berta, que había hecho voto de no revelar su nombre

la historia concuerda enteramente con el texto de *I Reali,* incluso la disparatadísima etimología que da al nombre de Carlo Magno: «Y assi mandó a Lipulo el Emperador que antes que los monte- »ros cazadores llegasen a aquel asignado lugar, le hiziessen una »cama en el campo orillas del rio Magno, en un carro que allí esta- »va por el excessivo calor que hazia, y por estar algo lexos del »estruendo y vozes de tanto tumulto de gente, ...y assi fué cu- »bierto el carro de muchas y frescas ramas, aviendo servido de »acarrear piedra y leña. En él se acostó el cansado Emperador, »con su legítima mujer aunque no conocida... Desta hermosa Ber- »ta nació Carlo Magno, sucesor del Emperador Pipino su padre: »llamóse assi porque fué engendrado (como dicho tengo) en un »carro, orillas del río Magno, y assi se llamó Carro Magno, aunque »agora se llama Carlo Magno.»

Esta rapsodia, que aun prescindiendo de lo adocenado de su estilo es claro testimonio de la degeneración del sentido épico en los que ya sin comprenderlas repetían las leyendas de la Edad Media, tuvo tan escandalosa fortuna, que volviendo en el siglo XVIII a Francia, donde estas narraciones estaban completamente olvi- dadas con haber tenido allí su cuna, ocupó en 1777 las páginas de la *Bibliothèque Universelle des Romans,* y a favor de esta célebre compilación, se difundió por toda Europa, que entonces volvió a enterarse (¡y de qué manera!) de los infortunios de la pobre Berta, tan calumniada por el refundidor español. Pero como no hay mal que por bien no venga, acaso esta caricatura sirvió para despertar la curiosidad de los investigadores, y hacer que se re- montasen a las fuentes primitivas de esta narración poética.

Otro tanto aconteció con la historia «*del nacimiento de Roldán y sus niñerías*», que llena el capítulo octavo de la «Segunda noche» de Eslava, y cuya fuente indudable es también el libro de *I Reali.*

Los personajes de esta leyenda son carolingios, pero los pri- meros textos en que aparece consignada no son franceses, sino franco-itálicos y de época bastante tardía. Los italianos la recla-

---

más que cuando viese en peligro su castidad, exclama, perseguida por el rey en el bosque de Mans: «Soy reina de Francia, mujer del rey Pipino, hija del rey Flores y de la reina Blancaflor, y os prohibo, en nombre de Dios que gobierna el mundo, hacer ninguna cosa que pueda deshonrarme: antes pre- feriría ser muerta, y Dios venga en mi ayuda.»

man por suya, y quizás nosotros podamos alegar algún derecho preferente. Ante todo, se ha de advertir que la más antigua poesía épica nada supo de estas mocedades de Roldán. Siempre se le tuvo por hijo de una hermana de Carlomagno, a quienes unos llaman Gisela o Gisla y otros Berta, pero no había conformidad en cuanto al nombre del padre, que en unos textos es el duque Milón de Angers y en otros el mismo Carlogmano, a quien la bárbara y grosera fantasía de algunos juglares atribuyó trato incestuoso con su propia hermana. Pero en ninguno de los poemas franceses conocidos hasta ahora hay nada que se parezca a la narración italiana de los amores de Milón y Berta y de la infancia de *Orlandino*. Además la acción pasa en Italia y se enlaza con recuerdos de localidades italianas.

Pero es el caso que esta historia de ilegitimidad de Roldán, nacido de los amores del conde Milón de Angers o de Anglante con Berta, hermana de Carlogmano, es idéntica en el fondo a nuestra leyenda épica de Bernardo del Carpio, nacido del furtivo enlace del conde de Saldaña y de la infanta doña Jimena. La analogía se extiende también a las empresas juveniles atribuídas a Roldán y a Bernardo. La relación entre ambas ficciones poéticas es tan grande que no se le ocultó a Lope de Vega, el cual trató dramáticamente ambos asuntos, repitiéndose en algunas situaciones y estableciendo en su comedia *La Mocedad de Roldán* un paralelo en forma entre ambos héroes.

Reconocido el parentesco entre las dos historias, lo primero que se ocurre (a así opinó Gastón París) es que la de Roldán habrá servido de modelo a la de Bernardo. Pero es el caso que los datos cronológicos no favorecen esta conjetura. El más antiguo texto de las *Enfances de Roland* no se remonta más allá del siglo XIII, y para entonces nuestra fábula de Bernardo, no sólo estaba enteramente formada, sino que se había incorporado en la historia, admitiéndola los más severos cronistas latinos, como don Lucas de Tuy y el arzobispo don Rodrigo; andaba revuelta con hechos y nombres realmente históricos, y había adquirido un carácter épico y nacional que nunca parece haber logrado el tardío cuento italiano. Tres caminos pueden tomarse para explicar la coincidencia. O se admite la hipótesis de un poema francés perdido que contase los amores de Milón y Berta, hipótesis muy poco plausible, no sólo por falta de pruebas, sino por la contradicción que este relato envuelve con todos los poemas conocidos. O se supone la transmisión de nuestra leyenda de Bernardo a Francia, y de Francia a Italia; caso improbable, pero no imposible; puesto que también puede suponerse en el *Maynete* y hay que admitirla en el *Anseis de Cartago* y acaso en el *Hernaut de Belaunde*. O preferimos creer que estas *mocedades* no fueron al principio las de Bernardo ni las de Roldán, sino un lugar común de novelística popular, un cuento que se aplicó a varios héroes en diversos tiempos y países. La misma infancia de Ciro, tal como la cuenta Herodoto, pertenece al mismo ciclo de ficciones, que no faltará quien explique por el socorrido mito solar u otro procedimiento análogo.

Todos los textos de las mocedades de Roldán fueron escritos en Italia, como queda dicho. El más antiguo es el poema en decasílabos épicos, compuesto en un francés italianizado, es decir en la jerga mixta que usaban los juglares bilingües del norte de Italia. Forma parte del mismo manuscrito de la biblioteca de San Marcos de Venecia en que figuran *Berta* y el *Karleto*. En este relato Milón es un senescal de Carlomagno, y los perseguidos amantes se refugian en Lombardía, pasando por los caminos todo género de penalidades: hambre, sed, asalto de bandidos; hasta que Berta, desfallecida y con los pies ensangrentados, se deja caer a la margen de una fuente, cerca de Imola, donde da a luz a Roldán que por su nacimiento, queda convertido en héroe italiano. Milón, para sustentar a Berta y a su hijo, se hace leñador. Roldán se cría en los bosques de Sutri y adquiere fuerzas hercúleas. Su madre tiene en sueños la visión de su gloria futura. Pasa por Sutri Carlomagno, volviendo triunfante de Roma, y entre los que acuden en tropel a recibir al Emperador y su hueste, llama la atención de Carlos un niño muy robusto y hermoso, que venía por capitán de otros treinta. El Emperador le acaricia, le da de comer, y el niño reserva una parte de ración para sus padres. Esta ternura filial, unida al noble y fiero aspecto del muchacho, que «tenía ojos de león, de dragón marino o de halcón», conmueve al viejo Namo, prudente consejero del Emperador, y al Emperador mismo, quien manda seguir los pasos de Roldán hasta la cueva en que vivían sus padres. El primer movimiento, al reconocer a su hija y al seductor, es de terrible indignación, hasta el punto de sacar el cuchillo contra ellos; pero Roldán, cachorro de león, se precipita sobre su abuelo y le desarma, apretándole tan fuertemente la mano que le hace saltar sangre de las uñas. Esta brutalidad encantadora reconcilia a Carlos con su nieto, y le hace prorrumpir en estas palabras: «será el halcón de la Cristiandad». Todo se arregla del mejor modo posible, y el juglar termina su narración con este gracioso rasgo: «Mientras estas cosas pasaban, volvía los ojos el niño Roldán a una y otra parte de la sala a ver si la mesa estaba ya puesta.» [1]

En *I Reali di Francia* encontramos más complicación de elementos novelescos. Para seducir a Berta, Milón entra en palacio disfrazado de mujer. El embarazo de Berta se descubre pronto, y Carlos la encierra en una prisión, de donde su marido la saca, protegiendo la fuga el consejero Namo. La aventura de los ladrones está suprimida en *I Reali*. El itinerario no es enteramente el mismo. Falta el sueño profético de la madre. En cambio, pertenecen a la novela en prosa, y pueden creerse inventadas por su autor (si es que no las tomó de otro poema desconocido), las peleas de los mozuelos de Sutri, en que Roldán ensaya sus primeras armas, y la infeliz idea de hacer desaparecer a Milón en busca de aventuras desamparando a la seducida princesa con el fruto de sus amores. Esta variante, imaginada, según parece, para enlazar este asunto con el de la *Canción de Aspramonte* y atribuir a Milón grandes empresas en Oriente, persistió por desgracia en todos los textos sucesivos, viciando por completo el relato y estropeando el desenlace.

La prosa de los *Reali di Francia* fué puesta en octavas reales por un anónimo poeta florentino del siglo XV y por otro del XVI, que apenas hizo más que refundir al anterior. Las juveniles hazañas de Roldán dieron asunto a Ludovico Dolce para uno de los varios poemas caballerescos que compuso a imitación del Ariosto: *Le prime imprese del conte Orlando* (1572); pero de los 25 cantos de que este poema consta, sólo los cuatro primeros tienen que ver con la leyenda antigua, siguiendo con bastante fidelidad el texto

---

[1] Vid. G. París, *Histoire poétique de Charlemagne*, pp. 170-409; Guessard, en la *Bibliothèque de l'Ecole des Chartes*, 1856, pág. 393 y siguientes, y muy especialmente Rajna, *Ricerche intorno ai Reali di Francia*, pág. 253 y ss.

de *I Reali*.[1] El poema de Dolce fué traducido en prosa castellana[2] por el regidor de Valladolid Pero López Henríquez de Calatayud (1594). Y de este mismo poema o del texto en prosa tomó argumento Lope de Vega para *La Mocedad de Roldán*,[3] interesante y ameno poema dramático, que sería la mejor de las obras compuestas sobre este argumento si no le arrebatase la palma la noble y gentil balada de Luis Uhland *Der Klein Roland*.

Posteriores a la comedia de Lope, que ya estaba escrita en 1604, son las *Noches de Eslava*, cuyo relato, comparado con el de los *Reali*, ofrece bastantes amplificaciones y detalles, debidos sin duda al capricho del imitador y a su retórica perversa.

Enamorado Milón de Berta «con mucho secreto se vistió de hábito de viuda, y lo pudo bien hazer, por ser muy mozo y sin barba, y con cierta ocasión de unas guarniciones de oro, fué a palacio, al cuarto donde ella estaba, y las guardias entendiendo ser muger, le dieron entrada... y no solamente fué esto una vez, mas muchas, con el disfrazado hábito de viuda, entraba a gozar de la belleza de Berta, engañando a los vigilantes guardias, de tal suerte que la hermosa Berta de la desenvuelta viuda quedó preñada». Indignación de Carlomagno; largo y empalagoso discurso de Berta, solicitando perdón y misericordia «pues se modera la culpa con no haber hecho cosa con Milon de Anglante que no fuese consumación de matrimonio, y debaxo juramento y palabra de esposo». La acongojada dama se acuerda muy oportunamente de la clemencia de Nerva y Teodosio y de la crueldad de Calígula; pero su hermano, que parece más dispuesto a imitar al último que a los primeros, la contesta con otro razonamiento no menos erudito, en que salen a relucir Agripina y el Emperador Claudio, la cortesana Tais y el incendio de Persépolis, Lais de Corinto, Pasi-

---

[1] *Le prime imprese del conte Orlando di Messer Lodovico Dolce, da lui composte in ottava rima, con argomenti ed allegorie. All'Illustriss. et Eccellentiss. Signor Francesco Maria della Rovere Prencipe d'Urbino. Vinegia, appresso Gabriel Giolito de Ferrari*, 1572. 4º.

[2] *El nascimiento y primeras Empressas del conde Orlando. Tradvzidas por Pero Lopez Enriquez de Calatayud, Regidor de Valladolid*. Valladolid, por Diego Fernández de Córdoba y Oviedo. Sin año, pero la fecha 1594 se infiere del privilegio.

[3] Impresa en la Parte 19ª de sus Comedias y en el tomo XIII de la edición académica.

phae, Semíramis y el tirano Hermias, a quien cambia el sexo, convirtiéndole en amiga de Aristóteles. En vista de todo lo cual la condena a muerte, encerrándola por de pronto en «el más alto alcázar de Palacio». Pero al tiempo que «el dios Morfeo esparcía su vaporoso licor entre las gentes», fué Milón de Anglante con ocultos amigos, y con largas y gruesas cuerdas apearon del alto alcázar a Berta, y fueron huyendo solos los dos verdaderos amantes... y en este ínterin, ya el claro lucero daba señales del alba, y en la espaciosa plaza de París andaban solícitos los obreros «haziendo el funesto cadahalso, adonde se habia de poner en execucion la rigurosa sentencia».

Carlomagno envía pregones a todas las ciudades, villas y lugares de su reino, ofreciendo 100.000 escudos de oro a quien entregue a los fugitivos. «Y como llegase a oidos del desdichado Milón de Anglante, andaba con su amada Berta silvestre, incógnito y temeroso; caminando por ásperos montes y profundos valles, pedregosos caminos y abrojosos senderos; vadeando rápidos y presurosos ríos; durmiendo sobre duras rayces de los toscos y silvestres árboles, teniendo por lecho sus frondosas ramas; los que estaban acostumbrados a pasear y a dormir en entoldados palacios, arropados de cebellinas ropas, comiendo costosísimos y delicados manjares, ignorantes de la inclemencia de los elementos... y assi padeciendo infinitos trabajos, salieron de todo el Reyno de Francia y entraron en el de Italia... Mas sintiéndose ella agravada de su preñez y con dolores del parto, se quedaron en el campo, en una oscura cueva, lexos una milla de la ciudad de Sena en la Toscana... Y a la mañana, al tiempo que el hijo de Latona restauraba la robada color al mustio campo, salió de la cueva Milon de Anglante a buscar por las campestres granjas algun mantenimiento, ropas y pañales para poder cubrir la criatura.» Durante esta ausencia de su marido, Berta «parió con mu- »cha facilidad un niño muy proporcionado y hermoso, el cual, »así como nació del vientre de su madre, fué rodando con el »cuerpo por la cueva, por estar algo cuesta abaxo». Por eso su padre, que llegó dos horas después, le llamó *Rodando* (sic), y «de allí fué corrompido el nombre y lo llaman Orlando».

Hasta aquí las variantes son pocas, pero luego se lanza la fantasía del autor con desenfrenado vuelo. Milón perece ahogado al cruzar un río, y Eslava no nos perdona la lamentación de Berta, que se compara sucesivamente con Dido abandonada por Eneas, con Cleopatra después de la muerte de Marco Antonio, con Olimpia engañada por el infiel Vireno. Hay que leer este trozo para comprender hasta qué punto la mala retórica puede estropear las más bellas invenciones del genio popular. Lo que sigue es todavía peor: el sueño profético de Berta pareció, sin duda, al novelista, muy tímida cosa, y le sustituye con la aparición de una espantable sierpe, que resulta ser una princesa encantada hacía dos mil años por las malas artes del mágico Malagis, el cual la había enseñado «el curso de los cielos móviles, y la influencia y *constelación* de todas las estrellas, y por ellas los futuros sucesos y la intrínseca virtud de las hierbas, y otra infinidad de secretos naturales».

Contrastan estas ridículas invenciones con el fondo de la narración, que en sustancia es la de los *Reali*, sin omitir los pormenores más característicos, por ejemplo, la confección del vestido de Orlando con paño de cuatro colores: «Y así un día los mochachos de Sena, viéndole casi desnudo, incitados del mucho amor que le tenían, se concertaron de vestirle entre todos, y para eso los de una parroquia o quartel le compraron un pedazo de paño negro, y los de las otras tres parroquias o quarteles otros tres pedazos de diferentes colores, y así le hizieron un vestido largo de los cuatro colores, y en memoria desto se llamaba Orlando del Quartel; y no se contentaba con sólo esto, antes más se hacía dar cierta cantidad de moneda cada día, que bastase a sustentar a su madre, pues era tanto el amor y temor que le tenían, que hurtaban los dineros los mochachos a sus padres para dárselos a trueque de tenerlo de su bando.»

La narración prosigue limpia e interesante en el lance capital de la mesa de Carlomagno. «Estando, pues, en Sena, en su real palacio, acudian a él a su tiempo muchos pobres por la limosna ordinaria de los Reyes, y entre ellos el niño Orlando... el qual como un dia llegase tarde... se subió a palacio, y con mucha disimulación y atrevimiento entró en el aposento donde el Emperador estaba comiendo, y con lento paso se allegó a la mesa y asió de un plato de cierta vianda, y se salió muy disimulado, como si nadie lo hubiera visto, y así el Emperador gustó tanto de la osadía del mochacho, que mandó a sus caballeros le dexasen ir y no se lo quitasen; y así fué con él a su madre muy contento y pensando hacerla rica... El segundo dia, engolosinado del primero, apenas se soltó de los brazos de su madre, cuando fué luego a Sena y al palacio del Emperador y llegó a tiempo que el Emperador estaba comiendo, y entrando en su aposento, nadie le estorbó la entrada habiendo visto que el Emperador gustó dél la primera vez, y fuese allegando poco a poco a su mesa, y el Emperador, disimulando, quiso ver el ánimo del mochacho, y al tiempo que el mochacho quiso asir de una rica fuente de oro, el Emperador echó una grande voz, entendiéndole atemorizar con ella; mas el travieso de Orlando, con ánimo increible le asió con una mano de la cana barba y con la otra tomó la fuente, y dixo al Emperador con semblante airado: «No bastan voces de Reyes a espantarme», y fuese, con la fuente de palacio; mandando el Emperador le siguiesen cuatro caballeros, sin hacerle daño, hasta do parase, y supiesen quién era.»

La escena del reconocimiento está dilatada con largas y pedantescas oraciones donde se cita a Tucídides y otros clásicos; todo lo cual hace singular contraste con la brutalidad de Carlomagno, que da a su hermana un *puntillazo* y la derriba por el suelo, provocando así la justa cólera de Orlando. Al fin de la novela vuelve el autor a extraviarse, regalándonos la estrafalaria descripción de un encantado palacio del Piamonte, donde residía cada seis meses, recobrando su forma natural, la hermosísima doncella condenada por maligno nigromante a pasar en forma de sierpe la otra mitad del año. ¿Quién no ve aquí una reminiscencia de la *Melusina* de Juan de Arras, traducida ya al castellano en el siglo XV? [1]

Si las dos novelas de Antonio de Eslava que hasta ahora llevamos examinadas despiertan la curiosidad del crítico como degenerada expresión del ideal caballeresco ya fenecido, un género de interés muy distinto se liga al capítulo 4.º de la *Primera noche*,

---

[1] *Historia de la linda Melosina de Juan de Arras.*
Colofón: *Fenesce la ystoria de Melosina empremida en Tholosa por los honorables e discretos maestros Juan paris e Estevan Clebat alemanes que con grand diligencia la hizieron pasar de frances en Castellano. E despues de muy emendada la mandaron imprimir. En el año del Señor de mill e quatrocientos e ochenta e nueue años a XIII dias del mes de julio.*
Hay otras ediciones de Valencia, 1512 y Sevilla, 1526.

en que el doctor Garnett y otros eruditos ingleses modernos han creído ver el germen del drama fantástico de Shakespeare *La Tempestad*, que es como el testamento poético del gran dramaturgo.[1] Ya antiguos comentadores, como Malone, habían insinuado la especie de una novela española utilizada por Shakespeare en esta ocasión, pero seguramente habían errado la pista fijándose en *Aurelio e Isabela*, o sea en la *Historia de Grisel y Mirabella*, de Juan de Flores, que ninguna relación tiene con tal argumento. Más razonable ha sido buscarle en la historia que Antonio de Eslava escribió de «la soberbia del Rey Niciphoro y incendio de sus naves, y la Arte Magica del Rey Dardano». Como esta fábula no ha entrado todavía en la común noticia, por ser tan raro el libro que la contiene, procede dar aquí alguna idea de ella.

El Emperador de Grecia Nicéforo, hombre altivo, soberbio y arrogante, exigió del Rey Dárdano de Bulgaria, su vecino, que le hiciese donación de sus estados para uno de sus hijos. Dárdano, que sólo tenía una hija llamada Serafina, se resistió a tal pretensión, a menos que Nicéforo consintiese en la boda de su primogé-

---

[1] No conozco más que por referencias estos trabajos de Garnett, ni aún puedo recordar a punto fijo dónde los he visto citados. Pero como no gusto de engalanarme con plumas ajenas, y se trata de un descubrimiento de alguna importancia, he creído justo indicar que un inglés había notado antes que yo la analogía entre la novela de Eslava y *La Tempestad*. Los comentadores de Shakespeare que tengo a mano no señalan más fuentes que una relación de viajes y naufragios, impresa en 1610 con el título de *The Discovery of the Bermudas or Devil's Island*, y una comedia alemana del notario de Nuremberg Jacobo Ayrer, *La hermosa Sidea (Die Schöne Sidea)*, fundada al parecer en otra inglesa, que pudo conocer Shakespeare, y de la cual supone Tieck que el gran poeta tomó la idea de la conexión que establece entre Próspero y Alonso, Miranda y Fernando. Pero, según Gervinus, a esto o poco más se reduce la semejanza entre ambas obras. Vid. *Shakespeare Commentaries by Dr. G. Gervinus... Translated... by F. E. Bunnèt*, Londres, 1883, página 778.

Tampoco Ulrici acepta la conjetura de Tieck, y aun sin tener noticia de las *Noches de Invierno*, se inclina a admitir la hipótesis de una novela española antigua que pudo servir de fuente común a Shakespeare y al autor de una antigua balada, descubierta por Collier, que la publicó en la *Quarterly Review*, 1840. Siento no conocer esta balada.

Vid. *Shakespeare's Dramatic Art, History and character of Shakespeare Plays. By Dr. Hermann Ulrici. Translated from the third edition of the German... by L. Dora Schmitz*. Londres, 1876. Tomo II, pp. 38-39, nota.

nito con esta princesa. El arrogante Nicéforo no quiso avenirse a
ello, e hizo cruda guerra al de Bulgaria, despojándole de su reino
por fuerza de armas. «Bien pudiera el sabio Rey Dardano vencer
»a Niciphoro si quisiera usar del Arte Magica, porque en aquella
»era no avia mayor nigromántico que él, sino que tenía ofrecido al
»Altissimo de no aprovecharse della para ofensa de Dios ni daño de
»tercero... Y assi viéndose fuera de su patria y reynos, desampara-
»do de sus exercitos, y de los cavalleros y nobles dél, y ageno de
»sus inestimables riquezas, desterrado de los lisonjeros amigos,
»sin auxilio ni favor de nadie, se ausentó con su amada hija...»

Retírase, pues, con ella a un espeso bosque, y después de hacer
un largo y filosófico razonamiento sobre la inconstancia y vanidad
de las cosas del mundo, la declara su propósito de apartarse del
trato y compañía de los hombres, fabricando con su arte mágica
«un sumptuoso y rico palacio, debaxo del hondo abismo del mar,
»adonde acabemos y demos fin a esta caduca y corta vida, y adon-
»de estemos con mayor quietud y regalo que en la fertil tierra».
Préstase de mejor o peor grado Serafina, con ser tan bella y moza,
a lo que de ella exige su padre, el cual confirma con tremendos
juramentos «al eterno Caos» su resolución de huir «de la humana
contratación de este mundo».

«Y andando en estas razones, llegaron a la orilla del mar
adonde halló una bien compuesta barca, en la qual entraron, asien-
do el viejo rey los anchos remos, y rompiendo con ellos la violencia de sus olas, se metió dentro del Adriático golfo, y estando en
él, pasó la ligera barca, sacudiendo a las aguas con la pequeña
vara, por la qual virtud abrió el mar sus senos a una parte y otra,
haziendo con sus aguas dos fuertes muros, por donde baxó la barca
a los hondos suelos del mar, tomando puerto en un admirable palacio, fabricado en aquellos hondos abismos, tan excelente y
sumptuoso quanto Rey ni Principe ha tenido en este mundo.»
Hago gracia a mis lectores de la absurda descripción de este palacio, pero lo que no puede ni debe omitirse es que la hermosa Serafina era «con arte mágica servida de muchas Sirenas, Nereydes,
Driadas y Ninfas marinas, que con *suaves y divinas musicas* sus-
pendian a los oyentes».

Así pasaron dos años, pero, a pesar de tantos cánticos, músicas
y regalos, algo echaba de menos la bella Serafina, y un día se atre-

vió a confesárselo al rey Dárdano: «Si en todas las cosas, hay,
»amado padre, un efecto del amor natural, no es mucho, ni de
»admirar, que en esta vuestra solitaria hija obre los mismos efec-
»tos el mismo amor. Por algo deshonesta me tendreys con estas
»agudas razones, mas fuerçame a dezirlas el verme sin esperança
»alguna de humana conversación, metida y encarcelada en estos
»hondos abismos; y assi os pido y suplico, ya que permitis que
»muera y fenezca mi joventud en estos vuestros Magicos Palacios,
»que me deys conforme a mi estado y edad un varon ilustre por
»marido.» El viejo rey Dárdano, vencido de las eficaces razones de
su hija, promete casarla conforme a su dignidad y estado.

Entretanto había partido de esta vida el altivo emperador Nicéforo, conquistador del reino de Bulgaria, dejando por sucesor a su
hijo menor Juliano, muy semejante a él en la aspereza y soberbia
de su condición, y desheredando al mayor, llamado Valentiniano,
mozo de benigno carácter y mansas costumbres. El cual, viéndose
desposeído de los estados paternos, fué a pedir auxilio al emperador de Constantinopla. «Y para más disimular su intento, se partió
»solo, y arribó a un canal del mar Adriático, a buscar embarca-
»cion para proseguir su intento, y solamente halló una ligera barca,
»que de un pesado viejo era regida y governada, que le ofreció le
»pondria con mucha brevedad do pretendia.»

«Y sabreys, señores, que el dicho barquero era el viejo Rey
»Dardano, que quando tuvo al Principe Valentiniano dentro en el
»ancho golfo, hirió con su pequeña *vara* las saladas agua, y luego
»se dividieron, haziendo dos fuertes murallas, y descendió el es-
»pantado Principe al Magico Palacio, el qual admirado de ver tan
»excelente fábrica quedó muy contento de verse allí; y el Rey
»Dardano le informó quién era, y el respecto porque alli habitava,
»y luego que vido a la Infanta Serafina, quedó tan preso de su
»amor, que tuvo a mucha dicha el aver baxado aquellos hondos
»abismos del mar, y pidiola con muchos ruegos al Rey su padre
»por su legítima esposa y mujer, que del viejo padre luego le fue
»concedida su justa demanda, y con grande regocijo y alboroço,
»se hicieron las Reales bodas por arte Mágica: pues vinieron a ellas
»mágicamente muchos Principes y Reyes, con hermosissimas
»Damas, que residian en todas las islas del mar Occeano.»

Celebrándose estaban las mágicas bodas cuando estalló de

pronto una furiosa tempestad. «Començaron las olas del mar a en-
»soberbecerse, incitadas de un furioso Nordueste: túrbase el cielo
»en un punto de muy obscuras y gruesas nubes; pelean contrarios
»vientos, de tal suerte que arranca y rompe los gruesos masteles,
»las carruchas y gruessas gumenas rechinan, los governalles se
»pierden, al cielo suben las proas, las popas baxan al centro, las
»jarcias todas se rompen, las nubes disparan piedras, fuego, rayos
»y relámpagos. Tragava las hambrientas olas la mayor parte de
»los navios; la infinidad de rayos que cayeron abrasaron los que
»restaron, excepto cuatro en los quales yva el nuevo Emperador
»Juliano y su nueva esposa, y algunos Príncipes Griegos y Roma-
»nos, que con éstos quiso el cielo mostrarse piadoso. Davan los
»navios sumergidos del agua, y abrasados del fuego, en los hondos
»abismos del mar, inquietando con su estruendo a los que estavan
»en el mágico palacio.»

Entonces el rey Dárdano subió sobre las aguas «descubriéndose
»hasta la cinta, mostrando una antigua y venerable persona, con
»sus canas y largos cabellos, assi en la cabeça como en la barba, y
»vuelto a las naves que avian quedado, adonde yvan el Empera-
»dor y Príncipes, encendidos los ojos en rabiosa cólera», les incre-
pó por su ambición y soberbia que les llevaba a inquietar los senos
del mar después de haber fatigado y estragado la tierra, y anunció
a Juliano que no sería muy duradero su tiránico y usurpado imperio. «Y acabado que huvo el rey Dardano de hazer su parlamen-
»to, se zambulló, sin aguardar respuesta, en las amargas aguas
»del mar, quedando el Emperador Juliano de pechos en la dorada
»popa de su nave, acompañado de la nueva Emperatriz su mujer,
»y de algunos Príncipes que con él se avian embarcado.»

Cumplióse a poco tiempo el vaticinio, muriendo el emperador
apenas había llegado a la ciudad de Delcia donde tenía su corte.
El rey Dárdano, sabedor de la catástrofe por sus artes mágicas,
deshace su encantado palacio, se embarca con su yerno y su hija
y los pone en quieta y pacífica posesión del imperio de Constantinopla. Pero para no quebrantar su juramento de no habitar
nunca en tierra, manda labrar en el puerto un palacio de madera
flotante sobre cinco navíos, y en él pasa sus últimos años.

Las semejanzas de este argumento con el de *The Tempest* son
tan obvias que parece difícil dejar de admitir una imitación di-

recta. El rey Dárdano es Próspero, su hija Serafina es Miranda, Valentiniano es Fernando. Lo mismo el rey de Bulgaria que el duque de Milán han sido desposeídos de sus estados por la deslealtad y la ambición. Uno y otro son doctos en las artes mágicas, y disponen de los elementos a su albedrío. El encantado y submarino palacio del uno difiere poco de la isla también encantada del otro, poblada de espíritus aéreos y resonante de música divina. La vara es el símbolo del mágico poder con que Dárdano lo mismo que Próspero obra sus maravillas. Valentiniano es el esposo que Dárdano destina para su hija y que atrae a su palacio a bordo del mágico esquife, como Próspero atrae a su isla a Fernando por medio de la tempestad para someterle a las duras pruebas que le hacen digno de la mano de Miranda.

Este es sin duda el esquema de la obra shakespiriana, pero ¡cuán lejos está de la obra misma! Todo lo que tiene de profundo y simbólico, todo lo que tiene de musical y etéreo, es creación propia del genio de Shakespeare, que nunca se mostró tan admirablemente lírico como en esta prodigiosa fantasía, la cual, por su misma vaguedad, sumerge el espíritu en inefable arrobamiento. Ninguna de las sutiles interpretaciones que de ella se han dado puede agotar su riquísimo contenido poético. Ariel, el genio de la poesía, sonoro y luminoso, emancipado por fin de la servidumbre utilitaria; Caliban, el monstruo terrible y grotesco, ya se le considere como símbolo de la plebe, ya de la bestia humana en estado salvaje, que no es humanidad primitiva sino humanidad degenerada; Gonzalo, el dulce utopista; Miranda, graciosa encarnación del más ingenuo y virginal amor; Próspero, el gran educador de sí propio y de los demás, el nigromante sereno y benévolo, irónico y dulce, artífice de su destino y de los ajenos, harto conocedor de la vida para no estimarla en más de lo que vale, harto generoso para derramar el bien sobre amigos y enemigos, antes de romper la vara de sus prestigios y consagrarse a la meditación de la muerte: toda esta galería de criaturas inmortales, que no dejan de parecer muy vivas aunque estén como veladas entre los vapores de un sueño, claro es que no las encontró Shakespeare ni en la pobre rapsodia de Eslava, ni en la relación del descubrimiento en las islas Bermudas, ni en el pasaje de Montaigne sobre la vida salvaje, ni en las demás fuentes que se han indicado, entre las cuales no debemos omitir el *Espejo de Príncipes y Caballeros*, más comúnmente llamado *El Caballero del Febo*, en que recientemente se ha fijado un erudito norteamericano.[1]

Pero de todos estos orígenes, el más probable hasta ahora, y también el más importante, son las *Noches de Invierno*, puesto que contienen, aunque sólo en germen, datos que son fundamentales en la acción de la pieza. A los eruditos ingleses toca explicar cómo un libro no de mucha fama publicado en España en 1609 pudo llegar tan pronto a conocimiento de Shakespeare, puesto que *La Tempestad* fué representada lo más tarde en 1613. Traducción inglesa no se conoce que yo sepa, pero cada día va pareciendo más verosímil que Shakespeare tenía conocimiento de nuestra lengua. Ni la *Diana* de Jorge de Montemayor estaba publicada en inglés cuando se representaron *Los dos hidalgos de Verona*, ni lo estaban los libros de Feliciano de Silva cuando apareció el disfrazado pastor don Florisel en el *Cuento de Invierno*.[2]

No creo necesario detenerme en las restantes novelas de Eslava, que son por todo extremo inferiores a las citadas. Muy ingeniosa sería, si estuviese mejor contada, la de la *Fuente del desengaño*, cuyas aguas tenían la virtud de retratar la persona o cosa más amada de quien en ellas se miraba. Y no son únicamente los interesantes enamorados de la fábula los que se ven sujetos a tal percance, sino el mismo Rey, a cuyo lado se ve una hechicera feísima, que con sus artes diabólicas le tenía sorbido el seso, y los mismos jueces que allí ven descubiertas sus secretas imperfecciones. «Al lado de uno que viudo era, una rolliza moza de cánta- »ro, que parecía que con él quería agotar la fuente, en venganza »de su afrenta; y al lado de otro muchíssimos libros abiertos en »quienes tenia puesta toda su afición; y al lado de otro tres talegos »abiertos, llenos de doblones, como aquel que tenia puesto su amor »y pensamiento en ellos, y que muchas vezes juzgava por el dinero »injustamente: de suerte que hallándose cada uno culpado, se

---

[1] Vid. Perott (Joseph de), *The probable source of the plot of Shakespeare's «Tempest»* (En las *Publications of the Clark Universsity Library Worcester, Mass.* Octubre de 1905).

[2] No ha faltado quien sospechase, pero esto parece ya demasiada sutileza, que este mismo título de una de las últimas comedias de Shakespeare *(Winter's tale)* era reminiscencia de las *Noches*, de Eslava.

»rieron unos de otros, dándose entre ellos muchos y discretos motes »y vexámenes.»

Esta fuente nada tiene que ver con el ingenioso pero no sobrenatural modo de que se vale el pastor Charino de la *Arcadia* de Sannázaro, para hacer la declaración amorosa a su zagala; tema de novelística popular que también encontramos en el *Heptameron* de la reina de Navarra, donde la declaración se hace por medio de un espejo. En cambio, el cuento de Eslava está enlazado con otra serie de ficciones, en que ya por una copa, ya por un espejo mágico, ya por un manto encantado, se prueba la virtud femenina o se descubren ocultos deslices.

Los demás capítulos de las *Noches de invierno* apenas merecen citarse. Un esclavo cristiano, que «con doce trompas de fuego sulphureo y de alquitrán» hace volar todas las galeras turcas; una nuera que para vengarse de su suegro le da a comer en una empanada los restos de su nieto; dos hermanos que sin conocerse lidian en público palenque; una princesa falsamente acusada, víctima de los mismos ardides que la reina Sevilla, son los héroes de estas mal concertadas rapsodias que apenas pueden calificarse de originales, puesto que están compaginadas con reminiscencias de todas partes. La historia del rey Clodomiro, por ejemplo, no es más que una variante, echada a perder, de la hermosa leyenda del Emperador Joviniano (cap. LIX del *Gesta Romanorum*), sustituído por su ángel custodio, que toma su figura y sus vestiduras regias mientras él anda por el mundo haciendo penitencia de su soberbia y tiranía. En Eslava, toda la poesía mística de la leyenda desaparece, pues no es un ángel quien hace la transformación, sino un viejo ridículo nigromante.

Además de las novelas contiene el libro, de todas suertes curiosísimo, del poeta de Sangüesa varias digresiones históricas y morales, una apología del sexo femenino y una fábula alegórica del nacimiento de la reina Telus de Tartaria, que dice traducida de lengua flamenca, citando como autor de ella a Juan de Vespure, de quien no tengo la menor noticia.

Tal es, salvo omisión involuntaria,[1] el pobre caudal de la novela corta durante más de una centuria; y ciertamente que ma-

---

[1] No he podido encontrar un rarísimo pliego suelto gótico que describe Salvá (n. 1.179 de su *Catálogo*) y contenía un cuento en prosa, *Como vn*

ravilla tal esterilidad si se compara con la pujanza y lozanía que iba a mostrar este género durante todo el siglo XVII, llegando a ser uno de los más ricos del arte nacional. No faltan elementos indígenas en las colecciones que quedan reseñadas, pero lo que en ellas predomina es el gusto italiano. Y aun pudieran multiplicarse las pruebas de esta imitación, mostrando cómo se infiltra y penetra hasta en las obras de temple más castizo y que son sin duda emanación genuina del ingenio peninsular. Así, el capítulo del buldero, uno de los más atrevidos del *Lazarillo de Tormes,* tiene su germen en un cuento de Masuccio Salernitano.[1] Así, las novelas románticas intercaladas en el *Guzmán de Alfarache,* la de *Dorido y Clorinia,* la de *Bonifacio y Dorotea,* la de *Don Luis de Castro* y *Don Rodrigo de Montalvo,* están enteramente en la manera de los *novellieri italianos,* y la última de ellas procede también de Masuccio.[2] Así, la *Diana* de Jorge de Montemayor, que en su fondo debe más al bucolismo galaico - portugués que a la *Arcadia* de Sannázaro, se engalana con la historia de los amores de don Félix y Felismena, imitada de Bandello.

---

rustico labrador ēgaño a vnos mercaderes, cuatro hojas, sin lugar ni año, hacia 1510, según el parecer de aquel bibliógrafo. Sir Thomas Grenville tuvo otra edición del mismo pliego con el título algo diverso, *Como vn rustico labrador astucioso con cōsejo de su mujer engaño a vnos mercaderes.* Supongo que hoy parará en el Museo Británico.

[1] Es el 4º del *Novellino.* Notó antes que nadie esta semejanza Morel-Fatio.

«Fra Girolamo da Spoleto con un osso di corpo morto fa credere al popo-»lo Sorrentino sia il braccio di Santo Luca: il compagno gli dà contra: lui »prega Iddio che ne dimostri miracolo: il compagno finge cascar morto, »ed esso oramai lo ritorna in vita; e per li doppi miracoli raduna assai mo-»neta, diventane prelato, e col compagno poltroneggia.»
(*Il Novellino di Masuccio Salernitano,* ed. de Settembrini, p. 53 y ss.).

[2] Esta imitación fué ya indicada en la *History of fiction* de Dunlop (trad. alemana de Liebrecht, p. 268). Es la novela 41 de Masuccio (p. 425). *Due cavalieri fiorentini se innamorano de due sorelle fiorentine, son necessitati ritornarsi in Francia. Una delle quelle con una sentenziosa intramessa de un falso diamante fa tutti doi ritornare in Fiorenza, e con una strana maniera godono a la fine di loro amore.*
De estas y otras imitaciones trataré en sus lugares respectivos. Aquí basta indicarlas.

Novelas del mismo corte y origen se encuentran por incidencia en otros libros, cuya materia principal no es novelesca, especialmente en los manuales de cortesía y buena crianza, imitados o traducidos del italiano. Prescindiendo por ahora del *Cortesano* de Boscán, que es pura traducción, aunque admirable, y que tendrá más adecuado lugar en otro capítulo de la presente historia, donde estudiaremos los diálogos que pintan aspectos varios de la vida social, no podemos omitir la ingeniosa refundición que del *Galateo* de Messer Giovanni della Casa hizo Lucas Gracián Dantisco en su *Galateo Español* (1599), libro de los más populares, como lo acreditan sus numerosas ediciones.[1] El autor nos ofrece a un tiem-

---

[1] Las ediciones más antiguas del *Galateo* que citan los bibliógrafos son: la de Zaragoza, 1593; la de Barcelona, 1595 y la de Madrid, 1599; pero debe de haberlas algo anteriores, puesto que la dedicatoria está firmada a 10 de enero de 1582. La más antigua de las que he manejado es la siguiente:

—*Galateo Español. Agora de nuevo corregido y emendado. Autor Lucas Gracian Dantisco criado de su Magestad. Impresso en Valencia, en casa de Pedro Patricio Mey.* 1601. *A costa de Balthasar Simon mercader de libros.*

8º, 239 pp. (por errata 293).

Aprobación del Dr. Pedro Juan Asensio, por comisión del patriarca don Juan de Ribera (20 de marzo de 1601).

«Aviendo visto en el discurso de mi vida por esperiencia todas las reglas de este libro, me parecio aprovecharme de las más, que para el tiempo de la juventud puede ser de consideracion, traduziendolas del Galateo Italiano, y añadiendo al proposito otros *Cuentos* y cosas que yo he visto y oydo; los quales serviran de sainete y halago, para pasar sin mal sabor las pildoras de una amable reprehension que este libro haze. Que aunque va embuelto en cuentos y donayres, no dexara de aprovechar a quien tuviere necessidad de alguno destos avisos, si ya no tuviere tan amarga la boca, y estragado el gusto, que nada le parezca bien...»

Sonetos laudatorios del Licenciado Gaspar de Morales, de Lope de Vega y de un anónimo.

Todo el libro está lleno de cuentecillos, unos traducidos del italiano y otros originales de Gracián Dantisco.

—*Galateo Español. Agora nueuamente impresso, y emendado. Avtor Lucas Gracian Dantisco. criado de su Magestad. Y de nueuo va añadido el destierro de la ignorancia, que es Quaternario de auisos conuenientes a este nuestro Galateo. Y la vida de Lazarillo de Tormes, castigado. Con licencia. En Valladolid. Por Luis Sanchez. Año de 1603. A costa de Miguel Martinez.*

8º, 6 hs. prls. y 295 pp. dobles.

Página. 171. «*Destierro de ignorancia. Nueuamente compuesto y sacado a luz en lengua Italiana por Horacio Riminaldo Boloñés. Y agora traduzido*

po la teoría y la práctica *de las novelas y cuentos*, dándonos curioso *specimen* de la conversación de su época.

«Allende de las cosas dichas, procure el gentil hombre que se pone a contar algun cuento o fábula, que sea tal que no tenga palabras desonestas, ni cosas suzias, ni tan puercas que puedan causar asco a quien le oye, pues se pueden dezir por rodeos y términos limpios y honestos, sin nombrar claramente cosas semejantes; especialmente si en el auditorio hubiesse mugeres, porque alli se deve tener más tiento, y ser la maraña del tal cuento clara, y con tal artificio que vaya cevando el gusto hasta que con el remate y paradero de la novela queden satisfechos sin duda. Y tales pueden ser las novelas y cuentos que allende del entretenimiento y gusto, saquen dellas buenos exemplos y moralidades; como hazian los antiguos fabuladores, que tan artificiosamente hablaron (como leemos en sus obras), y a su imitacion deve procurar el que cuenta las fábulas y consejas, o otro cualquier razonamiento, de yr hablando sin repetir muchas vezes una misma palabra sin necesidad (que es lo que llaman bordon) y mientras pudiere no confundir los oyentes, ni trabajalles la memoria, excusando toda escuridad, especialmente de muchos nombres.»[1]

Como muestra del modo de contar que tenía por más apacible, trae la ingeniosa *Novela del gran Soldán con los amores de la linda Axa y el Príncipe de Nápoles*. Esta novela es seguramente de origen italiano, y en Castilla había pasado ya al teatro, según nos informa Gracián Dantisco. «Y pues en todas las cosas deste tra- »tado procuramos traer comparaciones y exemplos al proposito, »en este que se nos ofrece pondremos un cuento del cual, por aver

---

de lengua Italiana en Castellana. Con licencia. En Valladolid. Por Luys Sanchez. Año M.DCIII.

»Es obra muy prouechosa y de gran curiosidad y artificio: porque cifrandose todo lo que en ella se contiene debaxo del numero de quatro, discurre con él por todo el Abecedario, començando primeramente por cosas que tienen por principio la letra *A* desta suerte...»

Fol. 217. *Lazarillo de Tormes, castigado. Agora nueuamente impresso, y emendado.*

Hay reimpresiones de 1632, 1637, 1664, 1722, 1728, 1746, 1769 y otras varias.

[1] Página 151 de la ed. de Valencia, 1601.

»parecido bien a unos discretos cómicos, se hizo una hermosa »tragicomedia.» [1]

Lucas Gracián Dantisco, que no es un mero traductor, sino que procura acomodar el *Galateo* toscano a las costumbres españolas, nos da suficiente testimonio de que el ejercicio de novelar alternativamente varias personas en saraos y tertulias era ya cosa corriente en su tiempo. «Deve tambien el que acaba de contar »qualquiera cuento o novela como ésta, aunque sepa muchas, y »le oygan de buena gana, dar lugar a que *cada qual diga la suya*, »y no enviciarse tanto en esto que le tengan por pesado o impor- »tuno; no combidando siempre a dezillas, pues principalmente »sirven para henchir con ellas el tiempo ocioso.» [2]

Hemos seguido paso a paso esta incipiente literatura, sin desdeñar lo más menudo de ella, aun exponiéndonos al dictado de *micrófilo*, para que se comprenda qué prodigio fueron las *Novelas Ejemplares* de Cervantes, surgiendo de improviso como sol de verdad y de poesía entre tanta confusión y tanta niebla. La novela caballeresca, la novela pastoril, la novela dramática, la novela picaresca, habían nacido perfectas y adultas en el *Amadís*, en la *Diana*, en la *Celestina*, en el *Lazarillo de Tormes*, sus primeros y nunca superados tipos. Pero la novela corta, el género de que simultáneamente fueron precursores don Juan Manuel y Boccaccio, no había producido en nuestra literatura del siglo XVI narración alguna que pueda entrar en competencia con la más endeble de las novelas de Cervantes: con el embrollo romántico de *Las dos doncellas*, o con el empalagoso *Amante Liberal*, que no deja de llevar, sin embargo, la garra del león, no tanto en el apóstrofe retórico a las ruinas de la desdichada Nicosia como en la primorosa miniatura de aquel «mancebo galan, atildado, de blancas manos »y rizos cabellos, de voz meliflua y amorosas palabras, y finalmen-

---

[1] Páginas 154-179.
Esta novelita llegó a ser tan popular, que todavía se hizo de ella una edición de cordel a mediados del siglo XVIII.
Historia del Gran Soldan con los amores de la linda Axa y Principe de Napoles. Cordoba, Juan Rodriguez de la Torre. Sin año.
Modernamente la refundió Trueba en uno de sus *Cuentos Populares* que lleva por título *El Príncipe Desmemoriado*.

[2] Páginas 179-180.

»te todo hecho de ámbar y de alfeñique, guarnecido de telas y
»adornado de brocado» ¡Y qué abismos hay que salvar desde
estas imperfectas obras hasta el encanto de *La Gitanilla*, poética
idealización de la vida nómada, o la sentenciosa agudeza de *El
Licenciado Vidriera*, o el brío picaresco de *La Ilustre Fregona*,
o el interés dramático de *La Señora Cornelia* y de *La Fuerza de la
Sangre*, o la picante malicia de *El Casamiento Engañoso*, o la profunda ironía y la sal lucianesca del *Coloquio de los Perros*, o la
plenitud ardiente de vida que redime y ennoblece para el arte las
truhanescas escenas de *Rinconete y Cortadillo!* Obras de regia
estirpe son las novelas de Cervantes, y con razón dijo Federico
Schlegel que quien no gustase de ellas y no las encontrase divinas
jamás podría entender ni apreciar debidamente el *Quijote*. Una
autoridad literaria más grande que la suya y que ninguna otra
de los tiempos modernos, Goethe, escribiendo a Schiller en 17 de
diciembre de 1795, precisamente cuando más ocupado andaba en
la composición de *Wilhelm Meister,* las había ensalzado como un
verdadero tesoro de deleite y de enseñanza, regocijándose de encontrar practicados en el autor español los mismos principios de
arte que a él le guiaban en sus propias creaciones, con ser éstas
tan laboriosas y aquéllas tan espontáneas. ¡Divina espontaneidad
la del genio que al forjarse su propia estética adivina y columbra
la estética del porvenir! [1]

Santander, Enero de 1907.

---

[1] La extensión que ha tomado el presente capítulo me obliga a diferir para el volumen siguiente, que será el tercero de estos *Orígenes de la novela,* el estudio de las novelas de costumbres y de las novelas dramáticas anteriores a Cervantes. En él se encontrarán también las noticias críticas y bibliográficas de algunos diálogos satíricos afines a la novela, cuyo texto va incluído en el presente volumen.

ÍNDICE DE TEMAS, AUTORES Y OBRAS

A

Abencerrajes, Los, origen del nombre, y estudio que de ellos hace Ginés Pérez de Hita, 59, 60.

Abencerrajes, Matanza de los, contada de modo bastante próximo a la historia en *Abindarráez y Jarifa*, 61.

Abindarráez y Jarifa, Historia de, 47; romances que de él derivan, 52.

Abulcacim Tarif Abentarique, y la *Historia de Don Rodrigo*, obra cuya paternidad se le atribuye, 26.

Agua mágica de Felicia, en la *Diana*, y estudio de los antecedentes relativos a su origen literario, 285.

Aguiló Mariano, y la obra *Griselda*, 293.

Aguirre Matías de, y Boccaccio, 314.

Agustín, Antonio, y su crítica a Guevara, 36; considerado como Mecenas de Mey, 439.

Alarcón, P. A., y Pérez de Hita, 67.

Albertino, Egidio, y Fr. Antonio de Guevara, 42, 46.

Alcalá, Juan de, consideración de sus versos satíricos, y Montemayor, 164, 176.

Alcifrón, El bucolismo de, 109.

Alejandrinos, Versos, en Gil Polo y Pérez de Hita, 222.

Alemán, Mateo, y la novela morisca, 47.

Alemana, La literatura, y Guevara, 46.

Alemanas, Traducciones, de la *Diana*, 207.

Alexandre, El Libro de, y Juan Aragonés, 360.

Alexandro de Alexandro, Sus *Días Geniales* en las *Historias Prodigiosas* y en Mexía, 331, 335.

Alfonso X, el Sabio, y Timoneda, 374.

Alfonso, el Magno; su *Cronicón*, y la Tumba de Don Rodrigo, 17.

Alfonso, Pedro; fuente de Boccaccio, 311.

Alivio de caminantes, de Timoneda, 352.

Aljubarrota, Glosas al Sermón de, quién fué su autor y cuál su contenido, 383.

Almacari, y los abencerrajes, 63.

Alonso V de Aragón, y sus *Dichos y hechos*, 397.

Alumbrados de Llerena en Zapata, 346.

Álvarez de Oriente, Fernán, imitada de Montemayor, 163.

Amadís de Gaula; sus ediciones, 279; su elogio italiano, 281; traducción hebrea, 282; en la *Miscelánea* de Zapata, 346.

Amadís de Grecia, su autor y ediciones que de esta obra se hicieron, 282.

Amantes de Teruel, Los, fuentes en Boccaccio, 312.

Ameto, de Boccaccio, y su influencia, 121; su influencia en la *Arcadia*, 128.

Anacarsis, y Fr. Antonio de Guevara, 39.

Anacreóntica, de Gálvez de Montalvo, 245.

Anas, Libros llamados *(Scaligerana*, etc.), y la escasez que de ellos hubo en España, 399.

Anseis de Cartago, y la leyenda de Rodrigo, 13.
Antiguos y modernos, en la *Miscelánea,* de Zapata, 347.
Antillón, y *Los Amantes de Teruel,* 313.
Antíoco, y Selenco, recuerdo de Mey, 462.
Antolínez de Piedrabuena, imitador de Hidalgo, 474.
Apolonio de Tiro, y Timoneda, 365.
Apolonio de Tyana y el *Marco Aurelio,* de Guevara, 40.
Apotegmas, Libros de, en España, 396, 407.
Aquilano, Serafino, y la *Arcadia,* 130.
Árabe, Origen de dos episodios de la leyenda de D. Rodrigo, 11.
Aragonés, Juan, y sus *Cuentos,* 359; en Medrano, 409.
Arbolanches, Jerónimo de, *Las Havidas,* y la novela histórica, 83, 85.
Arcadia, La, de Sannázaro, estudio, 125, 134.
Aretino, Leonardo, y la novela Ghismonda, del *Decamerón,* 312.
Aretino, Pedro, en las facecias de Pinedo, 381.
Argensola, Bartolomé L., fabulista, 442.
Argote de Molina, Gonzalo, y la *Historia de Abindarráez y Jarifa,* 47, 48.
Arguijo, Cuentos de, y su edición, 407.
Arienti, Sabadino Degli, y Timoneda, 368.
Ariosto, y Timoneda, 368.
Ariz, P. Luis, y la novela histórica, 77.
Arlotto, Piovano, y Santa Cruz, 388.
Arras, Juan de, autor de *Melasina,* reminiscencias en Eslava, 491.
Asensio, Francisco, remozador de la *Floresta española,* 396.
Asno que aprendió a leer, Cuento del, 458.
Asno, Ignacio de, ed. de Serón, 312.
Astrea, novela pastoril de D'Urfé, 199, 204.
Ateneo: en las *Historias prodigiosas,* 331.
Aue, Hartmann, von der, y S. Gregorio Magno, 364.

Aulo Gelio, en Pero Mexía, 338.
Austria, Juan de, mecenas de M. de Santa Cruz, 388.
Aviano, en Trancoso, 435; en Mey, 445.
Ávidas, Las, de Jerónimo de Arbolanches, y la novela histórica, 82.
Ávila, Crónica de, antigua, 78, 80.
Ávila, Historia de las Grandezas de, P. Luis Ariz, 77.
Ayala, El canciller, y Pedro del Corral, 20; y Boccaccio, 291.
Ayora, Gonzalo de, *Epílogo de algunas cosas dignas de memoria... de Ávila,* 82.

B

Baeza, Hernando de, intérprete que fué del Rey Chico, y la matanza de abencerrajes hecha por Abul-Hasán, 59, 63.
Balbi de Correggio, Francisco, y la *Historia de los amores del valeroso Abindarráez y la hermosa Jarifa,* 53.
Balzac, y Fr. Antonio de Guevara, 43.
Bandello, Mateo, aprovechado por Montemayor, 192; en Mira de Amescua y en Lope, 314; su influjo en nuestra literatura, 320; y Timoneda, 357, 368; y Trancoso, 425, 433; en Mey, 462, en J. Montemayor, 499.
Bandos..., *Historia de los,* de Ginés Pérez de Hita, 54.
Barberino, Andrea da, *I reali di Francia,* 481, 495.
Barcelona, en la obra de Lofraso, 236.
Barellas, Fr. Esteban, y la novela histórica, 75.
Barlaam y Josafat, en portugués, 421.
Barlacchia, y M. de Santa Cruz, 388.
Barth, Gaspar, traductor latino de la *Diana enamorada,* 225.
Baudoin, Nicolás, traductor de Cervantes, 411; y las *Rodomuntadas,* 418.
Bayle, Pedro, y los vituperios dirigidos a Fray Antonio de Guevara, 36, 43.

ÍNDICE DE TEMAS, AUTORES Y OBRAS

Beatriz de Portugal, Infanta, y *Menina y Moça*, 159.
Belianís de Grecia, Libro de Don, y las ediciones que de él le hicieron, 283.
Belleforest, Francisco de, y el *Marco Aurelio* de Guevara, 43; y Bandello, 321; y las *Historias prodigiosas* en España, 327.
Benavente, Conde de, y los manuscritos de Boccaccio en su librería, 301; en las facecias de Pinedo, 381.
Bernaldino, Romance de Don, y B. Ribeiro, 163.
Bernardes, P. Manuel, moralista portugués, 436.
Bernardo Barcino, Centuria o Historia del Gran Conde, y la novela histórica, 75, 77.
Bernardo del Carpio, Relación de su leyenda con la de Roldán, 485.
Berners, Lord, traductor de Guevara, 42, 44, 45.
Berta de los grandes pies, versión de Eslava, 476.
Bertranet, I. D., traductor de la *Diana*, 199.
Bertaut, Renato, traductor de Guevara, 41.
Bibbiena, Abad de, mecenas del traductor del Doni, 315.
Bimnarder, pseudónimo de Bernaldim Ribeiro, 150.
Bión, y la novela pastoril, 108.
Boaistuau, Pedro, Señor de Launay, y Bandello, 321; y las *Historias prodigiosas* en España, 327.
Boccaccio, sus églogas y novelas pastoriles, 219; influencia de su *Ameto*, en la *Arcadia*, 129; y el Arcipreste de Talavera, 269; y las traducciones españolas de *Cayda de príncipes*, 270; (De Casibas) en la *tragedia* del Condestable de Portugal, 285; sus obras en España, 291; su traducción española según el autor de la del Doni, 317; y la Papisa Juana, 338; en la *Sobremesa* de Timoneda, 354; y Trancoso, 422.
Boileau, y la *Astrea*, 200.
Boleckhofer, Lucas, traductor de Pero Mexía, 344.

Bourchier, John, y Fray Antonio de Guevara, 42, 45.
Boyl y Vives, Carlos, y la Sociedad valenciana, 189.
Boyssier, traducido por A. Pescioni, 329.
Braga, Teófilo, y Trancoso, 423, 425.
Brandam, Fr. Antonio, y la leyenda del *Abad de Montemayor*, 94.
Brantôme, y el *Marco Aurelio* de Guevara, 43; y las *Rodomuntadas*, 420.
Breidembrach, Bernardo, Deán de Maguncia, y la traducción al español de la crónica de su viaje a Tierra Santa, 102.
Bretón, El ciclo, en Cataluña, 277.
Brito, Fray Bernardo de, gran fabulador portugués, 85; y la leyenda del Abad Don Juan de Montemayor, 93.
Brito, Duarte de, y la novela Ghismonda del *Decamerón*, 312.
Brocence, alusión en Hidalgo, 470.
Brochado, Luis, soneto en loor de Trancoso, 424.
Bruxilo, y Fray Antonio de Guevara, 39.
Bryan, Francis, y Fray Antonio de Guevara, 45.
Bubas, Paradoja en loor de las, en Hidalgo, 471.
Bucolicum Carmen, de Petrarca, 118.
Buchanan, Milton A., estudio sobre Mey, 439.
Buen Aviso y Portacuentos, de Timoneda, estudio, 360.
Buena andanza, Cuento de la, 422.
Bulbena y Tusell, Antonio, y *Griselda*, 293.
Burley, Gualtero, y Fray Antonio de Guevara, 39; y *Vidas de los filósofos*, 397.
Bustamante, traductor de Justino, 363.

C

Caballeresco, El elemento, en el enorme libro de la *Crónica del rey don Rodrigo*, 19.
Caballería, Orden de la, del Beato Raimundo Julio, y el P. Pascual, 268.

Caballerías, Los libros de, y la *Confectio catoniana,* que los ataca, 10; y el predominio del elemento histórico sobre el novelesco, 28; y la *Historia de las grandezas de Ávila,* 78; el Catálogo que de los mismos posee la Biblioteca Nacional, 283.
Caballero del Febo, El, y la *Tempestad,* de Shakespeare, 496.
Caballero invisible, El, en Hidalgo, 471.
Cabrera, Gil de, Soneto en la versión de Straparola, 327.
Cabrillas, Beatos de la, y la *Floresta española,* 395.
Cáceres, Francisco de, y las *Rodomuntadas,* 419.
Cadalso, y el tema de la Cava, 25.
Calderón de la Barca, y Pérez de Hita, 67, 69.
Calila y Dimna, y Mey, 446, 450.
Caliope, Canto de, de Cervantes, 217.
Calpurnio en la *Arcadia,* 128.
Calpurnio, Tito, bucólico, 111.
Caminha, Pero de Andrade, amigo de Montemayor, 173.
Campillo, Ginés, y Boccaccio, 314.
Campo en la literatura griega, El, 107.
Campuzano, Doctor, en el *Pastor de Fílida,* 248.
Can y caballo, Libro del, de Luis Pérez, 408, 415.
Canales, Fray Antonio, y la difusión del ciclo bretón en Cataluña, 277.
Canamor, y sus ediciones, 275.
Cancionero, de Montemayor, estudio, 175.
Cano, Dr. Alonso, y Boccaccio, 314.
Cano, Melchor, crítica a Guevara, 36.
Cantares de Gesta, y los orígenes de la novela histórica, 9.
Cantorbery, Cuento del Rey Juan con el Abad de, 374; en Trancoso, 430.
Capitolino, Julio, y Fray Antonio de Guevara, 36.
Capmany *(Elocuencia),* y Guevara, 41.
Carani, Lelio, traductor de Amores de Ismene, 193.

Caravaggio, Juan Francisco de, Straparola, en España, 325.
Cárcel de Amor, de Diego de San Pedro, y la reimpresión que de esta obra se hizo, 285.
Cardano, Jerónimo, en las *Historias prodigiosas,* 330.
Cardenal, Pedro, trovador, en cuento italiano, 454.
Carlo famoso, de Zapata, juicio sobre esta obra, 344.
Carlomagno, Historia de, ediciones, 273; nacimiento de, 481; en la leyenda de Roldán, 486.
Carlos, Príncipe Don, en el *Pastor de Filida,* 249.
Caro, Rodrigo, y Pero Mexía, 335; y los refranes, 350.
Carramolino, Juan Martín, su historia de Ávila, 80.
Carretto, Galeotto del, y la *Arcadia,* 130.
Carrillo, Arzobispo, en Trancoso, 426, 430.
Cartagena, Alonso, y Boccaccio, 291.
Cartas, Modelo de, la España, 414.
Carvajal, Mariano de, y Boccaccio, 313.
Casa, Giovanni della, en Gracián Dantisco, 500.
Castellano, Traducción de Boccaccio al, 201.
Castellano de Toledo, ley de la lengua, 309.
Castiglione, Baltasar de, y Rodríguez Lobo, 438; y la *Arcadia,* 496.
Castigos y doctrinas que un sabio daba a sus hijas, cuento de Griselda, 293, 297.
Castillejo, Cristóbal, y Montemayor, 196; y Gálvez de Montalvo, 256; en Medrano, 409.
Castillo y Solórzano, y Boccaccio, 313; imitador de Hidalgo, 474.
Castro, P. Juan Bautista de, moralista portugués, 436.
Castro y Anaya, y Boccaccio, 314.
Catalán, Boccaccio en, 298.
Catoniana, Confectio, ataque a los libros de Caballería, 10.
Cava, La, y Rasis, 15; escena del enamoramiento en la *Crónica del Rey don Rodrigo,* 20; muerte, según Miguel de Luna y Pedro del Corral, 26.

ÍNDICE DE TEMAS, AUTORES Y OBRAS

Cavalcanti, Mainardo, y Boccaccio, 292.
Centuria o Historia del Gran Conde don Bernardo Barcino, La, y la novela histórica, 75, 77.
Cerdá y Rico, y el *Canto de Turia* en la *Diana enamorada,* 217.
Cerdeña, Descripción de la isla de, por Lafraso, 236.
Cervantes, Miguel de, y Fray Antonio de Guevara, 41; y la historia de Abindarráez y Jarifa, 53; parodia de Pérez de Hita, 55; juicio de las *Avidas* de Arbolanches, 85; la *Galatea* y la *Arcadia,* 131; recurso de disfrazar de varón a una mujer, 192; y la sabia Felicia, de la *Diana,* 193; y la *Diana* de Gil Polo, 212; juicio sobre Lofrasso, 231, 234; y el *Pastor de Fílida,* 237; y Gálvez de Montalvo, 250; bucolismo en sus obras, 262; su posición respecto de la novela pastoril, 263, 266; su imitación de la *Diana,* de Alonso Pérez, 286; y Boccaccio, 313; y Bandello, según Lope, 320; y Timoneda, 377; el *Licenciado Vidriera,* 399; y Medrano, 411; y Trancoso, 432; juicio sintético sobre las *Novelas ejemplares,* 502.
Cetina, Gutierre de, amigo de Montemayor, 172.
Cicerón, y la *Cyropedia* de Xenofonte, 30.
Cifar, El Caballero, y la *Cosmografía,* 95.
Cina Catulo, y Fr. Antonio de Guevara, 36.
Cinthio, Giraldi, en las loas, 314; las *Cien novelas* en España, 322; y Timoneda, 377; en Trancoso, 425, 432, 434.
Cisne, Caballero del, y los precedentes que sobre su leyenda existen en portugués, 431.
Clamades y Claramonda, sus ediciones, 275.
Clara Diana a lo divino, de Fr. Bartolomé Ponce, 229.
Claros, Romance del Conde, y Boccaccio, 311.
Claudiano, en la *Arcadia,* 128; en Gil Polo y Fernando de Herrera, 216.

Clavellinas de recreación, de A. Salazar, 412.
Clavijo, Ruy González de, y la embajada al Gran *Tamorlán,* 96.
Colón, Fernando, y el elogio que de él hace Pero Mexía, 342.
Coloquio escolar en España, 413.
Collén, Nicolás, traductor de la *Diana,* 198.
Comparetti, Doménico, y su estudio sobre Virgilio, 118.
Compendio Historial, El, y *El Abad Juan de Montemayor,* 86.
Conde, José Antonio, y Rodrigo de Narváez, 48.
Conocimiento de todos los reinos, tierras y señoríos que son por el mundo, Libro del, 95.
Conquista de Ultramar, La Gran, y la leyenda de *Berta de los grandes pies,* 478.
Consciencia, P. Manuel, moralista portugués, 436.
Constanza, Reina de Mallorca, poetisa provenzal, 301.
Contile, Luca, Soneto a Montemayor, 183.
Convidado acusado, El, cuento de Mey, 450.
Cornejo, Vejamen del P., 470.
Cornelia, y Fray Antonio de Guevara, 39.
Corral, Pedro del, autor de la *Crónica de Don Rodrigo,* 10; y la *Crónica del moro Rasis,* 14.
Correa de Fonseca y Andrada, Antonio, *Historia Manlianense,* y el Abad de Montemayor, 94.
Correas, Maestro Gonzalo, y la novelística en sus *Refranes,* 378.
Corte na Aldea, de Rodríguez Lobo, 436.
Costa, Joan de, traductor portugués, 425.
Covarrubias, su *Tesoro* y las costumbres, 378.
Covarrubias Herrera, Jerónimo, y la historia de Abindarráez y Jarifa, 52.
Crítica literaria, en el *Pastor de Fílida,* 260.
Cristiano, Origen, de un episodio de la leyenda de Don Rodrigo, 11.
Croix, Chretien des, y la *Diana,* 199.

Crónica del triunfo de los nueve preciados de la fama, novela históricocaballeresca, 28.
Crónica general, La, y los orígenes de la novela histórica, 9.
Crónica de Don Rodrigo, La, como origen de la novela histórica, 10.
Crónica del moro Rasis, y la leyenda de Don Rodrigo, 13.
Cronicones, Falsos, y la novela histórica, 74.
Crusca, Academia de la, y el *Decamerón,* 309.
Cruz, Licenciado Luis de la, Soneto en la versión de G. Cintio, 324.
Cuatro, Número, escrito artificioso a base del, 501.
Cuento y novela corta, teoría y práctica de la recitación, 501.
Cuentos y novelas cortas, 289.
Cueva, Juan de la, y Pero Mexía, 335.
Curial y Guelfa, y la novela de Ghismonda, del *Decamerón,* 311.
Cyropedia, La, y Fray Antonio de Guevara, 29; su significación en la novela histórica, 30.

CH

Chacona, Baile de la, en Hidalgo, y referencia al romance análogo de Cervantes, 473.
Chappuis, Gabriel, traductor en 1587 de la *Diana,* 198.
Chariteo, en la *Arcadia,* 126.
Chateaubriand, y la historia de Abindarráez y Jarifa, 54; y Ginés Pérez de Hita, 65.
Chaucer y Boccaccio, 292.
Cheritón, Odo de, y el *Libro de los Gatos,* 269.
Chirino Bermúdez, Alonso, imitador de Hidalgo, 474.
Chrisfal, Trovas de, de C. Falcão, 139.

D

Dante, y la imitación de su *Purgatorio* en el *Ameto* de Boccaccio, 122; y la *Vita nuova,* desconocida en España, 284.

Daurat, Juan, o Dorat, y Julián Iñiguez de Medrano, 407.
Dávalos, Rodrigo, poeta amigo de Montemayor, 170.
Decamerón, de Boccaccio, y su difusión en España, 292; sus ediciones italianas, 304; sus ediciones españolas, 307.
Delgadina, Romance de, y sus precedentes, 477.
Destierro de ignorancia, de Horacio Riminaldo, boloñés, 500.
Diálogos de apacible entretenimiento, 467.
Diana, de Montemayor, y la historia del *Abencerraje,* 49; considerada como personaje real, 165, 168; y sus continuaciones, 207.
Diana tercera, y los documentos de los cuales resulta su existencia, 286, 287.
Díaz, Hernando, y los *Dichos de los filósofos,* 396.
Díaz de Games, Gutierre, y las noticias que él nos trae sobre Don Rodrigo, 14.
Diógenes Laercio, y Fray Antonio de Guevara, 39.
Dionigi, Bartolomé, traductor de Pero Mexía, 343.
Dirlos, Romance del Conde, y Boccaccio, 311.
Dolce, Ludovico, y el *Conte Orlando,* 487.
Domenichi, Ludovico, y M. de Santa Cruz, 388.
Doncel, Juan, Soneto en la versión de Straparola, 326.
Doncella de Francia, Historia de la, novela históricocaballeresca, 28.
Doni, su *Zucca* en España, 315.
Dorantes, Francisco Marcos, y la muerte de Montemayor, 181.

E

Égloga, origen del nombre y evolución, 116.
Égloga virgiliana, y sus derivaciones, 110.
Ejemplos, Libro de, en Alcobaza y otros monasterios, 421.
Eliano, y su bucolismo, 109; en las *Historias prodigiosas,* 330.

Elyot, Thomas, y Fr. Antonio de Guevara, 45.
Emperador y su hijo, El, novela de Mey, 462.
Enamorada Elisea, La, novela pastoril de Jerónimo de Covarrubias, 52.
Encina, Juan del, y el bucolismo, 116; reflejos de la *Diana,* 195.
Energía, Profesor de, precedente de la frase en Rufo, 402.
Engannos et los asayamientos de las mugeres, Libro de los, 268.
Enrique de Aragón, Infante, y sus cuentos tomados de Poggio, 356.
Entretenimientos de damas y galanes, versión de las *Noches,* de Straparola, 326.
Exemplos, Libro de los, y Juan Aragonés, 360.
Epila, La famosa, de Jerónimo de Urrea, 135.
Erasmo, y las imitaciones que de él hizo Mal-Lara, 349; y sus *Apotegmas* en España, 397.
Ercilla, Alonso de, en Ginés Pérez de Hita, 68; en el *Pastor de Fílida,* 248.
Ercilla, Fortún García de, y el Panormita, 398.
Erotodidascalus, traducción latina de la *Diana enamorada,* 225.
Escoto, Mágico, en Zapata, 345.
Esdrújulos, Versos, en nuestros poemas del siglo XVI, 220.
Eslava, Antonio, y las *Noches de invierno,* fuente de la *Tempestad,* de Shakespeare, 235; estudio de su obra *Noches de invierno,* 474.
Eslava, Juan de, y el soneto que escribió a su hermano Antonio, 475.
Esopo, en Mey, 444.
Espéculo de los legos, El, y su autor, John Hoveden, 269.
Espinosa, Nicolás de, y los loores de ingenios contemporáneos, 217.
Estala, Pedro, y Medrano, a quien Cervantes no plagió, 411.
Estébanez Calderón, Serafín, editor de las *Guerras Civiles* de Pérez de Hita, 67.
Eufemia, La comedia, y Timoneda, 366.

Eufuísmo, El, y Fray Antonio de Guevara, 44.
Eumato, *Amores de Ismene,* y la *Diana,* 193.
Eurialo y Lucrecia, Historia de, de Eneas Silvio, sus ediciones, 284.
Eustacio, *Amores de Ismene,* y la *Diana,* 193.

F

Fabulario, del doctísimo padre Felipe Mey, estudio, 439.
Fajardo, Luis, el hercúleo marqués de los Vélez en Ginés Pérez de Hita, 69.
Falçao, Cristóbal, y el bucolismo, 139.
Farfán, Maestro, en Arguijo, 407.
Faria y Sousa, Manuel de, enfático historiador portugués, 85; y la leyenda del Abad Juan de Montemayor, 94; y el infante don Pedro de Portugal, 100; y B. Ribeiro, 158.
Farinelli, Arturo, y sus estudios sobre Boccaccio, 291, 311.
Felipe II, según Zapata, 348; sus dichos según Porreño, 399.
Felipe IV, traductor Guicciardoni, 319.
Felix de les maravelles del mon, Libre apellat, 268.
Fernando de Antequera, La Crónica de Don, y la historia del Abencerraje, 50, 51.
Fernández y González, y G. Pérez de Hita, 67.
Fernández Guerra, A., y la *Crónica de Don Rodrigo,* 10.
Fernández de Heredia, y el *Libro de Marco Polo, ciudadano de Venecia,* 95.
Fernández de Oviedo, Gonzalo, en las *Historias prodigiosas,* 331.
Fernández de Santaella, Rodrigo, y el *Libro de Marco Polo,* 95, 96.
Ferrarés, El, Giraldi Cinthio, en las loas, 314.
Figueroa, Francisco, en el *Pastor de Fílida,* 248; versos en la *Silva curiosa,* 409.
Filósofos, Vidas de los, en España, 397.

Fílida, personaje central de *El Pastor de Fílida*, 242.
Filinto Elysio, elogio de Trancoso, 435.
Filostrato, y Fray Antonio de Guevara, 405.
Fiorentino, Ser Giovanni, y Juan de Timoneda, 367.
Firenzuola, Agnolo, y Mey, 447.
Flores, Juan de, y la leyenda de don Juan de Montemayor, 87.
Flores y Blancaflor, y sus ediciones, 275.
Floresta española, de M. Santa Cruz, estudio, 386, 397.
Florián, y la *Arcadia*, 131.
Florián, Caballero, y Ginés Pérez de Hita, 65; y Montemayor, 204.
Florida del Inca, La, y los elementos novelescos que contiene, 72.
Florinda, El nombre de, y Miguel de Luna, 26.
Folk-lore, y el cuento, El, 290; en el preámbulo de la *Philosophia vulgar* de Mal-Lara, 351.
Fonseca, Alonso de, elogio de Villalobos, 472.
Fontenelle, y Montemayor, 204.
Fortescue, Thomas, traductor de Pero Mexía, 343.
Fortuna de Amor, Diez libros de la, por Lofrasso, 231, 237.
Fóscolo, Hugo, y el *Decamerón*, 292.
Franch, Nàrcis, traductor del *Corbaccio* toscano, 271.
Francesa, Guevara en la literatura, 43; novela, del siglo XVII, bibliografía, 202.
Francesas, Traducciones, de la *Diana*, 198.
Franceses, Versos, empleados por Gil Polo, 220.
Fuente del desengaño, cuento de Eslava, 497.

G

Gabarda, Esteban, y su *Historia de los Amantes de Teruel*, 313.
Galateo Español, de Lucas Gracián Dantisco, libro de los más populares, 500.
Galicia, y el bucolismo de los cantares medievales, 111.
Gálvez de Montalvo, y el *Pastor de Fílida*, 237.
Gallardo, B. J., y los papeles que habían de formar el volumen V del *Ensayo*, 52; y la historia de Abindarráez y Jarifa, 54; su habilidad para la lectura, 401.
Garay, Blasco de, y la *Arcadia*, 132.
Garibay, Cuentos de, 385; en Mey, 456.
Garnett, comentador de Shakespeare, 492.
Garret, Almeida, y la vida de B. Ribeiro, 160.
Gastronomía del Renacimiento, en las *Historias prodigiosas*, 331.
Gatos, Libro de los, Autor, Odo de Cheriton, 269.
Gautier, Jac, y las *Rodomuntadas*, 419.
Gayangos, Pascual, y la *Crónica del moro Rasis*, 14; y la *Miscelánea*, de Zapata,
Gaytán de Vozmediano, Luis, traducción de G. Cintio, 324.
Gesner, Conrado, y la *Arcadia*, 131; y la pastoral, 207; en las *Historias prodigiosas*, 330.
Gesta Romanorum, y Timoneda, 364; en Trancoso, 434.
Ghismonda, novela del *Decamerón*, en la literatura española, 311.
Gil Polo, Gaspar, y la *Diana enamorada*, 211.
Giraldes, Alfonso, y la leyenda de D. Juan de Montemayor, 86.
Girardet, Plagiario de Pero Mexía, 342.
Goethe, y su juicio sobre las *Novelas ejemplares*, 503.
Gómez de Ciudad Real, Alvar, traductor del *Triunfo de amor*, de Petrarca, 184.
Gonella, y M. de Santa Cruz, 388.
González, Juan Gualberto, traductor de bucólicos, 111.
González de Mendoza, Pedro, y el Rey don Juan I en Aljubarrota, 393.
Googe, Bernabé, y la *Diana*, 205.
Gracián, Baltasar, y Boccaccio, 314.
Gracián, Diego, traductor de Plutarco, 396.

Gracián Dantisco, Lucas, censor de Guicciardini, 319; en A. Salazar, 413.
Gracián Dantisco, Tomás, aprobación de la traducción de Cintio, 324.
Gramática en diálogos, de A. de Salazar, 413.
Gran Capitán, El, en la *Floresta española*, 394.
Gregorio Magno, Leyenda de S. y Timoneda, 364.
Greene, Roberto, y Fray Antonio de Guevara, 46.
Grise, Señor de la, traductor de Guevara, 41.
Grisel y Mirabella, Historia de, y Juan de Flores, 285.
Griselda, cuento de Boccaccio. en España, 292; y Timoneda, 366.
Gruget, Claudio, traductor de Pero Mexía, 342.
Guarini, y D'Urfé, 203.
Guerras Civiles de Granada, novela histórica, 54; elementos históricos y elementos ficticios, 55.
Guevara, Fray Antonio de, y la novela histórica, 29; en Timoneda, 357; en las *Historias prodigiosas*, que permiten estudiar sus cualidades de novelada, 332.
Guicciardini, Ludovico, y M. de Santa Cruz, 388.
Guicciardini, Luis, y sus *Horas de recreación*, en España, 319; en A. Salazar, 413.
Guimerá, Madona Isabel de, y B. Metge, 293.
Gulliver, Viajes de, y Mandeville, 98.
Guyón, Luis, traductor de Mexía, 342.
Guzmán de Alfarache, y Masuccio Salernitano, 499.

H

Halcón de Federico, El, de donde tomó Lope de Vega argumento para una de sus comedias, 303.
Hamuzasbián, Kapriel, traductor armenio de Guevara, 42.
Hardy, Alejandro, y la *Diana*, 197; su imitación de Lope, 199.

Harsdörfer, traductor de la *Diana*, 207.
Hartzenbusch, y Don Pelayo, 24.
Havidas, Las, de Jerónimo de Arbolanches, y la novela histórica, 83.
Hebreo, León, y el Inca Garcilaso, 72.
Hecatonmithi, de G. Cintio, en España, 322.
Heliodoro, en la *Diana enamorada*, 212.
Hellowes, Eduardo, y Fray Antonio de Guevara, 45.
Herberay des Essarts, y su traducción del *Marco Aurelio*, de Guevara, 42.
Hércules, Rasis y la Casa de, en Toledo, 15.
Hernández, Gabriel, autor de una tercera parte de la *Diana*, 229; y la tercera *Diana*, documentos, 286.
Herodiano, y Fray Antonio de Guevara, 36.
Herodoto, y Timoneda, 363.
Herrera, Fernando de, la *Égloga venatoria* y el *Ameto*, de Boccaccio, 124; y la *Arcadia*, 136; y Claudiano, 216.
Hidalgo, Gaspar Lucas, estudio de sus *Diálogos*, 467.
Higuera, P. Román de la, y la novela histórica, 74.
Hila, Tertulia, en varios lugares de la Península, 148.
Historia de las bellas virtuts, o Griselda, 292.
Historia de las grandezas de la ciudad de Ávila, P. Luis Ariz, 77.
Historias prodigiosas, traducidas por Pescioni, 327.
Historias trágicas exemplares, de Bandello, en la edición española, 321.
Histórica, La novela, 9.
Hita, El Arcipreste de, y el ejemplo de Pitas Payas, según el licenciado Tamariz, 350.
Homero, en la *Arcadia*, 127.
Horacio, traducido por A. Pescioni, 329.
Horas de recreación, de Guicciardini, 319.
Horozco, Sebastián de, y sus cuentos, 377.

Houlières, Mme. de, y Montemayor, 204.
Hoveden, John, autor del *Speculum laicorum*, 269.
Hoz y Mota, Juan de la, y Fray Antonio de Guevara, 40.
Husson, Il, juicio acerca de su libro titulado *La Châine traditionnelle*, 476.

I

Iámblico, su demonología neoplatónica y las *Historias prodigiosas*, 330.
Idiáquez, Martín, Secretario del Consejo del Estado del Rey, mecenas Vicente de Millis Godínez, en la traducción de Bandello, 322.
Idilio, El, en la literatura griega, 109.
Illanes, Hernán, y la *Leyenda de la Ciudad de Ávila*, 78.
Imagen de la amada en el agua, Reconocimiento de la, 129.
Infante Don Pedro de Portugal, Libro del, 100.
Infantina, Romance de la, y sus precedentes, 477.
Inglesa, La literatura, y Guevara, 44; influencia de la *Diana*, 205.
Inquisición, La, y Boccaccio, 310.
Inventario, El, de Antonio de Villegas, 49.
Inventores de las rosas, de Polidoro Virgilio, y sus traducciones castellanas, 320.
Iñíguez de Medrano, Julio, y la *Historia del Can*, 408.
Irving, Wáshington, y las *Crónicas de Corral y Luna*, 27; y Ginés Pérez de Hita, 65.
Isabel la Católica, manuscritos de Boccaccio en su librería, 301.
Isla, P., y las epístolas de Guevara, 399.
Ismene e Ismenas, Amores de, en la *Diana* de Montemayor, 93.
Italianos, Cuentos, en España, 290.

J

Jaime, el Conquistador, su concepción y nacimiento, asunto de una novela de Bandello y una comedia de Lope de Vega, 338.
Jarava, Juan de, y el bachiller Francisco Thamara, traductores de Erasmo, 397.
Jerusalén, Viajes españoles a, 102.
Jesuitas portugueses monipontanos, tratado de Urbanidad, 425.
Joviniano, Emperador, Leyenda de Eslava, 498.
Julián, Conde don, y la hija de don Rodrigo, 12; y Rasis, 16.
Julio Obsequente en las *Historias prodigiosas*, 330.
Junio Rústico, y Fray Antonio de Guevara, 36.
Justino abreviado, y las *Havidas*, 83; y Timoneda, 363.

K

Kuffstein, Hans Ludwig, y la traducción que hizo, en 1610, de la *Diana*, 207.

L

Lafayette, Madame de, su *Zaïde* y Ginés Pérez de Hita, 65.
Lafontaine, el tema de una de sus más bellas fábulas y Fray Antonio de Guevara, 40, 43.
Lafuente Alcántara, Miguel, y Rodrigo de Narváez, 48.
Lampridio, y Fray Antonio de Guevara, 36.
Lanuza, Blasco de, y los *Amantes de Teruel*, 312.
Latina, Literatura, y la versión de la *Diana enamorada*, 225.
Latinas, Letras, escasas en Montemayor, 190.
Launay, Pedro Boaistuau, trad. de Bandello, 321.
Lazarillo de Tormes, capítulo del buldero, y Masuccio Salernitano, 509.
Lealtad de un criado, cuento de Mey, 464.
Leandro, Francisco, Epigrama de la *Silva* de Mexía, 341.
Lengua española, y la apología que de ella hace Pero Mexía, 334.

ÍNDICE DE TEMAS, AUTORES Y OBRAS

León, Fr. Basilio de, y los *Apotegmas* de Rufo, 400.
León de España, El, de Pedro de la Vecilla, 83.
Leucipe y Clitophonte, de Aquiles Tacio, en la *Diana enamorada,* 212.
Liaño, Felipe, pintor, y la alusión de Rufo, 404.
Librerías o catálogos del Doni, 318.
Libros, y su valor, según el Doni, 318.
Liebrecht, Félix, elogiado, 360.
Lily, y Fray Antonio de Guevara, 410.
Litala y Castelví, poeta sardo, 235.
Loaysa, Amador de, Soneto de Timoneda, 362.
Lobo, la raposa y el asno, Fábula del, 444.
Lodge, Tomás, y Fray Antonio de Guevara, 46; y la *Silva* de Mexía, 344.
Lofrasso, Antonio, y la *Fortuna de amor,* 231.
Lomas Cantoral, y el *Pastor de Fílida,* 260.
Longo, pastoral de, 109.
López de Ayala, Diego, y la traducción que hizo de la *Arcadia,* 131.
López Henríquez de Calatayud, Pero, traductor de Dolce, 488.
López de Hoyos, Juan, y la *Crónica de los nueve preciados de la fama,* 29.
López Maldonado, epístola de Gálvez de Montalbo, 246.
Lo que ha de ser, comedia de Lope, 410.
Lorenzo el Magnífico, y el *Ninfale fiesolano,* 121.
Lozano, Dr., y Don Pelayo, 24; y los *Reyes nuevos de Toledo,* elementos novelescos que esta obra contiene, 82.
Lucano, traducido por A. Pescioni, 339.
Lugo Dávila, Francisco de, y Boccaccio, 314.
Luna, Álvaro de, y Boccaccio, 291.
Luna, Juan de, y sus *Diálogos familiares,* 413.
Luna, Miguel de, y el nombre de La Cava, 15; y la suplantación que hizo a la leyenda de Don Rodrigo, 25; y el tema de La Cava, 25.

Luque Fajardo, y la *Floresta española,* 395.

M

Maestre, Benito, el bibliófilo, y el sabroso cuento del Abencerraje, 49.
Mahomad, traductor de la *crónica del moro Rasis,* 14.
Mal Lara, y Pero Mexía, 340; y su *Philosophia vulgar,* 349.
Malespini, Celis, traductor de Montemayor, 198; y Timoneda, 373.
Malón de Chaide, Pedro, la *Diana* y los libros profanos, 229.
Mandeville, Juan de, y el libro en que narra sus viajes por España, 96; y Gómez de San Esteban, 121.
Manojo, Hernando, Soneto a Eslava, 475.
Manrique, Jorge, y la glosa que de sus *Coplas* hicieron Montemayor y otros, 177.
Manrique de Lara, Pedro, *Hazañas y dichos,* 398.
Manuel, Juan, y un cuento que le pertenece, repetido en Timoneda, 358; y Trancoso, 432; y Mey, 441.
Mar, El, en los cancioneros gallego-portugueses, 113.
Maravillas del mundo, Libro de las, de Mandeville, 96.
March, Ausias, y la leyenda de La Cava, 21; traducido por Montemayor, 178.
Marco Aurelio, novela histórica de Fray Antonio de Guevara, 29.
Marco Polo, en castellano, 95.
Marcus, Leyenda catalana de la casa, 417.
Marfida, la amada de Montemayor, 167.
Mariana, P., y la *Crónica* de Pedro del Corral, 24.
Marlowe, Cristóbal, y la *Silva* de Mexía, 343.
Mármol Carvajal, Luis de, y la matanza de los Abencerrajes, 62.
Marmontel, y Garcilaso el Inca, 73.
Martín Gamero, Antonio, y Sebastián de Horozco, 378.

Martínez de Ampiés, Martín, traductor del viaje de Bernardo de Breidembrach, 102.
Martínez de la Rosa, y su *Doña Isabel de Solís*, 63; y Ginés Pérez de Hita, 65.
Martínez de Talavera, Alfonso, y Don Rodrigo, 19.
Mascarenhas, Manuel de Silva, y el autor de *Menina e Moça*, 158.
Masuccio Salernitano, y Timoneda, 368; y Mey, 463; en *Lazarillo* y en *Guzmán*, 499.
Mata, Bernal de, y la *Crónica de Ávila*, 81.
Math, Juan Andrés, traductor de Pero Mexía, 344.
Matuntos, en el *Pastor del Fílida*, 249.
Mayans, J. A., Canónigo, y Timoneda, 362.
Mayans, Los hermanos, y las notas del *Canto de Turia*, 217.
Medrano, Julián de, y la *Silva curiosa*, 407.
Melibea, su carácter, en la *Celestina*, 288.
Melusina, en Juan de Arras, y las reminiscencias que trae de Eslava 491.
Memoria hispana y valentina, de Timoneda, 352.
Mendoza y Aragón, Enrique de (Mendino), en el *Pastor de Fílida*, 239.
Menéndez Pelayo, y las censuras agrias de Stiefel, 359.
Menéndez Pidal, Ramón, y la *Crónica del moro Rasis*, 14; y el *Abad don Juan de Montemayor*, 86.
Meneses, Jorge de, amigo de Montemayor, 173.
Menina e Moça, de Ribeiro, estudio de la obra, 139; comparación con la *Diana*, 186.
Metge, Bernat, copia el *Corbaccio* toscano, 272; y Boccaccio, 291.
Metros italianos y españoles, y la consideración de ambos en el *Pastor de Fílida*, 260.
Mexía, Ferrant, y Rodrigo de Narváez, 48.
Mexía, Pero, en las *Historias prodigiosas*, 333; y la *Silva de varia lección*, 333; y A. de Salazar, 415.

Mey, Sebastián, y el estudio de su *Fabulario*, 439.
Michaëlis de Vasconcellos, Carolina, y el Infante Don Pedro de Portugal, 101.
Mil y una noches, Las, y Mandeville, 97.
Milles, Thomas, traductor de la *Silva*, de Mexía, 344.
Millis de Godínez, Vicente, traductor de Guicciardini, noticias acerca de su familia, 319.
Mingo Redulgo, Coplas de, y lo villanesco, 116.
Minturno y la *Arcadia*, 130.
Mira de Amescua, loa tomada de Bandello, 314.
Miscelánea, de Zapata, estudio de esta obra, 344.
Molina, Bachiller, Juan, y los *Dichos de Alfonso V*, 397.
Mondíjor, Marqués de, y la *Historia de don Bernardo Barcino*, 76.
Monserrate, El, de Virués, y los elementos novelescos que contiene, 82.
Monstruo Satírico, Carta del, en Hidalgo, 471.
Montaigne, Miguel de, y el *Marco Aurelio*, de Guevara, 43; y Pero Mexía, 333.
Montalbán, y Boccaccio, 313.
Montaña, La, patria del obispo Guevara, 35.
Montemayor, Gesta del Abad Juan de, 86.
Montemayor, Jorge de, y la historia del Abencerraje, 49; y la leyenda del *Abad don Juan*, 92; autor de la *Diana*, 165; y Apolonio, 366; y Bandello, 499.
Montemayor, Juan de, y S. Gregorio Magno, 364.
Montes, Reinaldo de, y Pero Mexía, 340.
Morales, Juan Bautista de, traductor de Rodríguez Lobo, 438.
Morales, Lic. Gaspar de, Soneto al *Galateo*, 500.
Moratín, N., y Ginés Pérez de Hita, 65.
Morel y Vidaurreta, El Licenciado, Soneto a A. Eslava, 475.
Morisca, Novela, 47.

ÍNDICE DE TEMAS, AUTORES Y OBRAS

Morlini, Girolamo, y Straparola, 326; en Timoneda, 357.
Mosco, y la novela pastoril, 108.
Mosquera de Figueroa, y la *Paradoja en loor de los bubas*, 471.
Moulin, Antonio du, traductor de Guevara, 407.
Mujer disfrazada de varón, en la literatura española, 192.
Mundos celestes, terrestres e infernales, del Doni, 319.

N

Naipes, Juego de los, Fernando de la Torre y Boccaccio, 298.
Nájera, Duque de, en las facecias de Pinedo, 381; y las *Hazañas y dichos*, 398.
Nalvillos, y la leyenda de Ávila, 78.
Narváez, Rodrigo de, personaje central de la *Historia de Abindarráez y Jarifa*, 47; y los romances derivados de la hazaña, 52.
Naturaleza, La, en la *Diana*, 187.
Navarro, y *Griselda*, 297.
Negretes, Anécdota de los, en Luena, 382.
Nemesiano, bucólico, 111.
Nerea, Canción de, en la *Diana enamorada*, 213; en latín, 226.
Nicéforo y Dardano, Historia de, según Eslava, 492.
Nicolao, Historia del pez, y Mexía, 335.
Ninfale Fiesolano, de Boccaccio, y su influencia, 119.
Noches de invierno, de Antonio de Eslava, 474.
Noches, de Straparola, en España, 325.
Nodier, Carlos, y el *Villano del Danubio*, 40.
North, Sir Thomas, traductor de Guevara, 44.
Novedades, Las, y Zapata, 348.
Novela, La, y Giraldo Cinthio, 325.
Novela, histórica, 9; pastoril, 105.
Novellino italiano, El, y Timoneda, 373.
Novelas ejemplares, de Cervantes, 502.
Nueve de la Fama, Los, 28.

Núñez, Hernán, *Refranes*, y Mal Lara, 249.

O

Odisea, La, y la copia que de ella hizo Arbolanches, 84; juicio de la versión de Gonzalo Pérez, 84.
Oliva, Doña, y su hijo Enrique, Rey de Hierusalem, 273.
Oliveira Martius, y el Infante Don Pedro de Portugal, 101.
Oliveros de Castilla, y Trancoso, 433.
Olmedo, y Garcilaso el Inca, 73.
Opitz, Martín, y los versos de Gil Polo, 207.
Ordóñez de Ceballos, Diego, y su *Viaje del mundo*, 104.
Orfeo, Canto de, de Montemayor, 184.
O'Sullivan, y el *Purgatorio de San Patricio*, 210
Ottas, Cuento del Emperador don, y Timoneda, 367.
Oudin, César, y Medrano, 411; polémica con A. Salazar, 413.
Ovidio, en la *Arcadia*, 128; en Montemayor, 190.

P

Pacheco, Luis, regidor de Ávila, y Ariz, 80.
Padilla, Pedro de, versificador, en romances, de Montemayor, y la historia de Abindarráez y Jarifa, 52.
Painter, Jerónimo, y Fray Antonio de Guevara, 46.
Painter, William, traductor de Pero Mexía, 343.
Paisaje, El, en el *Pastor de Fílida*, 253.
Palmerín de Inglaterra, y su bibliografía, 283; y la novela de Ghismonda, del *Decamerón*, 312.
Panormita, Antonio, y los *Dichos de Alfonso V*, 398.
Pansac, Antonio de, refundidor de *El Conde Claros*, 311.
Papagayo, Libro del, y Timoneda, 372.

Papisa Juana, en Pero Mexía. 337.
Pascual, P., a quien se atribuye la traducción del *Libro del Orden de Caballería,* de Lulio, 268.
Pasión, Libro de la, por Gálvez de Montalvo, 252.
Pastor, Eduardo, traductor de la *Diana,* 206.
Pastor de Filida, El, de Gálvez de Montalvo, 237.
Pastorelas y vaqueras, reflejo bucólico, 111.
Patrañuelo, de Timoneda, estudio, 361.
Paulo Diácono, y Pero Mexía, 337.
Pausanias, en las *Historias prodigiosas,* 331.
Pavillón (S. G.), traductor de la *Diana,* 198.
Paz Balboa, Francisco de, Soneto a A. Eslava, 475.
Pecorone, El, y Juan de Timoneda, 367.
Pelayo, Don, en la *Crónica del rey Don Rodrigo,* 24; y Hartzenbusch, 24; y Zorrilla, 24; y el Dr. Lozano, 24; en el P. Luis Ariz, 79.
Pellicer, Juan Antonio, y la *Miscelánea,* de Zapata, 345.
Percossa, Rima, empleada por Gil Polo, 220.
Pérez, Alonso, y la segunda parte de *Diana,* 208.
Pérez, Gil, traductor de la *Crónica del moro Rasis,* 14.
Pérez, Gonzalo, juicio de su versión de la *Odisea,* 84; y la dedicatoria que a él se hizo de la *Arcadia* española, 132.
Pérez, Protonotario Luis, *Libro del Can,* 408, 415.
Pérez de Guzmán, Fernán, y el autor de la *Crónica del Rey Don Rodrigo,* 10.
Pérez de Hita, Ginés, y la novela histórica de asunto morisco, 54; sus obras, 57; y los versos alejandrinos, 222.
Pérez Pastor, Cristóbal, noticia sobre los Millis, 320.
Perondino, Pedro, y Marlowe, 343.
Perros, en las *Historias prodigiosas,* 331.
Perú, Historia del, por Garcilaso el Inca, 70.

Peruana, La novela, y Garcilaso el Inca, 73.
Pescara, Marqués de, y Fray Antonio de Guevara, 41.
Pescia, Fray Domingo de, y los libros de Boccaccio, 305.
Pescioni, Andrés, traductor de *Historias prodigiosas,* 327.
Peste de Lisboa, en 1569, 422.
Pettie, y Fray Antonio de Guevara, 45.
Petrarca, y el bucolismo de Virgilio, 118; y la traducción que del *Triunfo de amor* hizo Alvar Gómez, 184; y la imitación que de él hizo Montemayor, 191; y la *Griselda,* obra de Boccaccio, 292, 297.
Pharamasco, a quien se refiere Guevara, 39.
Philosophia vulgar de Mal Lara, estudio, 349.
Piccolomini, Eneas Silvio, y los *Dichos de Alfonso V,* 398.
Pineda, Pedro de, editor de la *Diana enamorada,* 224, 234.
Pinedo, Luis de, y sus facecias, 379.
Pissevin, traductor francés de la *Floresta española,* 387.
Pitágoras, y Fray Antonio de Guevara, 39.
Platina, en las *Historias prodigiosas,* 331.
Plinio, en Sannázaro, 285; en las *Historias prodigiosas,* 330; en Pero Mexía, 338.
Plinio, el Joven, de *Historias fabulosas,* 331.
Plinio, el Naturalista, en la *Arcadia,* 128.
Plomos de Granada, Los, 391.
Plutarco, y Fray Antonio de Guevara, 39; en Pero Mexía, 338; sus *Apotegmas* en España, 396; en Trancoso, 430.
Poggio, en Mey, 451; en Timoneda y antes de él, 456.
Polidoro Virgilio, y las traducciones españolas, 320; en Pero Mexía y otros escritores, 339.
Polo, Gaspar Gil, la prosa de su obra *Diana* comparada con la de Montemayor, 96; y la *Diana enamorada,* 210.

ÍNDICE DE TEMAS, AUTORES Y OBRAS

Ponce, Fray Bartolomé, y la *Diana de Montemayor*, 180; y la muerte de Montemayor, 181; y la *Clara Diana a lo divino*, 229.
Pontano, Giovanni, en la *Arcadia*, 126.
Porceles de Murcia, Leyenda de los, 410.
Porfirio, en las *Historias prodigiosas*, 330.
Porreño, Baltasar, *Dichos de Felipe II y III*, 399.
Porretane, *Settanta Novelle*, y D. Pedro de Portugal, 99.
Portacuentos, de Timoneda, estudio, 360.
Portalegre, Conde de, y el sentido de la voz *Saudade*, 279.
Portugal, Infante Don Pedro de, y sus *Viajes*, 98.
Pousset, Jacobo, y la *Diana*, 199.
Prado, Andrés de, y Boccaccio, 314.
Prescott, juicio sobre Garcilaso el Inca, 72.
Proclo, en las *Historias prodigiosas*, 330.
Prosa de la *Diana*, de Montemayor, 196.
Provenzales, *Rimas*, usadas por Gil Polo, 220.
Proverbios, *Trescientos*, de Pedro Luis Sanz, 220.
Prueba de bien querer, *La*, Cuento, en Mey, 451.
Psello, Miguel, en las *Historias prodigiosas*, 330.
Psicología, en la *Astrea*, 203.
Puibusque, juicio sobre el *Fabulario*, de Mey, 467.
Pujades, El doctor, y la leyenda de Vifredo el Velloso, 76.
Pulgar, Hernando del, y Rodrigo de Narváez, 47.

Q

Quevedo, sus inmortales *Sueños*, y el Doni, 319; y la *Floresta española*, 394; el *Buscón* y su relación con Hidalgo, 468.
Quijote, y la alusión que a él hace Mey, 460.
Quirós, Juan de, a quien hace alusión Gálvez de Montalvo, 259.

R

Ragel, Aben, sus cánones astronómicos, y Pero Mexía, 339.
Rambouillet, El hotel de, y la *Astrea*, 201.
Ramírez, Gracián, y la Virgen de Atocha, 91.
Ramírez Pagán, Diego, y la muerte de Montemayor, 180.
Rasis, *Crónica del moro*, y la leyenda de Don Rodrigo, 13; su carácter oriental, 18.
Razi, Ahmed-al, y la *Crónica del moro Rasis*, 13.
Reali de Francia, *I*, la infancia de Carlomagno y la leyenda de *Berta de los grandes pies*, 481.
Refranes, Los, en Mal Lara, 351.
Relox de Príncipes, *Libro llamado*, y Fray Antonio de Guevara, 30.
Rennert, Hugo A., hispanista, juicio sobre su trabajo acerca de la novela pastoril, 185.
Resa, Juan de, y el vocabulario de Ausias March, 178.
Resucitados, Casos de, en la literatura, 91.
Reyes, Matías de los, y Boccaccio, 314.
Resende, B. Ribeiro, en el *Cancionero* de, 141.
Rhúa, Pedro de, y Fray Antonio de Guevara, 34.
Ribeiro, Bernaldim, y la *Menina e Moça*, estudio, 139; conocido por Montemayor, 185.
Riminaldo, Horacio, *Destierro de ignorancia*, 500.
Roberto el diablo, y su difusión en España, 276.
Robinson Crusöe y Mandeville, 98.
Rocaberti, Comendador, y la novela Ghismonda, del *Decamerón*, 312.
Roche Guilhen, Mlle. de la, traductor de las *guerras civiles de Granada*, 70.
Rodd, Tomás, traductor de las *Guerras civiles de Granada*, 70.
Roderick, the last of the Goths, de Roberto Southey, 27.
Rodomuntadas castellanas, de N. Baudoin, 418.

Rodrigo, Don, el arzobispo, y la *Crónica del Rey Don*, como origen de la novela histórica, 10; y la muerte del Rey, según Rasis, 17; y la muerte del Rey, según Pedro del Corral, 22; y Miguel de Luna, 26; y Roberto Southey, 27.

Rodríguez, Lucas, y la historia de Abindarráez y Jarifa, 52.

Rodríguez de Almeda, Diego, y el *Compendio Historial*, 88.

Rodríguez Lobo, Francisco, imitador de Montemayor, 163; y la *Corte na aldea*, 436.

Rodríguez Marín, y el *Pastor de Fílida*, 257.

Rodríguez Portugal, Antonio, y la traducción de la *Crónica de los nueve preciados de la fama*, 29.

Roig, Jaime, y Boccaccio, 272.

Roldán, Mocedades de, según Eslava, 484.

Román, Baltasar, traducción de Ausias March, 179.

Romancero General, y Ginés Pérez de Hita, 65.

Romances, Los, en la obra de Ginés Pérez de Hita, 57.

Romances asturianos, Los, y la *Crónica* de Pedro del Corral, 24.

Roseo da Fabriano, Mambrino, traductor de Guevara, 42; y sus traducciones de Pero Mexía, 343.

Rousseau, y Fray Antonio de Guevara, 40; y la *Astrea*, 200.

Rueda, Lope de, y la mujer disfrazada de hombre, 192.

Rufián, El, en la literatura española, 419.

Rufo, Juan, a quien alude Gálvez de Montalvo, 259; y sus *Apotegmas*, 399.

Rufo, Luis, y sus *Apotegmas*, 406.

Rugero, Cuento del Caballero, según Torquemada, 355.

Rústico labrador que engañó a unos mercaderes, Cuento del, 399.

S

Sa de Miranda, Francisco, amigo y compañero de Bernaldim Ribeiro, 141; y la epístola autobiográfica que a él dirige Jorge de Montemayor, 165.

Saavedra, Eduardo, y la *Crónica del moro Rassis*, 14.

Saavedra Fajardo, y el tema de la Cava, 25.

Saboya, Dagues de, y *Menina e Moça*, 159.

Sachetti, y sus cuentos, 357; en Juan Aragonés, 359.

Sáez, Fr. Liciniano, y la edición del inventario de los libros del Conde de Benavente, 301.

Safo, y Boccaccio, 300.

Sagunto, Fundación y destrucción de, 28.

Salas Barbadillo, y Boccaccio, 313.

Salazar, Ambrosio de, y la *Floresta española*, 396; sus obras, 412.

Salazar, Diego de, y la *Arcadia*, 131.

Saluzzo, Marquesa de, y *Griselda*, 293.

Sampere, Hierónimo, soneto a Montemayor, 183.

San Felipe, Marqués de, poeta sardo, 235.

Sánchez, Maestro Francisco, alusiones a vejámenes, 104.

Sánchez, T. A., defensor de Cervantes, 411.

Sánchez de Badajoz, Garci, en Juan Aragonés, 359.

Sané, A. M., traductor de las *Guerras civiles de Granada*, 70.

Sannázaro, Jacobo, y la *Arcadia*, 125; y Montemayor, 187; en la *Diana*, de Alonso Pérez, 209; en el *Pastor de Fílida*, 253.

Sansovino, Francisco, y G. Cintio, 324; traductor de Pero Mexía, 343; y Mey, 454.

Sant Esteban, Gomes de, y el *Libro del Infante Don Pedro de Portugal*, 100.

Santa Cruz, Melchor de, y la *Sobremesa*, de Timoneda, 354; y Lope, 359; los *Cien tratados* y la *Floresta Española*, 386; en A. de Salazar, 414; y Trancoso, 430; y Mey, 456.

Santillana, Marqués de, y las serranillas, 114; y el *Ninfale*, de Boccaccio, 124.

Sanz, Pedro Luis, y los *Trescientos proverbios*, 387.

ÍNDICE DE TEMAS, AUTORES Y OBRAS   523

Sarrazina, Crónica, de Pedro del Corral, 10.
Satyricón, considerado como novela, 495.
Saudade portuguesa y *Soledad* castellana, según el Conde de Portalegre, 279.
Saudades de B. Ribeiro, 139.
Savonarola, y los libros de Boccaccio, 305.
Sbarbi, José María, y el Doni, 318.
Scalígero, Julio César, en las *Historias prodigiosas,* 331.
Scott, Walter, y la novela de Miguel de Luna, 26; y Ginés Pérez de Hita, 65.
Scudery, Mad., y Ginés Pérez de Hita, 65.
Sedeño, Juan, traductor de la *Arcadia,* 135.
Segrais, y Montemayor, 204.
Sendebar, y el cuento del papagayo, 268.
Sercambi de Luca, y Timoneda, 377; y Trancoso, 432.
Serna, Fray Melchor de la, sonetos, 409, 472.
Serón, Antonio, y los *Amantes de Teruel,* 312.
Serranilla, sus orígenes y evolución, 114.
Servando, Cronicón de don, y la novela histórica, 74.
Sebilla, Historia de la Reyna, 273.
Sexto Cheronense, y Fray Antonio de Guevara, 36.
Shakespeare, su *Tempestad* y Mandeville, 98; y la *Diana,* 206; y Bandello, 321; y G. Cintio, 322; y Trancoso, 432.
Sidney, Felipe, y la *Arcadia,* 130; y la *Diana,* 205.
Siete Visires, Los, y Timoneda, 374.
Silva, Feliciano de, y lo pastoril, 138; amigo de Montemayor, 170; noticia biográfica de la *Miscelánea* de Zapata, 171; autor del *Amadís de Grecia,* 282.
Silvestre, Gregorio, y Montemayor, 196; en el *Pastor de Fílida,* 249, 260.
Simbad, el marino, y Mandeville, 97.
Siralvo, nombre de Luis Gálvez de Montalvo en el *Pastor de Fílida,* 240.

Sociedad valenciana, La, en la *Diana,* 189.
Soldado, en la literatura española, 419.
Soldán y la linda Axa, Novela del, 501.
Soneto, y el juicio que sobre el mismo da Gálvez de Montalvo, 261.
Sousa, Francisco Saraiva de, moralista portugués, 436.
Southey, Roberto, y la leyenda de don Rodrigo, 22; y la *Crónica* de Pedro del Corral, 27.
Spaldin, C. A., y la traducción que hizo de las *Guerras civiles de Granada,* 70
Sthendal, y la frase «profesor de energía», 402.
Straparola, sus *Piacevoli Notti* en España, 325; en Juan Aragonés, 359; y Timoneda, 373; en Trancoso, 425, 433.
Suárez de Figueroa, Cristóbal, y Boccaccio, 314.
Suplemento de todas las crónicas del mundo, y Griselda, 298.

T

Tablante de Ricamonte, y el Catálogo de Gayangos, 278.
Tafur, Pero, Caballero andaluz, y sus *Andanzas y Viajes,* brillante y pintoresca narración, 96.
Talavera, Arcipreste de, y Boccaccio, 269.
Tamariz, el licenciado, y los cuentos en la *Philosophia vulgar* de Mal Lara, 350.
Tansillo, y la *Arcadia,* 130; y las *Lágrimas de San Pedro,* traducidas por Gálvez de Montalvo, 252.
Tasso, Torcuato, y la *Arcadia,* 130; el *Jerusalén* y la traducción de Sedeño, 135; y D'Urfé, 203; y la traducción que del *Jerusalén* hizo Gálvez de Montalvo, 252.
Tejeda, Jerónimo de, y su plagio de la *Diana enamorada,* 127.
Telémaco, El, y Guevara, 37.
Telepatía, Caso de, 332.
Tempestad, de Shakespeare, fuentes en Eslava, 492.

Teócrito, y la poesía pastoril, 108; en la *Arcadia*, 127.
Teodor, Doncella, y sus ediciones, 268.
Tesserant, Claudio, y el *Marco Aurelio*, de Guevara, 43; y las *Historias prodigiosas*, en España, 327.
Texada, Jerónimo de, Soneto a Montemayor, 183.
Texeda, Gaspar de, modelos de cartas, 414.
Thamara, Francisco, traductor de Erasmo, 397.
Thesoro de diversa lición, de A. de Salazar, 415.
Tierra Santa, y el viaje de Mandeville, 96.
Timoneda, Juan de, y la historia de Abindarráez y Jarifa, 52; y *Griselda*, 297, y Boccaccio, 313; y M. Santa Cruz, 387; en Medrano, 409; y Trancoso, 424; y Rodríguez Lobo, 438; y Cristophoro Zabata, 453.
Tiranicidio, apología en Zapata, 348.
Tirant lo Blanch, y Mandeville, 98; y el *Decamerón*, 311.
Tirso, v Boccaccio, 313; precedentes del *Condenado* en portugués, 427.
Tofano, La novela de, de Boccaccio, 307.
Toledo, Maestro Cristóbal de, canción en la versión de Cintio, 324.
Tolomeo, en Pero Mexía, 339.
Tomich, Mosén Pere, y la *Centuria de Barellas*, 76.
Torquemada, Antonio de, y Boccaccio, 313; y el cuento del Caballero de la mala estrella, 355.
Torre, Fernando de la, y Boccaccio, 298.
Torre de Juan, Abad, y la posible relación con la leyenda del Abad de Montemayor, 94.
Torrecilla, Ginesa de, mecenas del traductor de Guicciardini, 319.
Trajes, Descripción de, en la *Diana*, 187.
Trancoso, Gonzalo Fernandes, sus cuentos portugueses, 422.
Trapesonda, documentos editoriales, 274.
Trento, Concilio de, contra Boccaccio, 309.

Trigueros, Cándido María, y Florián, 205.
Tristán, Leyenda de, reminiscencias del mismo en la continuación de *Menina e Moça*, 155.
Troyana, La *Crónica*, y la *Crónica del Rey don Rodrigo*, 20.
Truchado, Francisco, traductor de Straparola, 326.
Trueba, Antonio, y Timoneda, 375; y el *Príncipe desmemoriado*, 502.
Truhán y el asno, El, cuento de Mey, 458.
Tudela, Benjamín de, viajero, 96.
Turia, Ricardo del, y Boccaccio, 314.
Turia, Canto de, en la *Diana enamorada*, 217.
Turiana, La, y el *Patrañuelo*, 376.
Turmeda, Fr. Anselmo de, y sus cuentos anticlericales, 328.
Tuzani, en Ginés Pérez de Hita, 67.

U

Uhland, Luis, y su noble y gentil balada sobre el poema de Roldán, 438.
Ulloa, Alfonso de, y Bandello, 321.
Underhill, Garrett, La influencia de Guevara en Lily, 45.
Urfé, Honorato d', y su novela *Astrea*, 199.
Urrea, Jerónimo de, traductor de la *Arcadia*, autor de la *Famosa Epila*, 135.

V

Valdivielso, El maestro, y las estancias en la versión de G. Cintio, 324.
Valencianismo de la *Diana enamorada*, 215.
Valerio, Máximo, en las *Historias prodigiosas*, 331; en Pero Mexía, 338; en A. Salazar, 413.
Valter y Griselda, en España, 292.
Vallfogona, Rector de, 406.
Vallmanya, Antonio, autor de *Rimas provenzales*, 220.
Vázquez, su *Dechado de Amor*, 189.
Vázquez de Ayora, Juan, poeta amigo de Montemayor, 170.

ÍNDICE DE TEMAS, AUTORES Y OBRAS

Vecilla, Pedro de la, *El león de España*, y la novela histórica, 83.
Vega, Alonso de la, y Bandello, 321; y Timoneda, en la *Duquesa de la Rosa*, 369.
Vega, Garcilaso de la, 135; aludido en el *Pastor de Fílida*, 260.
Vega, Lope de, y Miguel de Lima, 26; y la historia de Abindarráez y Jarifa, 53; y Ginés Pérez de Hita, 65; y la *Arcadia*, 130; y Gálvez de Montalvo, 250; y *Griselda*, 298; y el *Halcón de Federico*, 303; y Boccaccio, 314; y Bandello, 320; y G. Cintio, 322; y la *Silva*, de Mexía, 343; y Timoneda, en el *Honrado hermano*, 358; y Herodoto, 364; y las fuentes de *Lo que ha de ser*, 410; y las fuentes de *Los Porceles de Murcia*, 416; y las fuentes de *La Quinta de Florencia*, 433; y las fuentes de *El piadoso veneciano*, 435; y las fuentes de *La mocedad de Roldán*, 485; y el soneto al *Galateo*, 500.
Vejamen al P. Cornejo, en Hidalgo, 470.
Velazco, Iñigo de, y Fray Antonio de Guevara, 44.
Velasquillo, truhán, en Juan Aragonés, 359.
Velázquez, Diego, pintura de un Duque de Alba enfermo, 472.
Vélez, Marqués de los, en Ginés Pérez de Hita, 69.
Venus terrestre y Venus urania, en el Ameto, 122.
Verde, afición al color en la novela pastoril, 244.
Verdier, Antonio da, y Mexía, 342.
Vespure, Juan, autor flamenco desconocido, 498.
Viajes fabulosos, Libros de, y los elementos novelescos que contienen, 94.
Vicente, Gil, y el bucolismo, 117; en la obra dramática de Garrett sobre Ribeiro, 160.
Vidriera, El licenciado, 399.
Vifredo el Velloso en la *Centuria*, de Barellas, 76.
Villalobos, El doctor, en las facecias de Pinedo, 380; y G. L. Hidalgo, 469.

Villancico, su origen y evolución, 115.
Villanescas portuguesas, en las canciones, 113.
Villano del Danubio, El, y Guevara, 40.
Villegas, Antonio de, y la *Historia del Abencerraje*, en el *Inventario*, 49; y la *Crónica de D. Fernando de Antequera*, 51.
Villegas Selvago, Alonso, y los cuentos, 377.
Villena, Enrique de, y el diablo, 372.
Virgilio, en Ginés Pérez de Hita, 68; Teócrito, y el bucolismo, 109; las *Bucólicas*, 110; las *Geórgicas*, 110; y sus églogas, 118; en Boccaccio, 120; en la *Arcadia*, 127; en Sannázaro y en Garcilaso, 136; en la *Diana enamorada*, 214; en Gálvez de Montalvo, 258; traducido por A. Pescioni, 329; y la piedra de la verdad, en Roma, 372.
Virués, El *Monserrate* de, y la novela histórica, 82.
Vitray, Antonio, traductor de la *Diana*, 199.
Vitruvio, en Pero Mexía, 336;
Voltaire, y Garcilaso el Inca, 73; y la *Diana*, 206.

W

Walpole, Horacio, y su tragedia *The mysterious mother*, 364.
Wanckel, Juan, traductor de Guevara, 42.
Wilcox, Tomás, y la *Diana*, 206.

X

Xenofonte, y Fray Antonio de Guevara, 29, 37, 39.
Xylandro, Guillermo, primer intérprete del verdadero Marco Aurelio, 36.

Y

Yagüe de Salas, Juan, y los *Amantes de Teruel*, 313.
Yáñez, Juan, y la historia de Felipe III, 399.

Yepes, Fray Antonio de, y la leyenda del Abad de Montemayor, 93.
Yong, Bartolomé, y la *Diana*, 205.

Z

Zabata, Cristóforo, su *Diporto de' viandanti*, y Mey, 453.
Zapata, Luis, y la lista de varones célebres, 217; y su *Miscelánea*, 344.
Zapatero y el prebendado, El, en la *Floresta española*, 393.
Zayas, María de, y Boccaccio, 313.
Zorrilla, y Don Pelayo, 24; y Southey, 28.
Zucca, del Doni, en España, 315.
Zúñiga, Francesillo de, y su *Crónica*, 392; y las burlas a Fray Antonio de Guevara, 43.
Zurita, Jerónimo, juicio sobre Boccaccio, 310.

ÍNDICE

PÁG.

VII. — Novela histórica. — «Crónica del rey don Rodrigo», de Pedro del Corral. — Libros de Caballería con fondo histórico. — Novela histórico-política: El «Marco Aurelio», de Fr. Antonio de Guevara. — Novela histórica de asunto morisco: «El Abencerraje», de Antonio de Villegas. — «Las Guerras Civiles de Granada», de Ginés Pérez de Hita. — Libros de Geografía fabulosa. — Viaje del Infante don Pedro 9

VIII. — Novela pastoril. — Sus orígenes. — Influencia de la «Arcadia», de Sannázaro. — Episodios bucólicos en las obras de Feliciano de Silva. — «Menina e Moça», de Bernardim Riveiro. — «Diana», de Jorge de Montemayor. — Continuaciones de Alonso Pérez y Gil Polo. — «El pastor de Fílida», de Luis Gálvez Montalvo. — Otras novelas pastoriles anteriores a la «Galatea» 105

Adiciones y rectificaciones 267

IX. — Cuentos y novelas cortas. — Traducciones de Boccaccio, Bandello, Giraldi Cinthio, Straparola, Doni, Luis Guicciardini, Belleforest, etc. — «Silva de varia lección», de Pero Mexía, considerada bajo el aspecto novelístico. «Miscelánea», de don Luis Zapata. — «Philosophia Vulgar», de Juan de Mal Lara: relaciones entre la paremiología y la novelística. — «Sobremesa y alivio de caminantes», de Juan de Timoneda. — «El Patrañuelo»: estudio de sus fuentes. — Otras colecciones de cuentos: Alonso de Villegas, Sebastián de Horozco, Luis de Pinedo, Garibay. — «Glosas del sermón de Aljubarrota», atribuídas a don Diego Hurtado de Mendoza. — «Floresta Española», de Melchor de Santa Cruz. — Libros de Apotegmas: Juan Rufo. — El cuento español en Francia. — «Silva Curiosa», de Julián de Medrano. — «Clavellinas de recreación», de Ambrosio de Salazar. — «Rodomuntadas españolas». — Cuentos portugueses, de Gonzalo Fernández Trancoso. — El «Fabulario»; de Sebastián Mey. — «Diálogos de apacible entretenimiento», de Gaspar Lucas Hidalgo. — «Noches de invierno», de Antonio de Eslava 289

Índice de temas, autores y obras 505